U0136922

京都學派與佛學儒學

吳汝鈞 著

臺灣 學生書局 印行

序

關於京都學派的哲學，我寫了五本書如下：

1. 《京都學派哲學：久松真一》，臺北：文津出版社，1995。
2. 《絕對無的哲學：京都學派哲學導論》，臺北：臺灣商務印書館，1998。
3. 《京都學派哲學七講》，臺北：文津出版社，1998。
4. 《絕對無詮釋學：京都學派的批判性研究》，臺北：臺灣學生書局，2012。
5. 《京都學派與禪》，臺北：臺灣學生書局，2015。

另外，在很多自己的著書中，也收入不少有關京都學派哲學的文字。其中很有一些是花了很多工夫來寫的，在這裏我把它們蒐集起來，安排而成此書。由於京都哲學家都有很強的佛學背景，與儒家也有深廣的對話空間，書中也有些論及京都學派與儒家比較的文字，因此定此書名為《京都學派與佛學儒學》。

京都學派的核心觀念是絕對無，它的成員有國際認可的和國內（日本）認可的。在這裏我取國際認可的，包括第一代的西田幾多郎和田邊元，第二代的久松真一和西谷啟治，和第三代的武內義範、阿部正雄和上田閑照。有關這方面的種種內涵，我已在本書第一章〈久松真一的無相立體說〉中已有闡述，故在這裏不擬重贅。

上面提到京都哲學家的佛學背景，這佛學不是指佛學的全體，主要是指禪與淨土。與禪相近的有西田幾多郎、久松真一、西谷啟治、阿部正雄和上田閑照；與淨土相近的有田邊元和武內義範。西田雖未有特別寫有關禪的文章，但他大半生參禪，以禪坐為主。久松真一人稱禪師，又稱之「真

人」，是典型的禪者，在專心實踐禪的義理、性格外，又領導禪佛教的運動，創辦 FAS 協會，以無相的自我為主體，往外開拓全人類的立場，超越歷史的活動，以救贖眾生世界。關於這些點，我在很多自己的拙作中已有較詳盡的說明，在這裏就不想多提了。西谷啟治所關心的問題非常多元，他立足於六祖《壇經》，又納入般若思想與中觀學的空（śūnyatā）的義理，建立空的存有論，包攝一切現象卻又不受限於現象，以成就一種無執的存有論。這是其他京都哲學家所少措意的。阿部正雄是久松真一和西谷啟治的高足，也受教於山內得立和鈴木大拙。他很強調對於背反（Antinomie）的突破。人生有很多背反：有與無、善與惡、理性與非理性、生與死、佛與魔。他強調對於一切背反的處理，要從它的內裏突破開來，超越上來，把背反的兩端壓下，便能達致絕對的、終極的境界。我們不能把背反的生與死中間剪掉，把死捨棄，而獨取生。因生與死在存在的權利上是相等的，不能以其中一端克服另一端，不能以生來克服死，而得生，而做神仙。故佛與魔之間不能取佛捨魔，而要同時突破佛與魔，而達致非佛非魔的終極境界。上田閑照則開拓出自我的現象學。他以牧牛為例，以牛為客體，人為主體。在牧牛的歷程方面，人不斷引領牛依正確的途徑前行，不受種種外面的因素所引誘而偏離原來方向。最後終能達致人牛合而為一的人牛俱忘的境界。「庵中不見庵前物，水自茫茫花自紅」。

田邊元和武內義範則宗淨土，把整個生命存在都委身於他力大能，亦即阿彌陀佛。田邊元更通過對於阿彌陀的徹底的懺悔，覺得自己所積下的罪業太廣太深，根本沒有資格再生存於這個世間。這種全面的懺悔結果會在生命中產生巨大無倫的反彈：越是感覺自己的沒有生存的可能性，就越要奮發努力，面對自己過往所做出的罪業進行懺悔，要埋葬這些罪業，而重新做人。此中實包涵一種生命存在的弔詭性。田邊便在這種弔詭的努力中創發出一種懺悔道的哲學。

要能滲透終極真理，成覺悟，得解脫，有兩種方式：自力主義與他力主義。在自力覺悟方面，要做到達摩禪所謂的「教外別傳，不立文字，直指本心，見性成佛」，自然是非常艱難的。他力主義似乎容易得多，可以藉助

阿彌陀佛的悲願往生於極樂淨土，值著淨土的殊勝環境，得著覺悟與解脫。但問題不是那麼簡單：你得要徹底放棄自己的主體性、自我意識，把自己整個生命存在毫無保留地付託予外在的他力大能，你能輕易做到麼？

在這裏要交代本書各章的出處。第一章〈久松真一的無相立體說〉取自拙著《佛教的當代判釋》，臺北：臺灣學生書局，2014。第二章〈西谷啟治論宗教、道德問題與我的回應〉取自拙著《純粹力動現象學》，臺北：臺灣商務印書館，2005。第三章〈京都學派懺悔道哲學的力動轉向〉取自拙著《純粹力動現象學續編》，臺北：臺灣商務印書館，2008。第四章〈淨土宗與京都學派的委身他力說〉取自拙著《佛教的當代判釋》。第五章〈三木清的構想力的邏輯〉取自拙著《純粹力動現象學續編》。第六章〈從「有」「無」問題看東西哲學的異向〉取自拙著《佛學研究方法論》，臺北：臺灣學生書局，2006。第七章〈禪與西方思想〉取自《佛學研究方法論》。第八章〈宗教哲學與宗教對話：悼念阿部正雄先生〉取自《純粹力動現象學續編》。第九章〈純粹力動與絕對無：我與京都哲學的分途〉取自《純粹力動現象學續編》。第十章〈當代新儒家與京都學派：牟宗三與久松真一論覺悟〉取自拙著《儒家哲學》，臺北：臺灣商務印書館，1998。第十一章〈京都學派與當代新儒家的對話〉是作者自撰。第十二章〈京都哲學與當代新儒學的對話〉對話記錄取自吳汝鈞、陳瑋芬主編《跨文化視野下的東亞宗教傳統：當代新儒學與京都學派》，臺北：中央研究院中國文哲研究所，2011。

書中第三章和第四章都有論及懺悔道哲學的力動轉向的問題，由於這兩章文字都是獨立的文字，我都保留這力動轉向的文字，請讀者垂注。

另外，在附錄中，我把〈東方與西方的對話：保羅田立克與久松真一的會談〉第三部分放進來。這是由於在 1995 年我把拙書《京都學派哲學：久松真一》交由一家出版社出版，其中有〈東方與西方的對話：保羅田立克與久松真一的會談〉一書稿，包涵三個部分，但印出來只有第一部分與第二部分，缺少了第三部分。我因此把這第三部分放在目下這本書中，作為附錄印出來，請讀者垂注。

屈指一算，我自一九七四年初春到日本大阪外國語大學和京都大學研

習日本語、梵文、藏文，和見京都學派的阿部正雄先生和西谷啟治先生，已近半個世紀了。對於這京都學派哲學，很感興趣，不斷留意。它對我來說，不單是概念性和理論性都很強，也散發出一種思想魅力，特別是對作為終極真理的絕對無觀念的詮釋與探索。有一年，我到日本旅行，在廣島的原爆（原子彈爆發）地附近，待了一個星期。我每天到那個角落，聽僧人誦經，悼念二十萬死難百姓，其他時候則在旅店閱讀帶來的中、高程度的日文文法書，希望提高日語水平，能夠不參考字典便能流暢地看那些京都學派的著書，包括大型的《西田幾多郎全集》和《西谷啟治著作集》。只是近十多年來，我悟得作為終極原理的純粹力動觀念，我覺得這觀念較京都學派的絕對無觀念更具周延性，特別是更具動感以開創現象世界，因此建立純粹力動現象學。這樣便少留意京都學派了。劉述先先生說我研究京都哲學三十年，最後覺得這種哲學不能解決創生事物世界的問題，這倒是實情。

　　是為序。

吳汝鈞
臺北南港中央研究院

京都學派與佛學儒學

目　次

第一章　久松眞一的無相立體說

一、京都學派的定位與成員

　　毋庸置疑，西田幾多郎所開拓的京都學派的哲學已漸向世界哲學推進，成為西方哲學界、宗教學界、神學界理解東方哲學與宗教思想的一個重要媒介。這個學派的很多重要的哲學著作已有了英文與德文譯本，還有少量的中文譯本。其中最受注目的，和外文譯本最多的，自然是西田幾多郎，由他最早期的《善の研究》到後期的《哲學の根本問題》，都有了很好的西方文字的翻譯。估計這套哲學會對國際的人文思潮帶來深遠的啟示與影響，而這個哲學學派的成員的哲學還不斷在被研究、被發掘中，新一代學者亦即第四代的成員也正在成長中，其哲學思想也在不斷發揮中。這個哲學學派是當代東亞最強而有力（分量）的學派，較諸當代新儒學尤有過之。

　　「京都學派」的名稱早已確定下來。由於它是由日本近現代最傑出的哲學家西田幾多郎所創，而其中很多有關人物都是追隨西田，或是他的授業門人，因此這學派又稱「西田學派」，他們（包括西田本人在內）所任教或活動的地方，主要是京都，特別是京都大學，因此其學派稱為「京都學派」，其哲學稱為「京都哲學」。

　　京都學派的成員可以很多，而他們的哲學思想也涉及非常廣泛的範圍或多方面的、多元的問題。這使留意或研究它的哲學的人可以帶來極大的困惑。這些問題所涉的哲學家和宗教家包括柏拉圖（Plato）、亞里斯多德（Aristotle）、基督教的保羅（Paul）、德國神秘主義（Deutsche Mystik）的艾克哈特（Meister Eckhart）、伯美（Jacob Böhme）、聖法蘭西斯（Francesco d'Assisi）、斯賓諾莎（B. Spinoza）、萊布尼茲（G. W. von

Leibniz）、康德（I. Kant）、費希特（J. G. Fichte）、謝林（F. W. J. von Schelling）、黑格爾（G. W. F. Hegel）、尼采（F. W. Nietzsche）、海德格（M. Heidegger）、懷德海（A. N. Whitehead）和占姆斯（W. James）等，以上是西方方面的。中國方面則有孔子、老子、莊子、王陽明等。和他們有最密切關係的，還是佛教，如印度佛教的釋迦牟尼（Śākyamuni）、龍樹（Nāgārjuna）、般若思想（Prajñāpāramitā Thought）、《維摩經》（*Vimalakīrtinirdeśa-sūtra*）等。中國佛教則關連最大，如華嚴宗、淨土宗與禪宗。而在關連最多的禪宗中，又以《壇經》、《臨濟錄》、《無門關》、《碧巖錄》和《從容錄》等語錄文獻所涵有的思想最受注意。

　　至於取義較寬鬆的成員，他們所擅長的和重視的思想，也差別極大，有時更是南轅北轍。如高山岩男、高坂正顯有很強的西方哲學基礎，特別是知識論。下村寅太郎則是科學哲學家，又精於宗教哲學，曾寫了一部有關上面提到的聖法蘭西斯的巨著。[1]和辻哲郎的研究重點是倫理學，又熟諳原始佛教，對日本民族的風土人情更非常熟識。三木清則早期是西田的信徒，其後轉向共產主義方面去。山內得立是形而上學的專家，又精於邏輯、道（Logos）的問題。辻村公一則是海德格專家，對於禪也有一定程度的理解與涉入。山本誠作則是懷德海哲學研究的權威學者，另方面也講西田哲學。

　　日本國內的學術界流行這種取義較寬的京都學派成員的看法，甚至有人把國際著名的禪學倡導者鈴木大拙也包括在內。鈴木是西田的好友，與西田的一些門人如西谷啟治、阿部正雄、上田閑照也有往來。他的學問淵博得很，幾乎無所不涉獵。他有哲學家、宗教家、心理學家、禪修行者、佛教佈道家等多重身分，好像甚麼地方都可以把他容納進來，不獨京都學派為然。

　　照我看，京都學派應是一個哲學學派，它應該具有一個核心觀念，其哲學思想可由這一核心觀念所包涵和發揮出來。而其中的成員，都應對這觀念有自己的詮釋。同時，作為京都學派的成員，他自身應已建立起自己的哲學體系，不應只是在宣揚西田幾多郎的哲學，當然對西田哲學的深度與廣度的

---

[1]　下村寅太郎著《アッシシの聖フランシス》（東京：株式會社南窗社，1998 年）。

理解是少不得的。另外，寫出具有一定分量的著作，也是不能缺少的。現在的問題是，這核心觀念是甚麼呢？如何決定呢？我們得先看創教者也是最具洞見、理論能力最強的西田幾多郎的著作。在他龐大的著作林中，我們發現有幾個觀念是時常出現的，它們的意義相一致，都反映終極真實或終極真理的一個面相。這些觀念包括：純粹經驗、超越的主體性、場所、形而上的綜合力量、絕對無、神、絕對矛盾的自我同一，等等。這些觀念的意義，我們可以「絕對無」（absolutes Nichts）來概括。有關這些觀念的意義，在西田自己的著作和研究他的哲學的著作（也包括我自己寫的），都有涉及。我試在這裏作一扼要的提醒。純粹經驗展示對主客二元性的超越，表示在經驗者和被經驗者成立之先的一種超越的活動，由此可通到超越的主體性，這主體性超越主客的二元對立關係而為一絕對無對象相的終極原理、真理。形而上的綜合力量表示這終極原理的動感，它具有概括一切的作用，本性是精神的，不是物質的。神不是西方基督教所立的具有人格性的至尊無上的創造主，卻是指那種具有創造性的非實體性的終極原理，它是萬物或一切法的存有論的基礎。場所則是一精神空間、意識空間，這有胡塞爾（E. Husserl）的絕對意識（absolutes Bewußtsein）的意味，也有佛教華嚴宗所說的法界（dharmadhātu）的涵義，事物可以其自身本來的姿態遊息於其中，而相互間沒有障礙，這是「萬物靜觀皆自得」（程明道語）的「自得」的境界。魏晉玄學家郭象解莊子的逍遙境界為「自得之場」，也很能展示這種場所的意義。在這種場所之中，一切大小等的經驗性格、相對性格都會消失掉，都不作現象看，而是以物自身（Ding an sich）的身分存在於這「即場所即法界」之中。[2]至於絕對矛盾的自我同一，則是西田哲學中挺難明白與處理的觀

---

2 另外一位傑出的京都哲學家田邊元提出「絕對媒介」來解讀絕對無、場所。這絕對媒介（absolute Vermittlung）的涵義頗為複雜，若要扼要地來說它的意思，我想可以華嚴宗的法界觀念作為參照來理解。在法界中，事事無礙，一切實體（entity）、事件（event）能自由自在地遊息於其中，而各自各精采。這種境界，需要有法界作為它們的存在基礎才可能。絕對媒介即是法界：它是絕對性格，而又能含容萬法，讓它們在其中圓融無礙地互動，這便有媒介的意義。

念。一般來說，矛盾是相對的，不可能是絕對的。但若相對的矛盾而被置定於絕對的場所之中，則成了絕對矛盾：在場所中的絕對矛盾。這樣的矛盾最終會被解構，因矛盾的雙方或兩種物事會在這絕對的場域或場所中被轉化而成互不相礙，而同一起來。

　　綜合以上所說的那幾個觀念的意味，都是環繞著絕對無一觀念而展開的，它們可為絕對無所概括，展示出終極原理或真理的多元的面相，而這終極原理即是絕對無。其中的「無」表示負面之意，即是，絕對無指透過負面的、否定的方式來展示的終極原理。這「負面」、「否定」字眼並沒有估值意味。

　　這樣，我們便可以確定京都學派哲學的核心觀念是絕對無。作為這個學派的成員，都須對絕對無有深入的認識，並且有所發揮，不能完全依恃西田的說法。關於這個學派的成員問題，也可以確定下來，他們是：西田幾多郎、田邊元，這是第一代。第二代是久松真一、西谷啟治。第三代是武內義範、阿部正雄、上田閑照。他們都強調絕對無，並以不同的方式來說、開拓這個觀念。關於西田自己，不用說了。田邊元歸宗淨土，以他力大能亦即阿彌陀佛來說絕對無。久松真一以無相的自我來說。西谷啟治以空、事物的回互相入的關係來說。武內追隨田邊元，也以他力大能來說絕對無，但加入一些西方神學家的元素，他們包括布爾特曼（R. Bultmann）、巴特（K. Barth）、鄂圖（R. Otto）、羅賓遜（J. Robinson）、邦霍費爾（D. Bonhöffer），以至哲學家海德格和雅斯培（K. Jaspers）。阿部正雄則以非佛非魔、佛魔同體來說絕對無。上田閑照則以人牛雙亡、主客雙泯來說絕對無。我的這種確定京都學派成員的方式，與阿部正雄與西方學界的看法相近。因此，有些人以為我對京都哲學的理解，是受到阿部的影響。初期的確是如此，我最初接觸的京都學派哲學家的著作，便是阿部正雄和久松真一的，自己與阿部也有較頻密的私交。但不久我已越過阿部與久松，而看西谷啟治、田邊元和西田幾多郎的哲學著作了。現在已很難說是受誰的影響，我自己已建立純粹力動現象學體系，與京都哲學分途了。但還是經常接觸他們

的著作，以相當嚴刻的、批判的眼光來看，同時也吸取他們的好處。[3]

---

[3] 我以絕對無觀念的提倡來決定京都哲學的核心思想的說法，最初的知音自然是阿部正雄。後來發現有好幾本講京都哲學的專著，其書名都是用「絕對無的哲學」一類字眼的，也包括我自己寫的一本在內：

1. 吳汝鈞著《絕對無的哲學：京都學派哲學導論》（臺北：臺灣商務印書館，1998）。
2. 花岡永子著《絕對無の哲學：西田哲學研究入門》（京都：世界思想社，2002）。
3. 根井康之著《絕對無の哲學：西田哲學の繼承と體系化》（東京：農山漁村文化協會，2005）。

第一本《絕對無的哲學：京都學派哲學導論》是概論性質的書，探討西田幾多郎、田邊元、久松真一、西谷啟治、武內義範、阿部正雄、上田閑照等七個京都學派成員的哲學，以「絕對無」一概念把他們貫通起來。第二、三本《絕對無の哲學》則主要是講西田幾多郎的哲學。不過，花岡永子的書中有一專章講到神的問題，那是從宗教的角度來說的，她選取了以下多人的思想作例子，看他們在這方面的思想：西田幾多郎、田邊元、西谷啟治、瀧澤克己、武內義範、武藤一雄、玉城康四郎、阿部正雄、辻村公一、上田閑照、八木誠一。這些人當與京都學派有直接的或密切的關連。其中未有提久松真一，花岡很可能認為，久松是京都哲學家中最反對他力宗教的，基督教正是首當其衝，它的一神觀與久松無交集處。根井康之的書則本著現象學的立場，把哲學區分為三種形態：分別態、疏外態和真實態。分別態是以主觀、客觀的二元對立為本；疏外態則是分別態的倒轉；真實態則以存在與意識同時成為一體的形態。三者之間，真實態是主導形態，其他二態則是真實態的派生形態。作者以京都學派的絕對無的哲學為真實態，其終極原理即是絕對無，其邏輯構造則是絕對矛盾的自我同一。另外有幾本講京都哲學的書，其名稱雖不是「絕對無的哲學」，但都帶著「無」或「絕對無」的字眼，很明顯都是以絕對無來說京都學派的哲學。

1. Hans Waldenfels, *Absolute Nothingness: Foundations for a Buddhist-Christian Dialogue*. Tr. J. W. Heisig, New York: Paulist Press, 1980.
2. Keiji Nishitani, *Religion and Nothingness*. Tr. Jan Van Bragt, Berkeley, Los Angeles, London: University of California Press, 1982.
3. 南山宗教文化研究所編《絕對無と神：西田、田邊哲學の傳統とキリスト教》（東京：春秋社，1986）。
4. James W. Heisig, *Philosophers of Nothingness: An Essay on the Kyoto School*. Honolulu: University of Hawai'i Press, 2001.
5. 小野寺功著《絕對無と神：京都學派の哲學》（橫濱：春風社，2002）。
6. Robert J. J. Wargo, *The Logic of Nothingness: A Study of Nishida Kitaro*. Honolulu: University of Hawai'i Press, 2005.

　　有人會問：京都學派有沒有第四代成員呢？有的，他們都在努力學習前輩的思想，並嘗試開拓自己的哲學天地。西田一線的有小坂國繼、山本誠作、大橋良介、花岡永子、藤田正勝。田邊一線的則有長谷正當、冰見潔、尾崎誠。

二、京都哲學與佛學

　　上面說過，京都學派哲學與佛學在義理上有最密切的關係。由於本章是有關京都學派對佛學的理解、詮釋，因此要在這方面作一些廣泛的交代，俾最能烘托出久松真一對禪佛教的解讀和發揮。概括地說，佛教門派眾多，義理多元化，其中與京都哲學關連較深入或對後者較具影響的，有下列諸方面：原始佛教（Āgama）、般若（Prajñāpāramitā）、中觀學（Mādhyamika）、淨土、華嚴、禪。就人物的涉足佛教而言，西田在其著作中很少談到佛教，反而在他的重要著作《哲學の根本問題》談到儒家。不過，他長期作修禪的工夫，特別是坐禪。他是一個不講習佛法而躬行佛法的人。田邊則初習禪，其後轉向淨土。久松則在佛教特別是禪下的工夫最深，在義理的知解與工夫的實踐方面，都是這樣。在禪之外，他又研修《維摩經》和《大乘起信論》。西谷的思想則非常宏闊，在佛教方面，他與般若、中觀和禪關係至

　　其中，第一本是德國神學家、宗教學學者法頓浮斯（Hans Waldenfels）的德文著作的英譯本。其中的絕對無（absolute nothingness）主要是說西谷啟治的空觀。不過，它是以佛教特別是佛陀、龍樹、禪的思想為背景而被寫出，同時，它也特別留意西谷的老師西田幾多郎的哲學。第二本是西谷啟治的《宗教とは何か》的英譯，原書書名並無「無」或「絕對無」的字眼，譯者特別用 nothingness 一字，以突顯西谷哲學的核心觀念。這 nothingness 或無自然是絕對無。第三本的書名用「絕對無」與「神」兩個觀念來展示以京都哲學與基督教的核心觀念為基礎的宗教對話。第四本以無的哲學家作為對京都學派的哲學的探討，這京都學派以西田、田邊和西谷為主。第五本以絕對無來概括京都哲學，後者以西田、田邊、西谷為代表，復以基督教神學家或與基督教有密切關連的學者的神學思想與京都哲學作比較的研究，這些神學家、學者包括波多野精一、逢坂元吉郎、鈴木亨、瀧澤克己、北森嘉藏、武藤一雄。書中也很注意日本的聖靈思想。最後一本論西田的無或絕對無的思考模式：場所邏輯與絕對矛盾的自我同一。

深；後來他發展、開拓自己的事物的回互相入的空的存有論，其思維的背景則是華嚴宗的無礙自在思想。武內的學問，與原始佛教和淨土最近；在淨土方面，他最景仰的是親鸞，這顯然是受到老師田邊的影響。阿部的學問基礎是禪，在這一點上，他接受過久松、西谷和鈴木大拙的熏陶。鈴木自身便是一個有深厚工夫的臨濟系的禪師。上田則先是德國神秘主義者艾克哈特的宗教哲學的專家，其後以艾氏的無（Nichts）的觀念來與禪的無作比較研究，以梳理出自己的思想旨趣。他對西田哲學也有很深邃的理解。他曾編了一本大書《禪と京都哲學》。至於第四代，各人雖有自己的專業，如山本誠作是懷德海哲學專家；大橋良介與藤田正勝專研德國觀念論，特別是黑格爾哲學；花岡永子則專研德國當代神學，又深入鑽研絕對無的哲學。但他們都有一個共通點，便是對佛教義理有基本的學養。

在京都哲學與佛教哲學之間，以久松哲學與禪哲學的關係最為緊密。他雖對德國哲學、宗教學、神學涉獵很廣很深，但他的學問根基，是建立在禪方面的，這也包括禪悟在內。因此在本章有關京都學派對佛教的理解，聚焦在久松對禪的探索與開展方面。[4]

---

[4] 我這樣說，自然是預認了久松真一是京都學派的一個成員，特別是在禪方面有深刻而多面的學養。不過，學界（也包括京都學派自身）中人對久松與京都學派的關連，特別是他是否屬於這個學派，還是未能有一致的共識，雖然有不少學者認為他是這個學派的重要人物。關於這個問題，討論的人不多，因為這種討論需要論者對京都哲學與久松的學問有一定程度的認識。便是由於我們不常見到這種討論，我便在這方面著墨一下，供讀者參考。

說到久松是否屬京都學派，又涉及在何種情況下一個學者或思想家以至哲學家能夠作為一個這個學派的成員問題。北佛羅里達州大學的馬蘭度（John C. Maraldo）曾原則性地提出六個規準以解決京都學派的認同問題。（ジョン・C・マラルド著〈歐米における研究の視點からみた京都學派のアイデンティティとそれをめぐる諸問題〉，藤田正勝編《京都學派の哲學》附論二（京都：昭和堂，2001），頁 310-332）他的說法比較抽象；另外，很多讀者都有留意這一份作品，我在這裏也就不多闡述。我無寧想留意一些具體的說法或分法：哪一些人屬於京都學派，哪一些人又不屬於呢？末木文美士在他的《近代日本と佛教：近代日本の思想再考 II》中，曾引述《岩波哲學思想辭典》的一段解釋，頗符合我在這裏的訴求，因此把它轉述如下：

　　京都學派是以京都帝國大學哲學科作為根據地的西田幾多郎和他的後繼者田邊
　　元，加上繼承他們的哲學的弟子的總稱。

末木繼續表示他們以後的弟子（第二世代）有高坂正顯、高山岩男、西谷啟治、下村
寅太郎和鈴木成高。如取廣義，可加上戶坂潤和三木清；聯同邊緣性質的和辻哲郎和
九鬼周造。另外，末木又引述《日本思想史辭典》表示京都學派在廣義方面指「以西
田幾多郎為中心而受到他的影響的哲學者」，狹義方面則指「在第二次世界大戰期間
繼承西田幾多郎的學統的同科在職學者，對戰爭持積極態度的高坂正顯、高山岩男、
西谷啟治等」。按《岩波哲學思想辭典》的解釋，特別在第二世代方面，與下面要涉
及的大橋良介的分判很相似，後者也是提出高坂正顯、高山岩男、西谷啟治、下村寅
太郎、鈴木成高，只是加上久松真一而已。至於與戰爭問題的關聯，要就此點來判定
京都學派的成員，我認為沒有多大意思。京都學派是一個哲學學派，我們應從哲學分
量來著眼，在對戰爭方面要積極表態支持，是加上了政治因素，以政治凌駕於學術研
究之上。就這一點來說，高坂、高山、西谷和鈴木四人在 1942-43 年之交，應《中央
公論》之邀，作過三回座談會，闡述他們的「世界史的哲學」的立場，對「大東亞戰
爭」的意義予以肯定。此中的參予者有哪些是真正支持戰爭，又有哪些是受到政治壓
力而表態的，都不清楚。（以上所述，很有一部分是參考末木文美士著《近代日本と
佛教：近代日本の思想再考 II》（東京：株式會社トランスビュー，2004，頁 52-
53）。）另外，藤田正勝在他所編的《京都學派の哲學》提到京都學派的成員，只列
以下諸位：西田、田邊、三木、戶坂、木村素衛、久松真一、下村和西谷。其中並沒
有高坂、高山、鈴木等位。（藤田正勝編《京都學派の哲學》（京都：昭和堂，
2001））上面提到的馬蘭度的論文，也收入於這本書中。

再來是，宮川透與荒川幾男編《日本近代哲學史》（東京：有斐閣，1976），提出對
於京都學派可有兩種意涵：狹義來說，它指以田邊元、高坂正顯、高山岩男等人所組
成的學派，宣揚戰爭的「世界史哲學」這一主題。廣義來說，它指西田幾多郎和在他
的影響下發展的人員所形成的學派。這又分右派、左派和中間派三個發展方向。右派
有田邊元、高坂正顯、高山岩男、西谷啟治等。左派有三木清、戶坂潤、中井正一
等。中間派則指務台理作、下村寅太郎、三宅剛一等。（筆者手頭無《日本近代哲學
史》一書，上述內容是依卞崇道等著《跳躍與沉重：二十世紀日本文化》一書轉引的
（北京：東方出版社，1999，頁 79-80）。）狹義的說法委實是太狹，不足以反映京
都學派的事實，不管是國際認可的，或是日本國內認可的。廣義的說法比較合乎事
實，但在涵概性方面還是不足，特別是未有充分觸及作為京都哲學的骨幹的佛教特別
是禪的義理。

至於久松真一是否屬於京都學派，倘若是的話，他在這學派中的定位一類問題，則要
作進一步的考察與探討。以下我謹就涉獵範圍評論一下一些有關的著書，其中有不認
為久松與京都學派有關連以至密切關連的，即不視久松為屬於京都學派；有認為久松

與京都學派有密切關連的，屬於京都學派的。沒有關連即沒有提久松，有關連即有提久松。不過，這個問題要權宜處理：有些書不是專講京都學派，而是講日本近、現代的宗教或哲學，未提久松的，可視為久松不屬於京都學派，有提的，則屬該學派。以下先說未提方面的。

1. 藤田健治著《西田幾多郎：その軌跡と系譜～哲學の文學的考察》（東京：法政大學出版局，1993）。此書以文學的角度來看哲學，主要留意西田幾多郎和在他之前與之後的哲學家。在後者方面，作者舉出高坂正顯、山內得立、三宅剛一、瀧澤克己、務台理作、三木清、戶坂潤等，未提西谷啟治，也未提久松真一。全書的旨趣在強調康德（I. Kant）所說的「哲學的對象是人間」，文學是哲學的器官、文獻記錄。書中贊揚高坂正顯的《歷史の世界》一書，舉出他的歷史觀是以絕對無的立場是超越歷史的，歷史的世界是展示絕對無的普遍的立場。這點與黑格爾（G. W. F. Hegel）、久松真一的史觀有對話空間。

2. 石田慶和著《日本の宗教哲學》（東京：創文社，1993）。此書研究日本的宗教哲學思想，提出宗教學的研究對象不是某一宗某一派的宗教，而是視宗教為「人文史上的事實」、「人間精神的產物」。其中主要論述西田幾多郎、波多野精一、田邊元、西谷啟治的宗教哲學，未及久松真一。

3. 峰島旭雄編著《戰後思想史を讀む》（東京：北樹出版，1997）。此書闡述日本在戰後的思想發展，分四部分，其中第四部分的學院主義、哲學、倫理，與京都學派較有關連。這部分只處理西谷啟治、武內義範，而未及久松，連西田、田邊也榜上無名。不過，如書名所示，此書只概括戰後時期，西田、田邊似已不屬於這段時期，但久松是後輩，仍應屬於這段時期，他的很多重要的著作，都是在戰後出版的。峰島不選取久松，卻選取沒有久松那麼有分量的武內義範，煞是耐人尋味。

4. Gino K. Piovesana, S. J. *Contemporary Japanese Philosophical Thought*. New York: St. John's University Press, 1969, 1997.這本書是思想史性格，介紹日本近一個世紀的思想發展，以一整章的篇幅講述西田幾多郎的哲學，另外很多章則闡述波多野精一、和辻哲郎、田邊元、土田杏村、谷川徹三、安倍能成、天野貞祐、高橋里美、務台理作、山內得立、九鬼周造、河上肇、福本和夫、三木清、永田廣志、戶坂潤、高坂正顯、高山岩男、西谷啟治、田中美知太郎、松村一人、出隆、柳田謙十郎、船山信一、三枝博音、植田清次、末綱恕一、池上謙三、金子武藏、大島康正等。人物眾多，內容多元，龍蛇混雜。作者的評論也很隨便，不能慎思明辨。例如他說西谷啟治缺乏創作力，和辻哲郎肯定不是京都學派的人，都是失言之論。對於一些小角式人物，可以說得很詳盡，對於大家如久松真一，卻無片言隻字提及。他所提及的和辻哲郎，倒是一個傳奇性的人物，值得談一下。和辻的學問相當廣泛，對原始佛教、基督教、日本古代文化、日本倫理思想、日本精神思想、日本民族的風土與生活方式，都有相當深刻的理解，每方面都寫有專書。他和京都學派的關係，可謂

千絲萬縷，他的本行是倫理學，特別是人間倫理學。他跟京都哲學家相通的地方在
對於日本文化的深厚的愛悅和要賦予它新的生命力；不同的地方在雙方對西方哲學
與文化有不同的解讀。要一般性地理解和辻的思想，可參看市倉宏祐的近著：《和
辻哲郎の視圈：古寺巡禮、倫理學、桂離宮》（東京：春秋社，2005）。要深入地
理解和辻的倫理學觀點，可參考：Watsuji Tetsuro, *Rinrigaku: Ethics in Japan.* Tr.,
Yamamoto Seisaku and Robert E. Carter, New York: State University of New York Press,
1996.

5. 山本誠作、長谷正當編《現代宗教思想を學ぶ人のために》（京都：世界思想社，
1998）。此書研究當代二十位超卓的思想家的思想，他們的思想分別由多位專業的
學者來撰寫。其中有三位思想家是京都學派的重要成員：西田幾多郎、田邊元和西
谷啟治。他們的思想，被定位為立根於對絕對無的自覺的宗教思想。其中並無久松
真一。中國方面的哲學家也未受到注意。印度方面亦然。編者似乎預先有了一種成
見：在東方的思想家方面，只有日本的思想家是重要的，他們在宗教哲學思想上的
成就已達致世界水平。

6. 常俊宗三郎編《日本の哲學を學ぶ人のために》（京都：世界思想社，1998）。此
書收入八位日本近現代的思想家加以論述，包括西田幾多郎、田邊元、和辻哲郎、
九鬼周造、三木清、植田壽藏、西谷啟治、波多野精一。其中絕大多部分是屬於京
都學派的人物，但獨缺久松真一。這頗令人感到困惑，不得其解。論學術分量與跟
京都學派的關係來說，久松絕對不亞於九鬼與三木，何以不提呢？編者常俊宗三郎
顯然認為，這些思想家的成就是很傑出的，他們都是近現代日本哲學界的精英分
子。例如，西谷啟治的「根源的主體性」的哲學是一種以西田的絕對無作為依據對
近代的主體予以根源化的嘗試，展示出近代主義應走的方向。而絕對無在宗教的體
驗中有其優越性，同時也是一切文化上的、創造性的活動的根源。（頁 288）這樣
說，便有當代新儒學的唐君毅先生所提的人類的一切文化活動都根植於道德理性的
意味，只是他們說絕對無，新儒學則說道德理性的不同而已。久松真一以無相的自
我說絕對無，以 FAS 說人的存在的終極結構，都是極有洞見的思想，其成就並不
低於西谷。

7. David A. Dilworth, Valdo H. Viglielmo, Agustin J. Zavala, eds. and trs., *Sourcebook for
Modern Japanese Philosophy: Selected Documents.* Westport: Greenwood Press, 1998.這
是一本原典選介（anthology）性質的書。編者與譯者選取了西田幾多郎、田邊元、
九鬼周造、和辻哲郎、三木清、戶坂潤和西谷啟治等七人的重要文字以展示現代日
本的哲學的風貌。其中沒有久松真一，反而學問功力較輕的三木清、戶坂潤、九鬼
周造被選上了，九鬼周造更是一個基督徒。這樣選法，頗讓人感到迷惑，不知他們
所著重的標準是甚麼。編者和譯者強調，這些思想家都與西田幾多郎有廣義的關
連，因此都可視為京都學派的成員。平心而論，西田是京都學派的始創者，他的教

三、久松真一之屬於京都學派

我剛剛在上面註釋中，闡述了久松不被視為京都學派，或與後者沒有深

父地位是顯而易見的。但與西田有關係的人很多，何以特別挑選其他六個人呢？特別是三木、戶坂、九鬼呢？書中並未有明確的交代。不過，書中強調一點，頗值得我們注意：西田與很多西方大哲，如柏拉圖（Plato）、亞里斯多德（Aristotle）、康德、黑格爾、詹姆斯（W. James）、柏格森（H. Bergson）、胡塞爾（E. Husserl）等都是神交的，有很多思想上的交集，但他對於自己的亞洲傳統卻始終保持著緊扣的關係，此中最明顯的是佛教，也包括儒家、道家傳統在內。這與很多以脫亞入歐的思想傾向來看京都學派特別是西田的哲學的學者，甚為不同。

8. James W. Heisig, *Philosophers of Nothingness: An Essay on the Kyoto School*.這本書我在上面已經提過，現在再拿來說，只是要提出一個問題。從題目看，這是一本講以無或絕對無的有關京都學派的哲學的書，但書中只討論三個人物：西田幾多郎、田邊元、西谷啟治。作者海式格（James W. Heisig）顯然設定了很高的標準，只有這三位哲學家能夠通過。這標準到底指甚麼呢？我想是指西方的大哲的思辯性，特別是當代的大哲，如海德格（爾）（M. Heidegger）、胡塞爾、葛達瑪（H.-G. Gadamer）、懷德海之屬。但這是西方形態的大哲，不是東方形態的。前者特重概念、理論、系統性的開拓，東方形態的哲人除了需具備一定的哲學體系外，還得有一套工夫論，讓人在實際生活中有所依循。這在西方的大哲中是很缺乏的。海式格的問題是：他以西方大哲的標準去評估東方的哲學家，卻忽視了東方哲學傳統一直都很重視的工夫理論，這是不是不合理、不公平呢？倒轉過來，我們若以東方哲人如朱熹與熊十力為典範，同時具有思辯性與工夫論，去求諸西方的哲學家，又有幾人能過得這關卡呢？海氏很可能未有想及這方面的問題。就久松來說，他的思想深刻而嚴整，義理清晰，不含糊，不艱澀，又能提出一套體現宗教理想的工夫程序，即使思辯性、理論性略遜，也不應影響他作為一個傑出的哲學家的地位。

9. 濱田恂子著《近、現代日本哲學思想史》（橫濱：關東學院大學出版會，2006）。這本書闡述日本自明治以來的思想狀況，其中很有一部分是論述西田幾多郎、田邊元和西田學派的成員的思想，亦可視為泛說的京都學派哲學的思想。在這個學派中，除西田與田邊外，收入京都學派的三木清、九鬼周造、西谷啟治、山內得立、三宅剛一、下村寅太郎、務台理作等位的思想。另外也涉及與京都學派有一定關連的和辻哲郎的思想。至於一般流行於日本國內的京都學派成員如戶坂潤、高坂正顯、高山岩男、鈴木成高，和國際思想界認同的久松真一、武內義範、阿部正雄，則一字不提，只引過上田閑照的一本小書而已。為甚麼會這樣，也不作交代。這種情況極為少見。

切關係的情況，也作了一些推測與評論。以下我要細看久松應如何被視為京都學派的人物，特別是他與後者有何種密切的關連。由於這部分較為重要，因此我在正文中敘述。像闡述久松不屬於京都學派那樣，我挑選了一些在這方面較重要的著書來說。

1. Fritz Buri, *Der Buddha-Christus als der Herr des wahren Selbst: Die Religionsphilosophie der Kyoto-Schule und das Christentum*. Bern und Stuttgart: Verlag Paul Haupt, 1982. [5]這是德國神學家布利（Fritz Buri）所寫的有關京都學派的哲學的一部較有分量的著作，雖然作者不懂日語，他對京都學派的哲學的理解只能透過翻譯：英譯、德譯的著書或論文。這本書有它的特色，那便是作者以基督教神學作為參照來理解京都哲學，故全書瀰漫著宗教對話的氣氛，他也視久松是一個日本禪的改革者和基督教神學的有意思的對話伙伴。[6]書中敘述了八個人物的哲學：西田幾多郎、田邊元、鈴木大拙、久松真一、西谷啟治、武內義範、上田閑照、阿部正雄。很明顯，布利視久松真一為京都學派的一員，他也把鈴木大拙列入其中。這基本上是國際方面的共識。只是鈴木一人有點存疑，他應該不算正式的成員，只有邊緣性的關係。如著書的題目所示，布利很重視「主人」（Herr）的觀念，他提出，倘若一個人要找尋到他的主人，必須由自我開始，否則，他不能成為「真我」，或真我的主人（der Herr des wahren Selbst）。[7]而真我的主人意味著自我理解與超越方面的關係。[8]這表示真我的主人是一個超越的主體（transzendentale Subjektivität），真我即是主人，主人即是真我，禪門的公案集便有「屋裏主人公」的提法，這正是真我或主人之意，屋是我們的身體。在久松的著作

---

[5] 此書有英譯本：Fritz Buri, *The Buddha-Christ as the Lord of the True Self: The Religious Philosophy of the Kyoto School and Christianity*. Tr. Harold H. Oliver, Macon Georgia: Mercer University Press, 1997.

[6] *Der Buddha-Christus als der Herr des wahren Selbst*, S.144.

[7] Ibid., S.9.

[8] Ibid., S.8.

中，布利認為他的〈東洋的無の性格〉最能代表他的思想。[9]這東洋的無正是我們的生命存在的終極的主體性，是我們的真我，成佛的超越根據。布利又把這東洋的無的思想與基督教思想比較，認為使徒的「存在於基督之中」（在基督中的存在性，In-Christus-Sein）很不同於佛教徒的「真我」（wahres Selbst）的佛存在性（Buddha-Sein），猶如保羅（Paul）的埋藏於基督的生與變化不同於禪佛教者的大死那樣，後者只成立於個人的自我和自心的覺知的死亡之中。保羅反而與淨土真宗相近，而久松則抨斥這個宗派，認為它曲解了道元所提出的以身心一體去體證佛陀的精神。[10]按久松是一個無神論者，他強烈反對覺悟要依於一個外在的精神大能，不管這是上帝也好，阿彌陀佛也好。在他看來，真正的覺悟只有在自力的原則下親證自家的真我（他稱為無相的自己），才是可能的。上面布利所說的個人的自我和自心的覺知的死亡，正是要克服個體性的自我和對自心的覺知的執著，與原始佛教的無我（anātman）思想相應。久松認為這種克服正是大死的實證，能有大死的實證，才能帶來大生、真正的覺悟。保羅的那一套宗教觀反而與他力主義的淨土真宗相近，而遠離了禪，也遠離了久松的觀點。

　　布利畢竟是西方的神學學者，不脫西方哲學的思辯旨趣，他並不同意東方人的對於實在的思維與言說的不可客觀化的觀點，他提出一個反問題：倘若沒有與客體對峙的主體，則到底是誰提出這一觀點的主體呢？[11]這可能是他和久松在思想上特別是思辯上對終極真理的體證的最不相同的地方。布利的說法，不為無理，不過，我在這裏不想討論這個問題。

　　2. Frederick Franck, ed., *The Buddha Eye: An Anthology of the Kyoto School.* New York: The Crossroad Publishing Company, 1982.這是一本通俗性的書，寫給西方的讀者看，讓他們知道佛教、禪、淨土真宗與京都學派哲學是甚麼東西。雖然書名有「京都學派論文選集」（Anthology of the Kyoto School）字

---

[9]　Ibid., S.145.久松真一著〈東洋的無の性格〉，《久松真一著作集 1：東洋的無》（東京：理想社，1982），頁 33-66。

[10]　*Der Buddha-Christus als der Herr des wahren Selbst*, S.151.

[11]　Fritz Buri, *The Buddha-Christ as the Lord of the True Self.* Tr. Harold H. Oliver, x-xi.

眼,但內裏所收的,有些是與京都學派沒有緊密關係的作者的作品,如鈴木大拙、一休、曾我量深、清澤滿之之屬。[12] 這些人物除了一休之外,基本上都是淨土真宗的人物。鈴木是一個禪者,但也傾向淨土真宗的思想與實踐。不知作者何以把他們的作品都收進來。鈴木由於名望和與西田幾多郎的友誼關係,讓一些西方學者把他視為京都學派的人物。實際上,京都學派是一個哲學學派,鈴木是一個禪和淨土真宗方面的修行者,他的哲學思維功力不足,在這方面,他不但比不上西田幾多郎和田邊元,連西谷啟治、久松真一和阿部正雄等都比他強。這些哲學家沒有一個視鈴木為京都學派內圍的成員。法蘭克(F. Franck)在他的選集中完全沒有收入西田和田邊的作品,卻收入大量上提的不大相干的人物的文字,在選集的開場白(Prologue)中,還花了很多篇幅講鈴木,令人感到困惑。

這本書也不是完全無可取之處,它收入一些國際上認可的京都哲學家的重要文字,他們包括久松真一、西谷啟治、武內義範、阿部正雄和上田閑照。所選取的文字可歸為三方面:一是關於自我問題的,跟著便是實在(reality)的構造,最後是淨土真宗佛教。最後的方面,其實並無必要。

3. *Die Philosophie der Kyoto-Schule: Texte und Einführung.* Hrsg. von Ryosuke Ohashi, Freiburg/München: Velag Karl Alber, 1990.這是大橋良介所編集的京都學派成員的著作集,是選集(anthology)性質,收入西田幾多郎、田邊元、久松真一、西谷啟治、高山岩男、高坂正顯、下村寅太郎、鈴木成高、武內義範、辻村公一、上田閑照諸人的代表文字。這十一人分屬三個階段:第一階段為創發期,包括西田與田邊;第二階段為建立期,包括久松、

---

[12] 在這些學者中,清澤滿之是一個富有傳奇性的人物。他被視為近代日本哲學的先驅人物,比西田幾多郎還要早幾年。可惜英年早逝,三十九歲便去世了;但留下不少的著作,其中最具代表性的,莫如《宗教哲學骸骨》,泛論理性與信仰的關係問題。在這本書中,他立足於他力信仰的平臺,但並不排斥自力說法。在自力與他力這兩種修行導向上,他認為這不是哪一邊是正確,哪一邊是錯誤的問題,兩者應該兼融對方,才有真正的信心、真正的修行可言。有關清澤的思想,參看藤田正勝、安富信哉編《清澤滿之:その人と思想》(京都:法藏館,2002)。

西谷、高山、高坂、下村、鈴木；第三階段為接續發展期，包括武內、辻村
與上田。書中附有大橋所寫的〈導引〉（Einführung）。被選上的人物，有
國際方面認可的，也有日本國內認可的，後者包括高山、高坂、下村、鈴木
和辻村。其最大特點是獨缺國際方面認可的阿部正雄。關於這點，我曾面詢
大橋，他的回應是京都學派是一哲學學派，阿部在這方面用力不夠，反而著
眼於宗教方面。我表示不大能接受這點，阿部在宗教問題上用了很多工夫，
但基本上屬於宗教哲學方面，不是屬於宗教信仰方面，他的哲學根柢不差，
而且常參予國際間的宗教對話，這對於東西方在思想上的相互理解，以至進
行自我轉化，意義深遠。我的意思是，不應把阿部排斥到京都學派之外。在
這一點上，大橋的做法與上面提到的海式格（James W. Heisig）相似，都認
為阿部在哲學方面的功力不足。不過，大橋與海式格亦有不同，他承認對阿
部有深刻影響的久松，海式格則否。

　　4. 大橋良介著《悲の現象論序說：日本哲學の六テーゼより》（東京：
創文社，1998）。這本書出版於 1998 年，較下面述及的兩本著書為後出，
但由於作者亦是直上列出的書的編者，為方便計，姑在這裏先作闡述。大橋
作為京都學派的第四代人物，很有些獨特性，值得注意。照一般的理解，京
都學派的第四代大體上包括大橋良介、花岡永子、藤田正勝、冰見潔、野家
啓一、小坂國繼，也可能包括懷德海研究專家山本誠作。在這些較年輕的學
者之中，大橋的著作偏多，也漸漸顯現出他正在構思自家的哲學重點、觀
念，這可從這裏列出的《悲の現象論序說》見到。同時，他在推廣京都學派
哲學方面，例如編集、解說有關京都哲學的著書方面，相當活躍。[13]

---

[13] 就筆者所及，大橋所著、編著的書有以下多種：

大橋良介著《放下、瞬間、場所：シェリングとハイデッガー》（東京：創文社，
　　1975）。

―――著《ヘーゲル論理學と時間性：「場所」の現象學へ》（東京：創文社，
　　1983）。

―――著《時はいつ美となるか》（東京：中央公論社，1984）。

―――著《切れの構造：日本美と現代世界》（東京：中央公論社，1986）。

―――編著《西田哲學：新資料と研究の手引き》（京都：ミネルヴァ書房，

　　大橋在《悲の現象論序說》一書中，由現代哲學的重要問題：論理學、現象學、行為論、言語論、他者論、歷史哲學作為主題來引介，最後歸於悲的現象論。這些主題基本上是關連著京都學派的重要人物的思想說的；他們包括西田幾多郎、田邊元、久松真一、西谷啟治、高坂正顯、鈴木成高、高山岩男等。他又提及京都學派的第一世代和第二世代的人物；前者包括西田幾多郎、田邊元，後者包括久松真一、高坂正顯、下村寅太郎、西谷啟治、高山岩男等。他以久松真一屬於京都學派，是沒有問題的；至於他如何理解久松的思想，則會在下面交代。現在我們先看看這本《悲の現象論序說》的寫作主旨與內容。

　　大橋在這本書的緒論〈悲の現象論の構想〉中，表示「悲」這一字眼是借自佛教，但不完全取佛教的意旨，而是要對於現代哲學，以「悲」一觀念

1987）。

Die Philosophie der Kyoto-Schule: Texte und Einführung. Hrsg. von Ryosuke Ohashi, Freiburg/München: Verlag Karl Alber, 1990.

大橋良介著《日本的なもの，ヨーロッパ的なもの》（東京：新潮社，1992）。

―――編著《文化の翻譯可能性》（京都：人文書院，1993）。

―――編著《總說：ドイツ觀念論と現代》（京都：ミネルヴァ書房，1993）。

―――著《絕對者のゆくえ：ドイツ觀念論と現代世界》（京都：ミネルヴァ書房，1993）。（此書為六卷《ドイツ觀念論との對話》叢書之第一卷）

―――編著《ハイデッガーを學ぶ人のために》（京都：世界思想社，1993）。

大橋良介著《西田哲學の世界：あるいは哲學の轉回》（東京：筑摩書房，1995）。

Ryosuke Ohashi, *Das Japanische im interkulturen Dialog.* Judicium Verlag, 1999.

大橋良介著《內なる異國，外なる日本：加速するインターカルチャー世界》（京都：人文書院，1999）。

―――編《京都學派の思想：種種の像と思想のポテンシャル》（京都：人文書院，2004）。

另外，大橋又廣泛地編集、編選京都學派哲學家的著作，並作有解說，以利讀者閱讀。這包括《西田哲學選集第一卷：西田幾多郎による西田哲學入門》、《西田哲學選集第四卷：現象學論文集》、《京都哲學撰書第四卷　下村寅太郎：精神史の中の日本近代》、《京都哲學撰書第十三卷　大島康正：時代區分の成立根據・實存倫理》、《京都哲學撰書第三十卷　九鬼周造：エッセイ・文學概論》等。

來照明，開拓出一種新的、綜合的哲學方向。這裏所謂現代哲學，便是上面提到的論理學、現象學、行為論之屬。大橋由佛教的無我性作反思，配以具體的行動：行為的直觀（特別是西田所說的那一種直觀或直覺），體證出那超越對象性的生命的本根、自我的本源，這便是悲，這亦是自己對自己的啟示、開示。大橋強調，他的這本書是由日常的生活與世界出發（按這可與胡塞爾的生活世界 Lebenswelt 相比較），現象學地究明歷史世界的直接性與根源性，以建立自己、他者與世界三方面的現象學。他的書名不用「現象學」而用「現象論」字眼，是要以直觀來說觀（Noesis），以根源性的直觀來解讀現象。[14]另外，大橋表示，現象論也與佛教的「論」有關聯。論是經的開展，但不走客觀的學問之路，卻是指向宗教義的教義、教學。這亦有觀的意味：現象或色即此即是空，正可顯示一種照明作用的直觀，照明一切現象的無實性也。大橋認為，大乘佛教即是以直觀為論而開展的。他以為，這是先在於現象的基礎，因而借用大乘佛教的「論」。

以下我們看大橋對於久松思想的理解。他基本上是以覺的宗教來解讀久松的，而這覺或覺悟是聚焦於 F、A、S 這種三位一體的實踐中。去除一切形相性，實證那絕對自律的、普遍的、根源的自己，亦即是無相的自己或自我（F, Formless Self）；讓這覺體突破近代意義的自覺的危機而達致後近代的人間革命的自覺，回心於真正的世界、人類（A, All Mankind）；讓這覺體成為創造歷史的根源的主體（S, Superhistorical History）。大橋指出，在久松來說，我們最關心的、關要的事，正是覺的宗教與覺的哲學的完成。在久松的哲學中，覺是出發點，也是核心內容。[15]

大橋認為，久松很能看到近代文明所呈現的病態現象：分裂、混亂、虛脫、不安定、昏迷、疑惑等等，並確認其原因是缺乏在精神上的根源意義的統一狀態。要克服這種近代文明病症，需依賴「一多無礙自在」的主體。因此便提出「東洋的無」、「能動的無」、「無相的自己」一類觀念。這些都

---

[14] 我想這可能是以理想的、價值的現象學方法來處理現象問題，以突顯現象，因此用「現象論」字眼。倘若是這樣，意義便不大，不必特別拿來強調。

[15] 《悲の現象論序說》，頁 75-76。

是久松的「覺的哲學」的用語，而覺的哲學正是覺的宗教的理論面。進一步
看久松所提的「無」的觀念，大橋表示，西方哲學以存在論（在漢語哲學界
通常作存有論 Ontologie）作為第一哲學，在這種觀點下，無的思想自然只
能居於第二義了。[16]按大橋所提的現代哲學家要面對近現代文明所引致的種
種病態的現象，特別是價值標準的崩壞與對宗教失去信心導致現代人的精神
上的虛脫狀態，海德格和西谷啟治都曾提出解救的方案。[17]久松則特別從覺
的哲學、宗教與教育來說，要人覺悟自身的作為終極主體的無相的自我，由
此建立無的能動性，以接上西田幾多郎的絕對無的思想傳統。不過，大橋認
為西田的入路是哲學的、論理學的，久松則特重宗教的體證方面，要人能夠
「自內證」。不過，大橋所提的久松教人以「一多無礙自在」的主體來克服
近代文明的病症，到底要如何克服，如何在現實生活中表現這一多無礙自在
的主體力量，未有交代，而這種說法與它所由出的華嚴宗的「一即多，多即
一」、「事事無礙法界」有甚麼義上與實踐上的關連，也沒有交代。

　　最後大橋說到久松在禪藝術方面的學養與成就，指出他所提出的禪藝術
的七種性格：不均齊、簡素、枯高、自然、幽玄、脫俗、寂靜，一般的美術

---

[16] 西方哲學的根本立場或導向，是實體主義（substantialism），不是非實體主義（non-
substantialism）。因此，「有」與「無」或 Sein 與 Nichts 之間，有被視為第一序的。
無是有的消失、不存在；無需要通過有來解釋，因此在觀念層次上，有是第一序的，
無便只能被視為第二序了。在這個問題上，阿部正雄寫有一篇"Non-Being and Mu: the
Metaphysical Nature of Negativity in the East and the West", M. Abe, *Zen and Western
Thought*. Ed. William R. LaFlear, Hong Kong: The Macmillan Press, 1985, pp.121-134. 中
譯：吳汝鈞譯〈從「有」「無」問題看東西哲學的異向〉，吳汝鈞著《佛學研究方法
論》，下冊（臺北：臺灣學生書局，1983；增訂本，2006），頁 441-456。

[17] 海德格很關心這方面的問題，和提出如何處理，很多人都知道。對於西谷啟治則較少
人留意。實際上，他在這方面做了很多工夫，寫了不少東西和作過多次演講。此等文
獻如：西谷啟治著《現代社會の諸問題と宗教》（京都：法藏館，1978）、《西谷啟
治著作集第 16 卷：宗教（講話）》（東京：創文社，1990）、《西谷啟治著作集第
24 卷：大谷大學講義 I》（東京：創文社，1991）。最後一本是特別就宗教對於現代
社會的種種問題如科學、技術、存在、自他關係、自然世界、生死等所能發出的積極
的助益而講的。

評論家以至美術愛好者不一定看不出來，但把這七種性格中所蘊涵的「禪的依據」展示出來，則普通的師家、禪匠以至美術史家便不見得能勝任了。久松把這禪的依據區分為以禪宗史為本的歷史的依據與狹義的禪的依據。就前者來說，要把禪的藝術與禪的成立、傳播就地域、時期方面一致地展示出來，優良的美術史家也應該可以做到。但說到狹義的禪的依據，則是久松所獨具心得的。他能善巧地對禪藝術的七種性格，一一探討到它們的禪的根源：無法、無雜、無位、無心、無底、無礙、無動，這便很不容易了。[18]

　　按大橋對於久松思想的理解，基本上不錯，他自己對美學或藝術哲學也有研究。他能點出久松重視禪藝術的依據，並認為久松對禪作品（畫作）的美感的體會，基於他對禪的依據的體證而來。這禪的依據正是久松用以解讀絕對無的無相的自己、自我。這是把藝術還原到宗教方面去，這與京都哲學對宗教一貫的理解，是一致的。

　　5. 上田閑照、堀尾孟編集《禪と現代世界》（京都：禪文化研究所，1997）。這本書可以說是京都學派的國際認可的成員以內編集而成的鉅著。編集者之一的上田閑照就禪與現代世界之間的關係（這自然也有禪對現代世界的意義、貢獻一類意涵在內）一重要課題來看日本的具有代表性的在禪的宗門義理與實踐兩方面有深厚功力的人物來作四方面的探索。這四方面是禪的經驗或經歷、禪的觀點、對現代世界的理解和思想上的成就。所選取的代表人物有西田幾多郎、鈴木大拙、久松真一和西谷啟治。在其中，久松與其他三人是對比地、具有對等分量地並列在一起。這點顯示出久松在京都學派中關連到禪方面的重要的位置。

---

[18] 以上有關大橋對久松的禪思想的闡述，參看他的《悲の現象論序說》，第四章〈語默通底テーゼ：久松真一の禪思想あるいは覺の哲學と言語〉，頁71-87。至於大橋所說的久松對禪藝術或禪美學的看法，可參考久松自己寫的名著：

Shin'ichi Hisamatsu, *Zen and the Fine Arts*. Tr. Gishin Tokiwa, Tokyo: Kodansha International Ltd., 1974.

有關久松的禪悟理解，可參考：

久松真一著〈悟り（二）〉，鈴木大拙監修、西谷啟治編集《講座禪第一卷：禪の立場》（東京：筑摩書房，1967），頁39-48。

　　進一步看，上田閑照強調西田與鈴木真正地、具體地涉入禪與西方世界的精神原理之中，久松與西谷則沿著這條道路作深入的探索。他們所懷著的旨趣，是由禪到世界、由世界到禪的脈絡下推展出實存的、思想的和歷史的運動。西田與西谷是以哲學家、鈴木是以禪思想家、久松則以禪者的身份來進行這種運動。[19]而在這四人之中，久松是最強調禪的自力的獨脫無依的性格的。上田指出，也是在這四人之中，只有久松是最沒有保留地反對佛教的念佛實踐、基督教的對神的信仰的。[20]

　　以下我要簡述一下這本書對久松真一在禪方面的學養的說法。美濃部仁在其中一篇文字〈久松真一の禪と「人間」〉談到久松的人論，指出他心目中有五種人的類型：人間絕對主義（又作人間中心主義、理想主義、人文主義）、虛無主義、實存主義、絕對他力主義（包括危機神學、有神論、信仰的宗教）[21]、批判的絕對自力主義（即禪、覺的宗教）。他以作為自己的立場的覺的宗教批評信仰的宗教，以覺的宗教取代信仰的宗教。[22]最後是大橋良介的〈「覺の哲學」の諸問題：久松真一の思想〉，他聚焦在久松的覺的宗教與覺的哲學方面。講覺的宗教的，是久松的著作集中的《覺と創造》；講覺的哲學的，則是著作集中的《東洋的無》與《絕對主體道》。就久松來說，宗教顯然較哲學為重要。佛教是覺的宗教的根本形態，其中又有華嚴思想、淨土真宗、天台宗和日蓮宗之屬，但其核心是禪宗。理由是這些宗派都有其所依的經典，唯有禪宗不依於經典，它是如《臨濟錄》所說的「獨脫無依」，展示絕對的、徹底的自由、自主性格。[23]

　　6. 小坂國繼著《西田幾多郎をめぐる哲學者群像：近代日本哲學と宗教》（京都：ミネルヴァ書房，1997）。小坂國繼有很深厚的西田哲學研究的功力，也被視為京都學派第四代的人物。他在這本書中，主要講西田哲

---

[19] 《禪と現代世界》，頁 3-7。

[20] 同前，頁 19。

[21] 危機神學的神的特徵在神與人、世界在本質上有無限的差異性。

[22] 《禪と現代世界》，頁 333-338。

[23] 同前，頁 384-385。

學，此外也及於田邊元、高橋里美、三木清、和辻哲郎和久松真一的思想。在這些人物中，有些是屬於國際方面認可的京都學派的人物，如西田、田邊、久松；有些則是日本國內方面認可的，如高橋、三木和和辻。不管怎樣，久松在小坂眼中，是京都學派中的重要人物。通常久松真一和西谷啟治，作為京都學派的成員，是並列的，但小坂在這裏並沒有提到西谷，而只說久松，並且以一整章來闡釋他的東洋的無的哲學。他在書中的序文中說絕對無，提到透過對自己的否定，而以自己為有，這即是作為有形相者而顯現的動能、能動性，這正是絕對的自己的否定作用。這正與久松的能動的無一觀念相應合。

　　7. 藤田正勝編《京都學派の哲學》（京都：昭和堂，2001）。此書所收入的文本與論文，都是有關京都學派的成員的哲學思想，但這些成員都以受到西田幾多郎和田邊元的直接影響為限。這些人除了西田與田邊外，有三木清、戶坂潤、木村素衛、久松真一、下村寅太郎、西谷啟治。所謂文本是選取有代表性的原典文本，有點像一般的文選（anthology）；論文則是現代學者對有關京都學派成員的哲學思想的論述。對於每一位學派的成員，都收入一些有代表性的文字和一篇研究他的論文。久松真一是最強調自力宗教的，因而與歸宗淨土教的田邊元沒有甚麼關連，但卻是西田幾多郎的高足，他的入選，是理所當然的事。他的被收入的文本是〈東洋的に形而上的なるもの〉，論文則是今泉元司所執筆的〈久松真一の思想と實踐〉。後者所論述的，都是一般被視為久松哲學的重要觀念如「覺的宗教」、「覺的哲學」、「東洋的無」、「絕對主體道」、「FAS」等。

　　8. 竹田篤司著《物語「京都學派」》（東京：中央公論新社，2001）。這是一本很有趣的書，記述京都學派的人物的軼事；但作者表明，這些軼事都是事實，不是虛構。所涉人物，包括西田幾多郎、田邊元、戶坂潤、下村寅太郎、三木清、唐木順三、和辻哲郎、九鬼周造、西谷啟治、木村素衛、山內得立、波多野精一、三宅剛一和久松真一。其中說到「京都學派」字眼，表示誰最先提出這字眼，並不清楚。但作者估計，橫濱國立大學名譽教授古田光說到戶坂潤，後者在他的《現代哲學講話》中，有〈京都學派の哲

學〉一章，這本書是在昭和九年（亦即 1934 年）刊行的。若這是真確的話，則京都學派的成立，已有七十多年歷史了。此書說到久松，未有有關他的思想的片言隻字，只是一些閒居的軼事，最後述說久松於九十歲去世，有遺言表示不舉行葬禮，這與久松作為一個禪者的事實，非常相應。

9. Louis Roy, O. P., *Mystical Consciousness: Western Perspectives and Dialogue with Japanese Thinkers*. New York: State University of New York Press, 2003.此書基本上以一種比較宗教的方式，闡述西方的神秘主義與意識哲學，並與日本的相應思想作比較，強調雙方的交集之點。比較的題裁聚焦在意識、自我、無、死亡各項。所選取的宗教家與哲學家，西方的有普羅提奴斯（Plotinus）、艾克哈特（M. Eckhart）、舒來馬哈（F. E. D. Schleiermacher）、海德格（M. Heidegger）；日本方面則有鈴木大拙、西谷啟治與久松真一。對於後者，作者顯然認為他們都是在禪思想與實踐方面有傑出表現的京都學派的人物。對於久松，作者的著重點在東洋的無、生死、大疑、大死諸方面。

10.上田閑照監修，北野裕通、森哲郎編集《禪と京都哲學》，京都哲學撰書別卷（京都：燈影舍，2006）。這本書研究京都學派或京都哲學家中與禪有較密切關係的，包括西田幾多郎、鈴木大拙、久松真一、森本省念、西谷啟治和片岡仁志。其中，西田與西谷是哲學家，鈴木是禪思想家，久松是禪者，森本省念是禪僧，片岡仁志則是教育家。其中森本與片岡較少人認識，久松則明顯被視為京都學派的成員，是一名禪修行者。他也有自己的一套哲學，那便是覺的哲學。這種哲學否定念佛，也否定基督教的信仰，而以覺醒、喚醒自身所本具的真正的主體為終極旨趣；它的重要觀念是絕對主體道、能動的無、無相的自己。

11.西谷啟治監修，上田閑照編集《禪と哲學》（京都：禪文化研究所，1988）。這是一本探討禪與哲學的關係的名著。如上田閑照所說，禪是己事究明的學問，哲學則是對世界的邏輯的自覺，在傳統上，一方是以東方的非思量性格的行為為本，他方則是西方的反省之學，進一步是反省之反省之學，雙方本來是異質的。但它們概括東西兩界而成一整一的世界，在異質

的脈絡下而成為我們的世界，存在於一種有相互結合的傾向的磁場之中。總括地說，禪是要探討哲學的原理的根源的學問，哲學則是探討禪的世界建立的體系性與具體性的學問。[24]這本書與上面提及的十本書的最大不同處是，書中論文的撰著者基本上是國際義的京都學派的主力人物，如西谷啟治、武內義範、上田閑照、大橋良介、花岡（川村）永子等，並沒有久松真一撰作的文字，但整本書的多處都提及久松和他的思想。[25]此中的訊息很清楚：久松是京都學派的成員，而且是重要的成員。

以上我提及十一本著書，都表示久松真一是京都哲學家、京都學派的成員。實際上，上面提到的燈影舍所出版的京都哲學撰書有三十冊（卷），其中有兩冊都是久松作品的專輯：第十二冊與第二十九冊，分別收錄了久松的關於覺的哲學和藝術、茶的哲學的文字。

四、久松真一在禪佛教方面的經驗與體證

首先我要指出，久松對禪的理解，並非局限於學術、義理的講求的層面，他是因生命的問題而涉足禪的；禪對於他來說，是一種生命的學問。同時，他以自己的禪觀作為生活的指標，把禪的修行灌注到生活的多個層面或領域，以禪來潤澤生命。他一方面講禪的哲學，另外又真的過禪的生活，這包括打坐、實踐與禪有密切關連的書道、畫道和茶道，又擅長繪畫一圓相，表示他在禪方面的體會。他又寫禪詩，作禪的俳句，刻印，更建立禪的美學思想，讓宗教與藝術結合起來。[26]最重要的是，他又以禪作為基礎，推展宗教運動，把人的主體（無相的自我）、歷史與社會世界（全人類）結合在一

24　〈まえがき〉，《禪と哲學》。

25　如頁 216、241、405-410、410-415、417-418。

26　《久松真一著作集 7》所謂《任運集》便收錄了久松在這些方面的成果。（東京：理想社，1980）他的書法，尤其蒼勁有力，展示禪的大機大用的動感，極有禪的「游戲三昧」中的游戲的意趣。我曾對禪的「游戲三昧」作了新的說法，參看拙著《游戲三昧：禪的實踐與終極關懷》（臺北：臺灣學生書局，1993）。

起，成為三位一體，使禪進入時間與空間之中，作客觀化（objectification）的開拓，這便是 FAS 的成立。關於這點，我會在下面再作交代。在京都學派的同仁之中，他是最全面的宗教人物，在他的生活中，學問與工夫實踐是結合在一起、打成一片的。

以下我試述一下久松在禪道上的心路歷程。久松出身於虔誠的真宗佛教家庭，屬淨土系統。他從小便是一個堅定的佛教信徒。但在他踏入初中階段，不斷接觸科學知識，了解到現代人的真實的處境，理性的批判精神讓他察覺到單憑信心支持的宗教信仰是站不住的。特別是，他是最強調信仰的淨土教出身的，對信仰有濃烈的感受。他一方面自覺到生命裏的罪的強烈催迫感，渴望把它除掉；另一方面，他又不認為這罪會注定他要下地獄，他亦沒有冀望要得到佛陀的救助而獲新生。在這個兩難（dilemma）的困境中，他毅然放棄自己一直堅守的宗教信仰，而轉向理性的哲學探索，希望以理性來解決生命存在的問題。後來他考進京都大學，受學於西田幾多郎。西田的敏銳的哲學洞見與深邃的宗教體驗，喚醒了久松的內藏的深厚的宗教情懷。他開始意識到哲學的知識雖然奧妙，但畢竟只停留在客觀的認知層面，理性思維總不免是抽象的。他多年來的哲學探求並無助於解決他自身的生命存在的問題。於是，他嘗試通過實踐來對自己的存在作出自我轉化。這樣，他選擇了禪來突破哲學的限制，自此奠定一生的路向。禪的實踐的性格，對當時的久松來說，有很大的吸引力。

進一步，久松離開京都大學，跟隨妙心寺的池上湘山老師修禪。起初，他並不滿足於純然地聽老師講道，只是感到隔靴搔癢。後來他進入禪堂，跟禪師一起坐禪。就在坐禪的當兒，他體驗到自己變成一個大疑團，就像在生死存亡的緊急關頭，無路可走，霎時間，疑惑者久松與他所疑惑的東西合而為一，大疑團突然瓦解，他第一次覺悟到自己的「無相的、自由的真我」，感到前所未有的輕鬆與喜悅。他覺悟到超越有無的「無生死」的真理，體證得在價值與非價值以外的「不思善不思惡」的意義。他多年來百思不得其解的生命問題，於此徹底解決。這些問題，正是生死、善惡的矛盾的、背反的

問題。[27]在這裏，我姑引述一些有關久松當時的感受與經驗的文字：

> 他（按指久松自己）的精神變得極其怪異，但不是精神病學所診療而
> 得的那種性格。他想著無論如何要把這主體的問題解決掉，因此決意
> 透過禪來突破這個難題（aporia）。（〈學究生活の想い出〉，頁
> 426）

> 他訣別所謂有神論的宗教，在對於講求對象的知識的哲學的絕望之
> 中，他所選取的途徑，不單單是宗教，也不單單是哲學，而是行動的
> 主體的證知，它必須是對於主體的證知的行為。這樣他便選擇了禪。
> （同前）

> 他並不是要把任何個別的問題當作對象來解決，也不是要把普遍的全
> 體的問題當作對象來解決，也不是心中懷有巨大的疑問那種情況，而
> 是自己（的生命存在）化作一個整一的大疑團。（同前，頁 432）

> 他，作為一個大疑團，突然從內部冰消瓦解，即使是如銀山鐵壁般堅
> 固的湘山（按指池上湘山，是西田幾多郎介紹給久松的禪師）老師也
> 即時形跡崩壞而銷匿，湘山和他間不容髮地結成一體。在這當兒，他
> 無形無相地覺證到那自由自在的真正的自我，同時也見到了湘山的真
> 正的面目。（同前，頁 433）

　　跟著而來的是繼續在修禪方面推進，以深化、廣化自己的覺悟境界。他
又創立 FAS 協會，進行宗教運動，關於這點，我會在後面闡述。另外，為
了讓禪的修行與所達致的境界得到國際方面的認可，久松又展開一連串的宗

27　有關久松在修道歷程中的經驗，特別是他的宗教意義的覺的轉向，可參考他自撰的
　　〈學究生活の想い出〉，《久松真一著作集 1：東洋的無》，頁 415-434。

教對話（religiöse Begegnung），他遍遊歐美，與重要的思想家、宗教家進行交流，此中包括布巴（M. Buber）、馬素爾（Gabriel Marcel）、布爾特曼（R. Bultmann）、海德格（M. Heidegger）、榮格（Carl Jung）、布魯納（Emil Brunner）和田立克（P. Tillich）。**28**

五、東洋的無

　　久松在禪方面的經驗與體證，聚焦在六祖慧能在《壇經》中說的「無一物」對一切對象性的超越和「不思善，不思惡」的對一切二元對立關係、背反的克服方面。他認為，在這種體證與思維中所突顯的主體，是絕對的主體性（transzendentale Subjektivität），這樣的實踐修行正是「絕對主體道」。在他看來，《壇經》所說的無，是終極的原理、真理，也是終極的、最高的主體。他認為這無是東方哲學與宗教的關鍵性觀念，因此稱之為「東洋的無」。

　　久松寫了一篇〈東洋的無の性格〉，暢論東洋的無的性格或特質。在他看來，這東洋的無正是絕對無。久松自己也強調這種無是在與西方文化對比的脈絡下的東方文化的根本的契機，或關鍵性的思想，它特別是佛教的核心概念和禪的本質。這種無有六大特性。第一點是無一物性，如上面所提過。久松的意思是東洋的無不能作對象看，它不是一個物事。就主觀的心境來說，我正是無，在我方面是一無所有。這我超越內在與外在的分別。通常我們很少有不與內在或外在事物相連的時刻，由顏色、聲音到善惡、身心，都可與我相連起來。所謂自我或心靈，總是一個與對象相連起來的自我或心靈。久松特別強調，哪一個東西，不管是具體的抑是抽象的，只要是與我相連，成為我的對象，即是一個存在，即是一物（Seiende），即足以束縛自我。若我不與任何對象相礙，即是「無一物」。特別是，此時它可以不止是無一物性，而且有無一物的作用，能在種種事物中起種種妙用。這樣，無一

28　久松與上述人士的對話，散見於他的《久松真一著作集》各卷之中。

物便不純然是負面的、否定的意味，它毋寧已轉化為一種活動，一種不指涉任何對象性的活動。這實已通於筆者所提的純然是動感的純粹力動（reine Vitalität）了。

第二點是虛空性。久松引述永明延壽《宗鏡錄》卷六所陳虛空的十義，並一一關連到東洋的無方面去。他的說法如下：

1. 無障礙：東洋的無無所不在，它遍布十方世界，但不為任何東西所障礙。它包含一切東西，但不保留任何東西的痕跡。按這頗有場所的意味。場所是一切諸法的遊息之所，但諸法去後，無形無跡存留。這是由於場所是精神性格的，不是物理性格的。

2. 周遍：東洋的無滲透至一切東西之中，包括物質性的、精神性的東西。它是無所不在的。按這是指東洋的無的內在性。

3. 平等：東洋的無平等對待一切東西，而沒有淨染、貴賤、善惡、真妄、聖凡之別。這些都是相對相，東洋的無是克服一切相對相的。按這是指東洋的無的超越性。

4. 廣大。東洋的無是一個整全，其中不包含任何外物在內。在時空方面都沒有分限、際限。它超越時空性。按這有表示東洋的無超越現象層面，屬本體層面的意味；但這本體不是實體，而是終極原理之意。

5. 無相：東洋的無沒有空間的物相與時間的心相。在一般眼光看來，物體是在空間方面有相狀的，它總占有空間；但心不占有空間，沒有相狀可言。久松以為，心相是在時間上說的，故心還是有相。只有東洋的無才是真正的無相，它超越空間與時間。按久松這裏說心，是從現象方面、經驗心理學方面說，故還是有相。東洋的無有心方面的涵義，亦即是主體性，這是絕對的、超越的主體性（absolute-transzendentale Subjektivität），沒有時空性可言，因而是無相，既無空間相，亦無時間相。

6. 清淨：東洋的無不是物也不是心（按這是指經驗的、現象的心），因而完全沒有封限，故自身沒有染污，也不會被其他東西所染污。有封限的東西才有被染污的可能。可以說，東洋的無是絕對清淨的，它超越一切染污與清淨的對立格局。按這種說法讓人想起北宗禪的神秀所說明鏡臺或清淨心可

被塵埃熏染的說法。神秀所說的清淨心有靜態的傾向，一如明鏡那樣，可以擺放在那裏，因而可為塵埃所熏染。而作為東洋的無的心則是超越的活動，它不停在動轉，任何染污若沾上它，馬上會被它的動感所揮去，因此它是純淨無染的。

7. 不動性：東洋的無無始無終，這是超越時間；無內無外，這是超越空間。它不生不滅，因而沒有成壞可言，故不變化，不作動。按在這裏我們需要注意，這裏說不動、不作動，並不是東洋的無不能活動之意，卻是這東洋的無活動而無動相。動相是在時空中展示的，東洋的無是超越的活動，不在時空所宰制的範圍，因而無動相可說。

8. 有空：東洋的無完全超越一切分別與計量。久松認為有是有量，是可量度性。沒有可量度性，故是有空。

9. 空空：東洋的無不是「某些東西的有與無」中的無，卻是超越這些東西的有與無。倘若它是這有與無中的無，則它不過是相對於某些有的事物的無，是相對性格，不是絕對性格。東洋的無是絕對性格的。所謂「空空」指不是空或無，否定空或無。這被否定的，正是與有相對反的無。按這空空既是對於與有相對反的無的否定，則亦必否定與無相對反的有。這樣，便得出同時否定相對意義的有與無，這便是非有非無。這正是中觀學龍樹所提的中道（madhyamā pratipad）的義蘊。

10.無得：東洋的無即是無一物，故不能擁有任何物，它也不能自己擁有自己。它是完全無物可得的。這表示東洋的無排斥對象性，它不是一種可以被處理的對象。

久松以為，東洋的無與虛空同時具足這十種義理，但它畢竟不同於虛空。虛空不但沒有覺識，也沒有生命。東洋的無則有覺識與生命，這主要表現於心靈中。它是一個超越的主體性，在活動中表現其存在性。這裏要注意的是，東洋的無是一種有機的（organic）主體，或主體性（主體與主體性暫不作區分），這種機體主義有點像懷德海所採取的哲學立場，在他來說，作為終極實在的事件（event）、實際的存在（actual entity）、實際的境遇（actual occasion），都是一種機體（organism），整個宇宙也可說是一個大

機體。

綜觀東洋的無的這種虛空性所具有的十方面的義理，很有重複的意思，這即是東洋的無或虛空的超越性，超越一切事物、對象的二元性（Dualität）、背反性（Antinomie）。這超越性自然可以通到《壇經》所說的「無一物」的意味。無一物即是對對象性或物性的超越，對象性或物性都是相對性，對象或物（體）都存在於背反的關係中，亦即存在於相對的關係中。東洋的無的最大的意義特色，便是對一切背反的超越、克服，亦惟有超越了、克服了背反，絕對性才能說。久松的這種思維方式，與《壇經》的說法是一貫的。

東洋的無的第三個特性是即心性。久松以心來說東洋的無，可謂恰當。這心不是認識心，不是道德心，不是藝術的欣趣心，更不是經驗慣習的情識，而是上求救贖的宗教解脫心。它是終極的主體性，是無執的主體性。它是通過遮詮的、否定的方式顯現出來，如久松所示，是「身心脫落」（道元語）境界中所透顯的心。在「身心脫落」中的「心」（被脫落掉的心）是有執的心，執著身與心也。使身心脫落的心，則是這無執的主體性，是東洋的無。禪籍中常常提到的「正法眼藏，涅槃妙心」、「直指人心，見性成佛」、「以心傳心」、「直心是道場」（《維摩經》語）、「自心是佛」、「即心即佛」、「心外無法」等，其中的心，大體地、寬鬆地來說，便是這無執的主體性、東洋的無。不過，我們可以說，這種透過遮詮的、否定的方式突顯的心，總是帶有消極的、被動的意味。我們同時可以表詮的、肯定的方式來說心，展現它的積極性、動感。如筆者所提的純粹力動，是心也是理，是純然的、沒有經驗內容的超越的主體性，是萬法的存有論與宇宙論的依據。它的意義與作用，是正面的、積極的、動進的。

第四點是自己性。這是內在性的問題。東洋的無具足內在性，內在於我們的生命之中。久松以為，東洋的無是佛的性格，它自身便是佛的所在，佛即是自己。東洋的無是作為自己的佛，不是作為能超越與控制自己的那個主體。佛即是自己，是純粹的主體、絕對的主體。久松以為，禪視佛為一終極的主體性的主體，亦即絕對的主體，這即是東洋的無。《壇經》曾說「自佛

是真佛。自若無佛心，何處求真佛？汝等自心是佛」，這所謂「真佛」，便是指東洋的無。還有，禪門中喜言「見性」，或「見性成佛」，這所見的、所顯現的「性」，可以說即是東洋的無。這是自己的生命的本質，亦即是佛性。按久松說來說去，無非是要強調東洋的無即是佛性，是成佛的超越的依據（transzendentaler Grund）。這亦是《壇經》所說的自性。

第五個特性是自在性。這是指東洋的無對於一切相對的兩端、種種分別的二元對立的超越性而言。它超越是非、善惡、凡聖、生佛、有無、生死、存在非存在的二元性，而為一絕對的主體性。久松認為，禪的境界是任運自在，不把佛放在超越地和客觀地外在的位置。《碧巖錄》所謂「有佛處不得住，住著頭角生；無佛處急走過，不走過草深一丈」，便是教人不要住於有佛（佛）與無佛（眾生）的相對的兩端。所謂「有佛處不得住」、「無佛處急走過」也。這相對的兩端足以做成身心的束縛。不為佛或眾生凡夫的分別所繫，便是真正的、自由自在的境地。按久松這樣以超越一切相對性來說東洋的無，其意實已涵於上面所說的東洋的無的虛空性中。不過自在性是從正面說，虛空性則傾向於負面的、消極的說法。

第六也是最後一個性格是能造性。久松認為，東洋的無對於現象世界來說，具有能造性，它是創生宇宙萬象的本原，但它自身卻能保持不變，所謂「不動性」。久松以水與波浪的關係作譬，水能變現出成千上萬的波浪，但自身總是不變。久松以為六祖所謂「自性本無動搖，能生萬法」、「一切萬法不離自性」，與《維摩經》所講「從無住本立一切法」，都是東洋的無的能造性的意思。在這裏，我想對久松的說法作些澄清與回應。說東洋的無是創生宇宙萬象的本原，因而有能造性，這是宇宙論的思維。「造」與「創生」有相當濃厚的宇宙論的意味。在佛教中，唯識學（Vijñāna-vāda）有這樣的思維傾向，它所說的種子現行、在變現（pariṇāma）、詐現（pratibhāsa）中建立諸法，的確有構造論、宇宙論的意味，存有論更不用說了。但在禪來說，則完全沒有這種意味。禪的目標，如達摩禪的旨趣「直指本心，見性成佛」，完全是救贖、救渡意義的，它對客觀世界的事物的生成、建立與變化，並不是很關心。我們可以確定地說，禪是沒有宇宙論的；

上面所引《壇經》的「自性……能生萬法」，並不是宇宙論意義，「生」不是宇宙論的概念，而與依據義有直接連繫。即是，作為佛性的自性，是萬法特別是緣起性格的萬法的依據；佛性不是實體，更不是創造主，不能宇宙論地生起萬法。這個意思與龍樹的《中論》（*Madhyamakakārikā*）所說的「以有空義故，一切法得成」，倒是非常接近。佛性與空義對於萬法來說，不是創生者，而是義理上的依據。久松以東洋的無具有能造性，能創造宇宙萬象，顯然不諦當。《維摩經》說的「從無住本立一切法」，這「立」也不是創造、創生的意味；《維摩經》也沒有宇宙論的思想，後者是專講宇宙的生滅法的生成與變化的。

　　久松也在這能造性的脈絡下說東洋的無的動感。他認為創生是需要動感的。說東洋的無具有動感，這不錯。但動感不一定要關連到宇宙論的創生方面去。實際上，久松自己便有「能動的無」的說法，以表示無的能動性。這能動性的意味亦應涵於上面的即心性之中。以無為心，為主體性，心或主體性自然是能活動的主宰，故無亦應有能動性。[29]

　　綜觀久松所說的東洋的無的六個特性，大體上與般若思想與中觀學的空，特別是禪的無相應，展示出非實體主義（non-substantialism）的哲學旨趣。但亦有其問題所在，如上面剛提及的能造性。這能造性通常是就實體主義說的，由此可推演出一套宇宙論來，如基督教的上帝、印度教（Hinduism）的梵（Brahman）和儒家特別是宋儒如張載所提的氣、太虛。非實體主義很難說宇宙論，要說，便得間接地通過終極原理的變現、詐現（pratibhāsa）作為媒介。久松在這一點上顯然著力不足，誇大了東洋的無的功能、作用。另外一點是，那東洋的無的六大特性在意義上有重疊，上面提到的超越性是一明顯的例子。而橫列地把東洋的無的特性拆分為六個方面，讓人有零碎的感覺，顯現不出作為終極原理、真理的整一性格、一體性格。對於禪所說的心、佛性、自性，或東洋的無，我在拙著《游戲三昧：禪

---

[29] 有關久松的東洋的無的十種性格，參看他的〈東洋的無の性格〉，《久松真一著作集 1：東洋的無》，頁 33-66。另外此文有 Richard De Martino 的英譯 "The Characteristics of Oriental Nothingness", *Philosophical Studies of Japan*. Vol.II, pp.65-97.

的實踐與終極關懷》中以不捨不著的機靈動感或靈動機巧的主體性來說,這則是縱貫的說法,久松所提的那六個特性的意涵都包括在裏面了。縱貫地說是綜合地扣緊靈動機巧的動感來說主體性,把它的一切性格都還原到這種靈動機巧的動感方面去;散列地、橫列地說則是把有關的性格一一列出,以分解的方式闡說這些性格的涵義。

六、無相的自我

上面說,京都學派哲學的核心觀念是絕對無,每一位成員對於這絕對無都有自己的解讀和發揮。當然這些解讀和發揮在義理上是相通的、互補的,也與各成員自身的獨特學養與旨趣分不開。就久松真一來說,他以無相的自我來說絕對無。這種說法與六祖慧能的《壇經》的精神最為相應,而與由慧能傳承下來的禪法如馬祖禪、臨濟禪以至無門慧開的《無門關》的內容,也有非常密切的關係。《壇經》所說的「無一物」的根本旨趣、立場和「無念為宗,無相為體,無住為本」的三無實踐,都是久松的無相的自我的義理與實踐的基礎,特別是「無相為體」的說法直接展示久松與慧能禪法的一脈相承;而我在這裏所作的判教,以「無相立體」來突顯京都哲學對佛教的理解,也表示這種理解的文獻學與義理方面的依據。

久松在自己的著作中時常提到無相的自我,這是他的終極主體的觀念。以下我基本上依據一份較少人留意的文獻來闡述他的無相的自我觀點,這即是他與田立克的對談記錄;這記錄自然談不上學術性,但頗能在一種比較宗教的角度下反映出無相的自我的深層義蘊。[30]按無相的自我的主要意思,自

---

[30] 這個對談的日文記錄,載於《久松真一著作集 2:絕對主體道》中,題為〈神律と禪的自律〉(東京:理想社,1974),頁 563-591。英文本則參見"Dialogues, East and West: Conversation between Dr. P. Tillich and Dr. Hisamatsu Shin'ichi", *The Eastern Buddhist*. Vol.IV, no.2 (Oct. 1971), pp.89-107; Vol.V, no.2 (Oct. 1972), pp.107-128; Vol.VI, no.2 (Oct. 1973), pp.87-114.中文譯本有梁萬如、吳汝鈞譯〈東方與西方的對話:保羅田立克與久松真一的會談〉,吳汝鈞著《京都學派哲學:久松真一》(臺北:文津出版社,1995),頁 207-257。

然是沒有任何相對相狀的自我，只有絕對性格的自我；同時，亦應含有自我不在一種相對的脈絡認取對象的形相，以至執取對象的形相為實在的意味。

首先我們可以說，無相的自我是一個觀念，是我們的生命存在的真實的主體性。但這樣說還不夠，我們應從實踐一面看無相的自我在現實生活中的呈現，和它所起的作用。久松先提出德國神秘主義大師艾克哈特的「孤離」（Abgeschiedenheit）觀念，表示當人在任何事物中達致這孤離的狀態時，正是喚起、喚醒自己的無相的自我的好時機，這亦可以說是孤離的自我。這孤離並不是負面意味，不是否定。具體地說，孤離不是一種相對意義的否定，也不是一種簡單的對行動的否定。在艾克哈特來說，孤離表示一種空掉自身的狀態（Zustand）。但這並不表示要消棄一切相對性格的內容；毋寧是讓自己從紛亂的狀態中釋放開來，以達致一種寧靜的心境。這心境是要呈現自我、無相的自我的首要條件。即是說，孤離可使我們從所謂物理的、軀體的東西、精神性的東西分離開來；而正在這種分離之中，真我、寧靜的自我便能自我喚醒和自我呈現。這有集中的意味，集中自我的生命力量的意味。但不是田立克所說的集中，如田立克在柏林的咖啡室中集中地、專心地準備作一場演講的那一種。這只是集中精神在來日要進行的講演、講課、講道等的論點或題材方面。按這是以思考作為媒介而使自己的精神、精力集中起來，不往外發散；是一般的集中。久松所說的集中，是沒有對象的集中，不管這對象是甚麼，這可說是無集中（對象）的集中，是真正的集中。無相的自我便是在這樣的集中中透顯其自己，由潛存的狀態轉而為實現的狀態，由此可以生起種種妙用。我們也可以說，在這種集中而起妙用中，集中者與被集中者冥合而為一體。這其實也可以說是一種解構的集中，當所有東西被「解體」、被「否定」或被「空掉」時，只剩下空無（Nichts），這正是無相的自我展現自己的殊勝背景。

弔詭的是，無相的自我在無對象的集中、無集中的集中中，呈現了自己。而它的呈現，有一種活現的作用，有一種自由的運作，在這種狀況之中，一切具有形相的事物便出現，成立起來。即是，由於無相的自我的自由作用，可使有形相的東西呈現它自己。這是無相的自我的妙用，京都哲學家

說的「真空妙有」中的「妙有」，也有這個意思。但這種情況只能在達致「真空」的境界才可能，而真空的境界正是無，無自性（asvabhāva）、空（śūnyatā）。這境界與無相的自我一脈相承。要注意的是，這真空妙有使一切諸法成立，只有存有論的意義，真空妙有可作為諸法的存有論的依據。但這與宇宙論無涉，後者是直接交代諸法在經驗層中的生成與變化的。真空妙有不談這些問題。

關於無相的自我的呈現問題，我們可以說，無相的自我自身便有一種讓自身呈顯的力量，不需要依靠外在的媒介。這種思維，讓我們想到海德格的一句名言：真實的本質便是呈顯，或真實在其呈顯中證成它的本質（Sein west als Erscheinen）。[31]無相的自我是真實，它自身便含有呈顯的能力，這呈顯正是它的本質。

另方面，久松又就無相的自我的呈顯的背景宣稱無相的自我是最具體的實在。與它比較，所有事物都是抽象的。無相的自我可以說是在實際時刻中的「實質的創造」或「具體的運作」。與無相的自我比較，一般的形相如杯子或桌子都是抽象的。這種說法展示一種超越常識的洞見。說無相的自我是具體的，自然不是就以分解的方式把無相的自我跟它所創造的事物分離而單提地說，而是從既成的存在物中含有無相的自我的存有論的依據這一點說。即是，無相的自我具有自我呈現的能力，這也是它的本質；說無相的自我是具體的，是就它存在於依它而存有論地成立的具體事物說。無相的自我是最具體的實在，表示存在於具體事物中而作為它們的本質的無相的自我是具體的，一切存在都不能遠離無相的自我而有其存在性。這種說法與現象學宗師胡塞爾（E. Husserl）所說的「本質是具體物（Konkreta）」在旨趣上不謀而合。[32]胡塞爾的意思是，本質（Wesen）不能被抽離而存在，它必存在於具

---

[31]　M. Heidegger, *Einführung in die Metaphysik*. Tübingen: Max Niemeyer Verlag, 4. Auflage, 1976, S.108.

[32]　E. Husserl, *Ideen zu einer reinen Phänomenologie und phänomenologischen Philosophie*, Erstes Buch: *Allgemeine Einführung in die reine Phänomenologie*. Neu herausgegeben von Karl Schuhmann, Den Haag: Martinus Nijhoff, 1976, S.153.

體物之中，故一說本質，便須關連著具體物說，在這個意義下，他說本質是具體物（Konkreta），不是抽象物（Abstrakta）。無相的自我是本質層次的東西，但它不能存有論地遠離具體的事物。這顯示出人有東西方的地理上的不同，但在思維上則沒有東西方之別。就筆者所知，久松的著作似乎未提及胡塞爾的現象學，即使有，也不多見。他們的相近說法，實表示出「人同此心，心同此理」也。

說到無相的自我的顯現，我們不妨就藝術創作這種文化活動來具體地說明一下。田立克便提議我們直觀一件藝術品，以例釋無相的自我的存在性：我們仍未能達致無相的自我的自覺層面，而直觀一件藝術品，與已達致這個層面而看同樣的藝術品，有甚麼不同？久松的答覆是，一個藝術家若已喚醒他的無相的自我，呈現他的無相的自我，則無相的自我會被表現於藝術品中。以禪的繪畫為例，畫家正是那被繪畫的。畫家在他所畫的東西中表達了他的無相的自我。看畫的人也會喚醒他的無相的自我，而他所注視的禪藝術也同時表現了他的無相的自我。[33]按我們應再加一句：所有的無相的自我都是同一的，無相的自我是一普遍者（universal）。只是在個別的當事人中，依後者的特殊的條件，而有不同的呈現。

進一步，久松真一表示，如果一個已覺醒的畫家在一幀畫作中表現他的無相的自我，而那幀畫作被某個還未覺醒的人觀看時，看畫者便因此能夠把自己滲透到他自己的無相的自我中。按倘若是這樣，我們觀賞藝術作品，特別是那些能呈現作者的無相的自我的作品，有助於我們喚醒自己內藏的無相的自我。

有一點我們要注意，上面提過我們的無相的自我自身便具有呈現的能力。久松更堅定地表示，無相的自我只要它是自我，便包括了自我覺醒，這其實是自我呈現，這亦可通到上面所提海德格的說法方面去：無相的自我本質上便會呈顯。久松的說法是無相的自我是有活動的，它是要自我表現或展示它自己的。這種禪的無相的自我不是一個死的本體觀念、存有觀念，而是

---

[33] 《久松真一著作集 2：絕對主體道》，頁 568 上。

一個「活的」自我喚醒或自我實現，能創造地自我表現。而作為一種正在運作的「活的」無相性，它能夠在任何內容或透過其中來表現自己，表現為「無內容」的自我。按這內容是指經驗世界的多樣內涵。說無相的自我有內容，表示它可以透過經驗世界內任何東西表現它自己。久松自己便說，無相的自我有無限的內容，所謂「無一物」有著具有無盡藏的內容的意味，它可用的形相或內容是無限定的。

　　以下我要略述艾克哈特與田立克對於與無相的自我相應的道的看法，以突出無相的自我在比較的脈絡下的義蘊。田立克提到，艾克哈特認為道（Logos）內在於每一個人之中，它顯示一點，那是人不能空掉的、否棄的，這即是神存在於每一個人的心中。道會受到有限事物的障蔽，不能顯發出來，只作為潛質而存在。但若能去除這些障礙，道便能開顯。[34]按無相的自我亦有這種潛藏的狀態，它的喚醒相應於這道的開顯。道與無相的自我的顯著的不同在於，它不是沒有形相的，它自身便是神的形相。它的呈現，是「被生」，為神所生，也可以說是為我們所生，因它是內在於我們之中的。它是一個具體的神聖形相，艾克哈特常將歷史上的耶穌與這道聯繫在一起，以《聖經》中的耶穌的圖像來把它具體化。因此，道不是無相。

　　就佛教特別是禪與德國神秘主義來說，艾克哈特有完全貧乏（Armut）一觀念，這是空卻主客的二元性（Dualität）的意味。二元性被空卻、克服後，並不是完全空虛，卻是正在空卻的活動中，有真正的解脫的、救贖的意義的行為生起。田立克指出，道是一個具足動感的原理，是愛或恩惠（agape）的原理。但它不是無相的自我，無相的自我是那個我們所自來的神聖的深淵（Abgrund），是那無基底者（Ungrund）。在久松看來，這無基底者正是人的無相的自我，是具體的呈現，所有有形相的東西都由此而來。正是由於無相的自我的自由運作，具有形相的東西才能出現。

　　久松以無相的自我來說絕對無，表面看來，很能吻合南宗禪特別是慧能禪、臨濟禪、《無門關》的精神。特別是慧能禪的《壇經》裏面講的精義，

34　同前，頁 566 下-567 上 ff。

如「無一物」（「本來無一物」）、「無念為宗，無相為體，無住為本」、「不思善，不思惡」等的涵義，都在無相的自我中得到申張。這是非常明顯的一點，我想不必在這裏闡釋了。不過，若深入地、仔細地思索禪的本質，一方面有它的靜斂的一面，《無門關》提到的「游戲三昧」中的「三昧」可以印證這點。[35]按三昧或三摩地（samādhi）是一種心所，是把心力、精神聚斂起來而不向外發散的統一作用，把心、精神集中到一對象上去，而凝斂其力量，進入宗教意義的深沉的瞑想境地。進一步可把對象移除，心、精神也能自我集中，如久松所提的無對象的集中、無集中的集中。「無相的自我」中的「無相」，與這點很能相應，相即是對象、對象相也。這樣說無相，是在工夫論上說，是沒有問題的。但若從存有論上說，問題便來了。相（lakṣaṇa）是對象（Phänomen），概括現象世界、經驗世界。這世界在佛教來說，是指世俗存在，是俗諦（saṃvṛti-satya）所對的世界。這雖不是勝義的存在，與第一義諦（paramārtha-satya）沒有直接關係，但是我們日常接觸的、生於斯、長於斯的環境。我們凡夫畢竟是腳踏著這個世俗的大地而生活的，在很多方面都與這個現象世界不能分離，與後者有極其密切的關連。倘若「無」了、否定了、遠離開它，生存便失去依據，連存在於甚麼地方，都成了問題。故作為現象世界的相是不可無的，無相的確有虛無主義的傾向。京都學派喜歡說「真空妙有」，若否定了相，「妙有」便不能說了，妙有是以相為基礎的。我自己曾說過，相是不能無的、否定（單純的否定）的。我們應該「相而無相，無相而相」。即對於相或現象世界，我們不應執取，不應視為有自性，這是「相而無相」；但最後還是要回落到這個現象世

35　無門曰：「……莫有要透關底麼？將三百六十骨節，八萬四千毫竅，通身起箇疑團，參箇無字，晝夜提撕。莫作虛無會，莫作有無會，如吞了箇熱鐵丸相似，吐又吐不出。蕩盡從前惡知惡覺，久久純熟，自然內外打成一片。如啞子得夢，只許自知，驀然打發，驚天動地。如奪得關將軍大刀入手，逢佛殺佛，逢祖殺祖，於生死岸頭，得大自在，向六道四生中，遊戲三昧。」（《無門關》，《大正藏》48‧292 下-293 上）對於游戲三昧，我頗有自己的詮釋：三昧是作禪定工夫，積集功德；游戲是把這些功德用於世間，普渡眾生，能夠善巧地運用種種法門，救助眾生，一切是表現得那麼自然，如小孩遊戲般。

界中，只是不對之執取便是，這便是「無相而相」。久松只注意相而無相，
未充分注意無相而相，是很可惜的。

至於「無相的自我」中的「自我」，則更犯了佛教的大忌。「我」
（ātman）這個字眼在佛教特別是釋迦牟尼和原始佛教的教法中，是要被拒
斥的，因此說「無我」（anātman）。三法印中的諸法無我，此中的我，可
指我的自性（svabhāva），也可指諸法的自性。不管怎樣，「我」總是負面
的字眼，一切與佛教有關連的說法，都應避免用這個字眼。龍樹所強烈拒斥
的，是勝論（Vaiśeṣika）、數論（Sāṃkhya）等實在論，拒斥的焦點即是神
我（prakṛti）。六祖《壇經》說到佛性、如來藏，都不涉及「我」，而說
「自性」。但這自性又易與佛教緣起說所說的諸法無自性的自性相衝撞，那
是另一問題。《大般涅槃經》（Mahāparinirvāṇa-sūtra, Yons-su mya-ṅan-las-
ḥdas-pa chen-poḥi mdo）雖說常、樂、我、淨，發揚涅槃大我，這我不同於
無我的我，但一說到佛教，自然會把焦點置於釋迦佛法與原始佛教之中，為
免誤會，還是不提「我」為妙。久松以自我說無，以無相的自我說絕對無，
並無必要，特別在涉及禪的本質來說，並不明智。筆者說到禪的本質，以不
捨不著的靈動機巧的主體性來說，可以避免「自我」字眼的問題。

七、人的生命存在之構造的三個導向：FAS

在京都哲學家群中，除了久松真一、三木清、戶坂潤等外，基本上都是
當學者、大學教授，在學院中做研究，退休後則或隱居，或到國外講學、交
流。他們對現實社會的問題所知不多，也很少參與社會的種種事務。他們留
給後人的，是篇幅浩繁的全集或著作集，供有心人去研究，繼續作哲學與宗
教問題的探索。三木清和戶坂潤則推行共產主義思想，要改革社會，但沒有
甚麼成效。久松真一則不僅在學院中講學、研究，還走出學院推進文化業
務，組織協會，進行宗教運動。這即是由他所創立與帶動的 FAS 協會。在
這一點上，他很明顯是超越他的前輩和迄今所見到的後來者，而上追禪的祖
師如道信的營宇立像、弘忍的敞開東山法門、百丈懷海的「一日不作，一日

不食」的親身普渡眾生的勞動精神，也與鳩摩羅什（Kumārajīva）和玄奘主持譯場以大量流布佛典的事功遙遙相契。至於成果如何，那是另外一回事。

按久松所說的東洋的無，在佛教不同的思想學派中，有不同的稱呼，與它相應。般若思想稱「淨心」；如來藏思想稱「如來藏」，或「如來藏自性清淨心」；佛性系統如《大般涅槃經》稱「佛性」；達摩禪稱「真性」；六祖《壇經》稱「自性」、「本心」、「本性」；《大乘起信論》稱「眾生心」；天台智者大師稱「中道」、「中道佛性」；華嚴宗稱「法界性起心」。在東洋的無的那六個性格中，久松顯然很強調即心性、自己性與自在性，這最接近禪，與他以 FAS 來發揮東洋的無，有密切的關連。以下我們即詳論這 FAS。

久松在一篇〈FAS について〉的文字中，談到 FAS 所涵的三個意思，實基於人的生命存在的構造的三個導向，這亦是 F、A、S 所分別表示的三面涵義。F 是 Formless self，即是無相的自我；A 是 All mankind，指全人類；S 是 Superhistorical History，亦即超越歷史的歷史。這三者合起來，構成一個總的意思，或理想：覺醒到自家的超越的無相的自我，站在全人類的立場，去建構世界，創造一個超越歷史的歷史。[36]這裏說以超越的無相的自我去建構世界，讓人想到胡塞爾的以意義構架對象的思想，但久松很可能是自己提出的，沒有受到胡塞爾的影響。他是在禪的脈絡下提出的。這無相的自我正是禪一直宣說的我們的本來面目，或說「自心是佛」中的自心。而覺悟到自家的無相的自我，其意不外是覺悟到那作為禪的根本、根基的本來的自性。這無相的自我若要顯示人的生命存在的深層問題，便要關連到全人類的立場來，這是人的生命存在在廣度方面的維度（dimension）。我們作為人類的一分子所要關心的，並不單是自己的事，所謂「己事究明」，更要超越個人，站在世界的立場，去考慮人類全體的事。這世界的立場不是特定的民族、階級、國家的立場，卻是全人類的立場。除此之外，人的生命存在還有在深度方面的問題，這即是歷史的問題。所謂站在全人類的立場去運作，

---

36 《久松真一著作集3：覺と創造》（東京：理想社，1976），頁 457-472。

並不是站在超越單單是個人的立場，卻是要指涉到歷史方面，要創造歷史。久松認為，我們要由無相的覺悟開始，確立自己的超越的主體性，然後進入時空的世界，顧念全人類的福利，再進而把我們的努力運作滲透過歷史中去。但我們的運作不能只限於歷史之內，受歷史的制約，卻是要站在歷史的立場，超越歷史，去創造自身的歷史。這便是創造一個超歷史的歷史。

F、A、S 這三者是甚麼關係呢？久松以為，三者中，F 所表示的無相的自我是最基本的，這也是東方傳統中所說的一貫的主體性，但它與 A、S 二者的應有的關係，卻從來未能受到足夠的注意與闡揚。而在東方傳統中，雖不能說 F 中完全沒有 A、S 的方向，但在 F 中，A、S 的確定的涵義，卻從未得到清楚的闡述。在這種情況下，F 的運作便常受到質疑。久松認為，目下我們要做的，並不是只從禪的背景來看這 F，而是要擴大開來，從人的生命存在的整一體來看。我們必須在人的生命存在的構造（這不是構造論）上，把 F 與 A、S 緊密地結合在一起，視 A、S 為 F 的不能分離開來的維度。即是說，必須在無相的自我中安插世界與歷史這兩個維度，必須視自我、世界與歷史本來便是三而一、一而三地一體性的。必須這樣處理，無相的自我才能在時（歷史）、空（世界）中得到充分的證成。

在這種觀點下看，F、A、S 三者對於完全的人的生命存在來說，是缺一不可的。倘若只有 A、S，而缺少了 F，則生命存在的源頭便不清晰；反過來說，倘若只有 F，而沒有 A、S，則人的存在開拓不出來。F 所代表的無相的自我，是人的生命存在的真正的、有力的源頭，必須先認悟這個源頭，人的生命存在才有一個真正的主體性，一個決定將來要走的方向與承擔由此產生出來的一切道德責任的真我。但無相的自我也要向空間的社會與時間的歷史方面拓展開來。必須具有這兩方面導向的開拓，無相的自我或主體性才能充實飽滿，才有豐富的內涵。主體性的真實涵義、內容，畢竟是要在具體的時間與空間的情境中落實的。

F 與 A、S 的關係，顯然是一體（源頭、根源）用（發用、表現）的關係。F 是 A、S 的體，A、S 是 F 的用。即是說，無相的自我是拓展至全人類與創造歷史的無相的自我，而拓展至全人類和創造歷史也是無相的自我的拓

展至全人類與創造歷史。就這兩方面來說，久松畢竟是比較重視無相的自我
這一最高主體性的；在體與用之間，他畢竟比較強調體。在他的一篇長文
〈絕對危機と復活〉中，他這樣表示：

> 在禪裏面，那擺脫了外面的他在的神或佛的自我是真正的佛。它完全
> 不受限制，在一切之中自在地妙用它自己，它是在一切之中妙用自己
> 的主人公。這裏，「妙用」的意思是指形成世界及創造歷史的神妙的
> 活動。禪所說的自我以其妙用自在地創造歷史，而不受任何事物所
> 圍。因此，禪所說的自我「超越歷史地創造歷史」（以「S」為記
> 號）。再者，建構世界是以普遍的真正的自我的立場來進行的，意思
> 是真正的自我是以「全人類的立場」（以「A」為記號）來形成世界
> 的。所以，真正的自我是真實地創造歷史的根源的主體性，是以全人
> 類的立場來形成世界的根源的主體性。[37]……我們所說的無相的自
> 我，就是這樣的一個自在的、創造的，及建構性的無相的自我。[38]

> 因此，基本的主體性是無相的自我（F），而妙用則可以用 A、S 來
> 表示。單單是 A、S 而沒有基本的主體性，就不是 A、S 的真正的存
> 在方式。同樣地，單有 F 而沒有妙用 A、S，就不是真正的 F。那個 F
> 應該與妙用 A、S 結合，但又不為它們所限制。具有 FAS 這種動態構
> 造的人就是真正的人。[39]

要注意的是，這裏說無相的自我是體，不是形而上的實體（Substance）的
意思，佛教或禪都反對實體觀念。這種體用觀也不是我在拙著《純粹力動現

---

[37] 久松真一著：〈絕對危機と復活〉，《久松真一著作集 2：絕對主體道》，頁 192-
193。

[38] 同前，頁 193。

[39] 同前。對於沒有形相的自我這一超越的主體性（transzendentale Subjektivität），久松
作「無相の自己」，我則作「無相的自我」，都是一樣的。

象學》所嚴加批判的體用論。這體毋寧是借說,指根源、源泉之意。具體地說,即指一切妙用、發用的本源。妙用不是虛浮無根的作用,卻是發自真實的主體性。

久松懷抱著這樣的宗教理想,和他的信徒在韓戰終了後,積極進行宗教運動與社會運動。他們首先確立了「人類的誓願」,表示他們的意願與抱負,在一九五一年公開發表:

1. 讓我們收攝精神,覺醒自己的本來的自我,對人類具有深厚的情懷。

2. 根據我們自家在生命上的資稟,充分利用它們,認清個人與社會的苦惱及其根源,明瞭歷史所應進行的方向。

3. 聯手起來,沒有種族、國家或階級的區別,以深悲宏願去實現人類對自我解放的熱切願望。

4. 建造一個人人都能真正地和充實地生活的世界。[40]

另外,他們在京都大學成立學道道場,俾能實踐他們的誓願。這學道場有如下綱領:

1. 窮極地學習和實踐地證得(學究行取)絕對的大道,本著這點來參予神聖事業,使世界獲得新生。

2. 去除在宗教上與思想上的固陋的因襲習慣,不隨意採取皮相的和安易的做法,要滲透至現實的底層,發揮自主的和妙應的大用。

3. 要戒除無力的偏面的學習與盲目的偏面的實踐,要學習與實踐一致(學行一如),向大道邁進。

4. 要在或順或逆的境況中,堅持大道的信念,誓必參與道場日的活

---

[40] 久松在他的《久松真一著作集 3:覺と創造》中,收入他自己親筆寫的〈人類の誓〉及〈京都大學學道道場綱領〉頁 160-161 之間。

動，以紹隆學道道場為職志。[41]

很明顯，這人類的誓願主要是發揮 FAS 這一理想的。久松的高足阿部正雄
在他的〈佛教的轉化問題：就特別關聯到久松的 FAS 概念來說〉[42]一文中，
也表示孤離的己事究明必然會變成抽象的和缺乏真實涵義的。這己事究明或
踐履工夫必須走向世界究明，置身於世界事務之中，這是真實的世界，是我
們生活於其中的具有本源義的世界。因此，己事究明是不能離開世界究明
的。進一步，若要研究世界與清理世界的問題，我們便要關連到歷史方面
去，故歷史究明是重要的。

　　這裏我們要注意到一點，久松與阿部很重視己事究明，亦即覺悟內在主
體性的事。他們也意識到這內在的主體性是要拓展的，因而提出世界究明與
歷史究明，俾那作為內在主體性的無相的自我能開拓出空間與時間方面的新
天地。但若具體來說，無相的自我如何在空間方面站在全人類的立場去真正
地建構世界呢？又如何在時間方面超越歷史而又創造歷史呢？世界歷史的真
正面應該是怎樣的呢？這些顯然都牽涉一些具體的細微的專技問題。在這些
方面，久松與阿部都未能有深入而詳盡的交代。他們只在原則上提出有照顧
及世界與歷史方面的需要而已，只在原則上提出無相的自我需要在空間上與
時間上有進一步的開拓而已。這自然是不足夠的。大抵這是由於他們都是哲
學家、宗教家，對理想的、原則性的問題有深入而廣闊的研究，但卻少措意
於現實的、經驗的問題所致。

　　不過，久松也不是不顧歷史，對歷史特別是其根基沒有交代。他也頗有
他自己的一套史觀，亦即是絕對無的史觀。這史觀可見於他的〈平常心〉一
文中。[43]在這篇文字中，我們可以看到久松的史觀的基礎，在禪的「無」一

---

[41]　同前。

[42]　M. Abe, "Transformation in Buddhism: with Special Reference to Hisamatsu's Notion of
FAS". 這是阿部（Abe）於一九九二年送給筆者的一份打字稿本，未悉是否已發表，
或在哪裏發表。

[43]　〈平常心〉，《久松真一著作集2：絕對主體道》，頁103-128。

理念中，這即是東洋的無，或絕對無。關於這點，我在這裏不能詳說，只能
扼要地說一下。以絕對無來說歷史，解釋歷史的出現和發展，的確不容易，
需要走曲路，不能走直路。歷史是很多經驗現象在時間與空間中的一種有系
統、有條理的序列，倘若以實體主義（substantialism）的絕對有（absolutes
Sein）來說，視之為後者開展它自身的歷程，歷程中包含種種不同的、多采
多姿的環節，在觀念上並不困難，這是直路。作為終極原理的絕對有本來便
可以這樣開拓，例如黑格爾（G. W. F. Hegel）便以歷史為絕對精神的流程。
但若以非實體主義（non-substantialism）的絕對無來說，便不順適。由於絕
對無是一種虛靈的、沒有體性義涵或內容的終極原理，要把它與以經驗現象
為內容的歷史拉上關係，或者說，把它建立為歷史中的種種經驗現象的始
基、始源，便需讓它先進行一種方便施設的詐現（pratibhāsa），讓它開展
出具體的、立體的事象、事物。這詐現是一種具體化、立體化原則，終極原
理必須通過它以展現出種種現象，這便是曲折的道路，或曲路。[44]

　　以上我提過多次，久松有心進行一種宗教運動。在這裏，我想著墨談一
下。按一個宗教理想的落實，必須透過宗教運動。而宗教運動的進行，又不
得不憑藉一些具體的組織。久松便在這種考量下，成立 FAS 禪學院。這禪
學院的前身，其實是上面提到的學道道場。而人類的誓願與學道道場的綱領
也正是這組織的重要文獻。為了對 FAS 的根本精神及其內部運作有更深入
的理解，我們要溫習一下這 FAS 禪學院的意念及其成立沿革。這裏所根據
的資料，是阿部正雄在一九六四年五月 FAS 禪學院成立二十周年紀念會上
所作的演講的一份詳盡的講稿。[45]

---

[44] 詐現是一個宇宙論的概念，表示一種具像化、立體化的事物、現象。拙著《純粹力動
現象學》（臺北：臺灣商務印書館，2005）及《純粹力動現象學續篇》（臺北：臺灣
商務印書館，2008）到處都提到它。

[45] 這份文獻是筆者一九九二年七月間在京都作京都學派的研究時從常盤義伸教授手中得
到的，有沒有發表，不得而知。常盤是久松的弟子，是京都學派的一個支持者，曾翻
譯了不少久松的作品為英語，如上面註 18 提到的 *Zen and the Fine Arts*.一九九二年我
見到他時，他是京都花園大學教授。

　　按在第二次世界大戰末期，一群京都大學的在學學生，包括阿部正雄在內，會同當時的教授久松真一，深切反省戰爭的問題。當時日本尚未戰敗，很多年輕的學生被徵召入伍，共赴戰場。他們對戰爭有莫大的懷疑與抗拒，對戰爭帶來的惡果：重傷與死亡，感到震慄，認為這不是生命應有的存在方式。他們不明白人類何以要在戰爭的名義下互相殘殺。在意念上，他們不得不反省一些有關人的存在的根本問題：人的生命存在是怎樣的，應該是怎樣的？這問題與 FAS 的旨趣有密切的關連，也有其普遍性，值得每一個人去關心與探索。而 FAS 禪學院的開始，正是對這問題的設身處地的反思。阿部提到，他們所著力要做的，是探究我們在這個世界上的真實的生活方式，要改造現時的世界，使它變成一個以對人的根本覺醒為基礎的真實的世界。這對人的覺醒，實已隱伏了對人的真實的生命存在：無相的自我，的覺醒的意思。

　　這群有心人士首先成立學道道場，以佛教所闡發的真理作為道場的宗旨，強調要覺醒到這真理方面去。他們稱這種覺醒的實踐為根源佛教的實踐，但又認為這種覺醒不限於佛教，而是人的根本的覺醒。他們稱這道場為「學道」，是源於日本曹洞禪的道元的著作《學道用心集》。所謂道，是對於真理的根本覺醒，而學則是向自家生命內部體會、體證其真實性。依道元，學佛正是體悟自家的自我；後者即是忘記自家的自我；後者即以一切法來印證；後者即是促使自家與眾生身心脫落。學道道場很明顯是承受了這個意思，以學道作為一種自內證真理的實踐。

　　道場的目標是學道。但透過甚麼方式來學道，來實踐呢？他們的主要學道方式是坐禪。他們以為，坐禪是一種完全地和深沉地體認人的生命存在的真實方式，也是最好的方式之一。除此之外，他們也關心理論上、概念上的問題，要從這方面來闡明覺或覺醒的經驗。他們認為坐禪的實踐與理論、概念的講習並無衝突，毋寧是，理論上與概念上的釐析能使坐禪的實踐更有一個明確的方向，同時也增加它的真正的力量。理論上和概念上的釐析或比較是學習的事。關於學習與實踐的關係，阿部在他的講稿中有頗詳盡的交代。他認為我們一邊作坐禪實踐；一邊還要理解各種不同的現代思潮；這些思潮

對當今世界有一定的影響，我們不能完全避開不理它們。要解決現代人的問題，不能單靠坐禪的實踐，而不注意這些現代思潮。實際上，在這些思潮中，常隱伏著消解現代人的困境的線索。故學習是必須的。學習與實踐應是並行不悖的。學道道場的綱領提到「學行一如」，正表示這個意思。而綱領在開宗明義上標出「學究行取」，更強調學習與修行或實踐的結合。

學道道場成立十多年後，久松以 F、A、S 的意念把道場革新，改名為 FAS 禪學院。自此以後，FAS 的宗旨便明朗起來，不像「學道」字眼給人一種偏重宗教、自我問題的印象，卻是要表明這些人士的理想，是要由宗教的關心，推廣開來，以及於社會、國家、政治、民族各層面，以進於新歷史的開拓，取得客觀的意義。

以下我要對 FAS 的涵義及其協會（現在比較多人以協會來說，少以禪學院來說）的近年發展作些反思與觀察。FAS 的構想，作為一個宗教運動的指標，其意義的深遠，不容忽視。由個人的宗教覺醒以推廣至社會以至歷史，涵蓋的範圍遍及空間與時間，實有我國儒學《大學》所標榜的格物、致知、誠意、正心、修身、齊家、治國、平天下的理想與完整的藍圖的內容與程序。只是雙方有不同的偏重：FAS 偏重於宗教，《大學》則偏重於道德，這表示京都哲學與儒家的不同取向。FAS 除了表示一個完整的宗教實踐的構圖外，也有其政治上的意義：反對軍國主義的擴充，反對戰爭。這對於近年人們不斷質疑京都學派與當年日本軍方與政方的秘密關係，多少有點澄清的作用。這是一個歷史問題，我們在這裏不擬多談，也沒有足夠的資料來談。我要強調的是，FAS 的基本意念是很好的，但在實行上與發展上，並不如想像中順利。這個組織在久松尚留在京都大學的時期，即是上世紀五、六十年代之間，達到了發展的高峰期，後來在歐美也開始設立分部。但這組織畢竟是一個民間組織，沒有政府或商人團體的經濟支援（這是與創價學會不同之處），只由一些大學教授、學者來推動，他們都缺乏推行社會運動的經驗，在這種情況下，發展到一個限度，便遲滯下來，不能再進了。特別是，這種發展興旺與否，很受人事輪替的影響。久松的學問與宗教學養，在日本國內外都有一定的知名度，慕名而來者很多。特別是在五十年代末期至六十年代

初期，久松遠赴歐美與當時最負盛名的哲學家、宗教學家、神學家對談，泛論東西方的哲學與宗教問題，獲得多方面的好評。這種光環讓久松對當時的日本學術界、宗教界有一定的影響力，在那段時間，FAS 組織發展得不錯。但稍後久松因年齡老邁退出京都大學而歸隱，FAS 組織的擔子便落在阿部正雄和久松的一些追隨者如常盤義伸、藤吉慈海等人身上。在這些人士中，只有阿部在哲學與宗教學上具有足夠的分量，其他則不行。故在久松退隱後的十多年，FAS 組織仍能撐持下去，每星期的坐禪活動仍能如常舉行，筆者也參予其間。但阿部不是在京都大學任教，而是在奈良教育大學任教，而京都大學的其他的京都哲學家如武內義範和上田閑照，也各有自己的關心與活動，和 FAS 組織沒有直接的連繫，故阿部的影響力終是有限。特別是在八十年代至九十年代之間的十年，阿部離開日本，赴美歐各國作長期講學與進行宗教對話，FAS 組織群龍無首。至九十年代初期，阿部重返京都，才能勉強讓 FAS 的活動繼續下去，他自己也如舊主持坐禪會，但參予的人數已漸漸減少。特別是，阿部已近八十，要整理自己過往的著作出版，時間與精力都不多，能做的事情很有限。到二〇〇六年夏末，阿部以九十一高齡去世，FAS 組織的發展便更困難了。近年負責的先後委員長是山口昌哉和常盤義伸。[46]

---

46 二〇〇六年夏我到日本，找到幾本有關久松的思想與 FAS 協會的書，茲闡述其大要內容如下：

1. 久松真一著《人類の誓い》（京都：法藏館，2003）。這是 FAS 協會編訂的關於該會的宗旨的幾篇重要文字，都是久松寫的。其中包括〈人類の誓い一：その成立の由來〉、〈人類の誓い二：開かれたる道場へ〉、〈人類の誓い三：智體悲用〉、〈FAS について〉、〈現代の課題と FAS 禪〉。這些文字都曾收入在《久松真一著作集 3：覺と創造》中。關西大學名譽教授川崎幸夫寫了一篇〈後記〉，提到久松學問的宗旨是向上和向下導向的（按這相應於淨土宗的上回向與下回向）、自覺與覺他。所謂覺的現成，是以菩薩行施諸眾生方面去。川崎又透露，〈人類の誓い〉是上田泰治、三村勉、北山正迪和阿部正雄等特別委員會的主要成員花了一年時間敲定的，當然也是久松首肯的。關於智體悲用問題，川崎表示，體是本體、究極實在、真如，用是對眾生所起的行動。說智體悲用，是以了達一切皆空的智慧、覺悟為本，而起救渡眾生的慈悲之用。

2. FAS 協會編《自己・世界・歷史と科學：無相の自覺を索めて》（京都：法藏館，
1998）。這是 FAS 協會理事會編輯的以久松思想為討論中心的重要文獻。據該書
的〈前言〉（まえがき）所說，在久松死後（一九八〇年之後）的十七年間，藤吉
慈海與北山正迪分別任 FAS 協會的代表與總務。在這段時間，協會漸漸受到歐美
人士的注意，它所出版的 FAS 的英文期刊 *FAS Society Journal* 也在這些地方流通起
來。一九九三年、一九九七年藤吉與北山相繼去世，在此之前的幾年，協會的工作
集中在論文與一般評論的出版上，特別是著重這些作品的普及性與可讀性，相對
地，學術性、哲學性便淡化下來。這本書的出版，是這方面的一種顯著的表現，分
四個章節：一、無相的自己，二、全人類的立場，三、科學與藝術，四、隨想。
書中有兩篇文章頗堪留意，其一是越智通世所寫的〈死なないということ：生死の
中にいてはわからない〉。文章記述在久松去世前兩年左右，作者與阪神（大阪、
神戶）FAS 協會的成員總共四人探訪久松在岐阜老家，久松穿著素樸的和服相迎。
談到宗教與哲學的頓悟的殺佛殺神的題材後，四人都有「老師更較我們年青」之讚
嘆。久松回應說「年青是由於世壽雖盡但有不滅的本壽存在啊。」其中一個醫生扇
谷正彥說「先生總是那樣健康哩」，久松笑謂「我的世壽雖盡，但不會死的」，表
示自己的形軀雖然沒有了，但由於覺悟，在不死中死去，在不生中生起，遊戲於三
界。
另外一篇文章是常盤義伸的〈久松博士のポストモダニスト構想への批判につい
て〉。其中記載在一九九六年夏天，在荷蘭的阿姆斯特丹（Amsterdam）與萊頓
（Leiden）之間的一個村落的國際禪道場舉辦一場接心的研討會，會中主腦人物ク
リスタ・アンベーク（原來的羅馬體名字待查）發表題為「歐洲的禪者與日本的
FAS 協會的對話的歷史與目的」的報告，指出研討會要處理的兩個問題：一、禪的
根本公案如何在融入歐洲的文化脈絡中被調整；二、在個人的、實存的階段中進行
根本公案的工夫，與今日歐洲的社會、政治世界可以有甚麼樣的連繫。在相近的時
間、相同的地方，佛教與基督教舉行第一次研討會，與會者有阿部正雄、溫伯格勒
特（Jan van Bragt）、法頓浮斯（Hans Waldenfels）等人士。其後每兩年都在同一
地點舉行有關禪的會議。在一九九三年在瑞典的斯德哥爾摩（Stockholm），也舉
行過研討會，其焦點也是集中在歐洲的禪的發展、推進問題。即是，歐洲的文化能
否或如何表現和建立自己的禪文化的問題。其後還有好些相同內容或相近內容的會
議在歐洲的不同地方舉行。這些會議或多或少都反映出久松真一及 FAS 協會的宗
旨與理想。

3. 石川博子著，FAS 協會編《覺と根本實在：久松真一の出立點》（京都：法藏館，
2000）。這是透過解讀西田哲學和久松對西田哲學的理解來看久松的終極實在觀點
和他的覺的哲學與宗教。作者是英美文學研究出身的，其後對京都哲學發生興趣，
雖然沒有哲學與宗教學的訓練，但多年來努力學習，又加入 FAS 協會，成為協會

　　京都學派是一個哲學學派，其中的主要成員都是哲學家、宗教學家，他
們的活動離不開講學、著述和宗教對話。只有久松和阿部在這些活動之外，
進行 FAS 的宗教運動，最後還是人亡政息，近年好像持續不下去了。在這
東亞一大哲學學派之外的另一學派：當代新儒學，也有相似的情況和結局。
在其中，馬一浮創立復性書院，梁漱溟進行鄉村建設運動，唐君毅在新亞研
究所推行中國文化運動，都影響不大，這些活動都是及身而亡。唐君毅先生
本來有較好的機會，獲得美國雅禮協會的經濟支援，但他有心無力，不是推
行文化運動的人才。他又缺乏客觀精神，擢用新亞研究所的自己的嫡系弟
子，安插他們在中文大學哲學系任教，儘管在學問與學位方面都不足，也不
考量。他把新亞研究所作為自己和極少數人的著作的出版機構，人情學問分
不清楚。結果也是人亡政息，在他歿後，研究所便呈解體狀態。

八、終極的二律背反

　　以上我們一直都在探討觀念的問題，包括東洋的無、無相的自我和
FAS。以下我們要集中在工夫實踐或救贖、救渡的問題方面。在這一點上，
禪說得很多，但都是傳統的雙邊否定或雙非的說法，久松則從現代的哲學概
念、視野來發揮。所謂雙邊否定或雙非，是透過對一對相對概念的同時克
服、超越，而提升上來，達致絕對的理境。這種例子在禪籍中多得很，特別
是慧能禪和他的譜系。如《壇經》的「不思善，不思惡」、「於一切法不取
不捨」、「惡之與善，盡皆不取不捨」，《馬祖語錄》的「無造非、無是
非、無取捨、無斷常、無凡無聖」，宗密論馬祖禪「不起心造惡修善」、

的會員，終於寫成這本書。這是一部大膽的撰著，與 FAS 協會有密切關係的關西
大學名譽教授川崎幸夫很推許它，特別是在其中所表現的研究方法。即是，作者透
過久松由年輕時的思想起步，經過艱辛的歷程，最後終能成功，成為禪的一代宗
師，而寫出久松的哲學與宗教學的軌跡；同時也平行地把西田哲學與它對久松的影
響配合來說。這是FAS協會繼《自己・世界・歷史と科學：無相の自覺を索めて》
而出版的FAS論集的第二號。前者是論集的第一號。

「不斷不造」，《臨濟錄》的「生死不染」，《洞山語錄》的「不背一人，不向一人」，《人天眼目》的「非染非淨、非正非偏」，《五燈會元》的「無寒暑」，等等。此中的善惡、取捨、是非、凡聖、生死、背向、染淨等相對概念的組合，稱為背反（Antinomie）。所謂背反，如我在自己很多著作中都提過，指兩個意義完全相反卻又總是糾纏在一起，不能分開的概念組合。由於背反的兩端是相對性格，它們表示相對的理境，要達致絕對的理境，獲得解脫，便得解決背反的問題。

背反或二律背反通常是就人方面說。久松非常重視背反的問題，他在一篇專文〈絕對危機と復活〉中，對背反的解決，進行了全面而深入的反思。這是京都學者群中論背反的一篇重要文獻。[47]西田幾多郎也曾深刻地討論背反（他稱為絕對矛盾）的處理（自我同一）方式，但思辯性太強，不如久松所論般親切、具體，和富有生命存在的實存性格。久松談到很多重要問題，例如罪與死，及復活、覺悟。他把罪與死視為宗教的契機，認為這些契機潛藏究極的或終極的二律背反的性格。人由罪與死所引生的宗教問題，必須深化到它們的究極的二律背反的層面，才能得到終極的、徹底的解決。這便是救贖、解脫了。

久松以危機來說人的死與罪。就死來說，死只是人的生死性格的一端，它的另一端是生。生與死作為人和生物的生命現象，不是兩回事，不能分開來說。兩者其實是同一事件（event）的兩個面向，這事體即是生死性格。久松說：

> 單單是死這回事是不存在的。說到底，死是不能與生分開的。死是生的另一面。在這個意義下，我們必須說死恆常地是「生死」這種性格。[48]

---

[47] 《久松真一著作集 2：絕對主體道》，頁 138-195。

[48] 同前，頁 152。也可參考 M. Abe, "The Problem of Death in East and West", *The Eastern Buddhist*. Vol.XIX, no.2, Autumn 1986, pp.30-61.

久松認為，我們的生命的苦痛煩惱，其根源在於生命的生死性格。要解決苦痛煩惱的問題，必須徹底地從生死的性格著手。這性格可以進一步擴展下去，推延至生滅，以至有無，或存在（有）非存在（無）的極限。按生死只是就有生命的個體說，生滅則可兼就沒有生命的個體說，有無或存在非存在則超越生滅法，指向一些有永恆義的東西，有更廣泛的包容性。久松以為，人的生死危機或背反，可深化至有無或存在非存在的危機或背反。在他看來，這是本體的危機、本體的背反，亦是終極的背反。這可通到西田所說的絕對矛盾方面去。

　　久松進一步說，人的終極的背反並不只是存在非存在這一矢向，還有價值反價值、理性非理性的背反矢向。他的說法是，人是涉及價值的存在。他的罪及惡是反價值的東西，其對反面是善，具有正價值的意涵。人總是要追求價值的東西，而揚棄反價值的東西，不知兩者是不能截然分開的，像生與死那樣。久松認為，人先追求感性的價值，然後進於理性的價值。這種傾向，很自然地把價值與理性結合起來，而以價值是理性的，反價值是非理性的。就關連到存在非存在的背反方面來說，價值反價值、理性非理性的背反總是連著存在非存在的背反在生活中表現出來。只要我們對存在或生命具有期望（實際上，人對生命是具有熱切期望的），便證明存在非存在的背反已與價值關連起來了。久松的意思殆是，存在是價值的，非存在是反價值的。即是說，生是價值的，死是反價值的。人追求生存，厭棄死亡，即顯出濃厚的價值意識。因此久松以為，存在與價值不可分地交織在一起，構成人的本質及具體的構造，兩者都涉及究極的二律背反。所謂究極的二律背反指在背反的相互對反的雙方所構成的存在的、價值的層面，是最具根源性的、終極性的，它們不能被還原為更根本的層面。有無或存在非存在是究極的二律背反，價值反價值或理性非理性也是究極的二律背反。

　　久松的著力處，聚焦在與罪有直接關連的理性非理性的究極的二律背反上。他說死具有生死的性格，一般人總是喜愛生而討厭死。從相對的眼光來看，人是可以以生來克服死，超越死的。但這缺乏終極的或絕對的涵義，因為在生命的根柢處存在著存在非存在的究極的二律背反。要徹底解決死的問

題，必須要從根柢處著手，對存在非存在的二律背反來一個徹底的超越、克服。超越了和克服了存在非存在的二律背反中的生死背反，才能獲致永恆的、真實的生命。這在禪中稱為「大死」。

上面是說死。罪又是如何呢？為甚麼有罪的問題？久松的答覆是，人的有罪，是因為他的生命存在的構造中有一理性非理性或價值反價值的究極的二律背反。更具體地說，我們的理性本身有一根本的構造，這便是理性與非理性的對立。在價值意識上，我們要除掉非理性，保留理性。我們可以相對地這樣做，但這沒有究極性、徹底性。要究極地、徹底地除掉非理性，便得把理性非理性的二律背反從根本方面克服過來，突破上來。久松不以為理性（Vernunft）是萬能的，是圓滿無缺的，卻是有它的不可避免的局限性，這便是理性非理性的究極的二律背反。在這極限中，埋藏著理性自身的極為困厄的、危險的處境，也可說究極的、終極的、無以過之的危機。

久松的意思是，在我們的理性的構造中，存在著究極的、終極的二律背反，這即是理性非理性甚至是理性反理性的背反。這樣的理性的構造，是一切苦惱的根源，它不停地壓縮、催迫我們的心靈、生命存在。要消除這些苦惱，便要徹底解決理性與非理性之間的矛盾。如何能這樣做呢？久松提出對理性要做出徹底的批判。這批判是對以理性生活為人類生活的根源的時代的批判，是對以理性為其根本主體的時代的批判。通過這種批判，我們要找到一個跨越理性生活的取向。這種取向是甚麼呢？是宗教的取向，其關鍵點是覺悟。按久松的這種對理性的批判，與康德對純粹理性（reine Vernunft）的批判不同，後者強調我們的純粹理性的功能有一個限度，只能處理知識的問題，不能處理道德、藝術、宗教以至形而上的問題。倘若它越出它所能作用於其中的現象（Phänomen）的領域，而探索形而上的物自身（Ding an sich）的領域，便會引致種種背反。不過，康德還是提出實踐理性（praktische Vernunft），認為可以處理道德的、形而上的問題。久松不會同意康德的這種做法，因為道德仍有道德非道德的背反，仍有價值非價值的背反，甚至理性非理性的背反。要解決理性的問題，非得依靠宗教的覺悟不可。

久松說死與罪是引領我們進入宗教殿堂的契機。死可以深化至存在非存

在的究極的二律背反；罪也可深化至理性非理性的究極的二律背反。因此這
兩種究極的二律背反是真正的宗教的契機。這兩種背反展示出一切人的真正
的、現實的、實存的存在方式。從現實的角度看，一切人都生活於這兩種二
律背反之中，受到無盡苦惱所折磨。此中仍有一問題：死的問題是存在問
題，因而有存在非存在的究極的背反；罪則牽涉價值，因而有理性非理性的
究極的背反。在哲學上，存在與價值屬不同領域，可以相互分開；存在非存
在與理性非理性這兩個究極的二律背反是否也可互不相涉，分離開來呢？久
松的看法是，就具體的人來說，這兩個究極的背反是一體的，不能分開的。
在其中，我們有對存在與價值的一體化的自覺。他的論點是，把這兩個背反
分開，表示單獨地處理生死或理性非理性的問題，這是抽象的、概念的做
法，與我們現實的生命存在關連不起來。久松的意思是，從生死與理性非理
性的具體的實在來說，兩者是二而一，不能分開。我們提出何以生死（徹底
地說應是存在非存在）的究極的二律背反會為我們帶來苦痛煩惱，而逼使自
己去尋求解脫，當我們提出這種問題時，已經有理性的判斷作為基礎了。這
是由於我們不單感到苦痛煩惱是極可惡的，也將苦痛煩惱判斷為可惡的。由
於我們這樣思考，才使「由苦痛煩惱解放開來而得解脫」成為一個真實的、
客觀的和普遍的問題。由此我們看到生死或存在非存在的二律背反與理性的
價值判斷不可分，亦即與理性非理性的二律背反不可分。久松的觀點是，一
言以蔽之，生死問題不能當作純然是生死問題來處理，它不能不牽涉真妄、
善惡與淨染方面；存在問題從現實的角度來看，不能不有取捨的不同抉擇，
這必預認價值。故存在與價值是不能截然分開的。[49]

久松的說法，有他的道理。從分析的角度來看，存在是實然的、實際上
如此的；它是經驗的、現象的性格。價值則是理想的、現象學的性格。實在
不必是價值、估值意涵，現象論不是現象學。不過，久松談的不是純粹的哲
學、分析問題，而是宗教上的救贖、解脫問題。在這種探討中，我們是把當

---

[49] 以上所述，係筆者解讀久松的〈絕對危機と復活〉一文後歸納整理而得的理解。以下
有關部分也是一樣。

事人作一整體看的，特別是，這是涉及當事人的教化、轉化的問題，而且這教化、轉化是在行動中展現的，這則不能不預設一有價值義特別是絕對價值義的目標；同時，由於涉及教化、轉化的行動，則必然會關連到現實存在向理想的、價值的目標挺進的歷程。在這種脈絡，存在與價值勢必要有交集處，雙方自然不能截然分開了。黑格爾說存在即是價值、合理，在這種脈絡來說，不算妄言。

九、覺悟與救贖

上面說，存在非存在的究極的二律背反與理性非理性或價值非價值的二律背反是人生一切苦痛煩惱的根源。我們當務要做的，自然是從這兩方面的二律背反突破出來。如何突破呢？久松認為，這兩面二律背反是一體的，因而可就一面說。拿理性非理性的究極的二律背反來說，由這背反而來的危機，深藏於理性的根柢之處，這是理性本身的危機，它的解決，不能是理性性格的，卻是要突破理性自身，突破理性非理性的二元的對峙狀態（Dualität）。對於存在非存在的究極的二律背反的處理也是一樣。

久松提出，要解決或突破理性非理性的究極的二律背反，不能依於任何理性的方法。他認為應使用宗教的方法，唯有這方法能讓我們超越價值反價值或存在非存在之上。由於這種突破或超越是我們自身的生命存在的事，亦即是主體性或自我的事，而這方法正是能超越一切對礙而顯現作為最高主體性的自我的方法，故是有效的。這是覺悟到那不具備價值反價值、存在非存在的自我的方法。這便是真正的覺悟，解脫（mokṣa）或救贖亦從這點說。這覺悟的狀態，其實是我們自身、真我。這真我既不是存在非存在的自我，也不是價值反價值的自我，卻是非「存在非存在」的、非「價值反價值」的自我。它超越一切定義與形相，是一無相的自我。

就久松的這種說法來看，康德把宗教還原為道德理性，唐君毅先生以一切文化意識（包括宗教意識）皆立根於道德理性的說法，都不諦當。在工夫論上，宗教比道德更為根本。阿部正雄更強調道德必須崩壞，才有宗教的可

能性。在宗教與道德之間，京都學派大體上都持這種看法：宗教較道德更具根源性。[50]

　　關於覺悟與救贖或得救的問題，久松有自己的一套宗教的方法論，並認為具有客觀妥當性。所謂覺悟，是指由究極的二律背反轉變成為完全擺脫了二律背反。對於現實的究極的二律背反，我們不是要隔離它，而是要克服它，完全地擺脫它。一個本身是二律背反的人轉化為一個完全擺脫了那種存在方式的人，是真正而又究極的轉化。此中的轉化的線索，久松在上面已指出，理性的路是不行的。我們需要一種可以使我們表現沒有價值反價值或存在非存在性格的自我的宗教的方法。依著這方法，我們會被驅逼至究極的二律背反，自己的本原的自我（按這是無相的自我）即以這二律背反為契機，由它突破出來，而得覺悟、救贖。

　　理性是有局限性的，我們要克服、超越這局限性。只要我們仍然肯定理性的立場，我們便見不到這局限性。當理性被深入地反省與批判，我們便能穿越究極的二律背反的根深處，理解理性：它不是作為客觀的事物而被了解，卻是作為一根本的主體而被了解。這是一種自覺（Selbst-Bewuβtsein）的活動，由此自覺可導致覺悟與救贖。這覺悟的狀態，是我們自身、自我。它不是存在非存在的自我，也不是價值反價值的自我，而是非「存在非存在」、非「價值反價值」的自我，是無相的自我。從覺悟的字眼來說，是那自我在究極的二律背反的根柢處克服了究極的二律背反而覺悟了。久松特別強調，克服究極的二律背反的，不是別人，正是當事人自己，便是由於自己的努力，而讓自己覺悟。他是由究極的二律背反之內而突破出來，而得覺悟，脫穎而出。任何絕對的他在的神或佛，在這一點上，是無關聯的。我們只是自己在覺悟，自己救贖自己，不是依他者而覺悟，被他者救贖。所謂「被救贖」的意思是，那本來是覺悟的，但尚未覺悟的真我現在覺悟了，救渡自己了，那是由於他自己克服了那究極的二律背反而致的。按這種觀點與

---

[50] 有關宗教與道德的關係，參看拙著《純粹力動現象學》，第十二章〈宗教與道德〉，頁 268-301。

《大乘起信論》有點相近,本來是覺悟的但又未覺悟相當於該書所說的本
覺,現在覺悟,救渡自己則相當於始覺。久松自己對《起信論》很有研究,
在這觀點上,他可能受到此書的影響。[51]

　　久松進一步表示,在本來的我的覺悟(按這相應於本覺)上,有一種對
自我的絕對的肯定。當那覺悟了的自我肯定地將現實安頓在真正的生命中
時,真正的宗教便成立了。即是,那個以理性的自我為主體的世界被轉成為
一個以覺悟了的自我為主體的世界。這世界並不是被安置於與日常世界不同
的時間空間中,毋寧是,它是時間空間的根源,時間空間由它那裏生出來,
並在它裏面成立。這樣的時間空間的觀點,是以時間空間的根源歸於以覺悟
了的自我為主體的世界,亦即是本體的、物自身的世界。這可通到康德的時
空觀。不過,康德把時間空間視為感性攝受外界與料的形式條件,但對時間
空間的來源未有清晰的交代。筆者在拙作《純粹力動現象學》中,以睿智的
直覺(intellektuelle Anschauung)自我屈折成知性(Verstand),並撒下時空
之網,讓這知性在時空之中範鑄那些由感性得來的外界與料,使之成為對象
(Objekt)。這是把時空的來源歸於睿智的直覺,與久松的時空觀頗有相通
處,後者視以覺悟了的自我為主體的宗教的世界為時空的發生處。

　　久松也關連著覺悟與救贖而論及歷史的問題。他強調自己的宗教批判的
立場,不認可那種與現實歷史的世界有別的理想世界,例如天國或極樂淨
土,認為這些世界與現實的歷史完全隔離開來。追求這樣的隔離世界,是對
現實歷史的逃避,對於現實的救贖也沒有幫助。這很明顯是衝著基督教的天
國和佛教淨土宗的極樂世界而來的嚴刻的批判:與現實的歷史隔絕的世界,
不過是童話的、神話的性格而已。他認為,覺悟的宗教的世界,是透過對自

51　關於久松對《大乘起信論》的詮釋,參看《增補久松真一著作集第九卷:起信的課
　　題‧對談集》,〈一、起信の課題〉(京都:法藏館,1996),頁 7-207。(按《久
　　松真一著作集 6:經錄抄》曾收錄了〈起信の課題〉,但只到實在論一節而止,不是
　　全部作品。(東京:理想社,1973,頁 9-99))另外,有關《大乘起信論》的義理與
　　久松的理解,參看常盤義伸著〈起信論の佛教的課題〉,載於《久松真一著作集別
　　卷:久松真一の世界》(京都:法藏館,1996),頁 85-95。

己與現實隔離的宗教的批判而成立的。這世界應該是那被救贖的、真正的歷史的世界。在這裏面，救贖並不是在另一歷史的世界中獲致永恆的未來的生命，而是現實的、歷史的世界的根本的主體性的救贖，是從它的歷史的根柢處得救。只有在那種情況，一個新的、創造的主體的歷史觀才能在覺悟的基礎上成立。也只有這樣，我們才能在歷史之內超越歷史，和不須在與歷史的世界的隔離下創造歷史。即是，人可在歷史之內超越歷史的局限性，那超越的、創造的主體性能自在無礙地創造歷史。按這點正是久松所提的 FAS 宗旨中的 S 所表示的在歷史之中而又能站在歷史的立場，超越地創造歷史：Superhistorical history。這點實可與我在上面第六節中論到 S 的意義合起來看。[52]

　　以下，我們看久松如何本著禪的精神來說具體的覺悟活動。他表示，在以禪的方法來解構二律背反時，人的生命存在中的煩惱、兩難、矛盾之屬，會替解構提供機緣，這便是內心中的懷疑。就一般的宗教來說，人需要相信，不能懷疑。禪則不同，它要人徹底地懷疑。這懷疑正是二律背反本身，它是人與世界的「二律背反的存在」。在這懷疑中，人徹底地認清作為終極的二律背反中的他自己和世界。在禪來說，人自身與世界透徹地成為一種所謂「大疑團」，這是一切背反的消解的先決條件。這作為大疑團的懷疑自然是要消解的，這消解不是在信仰方面出現，而是在喚醒方面。即是，人在懷疑中，人成為大疑團，成為二律背反的存在自身。這大疑團或二律背反只能由新的喚醒，才能解決，才能破除（按這即是禪所說的「打破漆桶」，漆桶即是疑團）。在其中，所有疑團的難解的成分：理智的矛盾、感性的苦惱和意志的兩難（dilemma），都立時崩解。但喚醒甚麼呢？喚醒無相的自我，或無相的自我的「自我喚醒」。要注意，究極的二律背反的消解與無相的自

---

[52] 久松曾寫了一篇〈平常心〉來表達自己的歷史看法，那是一種絕對無的史觀。《久松真一著作集 2：絕對主體道》，頁 128。阿部正雄也有〈歷史的根據としての平常心：久松先生の歷史理解〉，《增補久松真一著作集別卷：久松真一の世界》，頁 430-439。有關久松的絕對無的史觀，參看筆者著〈久松真一的絕對無的史觀〉，拙著《京都學派哲學：久松真一》，頁 66-73。

我的喚醒，是同時發生的，可說是同一事體的不同表現、面相。這喚醒也沒有時空性。即是，作為宗教的主體性的無相的自我從背反的內部突破開來，把一切懷疑（包括大疑團）熔化掉。喚醒便是喚醒，這是真正的覺悟、徹底的覺悟，這是真理的永恆的開顯。倘若受到時空的限制，則喚醒以後仍可在另一時空中說不喚醒。這不是真正的覺悟、真理的開顯。

十、善惡問題

《壇經》的名句「不思善不思惡」引發禪宗以至中國佛教人士對善惡問題的注意。不過，他們不是從道德的角度來處理這個問題，而是從宗教的角度來處理。這個問題在京都學派來說，被放在二律背反（Antinomie）的一個例子來看，與生死、罪福、有無、存在非存在、價值非價值、理性非理性歸在一起，被視為人的生命存在的現實狀態。他們認為，這些背反必須要被突破、超越、克服，才有覺悟與救贖可言。久松真一是學派中深入探討這個問題的一員。在這裏，我要就他對這個問題的處理作些研究。實際上，他在自己的很多著作中都談到這個問題，我在這裏選取他與田立克（P. Tillich）的對話紀錄作為依據進行研究，順便也把田立克對相應的問題的觀點也拿來參考，以收比較之效。

首先，我要提出一點。一般人對於善惡的問題的處理，都是以善來克服惡，為善去惡。這是由於在道德上，善是正價值的，是好的；惡則是負價值的，是不好的。依於此，為善去惡是很自然的做法，儒家的王陽明也持這種觀點，他的〈四句教〉中的「為善去惡是格物」便明顯地表示這點。田立克自己也提出以善來克服惡的主張，後來又提到只能讓惡潛藏不發，不能徹底地把它完全去除。

京都學派特別是久松真一對善惡問題有不同的處理方法，他們的觀點有很強的理論性，也有濃厚的宗教實踐的傾向。他們認為，從主觀的感覺上說，為善去惡、以善來克服惡是賞心樂事。但從客觀的存有論上說，善與惡的地位是對等的，任何一方都不能克服另一方，故不能以善來克服惡。要真

正解決這個問題，只能在善惡這一背反的內部求突破，喚醒作為真正主體性的無相的自我，超越善惡所成的對峙格局，而達於絕待無相的境界，覺悟與救贖都從這裏說。這是宗教的方法。關於這點，我在上面已略有提及。

久松特別強調，善不能透徹地征服惡。任何想在這方面努力只能是一種願望，或不能滿足的期望。善不能把惡徹底地連根拔起，我們本來便是這樣看善的，它只能與惡同時置身於一種對反的、對峙的關係中被理解。即使有時特定的善征服了一些特定的惡，這種道德上的成功只能是相對性格的；另一次善惡的衝突遲早必會發生，這是一種無休止的爭鬥系列。按久松的意思是，善是相對於惡而立的，因而本質上無法克服惡。要解決惡的問題，善惡必須同時被超越、被克服，而不是以善來克服惡。善惡之能同時被克服的根據，在於絕對無，或無相的自我。透過絕對無或無相的自我的喚醒這樣的宗教方法，善與惡可被同時突破，而消溶掉。惡的問題只能以這種方式解決。
53此中很明顯的是，久松只從相對的角度來看待善，而不承認絕對善。關於這點，我曾與阿部正雄討論過。阿部的看法是，即使是絕對善，仍不能脫離對象性、善的對象性、善的相。只有絕對無才能免於對象性。這與儒家不同，後者認可絕對善的觀念。《大學》便說「止於至善」，王陽明說「無善無惡心之體」，這至善、無善無惡即含有絕對善之意。在我看來，即使是絕對無，也不能免於對象性，那便是「無」的相。阿部對於絕對無能夠離相，很有信心。

對於善惡問題，田立克的回應是，我們不能鏟除惡，只能把惡化約為一種潛能。倘若以對惡的征服來說，則在神之中，或在存有的根柢裏，惡不是通過殲滅而被征服，卻是通過不能實現而被征服。它是在有限性或有限的世界中實現出來，在神或無限的存有根柢中，它沒有實現的空間。我們可在永恆裏期盼一種勝利，一種不讓惡有實現機會的勝利。順著這個意思，田立克分別從歷史與永恆這兩面來說惡：在歷史中，惡是實在的，善也是這樣。在永恆裏，惡不能實現出來，只作為一種純然的潛質而存續下來；它只是被化

53　《久松真一著作集 2：絕對主體道》，頁 576 上-下。

約為純粹潛質不能實現，但不是被完全毀滅掉。田立克又補充，在歷史中，惡會不斷地掙扎，要實現它自己；只有在神中，在永恆中，惡才是潛伏不實現的。[54]對於西方宗教背景的田立克的這種看法，我想我們可以提出一個問題：倘若惡（在神和永恆中）只能以純粹潛質的姿態而存在，永遠不能實現，則與它完全地被毀滅有甚麼不同呢？在實效上來說，我想這個問題並不重要。我們不是神，也沒法成為神（依耶教的說法），則惡不能在神中實現自己，對我們是不相干的。但在時間中，在歷史中，它能永遠持續而存在，這才是我們要關注的。東方的宗教傳統基本上是認為惡的問題是可以解決的，惡是可以被征服以至消滅的，只是在方法上有歧異而已。因此，惡在歷史中不會成為一個終極的難題。

　　久松的立論，正是在東方宗教背景下作出的。他認為，善是正價值的，惡則是負價值的。但雙方都不能遠離價值問題。只要作出價值判斷，正價值不可避免地與負價值對峙著，同時又相連在一起。他又提到存有，認為價值不會孤立地存在，它不可避免地與存有關連起來。它與存有一起存在，對於人來說，沒有存有能脫離價值。故純粹存有等同死亡。按這種說法的意思是，不涉及價值問題的純然的存有，是沒有的。這與久松在上面提到存在與價值不能截然分開，非常合拍。進一步說，依久松，正面及負面之間的矛盾二分法，是價值與存有的各別相的世界中所固有的。它不是一個從歷史中冒出來的相對性矛盾，而是基本的、根本的矛盾，是人唯一的「人性的」存在基礎。按這是指久松在上面說的人的終極的、究極的二律背反。這是邏輯、意志、情感三者合起來的背反，在其中，矛盾、兩難、煩惱三者合為一體。[55]在久松看來，人性是這樣的，作為一體而聚合起來的這很多組成分子，描劃出人的生命存在的矛盾、對抗性，這是正面及負面之間的二元對立。本體存在論地（onto-existentially）說，這是存有與非存有之間的二元對立。價值論地說，是善與惡之間的二元對立。在美感或審美欣趣上，是美與醜的二元

54　同前，頁 576 下-577 上。

55　同前，頁 578 下。

對立。在認知上則是真與假的二元對立。久松這樣說人的存在性的真實，正是上面提到的具有終極性格的二律背反。

　　有關背反的問題，例如善與惡的背反，久松提及，善與惡之間，其中一者不能克服另一者，要解決這背反，只能從背反的內部突破開來，超越上來。田立克則持異議，他認為善可以沒有惡，但惡不可以沒有善。他並提出調和方式來解這背反的問題。即是，惡可以被壓縮，以至於只作為潛質而存在，不能實現。我們要在這方面作出潛質與實質（實現）的區分。即使在神之中，惡仍可作為潛質而存在，只是永遠不能實現，這可說是潛在的惡。按田立克的這種觀點，特別是善可以沒有惡，惡則不可以沒有善，明顯地表示在存有論方面，善比惡為先在，具有獨立性；或善是第一序的，惡則是第二序的。惡不可以沒有善，正表示惡不具有獨立性，而須依於善。[56]這是西方式的以肯定原理（例如善）比否定原理（例如惡）更為根本的思想。

　　由善惡的問題或背反擴展開來，久松又論到一般的究極的背反的問題。他順著田立克以終極關懷來說宗教，進一步提出宗教的終極關懷是要解決生死、善惡、真假的二律背反，他認為理性是不能解決這些背反的。他自己先提出如下問題：在人性裏使宗教成為必須的東西是甚麼呢？在這方面為宗教提供根據的又是甚麼東西呢？他自己自問自答：人有一種中心性的對立，或「究極的二律背反」的特性，對於這種對立，即使是康德所提的自律理性在它的某些範圍：認知理智、道德意志及美學感性，都不能提供解決之方。人作為一個「理性的」存有，正存在地給絆在這遍佈於一切事物中的背反之中。人必須從他的自律理性跳躍出來，而求助於宗教，這便是上面說及的開顯或喚醒無相的自我以突破背反。道德、藝術及知識的世界都含有背反，在這些活動中，我們找不到解決背反的方法。但這些背反的難題開啟了通達永恆的大門，通達到宗教方面去；只有在宗教中，背反才能得到徹底的解決。[57]

---

[56] 同前。

[57] 同前，頁 579 上-下。

在這裏，久松似乎有這種想法：道德、藝術、知識、宗教雖都是有理想性的文化活動，但前三者仍有相對性，仍然處於一種有對象性或相的二元關係中，在其中不能說絕對與永恆，只有宗教能說。因此他說人會在道德、藝術及知識的世界裏求取歷史的功績，視這些功績為一般人生活的目標。但這些功績仍然不能跟宗教相提並論。它們是歷史的，宗教則是永恆的。是永恆創造歷史，不是歷史創造永恆。這種看法為田立克所認同，後者認為，歷史由永恆出來，又來又去，最後回歸到永恆方面去。這種觀點與筆者的純粹力動現象學頗為相應。筆者的看法是，人由純粹力動的永恆性中詐現地出來，進入歷史與時間中，承受種種苦難與考驗。這是他的任務、命運。任務完畢，便回歸到純粹力動的絕對的永恆一方面。生死現象也在其中說：由純粹力動的世界出來是生，回歸到純粹力動的世界是死。

十一、禪與現代世界

從上面所述可見，久松真一作為京都學派的一員，有他自己的獨特的思想與行動。特別是在行動方面，他較自己的前後輩同人表現更為積極，在學問與修行方面，他承接上西田幾多郎與池上湘山，對西方特別是德國的哲學與神學，有一定的造詣。就思想的來源來說，毋庸置疑是禪。他對禪有極高的評價，認為它並不單是佛教中的一個教派，更是佛教的本源。他對禪最欣賞、嚮往的地方，是禪的人文性、人心性。他認為禪極具批判性，它嚴屬地譴責經典主義，後者視經典為真理的終極典範，而淪於教條主義。禪是要否棄教條主義和一切魔障、執著，教人回返至經典的源頭，即是在義理上先於經典的心。在久松看來，禪所說的心正是佛心，是覺悟、解脫的唯一依據。

禪作為一種佛教教派與實踐哲學，在歷史上流行超過一千年，受到歷史的限制與世俗的影響，在某些方面已呈僵化，不能發揮正面的、積極的影響了。久松也承認，包括禪籍在內的佛教文獻，其中不少內容到了今天已不合時宜，尤其是現代西方宗教、哲學與科學的影響已遍及眾多佛教國家。但佛教特別是禪的義理與實踐仍有豐盛的生命力量，對於現代世界仍可有巨大而

積極的熏陶與影響，在這方面，我們最要注意的是禪所闡揚的心靈的自主性、獨立性，如臨濟所說的「獨脫無依」的那個性格。和其他重要的宗教比較，久松指出，基督教與淨土真宗是絕對依賴上帝和阿彌陀佛的宗教。依賴與被依賴成為一二元性格局，永遠不能除去。久松似有這樣的意思：在二元性格局中永遠不能見終極真理，永遠不能得覺悟、成解脫。久松認為，佛教（按淨土真宗亦是佛教，久松在這裏不作佛教看）的基本目的是從生死、是非、善惡所成的二元性格的束縛中脫卻開來，獲得自由。徹底的解脫是不受任何東西所束縛，不依賴任何東西的。他並表示《般若心經》（*Prajñāpāramitā-hṛdaya-sūtra*）所說的「心無罣礙」，正是這個意思。同時，他又借著這個機緣引出他自己提的「無相的自我」觀念。他認為，佛教的終極目標是要衝破任何二元對立的關係，喚醒那個自由運作、不受任何東西所束縛——甚至不受「不受束縛」這一觀念所束縛——的無相的自我。他又引述真宗的創教者親鸞的《唯信鈔文意》所說的「具有相狀而由這無相的真如而來」的方便法身。[58]如下面所說，具有相狀是附在無相的法身、自我之下說的。但真宗屬淨土宗，不屬禪宗，這點他則沒有留意。他是激烈反對淨土信仰和皈依阿彌陀佛以求極樂的。

從相與無相說下來，久松認為禪有兩個面相。一方面是不受任何形相所繫縛，由所有形相解放開來的真正自我的真空；另一方面是不受任何形相所繫縛而又實現所有形相的自我的妙用。這兩個方面構成真正自我的體和用。真空是一切形相的「抽離狀態」，而妙用則是每一形相的自在的形成。這便是絕對的無相的自我的自我表現。正是在這點上，成就了徹底抽象和徹底表現的一體不二的基礎。[59]這些表現包括瞬目、揚眉、伸耳、舉拳、棒打、呼喝、吃飯、喝茶、鞠躬、舉拂等等。按久松在這裏的所說，非常重要，也非常富爭議性。我謹提出以下幾點來論究一下。

一、久松提到禪的「真空」與「妙用」兩個觀念，這與京都學派的其他

---

[58] 以上所述有關久松對禪的看法，參考他的〈禪：近代文明における禪の意義〉，《久松真一著作集 3：覺と創造》，頁 15-19。

[59] 同前，頁 22。

成員如西谷啟治、阿部正雄等所說的「真空妙有」有相同的旨趣。不過，真空妙用是久松就禪說的，而真空妙有則是西谷、阿部他們用來說包括禪在內的佛教的主流思想特別是般若（prajñāpāramitā）說的。以真空為基礎（體）的妙用是就作用、活動言，以真空為基礎的妙有則是就存有論言，雙方有不同的偏重。就般若和與它有密切關係的中觀學（Madhyamaka）來說，妙用的涵義比較強。即是說，般若學與中觀學很強調對於事物的轉化作用：以真空作為基礎，以成就它對事物的具有理想義、現象學義的建立的作用。這便建立二諦（satya-dvaya）的義理：真諦或第一義諦（paramārtha-satya）與俗諦（saṃvṛti-satya）。就如來藏（tathāgatagarbha）思想來說，妙有的涵義比較強。如來藏亦即是潛在的佛性（buddhatā, buddhatva），它有空（śūnyatā）與不空（aśūnyatā）兩面。空指它沒有形而上的體性義，不是一實體，而是一具有充分動感的主體性。不空則是指如來藏具有種種功德、方便法門以教化、轉化眾生，淨化一切事物，成就一個清淨無染的存在世界。在這一點來說，存有論的意味是很濃厚的。久松說妙用而不說妙有，表示他在工夫實踐與存有論兩者之間，較重視前者。就筆者所看過的久松的著作而言，久松未有突出存有論而加以細論，反而在工夫實踐方面，特別是突破終極的二律背反以喚醒無相的自我以成就覺悟、解脫，著墨最多。

　　二、久松以體用範疇來說真空與妙用，並不是取體用論的當體意義，而只是虛說。此中的體不是形而上的實體，特別是精神實體，因而其用並不是實體的發用。久松不是實體主義（substantialism）論者，而是非實體主義（non-substantialism）論者，後者是京都哲學一貫的理論立場。無相的自我是一超越的主體性，它的本性是空，但卻具有動感，能發出種種妙用以救贖眾生，使他們轉迷成覺，轉識成智。這主體性倘若一定要說體，則它只能是虛的體，是本源、本根的意思，與作用相對而立。故我說久松的體用關係是虛說，不能抓得太緊，把體鎖定為形而上的實體。

　　三、說真空是一切形相的「抽離狀態」，妙用是一切形相的自在的形成，意義不免隱晦，容易引起誤會。久松這樣說真空抽離於一切形相，是採取分解式的說法，把真空與一切形相作一種邏輯的分離，然後各別說它們的

性格，在真實（reality）方面，宇宙並沒有一種和其他事物分隔開來的真空這樣的東西，真空是存在於一切事物、一切形相中的。他說妙用是每一形相的自在的形成，是說每一形相都以真空為基礎而成立。所謂「自在」是有終極意味的，是遠離一切束縛、依賴的意思，這種性格只存在於真空之中，亦即是存在於無相的自我之中。因此久松說，自在的形相是無相的自我的表現。但這裏仍有一個問題：自在的形相雖是自在的，但亦有它們各別不同的具體的、立體的形相。真空或無相的自我作為抽象的、超越的主體性，如何表現為這些具體的、立體的東西呢？這需要有一宇宙論的演述（cosmological deduction）才行。宇宙論正是交代事物的生成、變化所呈現的種種個別的、具體的形相的。對於這個問題，久松顯然未有意識及。

　　四、久松說無相的自我或真空的表現，只舉揚眉、瞬目、棒喝、飲茶、喫飯一類例子，這些都是在禪修中祖師或老師開導生徒悟入真理的慣用手法，是作用意義的，不是存有論意義的。久松的興趣顯然是在工夫實踐、救贖方面，而不是在客觀的存有論中事物的不同樣態的表現方面。

　　探討過作為禪的主體性的無相的自我的體用式地表現為自在的事物的形相一問題後，我們可以回返到禪與現代世界一論題上了。久松以弔詭來說人的性格。他表示，人越是涉及複雜的事，會越渴求單純；生活越單純，會越渴求複雜。越是忙碌，便越想有閒暇。越閒暇，便越感納悶。越多關心，便越為漠不關心所吸引。越漠不關心，便越會受到空虛的痛苦。生命越喧鬧，便越想求得寧靜。生命越寧靜，便越感到孤單。久松這樣說，是要表達一個意思：現代文化的特性正是每一件事情都越趨複雜，繁忙的程度與日俱增，人的腦袋有各種不同的顧慮，有不勝負荷之感。因此，人有一股越來越強烈的慾求，去追求單純、閒暇、無憂和寧靜，俾能彌補現代生活的煩亂。按這也可以說，人要追求生活上的平衡，避免走極端，鑽牛角尖，不讓自己陷身於極端的夾縫之中，找不到出路。[60]

　　久松跟著舉出一些具體的案例。美國在西方一直領導著現代文化潮流，

---

[60] 同前，頁26。

但近年已顯露出一種趨勢，要把繁複的事情單純化、清簡化。例如在建築方面，一般的建築物以至教堂，都從原來的冗繁、複雜的風格轉變為直線的、簡單的和鮮明的摩登風格。這種建築物的單純化的趨向橫掃美國和西歐的古老城市，也漸漸觸及日本。此種趨向不光是為了實用上的方便，更是毫無疑問地因為它能回應現代人的自然渴求。他們發現自己已日漸陷入現代生活的極端複雜性之中。另外，複雜的繪畫和雕塑讓路給非傳統的、不規則的、變形的或抽象形式也可被視為意味著一種從惱人的複雜、精細和規則中解放開來。

在相同脈絡下，被拋擲到種種迫切焦慮漩渦中的現代人，無可避免地、貪婪地尋求閒暇：一種被稱為「閒暇潮」的現象，而這「閒暇潮」已成為現代流行的術語了。實際上，下面例出的近年的現象：對原始藝術的濃厚興趣、民歌和兒歌的普及、對鄉間口語的本地方言的提倡、對大自然的自然開放世界（例如山川、田野、海洋）的迷戀、現代藝術的渾然天成、純樸感受的趨向。這些現象都可視為現代文明的受害者對於單純簡樸的生活與文化的盼望與追求。[61]

對於單純與複雜的問題，久松又以邏輯來說。他指出，一與多或統一與分化是人的根本構造中不可或缺的契機。它們必須相互合而為一，不能相互分離。沒有多的一只表示沒有內容的貧乏性，沒有一的多只是沒有統一的分割。這裏正是現代文明模式的一大盲點的所在。一切文明的疾病：無根、混亂、衰弱、不穩定、迷惑、懷疑、神經過敏、對生命厭倦等，大部分都是由於這盲點而來。越是有多元性，人便越需求統一性。多元性、多樣性的結果是，人要反璞歸真，從多樣性中退避出來，去尋找單純的東西。久松還舉出另外一個不良情況：在當前的世界中，對前現代、非文明的崇拜和迷信仍然有大量的信徒，一個正在沉淪、沉溺的人甚至會抓住一根稻草，雖然他客觀地認為它是不可信賴的。他已陷於迷失的狀態。最後，久松指出，現代人逃離文明而回歸原始、非文明和非現代的企圖，可表面上被視為嘗試為現代文

---

[61] 以上兩段的內容，參看同前，頁 26-27。

明中缺乏統一性的現象找尋補償。由這種表面的做法轉向真正的解決，除了在多樣性之內建立起那與它相稱的、相應的一體性和統一性之外，別無他法。久松還似有這樣的意思，這種解決要由表面滲透到底層，更需要作一種價值意義的轉變：在價值上把一體性、統一性放到生命的最高位置。[62]

　　久松即在這種脈絡下提出，要徹底解決現代文明、現代世界的這個難題，必須要建立一體性、統一性這個觀念與性格，而這一體性、統一性的根源，正是在禪之中。他正是這樣地引出禪來的。不過，這裏涉及一種思維上的程序，我在這裏還是順著這個程序說下來。久松指出，文明的發展勢必不斷邁向多樣性和專門性，只有具有足夠的活力和彈性的一體性、統一性才能自由無礙地、適切地回應與處理這日益增長的多樣性。當一體性未有從多樣性分隔開來時，它並未足以作為多樣性中的靜態的根基。它必須是一種富於動力和創造的一體性，作為多樣性的根源，無限量地自一己之中產生多樣性。這是一種能自一己之中自由地永恆地產生多樣性而又不會為其所生的東西所束縛的一體性。這是一種在生起多樣性時而又滯留於多樣性中而又能於適當的獨特時空中與那多樣性吻合的統一性。只有這樣，那多樣性才能在無限量地從這樣的一體性中生起時，永遠不會失去這一體性；同時，當那一體性生起多樣性時，才能永遠存留於它所生起的多樣性中，也不會和這多樣性隔絕開來。[63]

　　在這種情況下的多樣性，在自身中繼續存留著一體性或統一性，便不會成為無系統、無連續性的片斷的、碎裂的東西。因此也就沒有必要去逃避多樣性而追求與多樣性隔離的空虛的一體性。從另一方面來說，既然那一體性是多樣性的永不衰竭的泉源，且亦從未與多樣性分離，因此便不必懼怕有朝一日會掉進空虛寂寞的氛圍中，而要在那與一體性隔絕開來的多樣性中尋求現實的熱鬧。久松認為，真正的一體性是多樣性的一體性，真正的多樣性是一體性中的多樣性。他引述一句禪語「無一物中無盡藏」，指出人只有在一

---

[62]　同前，頁 27-28。

[63]　同前，頁 28。

體性與多樣性的關係能成就人的基本結構的情況下，才能從支離破碎的生命片斷中解放出來，永遠不會在其一體性中受到虛空或寂寞的苦惱。他可以立即無礙地成為統一性及多樣性，不受任何壓力及自我滿足所束縛，成為一個永恆地帶動文化的真正主體。作為這樣一個主體的人才是一個具有真正的存在模式的人，才有現代人內在要求的人間形象。這現代人是站在一個在發展中不斷分化的文明當中說的。這一人間形象是根本的主體，他自由地及無限制地創造文化而又適應時空的條件而存在於他所創造出來的文化中，而處於解脫的狀態。[64]

久松強調，這一根本的主體必須覺悟到自己，並在現代文明中挺立起來。他正是禪的理想人格、人間像，是東洋的無的主體，是無相的自我。他以《壇經》的「自性本無動搖，自性能生萬法」、「無一物可得，方能建立萬法」、永嘉玄覺的《證道歌》的「行亦禪，坐亦禪，語默動靜，體安然」、黃檗的《傳心法要》的「終日不離一切事，不被諸境惑，方名自在人」來說這種理想的人間像。[65]久松特別指出，這樣的人不斷地創造文明和形成歷史。這人間像是人道主義的，在其中，他是內在於它所創造及形成的東西之中，也是後者的根柢。他並不附著於被創造的東西之中，也不為它所束縛，而總處於解脫的狀態。他可以說擁有臨濟所說的「獨脫無依」的宗教性，在華嚴思想來說，這是還源起動的主體；在淨土教來說，這是在往相而現證滅度，在還相而遊戲稠林的主體。只有這樣，才能與現代世界的處境相應。[66]這一根本的主體或無相的自我具有一定的動感，因此能生起種種勝用。

久松強調，他在這裏對現代的解釋，並不是指任何暫時性的事物，不是指任何特定的一代或歷史階段的東西，而毋寧指永恆主體的現代的自我形成與實現；這永恆主體是一切歷史時期的根源，也超越這一歷史時期。我們在這裏可以建立起一種更新的、更高的人道主義的宗教，這宗教一方面不

---

[64] 同前，頁 28-29。

[65] 同前，頁 29。

[66] 同前，頁 30。

會退墮成為一種忘掉自我批判、以人類為中心的自律的人道主義的現代模式，另方面不會倒退至一種前現代的以神為中心的神律主義，放棄人類的自主性。[67]

對於這一新的卻是基本的和終極的人間形象的實現，久松認為我們應注意兩點。一是不能通過與時代脫節的、頭腦簡單的方式摒棄世界，而逃避到一與文明疏離的、質樸的和前現代的一體性，來醫治現代文明的病痛。二是要藉著對這種一體性的自覺，對現代困境作徹底性的治療。這種對一體性的自覺與從文化疏離開來不同，它是文化的基礎、根源。這樣一種富於禪味的人間形象當會掃除一切對於佛教的批評或誤解，它們認為佛教是厭世、棄世、不切實際、渴望他力的理想世界而忽視現實時空中的歷史世界。它同時值得被傳播到西方，作為一種東方提供出來的醫治現代文明的種種弊病的藥方。久松最後表示，近年禪在西方各個領域如心理學、藝術、工藝品、發明、哲學、宗教等引起的極大興趣，並不是偶然的，這是來自現代文明內在的需求。[68]這裏可以看出這永恆主體不離歷史、社會而又能超越歷史、社會，它對後者的關切是很明顯的。

十二、對於久松的禪觀特別是史觀的評論與批判

以上基本上闡述了久松對禪佛教的理解與發揮。除了最後第十一節外，我對久松在其他節中都作了評論。第十一節所說的禪，較其他節所說的，顯然重要，甚至重要得多，久松凌空而又著實地論述了禪的精神與它對現代文明、現代世界所可能或已作出的貢獻，並強調這種精神是歷史以至各種文化活動的根源。禪固然有它的內在價值，對提升我們的精神生活有莫大的裨益，但是否能到久松所提的那個程度，是可爭議的。在這第十二節亦即最後一節，我要就久松在第十一節所說的禪與現代世界作些評論，這些評論有很

---

[67] 同前。

[68] 同前，頁30-31。

重的批判意味，也涉及我自己所確立的純粹力動現象學的重要觀念與理論立場。

為了方便理解起見，我按著第十一節所作的闡述順次來評論。首先，久松就禪的獨脫無依的態度來說禪的獨立性，以至於批判性，是很正確的觀點。這獨立性與批判性的理據是禪不依賴任何經教，而直接從自家的本心來面對生命存在的種種問題。在這一點上，他嚴厲地批評基督教與淨土宗對於上帝與阿彌陀佛的一面倒的對他力的依賴性，致喪失個人的自主性、自律性。大體上，久松是對的；但若細心地、深入地思考他力救贖的意義，問題便不會這樣簡單。一方面，皈依一個外在的他力大能，是需要誠心誠意地放棄自己的自由意志的，這種放棄，仍出自自己的自由意志，故不能說這種做法是完全依賴，自己不必努力。另方面，一個淨土的修行者一邊會誠意地皈依他力，另方面他又會為自己的無力、無能求覺悟而感慚愧，這種慚愧不難讓他深切反省，因而作奮力自強的轉向，由此產生生命力的反彈的力量。這種力量對他求覺悟得解脫的理想的實現會有積極的幫助，於是他對他力大能的依賴性會隨之而消減。這兩面自然有一種弔詭性在裏頭，這弔詭性也是人的生命存在的一種真實狀態。久松顯然未有留意及這點。實際上，和西田幾多郎一齊努力創立京都學派的田邊元在他的後期發展出一種懺悔道的哲學，這種哲學與我在上面提及的第二方面有密切關連。[69]田邊是久松的先輩，久松對於這種哲學應該略有所聞。但在他的著作中，就我閱讀所及，未見他提及這種哲學。

在人的性格方面，久松倒明顯地意識到一種弔詭性：生活越是多樣化、多元化、複雜、忙碌、喧鬧，等等，人便越想擁有一體性、統一性、單純性、閒暇、寧靜，等等。現代人便是越來越置身於前面那種生活中，因而便

---

[69] 關於田邊元的懺悔道的哲學，參看田邊元著《懺悔道としての哲學》（東京：岩波書店，1946 一刷，1993 五刷）。英譯：Hajime Tanabe, *Philosophy as Metanoetics*. Tr., Takeuchi Yoshinori, Berkeley: University of California Press, 1986.筆者曾以力動的觀點來說這種懺悔道的哲學，參看拙文〈京都學派懺悔道哲學的力動轉向〉，拙著《純粹力動現象學續篇》（臺北：臺灣商務印書館，2008），頁 239-281。

越來越想享受後面那種生活。特別是在西方世界，人們對於前面那種生活非常反感，對後面那種生活非常嚮往。對於這種現實情況，久松認為禪可以扮演積極的角色，提供有效的貢獻。在久松的理解中，要徹底解決現代人的這個大難題，必須建立一體性、統一性的觀念與性格，而這種性格的根源正是在禪之中。他認為禪的一體性與統一性富有動感，能夠創發多樣性、多元性，而又不會停滯於其中，受到束縛而失去自由自在性。這種一體性、統一性讓人想到胡塞爾現象學中所說的一體性（Einheit）或一致性。胡塞爾的一體性是就意向對象說的，所謂「意向對象的一體性」（noematische Einheit）；這一體性是意義的焦點所在，亦即是事物的內容。意向對象便是由這一體性所決定、鎖定，它不是物質義，而是觀念義，由此可以通到意識、心靈一面，而與久松所說的禪的一體性掛鉤。在久松來說，這一體性正是他所發揮的禪的東洋的無或無相的自我。

此中久松提出一重要之點：作為佛教特別是禪的根本精神或本質的東洋的無或無相的自我，可以憑藉其一體性處理多樣性問題，甚至可以把多樣性的有關分子串連起來，統一起來，以消解一直困擾西方文明的多樣性，這多樣性導致西方文明的騷動、囂亂、煩厭、吵鬧不堪的擾攘的生活環境。作為根本主體的無相的自我，本於其一體性，可以帶導、帶動文化，甚至可以創造文化而又內在於文化之中，永遠保持一種解脫的狀態。這點很有意思，很值得探討，也可引起一些爭議。久松所說現代文明特別是西方文明為多樣性現象所困擾，人不能過有價值、有意義的平和的、寧靜的理想生活，這是西方文明社會的問題，或危機，是很正確的。久松又以一體性、統一性來說禪的精神，基於這種一體性、統一性，人可以在煩擾的、喧鬧的環境保持寧靜的心境，專心做自己正在做著的事，這也是很正確的，而且表現出一種滲透至禪的內蘊來看禪的特質的洞見。實際上，在與田立克所作的幾次對話中，久松一開始便點出禪的這種效能。他忠告田立克，即使是在很忙碌的生活中，埋首在繁忙的工作時，也要保持心境寧靜，而這也是與禪的精神有適切性。久松指出，人是可以在繁忙中找到寧靜的，不用逃避繁忙來找尋寧靜。久松的意思是，人有無相的自我，它具有一體性、統一性的本質，能克服周

圍的多樣性所帶來的煩燥，讓人專心地、寧靜地繼續工作。順著這種洞見，久松很自然地說，禪的這種一體性、統一性，可以克服由多樣性帶來的種種煩囂，讓現代人過高品質的生活。對於這點，我也沒有異議。但對久松跟著說的禪可以憑其一體性，可以帶動文化，創造文化一點，我覺得有商榷的餘地，久松實在太高估了禪的功能。這是由於他對禪的理解還未到家。

　　久松以東洋的無特別是無相的自我來說禪的本質，過於消極，不足以適切地表現禪的動感性、積極性，雖然他也意識及禪的動感，也提過「能動的無」的字眼，但這是不足夠的。我自己則以不著不捨、靈動機巧的超越的主體性來說禪的本質。這種說法，見於拙著《游戲三昧：禪的實踐與終極關懷》及我的其他撰作中。這較能表示禪的強勁的動感，但即使具有較強的動感，禪在帶動文化、創造文化這一大活動中，動感還是不足夠。禪畢竟是佛教的一支，不能離開佛教的緣起（pratītyasamutpāda）、性空（svabhāva-śūnyatā）的立場，是非實體主義的思維導向。即使本著其真空妙有的性格、表現來指導人的生活與文化，由於缺乏體性義，其力量還是單薄的，不能負荷創造文化的大活動、大理想。我們尤其不應忘記，禪作為一種非實體主義的哲學與實踐，是以否定性格與作用的絕對無來說終極原理的。絕對無（absolutes Nichts）雖有其殊勝之處，但由於只顯終極原理或終極真理的負面的、收斂的、退藏於密的一面，不免有虛空、虛弱的無力的傾向，不能光大地、健動地應付世間的種種難題。要以這種終極原理來創造文化，真是談何容易。久松所提的「無一物中無盡藏」，是在禪的無相的自我的遠離執著的脈絡下說的，而且是就實踐的、作用的意義說的。能夠不取著任何物事，任何對象，便能成就種種力量，包括覺悟的力量，以開拓妙有世界。但這是不夠的。它沒有存有論的意思，不能安立、成立現象界的種種存在，更無由說要對它們建立客觀而有效的知識，這亦是俗諦的知識。倘若沒有這種知識，便不能在俗世中生活，不能過俗世的生活，如何能說文化的創造呢？知識亦是文化的一環，沒有知識的文化，生活只會流於空蕩而無方向，也沒有世間性的內容。創造文化云云，從何說起呢？知識問題是如此，道德、藝術問題也如是。

　　我所提的純粹力動（reine Vitalität）便不同。作為終極原理，它超越而又涵有實體主義與非實體主義的內容，綜合作為實體主義的基礎的絕對有（absolutes Sein）與作為非實體主義的基礎的絕對無（absolutes Nichts），同時又超越、克服兩者可能分別發展出來的極端狀態：常住論與虛無主義。關於這點，拙著《純粹力動現象學》已有詳盡而清晰的闡述。我在這裏要強調的是，純粹力動、絕對有、絕對無都表述同一的終極原理，絕對有是正面的表述，絕對無是負面的表述，純粹力動則是正面與負面的綜合的表述，因此是最周延的表述。無相的自我相當於絕對無，其表述有所偏：只注意終極原理的負面、解構面，不能全面地、周延地展示終極原理的性格。

　　就創造文化一點言，純粹力動具有充足的動力，也能提供充實的內容，沒有上面所說的無相的自我的弱點。我在這裏只想就知識一面說。作為終極原理的純粹力動必須要呈顯它自己，這是它的本質的要求。在客體方面，它凝聚、下墮，詐現為氣，氣再分化，詐現為萬事萬物。在主體方面，純粹力動直貫下來，成為超越性格的睿智的直覺，認知萬事萬物的在其自己的真相，亦即是純粹力動雙重詐現的結果。同時，它又自我屈折而為知性，認知萬事萬物為對象，對它們建立客觀而有效的俗世知識。關於這些點，我在拙著《純粹力動現象學》中已有詳盡的闡釋，這裏不再多贅。

　　久松也談到歷史的問題。他強調歷史是永恆主體的現代的自我形成與實現；這永恆主體是一切歷史時期的根源，也超越這一切歷史時期。這永恆主體明顯地是指久松自己所稱賞不已的無相的自我，是在禪的背景下提煉出來的終極主體、終極原理。同時，毫無疑義地，這永恆主體也是絕對無，由此便帶出了久松的絕對無的史觀。

　　久松在這裏涉及一些有關歷史的非常重要的問題：歷史是人類文化活動的記錄，它的根源在哪裏呢？歷史為甚麼是重要呢？歷史是已發生了的事，何以又密切地牽連著現在與將來呢？這些其實不單是歷史的問題，毋寧更是歷史哲學的問題，史觀的問題。康德（I. Kant）很重視歷史；黑格爾（G. W. F. Hegel）、史賓格勒（O. Spengler）和馬克斯（K. Marx）更分別建立他們的史觀。當代詮釋學（Hermeneutik）宗師葛達瑪（H.-G. Gadamer）更在

他的《真理與方法》（*Wahrheit und Methode*）以歷史、語言和藝術來說文化。在京都學派中，田邊元、久松真一、西谷啟治都很重視歷史，久松更建立自己的史觀，那便是絕對無的史觀。在這種史觀中，我們可以看到他如何以宗教的導向來說歷史，也可了解到他在 FAS 構思中的超越地創造歷史的意義。因此，我要在這裏闡述一下久松對歷史的看法，然後作些評論與批判。

上面提到久松認為歷史是永恆主體的現代的自我形成與實現。關連著這點，久松心目中有兩種主體：根本主體與歷史主體。根本主體是絕對主體，沒有矛盾性；歷史主體則不是絕對性格，有矛盾性。出人意表的是，他承受了柏拉圖（Plato）的形相（Form）觀念，以這觀念來說歷史，把它視為歷史的內涵。在他看來，抽象的形相落實在具體的事物中，不斷發展，便成歷史。他把形相視為歷史的主體，它體現於現實的東西之中，這種體現有限制性；現實的東西可使形相落實於其中，同時也限制了形相，或者說，形相現實化，需要作自我限制，這便變為有限。當形相限定它自身而變成有限時，它同時超越現實化，試圖以無限的性格來截斷一切限制，這便引致形相的矛盾性。

久松的形相，其實是絕對無。他是以絕對無的發展來說歷史的，他在其重要論文〈平常心〉中說：

> 形相通過它的自我限制而實現它自己。形相的這種限制正足以使現實化的東西被建立，被確定下來。但同時，這種限制又是現實化的東西的否定。即在那些限制了的東西的無限否定中，成就了形相的絕對的否定的性格，或者是形相的絕對無的性格。這絕對無的性格即是歷史的原理。[70]

這段文字不好理解。我們可以這樣看，形相通過它的自我限制而使現實化的

---

[70] 《久松真一著作集 2：絕對主體道》，頁 121。

東西被建立起來。但這種建立活動是在歷史中進行的，它是不能停滯的，否則歷史便不能繼續發展。故現實化的東西被建立，同時也必須被否定。形相自我限制、自我否定而成為現實的東西，後者又被否定以形成歷史。這裏實含有雙重否定，亦即是否定的否定，這便是絕對無。我想久松的意思是這樣：絕對無位於歷史中的現實的東西的底層，它有兩面性格：就絕對無恆常地創造歷史現實來說，它是絕對有；就它恆常地否定它的自我限制而成的歷史現實來說，它是絕對無。歷史是跟著絕對無的作用而成立的，因而也有矛盾的、辯證的性格。它與平常事物有密切關聯，受它的或有或無的狀態所影響。倘若平常事物只是有，則歷史的前進便不可能，因有傾向於常，常則不變，而前進則是變化的表現。另外，平常事物如只是無，則歷史的現前性便不可能，現前性畢竟是有的表現。

　　久松由此論到歷史的終極矛盾，在〈平常心〉中可以看到，此中的終極性是由絕對無作為一終極原理的肯定（自我限制而成歷史現實）與否定（否定現實以保持其前進發展而成歷史）的作用而來。因此他提出要有對歷史的終極批判，這是對歷史的完全的、根源地主體性的批判。他其實是要從另外一個導向（orientation）來說歷史，這即是覺性的、反省的導向，也是宗教的導向。他強調歷史的這種終極矛盾是不能依「歷史的辯證」而得消除的，它必須依「宗教的辯證」才得消除。在這種對歷史的終極矛盾的處理中，久松提出「脫落」觀念，這大體是沿著日本道元禪師的「身心脫落」的說法而來的在肉體與精神上的大解脫。久松指出，這種身心脫落的解決，面對歷史的終極矛盾的深淵，可以超越後者，克服後者。他是以禪的大疑團、大困惑來解決歷史的終極矛盾，超越地熔化歷史的終極矛盾，以再建立歷史的主體。這也可以通到他的 FAS 構思中超越地創造歷史的思想方面去。這超越歷史而又創造歷史的，正是作為歷史的根本主體的絕對無。

　　以上的闡述，便是久松的絕對無的史觀。表面看來，以絕對無來說歷史，或以根本主體說歷史主體，把歷史引導到宗教方面去，讓它在宗教的脈絡中有一位置，是無可厚非的。歷史是文化活動中的一個重要分子，上面說過以絕對無來帶動、創造文化，有其義理上的困難，這困難當亦對歷史具適

切性。不過，久松在文化活動中特別強調歷史，又提到歷史主體與根本主體，特別說到歷史的終極矛盾與它的宗教導向的解決方法，把歷史歸入宗教，以歷史主體與根本主體分別相應兩者（根本主體當是說宗教主體），則頗有問題，不能不細加論究與批判。特別是，他提到絕對無作自我限制而創造歷史現實和絕對無因此也是絕對有，在義理層次上必須細加檢別，否則便會產生種種誤解。以下我要專就這些點作些清理與批判。

久松引用柏拉圖的形相觀念來說絕對無，實在無此必要，也不恰當。柏拉圖的形相是實體主義哲學的存有論的觀念，是一種實體形式，與絕對無的非實體主義的思想旨趣並不相應，絕對無不是實體，它傾向於佛教的空與禪的無。同時，柏氏的形相沒有動感，是靜態的，絕對無是具有動感的，至於其動感夠不夠，則是另外的問題。不過，久松對雙方的動靜性格的不同，也意識到了。現在的問題是，絕對無（久松以形相來說）如何能作自我限制以生起歷史現實呢？所謂自我限制是自己對自己作出否定，這亦是《老子》書中所說的「反」的意思；進一步說，絕對無自我限制有讓自己放棄絕對性、無限性，以分裂、分化而顯現出具體的、有限的現象事物來的意味。因此，自我限制有自我具體化的意味，由抽象的狀態轉出具體的狀態來。這種限制與具體化是需要一種力來發動的，這力不可以純然是主體性的力，也不可以純然是客體性的力，而應是渾淪而為一體的主客未分的力，它要進行自我限制，才有主客的分野可言。這力是一種超越的力動、動感。佛教所說的空是終極的原理，表示一切法的無自性（asvabhāva）的真理狀態，是一種靜態的狀態義，不能說力。而由空轉化出來的禪的無，以至京都學派的絕對無，也是傾向靜態義的狀態，而難說力。因此，說絕對無自我限制而生起歷史現實，是有問題的。歷史現實指涉在時空下展現的經驗現象的連續系列、具體化的事件的串連。嚴格來說，這樣的絕對無是不大能說自我限制而生起歷史現實的。即使京都學派所說的絕對無有主體性、精神主體的意味，久松自己也曾用過「能動的無」的字眼，可以在某種程度上說力，說動感，但只要是立根於佛教的空而發展出來的無、絕對無，都難以說足夠的力或動感，因此也難以說自我限制而創生歷史現實或一切經驗事物。久松的絕對無的史觀，

的確有義理上的困難。

　　我所提的純粹力動現象學便沒有這方面的問題。純粹力動綜合了絕對有與絕對無的殊勝之點，自身是一超越的活動，具足濃烈的動感。這活動、動感便是力，藉著這力的作用，純粹力動可進行自我限制、凝聚、下墮而詐現原始物質義的氣，再由氣分化而詐現種種事物、現象，在時空方面展開種種文化活動，其中重要的一項便是歷史；或者說，這些活動的記錄便成歷史。歷史是人類依時間序列而表現出種種活動，這便是久松所說的歷史現實。人出現在歷史中，表示純粹力動以個別主體的身份，示現自己於時間之中，或享受美好的生活，或接受種種苦痛的磨煉，不管表現如何，最後形離壽盡，人便回歸向純粹力動的世界，如同久松所說人從永恆出來，進入歷史，最後又回返到永恆。[71]

71　以上闡釋和評論了以久松真一為代表的京都學派的禪思想，亦即是對禪的宗教的進一步發揮與開拓。以下提供一些在這方面的參考用書：

吳汝鈞著《京都學派哲學：久松真一》（臺北：文津出版社，1995）。

吳汝鈞著《絕對無的哲學：京都學派哲學導論》（臺北：臺灣商務印書館，1998）。

吳汝鈞著《京都學派哲學七講》（臺北：文津出版社，1998）。

《久松真一著作集1：東洋的無》（東京：理想社，1982）。

《久松真一著作集2：絕對主體道》（東京：理想社，1974）。

《久松真一著作集3：覺と創造》（東京：理想社，1976）。

《久松真一著作集4：茶道の哲學》（東京：理想社，1973）。

《久松真一著作集5：禪と藝術》（東京：理想社，1975）。

《久松真一著作集6：經錄抄》（東京：理想社，1973）。

《久松真一著作集7：任運集》（東京：理想社，1980）。

《久松真一著作集8：破草鞋》（東京：理想社，1974）。

《增補久松真一著作集第九卷：起信の課題・對談集》（京都：法藏館，1996）。

《增補久松真一著作集別卷：久松真一の世界》（京都：法藏館，1996）。

《久松真一佛教講義第一卷：即無的實存》（京都：法藏館，1990）。

《久松真一佛教講義第二卷：佛教的世界》（京都：法藏館，1990）。

《久松真一佛教講義第三卷：還相の論理》（京都：法藏館，1990）。

《久松真一佛教講義第四卷：事事無礙》（京都：法藏館，1991）。

久松真一著《人類の誓い》（京都：法藏館，2003）。

藤吉慈海編《久松真一の宗教と思想》（京都：禪文化研究所，1993）。

藤吉慈海、倉澤行洋編《增補版真人久松真一》（東京：春秋社，1991）。

藤吉慈海著《禪者久松真一》（京都：法藏館，1987）。

大橋良介著《悲の現象論序說：日本哲學の六テーゼより》（東京：創文社，1998）。

上田閑照、堀尾孟編集《禪と現代世界》（京都：禪文化研究所，1997）。

小坂國繼著《西田幾多郎をめぐる哲學者群像：近代日本哲學と宗教》（京都：ミネルヴァ書房，1997）。

藤田正勝編《京都學派の哲學》（京都：昭和堂，2001）。

FAS 協會編《自己・世界・歷史と科學：無相の自覺を索めて》（京都：法藏館，1998）。

石川博子著，FAS 協會編《覺と根本實在：久松真一の出立點》（京都：法藏館，2000）。

Steven Antinoff, "The Problem of the Human Person and the Resolution of that Problem in the Religio-Philosophical Thought of the Zen Master Shin'ichi Hisamatsu". PhD Dissertation, Temple University, 1990.這是一篇博士論文，探討久松真一對於人的生命問題的宗教與哲學的處理與解決。作者曾於一九七七年見過久松，表示對久松有甚深印象，其時久松已達八十八歲高齡了。有關此博士論文的評論，參看常盤義伸著〈久松博士のポストモダニスト構想への批判について〉，FAS 協會編《自己・世界・歷史と科學：無相の自覺を索めて》（京都：法藏館，1998），頁 114-135。

Shin'ichi Hisamatsu, *Zen and the Fine Arts*. Tr., Gishin Tokiwa, Tokyo: Kodansha International Ltd., 1974.

Frederick Franck, ed., *The Buddha Eye: An Anthology of the Kyoto School*. New York: The Crossroad Publishing Company, 1982.

Fritz Buri, *Der Buddha-Christus als der Herr des wahren Selbst: Die Religionsphilosophie der Kyoto-Schule und das Christentum*. Bern und Stuttgart: Verlag Paul Haupt, 1982.

Ryosuke Ohashi, hrsg., *Die Philosophie der Kyoto-Schule: Texte und Einführung*. Freiburg/München: Velag Karl Alber, 1990.

第二章
西谷啓治論宗教、道德問題與我的回應

　　宗教與道德問題在哲學中有極具重要的性格。在這裏，我要對京都學派的西谷啓治在這兩方面作獨特的理解。我特別以對話的方式進行，先闡述西谷的說法，跟著我便回應。我的回應，基本上是本著自己的純粹力動現象學的立場作出的，有時也夾雜著一些儒學（包括當代儒學）、佛學以至康德哲學的說法在內。「純粹力動」本來是一個開放性的觀念，有很強的包容性，夾雜一些其他的思想，應該是無妨礙的，反而讓人有多元的感覺。以下便是我與西谷在探討宗教與道德或信仰與理性的關係問題的對話。關於西谷的思想，我是以下他的三本專著為據：

1. 《根源的主體性の哲學・正》，《西谷啓治著作集》第一卷，東京：創文社，1991。

2. 《根源的主體性の哲學　續》，《西谷啓治著作集》第二卷，東京：創文社，1992。

3. 《宗教とは何か》，宗教論集 1，東京：創文社，1972。

另外，加上他與阿部正雄所作的一篇對談記錄，及研究他的思想的著作：

4. 〈宗教における魔、惡魔の問題〉，阿部正雄著《非佛非魔：ニヒリズムと惡魔の問題》，京都：法藏館，2000，附錄，pp.95-188。

5. 京都宗教哲學會編：《溪聲西谷啓治》下，思想篇，京都：法藏館，1993。

6. 上田閑照編：《情意における空》，東京：創文社，1992。

7. Ryōsuke Ohashi, hg., *Die Philosophie der Kyōto-Schule*. München: Verlag

Karl Alber, 1990.

8. F. Buri, Der Buddha-Christus als der Herr des wahren selbst: Die Religions
philosophie der Kyoto-Schule und das Christentum. Bern und Stuttgart:
Paul Haupt, 1982.

一、信仰問題

　　讓我們從信仰、理性、主體性這幾個具有濃厚的普泛性的觀念說起。信
仰基本上是指宗教方面的信仰，這包括東西方的各宗教在內。理性則不限於
是道德理性，也可以是知識理性，甚至工具理性。後二者倘若處理得宜，則
仍可讓我們在價值生活方面，有一定的裨益。道德理性當然是挺重要的，它
是一切道德行為的理性依據。至於主體性則主要是就我們人類的主體而言，
一切價值上的抉擇，必須是由主體本身發出的。所謂人間性，是對主體性的
進一步的闡釋。[1]以下先說信仰問題。

　　西谷認為，信仰是對神聖的愛的承受。就一般的用法來說，信仰是自我
所作出的行為，它是內在於自我之中，由自我內部發出來的。它也指向一個
對象。這是一種對超越意識～自我意識的場所的相信。但在宗教的信仰來
說，場所會被跨踏，而「自我」的網絡亦會被突破，讓罪性在自我的內部被
作為一種實在體現出來。[2]

　　西谷繼而指出，作為一種實在的信仰的概念，可在基督教與佛教中找
到。在基督教，信仰被視為恩典，由神聖的愛中流出。佛教則提出「機法」

---

[1]　「人間性」這個字眼或語詞，常在日文的典籍中出現。在中文中的相應字眼，應是
　　「人文性」、「人文精神」等。據我看，「人間性」的意味比較具普及意味，其意思
　　若對比著「天堂」、「天上」這種字眼來理解，便非常明顯。我認為在中文中用「人
　　間性」的字眼亦無妨。

[2]　西谷啟治著《宗教とは何か》，宗教論集 1，東京：創文社，1972，頁 31。（此書以
　　下省作《宗教》）

兩種信仰。[3]由如來的本願流向眾生的信仰是法的信仰，這信仰與人對罪性的自覺相遇，便成人的信仰。[4]西谷進一步就有代表性的宗教來發揮，指出基督教的信仰是作為上帝的愛的聖靈的作用，把人與上帝相連起來。佛教則以如來的大悲的實現與眾生的信證相合為一這種關係來說信仰。[5]

西谷最後說，在信仰中，一切自我都成了真實的和真正的獨自的自我，而信仰自身亦置換成一種實在（Realität, Wirklichkeit）。[6]

對於以上諸點，我的回應是：一、西谷以信仰是對上帝的愛的承受，這是很嚴肅的、很高層次的說法，排除人們對信仰可能生起的一切迷信的想法。對上帝的神聖的愛的承受，是一種精神性的行為，同時也有理性作為基礎，因這種信仰，如西谷所言，並不超越意識～自我意識的範圍。人在這種信仰中，知道自己在做著甚麼，而且清晰地確認這是有價值的、應該做的行為。音樂家巴哈（J. S. Bach）曾說過，他的所有的音樂只傳達一個訊息，那便是上帝的愛。因而聽巴哈的音樂，而受到感染的人，也可以說是聆聽上帝的愛的呼喚和接受祂的愛。不過，在受取上帝的愛的同時，這愛的光輝亦把人的罪性從生命的深處、暗處照現出來。在這種情況下，人自然要深刻地反思一下：自己帶罪在身，是否值得上帝給予神聖的愛呢？這樣，悔改、悔過便成為話題了。這是一個大問題，後面會有較專門的討論。

二、西谷提出在人的宗教生活中很重要的一點：信仰是一種恩典，其來源是上帝的愛。這雖是基督教的說法，但可視為有關信仰的一個普遍問題來看。信仰是精神生活的重要的一部分，它在貞定人的生活行為與生命方向方面，可以發揮巨大的作用。就幸福生活這一角度來看，有信仰（宗教信仰）自然比沒有信仰好。但宗教信仰是不能勉強的，它是可遇而不可求。有宗教信仰，的確是一種福氣。因此，基督教以信仰為一種恩典，由上帝所施與的恩典，人得與不得，由上帝決定。當然，我們可以這樣理解，人的生活行為

---

[3]　機是牽涉及質素方面的眾生、佛教追隨者；法是教法、佛教的義理。

[4]　人的信仰即是機的信仰。它與對佛教義理的信仰便是「機法」兩種信仰。

[5]　《宗教》，頁 31-32。

[6]　Ibid.，頁 32。德文的相應字眼為筆者所加。

表現出高尚的操守，這有助於獲得上帝的恩典，因而享有信仰。或者說，人可以以虔誠善良的心行事，感動上帝，俾能獲得信仰的恩典。這樣的想法有助移風易俗，鼓勵人們行善事，做好人，但是否能得到信仰的恩典，最後還是取決於上帝。人刻意希望得到上帝的恩典而行善，可能反而得不到上帝的恩典；人自然地行善，行善時不存有功利的心，可能因此而得到上帝的恩典。康德（I. Kant）對恩典不存厚望，人對它是沒有把握的：它甚麼時候會來，有甚麼用，對我們有甚麼幫助，都不知道。康德對恩典的這種說法，可能與我在這裏所說的有關連。

　　三、西谷提到的基督教的信仰與佛教強調的如來本願流向眾生的淨土宗的信仰，都是他力形式的信仰。即是，人依仗一個外在的他力大能而得到救贖，不能憑自己自身的能力而得到救贖。這個他力大能，不管是上帝也好，阿彌陀佛也好，都可視為純粹力動依人格方式而顯示的信仰的對象。[7]至於信仰他力大能的信徒、眾生，則是純粹力動顯示在人的主體方面的結果。在這裏不妨說氣稟。氣稟有清有濁；需要他力大能的助力才能得覺悟、救贖的人，其氣稟偏向於濁的一面，在認識、覺悟上的能力都較低，不能憑自力而上。而佛教的主流、儒、道兩家，則都強調人人都能自力覺悟、得救贖，這是純粹力動在他們身上表現出清的氣稟所致。

　　四、最後西谷謂在信仰的脈絡下的自我都具有獨立性，這是很自然的。信仰本來便是很個人的事，指涉個人自身的主體性。各人可有不同的信仰期望、信仰程度與信仰成果。至於西谷所提信仰本身的置換問題，這不外表示，信仰可帶來覺悟、得救贖。人在這樣的信仰中，在覺悟、得救贖中，其生命已融進實在的內裏，與上帝、阿彌陀佛成為一體了。

　　在這裏，我想提出一點，西谷沒有論及。自力的覺悟與救贖的力量來自當事人自己，只要當事人存在，覺悟與救贖便自然地能維持下來。他力的情況則不同。人憑他力大能的力量而覺悟、得救贖，表示這些宗教的目標是否

7　西谷說信仰指向一個對象，便是指這他力大能。這種指向，與胡塞爾現象學中所強調的意向性（Intentionalität）作用，應該沒有關連。

可能，能否延續下來，要看當事人與他力大能之間的關係而言。而這種關係的必然性，固然要看當事人的表現，而他力大能的回應，也很重要。上帝對人類的恩典與阿彌陀佛對眾生的悲願，是否完全可由當事人的表現來決定呢？上帝與阿彌陀佛是否完全是被動的呢？這是一個很值得深思的問題。

二、理性問題

　　跟著看理性方面的問題。這也要關聯著信仰來說。關於這點，需由惡與罪兩個次元或維度（dimension）說起。西谷認為，人犯惡與犯罪，不必是同時而起，由犯惡到犯罪，是人的宗教的自覺所開展的結果。由倫理上的惡進而至宗教上的罪與魔的圖式是很清楚的，這即是由理性的立場趨向信仰的立場。歐洲方面的啟蒙時代，理性得以高揚，這是人在根本自覺上的一次具決定性的轉化；對於這種轉化（理性的轉化），要以信仰來克服它，並不容易。基督教神學的興起，表示由包含哲學與道德的理性的立場轉到信仰的道路上去，西谷認為，這是有障礙的。要放棄理性，才能開出信仰之途，但這並不容易。西谷認為，理性與信仰問題的解決，是很難的。[8]

　　我的回應：西谷在這段文字中的說法，顯然很有可爭議之處。而他對信仰與理性之間的關係的處理，也太呆板，也低估了人類在對待這兩個問題上的智慧。首先，惡與罪這兩種人性中的負面的東西，是否可如西谷所提那樣，可以甚至必須區分為兩個維度呢？我覺得很有問題。「惡」與「罪」兩個概念的涵義實在有相重疊之處，不能清楚劃出一條界線，把兩者分開。人犯罪，不必沒有作惡的意味；人作惡，很多時是不道德的，是犯法的、犯罪的。另外，人的宗教的自覺，並不必是沿著由倫理上的惡進而至宗教上的罪與魔這個方向發展的，因而不必是由理性的立場趨向信仰的立場的。西谷這樣說，顯然是要遷就西方文化由理性的重點發展到信仰的重點，以交代基督

---

[8]　西谷啟治、阿部正雄對談〈宗教における魔、惡魔の問題〉，阿部正雄著《非佛非魔：ニヒリズムと惡魔の問題》，頁130-131。

教神學的產生。這是以事（歷史）來規限理，並不可取。我無寧認為，此中的發展方向應該是相反的，即由信仰的立場發展到理性的立場。人在初開的時候，理智、理性通常不會很發達，遇到疑難與危難，不能憑理智、理性解決，只能借助於神靈，信仰便因此流行了。到了某一階段，人的理性的自覺由發展至成熟，便會慢慢離開信仰，而比較依賴理性來解決問題，即使理性是以道德理性為主，也應該是這樣。至於西谷說要以信仰來克服理性，或者像基督教神學那樣，要從理性的立場轉到信仰的道路，是有障礙的。西谷又堅持要放棄理性，才能開出信仰之途。這是關乎信仰與理性的關係問題，我認為都需要商榷。有關信仰與理性或宗教與道德的關係這一問題，西谷很明顯地是堅持著京都學派的立場，即是，信仰與理性、宗教與道德是不相容的，道德必須先崩潰、先瓦解，才能發展出真正的宗教。這是阿部正雄的觀點。西谷是阿部的老師，也是持這觀點，因而說要放棄理性，才能開出信仰之途。我在這裏想提出一點，信仰與理性、宗教與道德不必相互拒斥，卻是可相容的，我認為甚至可以說，宗教可以補道德力量不足這一點，而道德亦可為宗教提供多一些理性基礎。田立克（Paul Tillich）的觀點是對的：道德或理性可提供方向給宗教或信仰，而宗教或信仰可提供動力給道德或理性，讓後者的理想能實現。我還想補充一句：信仰與理性是不同性格的東西，但其不同，遠遠未到相互排斥的程度。實際上，在處理人的生命的負面問題上，信仰可發揮很大的力量，那是理性不能做到的。不過，理性可調節信仰，讓它保持著一種適度的冷靜狀態，不會流於或泛濫成狂熱的程度。

三、主體性（人間性）

跟著看主體性或人間性的問題。在這裏值得先提醒的是，西谷在對這個題材的討論方面，提出「絕對他者」和「絕對無」兩個觀念。西谷以人間的世界的側面為理性的立場，絕對他者的世界的側面則是信仰的立場。他便是在這兩個立場的脈絡下論信仰或信仰主義的。他認為，所謂信仰主義是把我們的界限面由此方的側面即人間面翻轉到彼方的側面即絕對他者面而成立

的。這樣，彼方便成了新的此方。在這種轉換中，便沒有了彼岸與此岸的區別。這種側面上的轉換，正發生於理性的立場與信仰的立場的「中間」界限之處。重要的是，這界限本身既不是理性的立場，也不是信仰的立場，卻包含兩方的可能性。西谷又拿西方神學來作參照，表示相對於布特曼（R. Bultmann）所提的理性中的啟示的結合點來說，絕對無的立場作為理性的立場與信仰的立場的辯證的統一，是人間之中的「結合點」，這是無記的界限。絕對無的主體性通過這無記的人間的主體性，無礙地出入於這界限的兩側的世界之中。[9]

西谷進一步剖析人間性觀念的涵義。他指出，人間存在是一種具有真實使命的存在。這種人間性的理念與神性的理念不能沒有關聯，亦不能不在這關聯中被理解。人間性只有在與神性的聯繫之中，才能堅持其根本的使命的性格。同樣地，神性亦只能通過與人間的道德理念的關聯而得到體認。這道德理念只能就人間性而言。西谷提醒，我們對於這兩者（人間性與神性），必須在往還兩迴向的關聯中來理解。在這裏存在著一種把一切高級的宗教從純然的迷信中區別開來的根本精神。在基督教來說，由神之愛（神即是愛）出發，為了全人類的贖罪與救濟而出現的基督所救贖的基督徒，一方面以基督為中心而結合起來；另方面，他們繼承其生命（即是使命）而受苦與展開救贖，「神之國」便在此土中成立，擴充起來了。在佛教淨土門，眾生乘著如來的弘誓的本願力而能早臻涅槃，然後還相迴向，與眾生分享解脫的樂果。雙方其實是從同一的根本精神出發的。[10]

以下是我的回應。西谷顯然用了辯證的思考，來發揮信仰的深層意義。在他看來，信仰成立於人間或人與絕對他者或他力大能的具有動感性的接觸之中：本來人與他力大能各有其自身的位置、空間，人自己移開，翻轉到他力大能那一邊，而依附他力大能。這樣，本來在主位的此方空卻了，儼然為彼方的他力大能所填補了。這樣，如西谷所說，彼方便成了新的此方。人既

9　西谷啟治著《根源的主體性の哲學・正》，《西谷啟治著作集》第一卷，東京：創文社，1991，頁84。（此書以下省作《主體性正》）

10　Ibid.，頁 177-178。

依附於他力大能，此岸依於彼岸，彼岸儼然據有了此岸，甚至成為此岸。這樣，居於主位的人為他力大能所替代，而人又依於他力大能，此岸與彼岸的分隔儼然消失了。這樣的關係，即人與他力大能的關係，自然是信仰的關係了。[11]西谷提到這種牽涉此岸、彼岸的翻轉，到最後消除雙方的分隔，是發生於理性與信仰的中間。其實這種翻轉是傾向於信仰的立場方面的。過了這個中間位置，便全是信仰的意味了。

要注意的是西谷在這裏提出絕對無的觀念與問題。如我在自己的很多有關京都哲學的論著中所表示，絕對無是京都哲學的標誌，不同的京都學派的成員都各有其解讀與闡發絕對無的方式。西谷是以佛教般若（Prajñāpāramitā）思想與龍樹（Nāgārjuna）的中觀學（Mādhyamika）的空（śūnyatā）的義理為根基來發揮絕對無的。不過，這是第二次大戰之後的事。在第二次大戰之前，他對絕對無已有了自己的見解。[12]這即是以理性與信仰的辯證的統一來說，認為它是人的主體在理性與信仰方面的一個結合，也通於此岸的人間世界與彼岸的絕對他者的世界。在這種情況下，絕對無作為一終極原理，主體性與理性的意味便不是那麼強，因滲有絕對他者與信仰的涵義在裏頭。這是與西谷在戰後所展示的具有強烈的主體性意味的絕對無觀所很不同之處。[13]以絕對無為一種具有辯證意味的統一體，這種辯證或矛盾，可以說是理性與信仰之間的矛盾，也可以說是人間與絕對他者之間的矛盾。倘若是這樣，則絕對無在維度（dimension）或導向方面，是跨越了絕對他者，後者只能在絕對無的統一體的脈絡下，才能成立。在純粹力動的立場來說，絕對他者，不管是上帝也好，阿彌陀佛也好，都是純粹力動的人格

---

[11] 西谷在這段有關文字中所展示的立論，並不是很清晰暢順，我自己在一定程度上作了些疏通與調整，基本上是配合、參照西谷自己的思維方式與哲學導向而這樣做的。讀者如有更妥善的解讀便最好了。

[12] 《根源的主體性の哲學》正、續篇都成書於第二次大戰之前。

[13] 在京都哲學家中，對於絕對無的理解，田邊元是獨樹異幟的，他以絕對的他力來說絕對無，和他有密切關係的弟子武內義範也持這種解讀方式。西谷在戰前以絕對無涉及絕對他者的思想，極有可能是受到田邊元看法的一些影響。

化的形態，而以實體主義的實體出之。在純粹力動現象學中，人間與絕對他者的矛盾是不會出現的。人間是純粹力動在主體所表現的睿智的直覺，絕對他者則是純粹力動在客體方面表現的人格實體。

　　再回應西谷進一步對人間性或主體性的闡釋。以「真實使命」來說人間存在的存在性極好。這正與純粹力動現象學以生與死所概括的人在現實世界所扮演的角色的深層意義相應。即是，人的生，是從本體世界爆破一切茫昧而出，承取一個人的變化身（apparition），在現象世間承受種種挑戰，實踐一種使命。使命完畢，便回歸向本體世界，這便是死。西谷提出的「真實使命」，有非常深遠的意義。不過，西谷強調，人間性的這種真實使命，它的使命性格，需放在人、神的關係的脈絡中，才能充分被證成。這正表示人的真實使命，不能離開宗教。人不單是物理的存在、知識的存在、道德的存在，同時也是宗教的存在。最後一點表示人的使命需涉及宗教意義的終極關懷（借用田立克 Paul Tillich 的概念）才能成立。另方面，神性亦需在人文的道德理性的活動中才能被體證。這是說，人、道德理性是神性的載體，神性的高尚情操，必須要在人的存在狀態與道德的生活方式中，才能充分地被證成。這個意思非常好。耶穌對世人的慈愛與救贖，他在世間受苦受難（包括被釘死於十字架上）所展示的沛然莫之能禦的道德勇氣，正能展示這點。在純粹力動現象學來說，純粹力動在主體方面表現為人的睿智的直覺，接受世界種種罪、苦的磨鍊，經過無數挫敗，仍然能本著道德的勇氣與動感，騰飛起來，而遊戲三昧，最後回歸向純粹力動本身，生、死問題同時並了。這個意思與西谷所提的神性依人的存在狀態與道德生活來證成，的確很有相通處。

　　西谷所提的人間性與神性的往還兩迴向的關係，在宗教學上更有特殊的意義。往向是人矢志求道，求覺悟，一心一意向著神性這個目標挺進，義無反顧。還向則是得道、覺悟後由神性的層面回返地面，與尚在罪、苦中受煎熬的眾生分享覺悟的果實，而不是掉頭不顧，作自了漢。這正是基督教與大乘佛教的根本精神所在。西谷特別提醒，一切高級宗教（筆者按：亦即具有理性的宗教）與一般的民間迷信的分水嶺，便是這一點。不過，西谷在大乘

佛教方面獨提淨土宗，予人有遺憾的感覺。在迴向世間、普渡眾生方面，禪宗與天台學表現得最為明顯。禪宗的《十牛圖頌》中第十圖頌「入鄽垂手」與天台宗人所倡議的以種種功用利益眾生，並強烈地批評華嚴宗人的「緣理斷九」，掉頭不顧，是很鮮明的例子。[14]在西谷眼中，神之國不應在天上建立，而應在地上建立；淨土亦不應建立於西方極樂世界，而應在眾生的心中實現。以純粹力動現象學的詞彙來說，所謂「物自身」（Dinge an sich）這樣的純粹力動凝聚、下墮、分化而詐現現象的意義（Bedeutung）或有關事物的真理（Wahrheit）應能當下在對日常的事物的理解中呈現，因而不對這些事物起執，不為它們所束縛，讓心靈有自由自在之感。物自身必須在這樣的義理脈絡下，與現象合為一體，雙方相即不離。

四、宗教與道德及其關連

　　承接著上一節所討論的信仰、理性、主體性等較具一般義的題材，我要在這裏探討與這幾項題材相關連但卻是較具體的問題：宗教、道德、根本惡與原罪。宗教相應於信仰，道德相應於理性，根本惡與原罪，則是人的負面要素的根基。在這裏，我想先較廣泛地討論宗教與常常與它一同被提起的道德的關係。這自然是環繞著西谷啟治的觀點而展開的。

　　宗教與道德有非常密切的關係，這點幾乎不需要解釋了。我們要注意的是這兩者的關係如何密切，同時在這種密切關係中又要怎樣把宗教與道德區別開來。西谷首先就宗教與道德的互補、相互支持一點立說。他強調道德（Sittlichkeit, Moralität）要有宗教性（religiöse Natur, religiöse Wesen）的支援、證實，才是真正的道德。倘若沒有了這些支援、證實，道德勢必陷於自我迷執的狀態而變質。另方面，宗教倘若不包含道德性，便與迷信

14　「緣理斷九」意即只關心體證終極的真如真理，以求覺悟，並獨享此中的樂趣，卻忘記九界眾生（佛界之外的眾生）仍沉淪於生死煩惱海中，因而不對他們施予援手。這是佛教天台宗對華嚴宗所提出的批評。

（Aberglaube）無異，不是真正的宗教了。[15]關於宗教與道德的關係，西谷
又以「接軌」字眼來說。他認為，在道德的根柢中，有宗教在接軌。西谷並
強調，在這裏頭，有一實踐的理念：對於一切東西，有作為同一生物的大生
命在貫注。這種貫注，可以說是對那統一過去、現在、未來一切事物的真實
的人間進行同一化的大力動、大實踐。[16]

　　西谷甚至有認為宗教與道德是同一的傾向。不過，他沒有直接說兩者是
同一，卻以兩者的事例來表示這個意思。他認為愛與正義必須是不二的。正
義即此即是愛，愛即此即是正義。[17]按愛是宗教的核心觀念，而正義顯然是
道德意味的。兩者相即不二，便有宗教與道德為同一的意思。西谷復進一步
說，在愛與正義的不二關係中，我們可以看到絕對善是超越善與惡的對立性
的。[18]

　　在內容上，宗教與道德亦有相通之處。西谷表示，在道德之中，可存在
自我在睿智的世界中所具有的東西，甚至是上帝。[19]就一般情況言，西谷提
到睿智的世界，是有濃厚的宗教意味的。西谷特別強調，人在其道德實踐
中，總是會以某種方式涉及宗教性的問題的。他進一步表示，宗教的實存為
了自覺地顯現它的深厚的本質，它與道德的關聯的直接性必須被否定掉。這
是基於在道德性中的矛盾的統一需要再被拆解，統一本身要被否定的理由。
[20]在宗教與道德的相通方面，西谷一再強調一切宗教都應依「人間性」的道
德的理念而成立。[21]他甚至說，不以任何方式與道德相聯繫的宗教，難以言

---

[15] 西谷啟治著《根源的主體性の哲學・續》，《西谷啟治著作集》第二卷，東京：創文
　　社，1992，頁 226。（此書以下省作《主體性續》）又，文中引述西谷的說法，有時
　　加上德文相應字。這是筆者所加，非西谷原書所有者。

[16] 《主體性正》，頁 177。

[17] 《主體性續》，頁 240。

[18] Idem. 西谷在這裏的意思，應該是絕對善是超越善與惡的相對的二元關係。

[19] Ibid.，頁 236。

[20] Ibid.，頁 217。

[21] 《主體性正》，頁 178。

高級的宗教。[22]

　　雖然如此，西谷還是提醒我們在理解到宗教與道德的相通處和密切關係
的同時，仍要留意它們的區別。他是在談到道德或倫理學的惡與罪時提出這
種區別的。他表示，惡與罪的問題基本上是在倫理學中在主體性的脈絡下被
提出來的。在倫理學中，惡與罪被關聯到每一個人的主體性方面而涉及個別
的責任問題。他認為，只有在倫理學中，「人格的」存在形式對每一個別主
體敞開了。[23]不過，西谷強調，在倫理學，人對於自我本身的惡與罪仍未能
體認到。不管倫理學如何重要，它仍只是在「自己」的場域中處理惡與罪，
以「自我干犯」的方式來看它們。這樣做仍有限制，惡與罪未能就它們的真
正的實在性表現出來。要讓自己真切地體認惡與罪，只有在宗教中才是可能
的。康德在他的道德哲學中，視惡為內在於人的那種「自愛」（自戀
Selbstliebe）的傾向。但在談到宗教哲學時，便不能不提出「根本惡」的概
念了。在這裏，我們可以看到宗教與倫理的不同，亦即是宗教與道德的不
同。[24]在這裏，我可以替西谷把話說得具體一些：道德是人間性的，宗教則
是終極性的，是天地宇宙性的。

　　對於西谷論宗教與道德的關係，我以諸點回應如下。一、西谷所謂真正
的道德需有宗教的支援和證實才成是甚麼意思呢？我想西谷在這裏一開始便
觸及有關道德的極其重要的問題。他不是從道德概念的理解上立說的，而是
從道德表現為行為、行動這種實踐角度立說的。關於這點，我們要提到田立
克的宗教是道德的動力，或宗教能引發道德行為（筆者按：田立克大概是這
個意思）的意味。即是，道德不是被當作一套理論拿來講的，而是需要實踐
的，需要在實際的生活中展示的。這便需有宗教提供動力來助成了。故西谷
跟著說倘若道德沒有宗教的支助，便會陷於迷執，這迷執正是對理論、觀念
的迷執，只是議而不決，決而不行。下來西谷說在道德的根柢中，有宗教在
接軌，這「接軌」不應是義理上的接軌，而是在實踐上接軌。道德要在生活

22　《主體性續》，頁 183。

23　《宗教》，頁 29。

24　Idem.

實踐上表現，便需有宗教來支援，來接軌。進一步，西谷提到作為實踐理念而貫注於一切存在中的大生命、大力動問題，這實踐理念實可作為宗教對道德在實踐上有促發作用這一點的補注。而所謂「大生命」、「大力動」，就其意涵和作用看，與我提的純粹力動一理念實很有相通之處，後者亦有很濃厚的宗教、道德實踐的意味。

　　二、西谷一方面強調宗教與道德的相通性，同時又要我們否棄宗教與道德的直接聯繫，以顯宗教的實存的本質，這個意思有點矛盾，很費解。西谷自己提出的理由是道德中的矛盾的統一要被拆除。首先，道德中的矛盾是指甚麼呢？西谷沒有交代清楚。矛盾應該被統一，這是辯證法的一種環節，我能夠明白。但何以矛盾的統一又要被拆解，被否定呢？這都令人感到困惑。我嘗試用自己的思維與認識來回應這些問題。所謂道德中的矛盾，大抵是指善、惡對立的矛盾，這種對立是相對性的，必須把這矛盾克服、超越過來，才能臻於絕對的境界。西谷自己也說過，絕對善超越善與惡的對立。他說要統一這矛盾，可能指先克服、超越這矛盾然後達致統一的、絕對的境界，這在辯證法上是一個具關鍵性的步驟，我想西谷應有這個意思。但西谷又說要拆棄這統一，使宗教從與道德的直接關聯中得到解放，以顯自身的實存的深厚本質，這意味甚麼呢？為甚麼要這樣說呢？我想來想去，想出三個理由。首先，如上面阿部正雄所說，把相對的道德瓦解，讓它崩壞，從而顯出宗教的絕對性格。阿部是西谷的高足，他的說法可能是承自西谷的。不過，此中仍有疑難。西谷曾提絕對善超越善與惡的對立，這善與惡的對立被超越後，便顯出絕對善了，這仍是道德的導向，如何能轉到宗教方面去呢？若要把善與惡統一起來，則必須依賴一在維度方面高於善與惡的觀念，例如「無善無惡」之類，則這無善無惡的原理作為一種統一，又如何要被拆棄呢？另一個理由是，道德的統一是世間性的，不能作為終極歸宿，要從這統一再上去，達於宗教的出世間境界，說是涅槃也好，淨土也好，甚至絕對無也好。再一個可能的理由是，拆除統一，是把辯證法中的正的面相否定掉，而成反的面相。由這個面相再上，再發展，便是圓融的合的面相了。在這三個理由之外，我們仍可依常識的想法，提出由於宗教中常雜有道德的成分，要突顯純

粹的宗教性,便得把混在其中或與它有關連的在綜合的狀態的道德涵義清除掉。

　　三、宗教依於人間性的道德理念而成立。這種觀點與康德的可說是一脈相承,不過沒有到康德要把宗教還原為道德的程度。宗教畢竟是人的宗教,應該建立於地上,不應建立於天國。在地上的人與人的關係,需要藉道德來維繫。至於遠離道德的宗教難以成為高級的宗教的提法,也是合理的。不過,我們要注意「高級」的意義。倘若高級是就理性的價值自覺而言,理性與價值基本上聚焦於道德上,但亦不排斥其他意義的理性與價值,理性例如康德所言的實踐理性(praktische Vernunft),價值例如文學、藝術、歷史批判,自覺則是主體性的反思、覺省,我想西谷的說法是可接受的。道德建基於人的同情共感的自覺,自己要自由、自主,同時也容許他人要自由、自主;自己在價值上有一種人我均等的意識。在解決人的終極關心的問題,如罪業、苦痛、死亡方面,和在追求生命的理想、目標方面,都出於同情共感的自覺,平等待己待人,不以權謀私。倘若「高級」有這樣的涵義,我覺得西谷的說法是很好的。

　　宗教不能不涉及信仰。流俗的宗教信仰,可以完全不含道德自覺,或不涉及道德問題,教徒只強調祈福消災,以為只要禮拜和取悅外在的神靈,後者便可以讓他們達致這個目標。而教徒的祈福消災,只是環繞自己的利害關係來進行,對所信奉的神靈也缺乏認識,只當作偶像來膜拜;誰對自己有利的,誰能幫助自己趨吉避凶的,便禮拜誰。這樣的宗教信仰是完全沒有深度的反省與自覺,只有狂熱的渴求,顯然是高級的另一面即低級的宗教信仰。具有道德性格的宗教信仰則完全是另外一回事。它是以道德的良心(moralisches Gewissen)為基礎;即使是膜拜外在的神靈,亦是當作對自己行為的監視者來禮拜。向神靈懺悔,其實是自己的良心的自責。

　　四、關於宗教與道德的區別,西谷集中在對惡與罪一問題的探討上。他認為,在道德的層面來處理惡與罪,只能涉及主體性的責任問題,只能就自我犯惡、犯罪這種個別的行為來說,未能深層地涉及惡與罪的真正的實在性、存在性。但若在宗教的層面來處理,則我們可對惡與罪作為一種人的普

遍的生命的負面要素來看，例如根本惡與原罪，而解決的廣度與深度可以更為徹底。西谷大抵是這個意思，他提康德的自愛（Selbstliebe）與根本惡（radikales Böse）兩個概念時，特別強調後者，認為只能在宗教哲學中才能處理，便與這個意思有關。西谷這樣說，我覺得有他的道理。對於道德，我們通常的確是偏重它的主體性的責任、義務一面，很少離開這個範圍。充其量只說社會道德、社會倫理。像當代新儒家把道德上提到形而上學的層面，認為不單主觀的心靈有道德性，甚至客觀的天命、天道也有道德性，因而要建立一套道德形上學，這是很新的提法。而且道德問題，是否一定要指涉到天命、天道方面，而成所謂「無限心」，才能徹底處理呢？這是可爭議的。對於這點，我不擬在這裏多作討論。不過，像根本惡、原罪這些問題，的確不是個人的、個別主體的問題；根本惡、原罪不限於個人才有，它們有普遍性，這便成為一個客觀的問題；而去除根本惡、原罪，也成了客觀的終極關心的事了。這樣便非要涉及上帝、普遍的懺悔不可，宗教便要提出來了。對於根本惡、原罪、死亡一類嚴肅的、深沉的人生問題，以道德來處理，很可能是理性（道德理性）有餘，力動不足。在這種情況下，可能只有宗教的熱情（passion）、激情才管用。

西谷啟治的對宗教與道德的關係問題的觀點，應該可說是高明可取。特別是他提到宗教與道德接軌和道德可使宗教成為高級的宗教而不會淪於迷信和低俗的狂熱這些點上，見解相當獨到。不過，在宗教與道德的異同分際方面，西谷的說法仍未夠清晰，讓人有困惑之感。特別是在道德性中的矛盾的統一需要再被拆解一點，欠缺說服力，在概念或觀念方面的聯繫的理解上，不夠周延。若就純粹力動現象學的立場來看宗教與道德的關係，是相當順適的。道德是基於以一種同情共感的自覺來建立人與人之間的關係的，由此產生以己度人、推己及人、樂善好施的行為。所謂德性我是睿智的直覺在道德的導向中的表現形態。人的根本惡、原罪是純粹力動凝聚、下墮到了極端而造成的沉濁的形氣。這種形氣的沉濁性讓人失去了（實際上是不能展現）對事物的詐現性格的明覺，因而對事物的種種相狀起執，生起顛倒妄想的見解與行為。道德的同情共感的自覺與宗教的本質明覺可以克服、解決輕微的顛

倒妄想的見解與行為，但嚴重的便需依賴外在的他力大能的助力來解決。這他力大能，上帝也好，阿彌陀佛也好，是純粹力動的人格化，而以實體主義、非實體主義作為背景而出之。[25]人通過祈禱、稱名念佛而通於他力大能，藉著祂們的恩典、悲願而得救贖、解脫。形氣較清的人，則能憑自身的矢志努力，衝破、突破迷妄與醒覺所成的背反而得救贖、解脫。

五、關於道德問題

以下看西谷論道德問題。西谷認為，所謂道德，是由一方對他方作出或善或惡的批判的立場（筆者按：這是道德的立場，西谷以立場說道德）。這是自己自身對於自我中心性和主我性的否定。換言之，這是對自己向外的意向性與對自己向內的合一（sich einbilden）性而展示的主觀性立場的否定。即是，在自己內面顯示一種高層次的主體性，它是與由自我批判、裁決，分別而來的主觀性對立的。這些或善或惡的批判不單涉及自己的存在性，同時也有實踐的意味。西谷特別強調，實踐是存在的實踐，存在是實踐的存在。實踐總是與存在並行的，被變革的存在又變為新的實踐的主體。此中，「有」（ある，存在）與「行」（なす，活動）總是全體地相即的。行是存在的形成，或形成存在，形成即是存在的生成轉化，轉化的存在又不斷更新，而又再行。[26]

西谷又從分析的角度來看道德。他認為，道德本身可分為兩個主體，即是作為行為初發的根源的「主體」和支配著自己全體的「主」，另外還有自己全體建立於其上的「基底」。[27]西谷表示，這是存在性自身實踐地這樣區分的。同時，存在性本身亦發生矛盾對立的切裂，主體作出自我否定的規限，那是由「無之底」而來的對自己的存在性的一種斷定。這亦是自由的決

---

[25] 上帝屬實體主義，阿彌陀佛屬非實體主義。純粹力動是實體主義與非實體主義的綜合與超越。

[26] 《主體性續》，頁 184。

[27] 「主體」與「主」只是分析地區分開來，實質上，兩者最後應合而為一。

斷。只有通過這種決斷，高層次的主體與同時間指涉自與他的內面的共主體性（筆者按：指自與他所成的共主體性）的世界才能把道德法則共同地現成出來，實現出來。這道德法則只能經由主體的實踐才能被定立，因此自己立法得以實現；而這個世界亦在這立法之中通過實踐再實踐而得以成立。這個世界是指道德的世界。最後，西谷作小結謂，在這種自己立法的實踐中，自己是以自己本身為最終依據而成就的。[28]

西谷的這個小結展示自己亦即道德主體的自由、自律、自力的特性。這必涉及實踐的、實存的問題，因此，我跟著要看道德的實存性問題。西谷強調，在道德行為中，所謂自由、自律、自力等的自我依據（以自我為依據）的特性，並不意味著以「有」（筆者按：指 Sein, Being，存有論的有）的單純的邏輯分析立場，從有論（存有論）與現象學等的觀點來處理關於構造、關係的問題，卻是嚴格地從實踐的、存在的觀點來看這種問題的。他特別指出，發自自己內部而對自家有規限作用的活動，只有在否定一切他律的自律的脈絡下，才是可能的。即是，作為嚴格的實踐主體的自我，是這種活動的「始點」。這自我亦必然地是「終點」。它是目的自體，不能被作為任何意味的手段看。[29]

西谷在這裏特別提到康德所謂的主體的「基底」（Substrat），認為這是「本來的自己」。由開始至終結，這本來的自己內含的力動，都是渾一的、現成的，它是始終一貫的。這種作為能發現的力動與被發現的自己，並無分別，亦無前後主客等的關係。自我是嚴格的實踐的自我，在實踐上現成的自我。這種自我依據性，是實踐的性格，同時是存在的性格。西谷作結謂，這是道德的實存的意義。[30]

道德是人性的理想的一面，但人性也有欲望。西谷注意到人性有這道德的與欲望的內涵，兩者時常交相衝突。他表示，道德的實存與欲望的實存相互否定對方，而表現出來。這已預認意志的自由決斷一前提了。西谷提這兩

---

[28] 《主體性續》，頁 203。

[29] Ibid.，頁 204。

[30] Ibid.，頁 204-205。

種實存導向上有一根本的相異之處，需要注意。即是，道德的實存總是會
「努力」的，它要具有能動的「習慣」才能確立自己。與此相反，欲望的實
存則只會在缺乏努力、不必努力的習慣中出現，這種實存根本上是惰性的東
西。同時，在欲望方面，這種實存的實現，並不需要自由意志的決斷。這是
放棄自由的自由，放棄決斷的決斷。欲望本質上是一種自然必然性，這是實
存意味的，因而是主體的自然必然性。[31]我想西谷的意思是，欲望的展示，
是自然性格的，不必牽涉及道德意義的意志方向。

　　以下是我對西谷論道德問題的回應。一、西谷以由一方對他方作出善、
惡的價值評判來解讀道德，進一步更說要否定自我中心意識，不管這意識是
向外的抑是向內的。這其實正是我在上面曾多次強調的同情共感的總的意
思。唯有同情共感，才能一個人在價值的感受上以自己的心為他人的心，復
又以他人的感受為自己的感受。這樣，一種無私的意向或公心便出來了。唯
有這種無私的意向與公心，能阻截自我中心意識的肆虐，斷絕種種損人利己
的行為。在這種情況下，人會自覺到自己生命內部有兩個層次不同的心，一
個是私心，一個是公心。道德意識強的人，總會讓公心監臨著私心，不讓它
作主而做出損人利己的事；甚至會疏導、點化這私心，使之融合於自己的公
心之中，這是一種道德修養的工夫。西谷這裏提的高層次的主體性，便是我
這裏說的公心，而與這高層次的主體性對立的有分別作用的主觀性或主觀
心，正相應於我說的私心。跟著，西谷強調道德實踐主體，認為道德主體必
須是實踐的、活動的；或可以進一步說，道德主體本身便是一道德活動、道
德行為。道德主體不是以存在（Sein）說，而是以活動（Akt, Aktivität）
說。這便是「實踐是存在的實踐，存在是實踐的存在」。實踐與存在，活動
與主體，是相即不離的。西谷一開始便點出道德心或道德主體的本質，毫不
含糊，的確具有洞見（Einsicht），令人激賞。

　　要注意的是，我所說的公心與私心，或西谷說的高層次的主體性（心）
與分別的主觀性（心），都不表示有兩個心。只是一個心，但有不同的活動

---

[31] Ibid.，頁 221-222。

導向：可以向公，也可以向私。這讓人想起佛教天台宗所提的「一念無明法性心」，人在一念心作用之中，可以意向無明方面，也可以意向法性方面。這關乎人的價值取向，更關乎他平日的涵養工夫，看他在無明與法性或私與公的背反中，能否突破開來，向更高的價值層面努力了。[32]

　　二、道德主體在實踐方面分為作為行為初發的根源的主體，具絕對支配力的「主」和基底這種說法有點問題。道德主體三分，若從分析的角度看，是可以理解的，也說得通。但在實踐上就存在性三分，到底是甚麼意思呢？道德主體的實踐、活動，是一種渾一的活動，向善便只能向善，向惡便只能向惡，不可能由於本身可有幾個導向而同時向善又向惡。道德主體發而為活動，[33]只能是向善，或只能是向惡，在這活動中，在那幾個導向中，哪個是主哪個是從，從是依於主的，這些問題應該是已決定了。道德主體在存在性方面的矛盾對立或分裂，道德主體自我否定，以至「無之底」的影響，都應已在活動（實踐活動中）解決了，不然的話，渾一的道德實踐或道德活動便不可能。西谷所說的「自由的決斷」，應涵有這樣的意味。高層次的主體與自、他的共主體性亦應達致一個關乎價值指向的共識，或者說，高層次的主體性與自、他的共主體性應已合而為一（它們的區分只有分析意義，不能在實踐上、活動上說），這樣，道德法則才能在道德實踐、道德活動中現成或實現出來。西谷在這些點上，交代得不夠清楚。至於說道德法則與自己立法以至世界的成立要在主體的實踐、活動的脈絡中才能真正完成，這是很好的，可以說是一種難得的洞見。真實的道德意義便是這樣，一切都要扣緊實踐、活動來說。離開了實踐、活動，一切說法都只能是概念性的，這只能說真，而不能說實。至於自己或主體性本身是自己立法的終極依據的提法，自是正確。這也是康德的意思。一切倫理的、道德的律則，必須是內在的；這是最高主體性之為最高主體性的唯一理據。

---

[32] 關於一念無明法性心，參看拙著《佛教思想大辭典》，臺北：臺灣商務印書館，1992，頁13a-b；拙著《天台智顗的心靈哲學》，臺北：臺灣商務印書館，1999，頁69-75。

[33] 這只是分析地說，就純粹力動現象學來說，道德主體是睿智的直覺在道德方面的表現形態。在表現上，不能說二分，更不能說三分，只是一種渾然純一的活動。

　　三、跟著西谷便集中討論實踐的問題。邏輯和存有論自然不能解決人在道德行為中所表現的自由、自律、自力或自定方向的問題。但西谷也把現象學放在裏面，認為它與邏輯、存有論一樣不能解決有關問題，這便令人困惑。現象學強調明證性（Evidenz）。道德自覺、良知意識本身不是便可說明證性麼？為甚麼要排斥現象學呢？或許在西谷心中，現象學一種只講意識的理論而不講實踐問題的學問，因此在道德實踐的立場來說，應該排斥。至於自律問題，即自發的而又有約束性（包括對自己的約束性）的活動或行為，必須基於自律原則，他律是完全不行的。自我作為具有最高自由性的主體，必須被視為具有尊嚴性的目的，不能被視為為了達致其他目的的手段。這是康德言實踐理性時所發揮的精義，西谷顯然對康德的道德哲學曾精細地研究過。至於在道德的實存意義下說的作為主體性的基底，其實是道德意義的最高主體的另一種提法，顯示它是一切道德行為與活動的最後依據。它是道德性的存有，也是道德活動本身。西谷認為，存有與活動是一體的。不過，在純粹力動現象學的立場來說，存有最後是收攝於活動之中。西谷在這基底的脈絡下把實踐的性格與存在的性格等同起來，則較接近儒家。以儒家哲學來看這點，這可說是工夫論與存有論的結合，是即工夫即本體的涵義。[34]

　　四、西谷論道德與欲望的問題，可視為他對人性的看法，或他的人性論。這個問題，一直是中、西哲學特別是倫理學的熱門話題。在這個問題上，西谷集中在實踐亦即是實存方面來說，不在概念上、理論上說，是很明智的。關於人性，說是道德良知也好，欲望氣性也好，都要在實際的生命存在的活動中看，這便是實存。西谷談這個問題，提出「努力」與「習慣」兩個概念。他認為，人作為具有道德的實存性的生物，是會努力的，要以能動的、主動的習慣來為自己定位。這裏便讓人提出這樣的問題：努力是哪種意義的努力？是道德自覺（實踐理性）的意義？知識技能（純粹理性）的意

---

[34] 即工夫即本體是黃宗羲的提法，這意思在《孟子》書中早已有了。書中所謂「盡心知性知天」，心、性、天是本體，盡與知則是工夫。工夫是體證本體的工夫，本體則需由工夫來體證，這便是即工夫即本體。

義？抑是宗教方面的自求救贖，或向阿彌陀佛、上帝請願與祈禱呢？西谷沒有說清楚。習慣應該是後天培養的（包括努力做事的習慣），但習慣又說能動，是甚麼意思呢？西谷都未有交代。至於欲望，西谷認為它只在努力的缺乏的情況下才出現，它是一種惰性的東西。這種以道德的努力的不存在來交代欲望的思維，很明顯有以道德或道德的努力在存有論上對欲望具有先在性（priority）、跨越性（superiority）的傾向。這不是人性的二元論，不是有善有惡論，而是一元論，先強調道德努力的一元性，然後才談欲望。後者對前者來說，是導出的（derivative）。

六、惡與罪（根本惡與原罪）

　　欲望的凝聚的、偏激的表現，便是惡與罪。因此，下面即集中在西谷對惡與罪的問題的探討。西谷對惡與罪的看法，就我所接觸的他的著作來說，有點零碎，缺乏系統性。他很多時把惡與罪放在一起說，有時說到惡，含有根本惡的意味；說到罪，也含有原罪的意味。整體來說，他的惡、罪觀還是清晰的，而且有深度。在一般的宗教哲學上，學者很多時提到宗教的契機（religious moment），這是指使人皈依宗教、進入宗教的信仰殿堂的最具關鍵性的因緣。這些宗教的契機，一般的提法是罪、苦、死亡。死亡可以看作是苦或苦痛的極限；人的痛苦到了極點，人便死亡了。西谷在宗教的契機這一點上，曾提到死亡、虛無、惡與罪，把它們看作是人生的根本問題，是實在（reality）方面的問題。[35]對於惡與罪，他尤其重視，認為人到宗教世界的途徑很多，罪惡觀是其中最透徹的一種。[36]對於主體來說，西谷非常強調惡的主體連繫、對意識的衝擊。他認為在自我自身中，對於惡的體驗，是對自我的體驗。他還強調，惡並不只是內在於在意識上被孤立起來的自我，惡或罪是人的整體的特性，屬於每一個個體。[37]惡與罪的源頭是根本惡

---

[35]　《宗教》，頁 27。

[36]　《主體性續》，頁 183。

[37]　《宗教》，頁 28。

（radikales Böse）和原罪（Erbsünde），關於這兩者，西谷認為需從罪業的多方面的實踐～存在的相依相入的根源性格來了解，這些方面包括自己與世界，以至自由與必然。惡不單純是自己的，世界也是惡。自己的惡由世界的惡所成就，而世界的惡也背負著自己的業。自己的惡即是世界的惡，世界的惡也即是自己的惡。兩者的惡是同源的，這源頭即是根本惡。[38] 進一步，西谷就實踐的維度指出，人在自我的惡中可體認全人類的惡，同時也可從全人類的惡中體認自我的惡。[39]

　　說到惡、罪，很易讓人想到感官和感性。感性通過感官而接觸外物，易被外物表面的華采所牽引，而誘人作惡犯罪。因此，惡與罪很可能與感性扯上關係。不過，西谷認為，感性不是惡的源頭。他無寧認為，感性在道德上是無記的、中性的。惡之所由生，是由於本來跨越感性世界與睿智世界的人讓自己全體沾滯於感性中。西谷強調，人本來是感性的存在，也是理性的存在。但倘若人自己全情地沉澱於感性之中，又在理性上把自己拆分為善惡二分，惡便出來了。[40]

　　西谷由一般的惡說到根本惡。他表示，我們不就「自我犯惡」來說惡，這實質的惡是如實地在我們的自我存在的根柢中出現的。[41] 它不能為當事人所握取（向外面握取），因它不是從外面進入自我之中的，卻是沉伏在主體的基底之中。這是康德視根本惡為一「叡知的行為」（intelligibele Tat）的理由。[42] 進一步，西谷把根本惡關連到業（karma）方面去。他提到，根本惡是在欲望中的業與業的世界的相依的根源。當人意識到自己的存在根源時，這意識作為展示存在根源的作用，是一種根本的明覺。即是，在自己的

---

[38]　《主體性續》，頁 224。Erbsünde 這個德文字眼通常指原罪，也有相續不斷絕的罪的意味。

[39]　《宗教》，頁 29。

[40]　《主體性續》，頁 185。

[41]　不就自我犯惡或作惡來說惡，是由於惡不是來自自己之外，卻是源生於人的生命存在本身。

[42]　《宗教》，頁 28。「叡知」（intelligibel）在這裏應是「本來的」之意。

現前的業、自己所背負的過去的業與業的世界之間的轉換中，自己在生命內部會有一種超越自己的感覺。但這裏的主題是根本惡，由欲望我的根柢按著道德的自我而浮現上來，儼然是遮蓋著希望的暗晦主體的自然狀態。即是，它潛藏在欲望的主體性的底層，作為自己（與）世界相依的根源，在暗晦中明朗起來。從反面來說，這根本惡作為一種對反的否定性，讓被激發的自我的根柢中的完全的無力感、缺失、虛無性被意識出來。[43]

　　根本惡（radikales Böse）是康德的宗教哲學中的重要概念。西谷顯然在這方面受到康德的影響。他認為，就康德來說，在人的自然的本性中，本來便有「惡的傾向（Hang，自注：性向、性癖）」，這表示在人之中，惡總是先行的。說到道德的惡，這則不能不涉及我們自身的行為，和我們所應負的責任問題。對於向惡的性向，康德始終環繞著「恣意的主觀的規定根據」、「傾向性的可能的主觀根據」與「由道德法則逸脫開來的可能的主觀根據」來說。或者涉及「存心」（Gesinnung）以至「思維方式」（Denkungsart）。這主觀性一類東西可視為與意志的客觀性相對立的。[44]

　　以上所論，基本上是環繞惡特別是根本惡這一主題而展開的。至於罪，特別是原罪，我們討論得較少。這「原罪」觀念，在當代西方神學中，時常被人提出研究、討論。西谷對這當代西方神學，特別是德國神學，有很深廣的了解。在這一方面，他與武內義範，在京都哲學家中，特別受到西方神學界的關注。以下我要試取一個例子，一個對原罪問題的爭論帶出西谷對德國神學與原罪問題的理解。這個大論爭發生於巴特（Karl Barth）與布魯納（Emil Brunner）這兩位傑出的神學家之間。巴特認為，原罪問題使在人中的「上帝的形象」完全敗壞掉。布魯納持異議，他承認這種敗壞性，但認為理性（Vernunft）作為上帝的形象（imago Dei）的「形式的」側面，可以上帝的恩典（Gnade）作為基礎，讓人與上帝建立一種「接合點」（Anknüpfungspunkt）。這樣便可克服「上帝的形象」的敗壞。上帝可以不

---

[43]　《主體性續》，頁 227。
[44]　Ibid.，頁 224-225。

完全隔絕於人間。[45]

　　布魯納的這種「接合點」為甚麼是重要呢？因這直接關連到上帝的救贖問題。西谷提出，人需要依賴上帝的助力才能得救，但人如何尋找上帝呢？尋找到後，如何去確認祂呢？人又如何能意識到罪呢？當上帝對人發出呼召，人如何聆聽上帝的這種聲音呢？因此，西谷認為，我們對人的罪性的完全的敗壞性，需設一上限，不然的話，便會在人的罪性中迷失了自己。因此，在這種完全的敗壞性之內，必須有「接合」的處所。西谷認為，它可以即在我們對這完全敗壞性一事實的覺醒中被找到。這種覺醒正可發出一種訊息：我們對自我的完全無力性的體證（實現即體現、體證），可以帶出自身的解脫，帶出自我在罪性中的「精神性的」死亡，或虛無性。這最後可以引領我們獲致上帝對我們的補償性格的愛。[46]

　　依布魯納，接合點被置於人的理性中，因此是內在於自我之中。而自我便是無（Nichts）。在這無的場所之中，自己不再是自我了，卻成為實現即體認的對罪性的自覺。這是我們真切地、如實地承受上帝的愛的場所。[47]這場所在西谷眼中，顯然密切關連著他的老師西田幾多郎的場所哲學中的場所觀念。

　　西谷強調，這無的場所不是自我存在的一個內在的屬性，因而它無所謂敗壞或不敗壞。它只是無，在人對限界（有限性）的自覺中呈現的無。[48]這是一種形式，但不是與實質區別開來的形式，而是無形式的形式。而上帝的愛可視為神淘空了自己（kenosis）而施予給有罪的人的愛。[49]

　　以上所闡述的西谷對根本惡與原罪的觀點，是他早期的說法。《根源的主體性の哲學》正續篇都是第二次大戰以前的作品，《宗教とは何か》則是 60 年代以前寫就的。他一生對這兩個問題的看法基本上是一貫的。只

---

[45] 《宗教》，頁 30。

[46] Idem.

[47] Ibid.，頁 30-31。

[48] 無是無限界、無限的原理，是由人的有限性存在顯示出來。

[49] 《宗教》，頁 31。

是在晚年比較強調根本惡與原罪的區分。例如，他認為惡與良心都關乎人的本性，是一般倫理學、道德哲學的問題。罪與魔則是宗教方面的維度（dimension）。這宗教主要是指基督教、淨土門佛教，特別是淨土真宗，都是倡他力主義的。[50]

七、我對惡與罪問題的回應

以下我要回應西谷對惡與罪或根本惡與原罪的觀點。西谷首先鄭重地指出，惡與罪是引領人到宗教世界的最透徹的途徑；關於這點，我想可以商榷。惡與罪，特別根本惡與原罪，的確是人生的極其深沉的負面問題，但未夠終極義。我認為應該先說苦，如佛教所強調的。苦比惡與罪更為根本，其中的理據是，我們可以說惡與罪都是苦，這點我想不必多作解釋。但我們不能反過來說苦是惡，或苦是罪。[51]在價值的脈絡，苦是中性的，人一出世便沒有了雙手，甚麼事都不能做，苦得很，但不能說這是惡，也不能說這是罪。惡與罪是負面價值的，關連著責任在裏頭。我認為佛教強調人生的現實的本質是苦，是一種洞見。它也不與樂構成相對性。苦有恆常性，樂只是生活或活動的指數到了一個恰當的程度的感受而已。未到這個程度，或過了這個程度，都是苦。以游泳為例，一般人游泳，大概游一個小時，便會感到非常舒暢。在這個程度，人是快樂的。未到這個程度，例如只游半個小時，人會覺得不過癮，即使不說苦，也總是不舒服的。過了這個程度，如游兩個小時、三個小時，人會覺得疲倦，覺得要苦撐下去，這便是苦了。若繼續要他游泳下去，苦便越來越嚴重，最後必是倦乏之極而不能動，淹死水中。我想西谷應該想到這點。另外，西谷把惡與罪放在一起說，不加區分，我認為在

---

[50] 西谷啟治、阿部正雄對談〈宗教における魔、惡魔の問題〉，載於阿部正雄著《非佛非魔：ニヒリズムと惡魔の問題》，頁130。

[51] 在邏輯上，苦可作為惡、罪的謂詞（predicate），惡、罪則不能作為苦的謂詞，這表示苦的外延（extension）比惡、罪都要大；惡、罪是苦的一部分而已。因此，苦較惡、罪更為根本。

思維上不夠精細。惡與罪固然有相通的地方,這點不必多說。但若細加考察,這兩者是應該區分開來的。惡是負面的道德義,罪是負面的宗教義。或者可以這樣說,惡是道德方面的概念,罪是宗教方面的概念。西谷若把二者分開,便更嚴格了。至於以純粹力動現象學的立場來說苦、惡、罪種種問題,則是道德現象學與宗教現象學方面的事,需要另外寫專書來探討,在這裏只得暫時擱下。不過,我可以就此點先簡單扼要地說幾句。根本惡與原罪都不能脫經驗的本性,因此可以從形氣性格的生命軀體和情感、情意上說。純粹力動凝聚、下墮、分化而詐現為形氣,形氣的個體化便成眾生的生命軀體。倘若生命軀體的形氣表現為重濁的狀態,整個生命軀體沾滯成一團爛泥般的東西,力動無從表現,便完全不能說明覺。這樣,一切思、念、云、為,都隨順流俗的腳跟轉,惡、罪甚至根本惡、原罪便由此而出。

　　以下仍依次分幾點作回應。一、西谷啟治提到在惡、罪的實踐與存在的相依相入的關係一點,意味深長。實踐應是個人方面的事,存在則是世界的事。自己的惡依於世界的惡,世界的惡依於自己的惡;自己的惡中有世界的惡,世界的惡中也有自己的惡,而所謂自己,是就多個個體而言,世界則是就個體的總和而言。這便是人的實踐與世界的存在在惡方面的相依相入關係,個人的惡與世界的惡是同根同源的,這便是根本惡。這樣說根本惡與原罪,不直接涉及上帝賜給人以自由,而只以人不善用其自由,反以之來犯惡、犯罪,可避開對惡與罪作道德與宗教神話式的解釋的困難。但根本惡的來源何在,仍是一個問題。在這一點上,康德傾向於以理性一途來交代,特別是意志與律則方面出了問題。即是,惡的根源關連著意志為運用它的自由而確立的律則(Regel)。[52]康德指出,我們不會因為一個人做出惡的行為(逆反於法則)而說他是惡,我們說他是惡是由於我們可從這些行為中推導出他有惡的格律(böse Maximen)。[53]即是說,他是依惡的格律而行事。但惡或惡的格律何來,仍是一個問題。西谷未有充分交代這一點。他提出佛教

---

[52] I. Kant, *Die Religion innerhalb der Grenzen der bloßen Vernunft.* Stuttgart: Philipp Reclam Jun, 1974. 頁 22-23。

[53] Ibid.,頁 22。

以至印度教的業的概念來說，這業可一直向前推溯，以至於難以說開始的無始無明。這是不是表示惡是人本來便有，不是由外在的經驗世界加進來呢？西谷似乎有這個意思，這由上面的「它（指惡）不是從外面進入自我之中的，卻是沉伏在主體的基底之中」句可以見到。上面我們也說，西谷受康德的影響，後者是認為人的自然的本性中本來便有惡的傾向。[54]至於善，西谷是歸宗於佛教的般若的空思想和禪的無的觀念與實踐的，無是無的主體性，亦即是佛性，佛性是善的（京都學派會說佛性超越於一般的善、惡的相對性、二元性）。則西谷應是持人性中有惡有善的觀點了。

二、關於原罪的問題，西谷引布魯納與巴特在這一點上的爭論，表示他對這個在宗教上挺重要的問題的看法。在這裏，我想先闡述一下巴特與布魯納的神學思想，以看這場爭論的意義。巴特是當代德國最重要的神學家，他強調上帝與人的區別，力顯上帝的尊貴與慈愛。他認為，絕對的上帝以耶穌之身無保留地獻身於世人的救贖與解放，讓有罪的人即此即臻於神聖的境地。他很有自己的主見，特別是在原罪一問題上；他認為，人類中的上帝的形象已因原罪而徹底崩潰，我們必須建立新的救贖方式，重新確立上帝與人的關係，特別是，人在上帝面前非常卑微，他應完全服從上帝的旨意。他認為基督精神在於完全信任耶穌基督，只有他才能傳達上帝的訊息。對於傳統的、權威主義的天主教徒和信仰的、自由主義的近代的辯證的存在主義的神學家（dialektisch-existenzielle Theologen），例如布魯納與布特曼（Rudolf Bultmann），他都予以批判，認為他們悖離基督精神。

在宗教與道德的問題上，巴特強調道德便是服從上帝的旨意。道德便是服從，不服從便是反道德。服從的人可以得著永生，不服從的人只會步向死亡。人除服從上帝外，亦需認識上帝，體會祂的恩典，視之為生命的主宰。

---

[54] 上面提到西谷表示，倘若人自己全情地陷溺於感性之中，在理性上把自己拆分為善惡二分，惡便形成。西谷這樣說有點意思，即是，惡是內在的，它起於人的理性的崩解、分裂，分裂為善與惡兩個要素。但這樣說便難以提「根本惡」了，即是，若惡是出於理性的分裂，則它不是本來便以惡的姿態存在的，它自己不是自己的根本，理性才是它的根本。

人如何能服從與認識上帝呢？這則需要尊敬耶穌和聆聽祂所傳達的上帝的訊息。巴特在這些問題上，相當獨斷，獨尊上帝，輕視眾人。他說上帝把智慧賜予眾人，讓他們認識上帝。其獨斷如此。至於善惡問題，巴特提出，只有上帝是善，亦只有祂能判別善、惡。或者說，善即是上帝的旨意，它有三個面相：正確的（recht）、友善的（freudlich）和健康的（heilsam）。人本身無所謂道德或善，遵從上帝的旨意便是善，否則便是惡。這樣以上帝的旨意來說善與惡，顯然有把宗教放在道德之上，視宗教對道德具有跨越性（superiority）、先在性（priority）。善是超越的，不是內在的。[55]

布魯納是瑞士的神學家，是辯證神學家中最具有明確體系的。他反對自舒萊爾馬赫（F. E. D. Schleiermacher）以來的體驗神學、反智神學，也否定人間主義、內在主義，強調對上帝的啟示要絕對服從，也宣揚終末論的救贖。他的神學以耶穌的人格為中心，提倡要取締在信仰生活中沒有意義的題材，如童貞女馬利雅誕生耶穌的神話故事。就倫理體系來說，布魯納綜合了《聖經》的實在主義、現代路德主義和康德的批判主義而自成一家之說。不過，他對康德仍有批評，認為後者一方面認可上帝，另方面又說人間的自律，這便有矛盾。照我看，康德並未很認真地說上帝，他認可與尊重上帝，是應付當時的教會的權宜做法。康德是要把宗教還原為道德的。

對於巴特提出的原罪摧毀了人類中的上帝的形象（imago Dei）的說法，布魯納不予苟同。他認為，人即使墮陷於原罪之中，仍可保留作為上帝的形象的形式的側面的理性，但這要在所謂上帝與人的接合點（Anknüpfungspunkt）中進行，這是上帝的恩典在人類之中作用時所產生的接觸點。巴特認為這種說法仍不離自然神學，因此說「Nein!」以否決之。實際上，兩人的分歧並不限於在這點上。在宗教與文化、信仰與理性、恩典與自然的關係的問題上，兩人都有正面的交鋒，以至於決裂。[56]

---

[55] 在這點上，若與儒家相較，分別便很明顯。儒家認為，人性本善，內在地是善。這善性可以上通於超越的天命、天道，或形而上的終極實在。故善是內在的，同時也是超越的。

[56] 巴特與布魯納都是著作等身的神學家。巴特的重要著作包括《教會教義學》（*Die*

　　三、關於西谷對於原罪問題的觀點，特別是關連著布魯納與巴特的說法這一點來看，他提出的問題，如人需依靠上帝才能得救贖，但人如何尋找和確認上帝，如何與上帝溝通等等，我想只能以啟示（revelation）來回應，也是布魯納與巴特所重視的。而啟示的焦點，自然是耶穌基督的志業。布魯納提出「接合點」一點，很有意思。這有關上帝與人或人與上帝間的聯繫，亦只能透過耶穌來建立；他是「道成肉身」（Inkarnation），是上帝也是人，因此可以扮演溝通雙方的角色。至於人要從原罪中解放開來，而得救贖，不至於如巴特所說的完全陷於敗壞之中，則人必須先對自己的罪本身有徹底的覺醒，同時要承認自己的有限性，特別是在宗教理想的達致方面，是完全無力的。必須是這樣，人才配接受上帝的愛，起碼在他力主義的脈絡下是如此。關於西谷所提人的罪性的敗壞性需設一個上限，俾人不會在人的罪性中迷失了方向，我認為沒有這個必要。理據是人不能單憑自己的力量而得救贖，必須依靠上帝才成，倘若是這樣，人的罪性的敗壞性有沒有上限的問題，便變得不重要了。有上限也好，沒有上限也好，人都得依賴上帝的恩典。特別就巴特的說法來看，他認為上帝把智慧賜予人，讓人能認識上帝。既然是這樣，則不管人的罪性如何深沉，如何敗壞，都必須上帝賜予智慧，才能認識祂，從而藉著祂的愛以得救贖。在這種情況下，上限根本無意義。人會否在罪性中迷失方向，最後還是取決於上帝。即使罪性有上限，情況還是一樣。

　　西谷啟治提到布魯納認為人與上帝仍能溝通的基礎在於所謂接合點，而這接合點又是內在於人的自我的理性中，這自我是無。這種觀點很有意思，

---

kirchliche Dogmatik）和《羅馬書》（Der Romerbrief）；布魯納則有：《教義學：基督的上帝觀》（Dogmatik: Die christliche Lehre von Gott）、《教義學：基督的創世與贖罪說》（Dogmatik: Die christliche Lehre von Schöpfung und Erlösung）、《作為遇合的真理》（Wahrheit als Begegnung）。我看過兩人的《教義學》（Dogmatik）的一部分，初步印象是巴特的說法獨斷與呆板，不好接受。特別是，他把上帝看得太高，眾生難以湊泊，加強了人神之間的隔離。布魯納的見解有較高的接受性，思想比較靈活與開明。

很值得留意，特別是在東西方的宗教的對話或遇合的脈絡下來說。更值得注意的是，在這作為場所的無中，人的自我（自我意識、自我執著）轉化成對罪性的自覺，以真切地、如實地領受上帝的愛。西谷認為，上帝的這種愛是祂自我淘空（kenosis）自己的結果。我要指出的是，人的自我可以在無（筆者按：應該是絕對無）的場所之中體證到罪性，以領受上帝的愛。而這種愛也有無的意味，起碼是經過淘空的方式而成就的。這樣，上帝的神格（Gottheit）可因愛而逐漸淡化，成為一種以無的否定方式表示的終極原理。這便接近佛教特別是禪的思維方式，也趨近我自己的純粹力動現象學的立場了。[57]

八、道德的宗教轉向

　　道德與宗教或宗教與道德的關係，關連一些含有濃厚的道德價值意義的目標的達致，需要宗教意味的熱情、激情來助成，甚至需要有宗教的奉獻、獻身的精神，才能竟其功。道德發展到某一階段，便需要有突破，躍向宗教的導向上去，以求得更豐盛的精神意義的成果。這便是這裏要討論的道德的宗教轉向（religious turn of morality）。道德所處理的，是善惡、無罪有罪一類與責任、義務有密切關連的人生問題。[58]宗教所處理的，是生死、苦痛煩

---

[57] 說到無的問題，有一點是挺有趣和有意義的，值得在這裏一提。日本京都哲學的另一個重要成員久松真一在一次與布魯納所作的宗教對話中，以無為主題來展開討論。久松就關連著上帝的愛一點清晰簡明地闡述他自己的愛的思想。這即是，愛是一方對於他方謙卑地自居於無。上帝愛世人即是上帝在一切人面前展示自己是無。進一步說，我們對上帝的信仰，可從人對上帝的愛與上帝對人的愛兩方面來說。在人愛上帝一面，人是無；在上帝愛人一面，上帝是無。但在基督教（筆者按：指一般的基督教傳統，不包括德國神秘主義者如艾克哈特 Meister Eckhart、伯美 Jacob Böhme 等在內）來說，人愛上帝，在上帝面前，人是無。這樣，上帝便成了人的主體性。久松最後說，佛教的立場是，任何人對任何人為無，便是愛任何人。（久松真一與布魯納：〈無をめぐる對話〉，久松真一著《東洋的無》，東京：理想社，1982，頁 378-379。）

[58] 這裏所謂罪，是偏向法律、道德方面的罪，不是原罪那一種具有濃厚的宗教意味的罪。

惱一類與解脫、得救贖或快樂有密切關連的人生問題。就人生的正面來說，我們可說無罪是快樂，但不好倒過來說快樂是無罪，因快樂可能關連到逃避責任、義務方面。就人生的負面來說，我們可說有罪是苦，但不能說苦是有罪。關於這點，上面已解釋過了。即是，我們可以通過快樂、苦來說無罪、有罪，但不能通過無罪、有罪來說快樂、苦。依於這點，在邏輯上，我們可說快樂、苦這些概念較罪、有罪這些概念有較廣的概括性，或較大的外延。這在邏輯上意味快樂、苦一類問題較無罪、有罪一類問題更為根本。快樂、苦一類問題是宗教所處理的（快樂指解脫、得救贖），而無罪、有罪一類問題是道德（有時加上法律）所處理的。因此，宗教比道德更為根本。道德能處理一般的問題，但較為根本、較為嚴重的問題，如死亡、苦痛，則需要轉向宗教方面，以求妥善的、徹底的處理。這便是道德的宗教轉向。

　　京都哲學家如西田幾多郎、田邊元、久松真一、西谷啟治、阿部正雄等在這方面都作過探究，有一定的成績。他們大體上沿著道德先崩解，然後轉出宗教這樣的思維方式來探討，這便有道德、宗教不能並存的看法的傾向。我個人並不這樣看。如上面已提過，就純粹力動現象學的立場來說，道德成立於純粹力動在主體方面表現的睿智的直覺的同情共感。以這同情共感為基礎，各人互助互愛，便成就道德。倘若互助互愛的道德力量太單薄，不足以解決生命的罪、苦、死亡的問題，便可本於這種互助互愛之情，透過對一個超越的他力大能的虔信與奉獻，把力量凝聚起來，以解決罪、苦、死亡的問題。亦可本於這同情共感向內聚歛，以睿智的明覺證知罪、苦、死亡都是詐現性格，無實在可得，又證知各人都有一共同要克服罪、苦、死亡的願望，因而讓各人在精神上凝聚起來，形成一種共同的、團結的力量，一種共主體性，以解決罪、苦、死亡的問題，超越它們。前一種解決方式是他力解決，後一種解決方式是自力解決。他力也好，自力也好，都是由道德的同情共感向宗教方面轉進。轉向宗教，道德仍可保留。道德與宗教可以並立，這是我的看法。

九、西谷論道德的宗教轉向與我的回應

在這裏，我仍依一貫的做法，先闡述西谷的道德的宗教轉向的說法，然後提出自己的回應。西谷先從道德的判斷的問題開始；他先提出就道德來說有兩種判斷：邏輯的判斷與道德的判斷，後者又稱為本來的道德判斷。他指出，本來的道德判斷與單純是對存在以至行為作客觀的觀察而以善、惡的述語作判斷，即是，就道德的東西作純然是邏輯的、觀念的判斷，是不同的。道德的判斷是對於實踐的、存在的事物作實存的解讀，是一種實存的判斷，但亦總含有邏輯的判斷作為其要素的。但邏輯的判斷則不必含有道德的判斷。例如，有人對自己在邏輯上作出惡的判斷，他不必真是作出道德上的真實的判斷。這判斷不一定是主體的實踐性格的存在的否定，因而要提出新的存在的限定。[59]按西谷這種說法，有點累贅，但意思還是清楚的。即是，在有關道德問題上可以有兩種判斷：實存的判斷與邏輯的判斷。前者是牽涉實際行為的，會影響存在的狀態的。即是，負面的實存的判斷會促使當事人改變自己的道德行為，冀能合乎正面的實存的判斷的標準。邏輯的判斷則只是對道德行為特別是道德語言方面作客觀的、分析性的判斷，這判斷並不影響當事人的道德行為，他不會因這邏輯的判斷是負面的性格而去改變自己的行為，使之變成正面的道德行為。[60]

西谷跟著強調，由道德的自我判斷，對於自己的實踐性格的判斷，可引致對於自己的存在性的分裂，而展現一高層次的主體，在自己的生命內部開出一個道德人格的世界，這世界是基於支配自家內面的主體關係的客觀法則和以這法則為秩序而成就的世界。我們只能在這世界的脈絡下，在這道德的名義下，才具有批判（道德地批判）他者的資格。西谷繼續表示，對於他者

---

[59]　《主體性續》，頁 184。

[60]　這種有關行為的邏輯的判斷讓人想起英國現代語言分析哲學家赫爾（R. M. Hare）在其《道德的語言》（*The Language of Morals*）一書中所作的研究。他對道德的表述式或語詞（例如「應該」）作詳細的語言分析。由於分析只限於道德語言層次，不涉實際的道德行為，因此，即使分析出來的涵義是負面的，亦與當事人的實際行為無關。

的道德判斷亦包含對他的存在性的分割，切入他的存在性中所含有的道德人格的「世界」；這亦導致對於本來便屬於這個世界的他者的認識，和對於他的人格性的承認。西谷進一步更強調，對於他者的批判與自己的批判，其實是同一事件的兩個面相而已。這一事件開啟出一個高層次的世界，一個高層次的主體性與共主體性。[61]

回應西谷的這些說法。關於西谷啟治所提的道德的判斷，實在不必說得這樣曲折。西谷的意思不外是，對於道德這個題材，這種東西，我們可以作出兩種判斷。一種是存在的判斷，另一種是邏輯的判斷。存在的判斷是會影響人的道德行為的，可以讓人從一種較低的道德層次提升至一種較高的層次。因此，這種判斷是有價值導向的意義的，這導向是自我作道德上的轉化的導向。這種判斷所運用的語言，是估值性的（evaluative）、轉化性的（transformational）語言。而邏輯的判斷則純粹是描述性的（decriptive），所用的語言亦是描述性的語言，沒有規管的（prescriptive）涵義，人不會因此而被要求改變自己的行為，使之變成道德的行為（倘若判斷是負面的性格）。

西谷跟著所說的東西，非常重要。關於道德的存在的判斷，可導致有實踐意味的結果：自己的存在性的人格被二分化，一分是在道德上較低的（或原來的）人格，另一分是在道德上居於較高層次的人格，或道德的主體性。前一種人格會被後一種影響、轉化，最後與後一種人格合而為一，而成就道德的「自我轉化」。這種轉化具有客觀的道德格律作為其基礎；即是，它不單對自己的轉化為有效，同時也對別人的轉化為有效。這便是西谷所謂的「切入他人的存在性中」，在道德的導向方面提升他的人格境界。這亦是西谷所謂的「對於他者的批判與自己的批判，其實是同一事件的兩個面相」。對於他者的批判是客觀的道德格律向外用到他人身上，讓他轉化；對於自己的批判是客觀的道德格律用向自己方面，讓自己轉化。都是道德的轉化，故「同一事體的兩個面相」。在自己方面可言主體性，在自己與他人方

---

[61]　《主體性續》，頁 184-185。

面可言共主體性。重要的是，由於主體性的轉化，它所對的客觀世界也會相應地轉化，而成為一高層次的精神世界。

回應完畢，我們繼續討論下去。由道德轉向宗教，當務之急，自然是對治惡特別是根本惡。[62]一般人總會這樣想，惡特別是根本惡與我們或我們的良知是對立的，甚至是絕對地對立的。西谷並未這樣悲觀，他認為這種對立性並不是必然的。我們只有在完全虛無的狀態中，才與根本惡絕對地對立起來。以睿智的世界的理念作為實質的道德的自我，並不是絕對地與根本惡對立的。無寧是，當我們不斷加強自己對根本惡的覺識，我們可以逐漸把根本惡的絕對性化解，讓它的相對性展現開來。即是，在我們的道德性的內裏，自我的分裂會顯示出根本惡的相對性；分裂是相對性格的，自己本來是一個整全體，由於這分裂，會從上帝方面分離開來，統合於根本惡中，瞭然自己是一個對上帝來說的完全的他者。（筆者按：這表示西谷對人與上帝的關係持保守觀點）最後的主體性會在對完全無力與虛脫的狀態的自覺中顯現出來。這自覺是對根本惡的徹底的反抗，而主體性與根本惡亦構成絕對的對立關際（筆者按：這是由於主體性本身的無力性與虛脫性的緣故），而以最極端的自我否定（筆者按：應是對自身中的極度的無力性與虛脫性的否定）告終。西谷強調，正是在這裏，我們看到一種向超越道德的立場而運作的迴向（筆者按：這種迴向不單是對自己說，也是對他人說），而生起由根本惡處著手作工夫的救贖的要求。在這裏，道德性的內部的否定（筆者按：應是對無力性與虛脫性的否定）是部分地相對的。對於自己內部的這種橫斷的否定來說，救贖的要求是全面地從自己生命的底層被上提上來。而在這當兒，自己及根本惡被否定過來，這根本惡是作為與自己相依的「世界」存在的本質看的。這世界存在以新的本質被肯定，被要求肯定，而這要求所包含的全體的虛脫性亦作為最後的主體性成就了本質轉向（筆者按：指宗教的轉向）的契機。[63]

---

[62] 我在上面提過，一般來說，惡或善、惡是道德問題，罪或福、罪是宗教問題。

[63] 《主體性續》，頁 229-230。

　　以下是我的回應。在這裏，西谷正式提出宗教的轉向問題，這是一種本質的轉向。西谷並不堅持我們與根本惡之間的絕對的對立性，是為根本惡的被轉化鋪路。倘若我們與根本惡絕對地對立，則對治根本惡便難以說起；既然是絕對對立，則我們通往根本惡的路或與根本惡溝通便無從進行。西谷認為，我們與根本惡的絕對對立，只有在我們處於完全的虛無狀態下才可能。但我們的道德的主體具有睿智世界的質素，這不會讓我們永遠處於完全虛無的狀態。因此，我們不必過分強調與根本惡絕對地對立起來的顧慮。只要我們對根本惡有強烈的覺識，在我們的道德自我分裂之際，根本惡便會慢慢解體，由絕對性轉為相對性。這道德自我的分裂，是自我進行精神性的提升，由道德的導向轉往宗教的導向，所必須進行的。我們要讓道德自我分裂，必須先自覺到主體性（道德的主體性）的完全無力與虛脫的狀態。這種自覺，其實可以引致生命內部的力量的反彈。越能自覺道德主體性的無力與虛脫，便越能引起這種生命力量的反彈，越能引發更大的力量，以抵抗和對治根本惡。結果是道德主體性的引退和根本惡的減殺，以至於道德的立場被超越。宗教的轉向便產生於道德的立場被超越的這種被超越的活動之中。這裏我們看到西谷對宗教與道德之間的關係的觀點：道德被超越、被克服，宗教才能突顯出來。道德與宗教不是並存的。這是京都哲學的思想本色。如上面所表示，我個人並不認同這種觀點，道德與宗教應該是可以並存的。扼要而言，在純粹力動現象學的體系中，道德本於睿智的直覺的同情共感，以他人之心為心，以他人之志為志。在宗教方面，不管是以本質明覺我來說也好，以委身他力我來說也好，以迷覺背反我來說也好，都是此種同情共感向人間、天地宇宙的開拓，而普渡眾生，參贊天地的化育。道德與宗教不應有本質性的差異。宗教是道德的更深更廣的開拓。

　　西谷強調，對道德的超越建基於對道德的橫斷的否定之中。否定是經過對自身的完全無力與虛脫的強烈的自覺。這一邊是對自身的否定，相應地，另一邊是從生命的最底層提出救贖的要求。這是同一事體的不同面相，不可視為不同的事體。在對自己的否定中，根本惡也被否定過來，而達致宗教的轉向的目標。

　　以下繼續看西谷的發揮。在這裏，西谷提出否定即肯定的思維邏輯，這肯定有辯證或弔詭的意味。西谷強調，這否定即肯定在關連到存在的本質的範限來說，必然是絕對的否定即肯定。同時，這樣的絕對性、全體性亦在道德性中對於否定的否定的脈絡下出現的。在我看來，西谷的意思是，在這種道德性的雙重否定中，主體的絕對性與全體性便得以現成。[64]我們也可以說，雙重的否定成就了肯定，而這肯定必是絕對的肯定。

　　西谷繼謂，真正的絕對否定（筆者按：由直上所陳可知，這絕對否定同時也是絕對的否定即肯定）只有通過對根本惡的自覺才可能，而這自覺亦只能通過道德性才能生起。道德性實在具有對宗教性的本質的關聯。西谷的意思是，對於惡的根本的自覺以至明瞭，只能透過道德性才可能。[65]

　　由根本惡引出善的意志。這是沿著康德的思考方向發展的。西谷提出，在根本惡的肆虐中，善的意志雖有普遍性，但已被剝奪了自己的根據，也失去了作為主體的存在性，而變成完全的空虛一片。不過，不管怎樣，善的意志的最後的潛勢還是在那裏。在徹底的被否定之中，在絕望之中，還有具有生機的、具有肯定性的意志。本來，道德的自我已被作為欲望之根的根本惡所主宰、操控；但在這主宰、操控之中，即使被否棄，道德的自我還是滅盡不了。在這一點上，西谷抓得很緊。他特別強調，道德的自我並未向欲望我那邊完全湮沒，自己在無力的、虛脫的狀態中，仍存留著一種實踐的、存在意義的意志與明覺。這便是碩果僅存的最後的潛勢了。這潛勢在根本惡的統轄之中，但又背離根本惡。這正是抵抗、否定根本惡的統轄的契機。西谷認為，這最後的潛勢正是最堅強、最有力的潛勢。這是貫徹到自我否定（筆者按：指對自我的無力性、虛脫性的否定、超越）中的最堅強有力的意志。這最無力同時又是最頑強的否定性，正是在宗教意義的「悔疚」中表現出來。[66]

　　西谷進一步指出，因根本惡而起的道德性的否定仍不是絕對的否定。反

---

[64]　《主體性續》，頁 230。

[65]　Idem.

[66]　Ibid.，頁 232-233。

之，這種最無力的否定性能制宰根本惡，是真正的絕對否定性萌生的契機。而否定是在「否定即肯定」中完成的。在由否定對肯定的直截了當的回轉中，否定與肯定是同時現成的。[67]

　　西谷在上面的闡述有點繁難，但意味非常深遠、精采。我嘗試回應如下。關於否定、肯定的思維方式，是京都哲學家所常用的。這顯然是受了康德和黑格爾（G. W. F. Hegel）的二律背反（Antinomie）和辯證法（Dialektik）的影響。否定是負面意義的。否定的否定或雙重否定則是正面意義的，其結果是絕對的肯定，而絕對的肯定在層次上與絕對的否定是同級的。[68]在絕對性的脈絡下，否定與肯定並不相互排斥，而是相互補足，一如辯證法中的正（肯定）與反（否定）相遇而成合。西谷對於這種思維方式，非常嫻熟。[69]西谷很重視對於惡以至根本惡的自覺，一如他重視對於虛無（Nichts）的自覺那樣。必須先有對於根本惡的自覺，才能說克服、超越根本惡，而得解脫、救贖。對於根本惡的自覺，是道德的任務，而克服、超越根本惡則是宗教的事。在京都哲學家看來，道德的力量不足以克服、超越根本惡，要轉向宗教才行。這便顯示出宗教與道德的緊密關係，和宗教轉向的重要性。問題在於，宗教轉向的條件是道德的瓦解、崩壞，宗教與道德不能並存。這是我所不能接受的。西谷說道德對宗教有本質上的關連，我想是對的。本質（Wesen）不是生滅法，而是不生不滅的，具有常住性的。具有本質性的關連的雙方，亦即是道德與宗教，也應該是能夠並存的。

　　善的意志是關鍵性的觀念。善的意志在與根本惡的爭持中，幾乎被蕩盡無餘，而淪於虛無。不過，西谷認為，善的意志有作為最後據點的潛勢（這相當於我所說的力動 Vitalität），是不會被蕩盡的。[70]便是由於這種潛勢，

---

[67] Ibid.，頁 233。

[68] 絕對的肯定是絕對有（absolutes Sein），絕對的否定是絕對無（absolutes Nichts）。

[69] 在這一點上，他的弟子阿部正雄與上田閑照很受他的影響。

[70] 嚴格來說，力動若是作為終極原理的純粹力動（reine Vitalität），是無所謂潛勢的，它恆時在活動、作用的狀態中。這點便與西谷說的潛勢不同，潛勢是就潛在的勢力說的。

生命才不會完全地被摧破，被消滅，生機才可能。這真是「野草燒不盡，春風吹又生」也。這潛勢讓生命在最脆弱、最危險的關頭，反彈起來，產生不可思議的、殊勝的力量。[71]這善的意志的潛勢，可以與根本惡構成一種另類的背反。這種背反是終極性格，善的意志與根本惡此起彼伏地在爭持，以決定人的生命方向與生活質素。要解決這背反，需要從思想與實踐方面深化，由現象層面滲透至本質層面、終極層面。同時，突破這個背反的動力，不能在背反之外，而是在背反之中。背化的雙方，其存在性都不離純粹力動。純粹力動在主體方面表現為睿智的直覺，這睿智的直覺可以向多方的導向開展，在道德的導向方面，成為善的意志。根本惡則是純粹力動凝聚、下墮、凝固而成的黏滯的慣習，它是種種顛倒的見解與顛倒的行為的根源。它是穿透意識層，而直透入下意識層面的負面的生命要素。這善的意志與根本惡都是生命存在本身，具有同一的體性，不能分開。因此，解決這個背反的方式，不能機械地把兩者之間劃一界線，一邊是善的意志，他邊是根本惡，因而保留善的意志，揚棄根本惡。無寧是，善的意志在背反中是恆常表現明覺的，但很多時這明覺為根本惡這種重濁的氣稟所掩蓋，而不能以其光輝向外照射。當事人或實踐者必須隨時警惕、警覺，當一念善的意志的明覺生起，便需牢牢地把它抓緊，讓它繼續維持下去，防止它為根本惡的黑暗所吞噬。久而久之，持之以恆，根本惡會漸漸地被收斂，而背反也得以解決。[72]

---

[71] 這種頑強的潛勢讓我想起自己少年時代看過一齣叫作「虎膽忠魂未了緣」（英文名記不起了，中文譯名大概是這個樣子）的美國電影，其中有一幕敘述一個青年（由孟甘穆利奇里夫飾演）在一群人面前被一個兇殘的壯漢欺凌，一拳一拳的把他打倒，仆向地面。那個青年個子矮小消瘦，每次仆倒，躺在地上，一動不動，隔了半天，好歹掙扎起來，滿身是鮮血。但他總是不屈服，頑強反抗。壯漢揮拳越來越狠。一輪揮出幾拳，青年應聲倒下，久久動彈不得，看樣子是死定了。可是隔了很久，還是艱苦掙扎，撐將起來。結果壯漢於出拳太猛，用力太大，弄得疲息不堪。那個滿身是血的矮小子反而越打越勇，最後跳將起來，把粗壯兇惡的敵人活生生打死。這便是生命的潛勢的反彈。

[72] 一般來說，背反的雙方是相對性格的，這種相對的背反需要被突破，才有生機、希望可言。善的意志與根本惡在層次上較相對的善、惡為高，它們所成的背反應從善、惡所成的背反區別開來。我無以名之，姑稱為「另類的背反」。

　　西谷最後提到宗教意義的悔咎問題，表示悔咎可以作為一種特別的契機，促使人在最無力、最無助的極其惡劣的境況中，矢志向上，讓生命反彈，發出堅強無比的強大力量。這亦可以說是隱藏在生命深處的潛勢的迸發，如西谷上面所說。這是一種釜底抽薪、先死而後生的具有濃烈辯證性格的經驗。西谷啟治的這種洞見，是受到他的前輩田邊元的懺悔道哲學思想的影響，後者宣揚人在失敗中作出真誠的、徹底的懺悔，覺得自己的過失已到了無可救藥的地步，甚至自覺到自己不值得存在了；卻在這極其關鍵的時刻，巨大無倫的力量突然從生命深處湧現出來，如山洪暴發般，為自己闖出一條生路來。這看來是奇蹟，但的確是千真萬確的生命歷鍊。[73]

十、絕對意義的否定即肯定

　　由悔咎或悔過說下來，會涉及濃烈的辯證性格的思考。因此，我在這裏要闡述一下西谷的思考方式，這可以說是「絕對意義的否定即肯定」的思考。我還是沿著悔過的題材來說。西谷表示，一般的悔過行為，並不是積極的、正面的行為，它無寧是否定性格的。宗教意味的悔過，作為絕對的否定，是最後的主體性以至究竟的、終極的自己的行為，而且是最為自我性格的（筆者按：即純粹主體性的），最不能被取代的行為。它是超越了自我的恣意傲慢而表現出來的。西谷指出，悔過的行為，一方面屬於自己的意志與自由的表現；另方面，又有一種新的實質性的元素流進這否定之中，它不屬於自己的意志與自由，卻是被賦予新的本質，自己從根本惡所具有的質素轉向某種新的質素。西谷強調，絕對否定正是一種轉換：由舊有的質素轉向新的質素。正是在這種轉換中，成就了絕對否定以至悔過。倘若悔過沒有這種必然的轉機，則仍不是絕對的否定。[74]

---

[73] 關於田邊元的懺悔道哲學的意義與作用，在他的《懺悔道としての哲學》一書中有詳盡的闡釋。

[74] 在這裏，我們要特別留意西谷所謂的悔過。在他的理解中，有兩種悔過：一般的悔過與宗教的悔過。後者並不是單純的悔過，而是對悔過的再悔過，這是具有轉換、轉機

　　西谷進一步說，這種轉換是一種自由與必然的相互攝入的現成活動。西谷因此提出所謂「他者」或「絕對他者」的現前來說，並說這是絕對他者的直截了當的呈現。他認為，這絕對他者的現前，即是對自身的肯定。本來的自我是一種單純的「有」，單純的「器」；但在這轉換中，自我被注入新的內涵，而由「不義之器」轉而為「義之器」。這被注入的新的內涵，正是絕對他者的自我肯定。

　　最後，西谷作小結謂，所謂絕對否定，是自我的自我否定與絕對他者的自我肯定合而為一而成就的。或者說，這轉換是對自己的否定的再否定，或對悔過的再悔過。此中的關鍵在，轉換的原因，是有絕對他者的現前，這種現前且有動感。進一步，自我接受新的質素，成為絕對他者的所有。西谷進一步強調絕對他者的自我肯定而成為回轉的軸，其導向是：由自我的自我否定轉向這否定的被否定，由這雙重否定轉向被肯定，由被肯定轉向自我肯定。到最後，便建立絕對的否定即肯定。[75]

　　以上所述，是西谷思維的主脈，處處有辯證的因素在。我試闡釋、回應如下。西谷以悔過為題材，展示這種矢志悔過的虔敬，在生命內部引起反彈，因而從表面的、單純的自我否定轉進而成為自我的絕對否定，而絕對否定正相應於絕對無（absolutes Nichts）。這是具有濃厚的主體性意味的絕對無。這是一種存在的、主體性的轉換、精神的提升。這種轉換是由一種新的元素流入而催生的。這種新的實質性的元素很堪注意，它不屬於自己的意志與自由；就辯證法來說，它不是相應於辯證法中的「正」，卻是辯證地有一種轉換、否定的作用在內，這可視為相應於辯證法中的「反」。若這樣理

的宗教行為。西谷有時也以辯證法的詞彙來說這種宗教行為，這便是「絕對的否定」。這絕對的否定作為具有絕對的性格，並不與「絕對的肯定」對說。無寧是，絕對的否定在宗教導向來說，即是絕對的肯定，或絕對的否定即肯定。就這裏所展示的來看，西谷的辯證思考力相當強；不過，整體來說，他對一些重要觀念的涵義，例如絕對他者、轉換、回轉、絕對他者的自我肯定、絕對的肯定、絕對的否定即肯定，闡示得不夠清晰。我在下面的闡釋與回應中，提出不少個人的助解，對於讀者或許有些幫助。

[75]《主體性續》，頁 233-235。

解，跟著的說法便很自然了。這種轉換涵有一種自由與必然兩個導向相互攝入的互動關係；自由與必然是相互對反的，但在這轉換中，卻相互攝入，這正相應於辯證法中正、反相互作用而成的「合」。這合有正面意義，西谷以絕對他者的現前來說。為甚麼說「他者」而不說「自身」呢？那是由於它是經過「反」這一作用而成就的。但他者是過渡性的，它畢竟歸於對自身的肯定，那是由於整個思維歷程終結於「合」的緣故。西谷的這樣的思維，非以辯證法來解讀不可。不然便捉錯用神，到處有邏輯的矛盾。這種思考的基礎，正是西谷的老師西田幾多郎所闡發的絕對矛盾的自我同一。

在小結中，我們要留意西谷所謂的「轉換」。這是一種具有濃厚的價值意義的轉化（Umwandlung, conversion）。西谷以對否定的再否定或者對悔過的再悔過來說轉換，有很深刻的意義在裏頭。只就悔過來說，一個人做錯了事而感到不安，因而悔過，這表示他對所做的錯事有自覺。這自覺固然重要，但只有自覺是不足夠的：光是悔過是消極的，要有積極的行動來補救才行。因此要對悔過再悔過，這是生命的反彈，要讓悔過導引出（initiate）具有動感的行為來。西谷對於這動感的行為，以絕對他者的現前來說，這絕對他者是關連著辯證法中的「反」說的。絕對他者不是完全外在於自我的東西，它是一種反彈；自我由正到反，而為作為反的來源的絕對他者所有，表示自我由「正」的主位移轉至「反」的偏位。自我被翻轉，而為偏。但自我不能永遠停留於偏位，因此西谷有以絕對他者的自我肯定而成為回轉的中軸的說法。這是要從反的偏位「回轉」為正位。「絕對他者的自我肯定」這樣說不大好理解，這其實是說生命從偏位繼續發展，而回轉，回轉到自我本身的正位。絕對他者是反彈，反彈是一種歷程義的過度狀態。反彈的「反」之後應有「肯定」的「正」，而這「正」是經過反彈的反而達致的，就辯證法來說，這應是「合」。故生命的發展歷程是：

自我被否定→這否定被否定→被肯定→自我肯定

否定被否定或否定的否定即是肯定，這肯定是經由雙重否定而來的。在邏輯，雙重否定與肯定是等值的，但真實或真理的層面並沒有改變。在辯證法，雙重否定的結果是肯定，但真理的層面被提升了，由相對的真理轉換為

絕對的真理。這種肯定是絕對的肯定。由於整個過程是從否定開始，故最後可說「絕對的肯定」即是「絕對的否定即肯定」。

　　我在上面註 74 中提到絕對的否定在宗教的導向來說，即是（或通於）絕對的肯定，這點若放在純粹力動現象學的立場來看，是可以成立的。絕對的肯定相應於絕對有，絕對的否定相應於絕對無，雙方作為展示最高真實的終極的原理看，是同樣有效的。純粹力動作為在絕對有與絕對無之外而又可以綜合這兩者的終極原理，更能周延地展示最高真實。而絕對的肯定或絕對有與絕對的否定或絕對無在統合於純粹力動之中這樣的脈絡下，是相通的，甚至可以說同一性。就關連著我在這裏正在討論的題材來說，有與無是矛盾，但這矛盾是相對性格的矛盾。絕對有與絕對無或絕對的肯定與絕對的否定亦有矛盾，但這是絕對矛盾，而不是相對矛盾。這絕對矛盾的雙方都統合在純粹力動之中，雙方以其殊勝的性格充實純粹力動的內涵，在純粹力動的脈絡下相遇而達致一種辯證的諧和關係，甚至是同一關係。

十一、從辯證的角度看宗教與道德及相關問題

　　回應完畢，以下看西谷啟治如何運用上述的辯證的思維，具體地處理宗教與道德特別是後者的問題。西谷認為，與本來的道德立場相異的地方，經過絕對的轉換，便與作為善惡的彼岸的道德的無記的側面合一了。此中有道德上的合理性與非合理性的相即、作為與非作為、努力與無為的相即。這並不表示合理性不再是合理性了，努力本來便不是努力了。無寧是，道德中的合理性正正在保存著合理的全部的當兒，在絕對無中成為非合理化。這即是理性的絕對的否定即絕對的肯定之意。又，在努力即是自己所作出的實際的努力的當兒，其「自己所作出」的意味被超越了。這恰像一根草在正在開花的當兒，突然草不能自主地、自由地成長，卻受限於大生命的必然性，「這根草」的意義被超越過來那樣。在道德的努力之中，有自由展現，但這自由即在自由之中有深厚的必然性。努力即是無為，作為即是非作為。這裏所謂的無為、非作為，並不可視為努力與作為的單純的、直接的否定看。這否定

性其實有辯證法的直接性在。即是說，依於與媒介性的相即，反過來變成根本的直接性。在其中，努力與作為反過來最根本地（西谷自加：即是，「自己的」努力這種意味作失去了自己的努力看）出現在眼前。[76]

　　西谷又從道德的題材轉移到有、死、非主體的與宗教亦有關連的題材方面，表示這些東西與活生生的實踐的主體性是不二的。基於絕對的否定即肯定這種思維，我們可以說，這是在絕對否定性之上的否定即肯定。在這否定即肯定之中，不管是否定性抑是肯定性，都是全體性的，囊括一切的。（筆者按：指囊括有、死、非主體）[77]

　　西谷所提的上面的意思不大好解，但很重要。我試闡釋和回應如下。西谷在這裏提轉換，用「絕對」字眼，稱之為「絕對的轉換」，表示這種轉換是具有宗教的、救贖意義的；生命從迷執之中，透過迷執的轉換而翻騰上來，而顯示明覺。這在禪宗來說，其實是「大死一番」，把一切我執與法執的葛藤一刀割斷，亦徹底埋葬了種種顛倒的認識與行為，「絕後復甦」，要成就新生。西谷因此說，與道德立場不同的東西，或者行為，透過絕對的轉換，都融攝於超越善、惡的相對性的絕對的道德之中，這絕對的道德不再有相對的善、惡可言，而是絕對的無記。西谷以絕對無來說轉換後的境界；[78]在這絕對無之中，對立性格的性質、事體，都是相即，甚至互相置換。就道德的合理化或道德理性來說，它可以在絕對無中置換為非合理化。在絕對無中，合理化與非合理化並不對立，卻是提升為絕對的合理化與絕對的非合理化，或者是道德理性的絕對的肯定與道德理性的絕對的否定。[79]雙方在純粹力動之中，由遇合而相攝，以至融而為一體。絕對的肯定即是絕對的否定，

---

[76] 《主體性正》，頁79。

[77] 《主體性續》，頁239。

[78] 其實亦可以絕對有來說轉換後的境界。無與有在絕對的層次，並不對立。

[79] 我們亦可以說，道德理性在絕對無或絕對的否定中被解構。不過，這是從京都哲學的絕對無的立場看是如此。不單道德被解構，理性也被解構。但在純粹力動現象學的立場來說，道德理性還是道德理性，只是道德不與「非道德」相對立，理性不與「非理性」相對立而已。

這意味甚麼呢？這是指對終極真理的不同入路，兩者的分別只是在方法論性格中。即是在對終極真理的體證的實踐中，以正面的方式去體證，是絕對的肯定，是絕對有；以負面的方式去體證，是絕對的否定，是絕對無。這點非常重要，希望讀者能善會。

　　至於西谷所提的「自己所作出」，顯然是自我意識以至我執的出現，這是要被克服、被超越的。但克服、超越它的，是在終極層次的無我的明覺；這無我的明覺是絕對無在主體方面的表現。在這個層次，自由即是必然，努力即是無為，作為即是非作為。這自由、努力、作為都不是在意識中出現的，都不指涉任何個別的主體，而是超越的主體性的任運的活動。這其實是通於道家特別是老子所說的無、無為、無不為，這三者（無、無為、無不為）的無分別性，一時並了。這自由、努力、作為，在西谷看來，是透過媒介而相即，三者的分別被泯除。這媒介是甚麼呢？它不是別的，正是上面說的轉換。這媒介是絕對媒介（absolute Vermittlung），事物透過它可以提升真理的層次，由世俗諦進於勝義諦，而臻於絕對的境域。[80] 這絕對的轉換作為媒介，所轉換的並不是事物，不是由甲物轉換成乙物，而是讓努力與作為抖落自我意識、我執，儼然與自己無關地直接現前。這是一種境界很高的道德的涵養。西谷自加的「自己的」努力這種意味作為失去了自己的努力看一點，做得非常恰當。以普通的、一般的字眼來說，即是，自己努力做事，但不展示為自己做的。這很有老子的退讓、收斂以使自己能長久韜光養晦的具有高度智慧的生活態度。

　　最後，西谷再次強調絕對意義的否定即肯定的思維方式，這方式其實便是絕對的否定即絕對的肯定。絕對的否定是禪宗的大死一番，絕對的肯定是絕後復甦。由此可以看到，絕對的否定與絕對的肯定需要在實踐的脈絡中說。西谷所謂絕對的否定即肯定即是在絕對否定性之上的否定即肯定，這種說法會帶來誤解。倘若這是指「在絕對否定性之上」的「否定即肯定」，這

---

[80] 絕對媒介是田邊元哲學的重要觀念，我在這裏的提法，是依自己的意思，不必根據或依從田邊的用法，請讀者垂注。

則把否定即肯定的背景放在絕對否定性一邊，這會讓人想到絕對否定性高於絕對肯定性。絕對的否定即肯定即是「在絕對否定性之中的那個否定」即是「絕對的肯定」。這種理解，若放在純粹力動的脈絡中說便很自然了。

　　以上是我的闡釋與回應。我們在上一節討論過善的意志的潛勢。西谷提到，這種力動的潛勢亦表現於道德的自己否定即肯定的發展中。這種力量與具有自己的本質性格的罪業世界有相依的關係，此中有一種對這相依關係的解釋與救濟的要求，作為對這種力量的交代。在這一點上，有對於自己與世界的本質的否定的欲求，同時亦有對於自己與世界的本質（西谷自註：新近獲致的本質）的肯定的欲求，而對於與存在的本質關聯著的否定即肯定的（西谷自註：因此是最後的）潛勢力也出現了。西谷表示，便是因為這樣，這種要求（Bedürfnis）與我們對於自己的根本的缺失的自覺有表裏關係。[81]

　　在西谷看來，否定即肯定的相即關係亦發生於理性之中。他認為，理性是超越我意的，它以肯定、否定的相即來消棄我意。理性在人的存在的內部具有超越、克服我意的任務，它以絕對的否定即肯定、肯定即否定的立場來抑制我意。不過，西谷認為，我們不單要以理性來對我意作否定的超越、克服，更要進一步把絕對的否定即肯定、肯定即否定的思維貫注入我意的內部，在橫亙於理性面前的自然之中，使無我的根本的主體性現前。[82]

　　進一步向學術方面看，仍不能不涉否定即肯定的思維。西谷表示，學術的知識與學術之中的理性的立場，不管具有何種普遍性、客觀性，限於是理性的立場，故未能算是真正的覺照，基本上仍未脫離妄想的性格，這仍需要經歷一種真正的絕對的否定。至此為止，信仰主義是完全正確的（筆者按：這是指未經真正的絕對否定的情況）。但若要由此辯證地更進一步，則需要有包含學問的直接的否定與捨棄在內的如如的立場現前，正像「不思量底如何進於思量、非思量」那樣，或者像神秘主義的「無知的知」般的立場。在這裏，科學、哲學一方面要接受絕對否定，另方面又要即此即認取學術的自

---

[81] 《主體性續》，頁228。

[82] 《主體性正》，頁85。

由。西谷作小結謂，道德與學術的這樣的捨棄，以絕對否定的根源性的徹頭徹尾的做法為基礎，只有在真正的根本的主體性對自律的理性的主體性予以否定即肯定之中，才是可能的。

西谷進一步表示，這種立場（筆者按：指上面所說的否定的、捨棄的如如的立場）是神秘主義關連到靈魂的突破（Durchbruch）的說法。他認為，在自我的根柢的絕對他者的出現，所謂神之子的誕生這種條件下，靈魂可以從自己的底部突破開來，而進入上帝之家；更進一步可衝破上帝之家而出，達致「神性」的無，而得到「脫底的」自由。在這自由之中，基於在自己的根柢中的絕對他者的現前，我意被否定過來，而有新的自己脫體出來，根源地、主體性地在神性的無中與上帝合一，或成為無我。若從信仰主義的立場辯證法地進一步發展，則亦可以以否定即肯定（西谷自加：同時又以肯定即否定）的方式處理自律的理性立場，達到絕對無的境界，而上面提及的神秘主義的立場便可著先鞭地得到了。這樣，道德與學術中的理性的自主性與宗教中的絕對否定性便得到辯證的統一。[83]

以下是我的回應。主體中的否定與肯定相即，只有在絕對意義的層面才是可能的。即使涉及他者，這他者亦是絕對性格。而這種相即是辯證性格的相即，不可能是邏輯的相即。邏輯上的不矛盾、同一、排中的關係，只能在現象界的真理亦即世俗諦（saṃvṛti-satya）中發生，在這個領域之外或之上，邏輯規律便無效了。一切關涉到高層次的真理的關係，在勝義諦或第一義諦（paramārtha-satya）中的關係，都需以辯證法來處理。而辯證法的運作，聚焦在「反」一面。絕對他者便是一種反。

西谷以善的意志的潛勢表現於道德自身的否定即肯定之中，而這潛勢的力量對於與自身相依的罪業世界有兩種要求：解脫與救濟。解脫的要求是義理性格，救濟的要求則是宗教救贖性格。基於這種要求，善的意志的潛勢的力量或乾脆說是善的意志對於自己與世界有一種本質方面的否定或肯定。在這一點上，由於善的意志是絕對的善的意志，因而它的潛勢的力量可以提出

否定即肯定的要求（Bedürfnis）。這種否定即肯定的要求的目的，依我看，是絕對的善的意志向客觀世界拓展，一方面展示自己，一方面發揮自己的影響力。[84]特別是發揮自己的影響力，是需要足夠力量的，這是潛勢所提供的力量。這力量的表現方式，是對世界否定或肯定，或否定即肯定。否定不離肯定，這表示否定與肯定可以同時同處發揮力量，不受制於時間與空間。自我與世界有惡的成分，因此要否定；它也有善的成分，因此要肯定。[85]否定也好，肯定也好，都是本於一個宗教的目的，那便是透過否定即肯定的辯證以達致解脫。

西谷認為，否定即肯定的相即關係亦可存在於理性與我意之間，理性可超越我意，可以透過絕對的否定即肯定、肯定即否定的方式來抑制甚至揚棄我意。我以為，所謂「我意」，應是指自我中心意識，這可以帶來我執，增添人的煩惱。對於西谷的這種說法，我覺得應該仔細理解。他所說的理性（Vernunft），以康德的詞彙來說，必須是實踐的理性（praktische Vernunft），而不可能是純粹的理性（reine Vernunft）。只有實踐的理性才具有絕對義、無限義，純粹的理性不具有這種義涵或性格。這由純粹的理性只能應用於可能的經驗（Erfahrung）的範圍一點可以見到。實踐的理性則可以超越可能的經驗的範圍，而指涉及以至處理形而上的問題，如靈魂不朽、意志自由和上帝存在之屬。

但跟著西谷所提有關學術問題的說法，展示了他所說的理性，是純粹的理性；它雖指涉、具有普遍性、客觀性，但畢竟是知識的與邏輯的理性。這種理性雖能成就經驗知識與邏輯、數學一類的形式知識，但卻是有執的，執取對象相與概念相，故西谷說這種理性不脫妄想的性格。執是虛妄執著，這

---

[84] 這種自我展示，亦可依海德格的名言：真實的本質是呈顯來解讀。

[85] 自我與世界同時以善、惡來說，則所涉的應是現象層面的自我與世界。對於這樣的自我與世界的否定或肯定，可以如西谷所說，是本質性的否定或肯定。對某種事物作本質性的否定，是對它加以克服、超越，這雖不是消滅的意味，但有不讓它發揮主導的影響的意味。對某種事物作本質性的肯定，則可以有轉化的意味，讓它的價值具有恆久性。被轉化了的事物，不再是生滅法。

便是妄想。理論理性需要被否定、被超越，理性才能從純粹的或理論的層面上提至實踐的層面，而成實踐的理性，以處理道德與宗教的問題。這是德國觀念論的核心觀念，西谷自然非常熟悉。他所說的「真正的絕對的否定」，便是對著理性從純粹的、理論的性格轉為實踐的性格而言的。西谷所說的「不思量底」，是指沒有思考作用的感性（Sinnlichkeit），這是經驗的直覺或感性直覺的機能。「思考」是指知性（Verstand）的作用，相當於純粹的理性，這亦相當於神秘主義所說「無知的知」中的「無知」的「知」。而「非思量」則是超越思考，這相當於實踐的理性，亦大體上可以關連到康德的和我的純粹力動在主體中所表現的「睿智的直覺」（intellektuelle Anschauung），亦可說是相當於「無知的知」中的後一種「知」。這裏牽涉很多觀念上和理論上的問題，我不想在這方面詳細贅述，鑽牛角尖。我想說的是，西谷在這裏的主要意思是純粹的理性需要被辯證地被超越、被否定，才能上提而轉出實踐的理性，以處理道德與宗教的問題。以西谷自己的詞彙來說，純粹的理性需要透過絕對的否定即肯定，才能轉成實踐理性。這是他所謂的「突破」（Durchbruch）。

　　以我的這種理解為依據，則我們必須注意兩點。一、西谷用「理性」這個字眼，意義並不一致。能超越、克服我意的理性有終極義，是絕對的主體性，近於康德的實踐理性。而學術的知識與學術之中的理性所涉及的理性則缺乏終極性格，是有執著和妄想的理性，這則近於康德的純粹理性或理論理性。二、西谷在談及後一種理性時，提到真正的根本的主體性對自律的理性的主體性施以否定即肯定的處理的問題。這樣說，是把自律的理性的主體性視為否定即肯定的作用的對象，更具體地說，視為真正的根本的主體性以否定即肯定的方式來處理的對象，這是把自律的理性從主體性的身分貶而為被「絕對的否定即肯定」所處理的客體性的身分，這便讓自律的理性陷於矛盾的困境。「自律的理性」是康德的道德哲學的關鍵性的觀念，是最高的主體性；這最高的主體性是「自律」的所涵，如把它看作是被處理的客體性，則與「自律」的意思不符順，對「自律」的意思有矛盾。

十二、下墮與回轉

　　上面所論有關絕對意義的否定即肯定是在工夫論的脈絡下的努力的歷程，是方法論意義的。這種努力的歷程自然有價值的導向義，人若能順著這種歷程而行，依西谷，即能獲致精神上的最高境界，所謂覺悟或得救贖。在這裏，我想作一小結，就主體或自我的實踐經驗，看它在這方面的整個面貌。我只是就所牽連的最重要的問題扼要地闡述；較周延的、全面的交代與發揮，則要放在下面論感官世界與睿智世界的相互攝入與絕對無這兩個題材時為之。在這一小結中，我集中在兩個問題上討論，這即是下墮與回轉。這亦涉及人的精神發展中通常會經歷的階段，內中的辯證意義還是很濃厚的。

　　從存有論言，人的生命存在自然是以主體性或自我為主導。這主體性或自我在開始時（這開始不是從時間說，而是從邏輯說，從義理說），通常是處於一種蒙昧的狀態，或具體地說，處於一種善、惡未分而為渾然一體的狀態。這主體或自我是要發展以顯示自己的內在蘊藏的質素的，這正符合海德格的真實的本質是呈顯的洞見。主體或自我若不呈顯，它的本質便無法向世界敞開而被理解。而這呈顯，是呈顯於發展的歷程中，這歷程基本上是辯證性格的，即需經過一個逆反的階段，透過對這逆反的超越與克服，主體、自我才會成熟起來，它的內涵也會豐富起來，精神的、生命的境界也會得到提升。

　　呈顯需依賴具體化，抽象的東西說不上呈顯。具體化預認主體的分化，或分裂，分化或分裂而成的東西，要落入時間與空間的網絡中，才能完成呈顯。作為渾然一體狀態的主體分化、分裂，不免要開出二元性的相對格局或關係，如善與惡、美與醜、罪與福之屬。主體拆裂，常是沿著下墮、凝聚的方式進行的，在時、空的網絡下，接受種種挑戰、磨鍊，最後復歸於統一，精神得以提升，而回轉到原來的渾然一體的狀態，但這是經過歷鍊的、自我轉化的渾然一體狀態，較諸開始時的渾然一體狀態要成熟得多。這種分化、拆裂、下墮而後又統一、回轉的發展模式，可以不斷循環下去，以至於無窮無盡，沒有止境。物質宇宙是有窮盡，但精神世界則沒有窮盡，它是生生不

息的。如上面所述,純粹力動便是依循這種發展模式前進,而開出現象學意義的世界。這便是本節標題「下墮與回轉」的涵義。

在關連到生命存在的下墮與主體性的分裂的問題上,西谷很有他自己的觀點。在人性的問題上,他比較重視根本惡,較少談及善性。他強調主體的極端的分裂性,分裂成暗晦的自然與根柢的虛脫(西谷用的字眼是「缺如」)。這兩端都傾向於根本惡方面。西谷強調明覺,認為我們對於根本惡的明覺與否定這根本惡的明覺(筆者按:即對根本惡的否定的明覺),是同一的明覺的兩面表現。[86]跟著,西谷指出,分裂而成的兩個主體性(筆者按:應是次主體性才對),正是明覺的內容(西谷自註:被明覺化的東西)的兩面。人由對根本惡的明覺而明瞭自身,而有由對自身的明覺而明瞭根本惡。不過,西谷強調,根本惡亦是自己的根本的主體性。結果是,作為一個整一體的主體,把自身明照起來,被否定的自己的根,與具有否定作用的自己的根據,一齊承受自我省察的光輝,而那根據,亦即最後的主體性,作為「完全的虛脫」,與這個根,作為「暗晦的自然」,都同時被照明了。[87]

我先回應這一段的內容。約實而言,這一段很不好理解。西谷運用西方哲學特別是德國觀念論的表達方式來表顯他自己的紮根於東方哲學特別是佛教天台宗的弔詭性格的洞見。這顯然是屬於西谷的論著中最難以理解的那部分。他論主體性的分裂,只突顯分裂出來的負面的一面,這即是暗晦的自然與根柢的虛脫,這有虛無主義(Nihilismus)的影子,讓人覺得他要把主體性撥歸到根本惡方面去。實際上,他並未有忘記主體性的明覺,只是把它放在後設的(meta-)位置而已,這由他提到對於根本惡的否定,都有明覺,

---

[86] 此中西谷用「明らめ」或「あきらめ」字眼,這是達觀、死心、斷念的意味,漢字本應是「諦」,即「諦らめ」。而有明亮、明覺意味的,則是「明らか」或「あきらか」。我懷疑正確的字眼應是「明らか」或「あきらか」。在這裏,我姑譯「明らめ」或「あきらめ」為「明覺」。不管怎樣,西谷說對於根本惡的「明らめ」與否定它「明らめ」是一種「明らめ」的兩面,這很近於智顗大師的「一念無明法性心」的綜合的、辯證的思維方式。

[87] 《主體性續》,頁 228。

可見出來。但他在另一面又以被分裂出來的兩個次主體性：暗晦的自然與根柢的虛脫，作為明覺的內容看，這便有問題。以次主體性說根柢的虛脫還可以，但暗晦的自然怎能與次主體性掛鉤呢？這是讓人大惑不解的地方。西谷的思想一向給人的印象是深刻而清晰，這裏的失手是他的敗筆。最值得注意的是對根本惡的明覺，根本惡和明覺是構成主體性的兩個要素，它們同時存在於主體中而又不斷對抗，正構成京都哲學家特別是久松真一所強調的背反（Antinomie）。明覺是主體性，根本惡也是（根本的）主體性。這兩個性格相對反的生命要素都內在於主體性中，這種弔詭的思維，天台宗的智顗大師是最擅長的。他提的「一念無明法性心」觀念是顯明的例子。在西谷看來，背反最後被克服，其方式是「作為一個整一體的主體，把自身明照起來」。西谷這樣說有點隱晦，我猜想其意思是，有一種「自我省察的光輝」（筆者按：西谷跟著提出的字眼），從明覺中躍起，照破並超越、克服這背反。西谷最後說的作為完全的虛脫的根據或最後的主體性，是指背反中的明覺；作為暗晦的自然的根，則是指根本惡。二者「同時被照明」，正是我剛才說的自我省察的光輝從明覺中躍起，照破並超越、克服這背反。

　　最值得注意的是西谷的「根本惡亦是自己的根本的主體性」的說法。這表示根本惡不是外在的，它是主體性自身的性格；在存有論上，它是存在於主體性中。要對治根本惡，需就主體性自身著手，讓它進行自我轉化。這其實是主體性自身對自身的自我轉化，轉化的結果自然是主體性的明覺。這樣的思維與工夫論，很像天台智顗大師的「煩惱即菩提，生死即涅槃」的著名口號所傳達的訊息。煩惱自身正是菩提智慧顯現的處所，生死世界自身正是獲致涅槃境界的地方，不能否棄它們，只能轉化它們。若否棄它們，即等同否棄菩提與涅槃本身了。根本惡的情況也是一樣。我們不能否棄根本惡，只能轉化它，讓它變而為明覺。若否棄根本惡，則連主體性也一併否棄了。這是不可能的。根本惡是讓人下墮的處所，同時也是讓人回轉的處所。

　　西谷說主體性的分裂，而成負面的暗晦的自然與根柢的虛脫，有點類似我自己所提的純粹力動或睿智的直覺凝聚、下墮、分化而詐現現象世界種種物事的情況。不同的是，我是順著人不明瞭事物的詐現性格而加以執取，因

而生起種種顛倒的見解與行為這種脈絡來發揮。這是從佛教論人性的無明說下來的。西谷則吸收德國觀念論的根本惡（radikales Böse）觀念來交代人性的負面。

回應完畢，我們要進一步較詳細地看生命的回轉的歷程。在這方面，西谷就道德與欲望對比著、對立著來說，把根本惡概括在欲望之中；同時也牽涉到絕對他者的助力。西谷提到，道德是否定欲望的，它從欲望的根柢把根本惡呼喚出來，又被根本惡否定地統一起來。這是第一階段。然後，道德作為在這統一之中的否定的契機，從完全是被否定和軟弱無力的狀態中翻轉過來，把絕對他者的現前即能動性呼喚出來，因此而有轉機。這是第二階段。在這第二階段的同時，根本惡依於由絕對他者的正義而來的否定的統一翻轉上來，把作為逆對著絕對他者的意志的本來面目呈現出來。而絕對他者的否定性，在道德作為否定根本惡的契機變成軟弱無力的善的悔過意志時，以後者作為引子，呈現出來。這絕對他者作為轉機（筆者按：這是回應上面提到的轉機），而與惡對立，作為制裁惡的意志呈現出來。在這種對立之中，根本惡化而為意志，作為人的逆轉的（perverse）意志顯現出來。[88]

接著是我的回應。西谷在這段文字中，點出道德和絕對他者在宗教活動中的參予性和辯證性，又闡述惡特別是根本惡的轉化。道德即是上面提到的主體的明覺，在回轉的宗教覺悟的終極理想的實現中，扮演重要的角色。它對絕對他者呼喚，從軟弱無力的狀態反彈，而成為覺悟的轉機。絕對他者作為一個具有正義的德性的終極原理，應道德的呼喚和反彈，藉著善的意志的接引而成為轉機，發揮堅強的否定作用，以壓制惡的泛濫，最後把根本惡轉化為正面的意志力量。因此西谷在後面的文字中，提到新柏拉圖主義者普羅提諾斯（Plōtīnos）的學說，在這學說中，根本惡作為為絕對善所否定地統一起來的質料，轉向逆反於基督教的上帝的意志的意義方面去。[89]這又讓我們想起我在不久前提到的天台智顗大師的「煩惱即菩提，生死即涅槃」的思

---

[88] Ibid.，頁 236-237。

[89] Ibid.，頁 237。

想了。

　　在這裏，我認為我們需要注意兩點。一、西谷很強調道德在達致宗教覺悟一目標所起的積極作用，它能呼喚絕對他者，同時又能在疲弱的主體性中反彈，而成為覺悟的轉機。在上面我曾指出，在宗教與道德的關係問題上，京都哲學家並不是很重視道德的作用，甚至有人（例如阿部正雄）強調道德需先潰散，才能成就宗教。西谷這樣重視道德，在京都哲學家群中，是很少見的。二、京都哲學家除田邊元與武內義範外，都提倡自力主義，其中尤以西谷的同輩久松真一倡導最力，堅決反對他力主義。西谷在這裏顯示出濃厚的他力主義色彩，他認為絕對他者具有正義的德性，同時有強大的否定力量，能壓抑和制裁根本惡。他甚至認為絕對他者具有一定程度的能動性、動感，並不是只在人在苦難中稱名念佛時才發悲願以接引、救渡眾生的。

　　以上是我的回應。下面我們看西谷對人的下墮、回轉的總的、概括性的描劃。西谷從人的本來狀況說起，表示人在自我的本性轉換方面，一方面有在行為上的自由，另方面也含有超越了恣意放縱的必然決定。在這種限度下，自我成了根本惡或絕對他者的從屬，以至於成為它的「器」（筆者按：器指工具而言）。若是這樣，則只能說單純的存有、死亡、非主體性而已。這樣的自我，在與根本惡的關係之中，一切能力都會被挖掉，實踐上的希望、展望也會被剝奪，生命存在在單純的存有之中，被還原為事件，而成為絕對他者的救贖對象。在自己的生命中，自己不能以自己的實踐能力的根源來展示自己（西谷註：這是非主體性），自己不能以自己的生命的根基以至存在的基底而存有，而存在（西谷註：這是死亡以至純然的存有）。總之，自己不能作為根柢的東西而存在。即使是在宗教的領域，人亦只能從純然的存有身分與上帝溝通。

　　在新的回轉之中，人在精神上有本質意義的提升。這種提升的內容是，根本惡對於回轉來說，作為意志與回轉對立起來；自我亦不作純然的實有，卻是作為逆轉的意志而出現。在這種情況，作為「絕對他者的實有」的自我，亦回復原來的實踐性。值得注意的是，這種實踐性不單純是自己的實踐性，在自己中初次發出來的實踐性。自己亦不止於是單純的存有、死亡、非

主體性的自己，而是在存有中有實踐性，在死亡中有生機，在非主體性中有主體性的復位的自己。[90]

　　我的回應如下。對於人的本來狀況，西谷啟治從存有論角度著眼看，在這一點上，有自由與必然性可說，但整體來說是傾向於負面，自我缺乏獨立性，不是受根本惡所宰控，便是受制於絕對他者。人只有從屬性質的工具意義，只有存在、死亡（非存在）與非主體性；只是客體化的東西，缺乏道德理性。這當然不是我們努力的目標，甚至不是生活的目標。西谷在這一點上，很有虛無主義的傾向，可能是受了尼采（F. W. Nietzsche）的影響。特別是，人在根本惡的操控下，自我的內涵被挖掉，生命存在變成沒有生機的客觀事物，沒有人的尊嚴、主體性，只有向絕對他者乞憐，等待它的救贖。最高主體性、最高自由，甚至一切價值（精神的價值）都無從說起。人完全下墮而物化，對於上帝來說，人只是一單純的、僵化的存在物而已。純然的存在不能回應、接受上帝的愛。

　　在回轉方面，西谷提到精神的本質性的提升。這「本質」是甚麼意義的本質呢？我認為西谷深受德國觀念論的熏陶，這可能是指最高的意志自由而言。這意志自由可發出堅強的力量，以對治根本惡。自我是以這種意志自由來說的，它與絕對他者結合起來，成為後者的實有。自力主義與他力主義有一種巧妙的統一，這種統一讓自我從唯物論、機械主義、客觀主義、自然主義中釋放開來。倘若相應於西谷的這種精神性的回轉，以純粹力動現象學的立場來說，則從唯物論、機械主義、客觀主義、自然主義解放開來的知性主體，回復為原來的睿智的直覺的明覺，不再執取對象為有常住性、不變性的實體，而明瞭它們的詐現性格，以充滿動感的自由無礙的主體（可以是美感的、德性的、宗教的主體）遊息於多樣性的對象之中，對它們不捨不著，而成就無執的存有論。

---

[90]　Idem.

十三、自己與世界

　　上面論自我的下墮與回轉的問題，基本上是就人自身的精神狀態或境界的上下推移說。這種上下推移的活動，畢竟是在客觀的世界中進行的。所謂「客觀」，只是程度上的涵義，是在相對性格的脈絡下說的；它不是絕對義。即是，客觀世界並不是指與我們人的生命存在的主體性完全無關的外在的、獨立的、割斷一切主體關連的世界，而仍是與人的主體的生活息息相關的世界。對於這客觀世界，西谷以感性世界來說；而對於人的主體的精神世界，西谷則以睿智世界來說。這兩個世界是不能絕對地分隔開來的，無寧是，它們有一種相互攝入的連接關係。這所謂「相互攝入」，是關連著人的主體實踐的、修證的活動來說。

　　首先我們看自己與世界的關係，特別是就道德作為指導原則來說。西谷很強調在道德的脈絡下自我的自己立法性。它自己立法，同時也必服從這法。所謂自己立法，表示通過自己的實踐，在實踐內面，開啟出支配人格關係的道德法則，和以這法則為秩序的睿智的世界。這展示出世界與這法則通過自己立法展現出自己的內容，而這世界亦成為作為自己的根據以至「基底」的本來的自己存在性的實有（西谷自註：實質性）。在這種理解中，自己便是自己，自己便是世界。另外，就自己服從法則一點來看，可藉著以法則與其世界為中心而在其中見到自己。這樣，自己作為世界的一個成員而在法則的脈絡下與他者建立關係，自己依世界、法則與他者而有存在性。在這種理解中，世界便是世界，世界便是自己，與前逆反了。[91]

　　西谷進一步就服從自己所立之法這樣的道德的實存而看到由「自己即自己，自己即世界」到「世界即世界，世界即自己」中含有一種重大的轉換。他提醒謂，此中的自己是在嚴格的實踐意義中的現成的（筆者按：存在的、主體性的）自己，而實踐則是自己現成中的實踐。這裏有一種實踐與存在上的相即關係，是自己與世界在實質內容上的轉換。此中有一力動，那是自己

實現自己的力動,是自己在自己的內部把世界實現出來。或者說,是使世界在自己的內部現成開來。這是一種自己與世界相互擁有的關係,「相有」的關係。這種相依相入的關係,正展示出力動的實踐的意義。[92]

我在這裏先作回應。西谷強調自己定立法則,同時也必服從這法則,這顯然是順著康德的道德哲學說下來。依西谷,這種法則有道德義,是睿智的世界的根基。不過,這裏有一個問題,西谷的哲學的立場,是空的存有論,由這存有論所開出的世界,其中的一切事物,都是以空為性,但在空之中,仍保有各自的姿采,各有其自體。事物本著這種自體,構成回互相入的關係。[93]這種世界的道德意味並不明顯。這讓人感到困惑。我的推想是,西谷早期較重道德,後期則從道德轉向宗教方面去。我們在這裏所依的《根源的主體性の哲學》是他的早期作品,他的空的存有論所依的《宗教とは何か》則是較後期的著作。至於說自己是自己,自己是世界,是以自己為主位,世界為客位;亦可說世界的存有論的根據是自我,世界是自己的實有。說世界是世界,世界是自己,則是以世界為主位,自己為客位;亦可說自我是由世界而來,自己是世界的實有。這樣,自我或自己與世界互為主客,在邏輯上、存有論上地位是均等的。不管怎樣說,自我是真正的主體性,世界是具價值義的世界,雙方都具有現象學導向。

「自己即自己,自己即世界」是以自己為主;「世界即世界,世界即自己」是以世界為主。說由前者到後者,發展到後者,含有重要的轉換意義;這是表示把終極關心的所在,由自己轉到世界方面去。這是心靈的敞開,向世界開放,包容世界。這點雖然重要,但仍不如跟著要說的那一點。即是,所謂自己,是實踐意義,從活動來說,不是就概念說。把終極關心由自己轉移到世界,自己是實踐、活動,世界則是存有。把關心從實踐、活動帶到存有,這樣便把活動與存有關連在一起,讓兩者相即不離。自己是活動,世界是存有。在這裏,對於力動的肯定,呼之欲出。因此西谷表明,此中有一力

---

[92] Ibid.,頁 207。

[93] 關於西谷的空的存有論和事物間的回互相入的關係,參看拙著《絕對無的哲學:京都學派哲學導論》,臺北:臺灣商務印書館,1998。

動，自己實現自己的力動，依於這力動，自己在自己的內部把世界實現出來。這其實已不是西谷所謂的自己與世界的相有關係，也超越了上面說的自己與世界的均等關係，而是自己實現世界，創造世界；亦即是活動實現存有，創造存有了。這點非常重要。由此可以通到我所提的純粹力動凝聚、下墮、分化而詐現現象世界、存在世界、存有的根本意趣。因此，西谷在後面跟著說，由道德的實存、實踐而確認的「自己與世界」中的世界，是睿智的世界，並認為這自己與這睿智的世界有一種統一的關係。[94]在我看來，這其實已超越了統一的關係，而是自己或自我創造睿智的世界了。

　　倘若以純粹力動現象學的語言來表達自我創造睿智的世界的話，則可以這樣說，純粹力動在主體方面表現為睿智的直覺，後者自我屈折而成知性。在客體方面，純粹力動凝聚、下墮、分化而詐現現象世界。結果是，知性與現象世界處於一種二元對立的關係。知性以其自身的思想概念或範疇作用於現象方面，使後者成為對象，建立對對象的客觀而有效的知識。另一面，知性亦執取對象，以之為具有實體、自性。不知對象或其前的現象只是詐現性格，沒有獨立自性可得。這樣，對對象方面的認識便成有執的存有論。不過，知性雖虛妄地執取對象而產生種種顛倒見解與煩惱，作為其源頭活水的睿智的直覺並未消失，它潛藏在知性的底層，仍不斷發出明覺，當這明覺不斷積聚而成為一股力量，足以突破、衝破知性的執著時，睿智的直覺即不再自我屈折，卻是收回知性，以其睿智的明覺來滲透至對象的內裏，知對象不過是詐現性格，因而如其為詐現性格而認識它，不再起執。此時對象世界便成無執的存有論。或更確切地說，對對象世界如實地、如其為詐現性格地理解之，而不加以虛妄執著，這種認識便成無執的存有論。此時的對象世界，便提升而為睿智的世界，而恰當地認識它的，是原來的睿智的直覺，而不是知性。所謂自我，或真我，是從純粹力動表現在主體方面的睿智的直覺說，它不是個別的自我，而是一普遍的自我，通於各個主體。

94　《主體性續》，頁209。

十四、感性世界與睿智世界的相互攝入

　　回應完畢，以下我們很快便會觸及這一節的主題：感性的世界與睿智的世界的相互攝入了。不過，我還是要先從道德問題說起，特別是道德的理念問題。由道德的理念說下來，最終不免要涉及具體的實踐問題。西谷啟治提到，道德理念指涉道德意志與行為方面的高層次的（西谷自註：睿智的）實體性。但這並不表示道德實踐便是具體的行為。西谷強調，要落到具體的層次，在感性世界作為「質料」之中，需有一種辯證性格的否定作用（筆者按：這否定之意要到下面才能明瞭）。感性世界作為質料，是道德性的基底（筆者按：應是具體表現之意）、實質。在這限度下，道德性含有作為實質看的感性世界，同時又為作為基底的感性世界所包涵。此中有一種相依的關係。（筆者按：這是道德性與感性世界的相依，更確切地說是道德性對感性世界的依賴。）不過，感性畢竟不能作主導，道德性才能作主導。西谷便是在這種脈絡下，說具體的道德的實存。這樣，感性的存在或所謂「肉」（筆者按：這是強調具體性），與理性的以至睿智的存在和道德的自我，便沒有了矛盾性格的對立意義。道德自身不能說實存，它需要向實有方面還原，才能在具體的道德的實存中有其實質內容。在這種情況中，睿智的世界與感性的世界的對立便消失了。兩者在實踐即存在這種道德的實存之中，「形式」與由此被形成的「質料」達到了具體的統一。

　　順著這統一說下來，西谷表示，矛盾的對立的統一得以實踐地現成（西谷自註：矛盾的統一只有在實踐中才可能）的處所內裏，即是，作為實踐的具體的實質，以至作為與實踐有不二關係的「存在」的具體的本質而現成的處所內裏，這睿智的世界與感性的世界再度成為契機（筆者按：這應是矛盾的統一的契機）。合起來看，這兩個世界通過實踐而被視為實踐的同時又是存在的實質性（筆者按：西谷在這裏用「實踐の又存在の實質性」的字眼，比較難解，其意應是指那種既是實踐性格同時又是存在性格的實質性，這種解讀可回應他在同書（《主體性續》）第 207 頁中所提到的實踐與存在二者的相即）時，不單純是睿智的或單純是感性的。無寧是，這是向著感性而被

表現成的理念，或作為理念的表現的感性。這兩個世界是實踐的主體所有。

再看道德自我。西谷指出，道德性的自我一方面作為立法的主體，以法則來貞定睿智的世界，視之為基底以至實體；另方面，在對感性的世界作出否定性格的捨棄的同時，把它作基底以至實體看，而成為其主體。這樣，道德性的自我把這兩個世界（以睿智的世界為主）的相依相入作為自己的實體看，而擁有它，同時也為它所擁有。這種相依相入關係只能通過實踐而現成，亦在同樣的實踐內裏，這相依相入關係變成存在的本質。具體的道德的實存便於然成立。[95]

西谷在這一大段文字中，展示他的新的和具有啟發性的觀點。我首先就道德問題作回應。西谷一開始便緊扣具體的生活實踐來說道德，不視道德問題為純概念的、理論的探討，是他的高明處。我們畢竟是生活於感性的世界，以雙腳踏著大地來活動的，這是很具體的生活方式。道德的實質性或本質，亦必須在具體的、主體的感性世界中落實；而感性世界亦需要藉著道德以建立其價值，因此西谷強調道德與感性世界的相互依存的關係。不過，感性世界是我們實現價值的活動的場所，自身不具有價值的導向，這便需要價值意義的道德來作「主」。西谷即在這脈絡下說道德的實存性。所謂實存，是就呈現為具體的活動、在時間與空間中存在之意；單純地提道德的概念或理念，是無實存可言的。因此，我們需要對道德的觀念性作辯證性格的否定，讓道德的至高無上的尊嚴暫時隱匿起來，俾道德能與世俗結合。

從道德到宗教，情況也是一樣。道德和宗教意義的睿智的世界需要超越、克服它與感性的世界的對立性，而與感性的世界結合。西谷所提的「實踐即存在」的說法很有意思。道德也好，宗教也好，必須在實踐的活動中展示其本質，才能說存在性。西谷以「形式」說道德、宗教，而以質料說感性世界，顯然是受到亞里斯多德（Aristotle）的四因說的啟發；他強調雙方必須被統一起來。

這種道德、宗教的睿智世界與感性世界的相互攝入關係，可轉到存有論

95　Ibid.，頁 212-214。

方面來說，這便是物自身（Ding an sich）與現象（Phänomen）的相即關
係，因而有很重要的現象學意義。這也可解決物自身與現象的分離的理論困
難。西谷自己也強調，道德的行為主體一方面以睿智的世界為其實質，另方
面又以感性的世界為其實質。在行為的脈絡下，兩個「世界」的對立被遞
奪，雙方在這一實質中相互滲透。[96]道德行為是這樣，宗教行為也是這樣。

　　西谷啟治在這裏提出一有爭論性的問題，這便是睿智的世界與感性的世
界的矛盾的對立的統一問題。同時，西谷強調，這種矛盾的統一，只有在實
踐中才可能。這兩點與他的老師西田幾多郎所提的絕對矛盾的自我同一的辯
證思維有一定的關連。（對於絕對矛盾的自我同一一點的詳盡闡釋，請參閱
拙著《絕對無詮釋學：京都學派的批判性研究》（臺北：臺灣學生書局，
2012）第一章。）在絕對矛盾的自我同一中，矛盾的雙方是不是都需具有絕
對的性格呢？我認為不必，只要其中有一方是絕對性格便成。睿智的世界與
感性的世界的矛盾，並不是矛盾的雙方都是絕對的。睿智的世界是絕對的，
感性的世界則不是絕對的，而是相對的。依西谷，兩者是可以統一起來或同
一化；不過這種統一或同一，需要在實踐中進行，光是講概念與理論是不成
的。這亦符合黑格爾的辯證法成立的條件：辯證或矛盾的雙方需要在發展中
才能有統一可言。辯證法本來便是用於精神發展的歷程中。若從純粹力動現
象學的立場來看這個問題，則睿智的世界與感性的世界的關係，可以說是超
越相互攝入的關係，也不是統一或同一的關係，而是在實踐中轉化的關係。
即是，純粹力動凝聚、下墮、分化而詐現種種現象，成立感性的世界，自身
則在主體方面表現為睿智的直覺，這睿智的直覺自我屈折成知性以純粹概念
（reiner Begriff）或範疇（Kategorie）來認識感性世界的現象，將之確定為
對象（Gegenstand），同時執取之，以之為具有實體、自性的東西。不過，
睿智的直覺雖自我屈折成知性，但它的明覺還是在那裏，沒有消失，隱匿在
知性的底層。這明覺若不斷積聚，最後足以突破知性而復位，回復為原來的
睿智的直覺，以其明覺如如地照見對象、現象以至整個感性的世界的詐現

---

96 Ibid.，頁 213。

性，而不加以執取。最後感性的世界得以轉化為睿智的世界。

　　有一點要說明的是，統一也好，同一也好，都設定統一、同一的雙方本來是同時存在的，然後合併為一。轉化則不同，它只設定本來只有一方，經轉化後變成另一方；同時存在的雙方是不可能的。進一步看，統一、同一的「雙方」，只是邏輯的、理論的可能性，實質上、事實上是不可能存在的。我們的認識能力，在某一時間，只能以一種方式存在，或是知性（包含感性在內），或是睿智的直覺。知性所認識的是現象，亦即是感性的世界；睿智的直覺所認識的是物自身，或睿智的世界。兩層世界（雙方）同時存在，分別為兩重認識能力所把握的情況是不可能的。在世俗諦或常識層面，我們以知性認識感性的世界；當我們的認識能力轉化，由知性轉為睿智的直覺，我們所面對的被認識的世界，亦同時被轉化，由感性的世界轉為睿智的世界，亦即是第一義諦或勝義諦的層次。[97]

　　以上是我的回應。順著兩個世界即睿智的世界與感性的世界說下來，西谷有時亦說這是純粹意志所統轄的世界（筆者按：相應於睿智的世界）與欲望所統轄的世界（筆者按：相應於感性的世界）。這便較有宗教的意味，因欲望的泛濫可以帶來苦痛，成為人的煩惱困擾的源頭。西谷以為，這兩個世界是矛盾地對立的。不過，當說這兩個世界在實踐方面有相互攝入的關係，而成為實踐的實有與存在的本質時；換言之，當道德的理念在其作為理念的觀念性的否定中，被表現為趨向於感性的現實時，又在相反的一面，當感性的世界在理念的表現中被否定地揚棄時，這便有相互否定的情況出現。而在這相互否定所引致的實踐的綜合統一中，必含有種種能力的動感上的關聯。[98]我的回應是，西谷在這裏顯然是要表示出，理念（道德理念、宗教理念）

---

[97]　佛教般若思想說色空相即，色指現象，相當於感性的世界；空指真理，相當於睿智的世界。我們以知性認識色，以睿智的直覺認識空，並不表示在現實的環境中我們可同時面對兩重世界，而分別以兩重認識能力去理解它們。更不表示還有另一層次更高的認識能力，去認識色空相即或感性的世界與睿智的世界的統一或同一。這方面的義理和實踐非常深微，我在這裏不打算討論下去。

[98]　《主體性續》，頁214-215。

與感性相互否定，其結果是雙方在實踐上的統一。這便是理念與感性之間的
辯證的性格。西谷似乎很強調理念與感性之間的矛盾因而有相互否定，最後
達致實踐意義的統一。在理念與感性之間，矛盾自然是存在的，但雙方是否
必須要相互否定以達致統一的狀態呢？對於這個問題，我頗持保留態度。我
認為，與其理念與感性相互否定，不若以理念來疏導、轉化感性，讓感性與
理念之間有一種相續而又和諧的關係；即是，感性的表現最後由理念接上，
化解它的主觀性與片面性，讓理念能在感性中展示其本質的導向。我的意思
是，感性並不必然與理念相矛盾，解決的方式也不必然循相互否定來進行。
我們是否可以在保留感性的前提下，讓理念來領航，俾感性也能發揮正面的
作用呢？[99]

　　關於理念與感性的問題，西谷又以道德的自我與根本惡來說。道德的自
我相應於理念，根本惡相應於感性。西谷認為，道德的自我在對欲望我的否
定中與睿智的世界及其元首結合後，必須在對於根本惡的自覺之下，與欲望
我再統合起來。他認為，自我不管怎樣地被置於道德的否定之中，它本來是
畢竟惡的。它是根本惡的東西。我們必須切入以根本惡為主宰的「世界」的
實有中去，作一全面性的照察。西谷又指出，欲望是統領感官世界的，作為
純粹意志的純粹實踐理性則統領睿智的世界。所謂實有，正成立於這兩個世
界的相互攝入的關係中。而且，這種相互攝入的關係，應以理性的世界為主
（筆者按：理性的世界即是睿智的世界）。但在現實上，則是感性的世界為
主。西谷強調，此中應有一由對感性的世界的捨棄而向理性的世界趨附的傾
向。[100]對於西谷的提法，我有負面的回應。西谷認為，與理念相應的道德

---

[99] 西谷的這種理念與感性或純粹意志與欲望兩個世界相互對立以至相互否定的觀點，讓
　　人想到宋儒朱熹的「存天理，滅人欲」（《朱子語類》卷 12）的提法。天理相應於
　　理念或純粹意志，人欲相應於感性或欲望。朱熹認為，天理與人欲是不能並存的，我
　　們需以天理為本，滅除人欲。我的以理性來領航、轉化感性的提法則近於佛教智顗大
　　師的「煩惱即菩提，生死即涅槃」的說法。理性相應於菩提、涅槃，感性相應於煩
　　惱、生死。煩惱與生死不必消滅，它們可被轉化，當下便能發揮積極的、正面的功
　　能，以助成救贖的活動。

[100] 《主體性續》，頁 231。

的自我一方面否定與感性相應的欲望我，另方面又在對根本惡的自覺下與欲望我結合，這很難說得通。道德的自我既然否定了欲望我，如何又能與欲望我結合呢？道德的自我既然捨棄了感性的世界而向理性的世界趨附，結合從何說起呢？西谷在這裏的說法顯然有矛盾。不過，他提出「實有」正成立於感性的世界與睿智的世界的相互攝入的關係中，這倒有點意思，雖然我在上面也已概略地涉及。這種相互攝入有助於解決哲學特別是形而上學中的現象與物自身的分離的困難問題。即是，感性的世界相應於現象，睿智的世界相應於物自身；兩個世界的相互攝入，正表示現象與物自身的相即不離的關係，甚至是相互滲透的關係。這樣，現象中有物自身，物自身中有現象。這並不表示雙方隨意地相混在一起，如濁水與清水混在一起那樣，而是從發現的角度來說；現象不能離物自身而被發現，而存在，物自身亦不離現象而被發現，而存在。這樣，現象世界與物自身或本體世界便能融合起來，不會有柏拉圖（Plato）在他的形而上學中或理型（Idee）說中所出現的作為現象的倣製品如何與它所模擬的本體、物自身或原型（Urfassung, Archetyp）的相合的致命問題。

作了這樣的回應後，我要談最後一點，這即是西谷關連著業一概念來展示他的世界觀（Weltsicht）。他提出，業（karma）可從三方面說：自己的業（自註：行為）、自己所負的業（自註：實存意味的自然必然性）、業的世界（自註：實存意味的「自然」界）。這三者是不二的，必須在一種實踐的～存在的動感性的關聯中被把握。此中，這個世界是自己的所業，是自己實踐的實有以至自己存在的本質，是自己所背負的。反過來說，自己作為這個世界的特殊的限定，是從這個世界而又向著這個世界的內部生起的，為這個世界所擁有和被它支撐著、維持著的。[101]西谷強調，就這個限界來說，自己和這個世界是同根的。世界是自己的所業（筆者按：所業指自己活動、表現行為的場地），自己則是世界的所成；自己與世界是相依的，自由與必

---

[101] 西谷的這種表達方式很笨拙，令人難以索解。他的意思是，自己作為世界中的一分子，是以這樣的世界作為背景而生起，同時又融入這個世界之中。

然是相入的，這表示以世界為主，以必然為主的意思。即是說，自己通過業而成為「成就這個世界的本源」，世界亦「作為這樣的業的自己」而限定自身。這樣，自己的業的世界的實現，正是這個世界實現其自身。[102]對於西谷以上的一段話，我的回應是，他以人的行為或業來說世界；或更具體地說，他以人的行為與世界的相依關係來說世界。他並不如一般的耶教教徒那樣，以上帝來說明世界，正展示他是以理性的眼光來看世界，而不訴諸信仰。這種說法比較具說服力。不過，西谷以自己與世界有相依的關係，而自由與必然又有相入的關係，這便有以世界為必然的傾向，他也強調世界是主、必然是主這一點。但世界是指有人在其中活動的世界，而人有主體自由，則怎能說世界是必然呢？[103]西谷自己也說，人（自己）的業的世界的實現，正是世界實現其自身。只要人有自由，世界便不可能是純然的必然。除非人的自由被否定，西谷以必然說世界總是有問題的，讓人感到困惑的。在哲學上，必然或必然性只能在數學、邏輯、知識論（範疇對感覺與料或雜多的必然有效性）和倫理學（作為無上律令的道德格律）等方面說，世界是一個經驗的與超越的綜合體（totality），只要有經驗的因素在其中，便無必然性可言。就純粹力動現象學來說，只是在存有論、宇宙論方面可以說必然性。即是，純粹力動凝聚、下墮、分化而變現種種事物以呈顯自己。這是對真實的本質是呈顯這一存有論的原理來說的。至於其他的必然性，則會在有關體系中交代，如道德現象學、知識現象學（量論）等。

十五、絕對無

　　絕對無（absolutes Nichts）是京都哲學的核心觀念。幾乎每一個京都哲學家或學者，都對這個觀念有所發揮。西谷對於絕對無有很深刻的體會，他曾寫有《神と絕對無》一專著，探討德國神秘主義大師艾克哈特（Meister

---

[102] 《主體性續》，頁 223。

[103] 西谷在這裏說世界，未有具體地交代是甚麼意義的世界，是感性的世界？睿智的世界？抑是其他層次的世界？都未有明說。我在這裏只就一般意義的世界來理解。

Eckhart）的宗教思想，而聚焦於絕對無。他以絕對無來發揮佛教般若波羅蜜多（Prajñāpāramitā）思想與龍樹（Nāgārjuna）中觀學（Mādhyamika）的空（śūnyatā），建立自己的空的存有論體系。[104]他在道德與宗教方面的觀點，也是建立於他的絕對無思想中的。要滲透到西谷的道德與宗教哲學的深處，不能不涉他對絕對無的理解。以下，我要先論述他的絕對無觀點，再看他如何基於這觀點來建立自己的道德哲學與宗教哲學，特別是後者。

關於絕對無的要義，西谷啟治提出：第一，絕對無對於一切事物，即自我與自我性或人間與人間中心性，是絕對否定地對立的。它具有對相對無的絕對否定性，而通於信仰主義立場中的絕對他者與絕對他性。第二，絕對無不是有，而是無；它是作為無我的主體性而表現的，這無我的主體性是對自我的絕對的否定中的根本的主體性，它在自我的根本的主體性經過自我的絕對否定而成的真實性中展現出來。就信仰的立場言，我們說上帝是有，自我的根本的主體性繫屬於自我，它是與上帝的恩典對立的。自我作為有而絕對地與外在的他者對立，但仍未展現徹底的主體性。要展現這徹底的主體性，自我的主體性必須與絕對否定它的絕對他者的主體性完全主體地結合起來。在這種情況，絕對無在自己的無我中作為無我（筆者按：這無我應是無我的主體性）而呈現出來。艾克哈特（Meister Eckhart）以上帝的根柢或神性來解讀無：上帝的根柢即是我的根柢，我的根柢即是上帝的根柢。這是根本的～主體的合一。即是，上帝中心即是人間中心，人間中心即是上帝中心。[105]第三，只有由作為這樣的根本的～主體的合一的立場的絕對無，才能主體性地奮建起自律的理性。[106]由上面所述看到，自律含有根本的主體性之意，理性亦有無我的意味，但主體性的根源仍未能顯現出來；從真正的無我的主體性的立場來看，作為理性自我的自己，仍未是真正的自己，仍存留有

---

[104] 關於西谷的空的存有論，參看拙著《絕對無的哲學：京都學派哲學導論》，頁 121-149；拙著《京都學派哲學七講》，臺北：文津出版社，1998，頁 93-144。

[105] 西谷在這裏強調，絕對無不是虛無，虛無並不作為無我的身分主體性地現前。

[106] 所謂「根本的～主體的」，表示絕對無是一主體性，這主體性是終極的、最本源的。

客體的內容。[107]西谷透露這是由於主體仍有對立的傾向。即是說,信仰主義是強調絕對的轉換的(筆者按:到這個地步,絕對的轉換仍未實現)。西谷強調,在這一點上,我們不必以信仰主義的立場單方面地與自律的理性對立起來,反而應在絕對無的立場下,讓理性與信仰接軌。同時,又應以理性作為方便,使自律的主體性歸入無我的主體性之中,而成統一的主體。[108]

　　以上的所述非常重要,西谷開宗明義地把絕對無一觀念或理念、境界,關連著宗教與道德,以三點來概括。我在這裏先作回應。西谷在第一點中指出,絕對無是超越任何相對性或對立關係的。他用的字眼是對這種關係「絕對否定地對立」。絕對無絕對否定地與這些東西對立,即從絕對的角度、立場超越這些東西(的相對性),包括有、無的相對性,絕對無的絕對性便在這種超越中透顯。不過,西谷以絕對無通於信仰角度說的絕對他者一點,會引來爭議。如下面所說,絕對無是絕對的、根本的亦即是最高的主體性,但又與宗教的絕對他者扯上關係,顯然不大好說。絕對無作為主體性,這主體性當然不是相對的主體性,但它是超越而內在的終極原理,是很明顯的。絕對他者則屬超越而外在的導向。超越內在的終極體與超越外在的終極體如何能真正地合一,是形而上學中挺重要的問題,西谷應先弄通了這點,才提出絕對無通於絕對他者的觀點。[109]在第二點方面,西谷強調絕對無的負面的、否定的意味,這意味最能在佛教的無我思想中表現出來。又能在對自我的絕對否定中成就其真實性(Realität),特別是在自我的主體性與絕對他者的主體性(筆者按:這裏又以主體性說絕對他者,問題如上述)有一種全面的主體性的結合中展示出來。這種思維,有以負面的、否定的方式來說終

---

[107] 此中的理由,大抵是理性仍含有明顯的價值義,仍未絕對地被否定。西谷認為,對於理性的絕對否定性,其側面是絕對無的立場,這立場超越道德與學術(筆者按:學術應是就知識言),是超越善、惡的彼岸,是不思善、不思惡的。(《主體性正》,頁79)

[108] 《主體性正》,頁 77-79。

[109] 在京都哲學家中,田邊元以他力來說絕對無,這便有以絕對他者是絕對無的意味。西谷在這裏的見解,很可能是受到田邊哲學的影響。

極原理（筆者按：絕對無是終極原理）的傾向，因而是非實體主義的思路。
我在很多自己的論文中曾多次指出，以絕對無的否定方式或以絕對有（筆者
按：如基督教的上帝、印度教的梵 Brahman 和儒家的天道、天理）的肯定方
式以展示終極原理，都是有所偏，都是不周延的。我因此提出純粹力動
（reine Vitalität）一理念作為終極原理，它一方面綜合了絕對無與絕對有的
積極的意義，同時也超越、克服這兩個理念所可能發展出來的極端狀態，如
虛無主義與常住論。我的意思是，以純粹力動來表示終極原理，較諸以絕對
無或絕對有來表示，更為周延。關於第三點，西谷提出自律的理性，強調它
的絕對無的基礎性。自律的理性源於康德的道德哲學；不過，他與西谷在處
理這種理性方面，並不是同調。康德有把宗教還原到道德方面去的意向，而
自律的理性正是真正的道德行為的依據。西谷則走綜合之路，認為宗教信仰
與道德理性有結合的可能性，但這種結合或接軌，要在絕對無的立場下進
行。為甚麼要這樣做呢？西谷沒有解釋。我的猜想是，西谷認為宗教信仰與
道德理性作為終極原理看，都是不足的。宗教信仰發自人對超越者的熱情
（passion），但這熱情會淪於主觀化，因此需要以理性特別是道德理性來制
約。雙方結合起來，是解決這主觀化問題的最佳途徑。而道德理性或理性又
有與非理性對立起來，形成理性、非理性的背反的傾向，要避免這種情況出
現，這種結合（西谷用「接軌」〔軌をーにする〕字眼）需要在絕對無的立
場中進行。絕對無能超越、克服一切二元架構的背反，阻止任何對真理的拆
裂。[110]

十六、絕對無與生活中的實踐與動感

　　我所回應過的西谷在上面文字，展示了絕對無的要義。至於絕對無在我
們的生命存在中如何關連著道德與宗教而影響我們的意志與行為，則要看西

---

[110] 讀者可能會問：絕對無自身又會否與絕對有形成二元性格的背反呢？我的答案是否定
的，絕對無與絕對有作為終極原理，超越一切相對關係或背反，兩者不可能像相對的
東西那樣形成背反；它們的絕對性格正阻止這種相對關係的發生。

谷的進一步的闡述。西谷先是提到在我們的生命存在的內部的矛盾對立的問題，和否定生起這種對立的東西的否定力動時，表示在我們主體的實踐的意志中，有一種絕對否定性，它是一種能衝破有而切入存在的內裏的無的否定的力動。一個較高層次的自己通過這否定的力動，同時也在這力動中現成起來。而且，它又以睿智的世界的理念作為自家的內容而現成起來。西谷把這較高層次的自己和這睿智的世界的理念視為絕對性格的無，亦即是絕對無。這絕對無是主體的否定作用的根源，又是最根本的主體性。在這否定作用中，和伴隨著它而現成的道德的自我中，這絕對無的理念得到充實。西谷補充謂，這理念當然是依據實踐而確立的，在其中有實踐的客觀的實在性，因而是實踐的理念；而它的無也是主體性的無。西谷特別強調，無不是觀想的、理論的理念，它不能觀想地、理論地被把握。對於無與理念的關係，可這樣地來理解：無倘若在自己否定的意志與行為中，又與後者共同地真實地現成的話，另外，理念倘若作為睿智的存在者、作為自他的睿智的共主體性、作為睿智世界的「目的王國」，在意志與行為的實質性中取得客觀的實在性的話，則這理念可說為是無在對存在的否定的關係中對存在帶來的內容性（帶給存在的內容性）。西谷繼謂，作為存在的否定的無，可給予被否定的存在高層次的實體性、睿智的實體性。這是由無而來的存在的「否定即肯定」的內容。[111]

　　西谷的這段文字很深奧費解，我嘗試回應如下。我認為最重要的是，西谷在這裏把絕對無關連著力動來說，把絕對無視為一種具有絕對否定性的力動。這種力動可以否棄我們的生命存在中的對立與矛盾，而展示其絕對否定性。這力動的否定作用可以催生出一個高層次的自我，其內容是睿智的世界的內容。這力動的否定作用的根源，正是作為最根本的主體性的絕對無。西谷強調，在道德的自我（筆者按：應該也包括宗教的自我）的現成中、實現中，絕對無的理念得以充實，能在實踐中確立起來，具有實踐意義的客觀實在性。因此，絕對無作為主體性，並不是主觀的，而是具有客觀實在的基

---

111 《主體性續》，頁 211-212。

礎。而絕對無中的「無」，是否定的意思；絕對無即是絕對否定，這並不是相對地否定某一事物的有、存在性，而是以突破相對的背反的方式，使主體超越被否定的事物的相對性格的層次，而臻於絕對的層次，成為絕對的主體性。在這裏，我們尤其要注意西谷的提醒：不要從抽象的角度說無，不要把無視為一種觀想的、理論的觀念，卻是要從實踐的角度，主體性地、存在地把無作為一種否定作用、超越作用來把握。要把這種否定、超越作用，滲透到我們的意志與行為的內裏，讓我們在這兩方面都有轉化的效應，這是道德的轉化、宗教的轉化。向哪方面轉化呢？向睿智方面轉化，讓自己的主體性成為睿智世界的主宰，成為康德所謂的目的王國。西谷在最後提到的一點，很堪注意。即是，無（絕對無）會給予被否定的存在高層次的實體性、睿智的實體性。這表示絕對無的絕對否定作用不是純解構性格的；它否定了、克服了事物中的矛盾、背反，不單沒有破壞事物，反而帶動事物，把它上提到較高的存在層次，給予它「高層次的實體性」。這「實體性」不能作一般的實體主義的概念解，絕對無自身是非實體主義立場的最高概念，自己尚不能說實體性，如何又能把實體性給予他物呢？這實體性沒有存有論的內涵，它無寧是救贖意義的，表示事物經由絕對無的存在的否定即肯定的作用後所獲得提升的精神層次。所謂「否定即肯定」，如上面說過，是事物內裏的矛盾性、背反性被超越、克服後所得到的再肯定的作用。

　　在這裏，我想再提一點，那便是有關動感的問題，西谷視絕對無為一種具有絕對否定作用的力動。這點很可與我所提的純粹力動的動感性相比較。說到動感（Dynamik）的問題，京都哲學家都很重視。西田幾多郎即寫有《從動作者到見者》（働くものから見るものへ）一書。田邊元在他的宗教哲學中，提出動感的歷程，那是主體不斷向著終極理想挺進，沒有休止的歷程。[112]阿部正雄更提「動感的空」（dynamic śūnyatā）一觀念，表示作為終極真理的空具有辯證的性格，它不是不活動的、靜態的，而是具有能動性

---

[112] 參看拙著《絕對無的哲學：京都學派哲學導論》，頁 27-29。

的，能活動的。[113]久松真一亦寫有〈能動的無〉一文，亟亟展示絕對無的動感。[114]不過，在我看來，西田幾多郎所開出的京都學派的哲學，其根本立場是非實體主義（non-substantialism），其核心觀念是絕對無；這絕對無雖被視為最高主體性，它的底子仍不離佛教的空（śūnyatā）與禪的無（無一物，無相，無念，無住），以展示事物的真理狀態為基調。空也好，無也好，對於作為活動（Akt, Aktivität）的純粹力動（reine Vitalität）來說，是一種狀態（Zustand），真理的狀態，有靜態的傾向，是虛的，力動是不足的，不能與本身即是活動、超越的活動（transzendentale Aktivität）的純粹力動比較。後者既以活動的方式「存在」，[115]而不是以狀態的方式「存在」，它的動感自然是強勁的、充實飽滿的。由活動推導出動感，是一分析性格的推導。即是說，活動具足動感，是一分析的命題（analytic proposition），不是一綜合的命題（synthetic proposition）或經驗的命題（empirical proposition）。至於絕對無的另一面的絕對有，是實體主義（substantialism）的核心觀念，它有質體性的（entitative）傾向，它的質實性（rigidity）讓它的動感受到減殺。在動感這一點上，絕對有也不能跟純粹力動相比。

綜合而言，絕對無、絕對有與純粹力動都有動感。但絕對無過於輕盈，動感不足；絕對有過於呆滯，動感難以充量發出來；唯有純粹力動居於中道，其當體即是活動，即是力動。

以上是我的回應。我是回應西谷談到絕對無在我們的生命存在中就道德與宗教方面對我們的身、心活動所產生的效應而言的。以下我要進一步更深入地探討西谷所提絕對無在我們的道德與宗教或理性與信仰的生活中所起的啟示作用。

---

[113] Ibid.，頁 218-221。

[114] 參看久松真一著《東洋的無》，頁 67-81。

[115] 這裏以「存在」來說活動，只是借說，讀者幸勿在這裏認真起來而起執。活動（Aktivität）與存在或存有（Sein）屬不同導向，不能混在一起。在宋明儒學，陸王的心是活動，程朱的理則是存有。

十七、絕對無與道德、宗教

　　首先，就絕對無之為終極原理、最高真理，一切行為都不能遠離它而言，西谷啟治強調道德性的決定與實踐，在絕對無之中有其根源，或者說，作為無（絕對無）的突然湧入。同樣地，分離開來的（事物的）存在性，在作為矛盾的統一的實踐中，可以再度相依；又在這相依之中，存在性作為實踐性格的實有性，又作為存在的本質，被現成地呈顯出來時，這實踐本身在其「純粹性」之中，亦會作為根源於絕對無的東西以至於作為無（絕對無）的突然湧入而被發現。西谷又謂，倘若道德的理念通過決定與實踐，又或作為在其中現成出來的高層次的（西谷自註：睿智的）主體性的內容，而應被稱為無的內容性，倘若是這樣，則把這理念撥向感性方面來表現的做法（筆者按：西谷用「實踐」字眼），亦必是根源地來自絕對無的。[116]

　　西谷在這裏的文字非常艱澀，較諸康德的《批判》（*Kritik*）與胡塞爾的《觀念》（*Ideen*）的文字之難解，有過之而無不及。我又覺得其中有精深的意味在裏頭，因此反覆思量推敲，勉強得到如上的解讀。茲謹回應西谷的說法如下。絕對無作為終極原理，或最高真理，自然是一切存在與行為的基礎；即是說，絕對無在存有論與實踐論、救贖論諸方面，都有根源的意義。在這裏，西谷一方面聚焦於道德實踐方面來闡發，另方面又在存有論方面以辯證的方式（矛盾的統一）來統合分離開來的存在事物。但在絕對無的脈絡中，存在事物的本質又不能離開實踐而抽象地說，基於此，存在事物的本質便需在實踐中展現出來；這本質即是實有性，而實踐的目的，正是要展露存在事物的實有的、實在的本質。西谷在文字上兜兜轉轉，其實還是要表達海德格的實有的本質是呈顯這命題的洞見。實踐也好，展露也好，它的不涉及任何經驗內容的純粹性，只能在作為存在的根源的絕對無中進行，或以絕對無作為背景、場所而進行。在道德來說，情況也是一樣。西谷所謂把道德理念撥向感性方面來表現，其意即是在具體的感性的世界中實踐道德理

---

[116] 《主體性續》，頁216。

念。這樣的道德實踐，亦是以絕對無為根基來進行。綜合地說，對存在的整合與道德的實踐，都是依於絕對無的。這正是上面我在開首中所說的，絕對無是一切存在與行為（道德行為）的基礎，絕對無在存有論與實踐論方面都有根源的意識。西谷說道德理念的決定與實踐，或者在這決定與實踐中展示高層次的睿智性格的主體，其意思亦是指主體對道德的自覺與在實踐行為中表現道德的內涵而已。

從宏觀的角度來說，包括西谷在內的京都哲學家的絕對無觀念，在存有論、道德哲學與宗教哲學或救贖論之間，顯然是傾向於救贖論方面。即是，絕對無作為一終極原理，與宗教救贖的關係，顯明地較與存有論或道德哲學的關係為密切，甚至密切得多。京都哲學中不見有明確而獨立的存有論，或本體論，宇宙論更不用說了。在這一點上，絕對無與西方神學的上帝差得很遠，也不能與儒家的天命、天道、誠體等觀念相提並論。它的基調很明顯地是宗教救贖方面的。就從一切背反中突破開來，以體證絕對無，而得覺悟、解脫這樣的說法來看，京都哲學家幾乎是採取同一口徑的。對於終極原理的內容，他們最喜將之與慧能的「不思善，不思惡」的說法相連，終極原理便成了人從善、惡的背反突破、超越上來所達致的絕對境界。但宋儒周濂溪以純粹至善的天道誠體來說終極原理，京都學者們如何回應這種對終極原理的說法呢？你不能再用突破善、惡等背反的方式，因天道誠體的純粹至善的善是絕對性格的，它不與惡成一個背反，你是否要視天道誠體為絕對無之外的另一終極原理呢？這自然不可能。但天道誠體是實體主義的導向，是形而上的實體，絕對無或空則是非實體主義的導向，兩者作為終極原理看，其地位是對等的，你如何以絕對無來融攝這天道誠體呢？顯然不可能。在這種情況下，便是提出一包容性更廣的終極原理的要求，讓它能同時綜合作為絕對有的天道誠體與絕對無而為一更周延地展示豐富內容的終極原理，這便是我所提的純粹力動的思維背景，而純粹力動正是在這種脈絡下被提出來的。

絕對無不能融攝絕對有，也不能否定絕對有。關於這點，西谷也曾就信仰與理性之間的關係作過探討。信仰是宗教信仰，可視為相當於絕對無；理性則是道德理性，可視為相當於絕對有。他指出，信仰作為對理性的絕對否

定而成立時，這絕對否定仍未能脫離相對的絕對否定。[117]當這絕對否定進行自我否定時，才展現絕對的絕對否定的立場。即是說，在對於理性進行絕對否定之際，理性被對立地處理時，理性並沒有被絕對否定掉。只有在理性進一步作為絕對否定的手段而被役使時，才真的被絕對否定掉。這即是從我意或自我意識之手中脫落開來。這樣的否定即肯定的絕對否定，對於「純然的絕對否定仍是相對的無」這一點來說，正是絕對無的立場。[118]西谷這種提法也很不易理解。照他的說法，絕對否定本身還可分成兩種：相對的絕對否定與絕對的絕對否定。所謂相對的絕對否定，是指信仰對理性的絕對否定，在這種情況下，理性並未有被絕對否定掉。西谷的意思是，絕對否定自身必須先作自我否定，才能具有絕對的絕對否定的作用，才能真正把理性絕對否定掉。但如何能把理性絕對否定掉呢？西谷的答案是，理性必須進一步作為絕對否定的手段而被役使。這樣，要引致絕對的絕對否定，可有兩種途徑：一是，絕對否定自身必須先作自我否定，或是，理性要作為絕對否定的手段而被役使。關於第一種途徑，我可以理解，即是，絕對否定自身先否定自身的絕對性，這絕對性是與相對性對比著說的。絕對否定「否定」了自身的絕對性，結局並不是邏輯意義的相對的否定，而是沒有了否定中的那種相對性，即克服了相對否定。克服了相對否定，並不就是轉出與相對否定相對反的絕對否定，卻是無所謂相對否定與絕對否定的相對性的那種「真正的否定」。這真正的否定，如一定要以「相對」、「絕對」的字眼來說，便可說是絕對的絕對否定。至於引致絕對的絕對否定的另一途徑，西谷所提的是，理性要作為絕對否定的手段而被役使，我便不能理解；西谷作補充用的從我意或自我意識之手中脫落一義，我覺得在一般的脈絡中可以理解，但若要把它關連到引致絕對的絕對否定這一點上，我仍無法理解。是不是一定要以這樣的彆扭曲折的方式來表示有關的意思呢？這則要問西谷自己了。實際上，我覺得說絕對的否定已經夠了，既然是絕對的否定，便不存在與它相對反的

---

[117] 照西谷這種說法來看，絕對否定或絕對肯定中仍有絕對與相對的區分。這絕對否定或絕對肯定仍不是徹底的。

[118] 《主體性正》，頁77。

相對的否定的問題。「絕對」這一字眼已排斥了「相對」以至「絕對與相對的對比」了。倘若「絕對」還可以與「相對」相對反，則「絕對」仍背著絕對相對的包袱，這樣會無窮地推演下去，到底是絕對抑是相對，始終無法決定下來。這已失去語言的意義與作用了。至於西谷所謂否定即肯定的絕對否定正是絕對無的立場，其中的「否定即肯定的絕對否定」，我在本章前截中已解釋過了，在這裏也就不再多贅。

　　以上是就西谷在有關絕對無在道德的問題所具有的意義與啟示上所表示的見解的闡述；對於西谷的見地，我亦一一作了回應。以下要就西谷在有關絕對無在宗教上的關連與作用方面的說法作論述與反思。在這一點上，西谷提出「無世界」一觀念，這大抵表示一渾一的無分別的、空的境界。他由「無」說到「無世界」。他認為，我們只有衝入（筆者按：西谷用「突入」字眼，應是指具有動感的滲透的動作）無之中，透過無世界的實踐，才能把相矛盾的世界，如時空的世界與非時空的世界、感性存在的世界與睿智存在的世界加以區分、包涵，和連結起來。西谷又強調，實踐的自由根基，只能存在於這樣的無世界性之中。而無以至無世界性亦只能在實踐中被把得。不管是無也好，無世界性也好，都是在實踐性之內，成為主體性的根源，以至根源的主體性。西谷說到這裏，便突顯無或無世界性的宗教涵義。因此，西谷跟著即說，這無與無世界性只有在宗教的實存（筆者按：這應是指宗教義的終極實在）之中，才能有它的真正的、當體的意義。西谷強調，在道德的實存中，把相矛盾的「世界」統一起來，而成就實有的，畢竟是自己。但這種統一並不是真正地完全的統一，而實有亦不是最高的實有（西谷自註：後面所謂的「絕對有」）。不過，就這實踐是根源於無而含有無世界性而言，道德總是潛藏有宗教性在裏頭。[119]

　　以下是我的回應。首先，西谷在這裏說的無，應是就絕對無而言。他認為這絕對無是透過實踐而又是在這實踐中主體性地顯現的。這絕對無是流貫於萬物中的生命的根本樣相；西谷啟治表示，這種樣相可稱為「上帝之

---

[119]《主體性續》，頁 216-217。

愛」、「神性」。[120]這很明顯地展示出，絕對無含有濃厚的義蘊與作用，特別是與它對等地稱呼的「上帝之愛」，是基督教的最重要的觀念。同時，絕對無與萬物亦有存有論上的關係，它是流貫於萬物中的生命元素。這種予絕對無賦以存有論的意義，是京都哲學家很少做的，西谷在這裏的說法是一個例外，這的確很引人注目。另一面，西谷又把絕對無關連到工夫論方面去，強調絕對無是在實踐中展現於宗教主體中的。這種實踐是「無世界的」實踐。這「無世界」觀念和它的實踐義很堪注意。所謂無世界，應是無經驗世界中的那種現象性的分別，因而是以空為本質或內容的境界。這無世界中的「無」肯定地是一個工夫論的概念，表示否定世間中的一切分別妄想的做法。但這種否定分別妄想的工夫是在分別妄想中做的，即是，主體先有分別妄想，然後進行無世界的無的、否定的工夫，把分別妄想去掉。這種宗教義的工夫正相應於西谷所說的時空世界與非時空世界、感性存在的世界與睿智存在的世界先區分然後結合在一起的歷程。這亦可以說是一種世界的先分裂後和合的辯證程序。同時，西谷也婉約但亦清晰地指點出，在以絕對無為基礎以統一相互矛盾的兩個世界（時空的世界與非時空的世界、感性存在的世界與睿智存在的世界）中，道德性的統一是不足的、不完全的，亦不能讓人體證最高的真實。只有潛藏在道德中的宗教力量，才能完成完全的統一，展現最高的真實。在這點上，西谷在跟著的文字中明確地表示宗教在讓人統一兩個世界以體證最高的真實方面對道德的優越性（superiority）。他強調，人在道德的實踐中，不管以哪一種方式來進行，總會牽涉到宗教性的問題；為了自覺地展示宗教實存的深刻的本質，必須否定與道德關聯的直接性，即是，在道德性中的矛盾的統一需要再被摧破，統一的自己要被否定。[121]由上面的闡述看到，西谷給予道德相當高的位置；但在這裏，他似乎又返回京都哲學一貫的態度，視道德為在宗教之下，不過，他不如他的高弟阿部正雄的立場，以道德需要崩解，才能展現宗教性。他認為，由道德到宗教之路是

---

[120] Ibid.，頁 242。

[121] Ibid.，頁 217。

順暢的，作為絕對他者的上帝，並不單純地只以絕對地超越的他者而呈現，完全沒有主體性的意味，也不是純然的外在的一個監臨著人世間的威權。他卻是以「正義」、「正義的善」來說上帝，以上帝是「上帝的愛」或「愛的上帝」，這頗有將道德與宗教合一的傾向。他甚至認為，善倘若超越了對立的關係，則愛便是善，這愛是上帝的愛；亦即是上帝。而上面所提到的實踐的主體性，或主體性的實踐，正是有上帝的愛作為內涵的愛的動感、愛的力動。[122]這種以愛為內容的力動，其實與我所提的純粹力動是可相通的。至於以善若超越了對立的關係，便通於愛的上帝，尤其值得關注。善超越了、克服了相對性格的善、惡，便成絕對善、最高善了，也近於儒家的「純粹至善」的說法了。[123]我們可以說，西谷所闡發的宗教，自始至終對於道德都是敞開的，隨時可以吸納和消融道德。他對道德的保留看法，只是認為道德有不足之處而已。在他看來，在道德中的矛盾的統一並不是穩固的，也不是終極的。只有在宗教中的統一才是可靠的，才是真正的統一。在這一點上，人需要體證絕對無、神性，或接受上帝的愛，才能覺悟、得解脫；道德理性的力量是不足夠的。

在這裏，我要提出一點，京都哲學所謂的無或絕對無，其基調是宗教性的，不是道德性的。即是，絕對無是一宗教的觀念，不是道德的觀念。只有宗教的實踐，才能真正體現絕對無，而得覺悟、救贖，道德的實踐不能做到這點。故在道德之上，還需再上層樓，以達於宗教。

---

[122] Ibid.，頁 239-240。

[123] 純粹至善是儒家一貫的說法，具有本體宇宙論的意味，而不單單是道德的意涵。由孟子開始，已有這種思想，一直發展至王陽明，可說是一脈相承。宋儒周濂的說法，最為明顯。

第三章
田邊元的懺悔道哲學的力動轉向

一、田邊元哲學在京都哲學中的定位

　　京都學派的哲學作為東亞的一個重要的哲學體系，逐漸形成。近年有關這種哲學的研究，越來越多。筆者在這方面也寫過幾本書和一些專題論文。[1]京都學派中較年輕一代也開始留意這種哲學在世界上各個角落所引起的回響與評論。[2]而與京都學派有密切關係的西方學者也在這方面努力。[3]

　　研究京都哲學的人，首先會碰到的問題是，京都哲學的核心觀念是甚麼，和京都學派有哪些代表人物？我自己的看法是，京都哲學的核心觀念是絕對無（absolutes Nichts），重要人物有西田幾多郎、田邊元、久松真一、

---

[1]　這幾本書是：《京都學派哲學：久松真一》，臺北：文津出版社，1995；《絕對無的哲學：京都學派哲學導論》，臺北：臺灣商務印書館，1998；《京都學派哲學七講》，臺北：文津出版社，1998；《絕對無詮釋學：京都學派的批判性研究》，臺北：臺灣學生書局，2012；《京都學派與禪》，臺北：臺灣學生書局，2015。專題論文則有〈與京都哲學對話：西谷論宗教、道德問題與我的回應〉，拙著《純粹力動現象學》，臺北：臺灣商務印書館，2005，頁 302-384。上列最初三本書是定位性質，交代京都學派的哲學或京都哲學的核心觀念是絕對無（absolutes Nichts），並廣論這個觀念在存有論、救贖論方面的種種含義，後面兩本書則有批判性。專題論文則如對這學派的西谷啟治的宗教哲學特別是在宗教與道德的關係問題上的探討。

[2]　大橋良介編《京都學派の思想：種々の像と思想のポテンシャル》，京都：人文書院，2004。

[3]　J. W. ハイジック（James W. Heisig）編《日本哲學の國際性：海外における受容と展望》，京都：世界思想社，2006。

西谷啟治、武內義範、阿部正雄和上田閑照。這是國際學者較為一致的看法。但在日本國內,思想界有很多不同的看法。例如近年京都的燈影舍出版了京都哲學撰書,集合了多位被視為京都哲學的人物的著作,這些人物包括西田幾多郎、田邊元、久松真一、西谷啟治、大島康正、和辻哲郎、九鬼周造、唐木順三、下村寅太郎、木村素衛、植田壽藏、務台理作、鈴木成高、今西錦司、高山岩男、高橋里美、三木清、相原信作、高坂正顯、戶版潤、山內得立、三宅剛一等,陣容非常龐大。其中很多名字,對於國際的哲學界、宗教學界來說,還是陌生的。亦有些人提海德格哲學研究專家辻村公一,有時連知名的鈴木大拙也算在裏面。不管怎樣,這些人的提法,都包含西田、田邊、久松和西谷在內。故以田邊元為京都學派中的一員,是沒有爭議的。

　　另外,上面所列舉的人員,在政治立場上,也有不同。三木清、戶坂潤是左派的,宣揚馬列主義,反對軍國主義。久松真一、阿部正雄是反戰的,以他們為核心的 FAS(F: formless self; A: all mankind; S: suprahistorical)標榜反戰的立場。創始者西田幾多郎一直都為人質疑,認為他是替天皇制度、軍國主義背書;但亦有人(如大橋良介)表示他們找到一些可靠的資料,可以證明西田與天皇制度、軍國主義沒有牽連。田邊元則是反軍國主義的,他在第二次大戰後期提出懺悔道的哲學,要日本人為戰爭而進行反思、懺悔,這種態度符合日本一般老百姓的想法和利益,他作為一個具有正面立場的哲學家,殆無疑義。[4]

　　另外,佛教信仰廣泛地流行於日本國民的精神生活之中,其中尤其以禪與淨土為主。禪是自力覺悟形態,淨土則是他力覺悟形態。在京都的哲學家中,亦基本上以這兩種佛教流派為主。西田幾多郎、久松真一、西谷啟治、阿部正雄、上田閑照是歸宗於禪的;田邊元與他的生徒武內義範則是歸宗於

---

[4]　日本學術界有略微不同的說法。山田宗睦在他的《昭和の精神史:京都學派哲學》中以田邊元、高坂正顯為右派,西田幾多郎和西谷啟治為中間或中心派,三木清為左派。轉述自 Taitetsu Unno and James W. Heisig, eds., *The Religious Philosophy of Tanabe Hajime*. Berkeley, Cal.: Asian Humanities Press, 1990, p. 13.

淨土的。著名的 FAS 的宗教運動由久松真一所倡導，為阿部正雄所繼承，同期的武內義範則沒有參與這個運動，他的老師田邊元也與這個運動無涉，他們積極地以淨土特別是親鸞的信仰為立場，與西方的宗教界、神學界進行對話。[5]

就輩分而言，西田幾多郎生於 1870 年，他在後來發展出來的絕對無的哲學（或稱場所哲學、絕對矛盾的自我同一思想）為田邊所理解與接受，起碼在最初時期是這樣。田邊生於 1885 年，少西田十五歲。兩人在初期志趣相投，可說是忘年交。西田是京都大學哲學科的講座教授，他退休後推薦田邊承接他的講座。其後田邊的哲學有急轉直下的轉變或開拓，漸漸遠離西田哲學，甚至批評後者。他以絕對媒介觀念代替西田的場所觀念來發揮絕對無的哲學。故在輩分上，田邊與西田應是同輩的，都是開拓京都哲學學派的最重要人物。其後兩人的哲學為後一輩所承受：西田的場所哲學廣泛地為弟子們所欣賞，田邊的絕對媒介哲學和後來發展出來的懺悔道哲學則門庭清冷，只為少數門徒繼承與講習，如武內義範、冰見潔等。隨著年前武內義範的逝去，更少人講了。阿部正雄已於 2006 年逝去，但還是有很多人講西田哲學，如與武內、阿部同輩的上田閑照，較年輕一輩的大橋良介、花岡永子、山本誠作、藤田正勝等。不過，這些人士除上田閑照外，好像還未有提出他們對絕對無的解讀方式（我是以絕對無的闡發來判定京都學派成員身分的，不同的成員對絕對無有不同的解讀與開拓）。從事淨土宗的研究與發揚的長谷正當在京都大學任教多年，退休後到大谷大學任教。他是要以欲望的靈性的維度（dimension）為媒介，對生命的深層本質作探討，要建構一種欲望的形而上學，[6]不過，他似乎仍未展示在絕對無觀念上的特定的詮釋與立

5　有關 FAS 的宗教運動，參閱拙文〈FAS 與東洋的無〉，拙著《京都學派哲學：久松真一》，頁 2-26。另外，FAS 協會曾編過下列一書：《自己・世界　歷史と科學：無相の自覺を索めて》，京都：法藏館，1998，也可參考。

6　參看長谷正當著《欲望の哲學：淨土教世界的思索》，京都：法藏館，2003。另外，他還寫有《心に映る無限：空のイマージュ化》，京都：法藏館，2005，泛論西田、田邊、西谷和武內的哲學。

場。

　　約實而言，田邊元的哲學雖然一直在西田哲學的陰影下發展，未有受到足夠的重視，但它有很寬廣的開拓空間。與西田哲學一樣，田邊哲學也具有濃烈的辯證取向，從具體的個體、事例中展示一種思維上的跳躍和突破，以這些個體、事例為媒介，亦即是絕對媒介，以展示絕對無的超越而又內在的性格。這種絕對媒介的哲學或他在晚期發展出來的懺悔道哲學，作為一種他力覺悟的實踐方式，較作為自力覺悟的實踐方式，如西田哲學所開拓出來的，應有更強的被認受性。在這一點上，田邊哲學在宗教對話方面，特別是在與基督教的對話方面，有更多的討論題材，今後必有新的開拓，我們可以拭目以待也。

　　以下，我要藉著田邊以他的他力主義抗衡西田的自力主義一點，來展示田邊哲學的存有論和救贖論或救度論的旨趣。田邊說：

> 他力的絕對主體，是絕對無；後者是絕對轉化的行動的主體，這必須由相對的自我來作媒介才能表現。絕對無不是純然地立根於「絕對矛盾的自我同一」，卻是要立根於我們的絕對媒介的活動中，這種絕對媒介是在自家的「死～復活」中成為實存的媒介。沒有這種媒介性，絕對無便不能說。[7]

7　田邊元著《懺悔道としての哲學》，東京：岩波書店，1993，頁 9。按這《懺悔道としての哲學》是田邊元最重要的著作之一，特別是就宗教哲學方面而言。此書有英譯：

Tanabe Hajime, *Philosophy as Metanoetics*. Tr. Takeuchi Yoshinori, Berkeley: University of California Press, 1986.

這本著作的英譯者正是田邊的弟子武內義範，是意譯性格，有些地方與原來的日文本不大相應。但一般來說，有頗高的可讀性。這裏要說明一點：對於田邊元的著作與其他人論述他的思想的著作，我讀過不少，自然包括這部《懺悔道としての哲學》在內。當時是看過便算，沒有特別在內容上作整理。這次寫這篇論文，涉及田邊的相關問題時，只憑記憶。不過，為了文獻學上慎重起見，我把《懺悔道としての哲學》再

　　按田邊以絕對主體來說他力，這與我們一般說他力，很是不同。不過，我們可以說他力表現在我們的絕對主體之中。[8]這裏不會有大問題，我們姑且擱置一下。以絕對無是行動的主體，是從主觀一面說絕對無，這便值得注意：與西田的說法不同。西田是以「絕對矛盾的自我同一」來說絕對無的；田邊卻從絕對媒介來說，這種媒介有其實存性，只有透過它，絕對無才能展示出來。這樣，便能說絕對無的實存性了。在這裏，田邊也為現象性的自我定了位，定了價值之位，把它提升至絕對的層次，讓它成為展示絕對無的媒介。我們亦可以沿著這種思索，視絕對媒介是一種場所，它能讓一切事物自由自在地遊息於其間，無障無礙。田邊在這裏不依西田以絕對矛盾的自我同一來說絕對無，而把它說成絕對媒介，明顯地表示他要與西田分途，較西田更重視具體的世界。媒介（medium）是中介的意味，是溝通兩端的或兩個層次的，有很明晰的具體性格。而以媒介或絕對媒介是一個場所，則這場所便成為一種中介，一切存在便能游息於其間，而從時間、空間的直覺形式和範疇概念脫卻開來，從現象層提升到本體或物自身（Ding an sich）的層次了。

　　由絕對無轉而為絕對媒介（absolute Vermittlung），其途程是很順通的，關鍵便在場所觀念。場所是西田哲學的一個挺重要的觀念，有很濃厚的現象學的含義（phänomenologische Bedeutung）。它表示一種純粹經驗，在這種經驗中，沒有主體與客體、能知與所知的一切對象性格的分化、差異。經驗的東西、有主客分別的東西，在這種場所中，它們的經驗性、主體性、客體性都自動地被剝落下來，而成為超越的、絕對的存在。在這裏，場所實扮演一種媒介的角色，讓存在作一種徹底的境界上的提升：由經驗轉換為超

　　看一遍，並把注意點放在該書的第一章〈懺悔道の哲學的意義〉上，俾能隨時徵引。說這是全書中最重要的一章，應該是沒有問題的。又，在這附注中所有的《懺悔道としての哲學》字眼，為省篇幅，一律省作《懺悔道》。

8　在這裏，我們須注意一點。在田邊來說，我們可說他力表現在我們的絕對主體之中。但在基督教便不能這樣說。在基督教，我們只能說上帝表現在耶穌之中。耶穌與我們不同，他是神之子，稟有神的超越品性。我們一般凡夫俗子，只是人，不是耶穌。

越，有限轉換為無限，現象轉換為本體、本質，經驗的多元轉換為絕對的一元。這樣的媒介，必須是絕對媒介。不然的話，媒介只有個別性，沒有普遍性；只有相對性，沒有絕對性，一切境界上的提升便無從說起。

田邊又舉出一個例子。德國的神學家巴特（Karl Barth）有一次遇到一個質疑者，要求他現證耶穌的救贖力量，他便直說質疑者尚未得到救贖。田邊認為這個事例與目下的懺悔的提出有類似之處：決定絕對轉化的方向，而對循環發展的迴旋方向定調的，並不單純地是絕對矛盾的自我同一這樣的表現的辯證法。這仍是理觀的立場，脫離不了所詮平等。[9]這不能達致絕對媒介的程度，或不能涉及絕對媒介。而絕對媒介卻能以相對的自己作為媒介，以自身為中心而自立起來。這種以媒介作為中心的座標原點是一種無入而不自得的無限的自我實存性。就自我進行懺悔來說，「沒有方向上的特異性的抽象而渾融的」無的場所是沒有的。這是理觀的立場。就行為的直覺來說，這種行為不外是對他力轉化的軸心加以抽象化而成的藝術表現的直覺的延伸發展而已。田邊表示，他的懺悔是由自力向他力趨附的迴心的原理，他的metanoesis（轉化），積極地說，是一種他力哲學。[10]

田邊在這裏所透露的意思非常重要，他的批判矛頭直接指向西田的絕對矛盾的自我同一的觀點。按西田以絕對矛盾的自我同一來說場所，有很濃厚的辯證性格，不為田邊所肯認。所謂「絕對矛盾」是邏輯所不能容許的。矛盾是相對的，如高與低、內與外、輕與重，只有相對性格的東西才能說矛盾，絕對性格的東西既然是絕對、無對，則何來矛盾呢？但西田所指的所謂「矛盾」的東西，有終極意味，如生與死、善與惡、理性與非理性，以至有與無。這些有終極義、現象學義的東西可以說是有終極的、絕對的矛盾關係。而它們的矛盾關係需要在場所之中，才能得到化解，這化解稱為自我同

9　這裏的日文原文是「所詮平等」，應是指對所詮的、所解釋的東西不加區別（個體性、特殊性的區別）而言。英譯作"abstract equation"不與原文完全相應，但"abstract"字眼應可表示對具體性、個別性忽視的意味，因而說有關事物是抽象性格的平等性，不能落實到具體性方面去。

10　《懺悔道》，頁11-12。

一。西田是這樣說絕對矛盾的自我同一的。這猶如天台宗智顗大師說一念無明法性心、煩惱即菩提、生死即涅槃那樣。無明與法性、煩惱與菩提、生死與涅槃的矛盾性、對抗性，不單是在存有論的脈絡下說，也在救贖論或救度論的脈絡下說。即是，若能化解這些終極義、救贖義的觀念的矛盾、絕對矛盾，便能得救度、解脫，而臻於終極的、絕對的、永恆的境界。[11]在這個意思下，西田對於相對性的、經驗性的、現象性的東西，不作進一步的區分，只視它們有相對矛盾關係；對於絕對性的、超越性的東西，也不作進一步的區分，只以它們的關係是絕對矛盾的關係。在這裏，相對矛盾的關係與絕對矛盾的關係的導向並不一樣；相對矛盾的關係是認知導向的，可以透過邏輯的、理性的方式來解決；絕對矛盾的關係則是救贖導向的，須以辯證的、弔詭的方式來解決。到此為止，西田所說的，並沒有錯。但田邊認為還不足夠，不周延。對相對的矛盾的雙方照顧得不足夠，沒有指涉它們的具體性、特殊性；對救贖的活動傾向於以理觀的、理性的角度來看，是靜態的，而不從行動的、行信證的因而是動感的方式來看、來解決。所謂「所詮平等」（武內義範的英譯作 abstract equation），便顯出對存在的東西、諸法、所詮不作進一步的區分，而只渾融地、平等地視之為要處理的經驗對象。田邊這樣說，也沒有錯。

　　接著上面的討論，我們可以問：田邊元與西田幾多郎的絕對無的哲學的重要的不同在哪裏呢？他們各自對絕對無一觀念的解讀在哪點上出現了分歧呢？我的初步回應是，這兩位傑出的哲學家在基本立場上並無太大差異，對於絕對無的看法，西田提出絕對矛盾的自我同一，來確立自力的絕對的主體性，以解決救贖的問題。人若能克服生命上的具有絕對義、終極義的背反，便臻完成境界。田邊元則由他力來說絕對無，並透過絕對無的絕對媒介作用，使萬法在這種媒介的連接作用下，得以在境界上提升，而使救贖的目標現成。在這一點上，兩者實在有很大的對話空間。只是在維度（dimension）

11　法性、菩提、涅槃都指涉終極真理、絕對真實，有關或指涉它們的矛盾，便是絕對矛盾。

方面，根據田邊的說法，西田還是過分著重理觀、觀解方面，不能釋出強烈
的動感，以處理終極上的問題；對這個五彩繽紛的世界的事物之間的差異
性，重視得不夠，因而削弱了在宗教轉化活動中的應機的脈動。眾生不同，
應有不同的對應方式。西田比較輕視經驗世界的差異性，卻在絕對原理、終
極原理的問題上用力較多，顯現較強的超越的反思。田邊則強調絕對無或絕
對他力的動感，並且對於我們日常所對的經驗世界的諸法，有較濃烈的關
心，他的整套絕對無的哲學顯示較重的實在論（realism）的性格，這與西田
的觀念論（idealism）的傾向有著明顯的不同。**12**

二、關於絕對媒介

　　上面我們討論田邊元的哲學的定位時，稍微涉及到他的絕對無和絕對媒
介觀念。以下我要較深入地探討所謂「絕對媒介」（absolute Vermittlung）
的意義與作用。我們先看田邊的一段話語：

　　　　哲學所追尋的絕對，是絕對無。有與無總是相對的。只有無，作為絕
　　　　對無，才能克服有無而達致絕對性格。絕對無把有建立為無的媒介，
　　　　讓有獨立地存在，俾在無中的有能超越有無而作為無而存在。有作為
　　　　有而被否定轉化，即是懺悔的行為。只有在懺悔中自己被轉化，才有
　　　　哲學的主體可言……所謂他力，是在他者正是無而且是絕對的而言；
　　　　即是，它是作為絕對轉化的無……所謂絕對，作為絕對媒介，並不對
　　　　於相對而為相對，卻是有作為相對者與相對者之間的媒介作用。相對
　　　　對於絕對來說，是通於其他的相對的。所謂相對，是與諸相對者相互

12　實際上，我們可從上面田邊所舉的德國神學家巴特的例子得到一些啟示：巴特並不正
　　面地對那個質疑他的人闡述或現證耶穌的救贖力量，因為闡述或現證耶穌的救贖的志
　　業是一種行動的事情，單靠解說是不成的。你必須向耶穌懺悔，告解自己日常所犯下
　　的惡行才成，這是一種很具體的行動。巴特的意思，顯然是要問難者在這方面作些反
　　省的工夫，才能理解耶穌的愛的真義。

為相對。這亦現成了使相對交相為對的媒介作用，這媒介是絕對媒介。[13]

　　由這段文字可以看到田邊的哲學的確不好理解，比西田的哲學差不了多少，他的文字有時也不清晰。我們在這裏還是依文（文本）解義。田邊強調哲學所追尋的、探究的，是絕對無。就絕對無之為終極真理、原理看，的確是如此。在世俗諦（saṃvṛti-satya）的層次來說，有與無是相對的；但絕對無是真諦（paramārtha-satya）性格，它克服、超越有與無的二元性而臻於絕對性格。在絕對無的光環下，有可以扮演媒介角色，使其他的有通於絕對無，也克服、超越有與無的相對性格。這樣的有，通過絕對媒介的作用，而被否定，被轉化，而成為懺悔作用的對象。這裏我們需要注意一點，懺悔（repentance）是一種道德活動，但田邊視之為絕對無的媒介作用對有或存在加否定、轉化的結果，則很明顯地是從存有論與宗教學方面來詮釋道德，這展示出在田邊眼中存有論、宗教學對倫理學的先在性（priority）與跨越性（superiority）。這可視為田邊哲學的一個側面。所謂哲學的主體，是要在懺悔與轉化中說的，因而這樣的主體是宗教義的主體。

　　至於他力，在田邊的宗教哲學中佔有極其重要的位置。他力即是絕對無，是具有絕對的轉化力量的無，是淨土宗的阿彌陀佛（Amitābha Buddha）。而絕對是直接就絕對媒介說，它不與相對的東西而為絕對，絕對即是無對。一切相對的事物，只能在絕對無或絕對媒介表現在或詐現在具體的諸法而言。這絕對媒介可提供一個意識的或精神的空間，讓一切相對的東西遊走於其中而有接觸、互動。就作為意識或精神的空間而讓諸法自在無礙地遊息於其中而言，田邊的絕對無與西田的絕對無很是相似，不管你叫它為絕對媒介或阿彌陀佛（田邊）也好，叫它為場所、純粹經驗、絕對矛盾的自我同一以至上帝也好，它都有一種中介作用：在這種中介作用中，事物是以其物自身（Ding an sich）的姿態出現的，而不是以其現象（Phänomen）姿態出現的。

---

[13] 《懺悔道》，頁 19-20。

順著上面的討論下來，田邊說：

> 絕對媒介從表面看，好像是其內沒有任何中心的平等的媒介活動似的，它像一個場所（topos），在這個場所中，有媒介活動。在其中，絕對者超越和包容了相對者。[14]

　　這種意思很精采、很具啟發性。作為媒介，絕對媒介並不是某種物體、某種事件，一切存在都以這種物體、事件為中心、軸心而活動，而互動，完全不是這樣。任何中心、軸心的出現，都會讓這種場所成為一個具有焦點、中核的精神空間，一切存在都隨順這焦點或中核而活動，而互動，這樣便失去了「平等的媒介活動」的意義。這些存在也會以這焦點或中核為在層次上高於它們的絕對者，對於這絕對者而言，它們為相對者，而它們自己之間又是交互相對。不是這樣。我們無寧應這樣思維：在這絕對媒介之中，一切事物在存有論上、價值論上，都是對等的，它們都具有自身的存在性與價值性，這存在性與價值性使任何事物不能為其他任一事物所排除，所取代。這個意思使人想起郭象在解釋《莊子》〈逍遙遊〉章時提到，萬物都遊息於逍遙的自得之場，和海德格的泰然順之（Gelassenheit）的觀念。道家的「自然法爾」和佛教華嚴宗所言四法界中的「事事無礙法界」的說法，和這個意思也很相近。最堪比較的，我想還是懷德海的機體主義哲學（philosophy of organism）中的實在觀念，這即是事件（event）、實際的存在（actual entity）和實際的境遇（actual occasion）。懷氏以這三個觀念來說終極實在，三者的意思有重疊的地方，也各有其自身的特定意味。事件與事件、實際的存在與實際的存在、實際的境遇與實際的境遇之間都有相互摩盪、相互攝入的互動關係，這些關係成就了世界、宇宙的新奇驚異（novelties）。[15]這幾系思想都顯示出終極實在單位在某種媒介作用下的相互關聯。

---

[14] 同前，頁 20。

[15] 有關懷德海的事件、實際的存在與實際的境遇這幾個觀念的意涵，參看拙著《機體與力動：懷德海哲學研究與對話》，臺北：臺灣商務印書館，2004，頁 15-66。

順著媒介的觀念說下來，田邊談到懺悔的問題，特別著重後者的宗教義，更進一步是救贖義。田邊說：

> 在自己的相對的中心中，必須有行、信、證這些活動。這行、信、證正是懺悔。懺悔作為自己的活動和他力的活動，具有絕對媒介活動的固有的內容。正是在自我的絕對媒介活動的今時今地的當下，有懺悔道。只就宗教信仰來說，它當然可以立基於恩典被直接地經驗到和不具有媒介作用的他力的有神論。實際上，這可被視為一種宗教表述的普遍形式。但這種簡單的信仰不能對哲學的絕對知識產生媒介作用。為甚麼呢？因為有神論的神話以至啟示的直接決定作用否定哲學的獨立性和障礙理性的自由。從哲學的觀點看，那真正的絕對他力的媒介作用的本性，只能在懺悔中被實行和被信仰，和在行、信、證的哲學思維中被證成。[16]

在這裏，田邊主要是討論具體的實踐問題，這便是懺悔，在行、信、證方面的懺悔。這懺悔是一種宗教的活動，這活動可以是自我的活動，也可以是他力的活動，雙方都涉及絕對媒介的問題。在自我的活動方面，絕對媒介表現為當事人的懺悔，那是現前地、在今時今地中發生的。在他力活動方面，作為他力的依據的有神論的恩典或可作媒介、絕對媒介的作用，使當事人實行懺悔。但田邊認為這種以有神論為基礎的他力懺悔，由於有神論本身強調濃烈的神話與啟示來作證，這會大大阻礙我們的哲學思維的獨立性和理性的自由的發展。他認為絕對媒介或懺悔應指向淨土宗的阿彌陀佛的信仰，當事人可在行、信、證中以兼集有哲學思維的理性的方式，以證成絕對他力的媒介作用。至於為甚麼要取對阿彌陀佛的他力信仰而不取有神論的他力信仰，田邊則沒有進一步的闡釋。筆者認為光以阿彌陀佛的信仰來交代哲學、理性的問題，是不足夠的。

---

[16]　《懺悔道》，頁21。

　　以上我們對田邊元哲學中挺重要的觀念絕對媒介作了闡釋。但這個觀念的意涵非常複雜和多元，不易掌握。我試就這個觀念的意義提出數點如下：

1. 田邊以絕對媒介觀念取代西田的場所（place，topos）觀念來發揮絕對無的哲學。其主要導向是利用媒介這一意涵以溝通絕對無與一切現實存在的關係，也溝通現實存在之間的關係，以避開場所觀念可能展示以普遍原理為先在於、跨越於具體事物世界的傾向。

2. 媒介一概念可從兩面說：一方面，絕對無或他力以自我或事物為媒介，而成絕對媒介，透過這絕對媒介因此而有的具體意涵，或具體性（concrete nature），以打通終極世界與具體世界的隔閡。而絕對無作為終極原理也要透過絕對媒介以展示自己，讓生命存在現證「死～復活」的宗教理想。另方面，絕對無自身便是媒介、絕對媒介，種種存在可以在這種媒介義的精神空間或意識空間中相互交集、互動而自我提升，由現象轉化為物自身。

3. 絕對無把有或存在建立為無的媒介，這媒介是絕對媒介，它可把絕對無與有或存在關聯起來，發揮中介作用。這種關係有如類與個體之間的種那樣，種作為媒介，把類與個體聯繫起來。即是，在類或普遍（das Allgemeine）與個體（das Einzelne）之間有很大的差距，需要一中介者把雙方連結起來，這是種或特殊（das Besondere）。這種思維即是所謂「種的邏輯」。[17]

4. 絕對的他者或他力的媒介作用，只能在懺悔中被實現。當事人向絕對

---

[17] 種的邏輯是田邊元哲學中極其重要的一部分，它不單涉及宗教哲學與形而上學，也關聯到政治學與社會學的民族、國家、社會方面的種種問題，我在這裏篇幅有限，不能多論。有興趣的讀者，可以參閱以下諸論著：武內義範著〈懺悔道と種の論理〉，南山宗教文化研究所編《絕對無と神：西田、田邊哲學の傳統とキリスト教》，東京：春秋社，1968，頁 205-213；大橋良介著〈種の論理再考〉，武內義範、武藤一雄、辻村公一編《田邊元：思想と回想》，東京：筑摩書房，1991，頁 104-130；　Makoto Ozaki, *Individuum, Society, Humankind: The Tradic Logic of Species According to Hajime Tanabe*. Leiden: Brill, 2001; James W. Heisig, *Philosophers of Nothingness: An Essay on the Kyoto School*. Honolulu: University of Hawaii Press, 2001, pp.107-179.

他者或他力懺悔，這懺悔便成了當事人與絕對他者或他力的媒介。由於這涉及絕對他者或他力，故為絕對媒介。

三、由科學、數學到他力轉化

田邊元早年致力研究科學與數學，有很強的理論能力與旨趣；他也嘗試透過自力的轉化導向，以體證終極真理，讓自己的精神境界得到提升，但都不成功。最後，他歸宗淨土教法，特別是親鸞所開拓出來的路向，發展出有名的、備受注視的懺悔道哲學（Metanoetics）。其中的思考歷程，非常曲折。他的所謂懺悔、轉化，是成立於由自力轉為他力的轉化中的。懺悔道正表示一種他力哲學。表面看來，這他力哲學是他力大能作為被皈依的核心而得覺悟的生命哲學、宗教哲學。那是與以自身的主體能力作為中心而證成覺悟、解脫的旨歸不同的，也可以說是相對反的。事實上，田邊元最初走自力之路不成功，並不表示他轉向他力便很順利了。不是這樣。他力的宗教哲學也不是如一般所想的那麼簡單，光是以自己的生命存在、前程都委身於一個外在的他力大能，已不是很容易，更遑論最後修證能開花結果、覺悟圓滿了。田邊自己在暮年，便曾回顧他的過去的哲學生涯，體會到自力哲學、實踐的無力性，覺得自己完全無所依據，認為自己可以藉之來解決一切問題的哲學的理性，根本不能讓自己處理終極的問題，更不要說他早年醉心於其中的科學與數學了。

他力是淨土教所倡導的求覺悟得解脫的實踐原理。這種教法在印度佛教中已流行，一些重要的論師，如中觀學（Mādhyamika）的龍樹和唯識學（Vijñāna-vāda）的世親也有涉足。其最重要的經典有《無量壽經》、《觀無量壽經》、《阿彌陀經》等。傳到中土，信奉的人很多，一時興旺起來，其中一個重要原因是這種教法較其他教法易懂易行，容易得到明顯的效應。著書方面有曇鸞的《淨土論註》、道綽的《安樂集》、善導的《觀經疏》、迦才的《淨土論》和懷感的《淨土群疑論》。傳到日本，更有發揚光大之勢。源信著有《往生要集》，法然著有《選擇本願念佛集》和親鸞著有《教

行信證文類》。其中親鸞最為傑出，影響也最大，淨土信眾以「聖人」名之，可見他所受到的尊崇，非一般論師可比。田邊元所歸宗的淨土教法，以親鸞的為主，最強調他的行、信、證的教法與實踐。而今日流行於日本的淨土宗的轉型，所謂「真宗」或「淨土真宗」，正是親鸞開拓出來的。

田邊元承接淨土真宗，但作出有創意性的開拓。特別在對淨土信仰的看法方面，他超越前賢。他認為，我們以某一特定的哲學思想對真宗教義方面作解釋，並不是沿著念佛教度的路數以求得一終極的結論。他提出，以自己所執持的哲學作義理上的解讀，不管解讀的對象是甚麼，都不能免於自力聖道門的態度，這不是真正的淨土信仰的他力信心的態度。他特別提出自己對於他力信心的態度的看法，即是，有人對自己沒有足夠的信心，對自己處理救贖的問題的無力性感到憂慮，因而進行懺悔，以為自己是凡夫，是愚者，完全沒有依靠，因而陷於被動的、隨順的、絕望的立場，只管放棄自己而作出懺悔。他表示自己理解、首肯這種作法。不過，他認為這是以自力的哲學立場來解讀他力的教法，不能在他力的懺悔道中以行、證來處理哲學的問題。這樣作是不足夠的，甚至是不正確的。[18]這表示出田邊不以哲學的理性來解決信仰的問題為然（但有時他又尊重哲學的理性）。信仰與理性是兩碼子的事，它們各有自身的效能，挾此輕彼，或以此來取代彼，都是不正確的。

田邊早年鑽研科學與數學，這兩者又如何呢？田邊認為，科學並不遠離哲學而自立，其理論內容實包含著哲學，這是到了康德時代還未被認可的現代科學的特色。數學（也包含在科學中說）基礎與新物理學理論便是有代表性的實例。康德的科學批判被科學自身所否定，他的《純粹理性批判》（*Kritik der reinen Vernunft*）的主要部分，便是專講對科學的批判的；這本書並不能解決科學與哲學的關係問題。倘若我們再審視歷史的現實構造，看各方面的問題，便會看到不單是作為科學批判的理論理性的批判，即使是實踐理性的批判，都不能免於陷入二律背反（Antinomie）之中，這使理性批

---

[18] 《懺悔道》，頁 27-28。

判瀕臨全面崩潰的危機之中。田邊表示，他的所謂「絕對批判」，便是針對這點而被提出的。他由這裏出發，進行懺悔道的邏輯的思考。懺悔道是對哲學的理性批判（如康德所曾作的）徹之盡之的邏輯上的歸結。田邊提出，哲學的復興發生於科學被通向宗教，知識被化歸信仰的「因知識而有信仰」的立場下展開的。這種由知識到信仰的轉化，正是在懺悔道中被自覺到的。[19]田邊的這種說法，把科學、數學以至道德都還原到宗教信仰方面去，實是對道德的一種嚴重的挑戰。康德批判以理論理性或純粹理性（reine Vernunft）為根基的科學與數學，認為理性在這種情況下會出現背反的問題，在哲學史上已看得很清楚。康德於是「窮智見德」，提出實踐理性（praktische Vernunft）來處理道德與形而上學的問題，如意志自由、靈魂不滅與上帝存在等，大家都清楚地看到。[20]但田邊認為這樣批判是不夠的，因為它達不到對宗教問題的徹底處理，而這點正是他自己要作的，或正在作的。他把康德的批判稱為「理性批判」，把自己的批判稱為「絕對批判」。在他看來，宗教問題要經歷絕對批判，才是徹底的。他提出的《懺悔道としての哲學》一書，便是要處理宗教的問題。

　　田邊認為，由理性批判到絕對批判，不但是邏輯的、理論的發展，同時在哲學發展史中，也表現這種發展方向。他說：

　　　　哲學的理性批判會徹底地發展到窮極的程度，以迄於絕對批判。在這種情況下，在理性中的超理性的「死～復活」的導向便必然地生起。依於此，自然世界會轉化為歷史世界。在這一點上，康德的批判哲學發展而成黑格爾的辯證法，也不外是如此。而黑格爾也必須接受祈克果的非難。但這種發展也不夠徹底，仍存留有康德的理性的立場。理

19　同前，頁39。

20　「窮智見德」是牟宗三先生為勞思光先生於 1957 年出版的著作《康德知識論要義》所寫的序言中概括勞先生研究康德哲學的發展而作的定位說法。但在中文大學出版社於 2001 年重排此書而稱為《康德知識論要義新編》的版本的牟序中被省去了，不知何故。

性的「死～復活」必然會通到他力信仰方面去。即是，懺悔道是在理性中的超理性的復活的脈絡下被哲學地重建起來的。由這點看，說祈克果的實存哲學向懺悔道發展，並不算失當。（Kierkegaard, Philosophische Brocken, Abschliessende Nachschrift）[21]

按田邊元對西方近現代的發展，由康德的理性批判到黑格爾的辯證法，再到祈克果的實存主義，認為還不夠徹底，須再往前發展到他自己的絕對批判，才算周延。而這絕對批判是立根於「死～復活」的信仰立場上的，是超越理性立場的。在其中，理性與超理性、死與復活、自然與歷史、實存與抽象的思維等等所成的背反，都需要被超越、被克服過來，而引向以他力為中心的宗教信仰方面去。把這以他力為中心的宗教信仰建立成一套哲學，正是懺悔道哲學，這是以絕對批判為導向的。我們跟著便探討田邊的這種絕對批判性格的宗教哲學。[22]

四、懺悔與懺悔道

田邊元所提的懺悔與懺悔道，表面看來好像很簡單，很容易理解；但認真思考這個問題，則不容易說清楚，主要的問題在它牽涉及生命的一種由懊

---

[21]　《懺悔道》，頁 31。

[22]　在道德與宗教之間，京都哲學家一直有這種看法：宗教較道德有較強的終極性。他們認為宗教可以獨立地被確立，不必依於道德；而道德則依於宗教而成立。阿部正雄在他的《非佛非魔：ニヒリズムと惡魔の問題》一書中，明確表示道德須被克服、被超越，善惡的背反須被突破，才有宗教可言（京都：法藏館，2000，頁 22-23）。又可參看拙著《純粹力動現象學》，臺北：臺灣商務印書館，2005，頁 284-287。這與康德的立場相反。康德在他的《在純然的理性的限度中的宗教》（Die Religion innerhalb der Grenzen der bloßen Vernunft. Stuttgart: Reclam, 1974）中，詳盡地闡釋他的宗教觀，把宗教還原為道德，認為宗教不能獨立於道德而成立，道德則不必依賴宗教便能成立。參看拙文〈康德的宗教哲學〉，載於拙著《西方哲學析論》，臺北：文津出版社，1992，頁 49-86。

悔、失望、自責、羞慚、無力種種負面的感受而逼引出的生命力的反彈、要自強的衝動，最後這些負面的感受會凝聚、轉化而證成一種有濃烈的道德的、宗教信仰的巨大的力量。懺悔活動或行為有一個對象，那便是作為他力大能的阿彌陀佛。當事人要把整個生命存在都託付給這他力大能，向祂告解，表示內心的悔咎與傷痛，祈求祂的慈悲的願力，讓自己從無明、罪惡、卑賤的負面處境翻騰上來，向一個有光明前途的理想趨附，而重獲新生。

懺悔便是這樣一種行為、活動，以哲學的角度、導向來處理這種行為、活動，而建構一套哲學理論，便是懺悔道（metanoetics）。metanoia 本來是希臘語，有懺悔、迴心的意味，田邊元把它和淨土宗所歸宗的他力關聯起來，而成就懺悔道哲學（philosophy of metanoetics），開出他力信仰的宗教現象學。

在田邊元看來，任何宗教上的救度或救贖，都要依於懺悔，在懺悔活動中證成。兩者是不能分割開來的，它們總是相即地交流著，而成一種辯證的關係。而即在這種辯證法的對峙局面中呈現不同不異的動感的統合狀態。[23]那麼兩者是否在生命中成一個背反呢？所謂背反，是指兩種東西的性質相反，但又總是牽纏在一起，成為一體，不能分離，如生與死、善與惡、罪與福等。我認為懺悔與救度還不能說是一種背反，因為雙方有一種因果關係，不如背反必須設定背反的雙方在存有論上的對等地位。即是，懺悔是因救度是果。任何救度都涉及一種心境上的提升、轉化。這種心境上的提升、轉化，都要基於一種心靈上的自我否定，否定過往作過的行為，然後才能帶出希望與新生。我們不可能想像一個過往作了惡事而又死不悔改的人會得到救度。他必須承認自己的過失，而感到後悔，希望能作一些事情，對別人有益的事情，作為補償，即是說，必須要懺悔，改過自新，救贖才能說。田邊似有認為懺悔與救度是一個背反之意，他認為救度與懺悔總是在否定的對立狀態中，不能成為一體，卻又相即交流。[24]這有問題。懺悔為因，救度為果，

23　《懺悔道》，頁 16。

24　Idem.

雙方有一種時序上、理論上的因果關係，不能說背反。

　　實際上，田邊元對懺悔頗有自己的一套看法，他認為，哲學一方面依從理性的自律而由當前的自我出發。這自我通過由世界而來的限定的一連串關係，而自覺到絕對無的媒介作用，無中有有，亦即是空有，通過死而得生，因而是超越生死的復活的生命。當事人必須有這種信、證。這信、證的媒介行為，正是懺悔。[25]對於田邊的看法，我認為應該注意兩點。第一，田邊提出自我透過由世界而來的限定而自覺到絕對無的作用，這可使人聯想到本文第二節所總括而得的媒介經由絕對無的中介作用而成絕對媒介，在這絕對媒介作為精神、意識空間中，種種事物得以相互交集、相互連貫。作為這種種事物的一分子的自我，自覺到絕對無的這種中介作用，與其他自我溝通起來。通過這種溝通，自我自身能對比出自己的過失、錯誤，而實行懺悔。第二，田邊元說自我通過死而得生，因而是超越生死的復活的生命。這個意思有廓清的必要。救度與懺悔不是背反關係，因而不必同時克服、超越救度與懺悔兩個東西，以達致高一層次的存在的、生命的境界，如其後出現的京都哲學家久松真一、阿部正雄所說的那樣。毋寧是，這倒有禪門所說的「大死」、「絕後復甦」的旨趣。這個旨趣是，我們要對生命中的一切負面要素如無明、罪惡、煩惱等作徹底否定，徹底埋葬它們，才有救度可言。必須「大死一番」，才能有復甦的、新生的生命。

　　在關於救度與懺悔的內在關係的問題上，田邊特別強調懺悔對於救度的媒介作用，認為救度需要懺悔才能得到保證，我們實在可以說，懺悔是一種活動，也是一種原理，一種救度原理。田邊說：

　　　倘若救度是不需要懺悔的媒介作用而得到保證的話，則是最早發生的救度，不是人的精神對於絕對者的精神的關係，而是與人的行為完全離脫開來的同一性的自然存在這樣的事實了。這便不是作為最初的精神的轉化的行、信、證的救度活動了。還有，倘若懺悔單單只涉及自

25　同前，頁 19。

家的分別心的問題，不涉及在救度性的轉化中的媒介，卻是只及於心理經驗的話，則這只是悔恨、後悔之類的有限的、相對的經驗事實而已，不能說精神性的體驗，沒有絕對的、超越的轉化意義的行、證可言。[26]

概括這一段話語的內容，很明顯，田邊認為懺悔是在精神上、自覺意識上與救度有密切關聯的活動、行為。他雖然未有提到「良知」、「良心」或「道德良知」字眼，但他理解懺悔，是與這種道德主體的道德反省分不開的。即是，倘若當事人沒有德性的、道德自覺的悔意，則一切救度只能是一種機械的、刺激與反應意義的自然活動、事實，不能觸及當事者在精神上、良知上的覺醒，這不是真正的救贖，無所謂「行、信、證」。心理義的、經驗性的、從分別心說的轉化，不能帶來內在良知的、道德的轉化，只指涉心理的、經驗性的變化，只是心理上的後悔、悔恨而已，而無關於良知的、道德的、自覺的救贖（soteriology），這種轉化亦缺乏超越性、絕對性與永恆性。

田邊的這種意思應該不是很難懂。救贖或救度是良知上的、自覺方面的事，自應從精神的層次處理，不能從自然的層次來看。而作為媒介的懺悔，亦應是精神上的、自覺意義的。他還指出，這樣的救贖之路，其大門總是開放的，對一般人來說是敞開的。此中有一種辯證的思維，一般人都能理解。即是，在懺悔與救贖之間有辯證關係，懺悔與救贖之間的媒介作用，即建立在這種辯證關係上。這樣，我們便可清晰地理解到懺悔道對一般人敞開了救度之路。這是一種辯證性格的表現：在絕對轉化的絕對媒介作用中發生的任何肯定都包含否定，和被轉換為否定；在其中，否定可被轉化為肯定，而不必被捨棄。[27]這其實是生命力的一種反彈，這點非常重要，我會在下一節中詳盡地處理它。

---

[26]　同前，頁 13-14。

[27]　同前，頁 17。

在這裏我只想重申一點：懺悔道哲學對一般人來說，永遠是敞開的，這是毋庸置疑的。其理由很簡單，作為絕對無的條件是媒介作用，這便成就了絕對媒介。懺悔是絕對媒介，它的根源在絕對無，而絕對無是一終極原理，它具有普遍性，因而內在於各人的生命中，因此，每一人都能進行懺悔，這便是田邊元說懺悔道對一般人敞開的理據。

田邊對自己的懺悔道的哲學非常有自信，他曾表示自構思這種哲學以來，一切想法都立根於自己個人的實存的自覺。在他看來，在作為懺悔的自覺的懺悔道之外，不存有其他哲學的途徑了。[28]他又表示，在現實的不合理（按即非理性）的狀況中，他對國內（按指日本）的不正、不義以至偏見與妄斷的事，都有自己的責任感；對於他人所犯上的罪惡與錯誤，有自己也負有責任的感覺。他又承認自己的哲學在解決實際事務上的無力性（按當時是在第二次世界大戰末期，日本已呈敗象），因此不得不為自己的哲學的無力絕望而告解、而懺悔。最後，他坦言倘若要再向哲學之路出發，只有懺悔一途。[29]哲學本來便是一種思辯的學問，那是對終極真理的思辯。西方哲學便是一直在這種根本理解下發展的。田邊早年也是學西方哲學起家的，到他接觸親鸞的淨土真宗的教義與實踐，已是後來的事了。為甚麼他說哲學無力呢？我想他就思辯的哲學而言哲學，這種哲學不能涉足現實的政治、經濟、軍事等務實事情。政治哲學又如何呢？我想也不成，實際的政治家，特別是那些掌權的人，是不大會留意這種哲學的。田邊的哲學有很多精采之點，包含洞見在內，但與現實社會沒有關聯。他的一生只是在大學講課和寫書而已。這從現實的角度來看，不能不說是一種憾事。

不過，我們也不應過分低估哲學的力量，特別是在文化形態與價值意識

---

28 同前，頁 29。讀者可能認為田邊的這種說法過分誇大懺悔道哲學。不過，倘若我們把哲學只就實踐的導向來說，亦即以生命哲學或生命的學問來說哲學，則懺悔的確是一種非常重要的行為。人不是上帝，不能沒有錯失；只要承認錯失，而樂於懺悔，才有自我轉化可言。自我轉化是一切生命的、行為的哲學的基礎。倘若就這點說，說懺悔道是唯一的哲學路向，並不為過。

29 同前，頁 28-29。

的開拓方面。釋迦、孔子、蘇格拉底等不是一直在影響著東西方以價值標準為主的精神文化麼？田邊的懺悔道哲學雖一時不能有甚麼影響，但它提出一種有普遍意義的道德與宗教活動的理論；就與其他的哲學作比較來說，他的那一套算是與實際的世界距離較短的了。他曾對自己的懺悔道哲學作過估量，提出懺悔不單是一種事後的後悔，那是一種痛苦的憶念，對自己過往的罪過的追悔，或者是一種痛苦的感受，而深深希望那些罪過未有發生過。它卻是一種自我的突破（Durchbruch）或自我的放棄。[30]這自我突破、自我放棄可以激發起生命存在內部潛藏著的正面的強大的力量，讓當事人與過去作過的不當行為徹底地切割開來，而開展出一種全新的生命旅程。以下一節我們便討論這個問題。[31]

五、自我放棄與「大非即大悲」

在田邊元的救度、救贖哲學中，有兩點需要注意，其一是自我放棄，另一則是「大非即大悲」。在田邊看來，當事人由於作了惡事或犯了罪，陷入情感與精神的苦痛中，受到良知的責備，自己無法憑自力解決這些生命上的

30　同前，頁 4。以上是討論田邊元的懺悔道哲學，亦即是他的宗教哲學的問題。讀者也可參閱拙文〈田邊元的宗教哲學〉，拙著《絕對無的哲學》，頁 25-56。又可參考林鎮國著〈在廢墟中重建淨土：田邊元的懺悔道哲學〉，劉述先編《中國思潮與外來文化》，思想組，臺北：中央研究院中國文哲研究所，2002，頁 471-489；西谷啓治著〈田邊哲學について〉，中埜肇編集、解說《田邊元集》，東京：筑摩書房，1975，頁 399-424；James Fredericks, "Philosophy as Metanoetics: An Analysis," in Taitetsu Unno and James W. Heisig, eds., *The Religious Philosophy of Tanabe Hajime*, pp.43-71; Makoto Ozaki, "Other Power and Repentance," "Species as Expedient," Makoto Ozaki, *Introduction to the Philosophy of Tanabe: According to the English Translation of the Seventh Chapter of the Demonstration of Christianity*. Amsterdam-Atlanta, GA: Eerdmans Publishing Comp., 1990, pp.95-97, 97-99: Fritz Buri, "Der Inhalt der Metanoetik", in Fritz Buri, *Der Buddha-Christus als der Herr des Wahren Selbst*. Bern und Stuttgart: Verlag Paul Haupt, 1982, S. 92-99.

31　《懺悔道》，頁 19。

問題，於是求助於他力，希望藉著阿彌陀佛的願力加被、加持，讓自己從生命的苦痛的深坑中逃生，並且得到覺悟與解脫。這是一般的說法，沒有問題。不過，田邊提出一極其重要之點：他力大悲的救贖行為並不是施與那些完全不作出倫理上的努力，而只抱怨自己的脆弱性、無能性，歌頌他力的全能性的耽於安逸生活而不覺得羞慚的人。他力的救贖只應施與那些盡了自力而對自己的無力性感到慚愧，因而實行懺悔的求道者。他特別強調，大悲只會在大非的否定轉化中現成。田邊的意思是，一個人犯了罪，作了惡事，應該全力在自己能力中努力，盡量去解決這惡、罪的問題，即使這樣去作，還是解決不了問題，才應委身於外在的因素，向彌陀佛救助，藉著後者的悲願，讓自己在精神境界上、心靈狀態上得以昇華。倘若不這樣作，光是坐著等候外力的援助，是不會有結果的。他又表示，在求取絕對意義的轉化中，涉及絕對的否定的行為，這作為絕對轉化的絕對否定的行為，亦即是「大非」，是作為救度的大悲而被信、被證的，這是他力信仰的核心點。[32]即是，先有大非然後有大悲。大非是對過往的行為與行為的主體的徹底否定，在這之後，才能有大悲的願力出現，這種大悲的願力，是出自彌陀的至誠悲願的。而這大非即大悲、無即愛或大悲即大非、愛即無是一種具體的、需要親身參與的行動，這是一個實踐的問題，涉及懺悔道的問題，不是可以就理論上的辯解來解決的。關於「大非」、「大悲」、「無」、「愛」這些字眼，常出現於田邊的著作中，「大非」與「無」是負面說，「大悲」與「愛」則是正面說，兩方面都有辯證的意味。當事人須已徹底否定自己的惡行，才會得到彌陀的大悲助力；而他所蒙受的愛，是從絕對無而來的，這絕對無即是他力彌陀。

　　關於大非即大悲、無即是愛中的「大非」與「大悲」、「無」與「愛」的辯證性格，田邊也表示這種關係不能以邏輯的眼光來看。他提出，倘若大非即大悲這樣的信仰的事實是依某種邏輯而論證出來，則在最早的邏輯便沒有行、信、證的內容，也不是信仰的立場了。這樣便失去他力信仰有別於同

---

[32]　同前，頁 9。

一性的神秘主義的成立的理由了。[33]田邊這種說法，是讓淨土宗的教說特別是淨土信仰與邏輯切割開來，強調在以理件為基礎的邏輯的真理上，還有更深刻的辯證的真理。大非即大悲、無即是愛不是邏輯的真理，而是辯證的真理。在田邊看來，淨土宗的他力信仰中的行、信、證都是實際的行動，當事人只有全力去行動，去信仰，在行動與信仰中與他力的悲願合而為一，越是脆弱而在行動上越是積極的人，便越是淨土悲願要救度的對象，親鸞所提的「惡人正機」便有這個意思，即是，罪與惡越是深重的眾生、根機，便越是救贖的正確對象。這與一般的神秘主義（mysticism）不同，後者不考慮個體的特殊條件而施救，而只籠統地強調抽象的、無分別性的同一性。

　　因此，辯證性格的救度是要考量具體情境的，也有一定的救度程序。在這些點上，田邊說：

> 只有在懺悔的媒介作用中放棄自己，否定自己的存在價值，只有以這種情況作為媒介，才有救度可言……對於救度的不可思議性的戰慄與感恩，當事人即使是懺悔過，得到救度，也應覺得這仍是不足夠的，難以讓自己繼續生存下去的。這種大非即大悲的不可思議的救度力，並不能消滅這些沉重的罪惡。在懺悔中，戰慄、感恩與誹謗總是在相即相入的循環狀態中，而懺悔與救度、罪惡也交相互動起來。依於這種循環狀態，在懺悔、救度和罪惡之中，一種媒介性格的關係會生起。在這種循環的歷程中，誹謗與罪惡能夠在懺悔性格的媒介作用中，被轉化為救度，而不必消滅罪惡。這種懺悔的無限構造能引生恐懼與戰慄，但可讓人傾向於救度的目標。懺悔的媒介作用可以在不斷除煩惱罪障之中讓人得到轉化。[34]

　　對於田邊元的這種語重心長的敘述，我想作如下的說明。第一，以懺悔

---

[33] 同前，頁11。

[34] 同前，頁15-16。

作為媒介而放棄自己，並不等同於自暴自棄，甚麼也不作，只等待大救星的降臨。這卻表示當事人徹底地要埋葬過去作盡惡事的自己的決心，和期待轉化來臨的熱切渴求。他始終保持著一種謙卑的心態，總是覺得自己改過自新的工夫作得不夠，不值得讓自己繼續生存下去。他越是這樣想，越是這樣否定自己（大非），便越能得到彌陀願力的加持（大悲），越能啟導出不可思議的救贖。當然，這只展示當事人的自省、懺悔與謙卑，並不把救贖置在心頭，作為一種目的。倘若不是這樣，則失卻懺悔道的原意了。第二，在懺悔的活動中，戰慄、感恩和誹謗這三種心態結集起來，而成為一個三位一體（triad）。戰慄是面對自己過往所作過的罪惡的事，感到不安，不能定下心來。誹謗則是咒罵，理性失了常態，自己禁制不了。感恩則是對他力彌陀的悲願表達感激，為後者不但不嚴責自己過往的惡行，反而對自己慈悲加持的恩典感念不已。第三，在懺悔道或懺悔性格的媒介作用中，人的邪惡犯罪的心被轉化，而不必斷除煩惱罪障；這煩惱罪障反而可以作為方便（upāya）而被利用，警惕自己，也警惕他人。這是大乘佛教特別是天台宗的圓融智慧的表現：煩惱即菩提，生死即涅槃。

　　以上的所述，都離不開一個總的確認：懺悔是救度、救贖的媒介。沒有了這種媒介，救贖便無從說起。而懺悔或真正的懺悔應是發自心的真切的反省與感受，是絕對地自願性格的，不能有任何來自自己之外的壓力在裏頭。關於這點，田邊作出更深入的反省、反思。他指出，在懺悔道中，救度的大非力作為大悲心而運作，絕對無的絕對轉化即以這大悲心作媒介，而懺悔即這樣地成為哲學的通道了。在這裏，田邊提出「無の絕對轉換」，以大悲心作媒介而成就懺悔道，這如何可能，田邊未有解釋。[35]我在這裏姑補充幾句。所謂無（Nichts），是絕對無（absolutes Nichts），它是終極原理，有一定的客觀義，若要作出轉化，成就宗教目標，便得借助能夠運作、運轉的心，這即是大悲心。以大悲心為媒介，把絕對無的訊息傳達到眾生世界，教化他們，便成就所謂「無の絕對轉化」了。這也可以視為懺悔道的轉化，或

---

[35]　同前，頁 13。

哲學的轉化，懺悔道自身便是一種轉化義、救贖義的哲學。

在田邊看來，懺悔是救度的媒介，它的相對的自力成為絕對的他力的媒介，這絕對的他力即是彌陀的悲願。依於此，懺悔為絕對他力所帶引，而被轉換為作惡犯罪之前的心態，體驗到不可思議的、超越的復位的喜悅。我們可以見到，哲學以「媒介的邏輯」把理性（按應指康德所說的純粹理性）媒介進（媒介作動詞解）不可思議的宗教的轉化中，讓人由概念的、理論的並且有否定傾向的媒介，了得宗教的直接體驗。[36]

這裏所說的宗教的直接體驗，是在實踐的活動中說的，不是在像宗教的定義那樣的概念、理論中說的。以下我們即看田邊如何看懺悔道的實踐意涵。田邊說：

> 我們以懺悔為絕對媒介來行動，其中的行、信、證是要求絕對知識的哲學的必然（要走）的路向。而自覺地實踐這種路向的，正是懺悔道。這是我自己所意指的哲學。這不是就懺悔而說「懺悔的哲學」，這是實踐懺悔的他力哲學。進一步說，哲學的懺悔，便是懺悔道。懺悔不是在哲學中作為一個外在的問題而被提出來，也不是止於在方法上提出一些規定……懺悔道是在哲學中發展出來的。哲學須是哲學的懺悔，才能達致它所要到達的目的地。有（being）是相對的，不可能是絕對。絕對無必須是無，如我曾說過那樣。無是轉化。因此，有作為無的媒介，是轉化的軸心。[37]

按田邊在這裏所說的絕對知識，應是指有關終極的、絕對的真理的知識：這只能透過具有強烈的實踐意味的行、信、證來達致，辯解的、分解的途徑是沒有用的。懺悔的哲學不是思辯的哲學，而是行動的哲學；而懺悔不是拿來說說的，卻是拿來實踐的。在這個前提下，自力與他力便變得不重要

---

[36] Idem.

[37] 同前，頁24。

了。在實踐中，能夠以自力的方式解決問題，自然很好，倘若不能，而得求助於他力，也無可厚非。人的能力是有限的，他不是上帝。在這裏，田邊把實踐、行動放到最高位置。他強調哲學須是哲學的懺悔才管用；只有在懺悔的行動中，宗教意義的轉化才是可能的。而轉化的根源，正是作為終極真理的絕對無。絕對無是宗教的泉源，它是通過對一切相對性的東西的突破而成就的。相對關係必須先崩潰，才有絕對性的現成。相對關係存在於作為「有」的存在世界中，要達致絕對性，便只能在存在世界中努力，離開了存在世界，一切都是空談。基於此，有或存在世界便成了絕對無的媒介。在這方面，我們可以看到田邊元的思想在作實效性的轉向（pragmatic turn），也可以說是有實在論的傾向。他很明顯地與西田幾多郎的觀念論的導向分途了。這是他後來批評西田哲學的一個線索。

在這裏，有一個重要的問題可以被提出來，那便是自覺的問題：懺悔道在他力的遮蔭下，自覺或主體性意識會不會受到傷害呢？一種哲學倘若缺乏超越的反思與自覺，便會淪於自然論，更精確地說，是機械化的自然主義。一切活動會因此而失去主宰性，其軌跡會由外在的自然現象或因果性來決定，則價值特別是主體性的價值便無從說起。在這方面，田邊也考慮及。他表示，真正的自覺，不是同一性的「生的連續不斷」的自覺，而是作為在絕對與相對之間的「否定的轉化」的「死與復活」的自覺。懺悔的自我放棄與他力的復活的轉化的媒介，加上對自覺的明證，可以為哲學帶來一種客觀的基礎。[38]田邊的意思是，真正的自覺，不是邏輯意義或層次方面的對同一的生的現象的連續不斷地出現的自覺，這是經驗性格的。真正的自覺應是超越的、辯證的；這是對由「否定的轉化」而來的「死與復活」的自覺。這一點非常重要。否定而又有轉化，顯然不是邏輯性的，而是辯證性的，只是其方向不是由正面的肯定開始，而是從負面的否定開始，因此接下來的應是一種肯定，或可說是大肯定，在這大肯定中，有「死與復活」的現象學意義的事件不停地出現，而為當事人所自覺。「死」是「否定」，「復活」是肯定；

---

[38]　同前，頁 12-13。

由死到復活，是一種徹底的精神活動，與物理的、身體的經驗性活動無涉。當事人可以在復活、生命的與精神的復活中得到保證，也可自覺到這種復活、復甦。這「死與復活」是一種主體性的活動，但也有客體性、客觀的基礎，其來源應該是他力。

就關聯到他力來說，田邊表示，我們要信任他力，在他力的恩寵下，放棄自我，或自我放棄，把自己的實存性放在自己的死亡之中，才有真實的實存性可言，才有自由可言。[39]在死亡之中放進自己的實存性，讓這實存性被否定，然後才能確立、認證自己的實存性。這是生命的一個大弔詭，是先死而後生的生死智慧的醒覺。即是說，自己的實存性或生命存在在他力的蔭護和恩寵下，先行自我放棄，必須經過這種自我否定、自我放棄的精神活動，才能建立自己的真實不虛的實存性，亦只有在這種情況下，自由或主體自由才是可能的。他力是客體性（Objektivität），但對主體性並無施加壓力，反而對後者關懷與寵愛；這與他力彌陀的悲心弘願非常相應，當事人在這種情境下仍可享有充分的主體自由。

在主體自由與他力之間總保持著一定的均衡關係，主體自由並不是要完全失去自己，他力也不是要一方獨大，把主體自由視為被壓在五指山下的孫悟空，讓它變成完全被動狀態。有關這一點，田邊說：

促使我們去放棄自己，正是讓我們回復自己的力量。曾經否定「我們的存在性」，而又讓我們得以復歸於原來的肯定的，是同一的力量。一度單方面承認自己的無價值性與空無性，卻又率真地確認自己對負面價值的反抗性。不思議地，一度被否棄的自我存在轉而為被肯定。我們的存在便是在這種絕對轉化的否定與肯定中被確立的。[40]

這段文字有非常重要的意義，它展示出田邊的他力主義的限度和對主體

---

[39] 同前，頁5。
[40] 同前，頁6。

性的積極觀點。他力對於意志和能力較為薄弱的人是很重要的,當事人在求
解脫、求新生的心路歷程中的確很受他力的慈悲願力的影響,但他並不是一
面倒地依附他力的助力,他在某種程度上是能保留自己的主體性的。這是因
為,如田邊所言,那在開始階段自願放棄自己而委身於他力的悲願的自我,
與那最後達致目標,回復原來的自我,是同一的主體性。在整個求道、成覺
悟、得解脫的宗教進程中,當事人都能維持自我的主體性。他力是無條件地
助成自己的宗教目標,但未有取代自我、割裂自我,自我由始至終都是完整
無缺失的。特別是在這整個實踐歷程中,自己憑著他力的慈悲,能夠在自己
感到最無價值、最空虛的狀態中,把深藏於自己的生命內部的力量發揮出
來,造成生命力的強勢反彈。自我否定的自我轉化成自肯定的自我;自我始
終保持著連貫性,是很不容易的,委身於他力的自我卻能作到。即是,主體
一方面全面地委身他力,把整個生命存在的前程都託付給他力,同時又能保
留自己的主體意識、自我同一性。淨土信仰的獨特性與殊勝性,便在這裏。
對於這樣的不可思議的宗教性的歷練與體驗,田邊用這樣的字眼描述出來:

> 在懺悔的媒介作用下,對於一切存在都放棄追求,在精神上斷除在救
> 度義下的存在的回歸、復活,在絕對的大悲心的轉化力之中,才能超
> 越地媒介地使被轉換的存在回復過來。這是屬於絕對的大悲心、大非
> 力的不可思議的活動,與同一性的自然與必然性無涉。[41]

　　這種宗教性的歷練、體驗不同於同一性的自然與必然性,雙方也沒有必
然的聯繫。這只能說是真誠的懺悔活動與大非即大悲的辯證的、弔詭的思維
運作的結果。在這裏,難免有一些神秘主義的意旨隱藏於其中。既然是神祕
主義,我們便不想多說。不過,有一點要指出的是,一切有關宗教理想,也
可包含神祕主義在內,都必須通過實際的行為、活動才能竟其功,光是思想
或思辯是不足夠的。

---

[41]　同前,頁 14-15。

六、懺悔道哲學的力動轉向

以上我們已頗詳細地討論過懺悔道哲學的內容、旨趣和它在我們的宗教救贖活動上的理論依據。以下我們要進入本文最核心的問題探討，那便是懺悔道哲學的力動轉向問題。我在這裏要先提出一點：懺悔道哲學是徹頭徹尾、徹內徹外的一種行動的、實踐的哲學；即是說，它不是拿來作概念上的、理論上的探討研究的，而是作為我們在求取得宗教義的救贖、救度上的行動、行為的要點、程序上的參考。在理論上，它的可能性是毫無問題的，這在上面的說明中已清晰地展示出來。我在這裏要處理的，是懺悔道或懺悔的媒介性如何轉為實際行動上的轉化力量，讓懺悔這種表面上看是消極的活動轉而為一種堅強的、無與倫比的巨大的心靈力量（也包括信仰力量在內），由個人的無能、焦慮、無奈的心態轉而為一求積極向上的、堅定不移的「不成功便成仁」的生死關頭的鬥爭，以開拓出一種具有美好遠景而可以付諸實行的宏大的精神空間。這空間可以是宗教的，也可以是道德的、美學的、睿智的人文空間。

這種懺悔道哲學的力動轉向的實現可以分為幾個程序而發展。關於首次的程序，田邊元說：

> 完全放棄對自己的存在性的要求，而一味依從、倚賴懺悔，可以引致由否定到肯定的轉化（筆者按：這應是存有論同時也是價值論的轉化）。當事人在這種以救度為不可思議的信、證之中，可以感到救度的善巧的（溫暖的）恩寵，而把自我否定轉而為自我肯定，但還有一種未能被確認得到救度的疑慮。這是因為自己仍有執著的煩惱，並以為這煩惱不可以永遠被驅離，不管你對救度有多麼強的信心。而在彌陀的自我肯定之中，仍潛藏著對這本願的依靠心理，覺得自己沒有一個立場，一個在其中可以自覺到懺悔與救度之間的動感的關係的立足點。[42]

---

[42] 同前，頁16-17。

　　這是實踐懺悔的開始的情況，當事人雖然相信彌陀的悲願，認為藉著祂的加持，可以讓自己的處境由否定的、負面的狀態轉而為肯定的、正面的狀態。但由於對懺悔道涉入未深，生命的深處還有煩惱存在。同時，由於委身於他力大能，自己的存在性好像突然失落了，讓自己處於沒有了立足點的感覺。彌陀雖然以慈悲願力相助，但當事人在那個階段看來，祂畢竟是一個他力，與自己的關係仍未夠密切，不知這他力能否無條件地加持、支持自己脫出困境。在這些情況下，當事人的種種疑慮是可以理解的，有這些疑慮也是正常的。

　　當事人並未氣餒，繼續努力、堅持下去。畢竟他力救度是一個漸進的歷程，需要耐性等待，不能馬上便見到殊勝的效果。他既然已委身於他力彌陀，便不應該爭朝夕了。[43]只要堅持下去，自然會有進步。田邊元說：

> 當絕體絕命（筆者按：這是日文用語，和「一生懸命」的意思相近，都是盡心盡力去打拼之意）的自我放棄被視為無力的自覺而懺悔到了極限之點，則可由這沒落的無底之底轉換方向，轉向絕對他力的行、信、證的活動。在這種情況下，由自力方面來說是不可通的矛盾便作為矛盾而被容受，在歷史的每一階段中的必然的行動便會展開。所謂「沒有途徑的途徑」便會被他力伸張開來。而哲學便會由聖道門的自力的理性立場轉到淨土門的他力的行、信立場方面去。[44]

　　這段文字表示由自力向他力轉換的關鍵性的開展。在這個階段，自我放棄不再是一種自我的消極活動，卻直指一自由的主體，那是放棄自我主體、不再堅持自我的決定性的主體。這裏頗有一些弔詭的意味。自我是真我，是自由自在的，是具有自主自決能力的主體。但自我作為一種超越的主體性，

43　委身他力是就委身他力我的宗教現象學的自我設準說的，那是一種毫無保留地、全心全意地信仰他力、求助他力的行為。關於委身他力我，參看拙著《純粹力動現象學》，頁 213-226。

44　《懺悔道》，頁 30-31。

在自主自決之餘，可以自由地放棄這自主自決，而成為一放棄自己的自主自決的權利的主體。這裏自然可以有主體的意味，但這是從正常的自我的主體兜轉開去，而成為另一層次的主體了。而在這種情況下，所謂矛盾也獲得了新的意味，不是自力主義、邏輯性格的矛盾，而是在他力主義下的矛盾了。此時他力已取代了自力，而對自力有效的、在自力的脈絡下成立的矛盾，對於他力來說，便不再是矛盾了。自力與他力既已相翻轉，則矛盾問題也須重新考量。在這種新考量中，他力信仰對一切東西、義理來說，有先在性與跨越性。在他力大能的加持下，理性要順從信仰，在一般經驗來說是不可能的會轉換為可能的。在歷史方面為實然的事體在他力主義的義理下，會轉為必然的事體。「沒有途徑的途徑」這種含有絕對的、超越的意義的途徑便會敞開。[45]

　　不管如何，在他力信仰導向的淨土教法來說轉化，必須立根於懺悔的修習中。而懺悔的生起，又須由他力來推動。田邊元說：

> 在我看來，懺悔的生起，不是來自我一個人的自力，而是在我的自力發動時，有絕對轉化的他力作媒介，使自己的自我放棄、自我否定轉而為自我肯定。我們應該這樣思維這個問題。在這種轉化中，自力與他力是相入相通的……最初出現的不是依據我的自力而來的哲學的繼續發展以至再建構，而是以懺悔作為媒介由他力的轉化而來的無作之作的哲學。我作為在絕對轉化中被空卻存在性的一分子，可被視為絕對否定的媒介，以隨順的姿態讓自己自然法爾地活動。[46]

　　田邊在上面多次提及，他力轉化是需要懺悔為本根條件的。在這裏他又強調他力對懺悔的生起的推動作用，這推動作用其實是一種媒介作用。因此

---

[45] 田邊在這裏所說的「沒有途徑的途徑」（途無き途）的表述式，讓人想到禪宗無門慧開名其公案結集為「無門關」，這是沒有門檻的門檻。門檻本來是很清楚的，你一看便知，但沒有門檻的門檻便不同，需要一些智慧或洞見來識取。

[46] 《懺悔道》，頁30。

我們可這樣理解，懺悔與他力特別他力轉化之間有一種互為媒介的關係、作用。這是田邊的看法。這種看法強化了他力的作用，特別是在轉化這種宗教活動中的作用。轉化需要懺悔作為依據，這並不難理解。但反過來說，懺悔須以他力作為媒介才能生起，或者說，懺悔除依靠自力外，還需要他力，才能有轉化的現成。這需要多些解釋。最要者是，這釋出一個意思：在存有論與工夫論上，懺悔與他力是對等的，不存在一方比另一方的先在性與跨越性的問題。就邏輯（符號邏輯）來看，懺悔與他力互為媒介，表示雙方相互蘊涵，因而雙方是同一的，但這同一不是在內容上、質料上同一，而是在存在的機會上同一。這增加了他力的重要性。我們通常是這樣想的：懺悔是他力救度的基礎，要得到他力救度，便得先懺悔。故他力救度必須以懺悔為條件，才能成就。但懺悔只是自家對過往的行為（壞的行為）感到羞慚，因此進行懺悔。這與他力救度沒有必然的關係。現在田邊強調，懺悔須有他力來推動，以他力作媒介，才能成就。這樣，他力或他力救度的重要性便得以增加。淨土宗是以他力彌陀為根本觀念的；他力得以提升其重要性，相應地，淨土宗也得以提高其重要性。

　　另外一點是，懺悔催生他力，他力又使當事人在轉化活動中，由自我放棄、自我否定轉而為自我肯定。這點非常重要，這表示當事人在意願上與在力量上的反彈現象。自我否定、自我放棄是虛無主義（Nihilismus）的路向，有破壞而沒有建設。這在宗教活動上來說，並沒有積極的意義，頂多只能讓修行者或當事人變成一個苦行頭陀而已，不能說普渡眾生。普渡眾生包括自度與他度。自己先要在宗教上成覺悟，得解脫，才能幫助他人，助成他們的覺悟與解脫。這種在意願上與力量上的反彈現象，其實表示一種力動的轉向。當事人由無能、無助、失望、消極種種負面現象、感受而進行宗教意義的反彈，由否定自己、放棄自己轉而肯定自己、成就自己，感到自己的生命力量的強勁，「沛然莫之能禦」。這種如山洪爆發地湧現出的生命力量是從哪裏來的？田邊先是說這是自力與他力合起來作用的結果：在轉化中，自力與他力相入相通。後來又不多提自力，而強調懺悔的力量，認為這是以懺悔作為媒介，由他力的轉化而催生出來的「無作之作」的力量。這「無作之

作」字眼很堪注意。它表示一種超越了物質的、物理的、生理的力量之上的無形無相的、絕物絕身的巨大的精神力量。人由於過往所作過的大奸大惡的事，讓自己坐立不安，良心不好過，因而進行深沉的反思、懺悔，結果陷於完全消極的、無建設性的情緒中，覺得自己的存在傷害及其他人，自己過往的行為讓一切人蒙羞，因而確認自己的卑賤、邪惡到這樣一種程度：自己根本不值得存在於這個世界中了，甚至有自己要自行了斷的想法，一死不足以謝天下人。

　　遇到這種情況，生命如一潭死水、了無生氣的完全絕望的人，通常有以下幾種處理方式。一是覺得自己既然不值得生存於世界，乾脆去自殺，自己毀滅自己。一種是如德國現象學的重要開山釋勒爾在他的名著《妒恨》所說的人的作法。這種人天生脆弱、無能（impotent）、缺乏現實感、沒有辦法解決現實生活的種種問題，又常為人欺凌，又無能力去抵抗、報復，只能藏身於自己的斗室之內，製造種種幻性的現象，想像自己如何威武有力，嫉惡如仇，把曾經欺凌、毆打過自己的人，如何被他還擊，被他打得頭破血流，跪地求饒。另外一些人則想著與其打不過別人，甚至沒法還手，便虛幻地造出一個顛倒的價值系統，以強而有力為不好，為不文明，為小人；以弱不禁風為好，為斯文，為君子。或以長輩為位高，以後輩為位低，致為人欺侮時，不能還手，便想著這是兒子打老子，這樣便把自己抬上高位了。這不過是魯迅筆下的阿Q精神的表現而已。[47]

　　另外有一種人，他本來也是無能的，在現實上是一個弱者。但他有志氣，不甘心被人欺侮。他在過去也作過大奸大惡的事，在反思與懺悔中，內心感到非常痛苦無助，感到自己的存在，讓周圍的人蒙羞、丟臉，自己的確不值得存在於這個現實世界了。但他不去自殺，也不會製造出顛倒價值的假象，以自欺欺人，枉過這一生。在面對他力彌陀的懺悔中，他要改過自新，作一些有意義的、正面的、積極的事，以平衡自己過去的大奸大惡的事，作

---

[47] 關於這個問題，筆者曾寫過一篇文字〈釋勒爾論妒恨及其消解之道〉，《西方哲學析論》（臺北：文津出版社，1992，頁 225-239），讀者可拿來參考，與在這裏所說的作一比較。

為彌補。他越是深沉地懺悔，這樣的心願也跟著變得越來越堅強，最後凝聚成一種如鋼鐵般的鬥志。自己越是不值得存在，卻越是要存在，要生死相許地作些有益社會的事。對於外界施加下來的越來越重的賤視、唾棄，以自己的生命存在整體地頂上去。目的不是為了自己的生存，苟延殘喘，卻是要作一些事，不讓自己不值得存在，卻是要自己值得存在。他自己不認輸：人還未上戰場，戰鬥還未開始，怎可以還未與對方過招，便自動退縮，認輸了呢？這種不甘於沉淪、要自強的志氣，再加上他力彌陀的慈悲的加持，這種釜底抽薪、背水一戰的決心，會讓生命產生一種巨大無倫的力量。「力拔山兮氣蓋世」，這不單是生命張力的試煉，也是意志強度的試煉。結果如何，是成功抑是成仁，反而不重要了。

　　這是懺悔、忠誠的懺悔所能引致的效應。這除了有他力在背後推動外，也不能沒有自力的堅持。人在這種關頭，他力與自力是不清澈地分開的。他力固然重要，人亦可以放棄自己的自由的抉擇，一切委諸他力。但人亦可以在緊急存亡之際，發出潛藏在生命內部的巨大的求生（不一定是求生存的生，也可以是求精神出路的生）意志與力量，讓自己的生命存在由負面價值轉為正面價值。這便是由懺悔而來的，或以懺悔行為發動的力動轉向。田邊元盛言「大非即大悲」，對於大非，他多次提出「大非力」，而大悲即是大悲心。大非力是絕對否定的力動，那是在終極的、絕對的層次上的否定，同時也是一種帶有終極義、絕對義的肯定。兩者之間只有一線之隔而已。而大悲心則是一種發自慈悲願力的心，心是活動的主體，活動便有力在其中，故大悲心也是一種力動。

　　人越是懺悔，越是覺得自己不值得存在，反而會自強起來，不想死，要讓自己過一種值得存在的生活，這樣，生存的意願與力量便會凝聚起來，俾能克服困境，帶來新生。這是生命力的反彈，也是生命的弔詭。

七、田邊哲學與西田哲學

　　以上我們釋論過田邊元哲學的幾個重要觀念、問題，這即是絕對無、絕

對媒介、懺悔、懺悔道哲學。在這裏，我想再溫習一下田邊以這幾個觀念、問題為骨幹而建構成的懺悔道哲學的要義。然後集中評論一下田邊哲學的意義與價值，特別是它有進於西田哲學方面的。最後就筆者自己所提的純粹力動現象學與田邊的懺悔道哲學作些比較，這要在下一節來說。

　　絕對無是西田哲學中的核心觀念，表示終極真理，雖然西田不是時常提到它。他反而喜歡用純粹經驗、場所、神、形而上的統合力量、絕對矛盾的自我同一來說絕對無，展示終極真理的多面性。基本上，西田哲學是一種自力主義的哲學，以非實體主義（non-substantialism）立場為依據。在這一點上，田邊對西田有所繼承，但也有新的開拓。西田喜以場所來說絕對無，視之為一可讓萬物自由無礙地遊息於其間的意識空間、精神空間。萬物遊息於其中，是以物自身的形式進行的，不是以現象的形式進行的。因此，這場所作為一種空間，是觀念性的，不是物理性的。田邊承接了這種絕對無思想，但又有新的詮釋。他以絕對媒介（absolute Vermittlung）來替代場所，表示它有如下的意義。第一，絕對媒介是行動的主體性，與他力（佛教的彌陀願力）通而為一。第二，絕對媒介有中介性格，讓周圍的事物脫離現象性格，而為物自身性格。第三，絕對媒介能使諸法相互聯繫，使絕對無與諸法相互聯繫，如耶穌之聯繫神與人。[48]第四，在絕對媒介中，一切事物在存有論上是對等的，不可為其他事物所取代。[49]第五，絕對媒介不是一種抽象的、觀念性的東西，而是具有濃烈的實踐意涵，其具體表現即是懺悔，在行、信、證中表現的即時即地的當下的懺悔。

　　懺悔道哲學是田邊元哲學最重要的部分。上面說過，田邊元早年習科學與數學，其後轉習哲學，最後則建立自己思想中最有特色的懺悔道哲學。他跟西田幾多郎同被視為京都學派最重要的人物，田邊比西田少十五歲，初期

---

[48] 耶穌一方面是神，另一方面是人。神與人可在耶穌身上找到交集點。

[49] 魏晉玄學的郭象解《莊子》〈逍遙遊〉篇所提的萬物都存在於逍遙自得之場，海德格的泰然任運（Gelassenheit）、佛教華嚴宗的事事無礙境界、懷德海的實際存在（actual entity）、實際境遇（actual occasion）的相互摩盪、相互攝入的關係，都表示萬物的互為獨立、相互攝入而又不相礙的關係。

受西田的自力觀點和直覺主義的影響。後來不完全滿意西田的哲學，甚至提出批評。到了懺悔道哲學的完成，他完全擺脫了西田哲學的影響，而獨自成家，成為他力主義思想的大師。他和西田在哲學特別是在造論（建立理論）方面各有成就，只是學界特別是西方學界比較重視西田哲學，對田邊哲學則未有足夠的注意。對於這個哲學體系，我們可作如下概括性的區別與評論。第一，西田強調絕對無為終極原理、終極真理，他特別喜歡以場所這一形而上的觀念來發揮絕對無的哲學。這場所觀念比較抽象，難以理解。他的後學對這個觀念作了多方面的解讀，並以不同的觀念來說它。他以自己在後期發展出來的絕對矛盾的自我同一來說絕對無，可以說是難上加難。田邊思考問題則比較多從一些具體的事例進行，也注重現實生活的多元狀態。他以絕對媒介來說絕對無，並把焦點鎖定在懺悔一宗教意義的活動中。這比較容易理解，也容易實行。懺悔思想發源於淨土宗，特別是在日本發展的淨土真宗。田邊提出這套哲學，對西田的抽象思維和忽視動感的傾向帶來一定的衝擊。

　　第二，西田的思想淵源有德國觀念論（Deutscher Idealismus）、萊布尼茲哲學、詹姆斯（W. James）心理學、佛教華嚴宗和禪，也有多年參禪的經驗。這些思想和實踐，動感不算強。對於終極實在的探尋，作了大量的辯解工夫；對於這真理有否體證，如何體證，都可以成為問題。他所用來描畫終極實在的觀念：場所、純粹經驗、無之自覺之限定、絕對矛盾的自我同一，玄思性很濃，不好解讀。田邊哲學在展示動感一點上，較西田為強烈，也較清晰。他的思想淵源，有淨土宗，特別是親鸞的淨土真宗的教、行、信、證的教法，其中的行、信、證，實踐意味都很濃厚。另外，他也受到基督教、馬克斯主義和儒家思想的影響，這些教法都很強調真理與人生的動感性。他講到相應於西田的場所的絕對媒介，聚焦在懺悔這種具有很強的宗教實踐意味的行為，動感性特別明顯。

　　西田哲學中有一個頗特別的名目：行為的直覺（觀），我要在這裏澄清一下。這個名相中的「行為」字眼，好像表示西田對行為、活動的重視，因而讓人想到西田哲學的動感性。但問題不是這麼簡單。所謂行為的直覺是一個複合概念，表示行為與直覺的等同關係。行為是一種動作，直覺則是見到

或有見到的意涵。在西田看來，動作即是見，見即是動作。他有一本書，書名便是《從動作者到見者》（働くものから見るものへ）。在這裏，我們看到行為與認識的關係：在行為的直覺中，行動與見有一種矛盾的自我同一的互動關係，也有一種相互協調的關係。所謂直覺，是依行為而見到物體的意味。[50]西田強調，直覺是場所自身限定自身。[51]但場所如何自我限定呢？這「限定」又是甚麼意義呢？這很不易索解。西田在另處的說法也許可以提供一些線索。他指出，真正的自我同一，表示作為個體物與個體物之間的媒介者 M 的存在性。[52]場所的自我限定，可視為在作為一媒介者 M 的場所中的個體物的相互限定，這相互限定是透過個體物所存在於其中的場所作為媒介而相互限定、相互分別開來。個體物是存在於場所中的，它們以場所作媒介而相互限定、相互區別，可被視為場所對自身的限定。對於這樣的限定、分別，西田稱之為「直覺」。就這個觀點而言，直覺自身既指涉到作為絕對無的場所，則不應是一般的感性的直覺（sinnliche Anschauung），而應是睿智的直覺（intellektuelle Anschauung）。[53]就以上所作的解釋而言，「行為的直覺」中的「行為」，並不表示強烈的動感之意，而表示睿智的意味，與終極真理有較密切的關聯。

第三，在宗教理想的達致方面，很明顯地，西田是走自力主義的路向，田邊則走他力主義的路向。自力主義確認人自身便具有成覺悟、得解脫的能力，這能力是一種潛能，存在於我們的生命之中；人只要認取這種潛能，努力學習、修行，最後是可以憑自己的力量，發揮這種潛能，而達致宗教理想的。西田以下的京都學派成員，如久松真一、西谷啟治、阿部正雄、上田閑照等都走這自力主義的路向。其中尤以久松真一的自力覺悟的傾向，最為明顯。他力主義則認為人的本能過於脆弱，自己不能單獨解決宗教上的罪、惡

---

[50] 西田幾多郎著《論理と生命》，東京：岩波書店，1972，頁 103。

[51] 同前，頁 84。

[52] 同前，頁 64。

[53] 關於西田的行為的直覺的詳細意涵，可參考竹內良知著《西田哲學の行為的直觀》，東京：農山漁村文化協會，1992。

的問題，須求助於他力大能，藉著祂們的慈悲願力，讓自己往生於淨土，而有利於獲致宗教目標。田邊元便是他力主義的倡導者。不過，如上面所顯示，他的他力思想並不如一般人所理解的淨土法門那樣簡單。在京都哲學家之中，只有武內義範承接他的思想。[54]實際上，自力主義自然不易讓人獨個兒摧破一切邪魔惡毒的干擾而得證解脫；他力主義亦不見得很容易便能成功，你不能天天守在家裏等待他力彌陀的出現。你需要積極努力，盡了心力仍達不到目標，才能求助於他力彌陀。這方面也是一個相當艱苦的心路歷程。你要把整個生命存在的前程交付出來，讓他力彌陀為你作主，同時你也得在某種程度上保持自己的主體性，如上面所說。你要放棄自己的自由、自決，全心全意委身於他力大能，便很不容易。

第四，淨土思想中最具有震撼力但總是少人提及的，正是內在生命力的反彈問題。田邊元約略地提過這點，我在這裏要特別提出來，而且加以發揮。這是懺悔道哲學之能夠成為宗教哲學或解脫哲學的重要的一環。田邊提出，在作為絕對媒介的懺悔之中，當事人對過往作過的大奸大惡的事作徹底的、全面的反思，覺得這樣的大奸大惡根本不應存在，而自己正是這些醜惡行為、活動的肇事者，因而進一步懺悔，確認自己已不值得存在於這個世

---

[54] 在這個脈絡下，有一個學者長谷正當值得注意。他是京都大學宗教學專攻，任京大教授，退休後在大谷大學任教。近年出版了一部著作《欲望の哲學：淨土教世界の思索》（京都：法藏館，2003），以京都學派所宗的「無」的哲學來發揮淨土思想。他認為，對於由意志能支配的範圍之外而生起的欲望，不能以意志力加以抑制、消除。對於自我中心主義的欲望，應予否定。這內裏有一種沒有對象的欲望，這不是「自我擴大」的欲望，而是「自己無化」的欲望。這不是傾向於「存在」的欲望，而是傾向於「無」以至「善」的欲望。他認為，要否定惡的欲望，不必能直接地去克服它，卻是要實現善的欲望，或向善的欲望趨附便成。但他又吸收鈴木大拙的觀點，認為在空與無中所沒有的動感，卻可在淨土信仰中找到。他指出煩惱不能經由空與絕對無來消除，需要有淨土，才能作得到（上舉書，頁 2-8、34-35）。這位長谷先生很可能是京都學派的人物，上面提及的書，便是他拿來要迴向給幾年前逝世的武內義範的。他很可能是武內的學生，但一般人講起京都學派，很少提到他。另外，長谷還有一本新著：《心に映る無限：空のイマージュ化》，京都：法藏館，2005，其中有一章專論武內的宗教哲學，這是很少見的。

間，自己繼續存在，只會對世間造成傷害，使他人丟臉。但正在這種嚴酷的自我否定、自我放棄的同時，生命的另一邊正在作動起來，這可以說是人的良知、羞惡之心。自我否定、放棄的張力越強，越是覺得自己不值得存在，良知、羞惡之心的壓力也越大，內心的沉痛、自責、懺悔的感受也越深。這種感受可以發展到這樣的深入程度：自己越是覺得不值得存在，便越是要自強，越是要警惕，發願要振奮起來，有所作為，要作一些對世間有益的事，以補償以往所作過的大奸大惡的事，起碼要在這兩方面之間取得一種平衡。這樣想著想著，心靈會生起一種極度深沉的轉化，生命力隨著也會作出空前堅強的反彈，最後凝聚成一種不可思議的巨大無比的力量。憑著這股力量，當事人可以作很多對社會有貢獻的事，讓自己由不值得存在轉化為非常值得存在。在這一點上，西田幾多郎著筆不多，田邊元則作了很詳盡的闡釋。這是後者有進於前者的地方。

八、懺悔道哲學與純粹力動現象學

以下我要拿田邊元的懺悔道哲學與我自己提出的純粹力動現象學（Phänomenologie der reinen Vitalität）作一比較。對於懺悔道哲學所注意的幾個歷程，如作出罪惡的事、懺悔、自我放棄而委身他力、自強、生命力的反彈、建立業績而以功德回饋社會，純粹力動現象學有如下相應說法。純粹力動（reine Vitalität）是一終極原理，這相當於他力。這終極原理處於抽象狀態，原理或理是不可見、不可聞的，它需要展現自己，透過具體化的歷程在世間進行種種救贖事務。於是它凝聚、下墮，而詐現為氣，或材質；而氣又不斷分化，盡量收縮它的普遍度，最後變現為各種事物，或多元的自我。在這種宇宙論的發展與開拓的同時，純粹力動發揮它的另一面的作用，由客觀的渾然的狀態而主觀化、主體化，最後以睿智的直覺與物理的、生理的個體結合起來，而成為具體的生命存在。即是說，睿智的直覺落於不同的生命的載體之中，而成為具體的生命存在。在這生命存在之中，倘若睿智的直覺能保持它的來自純粹力動的明覺性，明察世界事物都是純粹力動詐現的結

果,即就這種詐現性而理解之,不生虛妄執著,以這詐現性所成就的事物有永恆不變的實體,而生起顛倒的見解、理解,產生顛倒的行為,讓自身存在於由妄執而來的煩惱中。這便是法性之路。倘若睿智的直覺不能保持它的明覺,與作為生命的載體的獨立事物混在一起,而成獨立的生命存在,而自身亦作自我屈折而成知性(Verstand),對自身與世界執著不捨,以為自身與世界有常住不變性、永恆性,有無上價值,因而不思進取,不求轉化,則自身便淪於自然的、機械性的活動中,為因果之鏈所困圍、所束縛。這便是無明之路。[55]

就田邊元的懺悔道來說,救贖的焦點在「大非即大悲」方面,禪宗的相應說法便是「大死一番,歿後復甦」。田邊元認為,對於自己過往所作過的罪惡之事,要確認清楚,把它們徹底否定,徹底埋葬,這便是大非。非是否定、埋葬之意。這是由懺悔作力動轉向的關鍵性環節。必須經歷這一步,才能激發起自己改過自新,讓向下沉淪轉而為向上提升。「大非」的「大」,是絕對的、終極的之意;大非即大悲是一種宗教義的力動轉向,由終極的、絕對的邪惡轉而為終極的、絕對的救贖。在日語中,「絕對的」與「終極的」是同義的。一說絕對、終極,便是在宗教救贖的導向中說。大非即是絕對的肯定。必須要有這一步,生命中潛在的巨大的生命力才會反彈,而得到完全的解放,爆發出來,否定過去自我,開啟新的自我,或者大悲的自我。生命必須先否定死路,才能有肯定的生路。必須像禪所說的大死一番,才能絕後復甦。這是先死而後生的生命的弔詭。大非是自發的,大悲則具有他力彌陀的祝福與加持在內。

比較懺悔道哲學與純粹力動現象學,我們可以說,後者的歷程比較複雜,含有存有論與救贖論兩方面的維度(dimension)在內。純粹力動由凝聚開始,中間經過一連串的轉變,而開出主觀的生命與客觀世界。這便是存有論。而由睿智的直覺來說,純粹力動在具體的生命個體中的表現,自我屈折而成知性,對自身與外在世界執著不捨,生起種種顛倒見解與顛倒行為,

---

[55] 關於這些問題,筆者在拙著《純粹力動現象學》中有周詳的探討。

而陷身於煩惱無明的大海之中。在這種情況下，隱伏於知性底層的睿智的直覺可以霍然躍起，自行轉化，收回知性的屈折性格，如外在事物的詐現性格而理解之，不予取著，讓自己從顛倒與煩惱回復過來，展現原來的明覺。這便是救贖論。懺悔道哲學則沒有存有論，它一開始便是宗教的救贖性格，其中也涉及道德的因素。懺悔作為絕對媒介，可即時即處為過往所作過的負面價值的事作深沉的憶念、反思、悔過，向他力彌陀告解，祈求祂的悲願與助力；自己方面也須積極起來，自強起來，看看可以作些甚麼事情，以賠償在他人方面引起的損害。

　　懺悔是一種宗教的行為，進行這種行為的，是懺悔主體。在懺悔前的主體，是非懺悔主體，是作大奸大惡的主體；在懺悔中和懺悔後徹底改過自新的主體，則是懺悔主體。這一前一後的主體，實相當於純粹力動現象學中的屈折的知性與睿智的直覺。屈折的知性或睿智的直覺的背景都是純粹力動。純粹力動是一種超越的活動，其中便有充實飽滿的力量或生命力可言。屈折的知性和睿智的直覺分別是從純粹力動間接地和直接地生起的，因此都能說力量或動感。它們既然分別相應於懺悔道哲學中的非懺悔主體與懺悔主體，因而非懺悔主體與懺悔主體自亦可言力量或動感。非懺悔主體的動感是負面的，其結果是種種罪惡的生成。懺悔主體的動感則是正面的，其結果是宗教目標的現成，這在佛教來說，是成覺悟得解脫。

第四章
淨土宗與京都學派的委身他力說

　　關於宗教性的現象學涵義的自我設準，我提出三種自我形態：本質明覺我、委身他力我與迷覺背反我。在這裏，我要集中探討以委身他力我為基礎所開拓出來的宗教義理，這即是淨土宗與唯識學的教說。這裏我只著眼於淨土宗的教說的探索。我只想提一下，委身他力表示他力主義的義理與實踐，其中設定一個他力大能。由於我們自身的煩惱問題過於繁重，我們的能力有限，不足以單獨解決這煩惱問題而得著覺悟，需要倚靠一個外在的他力大能的慈悲接引才能成事，並且要完全委身於這大能。這便是他力主義的立場，與自力主義對揚。這是這裏要探討的內涵。另外，京都學派對淨土宗的教說，有重要的、創造性的發揮，我們也會留意，加以討論。

一、淨土教法的基本文獻與信仰

　　首先處理文獻的問題。學界方面有一個初步的認定，認為淨土教法的最重要的文獻是所謂「淨土三經」，這即是《無量壽經》、《阿彌陀經》與《觀無量壽經》。[1]關於《無量壽經》，其內容是阿彌陀佛以菩薩的身份教化眾生而起本願，說明依這本願可獲致阿彌陀佛的淨土，特別是淨土的清淨莊嚴性。《阿彌陀經》則是最短、最多人誦讀、最受注意的文獻。《觀無量

---

[1]　日本學者塚本善隆提出，最古老的淨土經典，不是淨土三經，而是《阿閦佛國經》，這是在大乘佛教初期成立的。參看塚本善隆、梅原猛著《不安と欣求：中國淨土》，佛教の思想8（東京：角川書店，1974），頁48。

壽經》詳述往生淨土的實踐，描劃出人的最深最重的生命存在的矛盾，特別是有關王舍城的悲劇。這是僧、俗、庶民所喜愛頌讀的經典。對於這淨土三經，中國淨土宗的倡導者曇鸞曾有如下的想法：這三經是佛為一切惡人、凡夫而說的，俾他們聽後能往生極樂淨土。倘若他們能遵循其中的教條，如不誹謗正法、不犯五逆罪（殺父、殺母、殺阿羅漢、傷佛身體以至於讓它流血和破壞僧伽的團結），最後都能依信佛因緣而得往生。能得往生，便容易覺悟成佛。

　　淨土思想與實踐源自印度，而流行於中國與日本。在印度佛教，中觀學（Mādhyamika）的龍樹（Nāgārjuna）對《十地經》作過註釋：《十住毗婆沙論》（Daśabhūmika-vibāṣā-śāstra），把佛教在修行方面分為兩種：難行道與易行道，確認一切眾生最後都會得到救贖，沒有遺漏。難行道是自力主義，採取只依自力不依他力的方法；易行道則是他力主義，通過對佛的信賴，以此為基礎，祈願能生於淨土，為佛的他力大能所加持，向覺悟之門進發，不會退轉。具體言之，《十住毗婆沙論》第九章〈易行品〉曾說及對阿彌陀佛的信仰。這信仰可展示龍樹的淨土思想，也對淨土思想的形成有重要影響。[2]另外，唯識學（Vijñāna-vāda）的世親（Vasubandhu）也寫過《淨土

2　但《十住毗婆沙論》有作者問題，曇鸞堅持這是龍樹所作，但未能為某些淨土信眾所接納。《十住毗婆沙論》第九謂：「能行四諦相，疾得佛菩提；又行四法者，三聖所稱歎。何等為四諦相？一、求一切善法故，勤行精進。二、若聽受讀誦經法，如所說行。三、厭離三界，如殺人處，常求勉出。四、為利益安樂一切眾生故，自利其心諦，名真實不誑；得阿耨多羅三藐三菩提故，名為不虛。復有四法，為三聖稱歎。何等為四？一、乃至失命，不為惡事。二、常行法施。三、受法常一其心。四、若生染心，即能正觀染心，起染因緣。是染根者，何名為染？何者是染？於何事起？誰生是染？如是正憶念，知虛妄無實、無有。決定信解諸法空故，無所有法故。如是正觀染因緣故，不起諸惡業。除一切煩惱，亦如是觀。」（《大正藏》26・67 中-下）這段文字表達了佛教的實踐要點，有戒律意味，是一般的說法，不難理解，這裏也就不一一說明、疏解。只是其中有「信解諸法空」一句，值得注意。諸法空是大乘空宗的根本義理，是般若文獻和中觀學所特別強調的，龍樹是中觀學的創始者，他的最重要著作《中論》（Madhyamakakārikā）便對這個根本說法抓得很緊，以這點為據來確認《十住毗婆沙論》是龍樹所寫，或與龍樹在義理上有一定程度的交集，並不為過。不

論》，曇鸞對這部文獻作過註解《淨土往生論註》。由於唯識學在成佛思想上有他力主義的傾向，世親寫《淨土論》來發揚淨土教法，並非不可能。

如上面所說，淨土思想肇始於印度，在中國得到推廣、宏揚，發展為兩種信仰，一是彌勒兜率天信仰，另一則是阿彌陀西方淨土信仰。在日本，淨土教更發展為多種流派：淨土宗、淨土真宗、時宗和融通念佛宗。在這之中，自然以親鸞所創發的淨土真宗最受注目，影響日本的宗教發展最大。以下我們便轉入淨土信仰的問題。

讓我們從「厭離穢土」和「欣求淨土」這種帶有口號性格的說法說起。在淨土教法中，一般眾生感到自己生存於其中的充滿苦痛煩惱的現實世界無法讓他們生存下去，而自己的力量又有限、渺小，沒有可能憑藉一己的能力以求覺悟，得解脫，而形成「厭離穢土，自力絕望」的心理。他們內心有一種濃烈的願欲，希望在外面有一慈悲的他力大能能幫助他們求覺悟，得解脫，因而有「欣求淨土，他力投歸」的渴望。這「厭離穢土，自力絕望」與「欣求淨土，他力投歸」構成一種濃烈的、鮮明的對比。這便成了淨土信仰的基礎，這兩種想法也是一體的，只是面相不同而已。他們全心全意地歸向他力大能，把一切前途、希望、理想都託附在這他力大能中。這便成了淨土信仰。

這種淨土信仰存在於小乘佛教與大乘佛教之中，而尤以後者為重。小乘佛教認為，同時同地只有一個佛出現。在這個娑婆世界中，目前仍是由釋迦牟尼（Śākyamuni）佛來統率，將來釋迦佛會退隱，而由彌勒（Maitreya）來替代；這彌勒菩薩現下正在兜率天（Tuṣita）上。大乘佛教則認為，在同一時間的多個處所中，可以有多佛出現；他們所施予教化的眾生，以現在在當下這個世界中生活著的眾生為主。即是說，我們居住的世界是穢土，我們可以透過諸佛的助力，脫離穢土，而臻淨土。宇宙的淨土有很多，例如東方的阿閦佛（Akṣobhya）便有他自己的淨土，阿閦佛是 Akṣobhya 的音譯，是

過，空是佛教各派的通義，不是只有龍樹來說它，這也構成視這部著作為龍樹所作的保留性。

無執著、無瞋恚之意。據說在遠古年代，在妙喜國有大日如來出現，發大誓願要修行，斷除生命中的瞋恚與淫欲而成阿閦佛，他所統率的世界是阿閦佛淨土。目下他仍在該淨土中說法。

上面提到的兜率天也是佛教的淨土。它的教主是釋迦牟尼。他在現時的世界中開展種種教化、普渡眾生之前，滯留在兜率天上，到機緣成熟，便借釋迦國的王妃摩耶（Māyā）的胎而誕生，統率這個娑婆（sahā）世界。世緣盡時，便像過去諸佛那樣離開這個世界，然後彌勒菩薩會由兜率天下來，接替釋迦佛。彌勒亦會像釋迦佛那樣，由王妃出生，然後出家，修行而成佛，在龍華樹下三度說法，救渡無量眾生，至八萬四千歲便入滅。另一說是釋迦佛預言，他在四千歲（在人來說是五十六億七千萬年）時緣盡，彌勒會下生在這個世界中，接釋迦佛的棒子。一般民眾信徒對彌勒有深厚的期待，總是希望在自己命終時，能得到彌勒的悲願加持，讓自己能受生於兜率天。

發出淨土的慈悲的光輝，確是能遍照各方，讓在現象世界中的受苦的眾生能夠過渡到彼岸。即使是犯有惡罪的凡夫，也能沐浴在淨土世界的溫暖中，被包容過來，向佛道精進，不會退轉（vivartate）。最後能在大自在的喜樂中，超越、克服老、病、死，在佛法中得到重生。

按在他力主義中，仍能包容自力的奮進。菩薩有一種自力行的實踐，誓願以自己的力量為一切眾生拔苦與樂，這即是慈悲行。慈（maitrī）是把快樂施予眾生，悲（karuṇā）是拔除眾生的煩惱。這種慈悲的懷抱，能夠讓眾生在全心全意地放棄一切計謀、念慮以投向無量壽佛、無量光佛時，體會到真正的生命的喜悅，因而更為精進勇猛。在這種殊勝的環境中，一切貪、瞋、癡的煩惱都會消棄，眾生相互間能夠以佛眼來看待對方，在意志與身體方面都感到無比的自在。[3]

3　塚本善隆對於淨土的殊勝環境有如下的描述：

　　大小便時，地會裂開，讓大小便沉沒下去，因而地面無臭穢。男女起淫欲，可進入園林，盡情享樂。此中沒有男女的專屬問題，亦無所謂我的妻子、他人的妻子。懷孕女子可在八日間產子；若在路邊生產，四方八面自有人來照顧、幫助，伸出手指，嬰兒吸之，便有乳汁流出。七日內，可成長為二十至二十五歲之青

二、《無量壽經》的思想

以下我們看淨土三經的思想，這自然包括信仰與實踐的內容。首先看《無量壽經》（*Sukhāvatī-vyūha-sūtra*）。「無量壽」即是阿彌陀佛。這阿彌陀佛有很多名字，以「無量壽佛」（Amitāyus）與「無量光佛」（Amitābha）為較流行。若把這有關字眼拆解地看，amita 是無限、無量，ayus 是壽命。amita 與 ayus 相連，由於連聲的關係，而作 amitāyus，這是無量壽。ābhā 即有光之意，與 amita 相連，而成 amitābha，這便是無量光。這阿彌陀佛有時也被認為無量無邊（aparimitam āyuḥpramāṇam）。

《無量壽經》首先以音樂的美妙來展示無量壽佛的淨土的殊勝性：

> 佛告阿難，世間帝王有百千音樂。自轉輪聖王乃至第六天上伎樂音聲，展轉相勝，千億萬倍。第六天上萬種樂音，不如無量壽國諸七寶樹一種音聲，千億倍也。亦有自然萬種伎樂，又其樂聲無非法音。清暢哀亮，微妙和雅，十方萬世音聲之中，最為第一。[4]

在這裏我們可以看到，經文的作者用了很多誇張的字眼來說音樂的聲音，這些字眼都是無所謂的，作者的用意只是在誇耀、烘托出淨土世界的一切環境的優美、殊勝。宇宙間一切音樂，在音聲來說，都不如在淨土中所聽到的音樂的「清暢哀亮，微妙和雅」，這些音樂中的一種聲音，已遠遠超過一般音樂的聲音了。這不是普通的聲音，這是「法音」，是只能在淨土世界中聽到的真理的聲音。

在無量壽佛統率下的淨土世界，是何等的潔淨莊嚴！無量壽佛具足過於

年。眾生的壽命可至千歲，沒有疾病或早夭的事。最後死掉，可再生於天上。在天上壽盡，又可托生於大富貴或婆羅門之家。但這不是真正的佛教的樂土。佛教的樂土並不是要滿足眾生的欲望的，主要還是要悟得清淨的精神、本質。（《不安と欣求：中國淨土》，東京：角川書店，1973，頁 40-41）

[4]　《大正藏》12・271 上。

其他任何佛的光明神武，他遇到種種眾生，所傳者神，所過者化，立時可以除去他們的一切煩惱，即便是貪、瞋、癡之屬的根本煩惱，讓他們的心靈變得佳善、歡喜。「永拔生死根本，無復貪、恚、愚癡、苦惱之患。欲壽一劫、百劫、千億萬劫，自在隨意，皆可得之。無為自然，次於泥洹之道」。[5]劫（kalpa）是極長的時間單位，一劫已不得了，何況千億萬劫！無量壽佛的法力，煞是廣大深微呀。

按無量壽佛或阿彌陀佛本來是一個稱為法藏比丘的佛道修行人，曾為了要救渡眾生而發出四十八個願，想著自己一朝成了佛，便矢志實現這四十八個願。在目下，法藏比丘成為佛，正在西方極樂淨土以悲心宏願救渡眾生，履行過去所作過的誓願。在這些誓願中，我們要注意第十八願。《無量壽經》謂：

> 設我得佛，十方眾生至心信樂。欲生我國，乃至十念。若不生者，不取正覺。[6]

十念以念佛為主，那是要往生到極樂淨土必定要施行的工夫實踐。這中間自然包含對阿彌陀佛的誠心信賴、信仰，把一切前程都歸於他，這即是委身他力。阿彌陀佛是他力大能。

上面提過，成覺悟、得解脫有自力主義與他力主義兩種途徑。自力主義表示一切工夫都要自己承擔、努力，不倚仗他人，這自是困難的。他力主義則可把作業委身於別人：他力大能，由後者慈悲發願，引導修行者往生於極樂淨土，依於淨土的殊勝環境，可較順利地成正覺，得解脫。這與自力主義

---

[5] 《大正藏》12‧275 上。按這段話是釋迦佛對彌勒的開示，但中村元卻說這是釋尊對阿難的說教，不知何故。（中村元著《現代語譯大乘佛典 4：淨土經典》（東京：東京書籍社，2004，頁 20）另外，「無為自然」一意，不見於梵文文本之中，這是道家的語詞，可能是譯者康僧鎧自己加上去的，他受了道家的影響。

[6] 《大正藏》12‧268 上。有關文中所提到的「十念」，在這裏沒有細述的必要，可參考拙著《佛教思想大辭典》（臺北：臺灣商務印書館，1992），頁 52b。

相較，自然是較容易的，但也不盡是一般人所想像的那麼容易。《無量壽經》便作如下表述與警誡：

> 佛語彌勒：如來興世，難值難見。諸佛經道，難得難聞。菩薩勝法諸波羅蜜，得聞亦難。遇善知識聞法能行，此亦為難。若聞斯經，信樂受持，難中之難，無過此難。是故我法如是作，如是說，如是教，應當信順，如法修行。爾時世尊說此經法，無量眾生皆發無上正覺之心。……於將來世當成正覺。爾時三千大千世界六種震動，大光普照十方國土，百千音樂自然而作。無量妙華芬芬而降。佛說經已，彌勒菩薩及十方來諸菩薩眾、長老、阿難、諸大聲聞，一切大眾，聞佛所說，靡不歡喜。[7]

這裏丞丞述說成覺悟、得解脫、成佛的種種難處，還是在他力主義的脈絡中說的。這即是，世間難得有覺悟成道的如來或佛出現，即使出現了，也難得見到他；世界這麼大，我們人壽不過百年，說難有理。即使見到如來或佛，能否便能聽聞他解說、開示佛理，也是問題。就是能聽到種種菩薩宣說波羅蜜多（pāramitā）的慈悲與智慧的表現，也不見得輕易。不提菩薩也罷，就是遇到善知識、深入佛教經藏的人，聽到他們的看法、經驗，那也是難。而最難的，莫過於能聽到有關這部《無量壽經》的解說，而後起信，感到無限歡喜，接受它的教說，持受戒律，實實在在地去修行。以上所述，是這段引文的要點。引文的後半部是頌揚釋迦佛說法的功德，讓眾生聽來接受，各得其所的殊勝結果。這是一切佛教經典的寫法，不在話下。

　　以上是細說修習他力主義的佛教教理的困難。其中有一點應該提及但沒有這樣做的是，要行他力主義的路向，必須全心全意歸向他力大能，說他的所說，行他的所行，將整個生命的命運付託給他力大能，不容有絲毫留戀、抗拒。這則非要放棄一切自我意識、排除我執、我見、我慢、我愛諸方面的

7　《大正藏》12・279上。

煩惱不可。絲毫不留有自己的主體性，不沾有任何我執的想法與行為，一切
委身於他力大能。徹底的他力主義的信奉與實行，必須最後能拆除我執與主
體性這一圍牆，而任運於他力大能的慈悲的指引之中。這點才是最難的。

　　以下是以釋迦牟尼降生、出家、修苦行、得正覺、普渡眾生的宗教修行
歷程為參考，來述說無量壽佛的整個生命歷程。《無量壽經》說：

> ……菩薩皆遵普賢大士之德，具諸菩薩無量行願，安住一切功德之
> 法。遊步十方，行權方便，入佛法藏，究竟彼岸，於無量世界現成等
> 覺，處兜率天弘宣正法。捨彼天宮降神母胎，從右脇生。現行七步，
> 光明顯曜，普照十方無量佛土，六種振（震）動。舉聲自稱：吾當於
> 世為無上尊，釋梵奉侍，天人歸仰。……現處宮中色味之間，見老病
> 死，悟世非常，棄國財位，入山學道。服乘白馬，寶冠瓔珞，遣之令
> 還，捨珍妙衣，而著法服，剃除鬚髮，端坐樹下，勤苦六年。……跏
> 趺而坐，奮大光明。使魔知之，魔率官屬而來逼試。制以智力，皆令
> 降伏，得微妙法，成最正覺。釋梵祈勸，請轉法輪。……常以法音覺
> 諸世間，光明普照無量佛土。一切世界，六種震動，總攝魔界，動魔
> 宮殿。眾魔慴怖，莫不歸伏。……以諸法藥救療三苦，顯現道意，無
> 量功德，授菩薩記，成等正覺，示現滅度，拯濟無極。消除諸漏，殖
> 眾德本。[8]

按在這裏記述無量壽佛的故事，大抵參照《阿含經》（Āgama）述釋迦牟尼
的故事而寫成。近似的故事，常見於經典中，幾乎已成範本。故事的結構，
不外是誇張與譬喻。誇張若就宗教方面來說，是無可厚非的，這是為了爭取
宗教的生存空間，吸納更多信眾。因此，宗教要誇張，似乎成了宗教界的共
識了。哪一種宗教沒有誇張成分呢？在這方面，佛教已算是較保留的了，與
其他宗教如基督教、猶太教和伊斯蘭教比較，佛教算是最理性的了。引文中

8　《大正藏》12‧265 下-266 上。

的「捨彼天宮，降神母胎，以右脇生，現行七步」，的確不符合事實，而是
奇跡。一個嬰兒從母親的右脇生出來，然後行七步，如何可能呢？「魔率官
屬而來逼試，制以智力，皆令降伏」也顯得不科學。既然是魔道，怎會那麼
容易便能制伏呢？「一切世界，六種震動，總攝魔界，動魔宮殿。眾魔懾
怖，莫不歸伏」，這是神話故事才會出現的現象。另外，很明顯的一點是，
在淨土教法的文獻中，總是把淨土或極樂世界以極其誇張的說法鋪陳出來。
例如，淨土之中環境優美，鳥類能唱出美妙的歌聲。沒有老虎、獅子、毒蛇
一類害人、吃人的猛獸、爬蟲。地上滿是用高質素的瓷石鋪成的道路，兩旁
有黃金造成的亭臺樓閣，光輝耀目。樓閣頂部四邊都繫著金、玉造的風鈴，
微風吹過，玲瓏清脆地作響，讓人聽後身心愉悅。路的近邊到處都是花園果
園，花卉香麗，果實清甜，可以即時摘下來吃，不用洗淨，它們已是清潔無
比。最重要的是，淨土中沒有壞人，所有人都是善知識，他們不會加害於別
人，只會饒益別人。你心中有甚麼疑難，他們都能耐心聆聽，酌情給你幫
助，解決你的疑惑。特別是，他們都是在修行佛道方面有經驗的善人，會以
智慧助你精進，邁步朝向覺悟、解脫的目標進發。因此，能夠往生於淨土，
雖然不是成佛，但在這樣善巧的環境中修行，又有機會親自聽聞阿彌陀佛說
法（阿彌陀佛天天都在淨土中說法），加上自己勇猛精進，在這一切正面因
素之下，覺悟成佛的理想便指日可待了。

　　至於譬喻，則在佛經中也廣泛地被用來闡述義理。以眾所周知的具體事
例，展示抽象的概念、觀點，讓聽者與讀者易於理解，從教育的立場來說，
是完全合理的。不過，譬喻的應用，應該以理性為基礎，不然便流於神話怪
誕了。在大乘佛教的經典中，最能善巧地運用譬喻作為方便以開示、開導眾
生的，無可懷疑是《法華經》，其中的法華七喻是明顯的例證。[9]淨土經典
稍後於《法華經》而成立，亦是多用譬喻來闡釋佛理的文獻。在上面一段引
文中，《無量壽經》提出「法藥」概念，這是以我們在日常生活中服用藥物
來治病作譬。對付身體上的疾病，我們會用西藥、中藥，要理解不同層次的

9　關於法華七喻，參看拙著《佛教思想大辭典》，頁 317a。

佛教義理,便用「法藥」,亦即是佛法之藥、真理之藥。我們要善巧地運用不同的法藥,以治療眾生的種種式式的迷執。另外,引文中的「魔」可以譬喻我們生命中的無明(avidyā)。無明會障礙體證真理的明覺,對治之道,各派佛教有自身的說法,原始佛教說八正道、中道;般若思想與中觀學說空;禪宗說無的實踐:無念、無相、無住,最後一歸於無一物。這些說法,在《壇經》中有很好的說明。

三、《阿彌陀經》與《觀無量壽經》的思想

接著看淨土教的另一部重要文獻《阿彌陀經》(*Sukhāvatīvyūho nāma Mahāyāna-sūtra*,Sukhāvatīvyūho 本來是 Sukhāvatīvyūha,因連聲關係作 Sukhāvatīvyūho,此詞又可分開,作 Sukhāvatī-vyūha,梵文本名字的意思是「名為極樂莊嚴的大乘經」)。[10]「阿彌陀」原名為 Amitāyus,整個名字 Amitāyur nāma tathāgato'rhan samyaksambuddha 的意思是「無量壽的如來、應供、正等覺者」。漢譯者鳩摩羅什以原語 Amita 作音譯,為「阿彌陀」。這阿彌陀佛的所在地,是西方的極樂淨土,梵文為 Sukhāvatī;sukhā 是快樂,vatī 是地方、所處地。

從教義與實踐方法言,淨土三經的內容都差不多。故我們在這裏把《阿彌陀經》與《觀無量壽經》的思想合在一節依次述說。先看《阿彌陀經》如何交代「阿彌陀」這個字眼,此經說:

> 舍利弗,於汝意云何,彼佛何故號阿彌陀?舍利弗,彼佛光明無量,照十方國,無所障礙,是故號為阿彌陀。又舍利弗,彼佛壽命及其人民,無量無邊阿僧祇劫,故名阿彌陀。[11]

---

[10] 藏文譯本名為 *Phags pa pde ba can gyi bkod pa zhes bya ba cheg pa chen po'i mdo*,其意為「名為神聖的極樂莊嚴的大乘經」。《阿彌陀經》的梵文名與《無量壽經》的大體相同。

[11] 《大正藏》12‧347 上。

上面已就梵文原名交代過阿彌陀的意思。在這裏，經的作者對於這個名稱或語詞作多些闡釋，而且集中在無量光明一意涵上。阿彌陀佛具足無量的光明（prabhā），能夠照遍一切國土，以其智慧光明為十方眾生開路，讓他們都能步向正法的、真理的坦途，而不會遇到種種障礙。特別是，阿彌陀佛和由他所統率的眾生，都經歷了極其久遠的時間，所謂「阿僧祇劫」；阿僧祇的梵文為 asaṃkhyeya，不可勝數之意，劫（kalpa）是極長的時間單位。故阿僧祇劫指無限無盡久遠的時間。

　　要言之，《阿彌陀經》的內容有一大特色，這便是極盡文字之能事，來描述、莊嚴、讚歎淨土世界的殊勝環境，特別是就有利於修行以求覺悟、得解脫而成佛這一終極的宗教目標而言。以下我試依由略到詳、由簡到繁的次序列出一些在這方面具有代表性的文字，並作簡要的評論。

　　　1. 舍利弗，彼佛國土，常作天樂。黃金為地，晝夜六時，天雨曼陀羅
　　　　華。[12]

這裏提到音樂，稱之為天樂，以示它的特別清淨的（prabhāsvara）性格。同時有遍地黃金，日日夜夜都有曼陀羅花（māndārava）如天雨降下，洗滌眾生心靈上的塵埃、染污。這「曼陀羅花」又作「天妙花」、「悅意花」，這種花據說是拿來供奉濕婆（Śiva）神靈或濕婆天的。這裏所說的，當然是象徵性格。

　　　2. 彼佛國土，微風吹動，諸寶行樹及寶羅網出微妙音，譬如百千種樂
　　　　同時俱作。聞是音者，皆自然生念佛、念法、念僧之心。[13]

這裏進一步強調音樂對眾生的心靈的作用，讓他們生起念想佛、法、僧三寶

---

[12] Idem.

[13] Idem.

之心。

> 3. 舍利弗，彼國常有種種奇妙雜色之鳥：白鵠、孔雀、鸚鵡、舍利、
> 迦陵頻伽、共命之鳥。是諸眾鳥，晝夜六時出和雅音。……是諸眾
> 鳥，皆是阿彌陀佛欲令法音宣留變化所作。[14]

這裏又提到音樂，再加上殊勝的雀鳥，能唱出美妙的歌，這是阿彌陀佛的慈
悲安排，都是為了眾生的福祉的。白鵠（haṃsa）是白色的鵝鳥。舍利是梵
文 śāri 的音譯，指鷺這種禽鳥。迦陵頻伽（kalaviṅka）是梵文音譯，是妙音
鳥。共命之鳥（jīvaṃjīvaka）是人面兩頭，可發出悅耳的音聲，是鷓鴣之類
的禽鳥。

> 4. 佛告長老舍利弗：從是西方過十萬億佛土，有世界名曰極樂。其土
> 有佛，號阿彌陀，今現在說法。舍利弗，彼土何故名為極樂？其國
> 眾生無有眾苦，但受諸樂，故名極樂。又舍利弗，極樂國土七重欄
> 楯、七重羅網、七重行樹，皆是四寶周匝圍繞，是故彼國名曰極
> 樂。又舍利弗，極樂國土有七寶池、八功德水充滿其中，池底純以
> 金沙布地，四邊階道，金、銀、琉璃、頗梨合成。上有樓閣，亦以
> 金、銀、琉璃、頗梨、車渠、赤珠、馬瑙而嚴飾之。池中蓮花大如
> 車輪，青色青光，黃色黃光，赤色赤光，白色白光，微妙香潔。舍
> 利弗，極樂國土成就如是功德莊嚴。[15]

這裏的敘述最為詳盡，但基本上不出上面的意思，都是以在世人眼中極為寶
貴、貴重的東西來鋪陳，表示這些東西在極樂淨土中到處都有，俯拾皆是。
欄楯（vedikā）即是像欄干的石垣。羅網（kiṃkiṇī-jāla）是以珠玉裝飾的

---

[14]　Idem.

[15]　《大正藏》12‧346 下-347 上。

網。行樹（tāla-paṅkti）是並列的樹木。四寶是四種貴重的東西，作配飾用的：金（suvarṇa）、銀（tūpya）、青玉（vaiḍūrya）和水晶（sphaṭika）。七寶（sapta-ratna）指除了上列四寶之外，加上赤真珠（lohita-mukta）、馬瑙（aśma-garbha）和琥珀（musāra-galva）。八功德水則指八種不同性質的水，這些性質是：澄淨、清冷、甘美、輕軟、潤澤、安和、解渴、健體。最後的解渴和健體其實是作用、功效。琉璃（vaiḍūrya）是青玉。頗梨（sphaṭika）是水晶。車渠（musāra-galva）是琥珀。以世間中被視為寶貴難得的東西來烘托出淨土環境的優越性、殊勝性，本來無可厚非，但亦要善巧處理才行。倘若沒有限度地以一切寶物來說淨土，則淨土易流於世俗化、物質化，令人生起奢華的想法、念頭，把這些東西與淨土等同起來。這樣，作為精神境界的淨土，便會淪於物化的低俗環境了，而淨土宗一向所強調的往相、還相：一方面勇猛精進向超越的境界邁步，同時也不會只關心自己的修行福祉，而遠離眾生仍在受苦的經驗世界，掉頭不顧，卻是能不忘世間，將自己所修得的功德，迴向世間，便無從說起了。

基於此，《阿彌陀經》的作者還是要回到與修行有直接關連的問題方面來，這可從以下三則文字中看到：

1. 彼佛國土，無三惡趣。舍利弗，其佛國土當無三惡道之名，何況有實？[16]

2. 釋迦牟尼佛能為甚難希有之事，能於娑婆國土五濁惡世：劫濁、見濁、煩惱濁、眾生濁、命濁中得阿耨多羅三藐三菩提，為諸眾生說是一切世間難信之法。[17]

3. 若有善男子、善女人，聞是經受持者，及聞諸佛名者，是諸善男

---

[16] 《大正藏》12‧347 上。

[17] 《大正藏》12‧348 上。

子、善女人皆為一切諸佛共所護念，皆得不退轉於阿耨多羅三藐三
菩提。[18]

淨土中沒有畜牲、餓鬼、地獄這些障礙聖道的壞因素，修行人不必擔心會受
到它們的不良影響。連它們的名字都沒有，更沒有實際的存在了。即使是在
五濁惡世，也有釋迦佛為眾生說法，讓他們得覺悟。淨土沒有這些負面成
份，有阿彌陀佛的加持，覺悟自應沒有問題。《阿彌陀經》是易讀易解的，
又有阿彌陀佛的開示，眾生應不難獲致阿耨多羅三藐三菩提（anuttara-
samyak-sambodhi）的無上正等正覺而成佛。[19]

最後要闡述的，是《觀無量壽經》（*Amitāyur-dhyāna-sūtra*）。為了與
《無量壽經》區別開來，後者又稱《大無量壽經》。這部淨土宗文獻一如
《阿彌陀經》，花了很多篇幅來渲染淨土的殊勝之處，同時又對無量壽佛和
有關的觀世音菩薩的形貌和法力以譬喻、誇張的方式加以陳述。關於無量壽
佛，《觀無量壽經》說：

> 無量壽佛……眉間白毫右旋，宛轉如五須彌山。佛眼清淨如四大海
> 水，清白分明。身諸毛孔演出光明，如須彌山。彼佛圓光如百億三千
> 大千世界。於圓光中有百萬億那由他恆河沙化佛，一一化佛亦有眾多
> 無數化菩薩，以為侍者。[20]

按《觀無量壽經》的核心內容，是對於觀想阿彌陀佛的莊嚴法相與慈悲懷
抱。上面一段文字，便是明顯的例證。須彌山（Sumeru）是佛教所視為世
界的中心的山。那由他（nayuta）是極大的數量單位。化佛（nirmāṇa）是佛
的分身，是佛以神通力變現出來的形相，相應於眾生的根器而示現種種形相

---

[18] Idem.

[19] 在《阿彌陀經》裏面又說「是經」，是在經內說該經，是不合邏輯的；不過，很多佛
經都有這種情況，最明顯的，莫如《法華經》。

[20] 《大正藏》12・343 中。

的身體模式。這段文字意思簡單易明，不需詳細說明了，它描述無量壽佛或阿彌陀佛的殊勝形相與盛大功能，是凡人無法想像的。

《觀無量壽經》又對無量壽佛的侍者加以誇張性地描述，如對觀世音菩薩（Avalokiteśvara）有如下說法：

> 此菩薩身長八十億那由他恆河沙由旬，身紫金色，頂有肉髻，項有圓光，面各百千由旬。其圓光中有五百化佛，如釋迦牟尼。一一化佛有五百菩薩、無量諸天以為侍者。……觀世音菩薩面如閻浮檀金色，眉間毫相備七寶色，流出八萬四千種光明，一一光明有無量無數百千化佛。一一化佛，無數化菩薩以為侍者，變現自在，滿十方界。[21]

由旬（yojana）是印度的空間單位，約相當於七哩或九哩。閻浮檀金（jambū-nada-suvarṇa）指閻浮樹的大森林，有河流流經其間，河底盛產砂金。整段文字用誇張手法來說，其意甚明白，不須說明了。

《觀無量經》當然也談到往生修行問題，如下文所示：

> 若有眾生願生彼國者，發三種心，即便往生。何等為三？一者至誠心，一（二）者深心，三者迴向發願心。具三心者，必生彼國。復有三種眾生，當得往生。何等為三？一者慈心不殺，具諸戒行。二者讀誦大乘方等經典。三者修行六念，迴向發願，生彼佛國。具此功德，一日乃至七日，即得往生。[22]

所謂「六念」又稱「六隨念」、「六念處」，持續不斷地憶念佛、法、僧三寶與戒、捨（施）、天等六方殊勝的東西。照這裏的說法看，要能往生淨土，只要做些工夫便行，的確不困難。往生淨土後，藉著該處種種殊勝環

---

[21] 《大正藏》12・343 下。
[22] 《大正藏》12・344 下。

境，成覺悟、得解脫的目標便在望了。難怪社會大眾普遍地對淨土起信修行，的確是易行道也。

　　以上所闡釋的，是印度佛教淨土教法的最重要的三部文獻的大意。按淨土思想的興起，稍晚於《法華經》。其後有龍樹出來弘揚（依傳統說法），強調他力易行道，在他的《十住毗婆沙論》中力陳易行道的種種好處。其後有世親繼起，作《淨土論》，先後傳來中國與日本。中國淨土宗方面有曇鸞的《淨土論註》，闡述世親的意趣。另外先後有道綽的《安樂集》、善導的《觀經疏》、迦才的《淨土論》和懷感的《淨土群疑論》。日本方面，有原信的《往生要集》、《橫川法語》、法然的《選擇本願念佛集》、《一枚起請文》、親鸞的《教行信證》、《淨土和讚》、唯圓的《歎異抄》、一遍的《一遍上人語錄》。為了與中國淨土宗區別開來，親鸞開拓出淨土真宗，是具有濃厚的日本佛教特色的宗派。

四、由淨土三經到京都學派

　　以上我們闡述了淨土三經的思想和簡略地提到淨土教法由印度而中國，而日本的人物與著作。我們可以「古典淨土」加以概括。這亦可與「現代淨土」作一對比，後者是就現代日本方面對淨土教所作的新的詮釋與開拓而言。日本的國教，自然是神道教，但真正影響日本人的生活與文化發展的，則是佛教，其中尤其以禪與淨土為然。關於禪，我在很多自己的著作中提過，這裏只集中來說淨土。說起淨土，特別是就原始精神而言，最重要的思想，自然是淨土三經中所說的。[23]這個傳統由印度經過中國發展到日本，基

---

23 關於淨土三經的研究，無論從量與質方面來說，都頗為可觀。我手頭所有的，便有下列諸種，是以日文和英文寫的：
　　中村元著《現代語譯大乘佛典4：淨土經典》（東京：東京書籍社，2003）。
　　藤田宏達譯著《梵文和譯《無量壽經》、《阿彌陀經》》（京都：法藏館，1975）。
　　藤田宏達著《淨土三部經の研究》（東京：岩波書店，2007）。
　　Hisao Inagaki, *The Three Pure Land Sutras: A Study and Translation.* Kyoto: Nagata

本上是一脈相承的。這個脈或脈絡，是由他力主義的立場開出。眾生自身罪業深重，又為無明（avidyā）所遮蔽，自己沒有足夠的力量去破除無明，贖回藏在罪業內裏的福德，故對他力大能如阿彌陀佛、彌勒菩薩深深信賴，希望藉著他們的慈悲願力，讓自己能往生淨土，而速得解脫成佛。這是眾生的本願（praṇidhāna）。這即是我為淨土教定位的「委身他力」。委身是關鍵語詞，要完全地放棄自己的主體性、自我，把一切的福祉寄託在他力大能身上。中國、日本的佛教的淨土信徒，一直都是本著這種本願來修行、行事、盼望的。歷代淨土祖師都是如此。到了日本的親鸞，把這本願發展開來，推向高峰，提出「真宗」的名堂，甚至強調「惡人正機」的思想，認為越是罪業深重、大奸大惡的眾生，便越是他力大能要慈悲幫助的對象。近幾十年來，日本淨土教法方面頗湧現出一種研究親鸞思想的熱潮，這種傾向也影響及西方的淨土思想的研究界。[24]在思想的發展方面，近代有清澤滿之與山崎弁榮進行淨土教的革新；較後又有鈴木大拙、曾我量深、金子大榮推行現代的淨土思想。在京都學派方面，田邊元是宗淨土教的，他以其中的反省、悔

Bunshodo, 2000.

Richard K. Payne and Kenneth K. Inada, eds., *Approaching the Land of Bliss*. Delhi: Motilal Banarsidass, 2008.

[24] 關於親鸞的淨土思想的研究，我手頭便有以下諸種：

武內義範、石田慶和著《淨土佛教の思想第九卷：親鸞》（東京：講談社，1991）。

武內義範著《教行信證の哲學》（東京：弘文堂，1941）。

三木清著《親鸞》，《三木清著作集 16》（東京：岩波書店，1951）。

鈴木大拙、曾我量深、金子大榮、西谷啟治著《親鸞の世界》（京都：東本願寺出版部，1961）。

星野元豐著《現代に立つ親鸞》（京都：法藏館，1970）。

上田義文著《親鸞の思想構造》（東京：春秋社，1993）。

釋徹宗著《親鸞の思想構造：比較宗教の立場から》（京都：法藏館，2002）。

古田武彥著《親鸞》（東京：清水書院，2004）。

草野顯之編《信の念佛者：親鸞》（東京：吉川弘文館，2004）。

Hee-Sung Keel, *Understanding Shinran: A Dialogical Approach*. N. P., Asian Humanities Press, 1995.

過的想法為基礎，配合自己在學養上的專長，建立懺悔道的哲學，弟子武內義範繼承之。至於以西田幾多郎和西谷啟治為代表的主流思想，雖然宗禪佛教，另方面亦開拓淨土思想，那是走比較宗教之路的。[25]就近現代的情況來說，淨土教法的推行、發展，只限於日本。其內部曾出現過幾種宗教運動：山崎弁榮的光明主義運動、椎尾弁匡的共生會運動、友松圓諦的真理運動。其中，友松圓諦的真理運動突破淨土宗的框架，回歸到早期佛教的基調，重視佛教的一般性、世間性。友松本人是淨土宗出身，對於淨土宗的發展、走向，有深刻的關切。光明主義運動與共生會運動與其說是淨土宗內部的事，不若說它們是一般的佛教、宗教運動。但這兩種運動的發展仍在開始階段，未來如何，且拭目以待。[26]

不過，我們在這裏可以肯定的是，傳統的淨土教法進入近代特別是現代階段，不能不面對現代性問題，即是，它需要接受現代思潮的洗禮，與時俱進，在教義與實踐方面作適度的調整，才能真正地具有生命力，以解決現代人的複雜的信仰和覺悟的問題。在這些方面，我們可把探討的問題，就山崎

---

[25] 近二三十年來，日本佛學界梶山雄一、長尾雅人、坂東性純、藤田宏達、藤吉慈海任編集委員，以十五卷編集了佛教淨土教的思想，展示了淨土思想的十五個面相或性格。它們依序為：一、淨土思想的源泉：《無量壽經》、《阿彌陀經》；二、觀想與救濟：《觀無量壽經》、《般舟三昧經》；三、淨土思想源流的祖師：龍樹、世親、西藏淨土教、慧遠；四、中國淨土教的祖師：曇鸞、道綽；五、中國淨土教的確立：善導；六、叡山的淨土教：新羅的淨土教、空也、良源、源信、良忍；七、南都、高野山的淨土教：永觀、珍海、覺鑁；八、日本淨土教的確立：法然；九、日本淨土教的發展：親鸞；十、法然淨土教的宣揚：弁長、隆寬；十一、淨土教的宏通：證空、一遍；十二、真宗教團的形成：蓮如；十三、妙好人的世界：妙好人、良寬、一榮；十四、淨土教的革新：清澤滿之、山崎弁榮；十五、現代淨土思想：鈴木大拙、曾我量深、金子大榮。不過，在淨土教的革新與現代淨土思想方面，藤吉慈海有另外一份名單：山崎弁榮、渡邊海旭、矢吹慶輝、椎尾弁匡、友松圓諦、林靈法、山本空外，認為他們努力實現淨土教的現代化。而在淨土真宗方面，他舉出有分量的清澤滿之、曾我量深、金子大榮和星野元豐。（藤吉慈海著《現代の淨土教》（東京：大東出版社，1985），〈序〉。）

[26] 參看藤吉慈海著《現代の淨土教》，頁6。

弁榮與椎尾弁匡他們的宗教運動來審視一下，看看在思想信仰與傳道教化方面可以作些甚麼努力、工作。山崎弁榮的光明主義運動重視透過念佛的實踐以達致光明的生活，要人過念佛三昧的生活。具體地說，這即是所謂「念佛七覺支」。「覺支」是指能導致覺悟的七個項目。這即是：一、擇法覺支；選取教法中真實不妄的成分，捨棄其虛妄不真的成分。二、精進覺支；努力不懈以進於道。三、喜覺支；因實踐真實的教法而感到喜悅，而安住於喜悅中。四、輕安覺支；身心都感到快慰輕鬆，沒有壓力。五、捨覺支；捨棄對對象的執著，明瞭它們都是空，都沒有自性（svabhāva）。六、定覺支；心意專一，不散亂，俾能凝聚求道的力量。七、念覺支；修習佛道時，要能定（dhyāna）、慧（prajñā）並用。定是禪定，慧是觀照。佛教說七覺支，基本上是在念佛的實踐、體驗中說的，所謂稱名念佛，亦與七覺支的實踐結合起來進行，這可起策勵的作用，增強對佛教的信仰。

　　椎尾弁匡的實踐，有異於光明主義者。他並未把念佛體驗與信心增強作為特別的問題來處理，卻是強調對人與社會整體的救渡、救贖，重視宗教生活應有的樣式，和念佛體驗要與現實生活結合起來。在這裏，我們可以看到淨土教法的實踐的深層現代化的性格。椎尾氏特別提出業務念佛的範式，即是：不但要在清淨、平靜的處境中念佛，同時也要在繁忙的生活作業之中念佛，他認為這有助於社會淨化作用的提升。由這一點，我們自然會想到淨土教法的往相與還相的問題。所謂往相是不停作工夫，不停念佛，讓自己的心念集中到清淨的佛方面來，遠離生命的煩惱與世俗的煩囂，從經驗世界走向超越世界，讓精神境界步步提升，最後駐留於超越的世界中。但超越世界高處不勝寒，眾生仍在六道輪迴的生活中飽受苦痛煩惱的煎熬。修行者於心不忍，復又從超越世界下來，迴向經驗的、濁塵的世界，慈悲渡生，這是淨土教法的還相。這便是椎尾弁匡所謂的社會實踐。這也是渡邊海旭所說的人間革命，有很深刻的入世意味。淨土宗中所謂社會派便走這種還相的導向，熱心於社會事業，從普渡眾生的社會俗務中為自己定位。[27]

---

[27] 以上的說明，部分參考了《現代の淨土教》一書的意思。又，說到淨土教法的還相問

　　在日本，如同禪教法一樣，淨土教法無論在個人修行、社會實踐和學術研究方面，都有多元而豐碩的發展。很多在家的學者，都信仰淨土，作念佛的實修實證。有些學者甚至禪淨雙修。在表面來說，禪的路向是自力主義，淨土的路向是他力主義，雙方立場針鋒相對，好像水、火不相融那樣。其實不必這樣看，習佛的人，目的不外要解決生活上的種種煩惱、病苦，以達致平和、真實不虛妄的境地，讓心靈、心性涵養不斷向上提升而已，這於人於己都有好處，對自己固然是好，把自己所修習得的經驗、功德，與他人分享，何嘗不是一椿美事呢？至於要如何入門，追隨哪一個宗派的說法，是沒有所謂的，擇善而從而已。特別是，我們不要存有太深的宗派意識，不要把自己釘緊於某一門派之中，要把心靈、懷抱全面敞開，包容、吸收有用的教法與實踐，提升自己的境界，豐富自己的人生。京都學派主要是宗禪法，但也開拓出淨土法，而且開創出深具啟發性、正面涵義的懺悔道的哲學，為淨土宗締造出一個突破前人教說的新的思想上與工夫實踐上的體系。以下我們即把探討的焦點轉到京都學派對淨土宗的詮釋與開拓方面。這裏還要補充一點，能行自力主義，靠自己的能力來解決自己的生命問題，最後能得解脫，自然最好。但不是人人都能這樣做，而且大多數的人都不能這樣做。他們可以行他力主義，藉著一些外力來幫助自己，不但沒有不可，而且非常好。其實對於他力、外力，我們可以吸收它、融化它，讓它內在化，成為自己生命上的有益的一部分，有助於自己的宗教的轉化的大業的實現。但要做到這點，並不容易。單是勇於承認自己的弱點，進而以謙恭之心，向他者請益、求助，已是非常難得了。有多少人能真正克服自己的傲慢心，而放棄對自己

<hr />

題，一九七四年，筆者在京都大學研習梵文與藏文，一日往大谷大學內的《東方佛教徒》（*The Eastern Buddhist*）（鈴木大拙所創辦的刊物）的辦事處看書，遇到在大谷大學任教的坂東性純教授，他拿出一份淨土宗的文獻，其中圈點出「指方有在」的字眼，問我當作何解。當時我不是很熟諳淨土教法，也未留意往相與還相的問題，便說無法確定它的意涵，並會向在香港的老師請益。於是回家後寫了一封短函，提出這個問題，寄給唐君毅先生。唐先生很快便有回函，他是從淨土教法的還相方面來解讀這句文字的。即是，淨土宗修行者所指之處，所詣之處，都有真理在，這真理是指淨土而言，而所指、所詣，便是還相所強調的濁塵世界，云云。

的執著和自我中心主義的想法，如道家《莊子》書中所說的成心、繆心、人心呢？要完全地承認自己的無能（impotence），徹頭徹尾、徹內徹外地委身於他人、他力大能，把整個生命都付託與他，讓他決定自己的前程，需要極其堅忍的、釜底抽薪的巨大勇氣，才能成辦。一般凡夫俗子是不易做到的。從這裏我們可以感到淨土宗的實踐，並不如一般人想像中那麼簡單，只需唸幾下佛號便成。你得放棄自己的主體性，對他力大能有全面的馴服（submission），已是一種難得希有的能力（potence）了。說得透徹一些，這是對他力的信或信賴、信仰。宗教的信成立於自己從生命的內部敞開自己，由之與他力相連起來，透過、借助他力來支撐自己的生命。這種自我敞開而與他力建立關係，可以讓修行者把握到、經驗到宗教的普遍性、公共性，或宗教的真實義。修行者可以通過與他者的遇合（encounter）、相互呼應以證成自己。這遇合不是一般的物理性格的會見，而是在精神的內裏把他者吸收進來，此中最為關鍵性的，是信的問題。與京都學派有密切關係的長谷正當表示，自己若能接觸到在內面超越自己的他者，便可以破除自我的閉固性。自己在這根柢中接觸到的，可以說是絕對的他者，這在淨土教來說，是「如來的本願」。而涉及這種接觸的人的心所開拓出來的自由的空間，便是「信」。在這信中，有所謂「一念喜愛心」的深邃的動力伴隨著。這種影響不會停滯於自己自身中，卻是可以向他人作動，而招來無限的、無窮的共振、共鳴。長谷認為，宗教在這種根柢中有一種「敞開的動感」，其中有創造性與真理性。[28]

五、西田幾多郎論悲哀

　　以下我們看京都學派對淨土教法的解讀與發揚。在這個學派中，西田幾多郎、久松真一、西谷啟治、阿部正雄和上田閑照是宗禪的，但對淨土也有

---

[28] 參看長谷正當著《欲望の哲學：淨土教世界の思索》（京都：法藏館，2003），頁82。

一定程度的深邃的理解，特別是西田和西谷。田邊元和武內義範則是宗淨
土，特別是田邊元，他對淨土有創造性的開拓。我在這裏將順次說明和評論
西田、西谷、田邊和武內諸人的淨土理解。

　　首先說西田。在這裏，我想先作一些熱身的工作，看看西田與淨土宗特
別是淨土真宗的關係，這又得先看西田的宗教觀。我們可先考量一下哲學與
宗教的性格。一般來說，哲學是概念、觀念與命題的組合，它的最後結果，
就西方哲學來說，是一套理論性很強的關乎人生與世界的真相的體系，那自
然是相當抽象的。宗教則不同，它多元地涉及現實的、具體的問題。在西田
看來，我們從最具體的、特殊的東西開始，追尋其中的抽象的、普遍的原
理。他曾說宗教是心靈的事實，這心靈正是我們當下表現出來的知、情、意
的活動，這些活動是具體的，但也有普遍的一面，宗教便是要把這普遍性給
展示出來，在我們的具體的、特殊的生活中證成。而西田所說的宗教，實際
上有它的存在的所指，這即是淨土真宗與基督教。當然他並不是把注意的點
放在具體的現象（宗教現象）方面，他還是抓緊宗教的普遍的一面來探索
的。因此，他的宗教哲學並未有喪失其普遍性。例如，他在以場所邏輯來
說明宗教的世界觀時，有一念之繫之的現成的宗教亦即是淨土真宗放置在
心頭。但這並不會損害他講普遍的宗教原則，他所著力的仍是宗教的普遍
性。[29]

　　西田所涉及的淨土，主要是親鸞所開拓出來的淨土真宗。他欣賞和尊敬
親鸞，其中一重要之點是，他察覺到親鸞的思想中有「絕對無的場所」的意
涵。他提到極惡與墮罪的問題，[30]這惡與罪都是人性中的負面因素，親鸞也
曾深邃地感受到。而西田的弔詭思想：逆對應———一種深層的宗教世界的結

---

[29] 西田與淨土教法的關係，可見於他的〈愚禿親鸞〉一短篇中，他的宗教哲學可見於早
　　年著書《善の研究》以及多篇作品中，包括晚年力作《場所の論理と宗教的世界
　　觀》。他並不多談淨土，也不多談禪，但每有及之，多為洞見。

[30] 《場所の論理と宗教的世界觀》，《西田幾多郎全集》（東京：岩波書店，1979），
　　第十一卷，頁411。

構，也可看到。[31]在具有弔詭性格的創造的活動中，我們可以看到絕對者的愛，也可看到絕對者的自我否定。特別是與惡與罪對揚的絕對者的愛不時出現在對我們的救渡、救贖活動中。絕對者造出有惡與罪的人，他也需要解決人的惡與罪的問題。他不能不理會這些問題，不然的話，他自身也有惡與罪了。在西田看來，神是一絕對性格的他者，惡與罪的可能，是祂作絕對的自我否定而致的。[32]祂必須也能作絕對的否定即肯定，才能消除惡與罪。這絕對的否定即肯定，當然也是一弔詭歷程。西田認為，神創造世界，但亦要處理伴隨著創造而來的惡與罪的問題，祂的愛才能彰顯出來。同時，神不能只是超越性格的，超越的神只是抽象的神而已，祂必須能作絕對的否定，才能交代惡與罪的存在。[33]同時，祂也需要作絕對的否定即肯定，才能除去惡與罪，才能完成整個救贖活動。倘若神只有絕對的否定，則祂只有絕對的自我下墮，從而分化而開出現象世界與惡、罪。祂必須同時能作出絕對的自我否定即肯定，才能完成創造活動，也才能證成人的救贖。[34]

　　上面剛談到救贖問題，若就淨土教法來說，這是他力的救贖，不是自力的

---

[31]　關於逆對應，限於篇幅，我在這裏只能扼要地說這是一種富有弔詭意味的思想方式，如《維摩經》所說的諸煩惱是道場、淫怒癡是解脫和天台智顗說的煩惱即菩提、生死即涅槃那樣。其詳請參看小坂國繼著《西田哲學を讀む 1：場所的論理と宗教的世界觀》（東京：大東出版社，2008），頁 57-100；大峯顯著〈逆對應と名號〉，上田閑照編《西田哲學：沒後五十年紀念論文集》（東京：創文社，1994），頁 417-439。又筆者在上面提及之拙文〈西田哲學的絕對無與絕對矛盾的自我同一〉也有多處涉及這個概念。

[32]　《場所的論理と宗教的世界觀》，頁 404。

[33]　Idem.

[34]　在這裏，我需作些澄清與補充。絕對的神本來是完美的，但若只作絕對的否定，則能開展出現象世界，同時也包含惡與罪在其中。祂必須再作翻騰，作出絕對的自我否定即肯定，才能解除惡與罪，以完成對世間的救贖。而由絕對的自我否定到絕對的自我否定即肯定，則是一逆對應的弔詭歷程。關於這點，我在拙文〈西田哲學的絕對無與絕對矛盾的自我同一〉（見於拙著《絕對無詮釋學：京都學派的批判性研究》，臺北：臺灣學生書局，2012）有詳細的探討，在這裏我只想簡短地說明：按京都學派的思維，絕對的否定即是否定的否定，是雙重否定，結果否定互消，而成肯定，但這肯定不是相對的肯定，而是絕對的肯定，這即是絕對的否定即肯定。

救贖，後者直接指涉如來藏（tathāgatagarbha）或佛性（buddhatā, buddhatva）的確立與證成。我們的生命存在本來便具足這種只憑自身便能成覺悟、得解脫的心靈力量、主體性。淨土教法不這樣看，不認為這種力量的本有性、內在性。要能成覺悟、得解脫，我們自己太脆弱，不能憑自己的力量便能成辦。我們只能也必須借助他力大能的力量，誠心地對他起信，念誦他的名字，希望他能有回應，以慈悲的願力把我們引領到西方極樂淨土，借助這淨土的殊勝環境，最後便能成覺悟、得解脫。這是佛教特別是淨土教法的常識，很易理解。但西田不止於此，他進一步探討，發現人的生命中有一種悲哀的情結（complex），這與成覺悟、得解脫有直接的、內在的關連。

這悲哀要從西田對親鸞的創造性的解讀說起。按西田寫有一篇〈愚禿親鸞〉的短文，展示出自己的為人與生命情調，因而有所謂「愚禿意味」，即是人的內賢外愚的形態。[35]這是親鸞為人的風格，也是他的自況，透過這意味，我們可以看到親鸞教法的依據和為人原則，強調生命內部要賢德，有實質，外表則無所謂，即使表現為愚昧無知也可以。另外一點重要的意思是，我們的內心要謙厚，特別是在面對如來的場合，要徹內徹外地、絕對地放棄自己的知見與經驗。所謂「愚禿」正表示這種徹底的自我放棄，沒有保留，這正是「禿」的所指。這愚禿風格成了西田的悲哀觀點的基調，也是悲哀在感情上的表現。悲哀與愚禿實有相通處，從人生的負面面相來切入，以求得人生理想的實現。悲哀與愚禿都涵有宗教的性格，宗教是心靈上的事實，對於這種事實，英雄豪傑與匹夫匹婦並沒有甚麼分別。[36]這是說，人人都有心靈上的事實，以田立克（P. Tillich）的終極關懷觀點來說，人人都有他們自己的終極關心的事，亦即不能遠離宗教。西田進一步具體地表示，「愚禿意味」是自己本來便有的姿態，是人間自己要歸向的本體，是宗教的骨髓。他

---

[35] 西田著〈愚禿親鸞〉，《思索と體驗》，《西田幾多郎全集》（東京：岩波書店，1978），第一卷，頁 407-409。西田在這篇文字中，表示自己生長於淨土真宗信仰的家庭，母親是真宗的信徒，自己則不是，對真宗理解不多，但很重視「愚禿」這一語詞，認為它能表達親鸞的為人，真宗的教義和宗教的本質。（同前，頁 407）。

[36] 同前，頁 408。

說：

> 他力也好，自力也好，一切宗教都不外乎這愚禿二字。不過，這愚禿
> 二字並不單獨地來自與切合真宗，但真宗是在這方面最為著力的宗
> 教。[37]

回返到悲哀的問題。西田曾強調，哲學起於「驚異」，是一般的說法。實際上，哲學應是起自深邃的人生的「悲哀」。[38]這一時或許不易理解。在一篇題為「《國文學史講話》の序」的文字中，西田就一般生活與倫理關係的角度說明悲哀的問題。他提到自己的兒子的死亡，讓他淪於情何以堪的悲哀的情感中。他又回顧自己在十四歲時失去最親愛的姊姊，在那個時期才經歷到死別帶來的悲哀之情。他不堪思念亡姊之情，也不能忍受見到母親的悲哀，飲泣不能自已。他以年幼的稚心，想到希望自己能替代姊姊的死亡。他說親人間的愛是純粹的，其間沒有可以容納利害得失的空間。本來，人的老死是平常不過的事，而死去的又不單單是自己的兒子，這就理智、理性來說，是無從悲哀的。但雖是人生的平常事情，悲哀便是悲哀；人感到飢渴，也是常事，但飢渴便是飢渴。人的死亡，不管是以甚麼方式，在甚麼時候，都無法避免，在親人看來，是極難堪極苦痛的事。這裏有「親之誠」（親の誠）在裏頭。[39]這「誠」觀念所傳達的真情實感，可謂點滴在心頭。

在西田幾多郎看來，悲哀中有苦痛煩惱，同時也有超越和克服苦痛煩惱的潛在力量。這是一種矛盾的複雜情結。在心理學看來，我們日常生活中的情結通常會向生命內部求發洩，表現情緒上的扭曲，結果帶來自我閉塞、自我束縛的負面的心理行為。西田的悲哀則不是這回事，它能對自我採取主動的融通、疏理，解除閉塞、固鎖，以求得自我解放、自我放鬆。這種心理行

---

[37] Idem.

[38] 西田著〈場所の自己限定としての意識作用〉，西田著《無の自覺的限定》，《西田幾多郎全集》（東京：岩波書店，1979），第六卷，頁116。

[39] 西田著《思索と體驗》，頁417。

為，或心靈的暢通，是宗教性的，可通到佛教的解脫（mokṣa）方面去。此中的宗教性，可以理解為悲哀是宗教的基礎。我們經驗到人生的悲哀的現象，如貧窮、殘疾、意志左搖右擺不堅定，以致衰老、死亡，便會生起宗教的問題。即是，向宗教傾斜，想在宗教內裏找到出路、生機。這樣，悲哀便獲得了宗教意義，有它的穩定性、恆久性，不是一些主觀的情感、感受。有人會問：我們如何去感到悲哀，確定它在我們心裏的存在性呢？我們如何區別悲哀與主觀的情緒、失意感、失落感呢？

首先，我們要明白，悲哀不是一種純然是否定性格的感情。即使從表面看來是如此，讓人沮喪，但實際情況不是這樣簡單。我們通常說內心的悲傷，總有一種負面的、否定的語調。就西田的理解來說，我們在悲傷、否定之中，有一種要超越悲傷、否定的意願，這便可說悲哀。譬如說，一個偉人，例如聖雄甘地（Mahātma Gandhi）遇刺而倒下、死亡，我們感到悲傷，覺得愛、和平的質素被否定了。但倘若我們的情感不止於這悲傷、否定，而是進一步要與聖雄建立某種關係，要和他相遇合，要做一些能夠超越這悲傷與否定的事，則又不同。聖雄不存在於現實中，但卻存在於我們的心中，則他可以說是以不存在的方式而存在，這便是悲哀情感的流露，我們會在這種悲哀的情感中感到激發、鼓舞，讓自己的意志昂揚起來，考量到自己應進一步要做點甚麼。悲哀和悲傷、否定的不同便在這裏：悲傷、否定是消極的，悲哀則是積極的。至於在哪些方面積極，便是下一輪的問題了。

西田說過如下的話：

> 自己一旦陷於極度不幸之中，不是總會感到一種宗教心由自己的心的底層湧現上來麼？宗教是心靈上的事實……哲學家應該對這心靈上的事實究明出來。[40]

對於這段文字，長谷正當指出，這種由自己的心的底層湧現出來的宗教心，

---

[40]　《場所的論理と宗教的世界觀》，頁 371。

自己內部並不含有有關的依據。所謂宗教心，是要超越自己的生命，或可說是如來的清淨心從自己的心的底層湧現出來。這樣的清淨心湧現出來的場所，正是悲哀。此中有悲哀的感情的超越性在。[41]悲哀作為一場所看，是一種新的提法，有其洞見在裏頭。[42]但從這場所湧現出來的心，不必鎖定為清淨心。就筆者所提的宗教的自我設準看，我們可以確認三種自我：本質明覺我、委身他力我和迷覺背反我。就宗教的心來說，這三種我分別相應於本質明覺心、委身他力心與迷覺背反心。清淨心只能說相應於本質明覺心，未能概括其他兩種心。倘若以主體性來取代清淨心，便可避開這種困境。這主體性應該是超越性格的，我們的現實的生命存在，便欠缺這種主體性，後者通常是以隱閉的方式存在於我們內裏，因此說是在心的底層；它的湧現，也是由心的底層湧現出來。我們對這種宗教心可以有一種自覺：我們的生命存在中有惡與罪，必須要以這種宗教心來對治、處理。

　　以下我們要關連著淨土宗的教法與實踐來看西田的悲哀觀念、觀點。他是對悲哀持肯定態度的，認為悲哀是我們的生命存在的內裏開拓出來的絕對的平臺、場所。這悲哀在我們越是為苦痛和疾病所折磨時，便越是大量地從生命中湧現出來，是一種沛然莫之能禦的生命感情。這種感情有主觀成分，但亦有客觀的、理性的基礎。倘若它能凝聚起來，可以穩住我們的意志，讓它變得堅強、不屈曲，並爆發出巨大無倫的生命力量，摧破擋在我們面前的大路的種種障礙，讓我們更能達致宗教的理想。這悲哀無疑是一種生命的力動，是我們勇猛向前精進以求渡己渡人的力量的源泉；它當然也能治療我們心靈中的傷痛，同時也能激發起他人的心靈力量，以治療各自的傷痛。一般哲學家以驚異作為哲學的基礎，讓我們向外對存有方面發出種種問題，也向內作自我反躬，提出種種疑難，並試圖尋求答案。西田則不這樣看，他認為悲哀才是哲學的基礎，讓我們關心自我與世界的真實性，並致力於證成這真實性。說得具體一點，悲哀是一種愛的情感，表現在我們對子女或至親的關

---

[41] 《欲望の哲學：淨土教世界の思索》，頁 96。

[42] 以場所來說悲哀，並非始於長谷正當。大橋良介在他的《悲の現象論序說：日本哲學の六テーゼより》（東京：創文社，1998）已經這樣看了。（頁 133-135）

係中。我們可以點化這悲哀，讓它凝聚成力量，以幫助子女和至親克服、超越生命中的苦難。這悲哀能有起死回生的力量，讓不存在的存在，死去還能生存。此中自然有一種生命上的大弔詭在：人越是陷於災難之中，越是淪於背反之境，便愈能振作出生命的大勇，越能逼顯出生命上的洞見；這大勇與洞見可以化為一種巨大無倫的力量，特別是宗教的力量，讓人生更為精采，讓宇宙更為璀璨。古哲的「置之死地而後生」，正可以展示於悲哀之中。田邊元說懺悔可以反彈，成就不朽的業蹟，悲哀也可以反彈，證成有益的、積極的行為。

　　不過，以上所說的悲哀所能成就的多元的功德，不能獨立說，而是需要在淨土教的脈絡來說。即是，人的不朽的表現，要在他力大能的加持下，才能現成。在一般情況，人不能免於是渺小的，不能發出足夠的力量來應付周圍的環境，卻是要對淨土教法起信，以無保留的方式，委身於淨土教的他力大能，希望他能慈悲回應，引導我們往生於淨土，才有成道可說。在他力大能的面前，人要徹底地、全心全意地剝落生命中的一切品飾，如西田的〈愚禿親鸞〉一文所說的「禿」般，承認自己的一無所有性格，而把生命的前程，交託給他力大能，委身於他，最後融入於他力大能之中，或與他力大能一體化，讓超越的他力大能內在於自己，才能成辦種種功德。這樣的做法不是自我放棄、投降主義；我們不是向他力大能告解，變得趨吉避凶，沒志氣，沒出息。這卻是要成辦大事的一種屈曲、委屈，大丈夫要能屈能伸，屈伸自如也。內賢外愚，難得糊塗，有何不可？

六、論名號

　　以下我們看西田對淨土教法中的名號與信的問題的詮釋與發揮，中間也涉及意志與言說的問題。這些問題有比較強的宗教信仰的意味。按西田說到淨土教法，主要是就淨土真宗而言，而在淨土真宗中，他把注意點集中在親鸞方面，因此我在這裏說淨土教法，主要是就親鸞的教法而言，此中包含義理與實踐兩方面，特別是以實踐一面為重。在上面一節我提到清淨心的問

題，這裏一節也就以清淨心觀念來展開探討，由它透過名號以通到信的問題。親鸞認為，我們的清淨心潛藏在心靈的底層，而心靈的表層或上層，則是一些含有染污的雜念、想法。清淨心在心靈的根深處湧現出來，在修行中的眾生通常是如此；而一般的眾生則由於生命中遍佈著污穢，清淨心不能展現出來，佛、菩薩對他們予以迴旋地、屈曲地教化，俾他們的清淨心能徐徐顯露，發揮作用，對言說中的名號加以理解與把捉。而清淨心自身又與名號相認同，投入人的心中，由此而生起信、信仰。這名號是諸佛、如來的名號，特別是阿彌陀佛的名號。在親鸞來說，名號具有殊勝的力量，內裏又充滿慈悲的意願、本願（praṇidhāna），能夠透過言說，或與後者結合起來，有效地影響眾生，進行救贖、救渡。而信或信仰則是指佛、菩薩的清淨心透過內在的轉換作用，發揮出治療眾生的病痛（精神上、心理上的病痛）的功能，滲透入他們的心中，讓他們對淨土教法起信。按以言說來說名號，或以言說為名號，而表現為信，有救贖的作用。名號不是一般的名稱，卻是有象徵的意義，可象徵某種願力，充滿救贖的動感。以言說為基礎可以發展出存有論、形而上學。古印度六派哲學之中，便頗有些說法是設定言說的形而上作用的。[43]佛教中的密教有阿字觀，亦可列入這種哲學思維之中。

　　就西田來說，在佛教，特別是淨土真宗，佛是以名號展示的。倘若能對名號不思議地起信，便有救贖可言，如上面所說的。絕對者亦即佛與人的非連續的連續，亦即矛盾的自我同一的媒介，不外表現而已，言說而已。要表顯佛的絕對悲願，只能依賴名號。[44]在這裏，西田把名號與佛等同起來，讓名號具有實質的意義，而不只是抽象的字眼。即是，名號可以具有不可思議的、弔詭的作用，能救贖眾生。名號作為一種言說形式，可以把佛與人關連起來；佛是連續的，是綜合性格的普遍者，人則是非連續的，是分析性的個體。雙方成一種矛盾的自我同一。矛盾是分析的，自我同一是綜合的；超越

---

[43] 中村元寫有《こどばの形而上學》一書，便是處理印度哲學中以言說來建立形而上學的說法。山內得立著有《意味の形而上學》，是以意義為基礎來講形而上學。意味或意義即表現於言說之中。

[44] 《場所的論理と宗教的世界觀》，頁 442。

與經驗的連繫，分析而又是綜合，非連續而又能連續，都是名號的作用使然。分析與綜合、非連續與連續，是逆對應的關係，這種關係依名號而可能。在這裏，名號實有一種辯證的涵義。關於逆對應問題，我曾在拙文〈西田哲學的絕對無與絕對矛盾的自我同一〉中有頗為詳盡的處理（《絕對無詮釋學：京都學派的批判性研究》，臺北：臺灣學生書局，2012），在這裏不想重複，姑視之為辯證的關係便可。言說或名號能把普遍的佛與個別的人辯證地關連起來，以證成矛盾的自我同一的真理。這是名號的不思議的作用。

　　說到逆對應問題，西田接著發揮：絕對者或普遍者與相對的或特殊的人總是處於一種逆對應的關係中，這正是名號的表現，它是不思議的。他指出，名號不能說是感覺的，也不能說是理性的。理性總是內在的，這是人的立場，無涉於與絕對者的交集。在這裏，西田提出意志的問題，他強調我們自身在個人的意志的尖端與絕對者相對待著，而神亦以祂的絕對意志超越而又臨在於我們自己，這超越而又臨在便表示出逆對應的意味。意志與意志的媒介，正是言說。言說是道（Logos），又是理性的。而超理性的，更而是非理性的東西，只有通過言說被表現出來。意志超越理性，更是破除理性。在超越我們自己、臨在於我們自己之中，便有客觀地表現自己自身的事。藝術也是客觀的表現，但這是感覺的，不是意志的。宗教的表現則總是絕對意志的事。[45]在這裏，西田提出兩種意志：人的意志與神的意志。人的意志是相對的，可透過言說來溝通；神的意志則是絕對的。人的意志是理性的，神的意志則是超越理性的，但也臨在於我們，因此可說是超越而又內在的，由此可帶出逆對應的涵意，這是宗教的事，不是藝術的事。另外一重要之點是，西田說名號不是感覺的，也不是理性的；它超越感覺與理性。這便讓人想到康德（I. Kant）說的實踐理性（praktische Vernunft），後者不處理知識的問題，而是處理道德的以至形而上的問題。這是逆對應的、不思議的。名號也是如此，它是逆對應的性格，同時也是不思議，配合上面說名號等同於佛，能表現佛的絕對悲願，它作為言說的形式，卻又超越言說的相對性，而

---

[45] 同前，頁 442-443。

通於絕對。這便迫出名號的形而上的、存有論的意義，指涉及絕對的意志。

　　探討到這裏，名號的意涵便逐漸明顯了。它一方面是言說的形式，而言說是人的言說；另方面，它超越感覺與理性，是不思議的、逆對應的，也是辯證的，這種性格只在神或佛方面出現。故名號是人與神或佛的媒介，它通於這兩者。上面說佛是連續的、綜合性格的，人則是非連續的、分析性格的。故名號也是連續性格與非連續性格的媒介、綜合者。這樣，名號的宗教意涵，在宗教中扮演重要的角式，便呼之欲出了。[46]

　　對於名號，西田有進一步的發揮。在佛教來說，名號即是佛。[47]佛是以名號來展示自己的。名號是一種特殊的言說，那種有創造意義、救贖性格的啟示，作為一種言說，所謂「背理之理」，並非單純是超理的，也不是非合理的。相應於絕對者的自我表現，我們要開拓真正的自我，開拓真正的理性，像親鸞的做法，在念佛中以無義開拓出義來（無義をもて義とす）。這並不表示無意識，卻是有無分別的分別在運作。這是知與行的矛盾的自我同一，在絕對現在的自我限定中有創造性的東西在運作。[48]這裏西田連續地用了幾個弔詭來說名號的辯證性格：背理之理、以無義開拓出義、無分別的分別、知與行的矛盾的自我同一。這樣的思考，恐怕是受到佛教的無執的影響所致。不執著於理、義、分別與知與行，而高一層次的理、義、分別、知與行自然地冒起，讓我們對事物有深一層的洞見。以無分別的分別一例來看，對於事物，我們要能靈活地去了解，理解它們的相對性、緣起性，不呆板地死執它們具有絕對的、不變的自體、自性。這樣，我們對事物不起自性的執著，知道事物的無常性（常住不變的本質），但事物之間的不同，如形狀、

---

[46] 在這裏，我想補充一點。意志與意志之間需要有一個媒介予以連結，這便是言說。這是西田的意思。在親鸞來說，這是「行」。親鸞以行來替代言說，勢必引出一種另類的連結。言說的連結是思辯性質的，行的連結則是實踐性質的。思辯是向哲學傾斜的，實踐則是向宗教傾斜的，西田與親鸞畢竟是不同形態的人物。西田是哲學家，親鸞是宗教家。

[47] 按這裏所說的佛教，是就淨土教法而言。而以名號等同於佛，同時具有存有論與工夫論的意義。

[48] 《場所的論理と宗教的世界觀》，頁 443-444。

功能的不一、多元性，仍然可以展示出來，這形狀、功能仍然有分別可言。這樣認識事物，可以說是本於真正的理性，或真理。名號也是一樣，它不是死板的、呆滯的東西，卻是有其象徵的對象。在這裏，去象徵的名號，如「阿彌陀佛」與所象徵的阿彌陀佛本尊，在存有論上是融合為一的。這樣，我們便能賦予名號真實的、在活現狀態中的內容。我們念起「阿彌陀佛」的名號，心中便有真實無妄的阿彌陀佛現成。這內裏當然有工夫論的意涵。故名號是存有論的，也是工夫論的。

關於名號的工夫論義，西田作進一步的深層闡釋。他指出，名號是佛的大慈大悲的表現，我們在它的加持下被救贖、被涵容，以至於自然法爾的境地。這「自然法爾」並不是一般人所想的那種物理的自然，也不涉及宗教經驗中的對象邏輯，卻是所到之處，莫不有絕對悲願所圍繞。大智是起自大慈大悲的，真理是見物如其為物，這是絕對者的自我否定的肯定的力動在運作，同時又是無念無想。慈悲並不否定意志，它毋寧是真正的意志成立的依據，存在於我們自己的根柢中。慈悲總是相互對反的，但也是矛盾的自我同一中的一。而意志是由這樣的場所中的有或存在的自我限定而生起。這種純粹的場所的自我限定，無一毫私我在裏面，而是我們所說的「誠」。這裏是實踐理性的所在處。[49]按說佛的大慈大悲可表現於名號中，這不只是實質的說法，同時是象徵式的說法，有方便的意義。修行者要理解阿彌陀佛的大慈大悲的行願，一時不知在何處入手，阿彌陀佛的名號象徵這大慈大悲，修行者可即從念佛的名號入，對名號起信，比較容易做到，也能很快便把自己的心念凝定下來，專心於修行的功課。即使只做這一步，也已收到救贖的功效。慢慢便可臻於自然法爾的境地，感到四周都有佛的悲願所加被，因而心念便可貞定下來，達到《壇經》所說的無念、無相等的境界。慈悲也不與意志起衝突，毋寧是，我們由念佛而感染到後者的慈悲，內心變得積極起來，不刻意求救贖，而救贖自然到來。這是一種逆對應的效應：我們否定自己的惡罪，另方面即能作出我們否定即肯定，救贖即直接從這肯定中說。一切是

---

[49] 同前，頁 444-445。

這樣自然適意，是自然法爾，在平常底的心情中發生，不求功德，而功德自至。由佛的慈悲而導致自己的悲哀的情懷，在這悲哀的場所中，作為終極主體性的絕對無會作自我限定，讓我們各各形成自己的意志。慈悲並不否定意志，它毋寧是證成意志的。意志通於康德所說的實踐理性，超越於純粹理性，但又不否定它。因此我們仍可保留純粹理性作為知性，而了解萬物。這了解萬物是知，而基於真理而發出來的動作是行，知與行雖在導向上取徑不同，但在慈悲的懷抱下，證成了矛盾的自我同一。親鸞曾提出「大行」，說它是功德的寶海，也包含知在裏面，這也可以說是名號所具足的表現的形成力量。表現甚麼呢？表現逆對應也。西田即透過逆對應與表現的概念來說行與信。在這裏我們便進入對信的問題的探討。行的問題也可概括在裏面。

七、論信

在一般人的理解來說，信基本上是信仰、起信。淨土宗要人全心全意地信仰阿彌陀佛，由後者來安排自己的前程、幸福。基督教則提出更重的話：信者得救。淨土真宗的親鸞說信，當然有這種意涵。西田說信，則比較有形而上的個人與他力大能在心靈上的交流、溝通的意味。不管是哪一方面的意思，總是把信關連到人與超越者之間的內在聯繫。這「內在」字眼傳達出一個很重要的訊息：人信阿彌陀佛，信耶和華真神，都必須在內在方面與超越者建立精神上的、靈性上的關連。外表的宗教儀式或行為，如念佛、拜佛、祈禱、告解、守戒律等等，都需要以這內在的關連為基礎，才有意義，也才有功效。在這一點上，親鸞與西田說信，都不例外。

先說「內在」問題。在我們的生命的基底，有一種生活的力量，一種很容易體會的力量：人的現實，無論是他的身體或周圍環境，都可以是很殘酷、很折磨人的，這可以是貧困、疾病、親人的死亡等情事。但人總是可以存在於這些負面因素中而如常生活，承受與忍耐這些逆境，並表現出生機、希望。這不難理解。就佛教特別是淨土教來說，這是因為有如來的生命流入我們自己與周圍環境中。我們可以從這裏開始說信，信如來與我們面對與處

理種種逆境的勇氣。這如來的生命，在淨土教法中稱為「如來的本願」。而
信正是在如來的本願的流注與感召下，不會退轉（vivartate）、不妥協的心
理或意志。這信的內裏有著一種不思議的力量，這力量不但能把自己推向前
面，勇猛精進，也能影響、促使他人同樣地勇猛精進，以造成沒有份限的共
鳴、共振。這種心理、意志可以說是一種宗教意義的敞開的動感、力動，在
其中有真理性和創造性。

　　這種「內在」的東西，嚴格來說，不是具有普遍性的佛性，它不是我們
本來便具足的，卻是如來的願力流向我們方面來的。既然流過來了，便儼然
成了我們自身的東西。因此，就心理學、心理分析來說，這種「內在」的行
為因素或力量，是在我們生命的內裏，但又不是真正屬於我們的東西。它作
為我們的生命的依據、世界的依據而存在於我們自身之中，即是說，我們自
己內部含容不是自己的卻又是自己和世界的依據。這便是我們的淨土教法的
信。我們靠著這信，才能讓生命挺立起來，面對嚴刻的、嚴酷的現實而不會
倒下，才能讓自己成為一個負責任的主體。長谷正當指出，倘若這種內在的
世界敞不開，閉塞起來，我們便無法有尊嚴地生活下去了。人沒有食物，身
體便會出毛病；同樣，人的內面的世界若被侵凌，被掠奪，便會生起精神上
的病痛。人的所謂「秉持內面的依據之所」即是「在自己的根柢中接觸到超
越自己的他者」，因而獲致在其中生起的活力、能量。宗教意義的生命，就
淨土的他力立場來說，不外是在這樣的內面的世界中被遇合得的他者而已，
即使這他者是絕對的、超越的。倘若我們能夠開啟出內面的世界，便可說是
與在信中被接觸到的如來或阿彌陀佛的心相連起來。在淨土教法，所謂「如
來之信」，即是作為我們生活特別是宗教生活的基礎的內面的世界打從自己
的根柢中開拓出來。[50]

　　在淨土教法來說，釋迦牟尼的覺悟、解脫的證成、現成，需就如來的本
願、信如來的本願來理解，才能深刻與正確。特別是，以阿彌陀佛的本願展

---

[50] 長谷正當著《欲望の哲學：淨土教世界の思索》，頁 78-79。在一些地方我作了適度
　　的調整。

現出來的如來的心，可通過信在人的心靈中映現出來。這如來的心或本願遍佈於整個宇宙，沒有絲毫遺漏；這是無私的、是平等慈悲的。親鸞的《教行信證》中的信，展示在我們的心中有如來的心在貫注，在作動，而信可理解為如來以他的心來培育、啟發我們的心，讓我們有一種真摯的、赤誠的感受。從積極一面來說，信是一種自覺：自覺到自己的生命的根深處有他者、絕對的、超越的他者在，他不斷地向我們激勵、鼓舞，為我們加油。因此，信主要不是自己的心在作動，而是在自己的生命中的絕對的、超越的他者在作動。在這種義理脈絡下，我們可以說，信是我們對於絕對的、超越的他者的心在我們自己的心的根柢處不停運動而發揮影響力的真實性的認證。[51]

　　上面提到內面世界的開啟、開拓。在這種開啟、開拓的宗教活動中，那些本來隱藏在人的內裏的生命力量、生機便有空間釋放開來了。親鸞即以信來解讀這空間的敞開。關於這點，我們可以拿植物的成長作譬來說明。植物需要接受多種因素才能生長，例如陽光。信，便有這陽光，開啟生活的空間；不信，便沒有這陽光，自我關閉起來。這是自我破壞，自尋沒路，這便是人的惡。不過，這種自我破壞一旦遇上光明，便會停止破壞，開啟出一條生活的康莊大道。親鸞稱這種開啟現象為「往生」。

　　以上是西田對信的問題的概括性理解，這些理解，在西田的多種著作中可以看到，從初期的《善の研究》、中期的《無の自覺的限定》，到晚年的《哲學の根本問題》和《場所的論理と宗教的世界觀》中都可以看到。在這裏，我們由信回返到名號的問題。親鸞以信和行來說名號，西田則以逆對應與表現來說。這個問題涉及意志與言說與兩者的關係。西田在《場所的論理と宗教的世界觀》中指出，絕對者與人是處於逆對應的關係中，個體透過絕對否定為媒介，在前者的意志的前端中面對絕對者。[52]在這種情況，絕對者以絕對意志而臨於我們的存在之上。而意志則是在場所的自我限定而成立的，說絕對意志其實是說絕對者或者場所的意志。[53]意志與意志碰在一起，

---

[51]　同前，頁 77-78。

[52]　按意志有其普遍性，它不會局限於個體之中而存在，而表現，它也是絕對性格的。

[53]　《場所的論理と宗教的世界觀》，頁 442-445。

會相互否定而對峙起來，此中會出現兩者的絕對的斷絕的現象，而成立於這意志與意志相互對峙之上的，正是信。所謂絕對的斷絕並不是完全斷絕而沒有絲毫交集，卻是脫除絕對的性格，而成為相對的性格，相互對峙的意志與意志沒有了絕對性格，便成就了信。故信可以是生活的、經驗的。

　　故一說信，便不能不涉及意志，在這裏，我姑提一下意志的問題，以結束這一節的探討。關於意志，西田說：

> 所謂意志即是，我們自己作為世界的自我形成點，藉著在自己中表現出世界，世界的自我表現而形成世界，意志即是這形成（筆者按：這形成是動詞）世界活動的動力。[54]

西田的思想有博大精深的美譽，但在這裏的說法卻不免於模糊。他提出表現世界的兩種方式：在自己中表現世界，和世界自我表現而形成世界。一邊說世界可以在我們自己中表現出來，這明顯地有觀念論的傾向，與胡塞爾（E. Husserl）所說的意識（Bewuβtsein）通過意向性（Intentionalität）而構架世界有相似的旨趣。另一邊他又說世界自我表現而形成世界，這則近乎實在論的觀點，以世界的形成不需依賴意識或主體，世界自身便可以形成世界了。但這兩種活動有因果關係：在自己中表現世界為因，世界自我表現而形成世界為果。我想我們可以寬鬆地這樣理解：表現世界與形成世界的意味並不完全相同，但自然沒有根本的矛盾，這裏有一個歷程：表現世界在先，形成世界在後。表現世界有較強的主體意味，意志的意涵也較明顯。以這表現世界作為基礎，進一步對所表現的世界作客體義的構作，而形成有較強客體義的世界。而意志始終貫串其中，是世界的構成的動力。因此，整段文字的意思，可以這樣理解：我們作為人，面對世界，並不與後者截然分割，了無瓜葛。毋寧是，我們是世界的自我形成之點，是世界的支柱。在意志上，我們有表現世界的意志，把世界的圖像勾劃出來。但世界仍是在我們的構想之

---

[54]　同前，頁 440-441。

中，未成一客觀的存在。故下一步是世界從構想狀態轉而為客觀的現實的東西，成為一客觀的構作（Konstruktion）。但世界作為一構作，仍不是完全客觀的、外在的，仍離不開我們的意志，後者是前者的動力根源。而重要的一點是，我們以意志為本，透過言說來描劃、象徵世界，由表現到形成，即使說世界本於象徵活動，其中亦總應有歷史、歷程可說，故言說不可少，而意志更是表現、形成歷史的世界的力量。[55]倘若這樣看的話，言說便不單是語言學的、表義的，同時也是現象論的、存有論的。

八、由虛無主義經空到身土不二思想的轉向

以下我們看京都學派第二代重要哲學家西谷啟治的淨土思想。西谷與西田雖同屬於自力主義的義理與實踐的禪的譜系，但與西田對於淨土思想都具有同樣深刻的洞見。不過，西田的淨土思想比較注重一般的普遍的、有抽象傾向的面相，而西谷則較能照顧及淨土思想的具體的、現實的事項。我們也可以說，西谷的思想更近於生活化，與現實的經驗有較頻密的交集。[56]

關於西谷對淨土思想的闡述與發揮，我們可以從他的虛無主義觀點說起。按西方的虛無主義發展到尼采（F. W. Nietzsche），可謂到了頂峰，這種思想把一般為人所認同的價值序列打亂，發揮強烈的破壞性，摧破思想史上一切二元的思維形態。但光是虛無主義是不足夠的。在西谷啟治看來，在突破人的二元思維模式方面，虛無主義（Nihilismus）功不可沒，但我們不能止於虛無主義，不能只講虛無、破壞，而不求建設。他認為我們發揮、發

---

[55] 同前，頁441。

[56] 我在這裏闡述西谷的淨土思想，在語調與氣氛上略不同於對西田的闡述。這一方面由於西谷較多注意現實的、平實的情態，同時也由於我跟西谷有個人的接觸，對他的思想感到具體而親切。因此，我在這裏對他的闡釋較為輕鬆與自由。另外，長谷正當在他的《欲望の哲學：淨土教世界の思索》一書中，喜歡就構想力、情意與土等概念來說西谷，給人留下深刻的印象。在這一點上，我從長谷的書中得到深刻的印象和親切的感受，把他的觀點吸收過來，成為自己的看法。基於此，我談起西谷，在某些點來說，與長谷頗為相近，希望讀者垂注。

揚了虛無主義後，便應向積極的而又是無執的空轉進。這空是佛教的般若學
（Prajñāpāramitā）、中觀學（Mādhyamika）倡導的。最後本於空以建立空
的存有論，建立以空為骨幹的事事無礙的多元的世界，像華嚴宗講的四法界
中的最終極的法界那樣。但尼采沒有這樣做，西谷認為這是尼采的思想上的
不足之處。[57]

　　西谷先從宗教的超越性問題說起。他認為宗教固然會涉及超越性，人與
超越者有關係，但這個現實世界與超越者也有關係。人是世界中的一分子，
是要以雙足踏著大地生活的。這大地即是場所，人不能與場所分割開來。世
間有某種東西，例如有人，便有這東西所居處的處所、場所，因而也有這東
西與場所的關係。西谷甚至強調，當我們說有某種東西，則在這種東西的構
造中，已具有「在場所中」這一意味。即是說，說「有」，分析地包含有
「在場所中有」的意味。[58]同時，「有」某種東西，表示有它的「場所」。
[59]這場所很容易會讓人想起和辻哲郎所優言的風土。而這場所或風土，與所
涉的東西應有某種程度的關係、連貫性，不能隨意指涉任何的場所或風土。
舉動物為例，譬如熊，牠有牠的適切的場所或風土；即是，北極熊有牠獨特
的場所、風土，這便是北極或極地、寒冷之地。北極熊若被帶離北極的地
方，被移到炎熱的地方，牠便不能生存。這便構成了某種東西與它所存在的
場所的密切連繫。離開適切的場地，該東西便無法生長，無法存在了。正是
在這種脈絡中，西谷建立了淨土的觀念：要得到覺悟（起碼就某些人來
說），便得存在於淨土；淨土對於某些求覺悟得解脫的人來說，是不能或缺
的。即是說，某些人要得渡，便得面對淨土，往生淨土。

　　西谷的思想，就關連著淨土問題來說，可以分為兩個時期：前期以《宗
教とは何か》一書為中心，後期則以他由京都大學退休後在大谷大學開講的
〈大谷大學講義〉為中心。這兩種文獻都收入於《西谷啟治著作集》中。在

---

[57] 有關西谷的空的存有論，參看拙文〈西谷啟治的空的存有論〉，拙著《絕對無的哲
　　學：京都學派哲學導論》（臺北：臺灣商務印書館，1998），頁 121-149。

[58] 西谷啟治著《西谷啟治著作集》（東京：創文社，1991）卷 24，頁 302。

[59] 同前，頁 136。

前期，他相當關注虛無主義的問題，這在一定程度上受到尼采與海德格（M. Heidegger）的影響。到了後期，他所關心的問題，是身體的問題，這包含著自然與土地或土的問題。倘若再關連著他對宗教的傾向這一面來說，則身體的問題、生命的問題涉及超越的問題的定位性的改進，這即是由空轉移到土來探究超越的問題。但怎樣把土跟超越性關連起來呢？西谷是要超越土，由空之中的超越轉而為土之中的超越。雙方都有中道的意涵在裏頭。關於這種超越性，西谷以很平實的事例來說明。所謂宗教上的救贖，在西谷來說，是人得以生存下去的動力在我們的最內在的處所中展現出來，發揮它的動能。人在身體方面，需要呼吸空氣、吸收水分和陽光，才能生存、發育，讓生命能持續地成長。在心靈方面，則需要如來的本願力（佛教的說法）與神的愛（基督教的說法）來滋潤。所謂土，作為一種場所，它的作用便很明顯：必須要有淨土與神的國，才能讓人在根本的層面生長、延續下去。

　　在這裏，西谷提出空的「形象化」與有的「透明化」這兩個概念來解說。這兩個概念頗不容易說明。我們可姑作如下的理解：如來為了方便渡生，需要展示如來的本願和神的愛。為了這種展示，就西谷來說，空要讓自己發揮動感，主動地移向淨土、神的國土中，而形象化為土，如來自身亦內在於這土中。這內在於土的內裏的空，可以說是「形象化」，這起碼可作為一種現象來看。即是說，空移行或呈顯為淨土，便是形象化。[60]這形象化的土不能被執取為滯礙的東西，而是要被超越的，要轉為有的「透明化」。這樣，形象不是質實而有礙的東西，卻是有其透明性格。在這裏，形象化與透明化可同時證成。這亦可以說為是「土的內裏的超越」。西谷的意思是，在人的生命存在裏，本來便有形象化的傾向；也可以說，在我們的身體中，有一種無意識的力動在湧現，走向形象化，這是在人所居住、滯留的世界中的原始的、內發的活動。

60　在這裏，說空呈顯為淨土而形象化，需要一種形象的推演甚至宇宙論的推演。但空在空宗（般若思想與中觀學）中只被理解為一種展現於緣起現象中的理、沒有自性的理。它如何能有力動或力量作移行、形象化的活動，仍是一個問題。西谷在這裏沒有交代，可謂一間未達。

　　要注意的是，這種可稱為「自我的」身體不是一被認知的對象，它是非對象性格的。世界作為一個大客體，並不與我們的身體相對峙，我們的身體不是對象性的、現象性的主體；此中並沒有通常的客觀與主觀的相對待的關係。毋寧是，我們的身體的焦點與世界的焦點是重合的，有一種交集的關係。兩者之間即使有區隔，但這是透明的區隔，雙方還是互通的。世界是一個大我，我們的身體是一個自我。即使以體性來說，這雙方的體性是非對象性地成立的，在原點方面，雙方是結合為一的。進一步說，全世界的原點與我們的存在的原點是重合的，也是透明的。所謂透明，指種種不同的生命都是在透明性中成立。[61]在這種透明性、生機性中，任何障礙、隔閡都是說不得的。這便是生命。當然其中有某種程度的神秘主義的意味在裏頭。西谷以透明性來象徵生命，也是確切的。至於所謂原點或中心點，世界的中心點與我們自己的中心點都可以在重合為一的處境或關係中存在，自然與自我可以融通無間。也可以說，世界與自我的隔板是透明的，我們即以奔流的生命來說這透明性。這便是「身土不二」。身是我們，特別是我們的身體；土是世界、自然界、淨土；不二即是透明性。這身土不二正是西谷的淨土觀念的基礎。[62]

　　以上是西谷所闡發出來的身土不二的淨土思想，這是從客體方面說。從主體方面說，特別關連到工夫實踐方面來說，身土不二可視為修行者的心與淨土的阿彌陀佛之間的不二、相即不離，同時也證成了阿彌陀佛的既超越而又內在的雙重性格。「超越」表示阿彌陀佛或淨土，他完全是清淨、無染性格的，不含有現實的經驗世界的後天的負面東西。「內在」則表示阿彌陀佛的如來的慈悲的願力隨時會作動，滲透到眾生的生命的內裏，對後者起加持作用，幫助他們儘快脫離穢土，往生於淨土，最後成覺悟、得解脫。

　　如來的慈悲的願力，在淨土宗的文獻中，稱為「如來本願」。它表示阿彌陀佛的生命的透明性流向當事人自己，也流向外面的世界，確認如來的生

---

[61] 按這透明性應該有「生機」的意味，與一般透明的玻璃不能混淆在一起。

[62] 《西谷啟治著作集》卷24，頁391-393。在這裏，我參考了長谷正當的意見來助解。

命（無限的生命）所流經的場所亦即是佛國土、淨土的證成與開拓，同時也讓當事人或修行者以身體的存在的身份對自己的自覺、認同。此中有修行者對作為他者的阿彌陀佛的深心的、無限的信在裏頭，這種信不單純是信仰，而且有智慧在；從宗教的角度來說，這信可視為智慧的原型。在這裏，信與智慧或理性是不分離的：信中有智慧，智慧中有信。

九、身體觀與情意中的空觀

　　上面提及〈大谷大學講義〉。在其中，西谷發揮他自己經營而獲致的有關身體的宗教哲學的探索，闡發我們的作為生命的基礎的身體的意義與構造。按在生命科學中，或在自然科學、醫學中，本來便有一種學問是處理我們的作為身體與器官的有機體的問題的分析與探索。這些身體、器官、有機體在哲學與宗教中並不是作為觀察的對象而為研究的焦點。哲學與宗教所關心的，是把身體作為一種場所、一種自覺的基礎來看待，在其中進行對實在的體證。在這種脈絡下，身體有場所的意涵。西谷的理解是，要去除病痛，得到健康，讓自己的存在狀態能不斷地翻新，便得抓緊以身體的形式而存在的人加以探討。

　　西谷在這裏所說的主題是身體。身體是有生機的，是生物，不同於物體。甚麼是生物呢？西谷由自我、自己（self）來說。即是，生物具有自我的性格，它是具有生機、生命而能在生活中成長的。就人來說，他的生活，與世界上種種東西有關連，例如要攝取食物以充饑，飲水以解渴，吸收氧氣以維持精力。他又要與其他人有種種接觸，置身於種種不同的文化與歷史中，讓自己能夠堅持下去，不被淘汰。在這種網絡中，身體是一個重要的場所、居所。更重要的是，身體的存在與土有密切的連繫，才能維持生命力。因此，土也是一種場所，一種物理的場所，不完全是西田所說的作為意識的空間的場所。在這整個環境、氛圍中，自我是凝聚的中心點，把身體與土都概括起來，聚斂起來。對於西谷來說，身體是小場所，土是大場所，身體最終要還歸到土方面去。這樣的土或自然世界不完全是物質性格的，它也能開

啟出超越的空間、場所,而淨土與神的國便在這種脈絡下被提出來了。[63]

　　長谷正當指出,在西谷的身土不二的關係中,重要的是「土」這一概念的實在論性格。即是,土是穩固的、不動的,是一切有、存在生於此而又居於此的場所。一切動、植物都不能離開土,包括飛鳥、游魚在內。在西谷來說,人自己通過身體而與土相連,身體與土基本上都是物質性格。不過,人在身體中展開種種活動、生活,而以土作為所依,仍可說透明性,在人的種種活動中都可展現生命的透明性。自己、身體與土連繫而為「一」,生命正是在這一中洋溢著、流行著。這生命可以被感覺、被直覺,可從自己的存在的根源來說。長谷認為這是淨土觀念的來源。[64]

　　這種對身體的重視的態度,與知識成立的基礎大有關連。在知識論方面,西谷並不傾向觀念論,卻是以實在論作為知識成立的基礎。這樣,在知識論問題的處理上,便向感覺、欲望方面傾斜,反而不重視知性或認知理性了。法國當代的哲學說起知識問題,大多是這樣的。感覺、欲望不是屈居於知性、理性之下,卻是越過知性、理性,跟人的具體的生命存在有密切的關聯。身體的物質性格,作為知識的實在的依據,便成了重要的考量要素。西谷的哲學並不很強調知識論,但也不能完全不照顧,人畢竟是以雙腳踏著大地生活、成長的,對於周圍環境,包括大地在內,需要具有足夠的知識。因此,西谷亦不能免於為知識尋求一實在的基礎。他以知識的基礎是感覺,特別是作為具體存在的肉身的感覺,故需要就身體一面來把握,建立感覺、自覺的基礎。同時也要探求身體與土的關係。就這個角度來說,西谷是更接近實在論的。這便讓西谷的哲學與重視身體問題的法國哲學拉近距離。

　　回返到作為佛、菩薩或神的國的淨土方面,我們需要認許這淨土的經驗性格,於是種種誇張淨土的華麗的話語便不能免了。人的構成因素有精神的、思想的自我和物理的身體。就一般的理解來說,人是先有身體而後有自我的,自我成立於身體的存在這一平臺之上。從現實一面來說,這自我是染

---

[63]　同前,頁243。

[64]　《欲望の哲學:淨土教世界の思索》,頁60-61。

污的，不是清淨的。人要先超越、消滅這染污的自我，才能說救贖。依西谷，消滅自我的場所，正是空。故需以空來消滅自我，這是自我的超越。至於身體，則需在作為場所的土中來處理，這是身體的超越。西谷強調，自我要消滅在空的場所中，而身體在生起之處，需以土作為回歸、回返的場所。[65]所謂「淨土」或「神的國」，正是土與自然世界敞開而成為超越的場所的結果。

　　關於空與土，從中道的工夫論的角度來說，兩者都可能產生問題：空可讓人傾向虛無，土則可讓人傾向實有。只有同時超越這兩者，才能說中道。故西谷一方面說空的超越，一方面也說土的超越。若能超越空，則空可由心境上下降到身體與作為後者的基盤的土方面來，而滲透於其中。在西谷的思想中，對於空的超越可轉為佛國土、淨土、神的國的在土中的超越而展現，而證成。

　　西谷早年講習般若學中的空的義理，以空來說京都學派的核心觀念「絕對無」。到了後期，提出「情意中的空」（情意における空）一觀念，並探討與開拓構想力的問題。[66]這「情意中的空」是形象（image）的世界的證成的基礎：空由虛空、虛無下降、沉澱，在情意的脈絡中顯現出來，以形象的形式，在我們眼前展現。所謂「形象」是指「色形」與「色形的知」結合為一體。譬如說，我們聽見波濤的聲音，便知道有海水在衝擊岩石的現象；聽到狗吠的聲音，便知道附近有狗隻。波濤聲與狗吠聲是色形，海水衝擊岩石和狗吠是色形的知。我們對於這兩種聲的確認、一一分別，其基礎在於海水、岩石與狗的形象。西谷指出，「形象作為形象自身本來存在的姿態而呈現」，正是從內裏、內側看到的事實。[67]進一步，西谷認為，在見與分別的根源中，有構想力的動力在裏頭。這種動力是一種「共通的感覺」，更恰當地說，是五感的根柢、基礎。這共通的感覺可以指涉事物、自我，或兩者同

65　《西谷啟治著作集》卷24，頁243。

66　這最明顯表現於他的長文〈空と即〉之中。《西谷啟治著作集》（東京：創文社，1994）卷13，頁111-160。

67　同前，頁141。

時被映照出來的明朗化的現象。這不是純感覺,因為在其中,有理性特別是知性的思維力量的開展。西谷也曾把最高層次的思維活動納入其中,讓感覺有更穩固、更確定的基礎。因此,構想力中同時存在著感覺與思維的要素,與康德所說的構想力(Urteilskraft)有相通處。它與胡塞爾所說的範疇直覺(kategoriale Anschauung)有對話的空間,更可與陳那(Dignāga)與法稱(Dharmakīrti)等唯識學者特別是後者所說的意識現量(mano-pratyakṣa)相對比、比配。

　　西谷在他的後期的論文〈空と即〉中,論到潛藏在構想力或共通感覺內裏的原初的覺,並把它關連著空這一觀念或義理來把握,在這樣的脈絡下,空可在人的內在的心情、心境中被映現出來。即是說,構想力可以作為「在情意中映現的空」而被理解,被捕捉。這樣的空可被形象化,或者它自身形象化,在我們的心中映現出形象的世界。[68]對於這「在情意中映現的空」,西谷有如下的描述:

> 空這種東西,在日本和中國文學中以種種意味結合起來而展露開來。此中的特色是,這空在日常經驗所包含的感覺、知覺、感情、心情等等中作為規定它們的契機而展現出來。空是感性的東西、情意的東西自身或特殊的特徵。[69]

就這說明來看,西谷對於空有他自己一套獨特的理解。它不是如《中論》中所見到的對自性的否定和對邪見的否定,[70]而傾向於靜態義,卻是有美學、

---

[68] 說空可形象化為內心所映現出來的形象的世界,需設定空是一種力或力動,這力動自身可透過一種凝聚、下墮的程序而變現出形象性格的事物才行。這頗類似筆者在自家的純粹力動現象學中設定絕粹力動透過詐現(pratibhāsa)而分化出萬物的情狀。西谷似乎未有注意及這點,也未有提出詐現的活動。

[69] 《西谷啟治著作集》卷13,頁117。

[70] 關於龍樹的空,特別是他在《中論》中所說及的空,筆者曾作過相當深入而廣泛的探討,最後確認為對自性(svabhāva)和邪見(dṛṣṭi)的否定。Yu-kwan Ng, *T'ien-t'ai Buddhism and Early Mādhyamika*. Honolulu: University of Hawaii Press, 1993, pp.13-20.

存有論與知識論等多元的意涵。這是西谷自己提出的創見，超過印度佛教的般若思想與中觀學所闡明的空的原有的內容。如長谷正當所說，在我們在身體中開拓出來的明朗性，存在於「我們所居住的世界」亦即是「情意的世界」的基礎之內，而情意的世界正是空所映現出來的地方。西谷在〈空と即〉中，以「在情意中的空」來把捉構想力。長谷特別強調，西谷所說的形象是同時跨越空與情意這兩個世界的。[71]在這種理解的脈絡中，我們可以說，西谷的空有一種存有論特別是美學的轉向（aesthetic turn）的意味，那是西谷對空的創造性的詮釋與開拓，是前人所未留意及的。他把空關連著形象來說，這形象是美學的形象，而不單是存有論的形象。我們甚至可以說，美學的形象較存有論的形象更接近京都哲學所時常強調的「真空妙有」中的「妙有」的意味。

　　以上說了一大堆有關情意中的空的東西，這與淨土教法有甚麼關係呢？有的，不過，這關係相當深微，不容易體會出來。西谷說情意中的空，其實是他自己心目中的淨土。因此，這空需作進一步的轉向，由美學的轉向進至宗教的轉向（religious turn）或救贖的轉向（soteriological turn）。這種亦美學亦宗教的淨土包含兩個面相：空的形象化與有的透明化。前者相應於真空，後者相應於妙有。空的形象化或真空與淨土思想中的往相相接軌，是以超越的活動、自我淨化為修行的重點。但它不是純然的空寂而與世間斷絕關連，卻是有形象化一面，以世間種種形象作為其最終目標的宗教淨化的活動。因此，空的形象化表示空這種空寂的、無形體的超越的原理來到我們的經驗世界而展現其姿態。他引孟浩然的詩句來表示空寂的境界：

　　　義公習禪寂，結宇依空林。戶外一峰秀，階前眾壑深。
　　　夕陽連雨足，空翠落庭陰。看取蓮花淨，方知不染心。

西谷表示這不是表顯天空的虛空性格，而是表顯禪房周圍的情境，或是表顯

71　《欲望の哲學：淨土教世界の思索》，頁52。

一種無形的無限的氣氛，作為空的虛空與情意的密切接觸狀態。[72]這是對超越這個世界的東西的映現。超越的空在這個世界中的映現而成的形相，是「空的形象化」。

西谷的淨土的另一個面相是「有的透明化」，這與淨土思想中的還相接軌。構想力將其根下降到意識以前的東西，而為無意識的東西，也可說是身體方面的東西。西谷把這種導向稱為「有的透明化」。這即是對於有以至生命的根底加以照耀而展示它的澄明性格。這透明化是構想力的一種作用，它使存在或有的世界不停滯於固結的、靜止的、不流動的狀態，卻是使它透明化、空靈化。這是對現象世界的一種活現作用，不孤立現象世界，而是把自身積集得的功德，迴向現象世界。現象世界經歷這種迴向作用，便能表現明朗性。

十、懺悔與懺悔道

以上是西田幾多郎和西谷啟治對淨土思想的說明和開拓。他們的終極立場，不是淨土宗，而是禪宗，因此他們的說明和開拓，雖然展示洞見，但不是那麼親切。田邊元的年代，介於西田與西谷之間，是地道地宗淨土宗的，特別是發展到日本的淨土真宗，而以親鸞的思想作為焦點。他所闡釋和開拓的淨土思想，予人以更親切、更有宗教意味的感覺。他把淨土思想發展為一種懺悔道的哲學，這正是我們在下面要處理的。

田邊元所提的懺悔與懺悔道，表面看來好像很簡單，很容易理解；但認真思考這個問題，則不容易說清楚，主要的問題在它牽涉及生命的一種由懊悔、失望、自責、羞慚、無力種種負面的感受而逼引出的生命力的反彈、要自強的衝動，最後這些負面的感受會凝聚、轉化而證成一種有濃烈的道德的、宗教信仰的巨大的力量。這懺悔活動或行為有一個對象，那便是作為他力大能的阿彌陀佛。當事人要把整個生命存在都託付給這他力大能，向他告

---

72 《西谷啟治著作集》卷 13，頁 113。

解，表示內心的悔咎與傷痛，祈求他的慈悲的願力，讓自己從無明、罪惡、卑賤的負面處境翻騰上來，向一個有光明前途的理想趨附，而重獲新生。

懺悔便是這樣一種行為、活動，以哲學的角度、導向來處理這種行為、活動，而建構一套哲學理論，便是懺悔道（metanoetics）。metanoia 本來是希臘語，有懺悔、迴心的意味，田邊元把它和淨土宗所歸宗的他力關聯起來，而成就懺悔道哲學（philosophy of metanoetics），開出他力信仰的宗教現象學。

在田邊元看來，任何宗教上的救渡或救贖，都要依於懺悔，在懺悔活動中證成。兩者是不能分割開來的，它們總是相即地交流著，而成一種辯證的關係。而即在這種辯證法的對峙局面中呈現不同不異的動感的統合狀態。[73]那麼兩者是否在生命中成一個背反呢？所謂背反，是指兩種東西的性質相反，但又總是牽纏在一起，成為一體，不能分離，如生與死、善與惡、罪與福等。我認為懺悔與救渡還不能說是一種背反，因為雙方有一種因果關係，不如背反必須設定背反的雙方在存有論上的對等地位。即是，懺悔是因救渡是果。任何救渡都涉及一種心境上的提升、轉化。這種心境上的提升、轉化，都要基於一種心靈上的自我否定，否定過往作過的行為，然後才能帶出希望與新生。我們不可能想像一個過往作了惡事而又死不悔改的人會得到救渡。他必須承認自己的過失，而感到後悔，希望能作一些事情，對別人有益的事情，作為補償，即是說，必須要懺悔，改過自新，救贖才能說。田邊似有認為懺悔與救渡是一個背反之意，他認為救渡與懺悔總是在否定的對立狀態中，不能成為一體，卻又相即交流。[74]這有問題。懺悔為因，救渡為果，雙方有一種時序上、理論上的因果關係，不能說背反。

實際上，田邊元對懺悔頗有自己的一套看法，他認為，哲學一方面依從理性的自律而由當前的自我出發。這自我通過由世界而來的限定的一連串關係，而自覺到絕對無的媒介作用，無中有有，亦即是空有，通過死而得生，

---

[73] 田邊元著《懺悔道としての哲學》（東京：岩波書店，1993），頁16。
[74] Idem.

因而是超越生死的復活的生命。當事人必須有這種信、證。這信、證的媒介行為，正是懺悔。[75]對於田邊的看法，我認為應該注意兩點。第一，田邊提出自我透過由世界而來的限定而自覺到絕對無的作用。媒介經由絕對無的中介作用而成絕對媒介，在這絕對媒介作為精神、意識空間中，種種事物得以相互交集、相互連貫。作為這種種事物的一分子的自我，自覺到絕對無的這種中介作用，與其他自我溝通起來。通過這種溝通，自我自身能對比出自己的過失、錯誤，而實行懺悔。第二，田邊元說自我通過死而得生，因而是超越生死的復活的生命。這個意思有廓清的必要。救渡與懺悔不是背反關係，因而不必同時克服、超越救渡與懺悔兩個東西，以達致高一層次的存在的、生命的境界，如其後出現的京都哲學家久松真一、阿部正雄所說的那樣。毋寧是，這倒有禪門所說的「大死」、「絕後復甦」的旨趣。這個旨趣是，我們要對生命中的一切負面要素如無明、罪惡、煩惱等作徹底否定，徹底埋葬它們，才有救渡可言。必須「大死一番」，才能有復甦的、新生的生命。

在關於救渡與懺悔的內在關係的問題上，田邊特別強調懺悔對於救渡的媒介作用，認為救渡需要懺悔才能得到保證，我們實在可以說，懺悔是一種活動，也是一種原理，一種救渡原理。田邊說：

> 倘若救渡是不需要懺悔的媒介作用而得到保證的話，則是最早發生的救渡，不是人的精神對於絕對者的精神的關係，而是與人的行為完全離脫開來的同一性的自然存在這樣的事實了。這便不是作為最初的精神的轉化的行、信、證的救渡活動了。還有，倘若懺悔單單只涉及自家的分別心的問題，不涉及在救渡性的轉化中的媒介，卻是只及於心理經驗的話，則這只是悔恨、後悔之類的有限的、相對的經驗事實而已，不能說精神性的體驗，沒有絕對的、超越的轉化意義的行、證可言。[76]

---

[75] 同前，頁 19。

[76] 同前，頁 13-14。

概括這一段話語的內容，很明顯，田邊認為懺悔是在精神上、自覺意識上與救渡有密切關聯的活動、行為。他雖然未有提到「良知」、「良心」或「道德良知」字眼，但他理解懺悔，是與這種道德主體的道德反省分不開的。即是，倘若當事人沒有德性的、道德自覺的悔意，則一切救渡只能是一種機械的、刺激與反應意義的自然活動、事實，不能觸及當事者在精神上、良知上的覺醒，這不是真正的救贖，無所謂「行、信、證」。心理義的、經驗性的、從分別心說的轉化，不能帶來內在良知的、道德的轉化，只指涉心理的、經驗性的變化，只是心理上的後悔、悔恨而已，而無關於良知的、道德的、自覺的救贖（soteriology），這種轉化亦缺乏超越性、絕對性與永恆性。

　　田邊的這種意思應該不是很難懂。救贖或救渡是良知上的、自覺方面的事，自應從精神的層次處理，不能從自然的層次來看。而作為媒介的懺悔，亦應是精神上的、自覺意義的。他還指出，這樣的救贖之路，其大門總是開放的，對一般人來說是敞開的。此中有一種辯證的思維，一般人都能理解。即是，在懺悔與救贖之間有辯證關係，懺悔與救贖之間的媒介作用，即建立在這種辯證關係上。這樣，我們便可清晰地理解到懺悔道對一般人敞開了救渡之路。這是一種辯證性格的表現：在絕對轉化的絕對媒介作用中發生的任何肯定都包含否定，和被轉換為否定；在其中，否定可被轉化為肯定，而不必被捨棄。[77]這其實是生命力的一種反彈，這點非常重要，我會在下一節中詳盡地處理它。

　　在這裏我只想重申一點：懺悔道哲學對一般人來說，永遠是敞開的，這是毋庸置疑的。其理由很簡單，作為絕對無的條件是媒介作用，這便成就了絕對媒介。懺悔是絕對媒介，它的根源在絕對無，而絕對無是一終極原理，它具有普遍性，因而內在於各人的生命中，因此，每一人都能進行懺悔，這便是田邊元說懺悔道對一般人敞開的理據。

　　田邊對自己的懺悔道的哲學非常有自信，他曾表示自構思這種哲學以

77　同前，頁 17。

來，一切想法都立根於自己個人的實存的自覺。在他看來，在作為懺悔的自覺的懺悔道之外，不存有其他哲學的途徑了。[78]他又表示，在現實的不合理（按即非理性）的狀況中，他對國內（按指日本）的不正、不義以至偏見與妄斷的事，都有自己的責任感；對於他人所犯上的罪惡與錯誤，有自己也負有責任的感覺。他又承認自己的哲學在解決實際事務上的無力性（按當時是在第二次世界大戰末期，日本已呈敗象），因此不得不為自己的哲學的無力絕望而告解、而懺悔。最後，他坦言倘若要再向哲學之路出發，只有懺悔一途。[79]哲學本來便是一種思辯的學問，那是對終極真理的思辯。西方哲學便是一直在這種根本理解下發展的。田邊早年也是學西方哲學起家的，到他接觸親鸞的淨土真宗的教義與實踐，已是後來的事了。為甚麼他說哲學無力呢？我想他是就思辯的哲學而言哲學，這種哲學不能涉足現實的政治、經濟、軍事等務實事情。政治哲學又如何呢？我想也不行，實際的政治家，特別是那些掌權的人，是不大會留意這種哲學的。田邊的哲學有很多精采之點，包含洞見在內，但與現實社會沒有關聯。他的一生只是在大學講課和寫書而已。這從現實的角度來看，不能不說是一種憾事。

不過，我們也不應過分低估哲學的力量，特別是在文化形態與價值意識的開拓方面。釋迦、孔子、蘇格拉底等不是一直在影響著東西方以價值標準為主的精神文化麼？田邊的懺悔道哲學雖一時不能有甚麼影響，但它提出一種有普遍意義的道德與宗教活動的理論；就與其他的哲學作比較來說，他的那一套算是與實際的世界距離較短的了。他曾對自己的懺悔道哲學作過估量，提出懺悔不單是一種事後的後悔，那是一種痛苦的憶念，對自己過往的罪過的追悔，或者是一種痛苦的感受，而深深希望那些罪過未有發生過。它

---

[78] 同前，頁 29。讀者可能認為田邊的這種說法過分誇大懺悔道哲學。不過，倘若我們把哲學只就實踐的導向來說，亦即以生命哲學或生命的學問來說哲學，則懺悔的確是一種非常重要的行為。人不是上帝，不能沒有錯失；只要承認錯失，而樂於懺悔，才有自我轉化可言。自我轉化是一切生命的、行為的哲學的基礎。倘若就這點說，說懺悔道是唯一的哲學路向，並不為過。

[79] 同前，頁 28-29。

卻是一種自我的突破（Durchbruch）或自我的放棄。[80]這自我突破、自我放棄可以激發起生命存在內部潛藏著的正面的強大的力量，讓當事人與過去作過的不當行為徹底地切割開來，而開展出一種全新的生命旅程。以下一節我們便討論這個問題。

十一、自我放棄與「大非即大悲」

在田邊元的救渡、救贖哲學中，有兩點需要注意，其一是自我放棄，另一則是「大非即大悲」。在田邊看來，當事人由於作了惡事或犯了罪，陷入情感與精神的苦痛中，受到良知的責備，自己無法憑自力解決這些生命上的問題，於是求助於他力，希望藉著阿彌陀佛的願力加被、加持，讓自己從生命的苦痛的深坑中逃生，並且得到覺悟與解脫。這是一般的說法，沒有問題。不過，田邊提出一極其重要之點：他力大悲的救贖行為並不是施與那些完全不作出倫理上的努力，而只抱怨自己的脆弱性、無能性，歌頌他力的全能性的耽於安逸生活而不覺得羞慚的人。他力的救贖只應施與那些盡了自力而對自己的無力性感到慚愧，因而實行懺悔的求道者。他特別強調，大悲只

---

80 同前，頁 4。以上是討論田邊元的懺悔道哲學，亦即是他的宗教哲學的問題。讀者也可參閱拙文〈田邊元的宗教哲學〉，拙著《絕對無的哲學：京都學派哲學導論》，頁 25-56。又可參考林鎮國著〈在廢墟中重建淨土：田邊元的懺悔道哲學〉，劉述先編《中國思潮與外來文化》，思想組（臺北：中央研究院中國文哲研究所，2002），頁 471-489；西谷啟治著〈田邊哲學について〉，中埜肇編集、解說《田邊元集》（東京：筑摩書房，1975），頁 399-424；James Fredericks, "Philosophy as Metanoetics: An Analysis", in Taitetsu Unno and James W. Heisig, eds., *The Religious Philosophy of Tanabe Hajime*, pp.43-71; Makoto Ozaki, "Other Power and Repentance", "Species as Expedient", Makoto Ozaki, *Introduction to the Philosophy of Tanabe: According to the English Translation of the Seventh Chapter of the Demonstration of Christianity*. Amsterdam-Atlanta, GA: Eerdmans Publishing Comp., 1990, pp.95-97, 97-99; Fritz Buri, "Der Inhalt der Metanoetik", in Fritz Buri, *Der Buddha-Christus als der Herr des Wahren Selbst*. Bern und Stuttgart: Verlag Paul Haupt, 1982, S.92-99.

會在大非的否定轉化中現成。[81]田邊的意思是，一個人犯了罪，作了惡事，
應該全力在自己能力中努力，盡量去解決這惡、罪的問題，即使這樣去做，
還是解決不了問題，才應委身於外在的因素，向彌陀佛求助，藉著後者的悲
願，讓自己在精神境界上、心靈狀態上得以昇華。倘若不這樣做，光是坐著
等候外力的援助，是不會有結果的。他又表示，在求取絕對意義的轉化中，
涉及絕對的否定的行為，這作為絕對轉化的絕對否定的行為，亦即是「大
非」，是作為救渡的大悲而被信、被證的，這是他力信仰的核心點。[82]即
是，先有大非然後有大悲。大非是對過往的行為與行為的主體的徹底否定，
在這之後，才能有大悲的願力出現，這種大悲的願力，是出自彌陀的至誠悲
願的。而這大非即大悲、無即愛或大悲即大非、愛即無是一種具體的、需要
親身參與的行動，這是一個實踐的問題，涉及懺悔道的問題，不是可以就理
論上的辯解來解決的。關於「大非」、「大悲」、「無」、「愛」這些字
眼，常出現於田邊的著作中，「大非」與「無」是負面說，「大悲」與
「愛」則是正面說，兩方面都有辯證的意味。當事人須已徹底否定自己的惡
行，才會得到彌陀的大悲助力；而他所蒙受的愛，是從絕對無而來的，這絕
對無即是他力彌陀。

關於大非即大悲、無即是愛中的「大非」與「大悲」、「無」與「愛」
的辯證性格，田邊也表示這種關係不能以邏輯的眼光來看。他提出，倘若大
非即大悲這樣的信仰的事實是依某種邏輯而論證出來，則在最早的邏輯便沒
有行、信、證的內容，也不是信仰的立場了。這樣便失去他力信仰有別於同
一性的神祕主義的成立的理由了。[83]田邊這種說法，是讓淨土宗的教說特別
是淨土信仰與邏輯切割開來，強調在以理性為基礎的邏輯的真理上，還有更
深刻的辯證的真理。大非即大悲、無即是愛不是邏輯的真理，而是辯證的真
理。在田邊看來，淨土宗的他力信仰中的行、信、證都是實際的行動，當事
人只有全力去行動，去信仰，在行動與信仰中與他力的悲願合而為一，越是

---

81 《懺悔道としての哲學》，頁 19。

82 同前，頁 9。

83 同前，頁 11。

脆弱而在行動上越是積極的人，便越是淨土悲願要救渡的對象，親鸞所提的「惡人正機」便有這個意思，即是，罪與惡越是深重的眾生、根機，便越是救贖的正確對象。這與一般的神祕主義（mysticism）不同，後者不考慮個體的特殊條件而施救，而只籠統地強調抽象的、無分別性的同一性。

因此，辯證性格的救渡是要考量具體情境的，也有一定的救渡程序。在這些點上，田邊說：

> 只有在懺悔的媒介作用中放棄自己，否定自己的存在價值，只有以這種情況作為媒介，才有救渡可言……對於救渡的不可思議性的戰慄與感恩，當事人即使是懺悔過，得到救渡，也應覺得這仍是不足夠的，難以讓自己繼續生存下去的。這種大非即大悲的不可思議的救渡力，並不能消滅這些沉重的罪惡。在懺悔中，戰慄、感恩與誹謗總是在相即相入的循環狀態中，而懺悔與救渡、罪惡也交相互動起來。依於這種循環狀態，在懺悔、救渡和罪惡之中，一種媒介性格的關係會生起。在這種循環的歷程中，誹謗與罪惡能夠在懺悔性格的媒介作用中，被轉化為救渡，而不必消滅罪惡。這種懺悔的無限構造能引生恐懼與戰慄，但可讓人傾向於救渡的目標。懺悔的媒介作用可以在不斷除煩惱罪障之中讓人得到轉化。[84]

對於田邊元的這種語重心長的敘述，我想作如下的說明。第一，以懺悔作為媒介而放棄自己，並不等同於自暴自棄，甚麼也不作，只等待大救星的降臨。這卻表示當事人徹底地要埋葬過去作盡惡事的自己的決心，和期待轉化來臨的熱切渴求。他始終保持著一種謙卑的心態，總是覺得自己改過自新的工夫作得不夠，不值得讓自己繼續生存下去。他越是這樣想，越是這樣否定自己（大非），便越能得到彌陀願力的加持（大悲），越能啟導出不可思議的救贖。當然，這只展示當事人的自省、懺悔與謙卑，並不把救贖置在心

---

[84] 同前，頁 15-16。

頭，作為一種目的。倘若不是這樣，則失卻懺悔道的原意了。第二，在懺悔的活動中，戰慄、感恩和誹謗這三種心態結集起來，而成為一個三位一體（triad）。戰慄是面對自己過往所作過的罪惡的事，感到不安，不能定下心來。誹謗則是咒罵，理性失了常態，自己禁制不了。感恩則是對他力彌陀的悲願表達感激，為後者不但不嚴責自己過往的惡行，反而對自己慈悲加持的恩典感念不已。第三，在懺悔道或懺悔性格的媒介作用中，人的邪惡犯罪的心被轉化，而不必斷除煩惱罪障；這煩惱罪障反而可以作為方便（upāya）而被利用，警惕自己，也警惕他人。這是大乘佛教特別是天台宗的圓融智慧的表現：煩惱即菩提，生死即涅槃。

　　以上的所述，都離不開一個總的確認：懺悔是救渡、救贖的媒介。沒有了這種媒介，救贖便無從說起。而懺悔或真正的懺悔應是發自心的真切的反省與感受，是絕對地自願性格的，不能有任何來自自己之外的壓力在裏頭。關於這點，田邊作出更深入的反省、反思。他指出，在懺悔道中，救渡的大非力作為大悲心而運作，絕對無的絕對轉化即以這大悲心作媒介，而懺悔即這樣地成為哲學的通道了。在這裏，田邊提出「無の絕對轉換」，以大悲心作媒介而成就懺悔道，這如何可能，田邊未有解釋。[85]我在這裏姑補充幾句。所謂無（Nichts），是絕對無（absolutes Nichts），它是終極原理，有一定的客觀義，若要作出轉化，成就宗教目標，便得借助能夠運作、運轉的心，這即是大悲心。以大悲心為媒介，把絕對無的訊息傳達到眾生世界，教化他們，便成就所謂「無の絕對轉化」了。這也可以視為懺悔道的轉化，或哲學的轉化，懺悔道自身便是一種轉化義、救贖義的哲學。

　　在田邊看來，懺悔是救渡的媒介，它的相對的自力成為絕對的他力的媒介，這絕對的他力即是彌陀的悲願。依於此，懺悔為絕對他力所帶引，而被轉換為作惡犯罪之前的心態，體驗到不可思議的、超越的復位的喜悅。我們可以見到，哲學以「媒介的邏輯」把理性（按應指康德所說的純粹理性）媒介進（媒介作動詞解）不可思議的宗教的轉化中，讓人由概念的、理論的並

---

[85]　同前，頁 13。

且有否定傾向的媒介，了得宗教的直接體驗。[86]

　　這裏所說的宗教的直接體驗，是在實踐的活動中說的，不是在像宗教的定義那樣的概念、理論中說的。以下我們即看田邊如何看懺悔道的實踐意涵。田邊說：

> 我們以懺悔為絕對媒介來行動，其中的行、信、證是要求絕對知識的哲學的必然（要走）的路向。而自覺地實踐這種路向的，正是懺悔道。這是我自己所意指的哲學。這不是就懺悔而說「懺悔的哲學」，這是實踐懺悔的他力哲學。進一步說，哲學的懺悔，便是懺悔道。懺悔不是在哲學中作為一個外在的問題而被提出來，也不是止於在方法上提出一些規定……懺悔道是在哲學中發展出來的。哲學須是哲學的懺悔，才能達致它所要到達的目的地。有（being）是相對的，不可能是絕對。絕對無必須是無，如我曾說過那樣。無是轉化。因此，有作為無的媒介，是轉化的軸心。[87]

按田邊在這裏所說的絕對知識，應是指有關終極的、絕對的真理的知識；這只能透過具有強烈的實踐意味的行、信、證來達致，辯解的、分解的途徑是沒有用的。懺悔的哲學不是思辯的哲學，而是行動的哲學；而懺悔不是拿來說說的，卻是拿來實踐的。在這個前提下，自力與他力便變得不重要了。在實踐中，能夠以自力的方式解決問題，自然很好，倘若不能，而得求助於他力，也無可厚非。人的能力是有限的，他不是上帝。在這裏，田邊把實踐、行動放到最高位置。他強調哲學須是哲學的懺悔才管用；只有在懺悔的行動中，宗教意義的轉化才是可能的。而轉化的根源，正是作為終極真理的絕對無。絕對無是宗教的泉源，它是通過對一切相對性的東西的突破而成就的。相對關係必須先崩潰，才有絕對性的現成。相對關係存在於作為「有」的存

---

[86] Idem.

[87] 同前，頁24。

在世界中，要達致絕對性，便只能在存在世界中努力，離開了存在世界，一切都是空談。基於此，有或存在世界便成了絕對無的媒介。在這方面，我們可以看到田邊元的思想在作實效性的轉向（pragmatic turn），也可以說是有實在論的傾向。他很明顯地與西田幾多郎的觀念論的導向分途了。這是他後來批評西田哲學的一個線索。

在這裏，有一個重要的問題可以提出來，那便是自覺的問題：懺悔道在他力的遮蔭下，自覺或主體性意識會不會受到傷害呢？一種哲學倘若缺乏超越的反思與自覺，便會淪於自然論，更精確地說，是機械化的自然主義。一切活動會因此而失去主宰性，其軌跡會由外在的自然現象或因果性來決定，則價值特別是主體性的價值便無從說起。在這方面，田邊也考慮及。他表示，真正的自覺，不是同一性的「生的連續不斷」的自覺，而是作為在絕對與相對之間的「否定的轉化」的「死與復活」的自覺。懺悔的自我放棄與他力的復活的轉化的媒介，加上對自覺的明證，可以為哲學帶來一種客觀的基礎。[88]田邊的意思是，真正的自覺，不是邏輯意義或層次方面的對同一的生的現象的連續不斷地出現的自覺，這是經驗性格的。真正的自覺應是超越的、辯證的；這是對由「否定的轉化」而來的「死與復活」的自覺。這一點非常重要。否定而又有轉化，顯然不是邏輯性的，而是辯證性的，只是其方向不是由正面的肯定開始，而是從負面的否定開始，因此接下來的應是一種肯定，或可說是大肯定，在這大肯定中，有「死與復活」的現象學意義的事件不停地出現，而為當事人所自覺。「死」是「否定」，「復活」是「肯定」；由死到復活，是一種徹底的精神活動，與物理的、身體的經驗性活動無涉。當事人可以在復活、生命的與精神的復活中得到保證，也可自覺到這種復活、復甦。這「死與復活」是一種主體性的活動，但也有客體性、客觀的基礎，其來源應該是他力。

就關聯到他力來說，田邊表示，我們要信任他力，在他力的恩寵下，放棄自我，或自我放棄，把自己的實存性放在自己的死亡之中，才有真實的實

存性可言，才有自由可言。[89]在死亡之中放進自己的實存性，讓這實存性被否定，然後才能確立、認證自己的實存性。這是生命的一個大弔詭，是先死而後生的生死智慧的醒覺。即是說，自己的實存性或生命存在在他力的蔭護和恩寵下，先行自我放棄，必須經過這種自我否定、自我放棄的精神活動，才能建立自己的真實不虛的實存性，亦只有在這種情況下，自由或主體自由才是可能的。他力是客體性（Objektivität），但對主體性並無施加壓力，反而對後者關懷與寵受；這與他力彌陀的悲心弘願非常相應，當事人在這種情境下仍可享有充分的主體自由。

在主體自由與他力之間總保持著一定的均衡關係，主體自由並不是要完全失去自己，他力也不是要一方獨大，把主體自由視為被壓在五指山下的孫悟空，讓它變成完全被動狀態。有關這一點，田邊說：

> 促使我們去放棄自己，正是讓我們回復自己的力量。曾經否定「我們的存在性」，而又讓我們得以復歸於原來的肯定的，是同一的力量。一度單方面承認自己的無價值性與空無性，卻又率真地確認自己對負面價值的反抗性。不思議地，一度被否棄的自我存在轉而為被肯定。我們的存在便是在這種絕對轉化的否定與肯定中被確立的。[90]

這段文字有非常重要的意義，它展示出田邊的他力主義的限度和對主體性的積極觀點。他力對於意志和能力較為薄弱的人是很重要的，當事人在求解脫、求新生的心路歷程中的確很受他力的慈悲願力的影響，但他並不是一面倒地依附他力的助力，他在某種程度上是能保留自己的主體性的。這是因為，如田邊所言，那在開始階段自願放棄自己而委身於他力的悲願的自我，與那最後達致目標，回復原來的自我，是同一的主體性。在整個求道、成覺悟、得解脫的宗教進程中，當事人都能維持自我的主體性。他力是無條件地

---

[89] 同前，頁5。

[90] 同前，頁6。

助成自己的宗教目標,但未有取代自我、割裂自我,自我由始至終都是完整無缺失的。特別是在這整個實踐歷程中,自己憑著他力的慈悲,能夠在自己感到最無價值、最空虛的狀態中,把深藏於自己的生命內部的力量發揮出來,造成生命力的強勢反彈。自我否定的自我轉化成自我肯定的自我;自我始終保持著連貫性,是很不容易的,委身於他力的自我卻能作到。即是,主體一方面全面地委身他力,把整個生命存在的前程都託付給他力,同時又能保留自己的主體意識、自我同一性。淨土信仰的獨特性與殊勝性,便在這裏。對於這樣的不可思議的宗教性的歷練與體驗,田邊用這樣的字眼描述出來:

> 在懺悔的媒介作用下,對於一切存在都放棄追求,在精神上斷除在救渡義下的存在的回歸、復活,在絕對的大悲心的轉化力之中,才能超越地媒介地使被轉換的存在回復過來。這是屬於絕對的大悲心、大非力的不可思議的活動,與同一性的自然與必然性無涉。[91]

這種宗教性的歷練、體驗不同於同一性的自然與必然性,雙方也沒有必然的聯繫。這只能說是真誠的懺悔活動與大非即大悲的辯證的、弔詭的思維運作的結果。在這裏,難免有一些神祕主義的意旨隱藏於其中。既然是神祕主義,我們便不想多說。不過,有一點要指出的是,一切有關宗教理想,也可包含神祕主義在內,都必須通過實際的行為、活動才能竟其功,光是思想或思辯是不足夠的。

十二、懺悔道哲學的力動轉向

　　以上我們已頗詳細地討論過懺悔哲學的內容、旨趣和它在我們的宗教救贖活動上的理論依據。以下我們要進入本文最核心的問題探討,那便是懺悔

---

[91] 同前,頁 14-15。

道哲學的力動轉向問題。我在這裏要先提出一點：懺悔道哲學是徹頭徹尾、徹內徹外的一種行動的、實踐的哲學；即是說，它不是拿來作概念上的、理論上的探討研究的，而是作為我們在求取得宗教義的救贖、救渡上的行動、行為的要點、程序上的參考。在理論上，它的可能性是毫無問題的，這在上面的說明中已清晰地展示出來。我在這裏要處理的，是懺悔道或懺悔的媒介性如何轉為實際行動上的轉化力量，讓懺悔這種表面上看是消極的活動轉而為一種堅強的、無與倫比的巨大的心靈力量（也包括信仰力量在內），由個人的無能、焦慮、無奈的心態轉而為一求積極向上的、堅定不移的「不成功便成仁」的生死關頭的鬥爭，以開拓出一種具有美好遠景而可以付諸實行的宏大的精神空間。這空間可以是宗教的，也可以是道德的、美學的、睿智的人文空間。

這種懺悔道哲學的力動轉向的實現可以分為幾個程序而發展。關於首次的程序，田邊元說：

> 完全放棄對自己的存在性的要求，而一味依從、倚賴懺悔，可以引致由否定到肯定的轉化（筆者按：這應是存有論同時也是價值論的轉化）。當事人在這種以救渡為不可思議的信、證之中，可以感到救渡的善巧的（溫暖的）恩寵，而把自我否定轉而為自我肯定，但還有一種未能被確認得到救渡的疑慮。這是因為自己仍有執著的煩惱，並以為這煩惱不可以永遠被驅離，不管你對救渡有多麼強的信心。而在彌陀的自我肯定之中，仍潛藏著對這本願的依靠心理，覺得自己沒有一個立場，一個在其中可以自覺到懺悔與救渡之間的動感的關係的立足點。[92]

這是實踐懺悔的開始的情況，當事人雖然相信彌陀的悲願，認為藉著他的加持，可以讓自己的處境由否定的、負面的狀態轉而為肯定的、正面的狀態。

---

[92] 同前，頁 16-17。

但由於對懺悔道涉入未深，生命的深處還有煩惱存在。同時，由於委身於他力大能，自己的存在性好像突然失落了，讓自己處於沒有了立足點的感覺。彌陀雖然以慈悲願力相助，但當事人在那個階段看來，他畢竟是一個他力，與自己的關係仍未夠密切，不知這他力能否無條件地加持、支持自己脫出困境。在這些情況下，當事人的種種疑慮是可以理解的，有這些疑慮也是正常的。

當事人並未氣餒，繼續努力、堅持下去。畢竟他力救渡是一個漸進的歷程，需要耐性等待，不能馬上便見到殊勝的效果。他既然已委身於他力彌陀，便不應該爭朝夕了。[93]只要堅持下去，自然會有進步。田邊元說：

> 當絕體絕命（筆者按：這是日文用語，和「一生懸命」的意思相近，都是盡心盡力去打拚之意）的自我放棄被視為無力的自覺而懺悔到了極限之點，則可由這沒落的無底之底轉換方向，轉向絕對他力的行、信、證的活動。在這種情況下，由自力方面來說是不可通的矛盾便作為矛盾而被容受，在歷史的每一階段中的必然的行動便會展開。所謂「沒有途徑的途徑」便會被他力伸張開來。而哲學便會由聖道門的自力的理性立場轉到淨土門的他力的行、信立場方面去。[94]

這段文字表示由自力向他力轉換的關鍵性的開展。在這個階段，自我放棄不再是一種自我的消極活動，卻直指一自由的主體，那是放棄自我主體、不再堅持自我的決定性的主體。這裏頗有一些弔詭的意味。自我是真我，是自由自在的，是具有自主自決能力的主體。但自我作為一種超越的主體性，在自主自決之餘，可以自由地放棄這自主自決，而成為一放棄自己的自主自決的權利的主體。這裏自然可以有主體的意味，但這是從正常的自我的主體兜轉

---

[93] 委身他力是就委身他力我的宗教現象學的自我設準說的，那是一種毫無保留地、全心全意地信仰他力、求助他力的行為。關於委身他力我，參看拙著《純粹力動現象學》（臺北：臺灣商務印書館，2005），頁 213-226。

[94] 《懺悔道としての哲學》，頁 30-31。

開去，而成為另一層次的主體了。而在這種情況下，所謂矛盾也獲得了新的意味，不是自力主義、邏輯性格的矛盾，而是在他力主義下的矛盾了。此時他力已取代了自力，而對自力有效的、在自力的脈絡下成立的矛盾，對於他力來說，便不再是矛盾了。自力與他力既已相翻轉，則矛盾問題也須重新考量。在這種新考量中，他力信仰對一切東西、義理來說，有先在性與跨越性。在他力大能的加持下，理性要順從信仰，在一般經驗來說是不可能的會轉換為可能的。在歷史方面作為實然的事體在他力主義的義理下，會轉為必然的事體。「沒有途徑的途徑」這種含有絕對的、超越的意義的途徑便會敞開。[95] 不管如何，在他力信仰導向的淨土教法來說轉化，必須立根於懺悔的修習中。而懺悔的生起，又須由他力來推動。田邊元說：

> 在我看來，懺悔的生起，不是來自我一個人的自力，而是在我的自力發動時，有絕對轉化的他力作媒介，使自己的自我放棄、自我否定轉而為自我肯定。我們應該這樣思維這個問題。在這種轉化中，自力與他力是相入相通的……最初出現的不是依據我的自力而來的哲學的繼續發展以至再建構，而是以懺悔作為媒介由他力的轉化而來的無作之作的哲學。我作為在絕對轉化中被空卻存在性的一分子，可被視為絕對否定的媒介，以隨順的姿態讓自己自然法爾地活動。[96]

田邊在上面多次提及，他力轉化是需要懺悔為本根條件的。在這裏他又強調他力對懺悔的生起的推動作用，這推動作用其實是一種媒介作用。因此我們可這樣理解，懺悔與他力特別是他力轉化之間有一種互為媒介的關係、作用。這是田邊的看法。這種看法強化了他力的作用，特別是在轉化這種宗教活動中的作用。轉化需要懺悔作為依據，這並不難理解。但反過來說，懺悔

---

[95] 田邊在這裏所說的「沒有途徑的途徑」（途無き途）的表述式，讓人想到禪宗無門慧開名其公案結集為「無門關」，這是沒有門檻的門檻。門檻本來是很清楚的，你一看便知，但沒有門檻的門檻便不同，需要一些智慧或洞見來識取。

[96] 《懺悔道としての哲學》，頁30。

須以他力作為媒介才能生起，或者說，懺悔除依靠自力外，還需要他力，才能有轉化的現成。這需要多些解釋。最要者是，這釋出一個意思：在存有論與工夫論上，懺悔與他力是對等的，不存在一方比另一方的先在性與跨越性的問題。就邏輯（符號邏輯）來看，懺悔與他力互為媒介，表示雙方相互蘊涵，因而雙方是同一的，但這同一不是在內容上、質料上同一，而是在存在的機會上同一。這增加了他力的重要性。我們通常是這樣想的：懺悔是他力救渡的基礎，要得到他力救渡，便得先懺悔。故他力救渡必須以懺悔為條件，才能成就。但懺悔只是自家對過往的行為（壞的行為）感到羞慚，因此進行懺悔。這與他力救渡沒有必然的關係。現在田邊強調，懺悔須有他力來推動，以他力作媒介，才能成就。這樣，他力或他力救渡的重要性便得以增加。淨土宗是以他力彌陀為根本觀念的；他力得以提升其重要性，相應地，淨土宗也得以提高其重要性。

　　另外一點是，懺悔催生他力，他力又使當事人在轉化活動中，由自我放棄、自我否定轉而為自我肯定。這點非常重要，這表示當事人在意願上與在力量上的反彈現象。自我否定、自我放棄是虛無主義（Nihilismus）的路向，有破壞而沒有建設。這在宗教活動上來說，並沒有積極的意義，頂多只能讓修行者或當事人變成一個苦行頭陀而已，不能說普渡眾生。普渡眾生包括自渡與他渡。自己先要積極自責，自強，在宗教上成覺悟，得解脫，才能幫助他人。這種在意願上與力量上的反彈現象，其實表示一種力動的轉向。當事人由無能、無助、失望、消極種種負面現象、感受而進行宗教意義的反彈，由否定自己、放棄自己轉而肯定自己、成就自己，感到自己的生命力量的強勁，「沛然莫之能禦」。這種如山洪爆發地湧現出來的生命力量是從哪裏來的？田邊先是說這是自力與他力合起來作用的結果：在轉化中，自力與他力相入相通。後來又不多提自力，而強調懺悔的力量，認為這是以懺悔作為媒介，由他力的轉化而催生出來的「無作之作」的力量。這「無作之作」字眼很堪注意。它表示一種超越了物質的、物理的、生理的力量之上的無形無相的、絕物絕身的巨大的精神力量。人由於過往所作過的大奸大惡的事，讓自己坐立不安，良心不好過，因而進行深沉的反思、懺悔，結果陷於完全

消極的、無建設性的情緒中，覺得自己的存在傷害及其他人，自己過往的行為讓一切人蒙羞，因而確認自己的卑賤、邪惡到這樣一種程度：自己根本不值得存在於這個世界中了，甚至有自己要自行了斷的想法，一死不足以謝天下人。

　　遇到這種情況，生命如一潭死水、了無生氣的完全絕望的人，通常有以下幾種處理方式。一是覺得自己既然不值得生存於世界，乾脆去自殺，自己毀滅自己。一種是如德國現象學的重要開山釋勒爾在他的名著《妒恨》所說的人的作法。這種人天生脆弱、無能（impotent）、缺乏現實感、沒有辦法解決現實生活的種種問題，又常為人欺凌，又無能力去抵抗、報復，只能藏身於自己的斗室之內，製造種種幻性的現象，想像自己如何威武有力，嫉惡如仇，把曾經欺凌、毆打過自己的人，如何被他還擊，被他打得頭破血流，跪地求饒。另外一些人則想著與其打不過別人，甚至沒法還手，便虛幻地造出一個顛倒的價值系統，以強而有力為不好，為不文明，為小人；以弱不禁風為好，為斯文，為君子。或以長輩為位高，以後輩為位低，致為人欺侮時，不能還手，便想著這是兒子打老子，這樣便把自己抬上高位了。這不過是魯迅筆下的阿 Q 精神的表現而已。[97]

　　另外有一種人，他本來也是無能的，在現實上是一個弱者。但他有志氣，不甘心被人欺侮。他在過去也作過大奸大惡的事，在反思與懺悔中，內心感到非常痛苦無助，感到自己的存在，讓周圍的人蒙羞、丟臉，自己的確不值得存在於這個現實世界了。但他不去自殺，也不會製造出顛倒價值的假象，以自欺欺人，枉過這一生。在面對他力彌陀的懺悔中，他要改過自新，作一些有意義的、正面的、積極的事，以平衡自己過去做過的大奸大惡的事，作為彌補。他越是深沉地懺悔，這樣的心願也跟著變得越來越堅強，最後凝聚成一種如鋼鐵般的鬥志。自己越是不值得存在，卻越是要存在，要生死相許地作些有益社會的事。對於外界施加下來的越來越重的賤視、唾棄，

---

[97] 關於這個問題，筆者曾寫過一篇文字〈釋勒爾論妒恨及其消解之道〉，《西方哲學析論》（臺北：文津出版社，1992，頁 225-239），讀者可拿來參考，與在這裏所說的作一比較。

以自己的生命存在整體地頂上去。目的不是為了自己的生存，苟延殘喘，卻是要作一些事，不讓自己不值得存在，卻是要自己值得存在。他自己不認輸：人還未上戰場，戰鬥還未開始，怎可以還未與對方過招，便自動退縮，認輸了呢？這種不甘於沉淪、要自強的志氣，再加上他力彌陀的慈悲的加持，這種釜底抽薪、背水一戰的決心，會讓生命產生一種巨大無倫的力量。「力拔山兮氣蓋世」，這不單是生命張力的試煉，也是意志強度的試煉。結果如何，是成功抑是成仁，反而不重要了。

　　這是懺悔、忠誠的懺悔所能引致的效應。這除了有他力在背後推動外，也不能沒有自力的堅持。人在這種關頭，他力與自力是不清澈地分開的。他力固然重要，人亦可以放棄自己的自由的抉擇，一切委諸他力。但人亦可以在緊急存亡之際，發出潛藏在生命內部的巨大的求生（不一定是求生存的生，也可以是求精神出路的生）意志與力量，讓自己的生命存在由負面價值轉為正面價值。這便是由懺悔而來的，或以懺悔行為發動的力動轉向。田邊元盛言「大非即大悲」，對於大非，他多次提出「大非力」，而大悲即是大悲心。大非力是絕對否定的力動，那是在終極的、絕對的層次上的否定，同時也是一種帶有終極義、絕對義的肯定。兩者之間只有一線之隔而已。而大悲心則是一種發自慈悲願力的心，心是活動的主體，活動便有力在其中，故大悲心也是一種力動。

　　人越是懺悔，越是覺得自己不值得存在，反而會自強起來，不想死，要讓自己過一種值得存在的生活，這樣，生存的意願與力量便會凝聚起來，俾能克服困境，帶來新生。這是生命力的反彈，也是生命的弔詭。

　　這裏有一些補充。完整的懺悔的想法與行動，是一個經過不同關節的歷程。首先理性要被批判，然後被突破，進入無的轉化，產生超理性的理性的行為，最後則是懺悔的想法與行動。就田邊而言，要批判理性，便得面對理性的二律背反（Antinomie），而沉澱到無方面去。在其中，肯定或否定都不能說。在追求自律的歷程中，理性最後必須突破開來。但理性下沉到無之中，如何能夠在自身的突破中求得一據點，讓自身從無中被轉化和被復活而成為新的有或存在呢？田邊的回應是，這只能透過理性實際進行自我批判才

行。我們必須在信念中確認絕對者只成立於絕對無的轉化力量中，才能滲透到真實的真理深度中去。理性由自我批判而自我突破，餘下便會由自我突破的無方面復活過來，而成為「超理性的理性」的「行之事」。這作為行的超理性的性格不能從理性的立場加以合理化，這便是懺悔。這是隨順無的轉換而來的無作之作。這是在絕對他力的立場下方便地成立的有或存在。[98]另外，田邊表明，理性進行自我批判，而成就懺悔的行為，這在哲學上來說是懺悔道。因此，懺悔是我們在哲學方面追求理性的批判的不可避免的結果，田邊為了提高我們對理性的批判的注意，也突出這種批判的宗教哲學的性格，便稱這懺悔哲學或懺悔道為絕對的批判。[99]

　　田邊在上面所闡述的意思，需要作些解釋和導引。田邊的意思是，要批判理性，便得面對理性的二律背反，從這背反突破開來，達致無亦即絕對無的境界。絕對無自身含有轉化的力量，使理性超越背反，而得以復活，成為「超理性的理性」的行之事，或具體行為。這是無作之作：沒有動作的痕跡，但的確能表現動感，這便是懺悔。這種懺悔的結果是新的世界、新的存在的來臨。但這新的世界是在懺悔的背景下的世界，它作為有，作為存在，是已轉化了的有、存在，是已轉化了的世界。這轉化的根源是無，特別是絕對無。在田邊看來，這絕對無正是上下迴向，同時具有往相與還相的阿彌陀佛或他力大能。

　　最後，田邊又回返到傳統的淨土宗甚至禪宗方面去。田邊最初是習禪的，其後轉到淨土教法。他認為我們從事哲學探究，應該像禪宗的修行那樣，要本著勇猛心向前精進，超越生與死的背反。他又認為淨土真宗的親鸞真正能夠達致他力信仰，在宗教的徹底實踐方面與禪相通。雙方都立根於前後際斷的絕對境界。[100]信仰的立場必須窮極日常的思考方式，以開拓出對哲學的認真的、嚴格的反省。他又指出，哲學與宗教同樣地要從死亡的道路中復活過來。祁克果（S. Kierkegaard）對黑格爾（G. W. F. Hegel）的不滿，

---

[98]　《懺悔道としての哲學》，頁43-44。

[99]　同前，頁40。

[100]　所謂「前後際斷」，是就在時間上無前後可言。這即是超越時間。

正是因為後者在這方面做得不夠徹底的緣故。禪宗的「大死一番」是哲學的第一要件，絕對批判正相當於批判哲學的「大死一番」、徹底否定。這是理性批判所不能達致的。[101]田邊的這種說法，在字眼上容或有同樣想法的人不多，但意思仍可在淨土宗中說。即是，在他力大能的阿彌陀佛面前，當事者要徹底地淘空自己，對他力大能毫無保留地馴服（submission）。「大死一番」中的「大死」，正是當事人深沉地、徹頭徹尾地否定自己的現實性，藉著彌陀的慈悲本願與加持，一切重新做起，確立自己的自我認同。

十三、田邊哲學與西田哲學

以上我們釋論過田邊元哲學的幾個重要觀念、問題，這即是絕對無、絕對媒介、懺悔、懺悔道哲學。在這裏，我想再溫習一下田邊以這幾個觀念、問題為骨幹而建構成的懺悔道哲學的要義。然後集中評論一下田邊哲學的意義與價值，特別是它有進於西田哲學方面的。

絕對無是西田哲學中的核心觀念，表示終極真理，雖然西田不是時常提到它。他反而喜歡用純粹經驗、場所、神、形而上的統合力量、絕對矛盾的自我同一來說絕對無，展示終極真理的多面性。基本上，西田哲學是一種自力主義的哲學，以非實體主義（non-substantialism）立場為依據。在這一點上，田邊對西田有所繼承，但也有新的開拓。西田喜以場所來說絕對無，視之為一可讓萬物自由無礙地遊息於其間的意識空間、精神空間。萬物遊息於其中，是以物自身的形式進行的，不是以現象的形式進行的。因此，這場所作為一種空間，是觀念性的，不是物理性的。田邊承接了這種絕對無思想，但又有新的詮釋。他以絕對媒介（absolute Vermittlung）來替代場所，表示它有如下的意義。第一，絕對媒介是行動的主體性，與他力（佛教的彌陀願力）通而為一。第二，絕對媒介有中介性格，讓周圍的事物脫離現象性格，而為物自身性格。第三，絕對媒介能使諸法相互聯繫，使絕對無與諸法相互

---

[101] 《懺悔道としての哲學》，頁 41。

聯繫，如耶穌之聯繫神與人。[102]第四，在絕對媒介之中，一切事物在存有論上是對等的，不可為其他事物所取代。[103]第五，絕對媒介不是一種抽象的、觀念性的東西，而是具有濃烈的實踐意涵，其具體表現即是懺悔，在行、信、證中表現的即時即地的當下的懺悔。

　　懺悔道哲學是田邊元哲學最重要的部分。田邊元早年習科學與數學，其後轉習哲學，最後則建立自己思想中最有特色的懺悔道哲學。他跟西田幾多郎同被視為京都學派最重要的人物，田邊比西田少十五歲，初期受西田的自力觀點和直覺主義的影響。後來不完全滿意西田的哲學，甚至提出批評。到了懺悔道哲學的完成，他完全擺脫了西田哲學的影響，而獨自成家，成為他力主義思想的大師。他和西田在哲學特別是在造論（建立理論）方面各有成就，只是學界特別是西方學界比較重視西田哲學，對田邊哲學則未有足夠的注意。對於這兩個哲學體系，我們可作如下概括性的區別與評論。第一，西田強調絕對無為終極原理、終極真理，他特別喜歡以場所這一形而上的觀念來發揮絕對無的哲學。這場所觀念比較抽象，難以理解。他的後學對這個觀念作了多方面的解讀，並以不同的觀念來說它。他以自己在後期發展出來的絕對矛盾的自我同一思想來說絕對無，可以說是難上加難。田邊思考問題則比較多從一些具體的事例進行，也注重現實生活的多元狀態。他以絕對媒介來說絕對無，並把焦點鎖定在懺悔一宗教意義的活動中。這比較容易理解，也容易實行。懺悔思想發源於淨土宗，特別是在日本發展的淨土真宗。田邊提出這套哲學，對西田的抽象思維和忽視動感的傾向帶來一定的衝擊。

　　第二，西田的思想淵源有德國觀念論（Deutscher Idealismus）、萊布尼茲哲學、詹姆斯（W. James）心理學、佛教華嚴宗和禪，也有多年參禪的經驗。這些思想和實踐，動感不算強。對於終極實在的探尋，作了大量的辯解

---

[102] 耶穌一方面是神，另一方面是人。神與人可在耶穌身上找到交集點。

[103] 魏晉玄學的郭象解《莊子》〈逍遙遊〉篇所提的萬物都存在於逍遙自得之場、海德格的泰然任運（Gelassenheit）、佛教華嚴宗的事事無礙境界、懷德海的實際存在（actual entity）、實際境遇（actual occasion）的相互摩盪、相互攝入的關係，都表示萬物的互為獨立、相互攝入而又不相礙的關係。

工夫;對於這真理可否體證,如何體證,都可以成為問題。他所用來描畫終極實在的觀念:場所、純粹經驗、無之自覺之限定、絕對矛盾的自我同一,玄思性很濃,不好解讀。田邊哲學在展示動感一點上,較西田為強烈,也較清晰。他的思想淵源,有淨土宗,特別是親鸞的淨土真宗的教、行、信、證的教法,其中的行、信、證,實踐意味都很濃厚。另外,他也受到基督教、馬克斯主義和儒家思想的影響,這些教法都很強調真理與人生的動感性。他講到相應於西田的場所的絕對媒介,聚焦在懺悔這種具有很強的宗教實踐意味的行為,動感性特別明顯。

西田哲學中有一個頗特別的名目:行為的直覺(觀),我要在這裏澄清一下。這個名相中的「行為」字眼,好像表示西田對行為、活動的重視,因而讓人想到西田哲學的動感性。但問題不是這麼簡單。所謂行為的直覺是一個複合概念,表示行為與直覺的等同關係。行為是一種動作,直覺則是見到或有見到的意涵。在西田看來,動作即是見,見即是動作。他有一本書,書名便是《從動作者到見者》(慟くものから見るものへ)。在這裏,我們看到行為與認識的關係:在行為的直覺中,行動與見有一種矛盾的自我同一的互動關係,也有一種相互協調的關係。所謂直覺,是依行為而見到物體的意味。[104]西田強調,直覺是場所自身限定自身。[105]但場所如何自我限定呢?這「限定」又是甚麼意義呢?這很不易索解。西田在另處的說法也許可以提供一些線索。他指出,真正的自我同一,表示作為個體物與個體物之間的媒介者 M 的存在性。[106]場所的自我限定,可視為在作為一媒介者 M 的場所中的個體物的相互限定,這相互限定是透過個體物所存在於其中的場所作為媒介而相互限定、相互分別開來。個體物是存在於場所中的,它們以場所作媒介而相互限定、相互區別,可被視為場所對自身的限定。對於這樣的限定、分別,西田稱之為「直覺」。就這個觀點而言,直覺自身既指涉到作為絕對無的場所,則不應是一般的感性的直覺(sinnliche Anschauung),而應是睿

---

[104] 西田幾多郎著《論理と生命》(東京:岩波書店,1972),頁 103。
[105] 同前,頁 84。
[106] 同前,頁 64。

智的直覺（intellektuelle Anschauung）。[107]就以上所作的解釋而言，「行為的直覺」中的「行為」，並不表示強烈的動感之意，而表示睿智的意味，與終極真理有較密切的關聯。

第三，在宗教理想的達致方面，很明顯地，西田是走自力主義的路向，田邊則走他力主義的路向。自力主義確認人自身便具有成覺悟、得解脫的能力，這能力是一種潛能，存在於我們的生命之中；人只要認取這種潛能，努力學習、修行，最後是可以憑自己的力量，發揮這種潛能，而達致宗教理想的。西田以下的京都學派成員，如久松真一、西谷啟治、阿部正雄、上田閑照等都走這自力主義的路向。其中尤以久松真一的自力覺悟的傾向，最為明顯。他力主義則認為人的本能過於脆弱，自己不能單獨解決宗教上的罪、惡的問題，須求助於他力大能，藉著他的慈悲願力，讓自己往生於淨土，而有利於獲致宗教目標。田邊元便是他力主義的倡導者。不過，如上面所顯示，他的他力思想並不如一般人所理解的淨土法門那樣簡單。在京都哲學家之中，只有武內義範承接他的思想。[108]實際上，自力主義自然不易讓人獨個

---

[107] 關於西田的行為的直覺的詳細意涵，可參考竹內良知著《西田哲學の行為的直觀》（東京：農山漁村文化協會，1992）。

[108] 在這個脈絡下，上面提到的長谷正當值得注意。他是京都大學宗教學專攻，任京大教授，退休後在大谷大學任教。近年出版了一部著作《欲望の哲學：淨土教世界の思索》，以京都學派所宗的「無」的哲學來發揮淨土思想。他認為，對於由意志能支配的範圍之外而生起的欲望，不能以意志力加以抑制、消除。對於自我中心主義的欲望，應予否定。這內裏有一種沒有對象的欲望，這不是「自我擴大」的欲望，而是「自己無化」的欲望。這不是傾向於「存在」的欲望，而是傾向於「無」以至「善」的欲望。他認為，要否定惡的欲望，不必能直接地去克服它，卻是要實現善的欲望，或向善的欲望趨附便行。但他又吸收鈴木大拙的觀點，認為在空與無中所沒有的動感，卻可在淨土信仰中找到。他指出煩惱不能經由空與絕對無來消除，需要有淨土，才能作得到（上舉書，頁 2-8、34-35）。這位長谷先生很可能是京都學派的人物，上面提及的書，便是他拿來要迴向給幾年前逝世的武內義範的。他很可能是武內的學生，但一般人講起京都學派，很少提到他。另外，長谷還有一本新著：《心に映る無限：空のイマージュ化》（京都：法藏館，2005），其中有一章專論武內的宗教哲學，這是很少見的。

兒摧破一切邪魔惡毒的干擾而得證解脫；他力主義亦不見得很容易便能成功，你不能天天守在家裏等待他力彌陀的出現。你需要積極努力，盡了心力仍達不到目標，才能求助於他力彌陀。這方面也是一個相當艱苦的心路歷程。你要把整個生命存在的前程交付出來，讓他力彌陀為你作主，同時你也得在某種程度上保持自己的主體性，如上面所說。你要放棄自己的自由、自決，全心全意委身於他力大能，便很不容易。

第四，淨土思想中最具有震撼力但總是少人提及的，正是內在生命力的反彈問題。田邊元約略地提過這點，我在這裏要特別提出來，而且加以發揮。這是懺悔道哲學之能夠成為宗教哲學或解脫哲學的重要的一環。田邊提出，在作為絕對媒介的懺悔之中，當事人對過往作過的大奸大惡的事作徹底的、全面的反思，覺得這樣的大奸大惡根本不應存在，而自己正是這些醜惡行為、活動的肇事者，因而進一步懺悔，確認自己已不值得存在於這個世間，自己繼續存在，只會對世間造成傷害，使他人丟臉。但正在這種嚴酷的自我否定、自我放棄的同時，生命的另一邊正在作動起來，這可以說是人的良知、羞惡之心。自我否定、放棄的張力越強，越是覺得自己不值得存在，良知、羞惡之心的壓力也越大，內心的沉痛、自責、懺悔的感受也越深。這種感受可以發展到這樣的深入程度：自己越是覺得不值得存在，便越是要自強，越是要警惕，發願要振奮起來，有所作為，要作一些對世間有益的事，以補償以往所作過的大奸大惡的事，起碼要在這兩方面之間取得一種平衡。這樣想著想著，心靈會生起一種極度深沉的轉化，生命力隨著也會作出空前堅強的反彈，最後凝聚成一種不可思議的巨大無比的力量。憑著這股力量，當事人可以作很多對社會有貢獻的事，讓自己由不值得存在轉化為非常值得存在。在這一點上，西田幾多郎著筆不多，田邊元則作了很詳盡的闡釋。這是後者有進於前者的地方。

補記

我寫完這一章後，留意到大陸近年出版了好些說明、論述淨土教法的著作，如以下幾種：

林克智編著《實用淨土宗辭典》（北京：宗教文化出版社，2007）。

賴品超、學愚主編《天國、淨土與人間：耶佛對話與社會關懷》（北京：中華書局，2008）。

聖凱法師著《中國佛教懺法研究》（北京：宗教文化出版社，2004）。

溫金玉主編《中國淨土宗研究》（北京：宗教文化出版社，2008）。

肯尼斯‧K‧田中著、馮煥珍、宋婕譯《中國淨土思想的黎明：淨影慧遠的〈觀經義疏〉》（上海：上海古籍出版社，2008）。

在這裏，我只想對前面三書作些評論。首先，《實用淨土宗辭典》無疑是一部有特殊意義與作用的辭典，是中文佛學界少有的作品，辭的文筆相當流暢，有現代化的意義。只是在文獻學上有不少錯失。特別是，很多具有印度淵源的條目未附相應梵文表述式，即使有列出一些，大部分都是錯的。條目裏所引述的古典說法，都未註明足夠的出處。

《天國、淨土與人間：耶佛對話與社會關懷》的撰著有比較宗教的意味，原意很好，但對多種古典經典與人名處理不周，如頁 251《法華經》的梵名 *Saddharmapuṇḍarīka-sūtra* 誤作 *Saddharma Pundarika Sutra*，連釋迦牟尼的梵名 Śākyamuni 也誤植為 Sakyamuni。前一頁的松本史朗更誤寫為松元史明。光是在這連續的兩頁中，已有如此嚴重的錯誤，怎能不讓人歎息呢？

最後，聖凱的《中國佛教懺法研究》歷述中國佛教各宗派及各高僧的懺悔法，這是比較有系統地研究懺悔法的著作。此中自然是以懺悔為主要內容。不過，這是一部思想史式的作品，研究的意味相當明顯，不同於田邊元透過理論與實踐把懺悔問題擴展、開拓為一種哲學理論，所謂「懺悔道」或「懺悔道哲學」（philosophy as metanoetics）。作者在理論思考上的功力，也不能和田邊比肩，落差實在太深。

另外，臺灣方面亦出版了好些有關淨土宗特別是懺悔法的專著，和內含有關於淨土思想的重要論文、章節的著書，如以下諸種：

釋大睿著《天台懺法之研究》（臺北：法鼓文化事業有限公司，2000）。

汪娟著《敦煌禮懺文研究》（臺北：法鼓文化事業有限公司，1996）。

慧廣著《懺悔的理論與方法》（高雄：解脫道出版社，1993）。

廖明活著《淨影慧遠思想述要》（臺北：臺灣學生書局，1999）。

如石著《入菩薩行衍義》（臺北：諦聽文化有限公司，2008）。（其中
　　有兩篇論懺悔的文字）

如石譯註《入菩薩行譯註》（臺北：諦聽文化有限公司，2009）。（其
　　中有一品專講懺悔罪業）

定方晟著、劉欣如譯《須彌山與極樂世界》（臺北：大展出版社，
　　1996）。[109]

---

[109] 有關本章的參考著作，我謹試錄如下：

松本文三郎著、張元林譯《彌勒淨土論》（北京：宗教文化出版社，2004）。

黃啟江著《因果、淨土與往生：透視中國佛教史上的幾個面相》（臺北：臺灣學生書
　　局，2004）。

鈴木大拙著《淨土系思想論》（京都：法藏館，2001）。

武內義範、石田慶和著《親鸞》，《淨土佛教の思想第九卷》（東京：講談社，
　　1991）。

武內義範著《教行信證の哲學》，《武內義範著作集第一卷》（京都：法藏館，
　　1999）。

武內義範著《親鸞の思想と歷史》，《武內義範著作集第二卷》（京都：法藏館，
　　1999）。

上田義文著《親鸞の思想構造》（東京：春秋社，2004）。

釋徹宗著《親鸞の思想構造》（京都：法藏館，2002）。

古田武彥著《親鸞》（東京：清水書院，2004。）

草野顯之編《信の念佛者：親鸞》（東京：吉川弘文館，2004）。

武田龍精著《親鸞淨土教と西田哲學》（京都：永田文昌堂，1997）。

田邊元著《懺悔道としての哲學》（東京：岩波書店，1993）。

田邊元著、中埜肇編集、解說《田邊元集》，《近代日本思想大系 23》（東京：筑
　　摩書房，1975）。

武內義範、武藤一雄、辻村公一編《田邊元：思想と回想》（東京：筑摩書房，
　　1991）。

冰見潔著《田邊哲學研究：宗教哲學の觀點から》（東京：北樹出版，1990）。

藤吉慈海著《現代の淨土教》，《大東名著選 9》（東京：大東出版社，1985）。

阿部正雄著《非佛非魔：ニヒリズムと惡魔の問題》（京都：法藏館，2000）。

長谷正當著《欲望の哲學：淨土教世界の思索》（京都：法藏館，2003）。

長谷正當著《心に映る無限：空のイマージュ化》（京都：法藏館，2005）。

氣多雅子著《ニヒリズムの思索》（東京：創文社，1999）。

Hajime Tanabe, *Philosophy as Metanoetics*. Tr. Yoshinori Takeuchi, Berkeley, Los Angeles, London: University of California Press, 1986.

The Three Pure Land Sutras: The Larger Sutra on Amitāyus, The Sutra on Contemplation of Amitāyus, The Smaller Sutra on Amitāyus. Tr. Hisao Inagaki in collaboration with Harold Stewart, Berkeley, California: Numata Center for Buddhist Translation and Research, 2003.

Hisao Inagaki, *T'an-luan's Commentary on Vasubandhu's Discourse on the Pure Land*. Kyoto: Nagata Bunshodo, 1998.

Taitetsu Unno and James W. Heisig, eds., *The Religious Philosophy of Tanabe Hajime*. Berkeley, California: Asian Humanities Press, 1990.

Makoto Ozaki, *Introduction to the Philosophy of Tanabe: According to the English Translation of the Seventh Chapter of the Demonstration of Christianity*. Rodopi: Amsterdam / Atlanta; Eerdmans: Grand Rapids, Mich, 1990.

Makoto Ozaki, *Individuum, Society, Humankind: The Triadic Logic of Species According to Hajime Tanabe*. Leiden, Boston, Köln: Brill, 2001.

Johannes Laube, *Dialektik der absoluten Vermittlung: Hajime Tanabes Religionsphilosophie als Beitrag zum "Wettstreit der Liebe" zwischen Buddhismus und Christentum*. Freiburg: Herder, 1984.

第五章　三木清的構想力的邏輯

　　關於京都學派哲學，我寫了五本書。[1]「京都學派」這個詞彙是由誰提出的，恐怕難以清楚確定了。橫濱國立大學的名譽教授古田光認為這大體上是戶坂潤提出的。戶坂潤在他的《現代哲學講話》一書中，有「京都學派哲學」一節，該書在 1934 年刊行。

　　該書也提到「西田哲學」和「西田學派」。西田自然是指西田幾多郎；他的哲學發展開來，有很多人繼承講習，便成西田學派。這些人（包括西田本人在內）基本上在京都大學任教或求學，或在京都居住或發展，便成了「京都學派」了。或許可以這樣說，在 1934 年之前，田中美知太郎和上山春平在談話中提及西田學派。實際上，在那個時期，或稍後幾年，在日本國內與國際看與京都學派有關的人，已紛紛在京都活動或在京都大學教書了。此中有九鬼周造、和辻哲郎、戶坂潤、務台理作、山內得立等人，已相繼活躍起來了。在京都大學，美學方面有植田壽藏，佛學方面有久松真一，宗教學方面有西谷啟治。其時，高坂正顯出版了《歷史的世界》，高山岩男出版了《哲學的人間學》，西谷啟治也出版了《根本的主體性哲學》（《根源的主體性の哲學》）。[2]

　　關於京都學派，有一個問題是時常提起的：這學派有甚麼成員？答案大體上分兩方面，一方面是國際的答案，一方面日本國內的答案。我自己提的，是國際方面的答案。即是，這學派的第一代有西田幾多郎、田邊元；第二代有久松真一、西谷啟治；第三代有武內義範、阿部正雄、上田閑照。他

1　參看本書〈序〉。

2　參看竹田篤司著《物語「京都學派」》，東京：中央公論新社，2001，頁 58-65。

們基本上視絕對無為終極原理,但各自以不同方式來解讀和發揮它的涵義。
[3]貝利(F. Buri)和卡穌利斯(T. P. Kasulis)的看法,大體上與我的看法相
同。[4]大橋良介和海式格(J. Heisig)則取日本國內的看法,前者視京都學派
包括開創期的西田幾多郎、田邊元,建立期的久松真一、西谷啟治、高山岩
男、高坂正顯、下村寅太郎、鈴木成高,繼續活動期的武內義範、辻村公
一、上田閑照。[5]海式格則取法嚴格,只認西田幾多郎、田邊元和西谷啟治
是學派的成員,並說他們都是世界級的哲學家。[6]他不認同國際間視久松、
阿部等人為學派成員的看法,較同情日本國內的看法,把高山、高坂、下村
等人和學派相連起來。說到久松與阿部,海氏甚至對我說他們的思想古怪,
特別是阿部,云云。

　　被視為京都學派第四代(阿部、上田等之後)、京都大學教授藤田正勝
編了一部《京都學派の哲學》一書,[7]所論及的學派的人物有西田幾多郎、
田邊元、三木清、戶坂潤、木村素衛、久松真一、下村寅太郎和西谷啟治。
這是較著重日本國內方面的看法。不過,藤田自己也承認,關於京都學派所
論及的問題的特徵和範圍等方面,並未有確定的看法。他所編的書所取裁的
是西田與田邊及受他們直接影響的學者或哲學家,特別是在學問和人格方面
受影響的。他提到歐美方面學者對京都哲學的理解,常關連到佛教思想特別

---

[3]　參看拙著《絕對無的哲學:京都學派哲學導論》、《京都學派哲學七講》。

[4]　參 看 Fritz Buri, *Der Buddha-Christus als der Herr des Wahren Selbst: Die Religionsphilosophie der Kyoto-Schule und das Christentum.* Bern und Stuttgart: Paul Haupt, 1982; Thomas P. Kasulis, "The Kyoto School and the West. Review and Evaluation." *The Eastern Buddhist*, New Series, Vol. XV, No. 2, 1982, pp.125-144。

[5]　參看 Ryosuke Ohashi, hrsg., *Die Philosophie der Kyoto-Schule: Texte und Einführung.* Freiburg und München: Karl Alber, 1990. 不過,據我的學生、香港科技大學的博士和目前在香港教育學院任教的林永強君所說,大橋有意在其書再版時,把阿部正雄也收在學派之中。

[6]　參看 James W. Heisig, *Philosophers of Nothingness*. Honolulu: University of Hawaii press, 2001. (西班牙文本:*Filósofos de la nada: Un ensayo sobre la escuela de kioto*. Barcelona: Editorial Herder, 2001.)

[7]　藤田正勝編《京都學派の哲學》,京都:昭和堂,2001。

是禪思想方面。他強調，京都學派的哲學亦有以西方哲學的概念來解讀佛教思想的，亦有超越這方面而自成其說的。藤田本身便很重視三木清，對他所受到的西田的影響有深刻印象。他目前在京大日本哲學史學部便正在開講三木清的思想。

　　藤田編的書附錄了一篇美國學者馬勒爾多（John C. Maraldo）寫的論文，那是就歐美的研究觀點看京都學派的成員問題。[8]即是，誰是屬於京都學派的人呢？馬氏提到六個規準。京都學派的成員中，有一個共通點，是與西田的關係。就這點看，戶坂潤、三木清、西谷啟治、久松真一和下村寅太郎等都是西田的直屬弟子，因此在很多場合都被視為京都學派的成員。但他們對西田哲學的態度並不一致，戶坂是拒絕的，西谷則是創造性的接受，下村則是沒有批判的讚美。馬氏認為，與西田的關係是決定是否京都學派的成員的一個重要規準。按這假定了西田是京都學派的開創者和核心人物。但對後起之秀，不及見西田的學者便不大適用了。

　　第二個規準是與京都大學的連繫。即是，學派中的成員，需要在京大執教鞭的。更嚴格地說，他們需要任純粹哲學或宗教哲學教授的。他認為這個準則不是很周延。鈴木成高和阿部正雄不在這個行列，但也常被視為學派的成員。

　　第三個規準是有關日本與東方的知識傳統的態度問題。即是，學派的成員需要在面對西方思想方面，展示對東方文化的洞察，與對東方文獻的創造性的繼承。但這又似乎太寬，鈴木大拙無疑是合乎這個規準，但視他為京都學派成員的人不多。反之，和辻哲郎便很合乎這個規準。

　　第四個規準是涉及民族未來的問題，例如對馬克思主義、國民國家和太平洋戰爭的態度問題。在這一點上，戶坂潤和三木清有馬克思主義的傾向，是西田弟子中的左翼派，故也被視為學派的成員。按這涉及政治問題（特別是在第二次世界大戰期間）。在西田那個年代，政治是一個敏感的課題，京

8　ジョンＣ.マラルド，〈歐米における研究の視點からみた京都學派のアイデンティティとそれをめぐる諸問題〉，藤田正勝編《京都學派の哲學》，頁310-332。

都學派不能不受牽連在內。但後起的學者並不涉及這個問題，因而這個規準欠缺周延性。

　　第五個規準涉及對佛教傳統與宗教的態度問題。這對很多成員都是適用的。特別是西田的純粹經驗觀念與禪實踐的關係、久松的禪者身份、辻村公一與上田閑照以禪的哲學解讀西方宗教的艾克哈特（Meister Eckhart）與西方哲學的海德格（M. Heidegger）的思想。按這佛教傳統不應只限制於禪，應包含般若思想、中觀學和淨土在內。西谷啟治宗前者，田邊元和武內義範則宗後者。

　　第六個規準是對絕對無一概念的態度。關於這點，我在自己的著作中說得很多，不必引述馬氏的說法了。

　　有一點很值得注意的是，由大峰顯監修，長谷正當、大橋良介、野家啟一和松丸壽雄編集的《京都哲學撰書》近年由京都的燈影舍出版，廣泛地收錄除西田外的學者、哲學家的著作。其中包括的人物有：高坂正顯、三木清、田邊元、下村寅太郎、九鬼周造、鈴木成高、木村素衛、和辻哲郎、務台理作、戶坂潤、西谷啟治、唐木順三、大島康正、植田壽藏、高山岩男、高橋里美、今西錦司、久松真一、山內得立、三宅剛一等人。看來日本方面的宗教界、哲學界有意把京都學派或京都哲學的範圍擴大，使它成為足與西方的現象學抗衡的一個東亞的偉大的哲學體系。

　　關於京都學派的哲學，我作過一些研究，主要是針對國際看法所認定的七個成員：西田、田邊、久松、西谷、武內、阿部、上田。不過，我認為日本國內所認同的那些人物，不應被忽視，他們的思想有一定的分量。因此，我也開始在這方面作些研究，對他們的思想作一定程度的認識，把所得發表出來。我首先要論述的，是西田門下的有代表性的思想家，這即是三木清。

　　三木清曾就讀於京都大學，受學於西田。故他的思想很受西田的影響，特別是西田的無意識的理念或純粹經驗理念。不過，西田哲學有一種抽象性格的概念思維的傾向，即使他參禪多年，理論意味還是很濃厚。三木則能對具體的事象作廣泛的觀察與經驗的分析。如下面將言及的，三木哲學重視具體經驗與行動，在這一點上，西田作為老師，轉過來也受了三木的一些影

響。一言以蔽之，三木與西田之間的思想關係，可謂若即若離。他最初順著西田的終極實在觀念來思考，到留學德國回來，即著手研究馬克思主義，漸漸遠離西田，而且有時批判他，認為他缺乏一種歷程的辯證思考。西田當然懂得辯證思維，只是不接受馬克思的辯證法唯物論而已。其後三木又回歸西田，特別是在對無的思想方面，頗受西田的啟發。關於三木對無的體會，下面會再有涉及。

西田自有大師氣象，其哲學體系龐大無倫，波瀾壯闊。他在日本最重要的京都大學當了多年講座，門下精英雲集，可謂桃李滿門。其中一個值得注意之點，是有左右兩翼的分野：左翼以三木清、戶坂潤領銜，右翼則高坂正顯、西谷啟治為英傑。

三木的思想有很多轉折。在年青時代，受新康德主義特別是歷史哲學方面的影響，探討歷史與個人之間的問題。新康德主義的歷史哲學是以歷史科學的知識論與方法論的問題為考察的主題。三木所關心的，則是個人的行為可以影響歷史到甚麼程度，個人如何創造歷史（他喜由人的現實性出發，強調人與環境的互動關係）。留學德國後，他受到海德格（M. Heidegger）的詮釋學的存在論的熏陶，又迷上了巴斯卡（B. Pascal）的思想，哲學想法發生了變化。例如，就在前期寫的論文與後來寫的《巴斯卡的人的研究》（パスカルに於ける人間の研究）比較來看，前者崇尚超歷史的理念，展示人在歷史中的個性問題，其導向是由上向下的。後者則體會到自然狀態的人的有限性與矛盾性，要由這些負面的因素超越上來，導向則是由下向上的。特別是，後者含有濃烈的巴斯卡的思想架構的痕跡。即是，三木本來有理想主義情調，關心人的崇高個性與理想。其後則體會到人的晦暗性和不穩定的現實性，其思想重點聚焦於生命的哲學方面，看人如何能克服這些負面的性向，升向具有健康方正意義的精神境界。在他看來，人作為一理性的存在，一方面要實現理想，另方面又會踰越理性的管制範圍，而變為非理性的存在。他的這種想法，由年青時代開始，經中年而至晚年（三木在四十八歲時死於獄中），基本上沒有改變。他的哲學思索，用力於如何從他視為人的生命的根源的理性的光明所照不到的昏闇面，轉化為一具有光輝的理性生命這樣的意

識問題上。

三木的受學過程，相當多曲折。他在京大先後受學於西田幾多郎和田邊元；留德期間又受海德格與葛達瑪（H. -G. Gadamer）的影響；又在巴黎研究巴斯卡思想；回日本後，晚期又傾向馬克思主義。因此，在他的思想中，有西田的場所邏輯、田邊的實用思想、海德格的存在主義、葛達瑪的歷史詮釋學、狄爾泰（W. Dilthey）的生命哲學和共產主義等多方面的思想內涵。目前在日本國內有一種傾向，要確立三木在現代日本哲學發展的地位。

三木清的代表著作，是上面提到的《巴斯卡的人的研究》和《構想力的邏輯》（構想力の論理）。特別是後者，是他的全情投入的著作，他的重要的哲學觀點，都在這本著作中看到，這亦可稱為構想力的邏輯體系。以下我們要集中在這方面的探討。

三木清心中的哲學問題，總是有辯證的統合的意旨。即是，相對的矛盾的兩端如何得到一善巧的統一。這相對的兩端，舉例來說，是理性與非理性、客觀與主觀、知識與感情，等等。概括地說，他是要對作為理則的 logos與作為情意的 pathos 這兩種生命的要素加以分析和把它們辯證地統一起來。所謂 logos，是指以分解的入路（analytic approach）對歷史世界的種種問題加以處理所依恃的立場，而 pathos 則是指人的主體意識，指人在情意上感到淒惻的感染力量。三木特別重視 pathos，視之為一種不能被客體化、對象化的主體力量。他認為，這種力量最終能越過一切相對的、對立的關係，而與「無」（Nichts）會合。[9]在這裏，我們要注意，pathos 與 logos 之間始終存在著一種相對性，或二者有一相對關係的傾向。二者如何能有一辯證的統一，仍待進一步的探索。三木自己則由此想到康德（I. Kant）的構想力（Einbildunskraft）觀念，這是連結知性（Verstand）與感性（Sinnlichkeit）的一種特殊的審美機能。由此，三木即發展出自己的富有原創意義的構想力的邏輯（Logik der Einbildungskraft），而寫出他的《構想力的邏輯》。

---

[9] 這「無」當然可以通到西田所說的絕對無，他是以上帝來說絕對無的。

　　三木要在其《構想力的邏輯》中，開拓出一種行為的哲學[10]。這構想力並不如康德所想那樣，單是指涉藝術上或美學上的問題，而是具有生起形相（form）的作用。即是，它可以一種眺望的、觀想的角度，視物理世界為一種對象，將它作為我們的行為的一部分加以概括。這種對象與其說是美學的，不如說是行動的，它超越了傳統的美學範圍。三木的這種「行動」、「行為」概念，不是在一般所謂「主觀主義的觀念論」下成立的。在後者看來，人的行為總是被視為意志對事物的一種作用，一種處理方式。這不是真正的行為。三木以為，所謂行為，不是內在的意志的外部表現，而是意志對外物的一種運作，甚至是一種創造。[11]它不是在認識論的基礎上的實踐作用，因為這有二元論的主觀主義意味。三木認為，真正的行為必須要從這種二元論中脫卻開來，而表現一種超二元性的創造活動。這便近於西田所謂的「行為的直觀」了。在三木看來，倘若我們視事物為人的主觀意識的對象，則這種事物只能是抽象的存在，沒有真正的實在可言。他所強調的，是具體的、歷史的實在物，那不是與主體相對的客體，而是被創製出來的東西，具有形相的東西。[12]這裏所說的形相，不是現象層面的形相，卻是有西田所說的「形相即力動」中的形相的意味。西田認為，在絕對辯證法的世界中，被形成的東西即是形成的東西，這裏沒有能所關係可言。而此中的形相，即是力動。這樣的形相，是主客觀兩面綜合起來的東西，是觀念與實在、存在與生成的合一。這樣的思維形態，頗近於筆者近年所致力建立的純粹力動現象學的想法。不過，說形相即是力動，似乎太快建立雙方的等同關係。由力動到形相，應該有一個發展的歷程。在純粹力動現象學來說，是純粹力動凝

---

[10]　在這一點上，三木可能受到王陽明強調行動、實踐的重要性的知行合一說的影響。王陽明的哲學，一直以來，都予日本哲學界一定的影響。

[11]　在這裏，三木顯然視行為為一種具有創造意義的活動。這應該不是經驗的活動，而應是超越的活動。

[12]　三木在這裏的討論，涉及物自身（Dinge an sich）的問題。超越與主體相對的客體，有超越現象的涵義。現象是在主、客相對的脈絡下說的。越過這種脈絡的，自然是物自身。

聚、下墮而變現為氣,再由氣分化而成有形相的萬物。

構想力的邏輯的一個顯著特色,是它立根於行為的直觀。而三木所理解的直觀,具有幾重反省的工夫在內。它的獨特的意義是在時間方面:把無限的過去積集起來,在當前一時點中,躍向未來。[13]三木特別強調,我們要在當前一時點中抓生命的現實,這便有直觀或直覺的意味。三木以為,這亦是哲學思維的目標。即是,哲學的思索與探討,必須在根源的意義層面,以直觀的力量迫近真正的、具有生活意義的歷史現實。[14]三木所關心的,並不單是在理論上有關邏輯的構成,而是要與現實的情境有密切的連繫。他認為真正的哲學思考,不是單純地以邏輯作工具、媒介來處理相關的事情,而是對這正在不斷生長、不斷變化的現實生活、現實世界的深刻滲透,以掌握實存的真理。[15]這種說法,讓人想起懷德海(A. N. Whitehead)的思想中的事件(event)的流行而融入另一事件之中,成為後者的一部分。這裏亦可說實存的真理。不過,懷德海與三木屬不同的哲學形態,前者是機體主義(organism)立場,後者則有實用主義(pragmatism)的傾向。我們的比較,在這裏點到即止。

在三木的構想力的邏輯中,隱藏著一種實踐哲學上的基礎探索,那是針對著作為歷史存在的人的文化創造而作出的探討。所謂形相的邏輯,不單是普遍的思維方式,這在文化發展上有一定位置。同時,它包含一種意圖,要把自然的歷史與人的歷史統一起來,在創造的脈絡下,實現對形相的轉化(transformation)。

在這裏,我們要小心地把三木的邏輯與一般的形式邏輯(formal logic)

---

[13] 這似乎有頓悟的意味在裏頭。積集過去是漸進式的歷程,一下子躍向未來,則是頓然的、一瞬間的動作。

[14] 歷史現實有時間性,具有根源意義的直觀則是超時間的。這兩者的結合,有深微的意義。

[15] 單純地以邏輯來處理有關事情,是知解的;而在流變中掌握,體會實存真理,則是超知解的,是睿智的。三木清顯然已從知解的層次提升上來,達到睿智的直覺(intellektuelle Anschauung)的境界。

區分開來。後者總是被視為傾向於知性方面，是知性的一種作用，與實在的世界沾不上邊，與感覺沒有關連。這當然也不會涉及 pathos 的問題。三木並不認同這種邏輯，或者可以說，他所重視的，是另外一種邏輯。他認為，就人的身體來說，人通過身體，或以身體作媒介，而表現種種行為，這其中也應該有邏輯可言。不過，它不是古希臘人所強調的那種形式的、抽象的，或主知主義的邏輯，卻是關連著歷史實在的人的行為的邏輯。[16]在這點上，三木的邏輯與黑格爾（G. W. F. Hegel）的辯證法有相通處，起碼就關連到實在的存在世界而言。但黑格爾的辯證法是由西方的形式思考傳統發展下來的，它仍不能脫離古希臘哲學的觀想立場，因而未能充足展示行為的、行動的立場，其動感（Dynamik）還是不足。它著重反省，而缺乏創意或創造性。三木自己很能意識到他的邏輯與黑格爾的辯證法的不同之處。不過，他認為兩者仍有相通處，即是，構想力的邏輯是原初邏輯（Urlogik），而形式邏輯與黑格爾的辯證法則是構想力的邏輯的反省形態、抽象形態，是由構想力的邏輯推導出來的。[17]

　　在構想力的邏輯的背後，顯然藏有一種實踐的、實用的旨趣，展示三木清的濃烈的現實感或現實意識。他認為，人的行為的本質是社會性的。我們的哲學所需要的，是能夠處理人的集團的心靈問題的思考，而不是純粹形式性的思考。他承認形式邏輯對個人的超越性、對所有的人都有效力的普遍性，但這超越性、普遍性是建立在遠離人生的、永恆的、抽象的本質上，或以這本質為其基礎。而作為歷史現實的社會的大眾心靈，與由之而來而具有約束性的人的具體活動，是形式邏輯所不能處理的。他舉了一些例子：神話、制度、風俗習慣、語言，強調它們都是集團的、群體的性格的心靈產

---

[16] 三木顯然要提出一種實用的邏輯（pragmatic logic），一種能規範我們的生活、行為的邏輯，這便有倫理學的意義，或許可稱為「倫理學的邏輯」（ethical logic）。這樣的邏輯的意義，自然不是一般所了解的思想方法那樣單純了。

[17] 三木在這裏似乎把邏輯分成兩個層次，基本層次是構想力的邏輯，推導層次則有形式邏輯與辯證法。就這點來看，辯證法與構想力的邏輯的關係似乎不如與形式邏輯的關係密切。依我看，辯證法還是較接近三木的構想力的邏輯，與形式邏輯還是很不同。

物；對於這些東西，形式邏輯只能「行人止步」。他認為，人的歷史主體，
具有黑格爾義的客觀精神在內，有一定的客觀性，不是主觀意識所能制宰
的。人要有動感，作為發展其歷史事業的所依，形式邏輯在這點上是無能為
力的。構想力的邏輯則不同，它不是要把歷史還原到個人、個體方面去，卻
是要「社會的身體」這樣的模式來安頓人的存在。

　　這種邏輯所強調的歷史的主體，不是一種抽象的本質，也不單純是黑格
爾的精神（Geist），而是有血有肉的生命基體[18]。

　　以上所述，便是三木清的構想力的邏輯的要義。綜合地說，構想力是三
木哲學中最重要的觀念，內涵相當混雜，包括主觀性、情意性（pathos）、
情感性、客觀性、理法性（logos）、知識性，表示一種綜合多方面導向的
力動。以現代哲學的詞彙來說，構想力表面看是具有終極義，但由於其複雜
性格，倘若把它還原為這些性格，則終極義便難成立。這大體上與上面提到
的三木清的受學的曲折歷程有關。這構想力觀念充分顯示三木具有豐富的想
像能力及頑強的綜合能力；但其思路缺乏足夠的清晰性，也是他在哲學上的
弱點。特別是，這構想力是知識論義？是價值義？是存有論義？和具有這些
意義到哪一程度？都不很清楚。

　　跟著我們看三木清的另一著作《巴斯卡的人的研究》所展示的哲學思
想。在這本書中，三木展示巴斯卡如何視人為中介於無限與虛無這兩個深淵
之間，其「中介」的存在性使人遠離平衡狀態，而置身於無知與不確定的處
境中。不過，巴斯卡仍把生命存在視為人本著其存在性的動感而成就得到的
一種具體的本性。這種存在性的動感表現為三個面相：不穩定的疲怠性、離
散性與意識性。特別要注意的是生命的離散性，它可以遮蔽生命的自然本
性，而生起種種錯誤的理解與虛擬的假象。意識性較有正面的、積極的意
義，它是自我意識，能使生命超越離散性而升向自然性的領域，只有它才能
構成人的生命的尊嚴與榮光。最後，三木提到巴斯卡把自我意識與哲學連合

---

[18]　三木的這種重視具體的生命現實的觀點，頗有唯物論的傾向，通過它，我們可以理解
　　　何以他後來對馬克思主義產生興趣。他的這種傾向，也反映出柏格森（H. Bergson）
　　　所強調的宗教動感義。

起來，成就一種生命的學問。這學問不是為學問而學問的，而是探索有關人的存在本性的根本問題的學問。三木認為，巴斯卡與笛卡兒（R. Descartes）不同，後者是從懷疑切入人的生命中，巴氏卻是要找尋一種確定性，一種能把終極的綜合力量賦予生命的動感確定性。不過，三木以為，這種確定性必須在上帝的脈絡下才能有其存在性，上帝便是它的存在根據。三木的結論是，人的生命存在在社群性的人格與環境所成的關係中具有一種主動的歷史形相，這歷史形相需要在世界中的文化情境中被詮釋，而生命存在的意義，可以在這詮釋中被恰當地理解。按這樣的歷史形相需從動感方面說，它是歷史主體在一種發展歷程中的外在呈顯。

從歷史形相，我們會想到歷史與傳統的問題。實際上，三木對歷史與傳統，有他自己的看法，這又要關連到他在其構想力的邏輯中所表現的現實感的問題來理解，歷史正是現實事情的記錄。他對歷史的看法是順著他的歷史哲學觀而提出的。他在其《全集》中明說，歷史哲學即是歷史意識的邏輯（第6冊，頁52）。透過歷史哲學，我們可以追訪在社會中、社群中人與文化的關係；在這文化中，人變得成熟，成為一個自我主動、主宰的主體。而人的自我主動、主宰的活動，便是歷史。不過，三木特別提醒，在歷史中的實際主體不是個人，而是群體。進一步說，個人的生命存在，包括他的身體，正是在某一時點中的「歷史的、社會的質體」的反省。多個人的生命存在沒入、融入歷史之中，便成就一個傳統。

這又涉及傳統這一問題。三木認為，歷史自身的發展不是獨立的、有機的發展，它是在傳統中存在的，被找的。而這傳統又是在被創造後再被創造的方式中成立的。[19]他提到，傳統問題密切地關連著有關歷史、哲學、人的群體存在、文化技術等多項的研究。他曾就不同的角度來看傳統，包括慣習、神話和神話的意識階級、傳奇、當代神話和大日本主義各方面。他又就與革命的關係及與日本文化的關係來論傳統。在這些討論中，三木很強調人

---

[19] 這是雙重的或雙邊的創造，相當於西田幾多郎的「不連續的連續」的弔詭觀點。先被創造是不連續，再被創造是連續。

的活動，特別是其主動性：人在建構和再建構傳統的活動和主動性。這種通
過人的決斷、抉擇而達致的主動的、持續不斷的傳承（傳統的延續）概念跟
黑格爾論者、西方的文化有機主義論者所持之以恆的有機立場、內在的進化
主義很不同。在三木看來，人，特別指以社群方式出現的人，具有巨大的創
造傳統的能力。在這一點上，他很強調馬克思主義的人的活動的重要性。同
時，他也運用西田和田邊的詞彙來描述「傳統」的流動作用：傳統由既成形
者流向正在成形者，是主體與客體、個別與普遍、激情與理性的矛盾的統
一，是人的生命存在的多面導向的綜合。

　　就上述的描述看，三木顯然與一般的哲學家或思想家有不同之處：後者
專注於思想的開拓或理論體系的建立，三木的老師西田幾多郎便是這種形態
的哲學家。三木則很強調事功或實際行動的重要性，他認為空談哲學是沒有
用的，必須要有實踐，以實際行動來影響社會。例如，在人的問題上，他曾
批評狄爾泰與海德格的看法，他們只重視人的主觀感染方面，不能將其理論
付諸行動，緊抓與現實世界有實質聯繫的契機，轉化實際存在的社群。三木
的這種批評，顯然是著眼於狄爾泰的精神學科或人文學科與海德格的此在
（Dasein）觀點而說。

　　實際上，三木的思想與行為是與時代脈搏同時跳動的。由上世紀 30 年
代中期開始，他本著自己一貫的想法，強調在日本的領導下，可以建立一種
新的亞洲人文主義，視之為協同東亞的意識形態的基礎。他認為這種新的亞
洲人文精神可以排拒作為階級分野的溫床的個人主義，從而消棄由資本主義
的剝削行為所引發的人類的不平等性。便是在這種想法下，他追隨當時日本
首相的路線，參予昭和研究會社的事務，成為這會社在文化政策方面的諮詢
人，並且支持日本侵略中國，發動戰爭。[20]

　　三木清受那麼多人的思想的影響，特別是他的受業老師西田幾多郎和當
時炙手可熱的馬克思的思想，他有沒有自己的獨特的看法，表現自己特有的

---

[20] 不過，三木又相信馬克思主義、共產主義思想，與當時流行的日本軍國主義的立場相
　　悖。由此可以看到他在思想上與行為上的複雜性、多面性。

思想呢？有的，他認為，人的主體性與周圍環境造成對立以至分裂，是以技術的製作一類行為作為媒介的；由之而來的，是這種行為所引導的新的人的文化世界。這裏的確有一種行為的哲學可言，這種行為的哲學是大多數京都哲學家所忽略的，只有久松真一是例外。久松以無相的自我為基礎，把個人世界拓展開去，而成立全人類的全體，並且以一種超越歷史的懷抱創造歷史。正是這種新的人的文化世界的行為，讓我們深入了解主體與環境的對立與分裂和它所帶來的惡果。不過，三木認為，我們與其全面地廣視這種行為，就事象的層面來考察自然的歷史與人的歷史的連續與非連續的關係，不若以西田式的對立的矛盾的自我同一性的邏輯來說明自然的歷史與人的歷史的連續與非連續的關係。這樣，他又離開自己的獨特思考，而回歸到西田的思想中了。

　　三木向西田的回歸，除了他是西田的學生外，更重要的是，他在重要的問題上重新和西田哲學接軌。關於西田哲學，以至京都哲學，我在拙著《絕對無的哲學：京都學派哲學導論》中以「絕對無」一理念為整個京都學派定位，認為這學派的重要成員，都以不同方式來解讀和發揮這個理念，認為它可代表東方哲學的精神性格（spirituality）。西田是以上帝、場所等思想來說無或絕對無。三木清自己也有關涉於無的思想，對於這點，讓我們從他的形相概念或形相邏輯說起。三木視形相邏輯為一種文化的普遍邏輯，這是東方文化的一個重要理念。在西方文化，形相被視為一種理性性格的觀想對象，是存有論意義。這形相（Eidos, form）可以客觀地接觸，也有「概念」的意味，特別具有近代科學的理念與法則的意義。三木特別留意到，在東方，即使說形相，也意味著形相背後的無形相的東西。形相是沒有形相的東西的影子，是「無形相的形相」。這種無形相的形相的思想，具有很濃厚的主體的意味。多數形相集結起來，而成形相的雜多，這雜多不是形相，而是無形相的東西。在這無形相的形相中，一個個個別的形相，與其他多數個別的形相無限制地連繫起來。這有點像佛教華嚴宗的一攝多或多入一的意味。我們對這種作為形相的根基的無形相的東西，不能在任何意義下視之為客體而加以把握。在三木來說，這種主體意味的東方的無形相的形相，可在構想

力的邏輯中加以探討。在他看來，構想力是綜合知性與感性的媒介力量，自身有知識與情感的雙重性格，為 logos 與 pathos 的統一體。正是這樣的構想力，可生起種種形相，這有創造的意義。我們可通過這些形相的創造將構想力理解為人的行為的本質。這種創造是無的創造，由無而生的創造，可形成一種新的文化體系。

三木以「無」作為人的主體性的依據，這主體性不受制於客觀的環境。由無可以創發、引發種種行為，包括技術的製作和文化的形成。三木認為，由於無，人才能超越自然的連續性，從其中飛躍上來，以類似禪宗的頓悟的方式，成就文化。很明顯，三木是以非連續性、飛躍來解讀無的。以無為根基，一切技術製作等行為才可能。三木的這種想法，無疑是受到其師西田的「無的場所」理念所觸發。三木的無，有沒有絕對意義，而成為絕對無呢？抑或只是與有相對的無呢？我們以為，就無能克服自然的連續性，而向上飛騰，已足以表示它是具有無限的導向的。至於文化的創造，也須以絕對自由為依據，否則難言創造。故三木的無，應是絕對無。但他在這方面發揮不多，故他的哲學的最重要觀念，不是絕對無，而是上面說得很多的構想力（Einbildungskraft）。

在這裏，我想總結一下三木清的思想，以結束這部分的討論。與西田、田邊、久松、西谷等人比較，三木顯然還未到大師的階位。他的很多想法，有田邊的影子（他曾受學於田邊），例如重視馬克思主義與具體的經驗與行動。在思考上，他也類似田邊：重視二元對立關係及其統一。這些二元對立關係包括：理想與現實、理性與非理性、logos 與 pathos、客觀與主觀、知識與感情、人的主動性與社會的群體性，等等。他也在一定程度下受西田的影響（他也曾是西田的學生），特別是重視行為的直觀方面。他很強調要在當前一時點中抓緊生命的現實，然後躍向未來，展示創造的力量；在他看來，文化便是這樣成立的。他也和西田一樣，輕視形式邏輯，而重視辯證法，由此開出行為的哲學。當然，如上面註 10 所示，他也很可能受到我國的王陽明思想的影響。

三木清的思想稍嫌複雜，不夠精純，但有哲學慧識。他是行動型甚至烈

士型的思想家，他的生命的悽烈結局可印證這點：他是因為鼓吹馬克思主義特別是包庇共產黨人而被捕入獄的，他最後也死於獄中。他一生重視事功，他的生平，最易讓人想起奮不顧身要暗殺希特勒的德國神學家邦霍費爾（D. Bonhöffer），和鼓吹革命的我國思想家譚嗣同，兩人都是事敗被處死的。

本章有關三木清哲學的探討所參考的著書如下：

三木清著《三木清全集》，20 卷，東京：岩波書店，1986。

三木清著、大峰顯解說《創造する構想力》，京都：燈影舍，2001。

三木清著、內田弘編、解說《三木清エッセンス》，東京：こぶし書房，2000。

三木清著《東亞協同體の哲學：世界史的立場と近代東アジァ》，東京：書肆心水，2007。

西田幾多郎、三木清著《師弟問答‧西田哲學》，東京：書肆心水，2007。

赤松常弘著《三木清：哲學的思索の軌跡》，京都：ミネルヴァ書房，1996。

竹田篤司著《物語京都學派》，東京：中央公論新社，2002。

津田雅夫著《人為と自然：三木清の思想史的研究》，京都：文理閣，2007。

町口哲生著《帝國の形而上學：三木清の歷史哲學》，東京：作品社，2004。

藤田正勝編《京都學派の哲學》，京都：昭和堂，2001。

H. Gene Blocker and Christopher L. Starling, *Japanese Philosophy*. Albany: State University of New York Press, 2001.

David A. Dilworth, Valdo H. Viglielmo and Agustin Jacinto Zavala,Tr. a. eds. *Sourcebook for Modern Japanese Philosophy*. Westport. Conn: Greenwood Press, 1998.

James W. Heisig, *Philosophers of Nothingness*. Honolulu: University of Hawaii Press, 2001.

Fritz Buri, *Der Buddha-Christus als der Herr des wahren Selbst: Die Religionsphilosophie der Kyoto-Schule und das Christentum*. Bern und Stuttgart: Paul Haupt, 1982.

Ryosuke Ohashi, hrsg., *Die Philosophie der Kyoto-Schule: Texte und Einführung*. Freiburg und München: Karl Alber, 1990.

吳汝鈞著《絕對無的哲學：京都學派哲學導論》，臺北：臺灣商務印書館，1998。

吳汝鈞著《絕對無詮釋學：京都學派的批判性研究》，臺北：臺灣學生書局，2012。

第六章
從「有」「無」問題看東西哲學的異向

阿部正雄著，吳汝鈞譯

田立克（Paul Tillich）在他的《系統神學》（*Systematic Theology*）第一冊中說：「『非存有』一字本身已表示出，在本體論的有效性方面，存有是先於非存有的。」（頁 189）他在另外的地方也說：「存有『包容』它自身和非存有。」又說：「非存有依存於它所否定的存有。『依存』所首先指向的，是存有在本體論方面臨於非存有的先在性。」（*The Courage to be*，頁 34，頁 40）田立克這樣指出，與一些基督教思想家的做法有關，他們有一種把上帝看成是絕對存有的趨勢。

在一些希臘哲學的主流中，亦有對於存有與非存有的關係的相同的理解方式。那是透過 to on（存有物）與 me on（存有的欠缺）的觀念而來的。雖然在時間上，在地理位置上和在觀念的開拓上，希臘哲學和基督教運動有不同的出發點，但田立克的見解卻表示出這兩流思想在一個具有重要意義的層次上會合了。而他的評論更反映出西方對存有與非存有的一種基本看法，雖不必是唯一基本的看法。

下面我將提出我對這種理解的不同看法：我並不覺得存有先在於非存有，有本體論的基礎。存有被假定為包容它自身與非存有。我卻以為，存有與非存有的基礎，不能是「絕對存有」，而是「非存有非非存有」。認為存有先在於非存有，存有總較非存有為高，為根本，我想那是田立克自己未經批判的想法，和西方一般在相當長的一段時期中的未經批判的想法吧。

以下我將稍為詳盡地討論這些問題。

一、西方的有無觀──肯定原理的強調

在古希臘，人們以為，當沒有存在時，非存有便出現了；正如當沒有光明時，黑暗便來臨那樣。非存有被理解為是 sterēsis, privation，或存有的欠缺，即 me on。巴門尼底斯說：「存有的存有，不存有的不存有。」柏拉圖對 me on 和 ouk on 的「不存有」的意思劃定分界：me on 是存有的相對否定，ouk on 是存有的絕對否定。他排斥後者，以之為不可思議和不可知的；同時他在與 to on 的關連下把握前者，視之為不同於存有者。柏拉圖以為，現實存在常是存有與非存有的混合，如同現象必成為存有，然後變化，然後消逝那樣。但純粹存有則是不變的永恆的，它是理念，是作為副本的現象的原型。又，對於柏拉圖來說，eidos（形式）是「存有」，它決定一現實存在；hȳle（質料）則是「非存有」，它由 eidos 所形成，因它是不決定的，自身是無形式的。復次，由倫理學的觀點看，「存有」被視為等同於善（agathon），而「非存有」則被視為惡的形而上學的根源。無論如何，我們都可以在古代希臘人中看到肯定生命的態度，他們把非存有理解為純然是存有的缺失。

基督徒一直相信，神是創造者，祂超越乎祂的創造、祂的受造物之上。神並不由一些「被給予」的質料而創造宇宙，祂卻是創造一切，包括質料在內。田立克說：「柏拉圖主義的 me on 式質料有著二元成分，它強化了所有的異教精神──基督教以 creatio ex nihilo（由無而生有）一原則為基礎，否定了 me on 式質料的觀念。質料並不是神之外的第二原則。」（*Systematic Theology*, 第一冊，頁 188）因此，神所由以創造的 nihil（虛無），是 ouk on，是存有的絕對否定。在田立克看來，在基督教思想中，神透過「我是我之所是」（'ehyen 'asher 'ehyeh）──'hayah' 作為 'ehyeh 的語根，即發生，生成，存在之意──而顯示其自己，祂是存在自身，或存有的基礎，具有維繫著非存有的能力。（同上，頁 235-6）另外一面，由無中而被創造的受造

物，常面臨著虛無的深淵。復次，在基督教傳統來說，神並不是一哲學的原理，而是一活的人格神，祂是愛和正義。因此，對於基督教傳統來說，存有與非存有的問題不單是一本體論的問題，且是一實踐的宗教的問題，其中包含有忠誠、懇摯、可信與偽造、虛假、欺詐、叛逆、罪過、公正與不公等的含義。由此可得，虛無是受造物的人類的一個部分，它不單是惡的根源，且亦是罪的根源，背叛神的意志。這惡即是善的欠缺。

與柏拉圖主義比較來說，基督教實更能正視非存有（me on 與 ouk on）的觀念，更深入處理存有的觀念。不過，「存有在某些方面較非存有具有先在性」這樣的表示，卻是共通於柏拉圖主義與基督教的。不過，我已說過，我並不覺得存有先在於非存有，有本體論的基礎；我以為，我們不必未經批判地假定存有在層次上高於非存有，比非存有更為根本，問題的關鍵在，在與肯定原理的關連下，我們應該如何理解否定原理。倘若參考以下的兩種觀察，我想我在上面提出的反對意見，會顯得更有說服力。

首先，我們可以把「存有—非存有」視為「生—死」和「善—惡」的本體論的範疇。這樣，問題便變成，生先在於死，其本體論的根據安在呢？西方哲學以為善先在於惡，這在徹底的分析上是否可以充分解明呢？不用說，人多是望生而厭死；而善亦應較惡為優。不過，人生的現實，能否透過對生命與道德律令的企慕而按制得住，那卻是另一問題。

第二點，在存有與非存有的均衡狀態下，存有獲得優勢，克服了存有與非存有間的對抗性，這表示趨向絕對存有，以之作為最後目的。同樣，要克服生死間的對抗性，表示趨向永恆生命；要克服善與惡的對抗性，則要趨向最高善。不過，由於我們必須審查有關肯定原理高於否定原理的想法，故亦必須批判地審查絕對存有、永恆生命和最高善這些觀念。

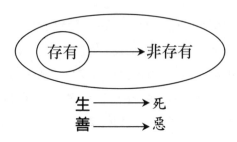

圖 1　「在本體論的有效性方面，存有先在於非存有」
「存有『包容』它自身和非存有」──田立克

圖 2　在存有與非存有的均衡狀態下，存有獲得優勢，克服了存有與
非存有間的對抗性，這表示趨向絕對存有，以之作為最後目的。

二、東方的有無觀──否定原理的強調

在東方，孔子傳統方面的人，強調人文倫理及人的內在善，甚麼是真正的人文；他們的思考方式，基本上與西方傳統的人士在理解肯定與否定方面無異致。但道家與佛家卻以為，「無」的觀念是中心的和本質的。

在道家傳統方面，老子在《道德經》的開首便說：「道可道，非常道；名可名，非常名。無名天地之始，有名萬物之母。」他又說：「天地萬物生於有，有生於無。」（第四〇章）顯然，對於老子來說，作為宇宙的根本原理的道，是完全不可名狀的，不可知的，非存在的；但它卻是無所不包的和不疲竭的；在這方面，莊子表現得更為徹底。他說：

倘若宇宙有一個開始的話，則應有某一時刻，它在這開始之先。又應有某一時刻，它在那「先於上面那開始的時刻的時刻」之先。倘若有

存在，則在它之先必有非存在。倘若有一「任何東西都不存在」的時
刻，則在此之前，必應更有一時刻，在這時刻中，即使「沒有任何東
西」亦不存在。突然間，沒有任何東西存在，你能確切地說這是屬於
存在或非存在的範疇麼？即使是我剛才說過的那些話語，我亦不能確
定，它們實際是說出來了，抑是未有說出來呢。（譯者按：此節莊子
之文是作者取自 Herbert A. Giles 所譯《莊子》 *Chuang Tzŭ*，頁二三中
者）

　　這是一種徹底的否定，由此而趨向那完全超乎始與末、存在與非存在、
有與無之上的最後真實。對於莊子來說，存有與非存有都由道而來，因此是
道的兩個面相，而道是完全不可名狀的。他以道為基礎，而游心於自由，以
之為理想的生活。他是老子的「道為無，而無不為」（第三七章）的觀念那
一路。

　　在古印度，在佛教興起之先，人們已清楚地認識到否定的意義了。《奧
義書》哲學強調梵與我的純一性，而只否定地以 neti,neti 來表示之，如見者
不能被見，知者不能被知。但梵與我卻被理解為是永恆的、不變的和實體
的。佛教徒則否定我的實體性格，而提出無我及無常。佛教的一個基本義理
是，沒有例外地，一切都是無常。沒有恆常的自性（自我同一），沒有不變
的實體。佛教另外一個基本義理是，一切都沒有例外地依存於一些東西，沒
有任何東西是獨立的和自存的；這稱為緣起，這是依存地生起、關係性、相
關地生起。或依存地一齊生起之意。一切都是無常，都依存地生起。這義理
不止應用於宇宙萬物中，亦必須應用到宇宙之外。這即表示，佛教徒以為，
作為宇宙的創造者和統治者的唯一的神的觀念，和作為宇宙恆常的無間斷力
量的梵的觀念，畢竟是不完足的。佛教以為，所有東西，沒有例外地，都不
是那唯一的超越的神所創造的受造物，亦不是內在於那不滅之梵的一切東
西，而卻是依存地共起的，並沒有一恆常的實體的自性。人若不能充分了解
這個真理，而依戀他的財物，他所愛的人，和他自己，視之為恆常的和不滅
的，他即在迷惑中而不能免於苦。但當人能覺悟到這個真理時，他即認識到

最後的真實，從惑與苦中解脫出來，而得涅槃。在涅槃中，人能充分實現智慧與慈悲；故涅槃是真實生命與生活的基礎。

佛教的無我或無恆常自我，一切無常，和緣起等觀念，都預認著對存有、存在和實體性的否定。龍樹清楚地了解到早期佛教傳統的基本觀念的含義，而確立空的觀念。必須強調的是，龍樹的空觀並不是虛無主義的。空是完全沒有形相，它不著於存有與非存有；因「非存有」仍不免是和「存有」區別開來的一種形相。實際上，他不止拒斥「恆常論的」觀念，這觀點以為，現象即此即是真實；他同時亦拒斥那恰巧是相反的「虛無論的」觀點，以之為虛妄。這觀點以為，空與非存有都是真實。他開啟了一個新的遠景，從「與肯定或否定，存有或非存有相連起來的」一切虛妄觀點解脫開來，而為大乘空的基點；他稱這基點為中道。順此可見，龍樹的中道觀並不表示在兩極端間的一個中間點，像亞里斯多德式的有無觀念所可能表示的那樣。它實指向那一超越任何二元性的路數，超越包括存有與非存有、肯定與否定在內的二元性。故他的空觀並不是與充實飽滿相對反的純然的空。空實超越乎和包容了空與充實飽滿二者。由它是從「形相」和「無形相性」解脫開來的意義看，它是真實地無形相的。實際上，在空觀中，空即此即是充實飽滿，充實飽滿即此即是空，無形相即此即是形相，形相即此即是無形相。故龍樹以真空為妙有。

我們可以邏輯地解釋空的這種辯證的構造如下。對於空的會得，並不單是透過否定「恆常論的」觀點的，而亦要透過否定「虛無論的」觀點，這「虛無論的」觀點是否定前者的；故它不是基於單純的否定，而是基於對否定的否定。這雙重否定並不是一相對否定，而是一絕對否定。而絕對否定正是絕對肯定。因邏輯地言，否定的否定即是肯定。不過，這又不是一純然的和直接的肯定。它是透過雙重否定亦即絕對否定而會得的肯定。故我們可以說，絕對否定即絕對肯定，絕對肯定即絕對否定，這個弔詭的陳述正顯示出空的辯證的和動態的結構；在這樣的結構中，空即是充實飽滿，充實飽滿即是空。

三、絕對無

　　現在我們進入問題的重點了。倘若我們認為肯定原理具有臨於否定原理的「本體論的先在性」的話，像西方的知性傳統那樣，則上述的空的動態的構造，便不可能了。只有在肯定原理和否定原理具有同等的力量和互相否定時，空的辯證的構造才可能。在中國和日本的詞語「有」與「無」中，最能清楚見到這點。有即存有（being）；無即非存有（non-being）。在相互的關係上，有與無是完全地平衡的；這與西方觀念中的 being 與 non-being，to on 與 me on，être 與 non-être，Sein 與 Nichtsein 都不同。有與無是完全地相對的、互補的，和交相涉入的；而不是互外於對方的。換言之，無並不是單方面地由有的否定而得。無是有的否定，有是無的否定。並沒有一者具有臨於他者之上的邏輯的和本體論的先在性。無是有的一個完全對等觀念，它不只是有的欠缺，它比西方所了解的「非存有」具有更強的否定性。復次，有與無是完全地對反的原理，因此它們互不能從對方分開來，它們是在一個背反中，一個自我矛盾中，而成一整體。佛教的空觀即顯示一個基點，那是要由克服了有與無的背反的和自我矛盾的一體性而會得的。

　　在梵語中，相應於 me on 或非存有的，是 asat 或 abhāva；它們是 sat 或 bhāva 的否定語。這與希臘語及其他相關的西方語言的情況並沒有不同。不過，如中村元氏所指出的，印度人並不同於希臘人或其他西方人，他們對一個否定式的想法，並不單純是否定的，且同時亦是正面的和肯定的。故印度論理學並不用全稱否定判斷（E），而將之改為全稱肯定判斷（A）來討論；如「所有言說都是非恆常不變的」（anityaḥ śabdaḥ）。因此，在印度思維中，sat 與 asat，bhāva 與 abhāva，並不被理解為具有一單純的前後的關係，而被理解為互相矛盾的，雖這不是互相對反的。佛教提出「緣起」說，在他們把 sat 或 bhāva 理解為一「非自性存在的真實」（asvabhāva）的情況下，sat 與 asat，bhāva 與 abhāva，亦被視為互相依存的。龍樹的「空」觀即透過「緣起」觀而被確立為根本的正面的原理，而超越乎 sat（或 bhāva）與 asat（或 abhāva）之上。

　　西方思想視存有為本體論地先在於非存有，故其超越乎存有與非存有的
對反之上的究極者，是大寫的絕對存有 Being，這可用一斜向絕對存有方向
的線段表示出來（圖 2）。與此相反，佛教的空，作為究極者，是要透過一
個直接超越有與無的二元性的過程而會得的；這有與無，是在相同的立足
點，完全地交相涉入，如圖 3 所示。

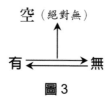

圖 3

　　由此可見，對於佛教來說，究極者並不是「絕對存有」自身，而是無形
相的「空」。這空不是有，亦不是無；為了別於相對無起見，它常被稱為
「絕對無」。

　　嚴格地說，倘若空或絕對無只是超越有無二元性而居於這二元性之外的
第三者的話（如圖 3 所示），則不能被稱為真正的空或真正的絕對無。——
因這樣理解的空或無，只不過是一些東西而已，它們被稱為「空」或
「無」，亦即虛無 Nothingness。換言之，它仍立於與有無所成的二元關係
上。必須克服了這種二元性，才能會得真正的空或真正的絕對無。對於空的
了解是重要的，但亦不能偏於空而為空。便是因為如此，大乘佛教立根於空
觀，在它的漫長的歷史中，極力排棄對於空的執著，視為「對於空的虛妄的
理解」，一種「對虛無的僵化的看法」，一種「斷滅虛無的看法」。要獲致
真正的空，空必須把自己也「空掉」；空必須變成不空。結果，真空即是妙
有，絕對無，一切如如飽滿，如來，最高真實；它超越有無，而使有無在交
相涉入的關係下表現其功能。

圖 4

上面所述對於空的錯誤理解和執著，正是概念思考的結果。我們對於佛教的空觀，不能經由概念而確當地會得，必須要透過認識自己的存在是存有與非存有、有與無的自我矛盾的統一，在解脫的意義下，主體地，或存在地會得。

這種對於真空亦「空掉」其自己的存在的認識顯示出，這並不是靜的狀態，可以客觀地觀察的，而是一動態的空的活動，你我亦處身其間的。在這動態的空的全體之外，再沒有任何東西存在了。一方面，在真正的空中，有非有而變成無；無非無而變成有；；因兩者都被空掉。由此便能充分體會到由有到無的交相涉入的運作。在另一方面，有是常有，無是常無；因在真正的空中，上面的那種「空掉」亦被「空掉」哩。故我們亦能充分體會到由有到有與由無到無的自我同一的運作。

總結地言，（1）有與無間的交相涉入的運作與（2）有與無的自我同一的運作都在真正的空中被完全地、動態地和弔詭地體會得。

這真是一廣大無邊的境地，它自己便是空的活動的動態全體。

當我們能把這真正的空理解為一無限的動態的境界，完全「空掉」肯定與否定、正面與負面（的極端）時，有與無即弔詭地和自我矛盾地是一和同一了，而在這境地中的任何一點，都可有同樣的弔詭性格。

四、絕對無與最高真實

我們現在必須要闡明以下五點：

第一，我起初說佛教的虛無觀念是中心的和根本的，我的意思是，倘若

要體現最高真實或妙有的話，焦點在絕對無，亦即真正的空，而不在相對無。沒有對於絕對無的存在的體會，即沒有到最高真實之路。

但這並不是說，對絕對無的會得，只是通到最高真實殿堂的一個門路，這是第二點。絕對無自身實是最高真實的殿堂，因為，它作為這樣的絕對無或真正的空而被存在地體會得，是要透過克服了「無或空作為第三者而居於相對的有與無之外」一點，和透過「重回歸到有無的界域中而如如地肯定它們」一點的。真空與妙有絕不是二元性的。會得絕對無，對會得最高真實來說，是不可或缺的；這兩者完全是同一的。

第三，在佛教，要顯現最高真實，即妙有，必須先會得絕對無。但佛教的妙有觀念卻和西方的「絕對存有」觀念有顯著的不同，後者亦被理解為是最高真實。就有關絕對虛無一面來說，西方的「絕對存有」並不是「非二元性」的；它亦不是透過空的會得而顯現。它並不被理解為超越乎存有與非存有的背反之上，而卻是在本體論地先在於非存有的意義下，被理解為是究極的。

第四，西方的知性傳統與佛教在把絕對存有理解為最高真實方面的不同，決定於對絕對無的體會的看法；即是說，絕對無的體會，對於顯現最高真實來說，是否是本質地必須的呢？同時，也要看相對的無（非存有）是否被理解為與相對的有（存有）是完全相等與交相涉入。與西方的知性傳統對比著來說，佛教最能深刻地正視人生的負面。但它並不消極自卑，卻是有其積極進取的一面。

第五，當肯定面（或存有）本體論地先在於否定面（或非存有）時，則自然應把「絕對存有」視為究極者，視為解脫的象徵了；這絕對存有，是這本體論的先在性的焦點。在這種理解下，否定面成了為肯定面所剋的對象。相反地，當肯定面（或有）與否定面（或無）相等和交相涉入時，則這兩者之間形成一背反的、矛盾的對峙形勢，這對峙形勢是要克服的。在佛教，解脫即在空之體會中獲得，空即是從上述那個存在的背反中解放開來之意。同時，最重要的是，真正的解脫，必須最後連空也「空掉」。這樣，解脫的表徵，並不是「絕對存有」，並不是存有在本體論方面先在於非存有的那個焦

點，而卻是「空」的能動性，它同時亦是充實飽滿的。

五、生與死、善與惡

　　在對人生的負面的理解方面，西方的知性傳統與佛教的分別，不單是本體論的，而且是存在的和涉及救贖方面的。我以為，否定面特別是人生的負面，是否被理解為在層次上低於或相等於肯定面，其關鍵並不在個體生命或宗教是樂觀的抑是悲觀的，而在它是理想主義的抑是現實主義的。西方把人生的負面理解為在層次上低於其正面，實基於它對人性的一種看法；這不必是樂觀的，但卻是理想主義的。佛教把人生的負面理解為在層次上等同於正面，則是基於這樣的一種看法，就有關人性方面，它不完全是悲觀的，但卻是徹底現實主義的。

　　上面對有無的描述，實可同樣地適用到生與死、善與惡等問題上。佛教並不把生視為在層次上較死為高。生與死是兩個相對反的過程，它們互相否定，但亦緊密地連在一起。由於生與死的互相否定過程沒有開始，亦沒有終結，故佛教稱之為 saṃsāra，生死的流轉或輪迴。潛心於佛法的人，都深切地感到輪迴的無盡，而冀求解脫。當你能不經由概念而當下本著救贖的意義存在地會得輪迴的無窮時，你即能體會到，它是生與死結合為一的東西，但卻是背反的、自我矛盾的。這種體會，特別是在禪中，稱為「大死」的體會。因它是生死面的完全否定，是超越乎與生區別開來的死之上的。只有經由「大死」，才能得涅槃，那在佛教來說即是解脫。在佛教看來，以生命的力量來克服死，而在將來獲得永生，是不重要的；重要的是要從生死的自我矛盾的性格中解脫開來，從生死流轉中解脫開來，證得自由。這完全是一種存在的體證，故人人都能於當下會得。在這個存在的體證中，涅槃並不離生死。如如生死當下即是涅槃，如如涅槃當下即是生死。

　　又，在佛教中，善並不比惡更有先在性。佛教徒由生命內部善惡的交相爭鬥的經驗得知，善不必足以克服惡。善惡是兩個完全相對反的原理，它們以相抵的力量交相爭峙；但它們卻互相連繫著，包容於一個整體的存在的背

反中。佛教以為，我們相信能夠以善來克服惡，而達致最高善，那是虛妄
的；縱使從倫理的觀點看來，這信仰是一強有力的定然律令。由於善與惡是
力量相抵而互相否定的原理，故永不能在倫理方面以善來克服惡，且這會墮
入一個嚴重的兩難。基督教了解到這個存在的兩難，內在於人的存在中，而
稱之為根源的罪惡（原罪）；他們以為必須要信仰神，透過救贖，神能使人
從罪惡中解脫開來。從基督教的觀點看來，神本身即是絕對善，它是大寫的
God；這從《聖經》的「唯神為善」（no one is good, but God alone, Mark
10:18, Luke 18:19）中可見。誡令即表示神的意志，故對於誡令的遵從與違
背，即構成人的善或惡。復次，經上又強調：「不要為惡所克服，而要以善
來克服惡」（II Thess 3:13）。

　　相反地，對於佛教式的解脫來說，重要的並不是以善來克服惡，而參向
最高的絕對善；卻是要從善與惡的存在的兩難中解放開來，而體證得空，那
是超乎善惡對抗之上的。空的證得，不是概念的，而是救渡的，是整個生命
存在的事；如我在上面說過，真正的空當下即是充實飽滿。因此，在空之存
在的體證中，人即能作善惡的主人，而不為其奴役。真空的證得，在這個意
義下，是吾人的自由、創發與倫理生活的基礎。

六、西方強調否定原理的傳統

　　總結來說，在西方，存有、生命、善等肯定原理，是在本體論方面先在
於非存有、死、惡等否定原理的。在這個意義下，否定原理即時常作為第二
義的東西而被把握。與此相反，在東方，特別是在道家與佛教，否定原理並
不是第二義的，它與肯定原理是同一層次，甚至較之更為根本，更為內在。
不過，那是基於這樣的意義而說的，即是要顯現最高真實，關鍵在體證得否
定原理；另外，那不可名狀的道或空，是作為「相對意義的肯定與否定原理
的根本」而被證得的。故對那超越乎肯定與否定的對抗性之上的最高真實的
證得，在東方，透過否定性；在西方，則透過肯定性。

　　不過，就西方傳統說，有兩個事實是不應被忽略的，此中，否定性被理

解為是具有積極意義的東西。其一是基督教神秘主義，特別是被稱為負面神學（Negative Theology）者；另一則是尼采和海德格的哲學。

首先，基督教神學植根於一種經驗，在那種經驗中，神自身與靈魂的生命個體直接連結起來。神並不以一個超越的人格存有而威臨於靈魂之上，而稱為「祢」（Thou）；它卻是一種神格（Godhead），人格神即自其中轉出。作為擬戴奧尼夏（pseudo-Dionysius）的一個古希臘最高法院的法官（Areopagite），在其《神秘神學》（Mystical Theology）中寫道：「神格是不可定義的、不可名狀的，和不可知的；它超乎黑暗與光明、真與不真、肯定與否定之上。只有經由否定面，才能達到那不可言詮的神。」在德國神秘主義中，艾克哈特（Meister Eckhart）說神格或 Gottheit 為無有（Nichts），伯美（Jakob Böhme）則視之為無基底者（Ungrund）。而神的本質，並不是最高的絕對善，而是超乎善與惡之上的。這與佛教對於最高真實的理解，極其相似。

第二件事是尼采和海德格。如眾所周知，尼采淩厲地抨擊柏拉圖主義與基督教，視之為一種兩個世界的理論，在這個實際的遷流的世界的背面，建立「真正的永恆的世界」。他在嘗試對所有價值作重新的衡量（Umwertung aller Werte）中，宣告虛無主義的來臨；在這虛無主義中，所有傳統的肯定原理都被否定掉。他又鼓吹超人（Übermensch），作為真實的虛無主義者，在沒有神的情況下，這超人完全承擔虛無，接受永恆的輪轉。

海德格受尼采影響，他且超過尼采。他恐怕是在西方歷史中最能深刻地正視「無」的問題的人。他把西方的形而上學史，視為對於「絕對存有」的忘懷（Seinsvergessenheit）的歷史。他嘗試探索絕對存有自身（Sein selbst）的意義；他以為這絕對存有，與自亞里斯多德以來的形而上學中的各個存有之絕對存有（Sein des Seienden），完全不同。要迎會無，即要越過對於絕對存有的忘懷。無自身可開出一絕對存有之路。這亦與佛教對空的理解極其相若。

不過，基督教神秘主義只是基督教中的一個片段；而尼采與海德格在西方亦常被疑為是西方哲學傳統的叛徒。但我們必須要問，在西方的知性傳統

中，其歷史與哲學的欠缺是甚麼呢？這亦是這些人所感到的和要填補的問題。他們強調否定性或無，沒有一個積極義麼？我們應否把他們僅視為非正統而忽視之呢？倘若以為海德格、尼采和那些神秘主義者應被拒斥，被視為非正統與不健全，則請讓我再問一下，西方以存有先於非存有，這就相關到物一般與特別就相關到人來說，如何在哲學上被認準呢？

第七章　禪與西方思想

阿部正雄著，吳汝鈞譯

「禪與西方思想」是在今日世界中必須要探究的一個課題，同時是一個極為難以探究的課題。要跨越這樣廣闊的領域，而把握其核心，完全地處理這個困難的課題，自非現在筆者所能堪任。這裏我只對這個課題作一試論，希望得到學者的指正，俾日後得以修補。

一、三個根源的範疇：存在、當為、虛無

所有的人，不管是現代的古代的，西方的東方的，都不會安於目前的現實、感覺所接觸的現象，和目下的這個世界，而感到滿足。即使對著散落的花草，亦會感覺到永恆的美。仰望夜空的星星時，會想到宇宙間的法則。見到自己與他人的惡失，會謀求人間的理想姿態；而對要逝去的生命，會祈求不滅世界的實在。這都是落根於人的本性的事。對於在可見的背後的不可見者，在現象的根柢的法則，在事實背後的意義，和在現實的另一方的理念，我們是不會停止追求的。這實源於人的本質的要求，要尋找超越現實界的境界，因他正內在於這現實界；要尋找普遍的東西，因他正與個別的事象纏在一起；要尋求不變的永恆的東西，因他正不斷經驗到生滅變化。哲學家以為，人是形而上學的動物，這可以說是人類通於東西古今的定義。不過，便是由於人是形而上學的動物，因而亦出現一種立場，要否定超越乎現實的理念，與否定在事物背後的普遍永恆者，而以這個存在著個別事象的現實界，為唯一的實在世界。順此，這個現實與理念，內在與超越，個別與普遍，時

間與永恆之間的對峙，即不斷地貫串於人的存在中，而使人生出現嚴重的問題。這裏我們簡單地以「事」與「理」之間的撐持，來表示這種對峙。（註：此中所用的「事」與「理」兩用語，源自佛教。佛教亦以「事」指現實的、個別的、時間的、差別的東西，以「理」指理念的、普遍的、永恆的且是平等的東西。但對有關理念的、普遍的東西的具體理解，則佛教與西方思想有很大的距離，如後面所述者。）不斷為「事」與「理」的對峙所滲透的存在，因此而不能不作為問題，而不斷地使自己自覺自己的存在──這是人的命運，人的本質。

有一些立場，專門以「事」為基礎，來把握來理解這「事」與「理」的對峙的關係全體；這便是各種共通於東方的與西方的經驗論的立場。與此相反，亦有些立場，是以「理」作為原理，來把握來理解同樣的「事」與「理」的對峙關係全體的；這便是各種共通於東方的與西方的觀念論的立場。但這樣的經驗論與觀念論，都未能超越的「事」與「理」的對峙層面，而只是在這層面上，以對立的一方為原理，來把握理解這兩者對立的全關係。故這些立場都不能說對這個問題提供了根本解決之道。能真正解決事理的對峙問題的，必須是這樣的立場，它以某種形式超越了事理的對峙的層面。這可以說，它必須是超越意義的形而上學的立場。

現在我們即這樣地著眼，一觀西方的哲學思想與東方的思想，特別是佛教思想。

亞里斯多德哲學可以說是古代希臘思想的最高峰。在這個系統中，特別是在其《形而上學》中，那使存在者（譯者按：此當是 existent）成其為存在者的「存在」（譯者按：此當是 Being），換句話說，那絕對的「存在」（Sein），被確立為基本原理。亞里斯多德以後的西方形而上學史，實是建築在這「存在」的延長線上的。其後，康德以為，那些自亞里斯多德以來的「存在」的形而上學，全是獨斷；因此他要撤消它，而發出「作為學問的形而上學如何可能」一問題；他本著自己的批判方法，在全新的基礎上，顯示出形而上學的可能。這個新的基礎，即是超越的純粹實踐理性法則，亦即是那絕對的「當為」（Sollen）。西方哲學思想，至康德即面臨決定性的轉捩

點。實體的「存在」的形而上學轉為主體的「當為」的形而上學。康德以後以迄於今日的西方哲學思想，其步伐，可以說是在徬徨與摸索的軌道上，周旋於亞里斯多德的「存在」與康德的「當為」的兩種對峙中；或為其中一方所牽引，或謀求這兩者的調和，或要以一種形式來超越這兩者。在這中間，尼采與海德格即極為重視那明顯地不是「存在」亦不是「當為」的「虛無」問題。

　　不過，亞里斯多德與康德的「存在」與「當為」，各各有其絕對的性格，而脫離相對性；都可被視為形而上學可能的根本原理。而對「虛無」（Nichts）的把握，在縱貫二千數百年的西方哲學思想史中，卻未出現過。這「虛無」卻是與「存在」「當為」有同等意義。在思想上明確地自覺到這種意義的「虛無」，而把它確立為形而上學的基本原理的，是印度的龍樹。龍樹的空觀，是印度大乘佛教的頂點。它的底蘊，不盡於純然的哲學思想中；它植根於佛陀以來的宗教的自覺，在思想上確立了絕對的虛無的立場，斷絕了有與無的兩極，成為後來大乘佛教的思想基點。

　　「存在」（Sein）、「當為」（Sollen）、「虛無」（Nichts），或「有」、「理」、「無」──這些東西，全被視為脫離相對性，而具有絕對的性格，我們不是可以說，它們在原理上，超越了先前所說的事理的對立的立場麼？在原理上超克事理的對立之道，不是要先使「有」、「無」、「理」三者中的任何一者絕對化，然後可能的麼？亞里斯多德、康德與龍樹，他們的時代與環境都互不相同，但不是可以說，都達到這樣的絕對的自覺麼？我想，我們可以稱這絕對意義的「存在」、「當為」與「虛無」，或「有」、「理」與「無」，為人思想中的（因而亦是人的存在本身的）三個根源的範疇。因為，這可以理解為是在原理上超越乎那「貫徹人的存在，而不斷困擾人生的」事理的對立的三個可能的範疇，這可以理解為是對於本質的問題的三個可能的本質的解答。由於這三個範疇都具有不能還原為其他二者或其他東西的超越性與絕對性，故最後還是這三個根源的範疇。在東西方人類思想史上，這三個根源的範疇，分別由亞里斯多德、康德和龍樹依思想的路確立起來。要闡明這點，我們有進一步考察的必要。

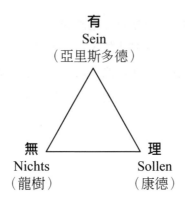

有
Sein
（亞里斯多德）

無　　　　　　理
Nichts　　　　Sollen
（龍樹）　　　（康德）

二、亞里斯多德的「有」與康德的「理」

　　柏拉圖較亞里斯多德為早出。如眾所周知，他以為，在感覺的現象和生滅變化的事物背後，有超感覺的理念，無生滅變化的普遍的理念存在。即是說，作為「事」的現象背後，有作為「理」的理念存在。而且，作為「事」的現象，以作為「理」的理念為原型；現象是分有這理念的原型的一種模仿物。不過，柏拉圖的理念，並不只具有理論性的存在論性格，作為自然的存在的法則；由於最高的理念是善的理念，故他的理念，實帶有極為濃厚的倫理性實踐性，要熱切地追求善的目標。換言之，對於柏拉圖來說，作為「理」的理念，實是使作為「事」的現象成其為現象的真正實在；而在這理念中，自然的理法與人間的理法，或者說，理論與實踐，理性與意志，是未分裂的；它們是在未分化的狀態下被把握的。

　　柏拉圖的這種未分化的理念，與現象的關係，到了亞里斯多德，其倫理性實踐性漸被拂拭掉，而被置換為形相與質料的關係，具有明確的理論的存在論的性格。不僅此也，柏拉圖的理念，作為現象的原型，實超越乎現象而自存。與此相反，亞里斯多德的形相，則是個別物（現象）的原理，使潛存的質料變為實在物；它不離個別物，而內在於個別物自身。柏拉圖的理念，對於現象來說，是本質地先在的東西；亞里斯多德的形相，則一方面與個別物的質料區別開來，而又常與個別物俱，顯現於個別物中。柏拉圖所確立的

理念的世界，是普遍原理；它超越乎現象界，而在其背後，使之可能。亞里斯多德依據和超越這理念的世界，而即在個別現象、個別物自身中，看出其相應的形相。正是由於超越了柏拉圖這樣的理念說，使亞里斯多德的存有，成其為存有的「有」，存在者的「存在」，亦即是 ousia。此中可以看到，事理的對立，被徹底地超越了。亞里斯多德所自覺到的「存在」或「有」，特別是作為神的最高的「有」，實是脫離了這種意義的相對性，而為本質的絕對的「有」；因此，如先前所述的那樣，這可以理解為是我人思想中的一個根本的範疇。

倘若我們從事理的對峙的觀點來看希臘思想，則可以說，對於柏拉圖來說，在「事」的現象背後，有使現象可能的「理」的理念在；前者是假現的世界，後者則是實在的世界。換言之，只有使「事」成其為「事」的「理」，才被看作是真正存在的東西。亞里斯多德則越過柏拉圖的這個立場。可以說，他在某個意義下，把柏拉圖的「事」與「理」的關係顛倒過來了。在亞里斯多德看來，個別物即是實體。個別的「事」自身，便是真正的「有」。不過，並不是直接地便可以這樣說的。毋寧是這樣，亞里斯多德否定了超越乎個別的「事」的普遍的「理」的理念，特別是否定了理念的超越性超離性，而以形相之名，再回歸到「事」中。即在此「事」中自覺出「有」。依亞里斯多德，形相應稱為「有」，而不應稱為「理」。亞里斯多德所視為是形而上學的基礎的「存在」——「有」，只有在這樣地否定了那超越乎「事」的普遍的「理」之後，才能作為使「事」成其為「事」的「有」，而被自覺出來。要注意的是，這形相的「有」不是靜的，而是動的。作為最高的「有」的神，是全不留有質料痕跡的純粹的第一形相，亦是第一動者。究極的「有」，是純粹活動本身。

亞里斯多德以來多姿多彩的西方形而上學史，實是依亞里斯多德的「有」為基調而奏出來的種種變奏曲的歷史。康德的批判哲學，則向這「有」的變奏曲的歷史打上終止符，而要來一種新的形而上學的序曲，演奏全新的基調。這新的基調音，不是 Sein，而是 Sollen，即所謂純粹實踐理性法則的超越的「理」。

　　康德粉碎了亞里斯多德以來的古老的形而上學，以之全是獨斷。但人們對於形而上學所產生的興趣，卻難以停止。這點康德是不能否定的。亦即是說，人們要認識那些感覺所不能到達的超越的形而上的對象。康德甚至以為，這種內在於人的本質的興趣，是必須要得到滿足的。他即在這個立場下，提出「形而上學的認識如何可能」的批判的問題，而以對理性能力自身的批判，作為自己的課題。如眾所周知，這批判哲學所要闡明的是：對於形而上學的對象的認識，靠理論理性是不可能的。這只有經由純粹實踐理性與基於這實踐理性而來的信仰而可能。在他的哲學中，自柏拉圖以來從未有明確區別開的理論理性（理性之理論的使用）與實踐理性（理性之實踐的使用），不僅在本質方面被區別開來了。而且，康德並不把這樣地兩用的理性，理解為單純是人與生俱來的理性，而卻理解為是超越的純粹理性；它使這種自然理性在原理上可能，和在事實上確立起來。這裏有一種全新的「事」與「理」的對峙，是古代希臘以來未之見的。這是「事」與「理」──使「理」自體可能的「理」，亦即是「理」之「理」──之間的極端的對峙。「事」必須要以這樣的「理」之「理」為根據，才能正式地成其為「事」。而康德所要闡明的是，這樣的純粹理性，當它限於只在理論方面使用時，則形而上學的理念雖可以被思想，但其有效性卻不可能被證實；只有當它在實踐方面使用時，形而上學的理念才能透過道德的信仰被證實。康德是依理性的實踐的使用，來建立形而上學認識的可能性的。這理性的實踐的使用，把理性深入地扭歸向內部，以主體的道德意識，來規定人自己的意志。他並不依理性的理論的使用，來建立形而上學認識的可能性；縱使它在外在的自然方面，與對象連繫在一起。康德這種把優越地位放置於實踐理性上的立場，可以說，實取代了亞里斯多德的理論的存在論的立場，而回復到柏拉圖理念說的立場上去；柏拉圖是把優越地位，置於倫理性實踐性上的。不過，這並不是單純是柏拉圖式的「理」的立場的回歸。亞里斯多德的存有論，超過了柏拉圖；康德毅然否定了亞里斯多德的超越乎柏拉圖之上的存在論的立場，亦即否定了「有」的立場，而把它從根底方面轉換過來，給予純粹理性的立場一超越的基礎。這純粹理性，如前所述，正是「理」之

「理」。另外，由於康德明晰地分開理性的理論的使用與實踐的使用，以為形而上學的理念，能依後者透過道德的信仰而實踐地被認識，而不是依前者被認識。因此，他的形而上學可能的原理，雖說是「理」之「理」的立場，但並不是必然（Müssen）的原理，而是當為（Sollen）的原理。必然的原理，在原則上把自然法則一般確立起來；而當為的原理，則是道德法則一般的根據。

還有一點，亞里斯多德雖也正視善的問題，和當為的問題，不過，在他看來，在價值上是善的東西，存在論地是中性，即事物或狀態的「中」之意。他是以存在論的進路，來把握善與道德的。康德則不同，他把道德的問題，移到意志的場合方面去，而建立「當為」，作為純粹實踐理性的法則。在康德看來，理性在本質上是實踐的，亦因此之故，它是形而上的。他通過批判地考究「純粹理性如何替意志立法」一課題，即在道德理性的基礎下，確立定言律令的可能性、理性自律的立場，和自由、靈魂不滅、神等形而上學理念的認識根據。這立場明顯地不同於柏拉圖式的「理」，與越過此「理」的亞里斯多德式的「有」者。這是一全新的「理」的立場，它自覺地超越實體性層面，而成為真正主體性的「當為」的「理」。康德確立了這個主體性的「理」，作為超越的道德法則。它可算是人的思想、人的存在的第二個根本的範疇，而不同於亞里斯多德形而上學的實體的「有」；後者被視為亞里斯多德的形而上學的基礎。

三、龍樹的「空」、「無」

亞里斯多德與康德即在這種絕對的意義下，確立「存在」與「當為」，「有」與「理」。不過，在西方，畢竟沒有把「虛無」或「無」看成是形而上學的根本原理一事。

在古希臘，「無」被視為「存在」的欠缺狀態，即非存在，如同暗被視為光的欠缺，惡被視為善的欠缺狀態那樣。「無」並不被視為是在其自己，而只被當作「存在」的消極狀態、欠缺狀態的第二義的問題來處理。所謂

「無物能由無生起」（ex nihilo nihil fit），正是古代希臘的思想，也包括亞里斯多德在內。

康德以為亞里斯多德以來的形而上學，都是獨斷，而要把它撤消掉。他又撤消希臘以來的道德哲學，視之為錯誤的道德哲學，缺乏道德原理的批判基礎。他由批判之路，確立純粹實踐理性的立場。在康德以前，道德理性與道德感情，被視為是先天的，與生俱來的；康德卻不直接地認為，那包括道德理性與道德感情在內的人的本性，是道德原理。他嚴肅地自覺到，人生命中的道德理性與道德感情，不可能直接地便成為普遍的道德原理。不過，康德並未由此自覺，而入於對人性的絕望與對罪惡的意識。他亦不由此而否定人間道德的可能性。康德都不走這些路子，卻透過「純粹理性能否替意志立法」一問題，而確立純粹實踐理性的立場。這既不是以人間道德性為「有」的立場，亦不是以之為「無」的立場，而是隨處都是「當為有」的立場。這是主體的實踐的「理」（更正確地說，應作「理」之「理」）的立場，是超越的道德的「當為」的立場：在任何場合中，都無條件地作出「汝正當為」的定言命令。故康德視為形而上學可能的唯一原理的「當為」，否定了亞里斯多德式的「有」；但它不是「無」的原理。康德都不取這有無兩者，而以「為義務而行義務」，為真正的自由。這是主體的、實踐的「理」之「理」的立場。在其宗教哲學中，康德視根本惡為嚴重的問題，但他仍沒有放棄這主體的「理」之「理」的立場，他毋寧以為，若強化這立場，則雖根本惡的問題，亦可克服。

我先前說過，龍樹以極為徹底的形式，確立「無」為一切的根本原理；他實代表印度大乘佛教的頂峰發展。不過，龍樹的「無」——更確切地說當是「空」Śūnyatā——的思想，原本亦不是突如其來地出現的。佛陀的緣起說認為，我們所經驗的東西，都依其他東西為緣而生起；此中有一種否定實體的思想，否定一切東西的實體性；這實體性表示自體即能獨立地存在。被視為佛教根本命題之一的諸法無我（一切東西都不具有恆常的實體），即明白表示這實體性的否定。此中可清楚地看到，空的思想已在萌芽了。不過，在原始佛教中，緣起說與空思想仍素樸地結合在一起。自覺到這空思想，而

將之置於教說的中心位置的,是阿毗達磨佛教。但這種自覺的方法,是把各現象分析為多種要素,而排除實體的觀念,因而主張一切皆空。因此,阿毗達磨佛教的空思想,可以說是立足於分析的觀察中的空思想——因此之故,其後即被稱為析空觀(註見下)——此中,對於實體以至「有」的觀念的否定,仍未徹底化。毋寧可以說,阿毗達磨佛教仍認可那被分析出來的諸要素的實在性。

但由《般若經》開始的大乘佛教思想家們,則越過這阿毗達磨的析空觀,樹立後來所謂體空觀的立場。(註:天台宗以小乘佛教的空觀為析空觀,以大乘佛教的空觀為體空觀。)這並不是要把各種現象分析要素,而闡明現象之空,而是主張,一切現象在原理上其自體即是空,主張存在本身的空性。《般若經》的「非有非非有」,不單否定有,且否定做為有之否定的無。非無的立場,即闡明這二重否定。此中顯示出離有無二邊的「空」之自覺,亦即開示般若的智慧。

然而卻是龍樹把《般若經》中的神秘的直觀性提高到自覺的階段,而徹底地使這《般若經》的空思想邏輯化。當時的實體論者以為,對應於概念的事物,是實在的;龍樹批判他們,以為墮入虛妄觀,錯誤地了解現象界的實相。他以為,在脫離概念的虛妄性處,即有無相的真正實在顯現。因此,龍樹不只揚棄常見:以現象為即此即是實在;且亦極力撤消這常見的另一敵對見解的斷見:以空無為真實,他以為這是虛妄的。他以為,一切虛妄觀,都與肯定否定、有無連在一起;而從這虛妄觀解放開來的自主自在的立場,才是大乘的空的立場。他稱這立場為中道。故在龍樹看來,「空」不是虛無,而是妙有。由於真正的空(絕對無)連空都否定掉,故它是絕對的真實,它使一切現象一切有真正地成其為有。就龍樹看來,那貫串在人的存在中而不斷使人生出現問題的現象(事)與理念(理)之間的對峙,即在「無」中,在超越乎有無的對立的「無」中,亦即在「空」中,找到其消解之道。龍樹即這樣地把「無」加以絕對化,作為如實地開示實在的根本原理。我們這裏將他的「無」,肯認為異乎亞里斯多德的「有」與康德的「理」的第三個根本範疇。

四、基督教思想的「神之義」

　　以上我們述過了亞里斯多德、康德和龍樹如何把「有」、「理」、「無」在分別脫離其相對性的絕對意義下，將之作為超越乎事理對峙的形而上學原理，意識出來。這「有」「理」「無」亦可稱為人的思想、人的存在的三個根本範疇。倘若這樣的看法可以被接受的話，則我們要考察下一課題，看看何以在西方思想中，「無」作為超越乎事理對峙的原理，未有被意識出來，如龍樹所達到的徹底性那樣。首先我們必須要問，在東方思想，特別是在佛教思想中，「有」與「理」作為超越乎事理對峙的原理，到底有否被作為問題而提出來考究，一如亞里斯多德與康德的那種深度呢？這樣的發問，大概可以幫助我們對本文的主題「禪與西方思想」，作基礎性的考察吧。不過，在進入這個問題之前，我們必須先就上面有關的觀點，對希伯來思想，特別是基督教考察一下。希伯來思想是西方思想的一個源流，而基督教則二千年來深厚地培育著西方思想。

　　不用說，基督教並不是哲學。它亦不完全是思想。這不是依人的理性而得到的自覺，而是全心全意服從生命之神的啟示的一種信仰。這並不是依甚麼思維而來的合理判斷的結論。這是新生的生活、屬靈的生活，它在一切思維衝突之上與神相會，由神之愛得以死而復甦。不過，雖然這是對這樣的啟示而有的信仰、是屬靈的生活，但就它關連於人文方面來說，這是深深地——或者最深深地——扎根於人的存在，因而在本質上關連於人的思想的。我們在這個意義下，就關連於「有」「無」「理」的人的存在、人的思想的三個根本範疇來考究基督教，恐怕不會有問題吧。特別是在本文中，我們要把這基督教作為「西方思想」的一個成員——它與希臘的哲學思想一同構成「西方思想」——來考究，這更應說得通吧。不過，我們必須時時刻刻記著，基督教本身是超越乎基督教思想的。

　　我們可以說，基督教思想與希臘思想共同成為「西方思想」的兩大源流，但這兩者是極為不同的。在希臘思想中，我們可以發現思想家對於人文與世界的單純而充量的肯定；但在希伯來思想中，則貫澈著對於人生的負面

的深沉而敏銳的意識。此中最有一種對於人的知性與道德的絕望，及與那超越的存有相隔絕的意識；這絕望與這意識，實互為表裏。伊甸園的故事，正顯示出神所知的真理，是禁絕於人的。樂園中的蛇，使人希望一如神那樣知善知惡；它實是知性與自覺的精神。但樂園驅逐的故事，卻顯示出，人基於自覺而來的獨立，是一種罪過；只有聽從神之言，才是人的道路。希伯來之神，是超越的生命之神；它不領受任何思辯體系的殿堂的香火。人們所追求的，不是觀想，而是信仰；不是形而上學，而是啟示；要斷知性。又，希臘人是沒有原罪意識的。但希伯來人則在神之正義面前恐懼與顫抖，不期然感到自己罪業深重，絲毫沒有正義。此中有一種極為深刻尖銳的「事」與「理」的對峙。但這與在希臘思想中所見到的事理的對峙，方向完全不同。

柏拉圖式的理念，是現象（事）的原型；亞里斯多德的形相，則否定理念的超越性而使個別現象（事）成其為現象（事）。這「理」與「有」，不管它們自身是如何地超越與形而上，比起基督教式的神之正義，卻仍然是較為內向的。「理」「有」與神之正義的神聖的「理」比較，它們仍不過是內在於人間的「事」而已。為甚麼呢？因柏拉圖的理念說與亞里斯多德的形而上學，在神的眼中，只是「這個世間的智慧」（I Cor., 1:20）而已，這畢竟是愚昧。而那隱藏在奧義中的「神之智慧」（同上 2:7），那經綸宇宙的「神之義」（詩篇 94:99），則超越乎世間的一切智慧與人之正義——包含形而上學的理念在內——之上。希臘人對於事理的對峙所提供的消解之道，成立於善之理念、正義之德與「有」之形而上學中。但基督教的神之義，卻仍批判這消解之道，以之為愚昧。這神之義實是作為神的 logos 的「理」。

這作為神的 logos 的「理」，並不是理論的存在論的性格，而是具有徹底實踐意義的人格意志的性格。它透過對世間的裁判、憤怒和救濟而顯現。不過，這作為神之義、神的 logos 的「理」，並非純然是超越的。它在自己的歷史中，道成肉身，要挽救違背神之義的人類。目下，這神之義即作為一種恩典而授予那些悔改的罪人。這道成肉身的 logos，正是耶穌基督。人必須相信在其十字架上所示現的神之義的新的啟示，才能依於其信仰而被認可。logos 的道成肉身，實即是由「理」而化成的「事」。作為神的 logos 的

「理」，超越乎宇宙之上；但在基督的十字架之下，它即落實而化為「事」。而且這是一個歷史事實，只出現一次。基督教的信仰，即立基於這「理」之上，這「理」即在這種只此一回的歷史的「事」發生時顯示出來。因此，這裏的「事」——基督的十字架的事，是建立於那超越而永恆的神的「理」的自我否定中的「事」。

五、西方有「有」、「理」，而無「無」

因此，我們必須說，基督教的立場，完全不同於柏拉圖的理念的「理」與亞里斯多德的「有」，而是一獨特的立場。不過，在西方思想史上，早期的基督教神學，在顯著的超越性方面，有與柏拉圖式的「理」的立場相近之處。發展至奧古斯丁，在柏拉圖式的「理」的決定性的影響下，他確立了一偉大的神學，來論證基督教信仰。因基督教不同於柏拉圖哲學的方向，它立足於道成肉身的聖子耶穌的歷史，這是「事」；它以作為父位的神之義這一超越的「理」，作為其根據。至湯瑪斯，則更超越奧古斯丁的立場，與亞里斯多德哲學相結合，而確立新的神學，主知的存在論的神學。在表面上，亞里斯多德哲學與基督教的信仰極不相同；它取代了柏拉圖哲學的地位，被用來證立信仰的事。此中一個重大的理由可以說是，神與事物世界關連起來的知識，在柏拉圖來說，仍未很明確；但亞里斯多德的主知主義的形而上學，則明確地給予這些知識以理論的基礎。又，亞里斯多德哲學重視現實，能吸引基督教；後者並不單純是理念主義。對於亞里斯多德來說，神並不是無限地不可到達的彼岸的理念。它自身一方面作為純粹的形相而超越乎運動之上；另一方面，它又是「不動之原動者」；這「不動之原動者」，能催動宇宙的一切，而宇宙的一切，亦恆常地以它為目標而運動。此中有一種形而上的原理，動態地把超越與內在這兩方面連結起來。湯瑪斯的神學即引用了亞里斯多德的這種哲學。因此，這神學不是柏拉圖式的「理」的神學，而是亞里斯多德式的「有」的神學；它又不是靜的「有」（ens）的神學，而是動的「有」（esse）的神學。

註：關於以「有」來規定湯瑪斯神學的立場，或會有種種不同的見解。近來有少數西歐神學家與哲學家，精通日本哲學界的事情；他們對日本流行的見解——以佛教為「無」的宗教而以基督教為「有」的宗教，曾作為嚴厲的批判，認為欠缺妥當性。我們必須謙虛地對待他們的批判。我個人以為，最好盡可能避免用這種方法來規定佛教與基督教。不過，在這些批判中，他們並未有就本義一點來理解佛教的「無」，他們仍是以西方為標準，來討論以「有」來規定基督教的立場是否得當。但這樣的討論，在日本歷來都是以佛教式的「無」作為規準的。照我看來，在以西方為標準的範圍內不必能以「有」來規定的立場，在我們以佛教的「無」來作規準時，卻仍有理由被規定為「有」。在這一論文中，我仍以這複雜的「有」的概念，用到湯瑪斯的立場上去，其理由亦在於此。

又，我想可以這樣理解，我們就基督教來說「理」說「有」，是以「理」來指述基督教的人格主義的性格，以「有」來指述其存在論的性格的。

不過，與希臘哲學相結合的基督教神學，不管是奧古斯丁的抑是湯瑪斯的，恐怕都不免淹沒了基督教本來的十字架的「事」一面，都有隱藏了神聖的「理」的危險；這「理」是在其底子裏發揮作用，而成為神之義。路德的改革，推翻了湯瑪斯的「有」的神學，也越過了奧古斯丁式的「理」的神學，而再度回歸到至基督教固有的、作為神之義的神聖的「理」本身。這一運動，把十字架的事，帶回到信仰手中；這「事」原來是給希臘式的思維所粉飾過的。在路德的神學中，作為神之義的「理」，純粹地嚴刻地被自覺出來；這是前所未有的。我們上面敘述過的基督教的歷史，正顯示出基督教思想的緊張的單擺運動；這即是，它環繞著十字架上的「事」，而由「理」擺至「有」，復由「有」回至「理」。在近世的新教主義的歷史中，這運動不

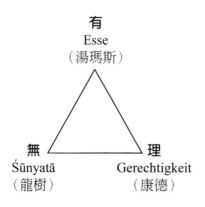

斷以新的形式,在黑格爾哲學與齊克果之間,反復出現。前者致力於把希臘思想與基督教作一個新的綜合;後者則一方面批判黑格爾哲學,一方面要透過浸染在罪業與不安中的詭辯辯證法,來闡明神的超越性。

倘若這樣的粗枝大葉的看法,可以被接受的話,則我們可以說,基督教思想的發展,與西方哲學思想的歷史,這兩種思想互相深刻地纏繞著。此中實有一種由「理」至「有」,復由「有」至「理」……的「理」「有」之間的對立往復相峙的關係貫串著。其「理」「有」作為形而上學的原理,意義皆不同。因此,在這種情況下,在西方哲學思想中,便不把「無」視為形而上學的根本原理,而常將之視為第二義的消極的原理。基督教思想在這點上,亦沒有根本的差異。

註:不過,在基督教中,並不是完全沒有討論「無」的問題。在一些地方,如說「空之空,一切皆空」(Eccles. 1:2),神的創造,被視為「由無中的創造」;基督被稱為「把自己掏空,而取僕人的姿態」(Phil, 2:7),都可以看到這點。但顯然都不是要把「無」視為根本原理。

由此,我們即可作下面的了解。在西方,那貫串人的存在中而不斷使人生出現問題的事理的對峙,從思想的觀點看,從形而上學的層面看,其消解都在「有」中,或者在「理」中。其自覺的消解,在同等意義的「無」中,畢竟是沒有的。在這形而上學的層面,「無」是消極的原理;「有」與「理」則作為積極的原理,而各自具備其自身的絕對性。全部的西方思想史,實環繞著這兩個根本原理之間的對峙而戲劇性地發展開來。在西方,古來的柏拉圖主義與亞里斯多德主義這兩個立場(在中世則由奧古斯丁與湯瑪斯代表),又近世以來的康德主義與黑格爾主義兩立場,往往被人拿來作對比。不過,我們都可以將之理解為上述以「理」與「有」作為形而上學的原理的兩種立場的對立。通觀這歷史的全部,我們覺得,亞里斯多德的超越乎柏拉圖之上的形而上學中的「有」,與康德的推翻這亞里斯多德形而上學傳統的批判哲學中的「理」,是最純粹地、最根源地被建立起來的原理。不過,基督教並不窮盡於基督教思想中。作為一種宗教,在思想上,不管是以「有」為原理抑以「理」為原理,其十字架的「事」都會被淹沒。若以

「有」為原理，則會傾於思辯化；若以「理」為原理，則會傾於律法化。為了重新彰顯十字架的「事」，基督教即展開一種往復相峙的運動，由這兩原理的一方而轉移至另外的一方。

六、無之異於「有」、「理」之處

龍樹的空觀，亦不是只盡於思想中。如先前所述那樣，龍樹斥破當時實體論者的思想，與阿毗達磨佛教的分析的虛無的空思想。《般若經》顯示出大乘空的立場，棄絕有無兩者的對立；龍樹即把著力點，置於對這立場的論證方面。不過，他的著力點由救渡眾生的宗教實踐的動機出發；他批判阿毗達磨佛教家的涅槃：他們以虛無主義的灰身滅智，作為解脫的理想境界。龍樹以為，真正的解脫之道，是超越乎兩極端的中道。這超越乎兩極端的中道，即是不把移行的現象，作實有看，而執取之；不墮於空無之見，以一切為虛妄。可以說，龍樹依邏輯進路，把《般若經》思想家的神秘的直觀，自覺化起來；他透過這個步驟，就當時的環境，刷新了佛陀的救世意志。同時，不可否認的是，此中有徹底的哲學思維，有深邃的形而上學思想。

大乘佛教，包括龍樹在內，其思想的歷史，都是與實有論虛無論這兩方相鬪爭的歷史。實有論的立場，以一切現象（事）都是實有，包括人自身與人的意識在內。虛無論的立場，則與此相反，以為一切都是虛無。佛教的開祖釋迦牟尼佛陀，揚棄以梵為唯一實在的正統婆羅門的奧義書哲學，亦不取當時的自由思想家的多元論，承認虛空的立場；卻開示佛教式的無我（一切皆無固定實體）與緣起（一切皆由他緣生起）的思想。佛教的無我——緣起的思想，實踐地立足於自由的絕對無（解脫）的立場，這是由最初的有無的相對立中解放出來的。

龍樹的空觀，給予佛陀這種無我緣起的立場尖銳的自覺基礎，而重新稱之為中道。這我們已述過了。可以說，龍樹以後的三論宗的絕對中，唯識宗的圓成實性，天台宗的空假中三諦圓融，華嚴宗的事事無礙法界等等，其立場雖各各不同，但都嚴屬排斥以某種意義而執於有的常見，排斥執於無的斷

見；而在主體方面，使佛教本來的空、無我的立場，更形徹底。

　　執著於某物，即使該物實體化。因此，佛教要立於離有無的空、無我的立場，排斥使有無實體化。能夠這樣做，即意味對實體的思維的否定。龍樹確立起「空」的立場；他深刻地自覺到，倘若不排棄和脫離這樣的對實體的思維的話，則不能達致真正的主體自由。我們對實體起思維，這種執著，本質地即存在於人的思維內部。人們所難以逃避的迷妄與煩惱，即由此中生起。佛陀說一切都是緣起，教人要從迷妄與執著中脫卻開來。龍樹則徹底否定對實體的思維，而在邏輯與實踐方面，明確地肯認佛陀的路向。

　　要完全地從對實體的思維中脫卻開來，必須克服有與無這兩面的極端。要做到這點，則又必須要有絕對的否定的自覺：連否定亦要否定掉。由於對實體的思維，本質地即存在於人日常以自我為中心的意識中，故這絕對否定的自覺，從實踐上言，即意味著對自我中心的根本否定，亦即自覺到無我。不過，這裏所謂無我，並不單是個別主義的無我。就通徹於對實體的思維的否定這一意義來說，「無我」實是自覺到所有東西都無實體性，這所有東西，包括自我在內。「諸法無我」、「一切皆空」，即指這個意思。因此，以龍樹為代表的大乘佛教，其無我的立場，並不單純是主體性的，同時亦是宇宙論的。實際上，大乘佛教的立場，必須同時是宇宙論的，才能夠真正地是主體的；必須同時是主體的，才能夠真正地是宇宙論的。

　　當我們把本質的實體的思維，由人的日常的自我生活純化到邏輯階段時，即成立自己同一性的邏輯，而排斥矛盾。亞里斯多德所確立的邏輯，即是這種徹底地純化對實體的思維的邏輯；他的形而上學即立足於作為究極實體（ousia）的「有」之上。在古代印度，亦有基於對實體的思維的邏輯；但是否把「有」肯認為那種徹底的意義，如亞里斯多德的那樣，則是可疑的。但可以確定的是，龍樹曾激烈地與當時盤據在佛教內外的有力的實體思想展開論爭，而確立在人類思想史上有其獨一無二性的空觀立場。在這個意義下，我們可以說，龍樹的「空」或「無」的觀點，是站在亞里斯多德的「有」的立場的相反面。

　　不過，龍樹的「空」的觀點，即使說是站在亞里斯多德的「有」的立場

的相反面，但這並不表示，這即與康德的主體的「當為」的立場是同一。實際上，在另一意義下，「空」觀對於康德式的「當為」的「理」的立場來說，是位於其反面的。

「理」一詞在佛教中亦常被使用。這是在與「事」相對的情況下，用以指述那些不生滅不變化的普遍永恆的東西；「事」則指生滅變化的個別現象。在這樣的規定下，這方面與上面所述有關西方思想之處，並沒有不同。不過，雙方雖同樣地稱「不生滅不變化的普遍永恆的東西」為理，在內容上，雙方實有顯著的不同。佛教的「理」指事物不變的性（本性）；即一切東西如其所如的真如之意。倘若以一切皆是法，則這是法的本性，即法性。這與上面所觸及的離一切限定的「空」、佛教意義的「無」，並無二致。「理性」一語，在佛教中亦表示法性或真如之意，與西方的 nous, ratio, Vernunft, human reason 等意義不同。對應於西方思想史的 ratio, Vernunft, human reason 的東西，在佛教則為「識」、「思量」、「分別」。就究極言，它們都是迷妄，不能覺悟到真實。它們常消極地否定地被理解成「為了獲得真正智慧而必須被轉化或被捨離」的東西。在西方，nous 與 intellectus 被視為能直觀那超感性的神的真理的能力。但即使是這樣的東西，仍帶有一種對象性的色彩（仍是知性）。由於這一限制，我們可以說，它們仍會在龍樹的空觀中被否定的。龍樹的空觀，立足於主體性的無分別智上，嚴厲地排除對一切實體的對象的思維；這思維有有無兩面的色彩。

排除一切對實體的思維，而站在主體性的「空」的立場上，這表示對於以 nous 與 ratio 為代表的人類理性能力，與由此而達到的理念的實在，俱予以否定，不將之視為積極的原理。又，以龍樹空觀為代表的大乘佛教，站在如如自然法爾的立場，空卻一切人為的做作。對於這種立場，我們可以這樣理解，它是站在康德的立場的反面的。康德的立場是「汝當如是如是作」的無上律令，這純粹是道德的當為——作為道德法則一般的根據的絕對的 Sollen。不用說，龍樹的空與大乘佛教的自然法爾的立場，與基督教的「神之義」的神聖的「理」，是極不相同的。

要之，以龍樹為代表的大乘佛教的「空」的立場，其中心課題，是就根

源方面，超越有與無的對峙，確立自由的主體的立場。在佛教，上面所提出的事理的對峙，貫澈於人的存在中而使人生不斷出現問題的事物的對峙，其消解可見於視「有」為究極的說法中（例如說一切有部），或可見於視「無」乃至「空」為究極的說法中（《般若經》、龍樹中觀等等）。西方意義的理，即是說，人的理性，與由此而到達的理念的實在、自然理法、道德法則等等，畢竟不被視為究極原理。它常作為消極的第二義的東西被把握。

七、禪的教外別傳

在與西方思想對比下，我們漸臻於可以討論禪的階段了。禪亦不盡於思想中。雖說它是宗教，它與龍樹中觀、華嚴、天台等的意義亦不同。這些佛教都稱為教，禪自己則站在「教外別傳」的立場。所謂「教外別傳」，其意即是，禪異於教內的佛教，它不依任何經典，亦不拘於一切教義、教相，而「直指人心」。這是由於，只有「人心」，才是一切經典所由來的根源，才是使所有的教成其為教的真理根據。「人心」——作為佛陀的自內證而最初由佛陀自身所自覺到的「心」——是經典的根源，是教的根據；這點是佛教所有教派所同樣認許的，不限於禪。但教內的佛教以為，透過所依的經典，透過佛陀所說的教法，自家便可以達到佛陀所自覺到的「心」。又以為只有這樣做才能達到佛陀所自覺到的「心」。禪則以為，我們不必通過經典與教法，即可達致與佛陀所自覺的相同的「心」。又以為，只有這樣做才能自覺到真正意義的「心」。（教內的佛教所視為依據的教法與經典被認為是古來佛陀的直接的說法，但歷史事實則不必是如此。關於這點，本質上並不成問題。本質的問題是，不管其來源是怎樣，覺悟是否需要通過任何教法？）

所謂通過教法，即是通過「心」之言。為了到達「心」的境界，或為了把「心」傳達出來，「心」必須要化為「言」。這一前提是要先肯認的。即使自覺到這一點：心不能在以心傳心的方式之外被傳達，即使有此自覺，這亦不必是直接的以心傳心方式，而是有「言」介於其中，是通過教法的以心傳心。佛陀在成道後說種種教法，但卻說「我四十九年一字不說」。故佛教

中的說，時常是不說。在佛教中，不管「言」具有怎樣根源性的意義，它總是本質地包含自己的否定在內的。關於這點，即使是教內的佛教，本來亦不是不知的。問題毋寧是這樣，教內的佛教自覺到說常是不說，但卻依賴於說，依賴於教法。禪則與此相反，自覺到說常是不說，因而即站在不說方面，站於教外方面。

　　但禪的立場並不止於此。教內的佛教，自覺到說常是不說，而依說依教；即使是這樣，但當它認為須依教法，通過教法而達至「心」時，其「心」是佛陀的「心」，是佛陀所自覺的「心」。

　　註：在大乘佛教諸宗中，一如禪的場合那樣，不一定要藉著佛陀的「心」。毋寧是這樣，佛陀所自覺到的「心」，在大乘佛教各宗中，作為種種式式的理佛而深刻地被體會；而大乘亦基於這些理佛，而立教開宗。但即使是這樣；即使以為被自覺出來的理佛的心，以「言」為媒介，通過教法而被傳導，我們仍然必須說，原則上它們與禪亦不相同。（但以事相為主的密教則是一個例外。）這便是何以禪稱這全部的東西都是「教」之故。

　　當然，由於這是佛陀的「心」，故對於覺悟的人來說，佛陀的「心」即此即是他自身的「心」，即是「自心」。但此中對「自心」的自覺，仍被認為是以佛陀的「心」為媒介而得以成就的。這亦不免有依於教法的意思。

　　禪與此相反。它自覺到說常是不說，而立於不說，亦即立於教法之外。它的意義是，不以佛陀的「心」為媒介，來自覺自心。它意味著，佛陀自身亦是自由。因而他立於這教這「言」之外，以各人的「自心」直接地自覺到「自心」自體為本。不以佛陀的「心」為媒介來自覺自心，各人的自心直接自覺自心自體；這樣，各人即能知道，這「自心」與佛陀的心，完全是同一而不二。故「教外別傳」即此即是「直指人心，見性成佛」。又因此之故，對於禪來說，「心」稱為「人心」，較稱為「佛心」為好。

　　自心直接自覺自心自體，這正是空之自覺。當自心直接自覺自心自體的同時，世界亦作為世界自體而被自覺，世界所有事事物物亦在如其所如的姿態下——不被對象化——作為其自體而顯現，作為其自體而被自覺。真「空」即被視為「妙有」，被視為「真如」，被視為「事事無礙」。顯而易

見，禪的思想背景，是《般若經》、龍樹空觀、華嚴事事無礙法界。不過，禪並不強調「真空妙有」、「事事無礙」這些觀念或思想。它連這樣的觀念思想都要丟掉，而要直截了當地使「真空妙有」、「事事無礙」之事顯現於前。它揚眉瞬目，搬柴運水，時而閒坐於孤峰頂上，時而勞作於十字街頭！因此，我們必須說，禪是超過「有」、「理」、「無」這三個根本範疇的。因此之故，禪提出「離四句絕百非，你說佛法為何」。對於「何謂佛」一問題，則答以「乾屎橛」；或者，反過來，捉著問者說「你是慧超！」對於這樣的禪的作用，倘若要從思想上探究其根源的話，則必須說，在「有」、「理」、「無」三個根本範疇中，它是根於「無」一範疇的。

八、禪的立場

龍樹所確立的「無」乃至「空」的立場，是禪思想的背景，它超越實有論與虛無論。但在其克服實有論的歷史過程中，是難以與亞里斯多德在絕對的意義下自覺到的「有」的立場相對照的。後者超越了柏拉圖的理念說。亞里斯多德的「有」，特別是作為純粹活動的「有」，恐怕是在龍樹空觀的視界之外。在這個意義下，亞里斯多德的「有」，實有超出龍樹空觀的意味。但另一面，以龍樹為代表的大乘佛教的「空」的立場，亦有超越亞里斯多德的「有」的意味。對於亞里斯多德來說，實體即是在現實中存在的東西，亦即是個體物。他以為，只有個別的個體才是實在，普遍的理念並不是實在。這樣的亞里斯多德式的「有」，表面上似乎等同於大乘佛教的「妙有」。但果真是這樣麼？不會是這種情況麼：大乘佛教的真空妙有的立場，正成立於根本推翻亞里斯多德的有的立場之處。

在現實中存在的東西，並不是純然的有。純然的有，純粹的有，不過是一抽象的概念而已。為甚麼呢？因有常是不離無的，有只能作為無之否定而為有。在現實中存在的東西，常面臨著滅去而成為無的危機，因而亦就滅去的無而現存著。故在現實中存在的東西，是有同時亦是無；是無同時亦是有。有與無是互不可分的相對概念，在現實中存在著的東西，亦常是有無相

即的存在。

　　古代希臘，本來亦知道這現實存在所具有的根本性格。對於現實存在的有無相即性，柏拉圖以現象分有理念的形式來把握。亞里斯多德則以運動來把握；在這運動中，作為潛勢的質料與形相結合起來，而顯現為現實。兩人都視無為有的欠缺狀態，視無為非存在。此中可以看出一種以有為優位的二元論的立場。當然，在亞里斯多德看來，作為這運動的極點的神，是脫離一切質料的純粹形相，是一切質料被現實化的那種實化（entelechy）；可以說，它是超越乎有無二元性之上的絕對有。這絕對有的達致，是窮究以有為優位的二元論的立場而來；這二元論發軔自柏拉圖。我們可以說，這絕對有的立場，是以有為優位的二元性的克服，同時亦具有一種完成的性格。所謂克服，其意義是，亞里斯多德的「有」，是由以有為優位的二元性解放出來的。所謂完成，其意義是，這「有」是那具有優位的絕對者的實現。這正顯示出，亞里斯多德的絕對有的立場，是通過對無的徹底否定而達到的；而他對無的徹底否定，正來自徹底地視無為非存在這一觀點。

　　柏拉圖哲學，是亞里斯多德的出發點。便是如此，問題便在柏拉圖哲學中。對於有無相即性，即現實存有常面臨著滅去而成為無的危機一點，柏拉圖是透過分有理念的形式，在以有為優位的二元性中把握的。但這有無相即性，本來不即是有無的相互矛盾式的相即性麼？以龍樹為代表的大乘佛教的立場，即由這樣的認識出發。在龍樹看來，現實並不是肯定的東西，我們不能以此為起點，求得超越與真實性。現實是否定的東西，它不能成為這種意義的起點。故龍樹首先強調「八不」。他通過有無的相互矛盾式的相即性，來把握現實的有無相即性，把現實本身否定掉；同時，他把由此而成立的虛無論也否定掉。在這二重否定中顯現的，正是「空」的立場。故「空」的立場實在是絕對的現實主義。在這絕對的現實主義中，現實存有透過二重否定，而如如地作為現實存有被逞現出來。此中，超越並不在他方，卻直下即現存於當前。「空」的立場即是「中」，即是「妙有」，更是「事事無礙」。因「空」是經過這種二重否定而得的絕對的現實主義的立場。

　　倘若站在這「空」的立場來說，則我們必須說，在古代希臘，現實存有

中的有無對立的絕對矛盾性，並未有被意識出來；亞里斯多德即使以個別的個體為實體，但這亦不是通過二重否定而被意識出來的絕對現實。又，亞里斯多德的「有」，就有無的絕對矛盾未有被意識出來說，是一種自我投影。現實在以有為優位的二元立場中被把握；這「有」即以這樣的現實作為出發點而被投射出來。又，這亦可以說是一種妄見，為了要得到真正的真實，為了要達到「妙有」，它是要從其出發點本身轉換過來的。

當我們進一步考慮到亞里斯多德的「有」本質上是與目的論連結起來時，這點會變得更為明顯。亞里斯多德以純粹形相的神，作為最高目的，這目的論體系，把全宇宙看作是一種運動的過程來思考。在這運動過程中，作為潛勢的質料，以形相為目的而現實化。不過，這亦顯示出一點：這實體──「有」的立場，仍未達徹底的絕對現實主義，如「事事無礙」者。因個別物（事）雖是實體，包含形相在內；但它仍要在自己之外求取較多層次的形相，而由潛勢變為現實。

對於這種目的論地追求實有的根據，禪是堅決拒斥的。《信心銘》中所謂「莫逐有緣，勿住空忍，一種平懷，泯然自盡」；大珠亦說「求大涅槃是生死業，捨垢取淨是生死業，有得有證是生死業，不脫對治門是生死業」（《景德傳燈錄》卷六）。因禪所站立的，是徹底的超越有無的立場；如《百論》所謂「有無一切無故，我實相中，種種法門，說有無皆空。何以故？若無有亦無無。是故有無一切無」（卷下）。但這超越有無的一切無，並不是純然的空無。像六祖惠能所說「無一法可得，方能建立萬法」那樣，只有對一切無之自覺，才是真正自由的創造的活動主體的源泉。

「空」以至禪的立場，意識到有無的絕對矛盾，而立於離這絕對矛盾的絕對現實主義上。禪從根本處把亞里斯多德的「有」的立場轉換過來；這是禪的立場的成立處。亞里斯多德的「有」的立場，具有目的論色彩，由以有為優位的二元性出發。禪則完全是無相的立場，連作為純粹形相的相都要破除掉。此中有一種對「有」的徹底的拒斥。不過，對「有」的拒斥，實同時亦是對思維的拒斥。因「有」常與思維連在一起，而思維亦只有限於在「有」的存續的情況下，才成其為思維。這使我們想起先前所述有關龍樹的

事。龍樹排斥有無兩種見解，即意味著排斥對實體的思維，排斥把有無加以實體化。實體的立場，「有」的立場，本質地與實體的思維，結合在一起；這實體的思維，即是把個物對象化實體化。禪否定「有」的立場，立足於非思量底。非思量是同時遠離相對的思量與不思量的立場。正因此之故，禪的非思量底，是沒有任何執取的絕對思量，而超越一般意義的思維。禪的這種對一般意義的思維的徹底排斥，並不是素樸地對思維毫無理解；它實基於一種對思維的本質的根本的批判而來。這思維的本質，即以思維本來是實體的思維。不過，當禪這樣地排斥思維時，它是在不十分意識到人的思維所具有的積極意義——在古希臘以至廣闊的西方世界中，在對自然的認識、數學、科學、法律、道德等分野中被發揮出來的積極意義——的情況下而將之捨棄的。

　　此中可以見到，何以西方意義的「理」，在佛教與禪中，常是只作為消極的原理而被把握。當然，應該可以這樣說，非思量的立場，本質上即具有自己內部即能生起積極意義的思維的可能性，這在西方世界中曾充量發揮出來。不過，這可能性（在禪中）仍未現實化。使這可能性現實化存在化，必須成為今後東方傳統的「空」的立場的課題。

九、無住之本

　　當我們考慮以康德的純粹實踐理性法則，來代表道德的「理」的立場時，則禪對思維的排斥，將出現更重要的問題。

　　如先前所述那樣，康德對於亞里斯多德以來的「有」的形而上學傳統，以之皆為獨斷而排斥之。這表示，他否定這種立場：通過以有為優位的二元性來把握現實的有無相即性。這立場正是亞里斯多德的「有」的形而上學的出發點。可以說，這立場自身是站立在一隱蔽的前提，一未經任何批判的獨斷的前提上的。康德的批判哲學，敏銳地意識到這潛藏在「有」的形而上學深處的獨斷的前提。可以說，康德哲學的一個課題，是要批判與「有」結合在一起的思維——實體的思維本身的根據。這即是排斥這種立場：通過以有

為優位的二元性，來把握現實的有無相即性，而轉移方向，透過有無的相互矛盾性，來把握現實的有無相即性。此中康德展開他的批判的工作，由實體的立場，轉移到主體的立場上去。

不過，康德並未有依據龍樹的八不自覺的二重否定，來超克現實的有無相互矛盾性，而走向「無」的立場、「真空妙有」的立場。他卻歸於先前所謂「理」之「理」的立場——超越地確立「理」的權利根據者——純粹理性的立場。康德否定亞里斯多德的實體的立場而確立的這一主體的立場，並不是大乘佛教的無的主體的立場，而是道德的理的主體的立場。此中，純粹理性是能作意志決定的。因康德通過批判與「有」連在一起的實體的思維的根據，而開拓出純粹理性的立場，這是完全超越「有」的連繫的。他又限制這純粹理性的理論的、對象的使用範圍，以為只有其實踐的、主體的使用，才能使形而上學可能。這即是康德的理性的自律的立場、實踐意義的自由的立場，以最高善作為道德的要求。

我們上面說到，禪排斥「有」與思維，立足於非思量底；在未意識到那在西方世界中被發揮出來的人的思維的積極意義的情況下，將人的思維捨棄掉。對於禪的這種非思量底的立場來說，康德的道德主體性的純粹思維的立場，必須說，是更為疏遠的。康德推翻了實體思維的根據，而立於純粹理性的立場；以為形而上學的認識的可能，只能在這實踐主體的使用方面。康德提出「為義務而行義務」的命令，這一道德的「理」之「理」與亞里斯多德的實體的「有」與禪的主體「無」都不相同，它是作為第三方向而被開展出來的形而上學的立場。必須說，這對於禪來說，是完全陌生的。

但這並不表示禪對於善惡問題全不關心。七佛通誡「諸惡莫作，眾善奉行」這些偈語，即是禪所經常尊重的。這兩句可歸根於接著的第三句「自淨其意」。

在禪中，如《頓悟要門論》所說，念善念惡名之曰邪念，不念善惡則為正念；若分別善與惡，則起分別的思念自身，即是妄念，即是邪念；只有覺悟到那從善惡的分別中脫卻開來而不起善惡之別的「心」——正念、清淨心、直心、一心、無心，才是根本的。因此，所謂「諸惡莫作，眾善奉

行」，並不是在善惡對立的道德層面，要人戒惡勸善，而是教人要以直心或無心為出發點來做。這直心或無心，是脫離一切分別的，包括這種道德層面的善惡的分別。第三句「自淨其意」，即是這個意思。

在越過善惡對立的層面一點上，禪與康德的立場是相通的。康德亦決不會在相對的善惡對立的層面上討論道德法則的問題。但在超越善惡對立的層面的方向方面，禪與康德完全不同。康德把善惡問題當作意志規定的問題來把握；他追尋使意志成其為善的意志的原理，而歸至超越乎一切經驗之上的純粹實踐理性的法則。這即是我們所說的康德的主體的「理」之「理」的立場。禪與此相反。它並不把善惡問題當作自由意志的問題來把握，而將之當作分別善惡二元的分別心的問題來把握；強調要自覺到那從一切分別脫卻開來的無心。這即是禪的主體的「無」的立場，而不是「理」。

因此，在禪中，善惡問題固然是一問題，但它並不是作為道德的意志及其法則的問題而被把握，而是作為分別心的問題，要之，作為確立二元性的對象的實體思維的問題，而被把握。在脫離一切分別心的非思量底中，善惡問題與生死問題同被超越。這顯示出，在認真處理道德法則的問題而闡明其超越根據這一意義上，康德式的「理」的立場，是超過禪的「無」的立場的。但另一方面，由於禪是非思量底的立場，故它亦有超過康德的「理」之處。但這是在甚麼意義之下是如此呢？

康德提出「理性本來是實踐的，且是形而上的」。他並不站於觀想的立場，把世界看成是以純粹形相為目標的運動過程，一如亞里斯多德那樣。他是站在實踐的當為的立場；在這立場中，「汝當如是作」這一定言命令，不斷地在主體的根底下響徹著；在這主體中，感性理性不停地鬬爭。這立場超越了亞里斯多德的「有」的立場的對象性與非主體性。不過，在康德的立場，主體的超越論的根據，雖作為純粹的「當為」而被顯示出來，但即使說主體的根據正是「當為」一點，仍不能說，它已完全脫離有某物的意思。作為純粹的「當為」，其立場是最主體的，同時亦是非主體的。關於這點，當我們考慮到康德的批判哲學雖嚴斥亞里斯多德的目的論，但仍要建立另外一種目的論——不是宇宙論的目的論而是道德的目的論——一點時，便會更為

明顯了。

　　禪則排棄一切「當為」，而立於「無為」或「無事」之上。所謂「不求真不斷妄，了知二法空無相」（《永嘉證道歌》），又說「無明實性即佛性，幻化空身即法身」（同上）；又說「即凡心而見佛心」（澄觀《華嚴大疏》——《碧巖集》第六二則）。這推翻了在「當為」彼方尋求佛心的立場，越過尋求某些東西的立場——即是外在地尋求某些東西的立場，而歸向自己最內在的絕對現實。只有「無為」的端的，才是「本來面目」現前的「不思善、不思惡，正當與麼之時」。這是禪的立場，它從根本推翻一切實踐的目的論，而以「無住之本」為實踐的根據；這無住之本，從一切道德法則與道德原理解放開來。這是洒洒落落，清風滿地的境界，同時也是「不存軌則」的「大用現前」。這是「眾生無邊誓願渡」的心願不斷發露的根源。

　　這樣，禪的「無為」，或「無事」，即超越「當為」的立場。但這不必經過一種道德倫理的「當為」立場而來；這「當為」立場，在西方思想傳統中被敏銳地自覺到。但有一種事實是不能忽視的：禪畢竟不免有失去其本來的自在心，而墮入無批判的隨順現實的危險，或陷於純然是無倫理、反倫理的危險。倘若禪感到一種真正的「世界宗教」的使命，則必須說，它應與康德所意識到的道德的「理」之「理」的立場，與在此中所含的問題——自由意志、理性自律、超越的道德法則的自覺、根本惡等，作虛心的對照。這是不可避免的課題。

十、禪的絕對無相

　　現在，我們可以作如下的表示了。代表西方哲學思想的，不管是亞里斯多德的「有」的立場，抑是康德的「理」的立場，都存在著一種非普通意義的對象性，一種具有極其深刻意義的非主體性。這亦可以由目的論的性格見到：這兩立場雖有其不同的意義，但都具有目的論的性格。雖然不是通常的意義，但仍有一種對象性，且是目的論的對象性；這即表示，這立場仍具有某種形相，即不完全是無相。而具有形相，即表示不能離思維，不管這是

「有」的立場也好，「理」的立場也好。亞里斯多德的「有」與康德的「理」，雖有實體性與主體性的分別，但都與思維本質地結合著。倘若要從一切的對象性脫卻開，而真正地站立於主體的立場，則必要遠離思維本身。這意味著要把「有」與「理」的立場從根本處轉換過來。禪立足於非思量的立場，它本來是有這種意義的。所謂非思量，從行為上說，是無所住。這是建立一切法的無住之本。由於斷絕一切思維，故這是主體的立場。這主體的立場遠離與「有」、「理」相連的對象性，能純粹地自由地役使思維，能自在而行，不囿於任何對象。這種具有創造性的活動，絲毫不含目的論的思維，而直就物就境而表現。故臨濟說「爾且隨處作主，立處皆真。境來回換不得」。又說「或應物現形，或全體作用，或把機權喜怒，或現半身，或乘獅子，或乘象王」。

倘若我們停駐於思維的立場，則無論怎樣去純粹化內在化這個立場，亦總不能免於從外面看自己，即不能避免某種對象性、非主體性。恰如眼一樣，它能見到一切其他的東西，但卻不能見眼自體；思維雖然能夠思維其他的一切，但只要是停駐於思維的立場的話，則總不能思維現在的思維自身。倘若一定要這樣做的話，則思維必然陷於一種自縛。當思維只停駐於思維的立場時，思維所難以避免的自縛性，往往不為思維本身所意識到。思維所必然陷於其中的自縛，實際上只是一種盲點的顯現；這盲點是思維所具有的，因思維總是思維的活動。

亞里斯多德確認與「存在物」關連在一起的實體的思維，而達致「有」的境界，使「存在物」成其為「存在物」。此中，他發現一作為思維之思維（noēsis noēseōs）的神。這是一切「存在物」的究極的根據，但同時也被視為應該昇華的最高目的。這表示，「思維之思維」自身，仍以某種形式被思維；即是，它仍被視為思維的對象，即使不是通常意義的對象。

康德透過理性的自我批判，清晰地意識到這個盲點，這個表現於實體的思維中的盲點。這實體的思維，貫澈了整個亞里斯多德式的「有」的形而上學。康德的這種意識的結果，即是他提出「物自體不能為理論理性所認識」的說法。而揭發那種自縛性的，那種形而上學的實體的思維所不自覺地包含

的自縛性，正是康德的所謂純粹理性的二律背反。這樣，康德即通過其「批判」，把形而上學成立的可能根據，由實體的（理論的）思維，移到主體的（實踐的）思維方面去。就有關形而上學方面來說，康德揚棄了與「有」相結附著的思維，而採取與主體的「理」相結附著的思維。由是，他確立了主體的立場，從對象性中脫卻開來；這對象性是與「有」繫在一起的。康德正是這樣敏銳地意識到這實體的思維所包含著的自縛性與盲點；這實體的思維，與「有」相結附著；這「有」是自亞里斯多德以來的西方形而上學的立足處。但我們可以說，康德未必意識到思維自身所具有的自縛性與盲點。不過，他可能想到，倘能把思維向純粹理性立場（且是主體性的純粹理性立場）方面徹底純淨化的話，即能避免思維自身所具有的自縛性與盲點。

在西方思想史中，首先清楚地意識到這點的，恐怕是尼采吧。這與尼采在西方思想史中首先以積極的意義──能動的虛無主義的形式──來把握「無」，不無關係。如眾所周知，尼采顛倒了西方傳統的價值體系，而揚言虛無主義的來臨。這西方傳統，以柏拉圖主義和基督教為根本。就有關哲學思想方面言，尼采以為，依自來的形而上學而樹立起來的「真的世界」，全是虛構。他揚棄了與「理」「有」兩者相結附著的思維，而以生命、力之意志作為其立場。到海德格，則更徹底實行尼采的這一立場。尼采推翻了思維自身的立場，特別是把攻擊焦點，放在與「理」相連的思維上。他對柏拉圖主義和康德的倫理說的批判，即因此而變得更顯明。海德格則重視與「有」連在一起的思維，摧毀形而上學的根源，而要超越傳統的西方思維一般。像尼采那樣，或者在某一意義下比尼采更為極端地，海德格重視「無」的問題，開展出與禪極其接近的立場。這可能由於他有這樣的意圖，要追溯以亞里斯多德與康德為代表的西方思想所隱藏的那個根基；這西方思想，具有目的論色彩，而總不能避免某種程度的非主體性。海德格把形而上學的歷史，看作是對「有」逐漸遺忘的歷史，他透過「無」之自覺，向亞里斯多德的「有」的根源趨越，而追求由此開示出來的「有」的意義。不過，他總不離思維自身，總止於一種思維──海德格自己的意義的對於存有的思維（Denken des Seins）。因此，我們必須說，他仍與立足於非思維底的禪不

同。大抵海德格的意圖，仍不離思維的立場，他要沿著西方形而上學的傳統，開展出一新的思維的道路，使被忘卻的「有」作為「有」而顯現出來。

　　禪則不囿於思量與不思量，它卻是立於「非思量」的立場，作這兩者的主人。不過，禪正由於是非思量的立場，因而對思量（思維）所具有的積極面、創造面——特別是在西方世界中發揮出來的——及它們的意義，未有足夠的認識。基於實體的對象的思維而來的邏輯與科學知識，與及基於主體的實踐的思維而來的道德原理與倫理自覺，在西方，都是極為明顯的。與此相反，在禪的世界中，那是曖昧的，或者欠缺了其中某些東西。由於禪（最低限度是迄今為止的禪）並未對人類思維所具有的積極面與創造面，有足夠的認識，故其非思量的立場，常不免有陷落到純然是不思量的立場的危險。事實上，禪往往陷落到這樣的立場裏去。今日的禪，欠缺一種能配合近代科學與個人的、社會的、國際的倫理問題的線索，其中的一個原因，恐怕是在這裏吧。倘若禪在將要來臨的「整一的世界」中，作為一種新的「世界宗教」，要對人類世界表現其歷史的力量的話，則它必須把以下一點，作為其歷史課題。即是，它必須把實體的思維與主體的思維，收入在其自身的非思量底的世界中，依無住之本，使它發揮應有的功能，而建立世界法。這實體的思維與主體的思維，是在西方世界中被磨練被確立起來的。要做到這點，一如西方的「有」與「理」的立場，必須要在現時禪與西方思想相對照下，進行根本的再檢討那樣，禪亦必須把西方的異質的「有」與「理」的立場，包攝在系統內。它必須重新把握其「無」的立場，俾能在現今的歷史時點中，真正地使其非思量的立場具體化現實化。

第八章　宗教哲學與宗教對話：
悼念阿部正雄先生

一、認識與為人

2006 年 9 月中旬我重訪京都，安頓下來後便聯絡阿部正雄先生。接電話的是他的夫人，我問阿部先生「元氣」嗎，她聽出是我的口音，驚喜了一刻，便低聲說 He passed away。我未能聽得清楚，但感到不平常，便問 What happened，夫人便說「なくなりました」（即是去世之意），並說是前幾天的事。於是我弄清楚了，阿部先生是在 9 月初去世的。我當時很愕然，不知道說甚麼話去安慰夫人才好。阿部先生出生於 1915 年，今年應是九十一歲，是很高壽了，有隨時離去的可能性。但我每年重訪京都，總會約阿部先生夫婦出來吃頓飯，閒聊個飽才分手。今年不行了，以後也不行，內心感到非常惆悵。

我和阿部先生的交情，可以上溯到三十多年以前。1974 年 4 月我申請得日本文部省（即教育部）獎學金到日本學習梵文與西藏文。在那個時代，梵文、藏文的教育並不普及，要學習，最近的起碼得到日本、印度去。我在起程前向唐君毅先生辭行，他提及西田哲學和京都學派，要我留意，並交給我一封信，著我到京都後見阿部正雄先生，作為推介之用。他的信是用中文寫的，我以為阿部先生能看中文，特別是現代的語體文，其實不是。我到了大阪，被安排在大阪外國語大學學習日文。要在日本作事或研究，都得弄懂日文，不然的話，一切便無從說起。我安頓下來後，便和阿部先生約好，拿著那封信去見他。他住在京都市上京區，我準時到達他的居所，當時正好有一

個頗年輕的外國人和他交談。我後來知道這位外國朋友叫瓦道爾（N. A. Waddell），在大谷大學教英文。他長時期與阿部先生合作，把日本傑出的禪師道元的《正法眼藏》翻譯成英語，分期刊載於鈴木大拙所創辦的《東方佛教徒》（*The Eastern Buddhist*）一半年刊物中。這份刊物水準頗高，常刊出鈴木大拙的作品和京都學派的作品，特別是久松真一寫的。瓦道爾的日文造詣很高，特別是能說一口流暢的日語，他和阿部先生的交談，我完全不知道他們在說些甚麼，只知道他們是說日語。瓦道爾見有客人來了，大概他和阿部先生也談得差不多了，便匆匆辭去。

阿部先生從容儒雅，說話緩慢而清晰，我們是以英語交談的。我們無所不談，時間便這樣過去了。我看當時天色已微暗，便起身告辭。他送給我一篇自己撰寫的有關道元論佛性（"Dogen on Buddha Nature"）的文字，那是由《東方佛教徒》抽印出來的單行本。這是我與京都學派的第一次接觸，當時我的感覺很好。最後，阿部先生告訴我他們每逢週六在京都的妙心寺有坐禪活動，除了打坐外，還討論禪的問題，特別是公案禪。他說歡迎我來參加，云云。

我回到大阪的留學生宿舍（寮），便打開阿部先生的論文來看，越看越有興趣，感到這展示另類的思維方式，起碼與我習了多年的德國觀念論（Deutscher Idealismus）特別是康德（I. Kant）和黑格爾（G. W. F. Hegel）的那一套不同，又與我在中文大學研究院念書時聽唐君毅、牟宗三、徐復觀諸先生的課與看熊十力、馬一浮等人的書的所得不同；我當時的印象是，阿部先生的論文所展示的，倒有點像佛教。後來我才警醒，德國觀念論和熊、唐、牟他們的當代新儒家的理論立場是實體主義（substantialism），阿部和他所屬的京都學派哲學與我自己的佛學專業則是非實體主義（non-substantialism）的理論立場。實體主義與非實體主義各有其殊勝的魅力，也有其不足之點；倘若能兼攝這兩種不同的哲學導向，便很好了。這終於成了我近年提出純粹力動現象學理論的契機。

由那個時期開始，我開始留意《東方佛教徒》，發現其中很有一部分文字的說法與阿部先生的很相似，但比阿部先生所說的具有更強的深度與廣

度，那便是久松真一、西谷啟治和西田幾多郎等人的文字。[1]我因此記起唐君毅先生所提到的西田學派、西田哲學和京都學派，一切好像都清楚了。我當時的閱讀對象，集中在久松真一與西谷啟治的哲學文字。後來遇上西谷先生，他已從京都大學退休，在大谷大學兼課，主講《壇經》。另外又有長尾雅人，也是京大的退休教授，他也在大谷大學兼課，主講《維摩經》（*Vimalakīrtinirdeśa-sūtra*）。我都去聽了。我對西谷所講的特別有興趣，他雖然以《壇經》作為基本文獻，有時卻扯得老遠，扯到他自己喜歡的尼采（F. W. Nietzsche）、海德格（M. Heidegger）和德國神秘主義（Deutsche Mystik）的艾克哈特（Meister Eckhart）與伯美（Jacob Böhme）方面去。西

---

[1] 名古屋的南山大學內的南山宗教文化研究所的海式格（J. Heisig）提到，久松真一作為京都學派的一員，是阿部的操作，阿部又把久松對京都學派的歸屬性告訴日本外的一些人，包括我自己在內，這些人又進而把阿部歸到京都學派中，視為「重要的代表」（leading representative）。參看 James Heisig, *Philosophers of Nothingness*. Honolulu: University of Hawaii Press, 2001, p.276。這種說法並不符合事實，我不知海式格所說的其他人是誰，就我自己來說，則不是這樣。我的確是由於讀了阿部先生的研究道元的佛性觀的文字而開始注意京都學派的，這和唐君毅先生在我赴日前提及西田學派、京都學派也有關連。我是由阿部上溯至久松真一與西谷啟治，並上溯至西田幾多郎的。我從久松與西谷的撰著中，發現阿部的很多觀點，例如對終極真理的看法和如何體證它，是承自久松與西谷的，他自己也曾對我表示，在思想上，久松是他的父親，西谷則是他的母親。實際上，西田是京都學派的開創者，這沒有問題，我自己也是這樣看。久松和西谷同是西田的學生，他們在對佛教的禪與空的理解上，其實已超過西田了。他們是足以承繼西田的，說他們是京都學派的成員，自然不為過。海式格自己也對我說過，西田幾多郎、田邊元與西谷啟治是極為出色的哲學家，因此，他在上文提及的自己的《無的哲學家》（*Philosophers of Nothingness*）一書中，只講這三個人，其他人都不講。阿部是久松和西谷的學生，在哲學上，阿部的成績雖不及他的兩個老師，但在宗教學上，特別是在宗教對話上，他卻是後來居上的。京都學派不是純哲學的學派，也包括宗教學與宗教對話方面，把東方的無、絕對無的觀點傳播到西方的思想界方面去，也應該是京都學派所關心的重要的課題。何必一定要把它所涉及的問題，局限在哲學的範圍中呢？何況，阿部在哲學的理解與開拓方面，也有幾方面的成績。如他對道元哲學的研究，特別是有關有與時的問題，發現道元有他自己一套創造性的詮釋；同時，他把這個問題關連著海德格在他的巨著《存有與時間》（*Sein und Zeit*）的思想來考量，也是很有啟發性的，有內涵（substance）的。

谷講課的氣氛很好，很輕鬆，聽者倘若有懷疑、不明之處，可隨時發問。聽西谷先生講課，實在是一大樂趣。

　　當時京都有幾個名教授，都是自京大退下來的。除了西谷、久松、長尾外，還有山內得立。阿部說他們都是自己的老師。山內得立這個人很不簡單，是現象學、形而上學與邏輯學的專家，著有《現象學敘說》、《存在の現象形態》、《體系と展相》、《ギリシァの哲學》、《實存の哲學》、《實存と所有》、《意味の形而上學》、《ロゴスとレンマ》、《隨眠の哲學》等。對於他的哲學，留意的人非常少，他的著作早已賣光了，很難找到。他是西田的學生，理論的能力很強，可以與西田和田邊元較量。

　　上面提到那個坐禪活動，我在初期每星期六都到京都市的妙心寺參加。下午五時開始打坐兩小時，休息片刻，便是討論。阿部是導師，在靜坐時，他照樣與我們一齊打坐；然後起來，拿著一根短木棒，繞室一周，看看學員的坐姿，有不正確的，便打他一下，主要面部的水平位置抓得不夠準和腰部伸得不夠直的問題。由於我是外來的客人，阿部比較客氣，坐姿不正時，沒有用棒打下來，只在耳邊低聲提醒一下。當時的印象，還是很深刻，歷歷在心頭。特別是在深秋的時間，室內的朋友都專心靜坐，很寧靜，偶爾在外面的樹葉掉下一兩片，由於有點枯乾，碰到地面，鏗然作響，其寂靜可知。最初我是每星期六下午都去的，去的時候是陽光普照，到離開時，外面天色已全是昏暗。妙心寺的面積很大，內裏有很多小路，打坐的小室又在中心地帶，最初幾次離開時，總是在妙心寺內裏繞路又繞路，才找到大門口。最初我去得很密，其後由於京大的梵文課負擔太重，時間緊張，因而沒有去，後來稍微輕鬆些，便又去了。兩年後，由於惡補藏文，而且健康條件不好，日間學習藏文後，夜間不能入睡，滿腦子都是那藏文的字母和句子，太疲累，去參加禪坐便疏了一些。

　　後來我由住在同一宿舍而且是阿部先生的指導生保羅（Paul，我忘記他姓甚麼了）口中，知道阿部先生主持的禪坐活動，是 FAS 協會的弘法項目中的一個環節。這 FAS 協會是由阿部的老師久松真一始創的，它有一個宗教理想，是要建立無相的自我（Formless Self），把這真正的自我推廣到社

會以至全人類（All Mankind）方面去，以建立一個具有超歷史意義的（Supra-historical）宗教理想。[2]這個協會一直由久松主持，久松歿後，由阿部主理事務。阿部歿後，不知由何人當家了。保羅是一個風趣的人物，聽說他結過婚，後來離婚了，便到日本來。他說自己討厭西方文化，要來東方看看。他擅長吹奏日本的樂器尺八，像洞簫，粗粗的，吹奏起來聲音沙啞，使人有在面對大海的大沙丘獨坐的感覺，這亦是孤獨的感覺。

　　阿部先生是一個仁厚長者，樂於助人。我在京都大學時，他曾熱切地為我找住所。最後我能順利地住在離京大很近的「國際學生之家」（Haus der Begegnung），也是借助他的推介。他又曾聯絡京都多所寺院，俾我能入住，體驗一下出家人的生活。最後他找到大德寺。後來我覺得在當時的環境，我不能在寺院中掛單，因為在我留學日本的後期，正努力攻讀西藏文，由於過度耗損精力，腦袋滿是張力，無法鬆弛下來，晚上無法入睡，只有繼續演習藏文，這便形成惡性循環，熬到早上五、六點才能勉強睡幾個鐘頭。但在大德寺，所有僧人都須在五時起來作早課，掛單的也不能例外。我終於捱不下去，只有放棄了。另外，我是拿文部省的獎學金留日的，期滿後，我想繼續留在京都大學，不使研究中斷，但這需要找保證人。我很自然地去找原來在京大作我的指導教授的梶山雄一，但他二話沒說，便拒絕了；他大概怕我沒有足夠的生活費留在日本，會牽連自己。最後我還是找阿部先生出頭，作保證人，他即時答應了。

2　關於 FAS，參看拙文〈久松真一論 FAS 與東洋的無〉，拙著《絕對無的哲學：京都學派哲學導論，臺北：臺灣商務印書館，1998，頁 57-89。又可看久松自己的論文〈FAS について〉、〈現代の課題と FAS 禪〉，《久松真一著作集 3：覺創造》，東京：理想社，1976，頁 457-472，473-491。另外，在藤吉慈海、倉澤行洋所編的《真人：久松真一》增補版之中，第四部分是專講久松的學道道場與 FAS 的，收入藤吉慈海等人的論文五篇（東京：春秋社，1991，頁 133-162。）久松的學生藤吉慈海在其《禪者久松真一》一書中，第十二章〈FAS 禪〉，也是詳說 FAS 的（京都：法藏館，1987，頁 102-225）。最後，我在寫上面的〈久松真一論 FAS 與東洋的無〉期間，得到久松的學生常盤義伸（當時是京都花園大學教授）提供多方面的相關資料，在此謹致謝衷。

　　1976 年末我回香港，結束了留學日本的生涯。幾個月後，我又拿德國文化部頒發的 DA AD 獎學金到德國，在漢堡大學（Universität Hamburg）研究，目的是以在日本的研究為基礎，進一步理解歐美方面的佛學研究，為自己爾後研究佛學構築一個可以運用的方法論，最後寫出了《佛學研究方法論》[3]，其中包括阿部先生的兩篇論文的中譯：〈從有無問題看東西哲學的異向〉和〈禪與西方思想〉。

　　1980 年，阿部先生由奈良教育大學哲學系退休，便展開長時期的海外講學與宗教對話的行程，主要是去美國和歐洲，90 年代初期才回返日本，仍然住在京都。當時我對京都學派的注意，已經由阿部、西谷、久松，順此而上，以及於西田幾多郎和田邊元，又往下延伸至武內義範與上田閑照了。以上的學者，是在國際學術界流行的京都學派的成員。在日本國內流行的，除了西田、田邊、西谷外，還有另外一批，如三木清、高山岩男、高坂正顯、鈴木成高、下村寅太郎等，我都有留意。由 1991 年開始，我時常到臺灣講學，京都哲學是我講得最多的。另外，在 1996 至 1997 這一年，我在香港能仁書院哲學研究所開了一門課：京都學派的哲學，主要講七個人：西田、田邊、久松、西谷、武內、阿部與上田。[4]我在香港浸會大學宗哲系任教期間，先後有幾個學生在我的指導下，撰寫京都學派員的哲學的畢業論文。2003 年，我辭去浸會大學的教職，來中央研究院中國文哲研究所應聘為研究員，其後又任國立中央大學的合聘教授，於 2005 年在中央大學開了一門課，講京都哲學與我自己的純粹力動現象學。一時間好像成了京都學派哲學在港臺間的播種者，人們認為我很懂這套哲學，亦即是絕對無的哲學，也是這個學派在日本之外的支持者。其實不是這樣。我自己對京都哲學的理解很粗淺，只限於定位階段；這兩年較集中地研究西田與久松、西谷，才有些深度可言，而且是以批判的態度來理解。

　　在阿部先生往歐美諸國講學和進行宗教對話期間，我們終斷了來往。90

---

[3]　《佛學研究方法論》，臺北：臺灣學生書局，上、下冊，2006（增補本）。

[4]　這個講課的內容，由陳森田先生記錄下來，在臺灣出版，便成《京都學派哲學七講》一書了（臺北：文津出版社，1998）。

年代初期，阿部回到日本，我們又恢復來往了。在我任教於浸會大學的十五年中，我幾乎每年都到日本，特別是京都，目的是探訪那邊的師友，蒐集新的研究成果，和看看風景，鬆弛一下，這便是所謂「充電」。其中有三次是配合著自己在浸大申請到的出國研究補助而去的，研究的對象分別是久松真一、西谷啟治和西田幾多郎的絕對無的哲學。每次去京都，我總會找些時間、機會和阿部先生敘一下，吃一些和食，也談一下京都哲學的問題。我有時提出一些對京都哲學的負面質疑，阿部都不介懷，耐心聽我講完，然後回應。特別是近幾年，我開始構築自己的純粹力動現象學（Phänomenologie der reinenVitalität），對於京都哲學的核心觀點「絕對無」（absolutes Nichts）提出一些疑點，阿部大概知道我對京都哲學的評論以至批判越來越強烈，但只是微笑，沒有惱怒不快的表情。我想他大概已突破了正負、喜怒的二律背反（Antinomie）了。

　　阿部先生在日常生活、待人接物方面，有一點是應該注意的。在和別人交談中，他總是耐心聆聽，即使你說得不很完滿，或有錯漏，他不會在中途打斷你而插話，直到你說完後，他才提出他的回應，包括提醒你在哪一點問題上講錯了。另外一點更重要的是，你去探訪他，他總是把你作為上賓來接待；對於談話的時間，他總不會自動地先提出談話完結了，該是你離開的時候了，然後便站起來，擺出送客的姿態，他總是讓你自己說要離開了。不過，這種涵養並不限於阿部本人，在我所接觸到的東亞的學者之中，大多數都能夠這樣作，具有這種涵養。例如西谷啟治、長尾雅人、服部正明等，我國的新儒家像唐君毅、牟宗三、徐復觀等，另方面的學者如勞思光、冉雲華等，都是這樣。西方的學者便不同，你作為一個後輩去找他們，他們會跟你認真談問題，談完了，他們便會站起來，擺出另外有事情要處理的姿態，你便也不得不站起來，說聲打擾的話，便離去了。在我所接觸及的西方的學者，特別是德國方面的，如維也納學派的舒密特侯遜（Lambert Schmithausen）、漢堡學派的邊爾（Oscar Benl）和禪學專家杜默林（Heinrich Dumoulin），都是這樣。

二、京都大學與京都學派

　　阿部先生生於 1915 年，本來是讀經濟方面的東西，在大阪商科大學畢業。其後轉到京都大學文學部哲學科攻讀哲學與宗教，師從山內得立、久松真一、西谷啟治等京都學派的成員，又遊於禪學泰斗鈴木大拙之門。耳濡目染，受到他們相當深刻的影響，其中尤以久松為然。在京大畢業後，最初在京都的大谷大學任教，其後轉到奈良教育大學教哲學與宗教，1980 年退休。在 1955 至 1957 年間曾到美國哥倫比亞大學留學，主要是在該大學的神學院聽課，受到田立克（P. Tillich）、和尼布爾（R. Niebuhr）的影響。又在芝加哥大學、普林斯頓大學作客座，任教佛學、日本哲學思想。在奈良教育大學退休後，移居美國，在克拉蒙（Claremont）大學、夏威夷大學、哈發佛（Haverford）大學當客座教授，又在荷蘭的萊頓（Leiden）大學開講佛教。在 1988 年，曾先後在歐洲多所大學作客座，包括奧斯陸（Oslo）大學、波昂（Bonn）大學、圖賓根（Tübingen）大學、海德堡（Heidelberg）大學和維也納（Wien）大學等。他與歐美的思想界、宗教界有很密切的接觸，也成為國際學術界的知名人物。這對他後來展開漫長的宗教對話事業，播下了種子。

　　上面說過，阿部在京都大學念書時，聽過山內得立、久松真一與西谷啟治的課，好像也上過田邊元的課。最後通過久松與西谷作中介而研究西田哲學，與京都學派的重要人物有密切關係，他後來也為其中的一員。他也受到一些西方哲學家的影響，如柏拉圖（Plato）、亞里斯多德（Aristotle）、聖奧古斯丁（St. Augustine）、康德（I. Kant）、黑格爾（G. W. F. Hegel）、尼采（F. W. Nietzsche）、海德格（M. Heidegger）、懷德海（A. N. Whitehead）等。對於中國哲學，除了禪宗和華嚴宗之外，他很少提及，只是間中提到《莊子》而已。對於印度哲學，他的著眼點是印度佛學，其中尤以釋迦牟尼（Śākyamuni）與龍樹（Nāgārjuna）為主。他很少寫有系統的大部頭的書，基本上是發表論文，其中很有一部分是以英語寫的，這讓他很早便在國際思想界特別是宗教對話界得到一定的知名度。他長年居住於京都，

卻一直不能在京都大學教書，卻要到相當遠的奈良教育大學授課。在國際上被認可的京都學派的成員，除了他之外，其他的（西田幾多郎、田邊元、久松真一、西谷啟治、武內義範、上田閑照）和他的老師山內得立都獲得京大的哲學或宗教方面的講座，這是很可惜的。可能由於他未有寫過大部頭的書和沒有博士學位的緣故。但武內義範好像也沒有拿博士學位，而且著作很少，卻能在京大當講座。這件事頗令人難以理解，阿部自己也絕口不提。我們只能說他與京大無緣而已。[5]

　　現在我們看京都學派的成員的認同問題，即是，具有甚麼樣的條件，才能算是或被認為是京都學派中一份子呢？關於這個問題，一直有人在爭議，難有定案。這個認同的問題，也存在於當代新儒家方面。不過，當代新儒家的情況比較簡單，也較鮮明，容易處理，其中的一個條件，必定是抱著儒學的立場。像唐君毅先生所說的道德理性也好，牟宗三先生所說的道德的理想主義也好，都標示出道德的立場。具有這種立場，便有機會成為當代新儒家的一份子了。京都學派方面比較複雜，它是立根於東方的精神性格（Eastern spirituality）的，範圍較當代新儒家所強調的道德性這一點為寬泛，而且寬泛得多。我們能否找到一個恰當的觀念，能普遍地展示東方的精神性格呢？這實在很難。就東方諸大哲學學派和宗教來說，印度教、儒家可被歸納為實體主義思想，佛教、道家（不是道教）則可被歸納為非實體主義思想。就國際性的層面來說，絕對無（absolutes Nichts）是一個較好的選項，但並不周延。佛教的空宗說「空」（śūnyatā），禪宗說「無」（慧能說「無一物」，又說「無念」、「無相」、「無住」），道家的《莊子》說「天地精神」，說「靈台明覺」，都有終極的意涵，而且是非實體性的；這與絕對無容易相應、匹配。但印度教說的「梵」（Brahman），儒家說的「天道」、「天命」、「良知」，道家《老子》說的「道」，則是實體性的，絕對無不

---

[5]　辻村公一有時也被人列入京都學派的行列。他只專於海德格哲學，卻能在京大當講座，以至退休。他的德文很棒，久松在歐洲巡迴講學和與彼方重要的哲學家、宗教學家、神學家進行對話，都是找他作翻譯的。

能概括這實體性[6]。倘若一定要在現存已有的觀念中找一個來概括東方的獨特精神性格的話，我並不反對用絕對無。不過不無遲疑。事實上，京都哲學家中較有分量的，如西田、田邊、西谷、久松等，便常在他們的著作中提絕對無了。阿部先生自己便以絕對無為根本觀念來確認京都學派的七個成員為：西田、田邊、西谷、久松、武內義範、上田閑照和他自己。我自己也認為這種處理可取。

　　但問題並未完結，單是阿部先生是否應被視為京都學派中的人物，便為可議。大橋良介[7]、海式格（James W. Heisig）[8]、藤田正勝[9]、花岡永子[10]、濱田恂子[11]、小野寺功[12]等傾向於負面意見。另外，燈影舍（京都）近年出版，上田閑照監修，大峰顯、長谷正當、大橋良介、野家啟一、松丸壽雄等編集的《京都哲學撰書》共三十冊，其中亦無阿部先生的專冊，一冊也沒有。他們是以日本國內的準則來處理這一問題。貝利（Fritz Buri）[13]、法蘭克（Frederick Franck）[14]、法頓浮斯（Hans Waldenfels）[15]則傾向於確認阿部是京都學派的成員。海涅（Steven Heine）對阿部更是推崇備至，視他為

---

[6]　筆者便是由於這種理解，而提出「純粹力動」（reine Vitalität）觀念，作為東方的精神性格，以概括非實體主義與實體主義。有關其詳情，參看拙著《純粹力動現象學》，臺北：臺灣商務印書館，2005。

[7]　Ryosuke Ohashi, D*ie Philosophie der Kyoto-Schule: Texte und Einführung*. Freiburg/München: Verlag Karl Alber, 1990；大橋良介編《京都學派の思想：種種の像と思想のポテンシャル》，京都：人文書院，2004。

[8]　James W. Heisig, *Philosophers of Nothingness*.

[9]　藤田正勝編《京都學派の哲學》，京都：昭和堂，2001。

[10]　花岡永子著《絕對無の哲學：西田哲學研究入門》，京都：世界思想社，2002。

[11]　濱田恂子著《近、現代日本哲學思想史》，東京：關東學院大學出版會，2006。

[12]　小野寺功著《絕對無と神：京都學派の哲學》，橫濱：春風社，2002。

[13]　Fritz Buri, *Der Buddha-Christus als der Herr des wahren Selbst*. Bern und Stuttgart: Verlag Paul Haupt, 1982.

[14]　Frederick Franck, ed., *The Buddha Eye: An Anthology of the Kyoto School*. NewYork: Crossroad, 1982.

[15]　Hans Waldenfels, *Absolute Nothingness: Foundations for a Buddhist-Christian Dialogue*. Tr. James W. Heisig, New York/Ramsey: Paulist Press, 1980.

「日本在佛教方面的一位領導地位的當代思想家和學者」、「西田哲學的一個重要的傳承者」、「自鈴木大拙以來禪佛教在西方的領導地位的發揚者」。[16]實際上，不要說阿部，就「京都學派」這個稱呼是從甚麼時候成立的，還未清楚。根據橫濱國立大學名譽教授古田光的說法，這和戶坂潤分不開，戶坂在他的《現代哲學講話》一書中，已有〈京都學派哲學〉一節，這本《現代哲學講話》是在 1934 年刊行的。[17]則到現在已超七十年了。大體上，說京都學派的成立已有七十年歷史，是可接受的。

　　由上面的紀錄，我們大體上可以看到，阿部先生的京都學派的歸屬問題，不外兩種說法。在日本學術界、思想界的內部，阿部作為京都學派的一個成員，並未被認同。在日本之外，亦即國際方面，阿部是京都學派的一個成員，是普遍地被認可的，甚至被視為一個重要的成員。此中的原因，我想可以這樣歸納：第一，與日本國內被視為京都哲學家比較，阿部年輕很多，並未受到注意。第二，他比較少以日本語發表論文，而且沒有大部頭的著作以吸引學術界、思想界的重視。他很多時是以英語發表其論文的，因而受到國際學界的注意與重視。第三，他喜歡透過比較與對話的方式，以一般所熟悉的哲學、宗教學、神學的詞彙，來論述佛教特別是禪佛教，為國際學者所認受。第四，他參加很多國際性的學術研討會，其論文也常在英語的刊物中登載，很多國外學者認為他是繼鈴木大拙之後把佛教特別是禪佛教介紹到歐美世界的舉足輕重的人物。[18]

　　在我看來，誰是京都學派的人，誰不是，應該著眼於問題方面，不必計較他們的師承關係，或其影響力在日本國內抑或國外。但這個問題也不簡單，環繞在西田周遭的人及西田的門人，各有他們自己的專業，這些專業包

---

[16] Masao Abe, *Zen and Modern World*. Ed. Steven Heine, Honolulu: University of Hawai'i Press, 2003, ix, x.

[17] 關於京都學派的開始的說法，見竹田篤司著《物語「京都學派」》，東京：中央公論新社，2002，頁 62。

[18] 在阿部之前，鈴木之後，已有柴山全慶與久松真一作同樣的活動，只是他們不說英語，需要靠翻譯，便減少被認受性。

括世界史理論、歷史哲學、文化研究、實存倫理、現象學等。當然還有在哲學與宗教學上具有重要意義的絕對無的問題。我們要在這些不同的問題上，找到它們的理論核心。要這樣做，便得先決定京都學派是一個甚麼性質的學派：他是一哲學學派麼，宗教學派麼，與歷史理論、發展有重要關係的學派麼，倫理學、現象學的學派麼？在這些不同範域與性質的學問中，最富核心的、基礎的性格的，應該是哲學而附以宗教。因此，我們可視京都學派為一個哲學的學派，其哲學之理想的實現形式是宗教。[19]這哲學理想是甚麼呢？這便是絕對無。這樣，絕對無作為哲學理想、終極原理便成立了。

　　從絕對無這個觀念來看阿都先生，他能否被視為京都學派的一份子呢？關於這點，我曾和大橋良介、海式格談過。他們都認為阿部的學養，在哲學方面傾向於貧弱，不能和他的老師久松真一和西谷啟治比較。我認為阿部的哲學基礎並不弱，他對佛學、德國觀念論以至德國神秘主義也有一定的認識。他也很關心宗教問題，特別是在宗教對話方面，很有熱誠，和一定的貢獻。在這一點上，被視為京都學派的任一成員都比不上他。他對佛學特別是禪的辯證思維，有相當深厚的造詣。哲學固然重要，但也要有宗教來扶持，其理想才能現成。在這一點上，我和他們便分途了。特別是海式格，他的基本工夫是翻譯，透過它來傳播京都哲學的福音。他的思路有欠清晰之處，特別是對田邊元的理解方面。

三、著作

　　上面提過，阿部基本上是以論文方式來展示他的慧解的，沒有專心地寫一部巨著來宣揚他自己的思想。在這一點上，他和一些前輩和同人不同。而且，他的生活很充實，用了很多時間去打坐、教學、接待訪客、在日本國內和國外參加學術研討會。自久松真一在 1980 年逝世後，他要負責處理 FAS 協會的事，在他所任教的奈良教育大學又要管很多行政事務。即使是蒐集自

---

[19]　此中所涉及的問題非常複雜，我在這裏不能著墨太多了。

己過去所寫過的、發表過的論文，編集成書，很多時也要別人幫忙，才能成事。他在 1985 出版自己的第一本學術著作，已是六十歲了。這便是著名的、也可說是他的主要著作的《禪與西方思想》；這部書也讓他獲得美國宗教學會的優秀著作獎[20]。就著作來說，阿部先生可以說是大器晚成的哲學家、學者，在有生之年，都沒有全集、著作集問世[21]。他的很多論文、翻譯，估計稍後會由別人處理，分類出版成書，或出版全集或著作集，這是可以預期的。目前，就我手頭所有，除了《禪與西方思想》之外，英文著作有如下數種：

Masao Abe, *Buddhism and Interfaith Dialogue*. Steven Heine, ed., Honolulu: University of Hawai'i Press, 1995.

Masao Abe, *Zen and Comparative Studies*. Steven Heine, ed., London: Macmillan, 1997.

Masao Abe, *Zen and the Modern World*. Steven Heine, ed., Honolulu: University of Hawai'i Press, 2003.

Masao Abe, *A Study of Dōgen: His Philosophy and Religion*. Steven Heine, ed., Albany: State University of New York, 1992.

John B. Cobb and Christopher Ives, eds., *The Emptying God: A Buddhist-Jewish-Christian Coversation*. New York: Orbis Books, 1991.

　　另外，阿部又和艾夫斯（Christopher Ives）把西田幾多郎的成名作《善の研究》翻譯為英語，並附上一篇很有用的〈緒論〉（Introduction）：

Kitarō Nishida, *An Inquiry into the Good*. Masao Abe and Chris. Ives, trans., New Haven: Yale University Press, 1990.

---

[20] Masao Abe, *Zen and Western Thought*. William R. Lafleur, ed., Hong Kong: Macmillan, 1985.

[21] 京都哲學家一般都能享高壽，而且很早便出版全集或著作集了。如西田幾多郎、田邊元、久松真一、西谷啟治、武內義範、上田閑照。另外，在日本國內被視為京都學派的成員，也是一樣，如三木清、下村寅太郎、戶坂潤、九鬼周造、高橋里美、和辻哲郎等。

　　其中，《淘空的神》（*The Emptying God*）是一部重要的著作，在後面我會略述其觀點，並略作評論。*An Inquiry into the Good* 則是西田的《善の研究》的最好的翻譯（包括英譯與中譯而言），阿部寫的〈緒論〉尤其有用。另外，下面一書堪注意：

　　　　Donald W. Mitchell, ed., *Masao Abe: a Zen Life of Dialogue*. Boston: Charles
　　　　　　E. Tuttle Co., Inc., 1998.

　　這是很多西方學者為祝阿部八十大壽而寫的論文集，計三十五篇，依內容不同可分成六個部分，都是有關阿部先生的禪觀與對佛教、基督教的理解，與他對這兩種偉大的宗教的解讀和在這兩種宗教之間所提出的對話與融合，宗教對話的色彩非常濃厚。作者包括多位有名的西方宗教家、哲學家、神學家如 Valdo H.Viglielmo, Richard J. DeMartino, Hans Waldenfels, John B. Cobb, Jr., William R. LaFleur, David W. Chappell, John Hick, Thomas J. J. Altizer, Eugene B. Borowitz, Wolfhart Pannenberg, Thomas P. Kasulis, Thomas Dean, Joan Stambaugh, William Theodore de Bary 等。其中的論文不能說是篇篇都好，由於它的祝壽性格，字裏行間自有對阿部先生過譽之處。但每個作者都很認真來寫，肯定阿部先生在促進東西方宗教與哲學的對話所表現的誠懇與貢獻。我個人一向非常重視宗教對話的重要性，世界上或古或今或一直發展著的宗教，沒有一種是絕對完美的，特別是有關它的義理方面。每一種宗教都需要作自我反思，俾能自我轉化，向完美的境界趨附。只有這樣，宗教才能免於自我誇耀、自我陶醉。要作到這點，宗教對話是最好的方式。透過與他教的溝通與比較，才能直接理解到自宗的弱點，才有轉化的可能性。

　　在以日文來寫的論著，已結集成書的，有以下幾部：

　　阿部正雄著《非佛非魔：ニヒリズムと惡魔の問題》，京都：法藏館，
　　　　2000。

　　阿部正雄著《根源からの出發》，京都：法藏館，1996。

　　阿部正雄著《虛偽と虛無：宗教的自覺におけるニヒリズムの問題》，
　　　　京都：法藏館，2000。

　　阿部正雄著《カントにおける批判と形而上學：カント哲學入門》，京

都：晃洋書房，1998。

在這幾部著作裏面，自然以《非佛非魔》最為重要，可以展示阿部先生自家的思想，在這方面，我們會在下面作些闡述；這也包括他的自我淘空的神思想。我在這裏要說的是，阿部先生的著作，並不限於那些在上面已列舉出來的。他有很多翻譯，主要是把道元的著作翻成英語。有些重要的文字，是未及收錄在他的著書中的，我手頭便有他送給我的兩種如下：

Abe Masao, "The Logic of Absolute Nothingness as Expounded by Nishida Kitarō", *The Eastern Buddhist*, New Series, Vol. xxviii No. 2, Autumn 1995, pp. 167-174.

阿部正雄著〈佛教の業とキリスト教的原罪〉，《日本カトリック神學會誌》，第八號，1997，頁 1-16（主題演講）。

這些研究將會結集成書。是沒有問題的。另外，他也曾主編過一本書《一種禪的生活：記憶中的鈴木大拙》（*A Zen Life: D. T. Suzuki Remembered*, Weatherhill, 1986）。鈴木也是阿部先生的老師。又，在一九九七年我重訪京都，和阿部先生共敘於旅舍，他告訴我要寫一本自然法爾的自我的書。「自然法爾」即是任運自在，有海德格的 Gelassenheit 的意味。這樣的自我，自然是類似久松真一所倡導的「無相的自我」，是對絕對無的一種詮釋方式。有沒有寫成和出版，便不得而知了。

另外一點是，阿部先生的著作，很有一些是同時有日文本與英文本的。例如上面提到的英文書《禪與西方思想》，內有〈禪與西方思想〉（"Zen and Western Thought"）一長文。這篇作品的日文原本出現於鈴木大拙監修、西谷啟治編集的《講座禪》第一卷《禪の立場》一書（東京：筑摩書房，1974）中，題為〈禪と西洋思想〉（頁 113-148）。只是日文文本最後有一段〈付記〉，英文本則省去。

四、思想

以下我們看阿部先生的思想、哲學。上面提到阿部先生送給我一份他自

己寫的〈道元論佛性〉（"Dogen on Buddha Nature"），我拿回住所中便細看，把它一口氣看完。當時我有一種喜悅而新奇的感受，因此也看一些久松與西谷的作品。我對禪的理解，除了看《壇經》外，便是看鈴木大拙論禪的英文著作了。鈴木的作品給我的印象是禪是一種心理學，很容易懂，不須怎樣的思索。但看完後，並沒有鮮明的印象，和不看差不多。說得不客氣，鈴木的那些文字，我自己也能寫出來，不外是真理便可在眼前的、周圍的事物中現前，不必到一些特別的地方去找，甚至在自己的日常生活的心境中便可以找到、體會到，所謂「平常心是道」也。但這種說法太寬泛，有很明顯的不精確性（imprecision）。雖然接近常識，但不能讓人有深刻的印象。阿部先生他們的文字則不同，它內裏埋藏著弔詭的說法，初看是矛盾，但繼續深思，便覺得有些深刻的義理、有洞見的義理在裏頭，尤其是它強調辯證的思考、要體證絕對的真理，需要先對相對的兩端，如善與惡、罪與福，加以突破，絕對的理境才能現成。這絕對的理境，便是無（Nichts），或絕對無（absolutes Nichts）。這樣的思維導向對我有很大的啟發性。我以前看儒家的典籍，聽唐君毅、牟宗三先生的課，他們都很強調道德土體，又說它與客體的天道、天命是相通的。強調道德主體，便得把道德的放在最高位置。阿部他們則強調道德不是終極的，要突破道德的善與惡的二元對揚的關係，要道德瓦解、崩潰，才能有宗教境界的現前。這宗教境界是甚麼呢？是絕對無。

　　我們回到阿部先生的思想方面。在京都哲學家中，像阿部這種較後出的成員的思想，是較難定位的。相對地說，較早期成員的思想較易定位。那是由於後者所關切的重心問題較易掌握，而且，他們多數有一些篇幅較多的著作，展示自家的理論體系。如西田幾多郎有場所觀，有純粹經驗、絕對矛盾的自我同一的解讀方式；在著作方面，早期有《善の研究》，後期有《哲學の根本問題》正、續篇。他的系統，可說為是場所哲學，方法論則是場所邏輯，或絕對無的邏輯。田邊元以絕對媒介、懺悔來說絕對無，這些都可以在他後期的《懺悔道としての哲學》中看到，他的方法論是辯證法。久松真一則有《東洋的無》、《絕對主體道》等大部頭的著作；他的無相的自我，在

他看來，是展示絕對無的最恰當的觀念，主體性（Subjektivität）的意味相當濃厚。西谷啟治則以佛教的空（śūnyatā）來發揮絕對無思想，建立一種空的存有論。他的《宗教とは何か》、《神と絕對無》與《根源的主體性の哲學》正、續篇，基本上都展示這個意思。第三代的武內義範、阿部正雄和上田閑照在這方面則比較麻煩。特別是阿部先生，他有很多觀點，例如真空妙有、動感的空、非佛非魔、淘空的神、絕對有對絕對無無存有論的先在性、道德崩潰而後有宗教、禪的非思量性，等等，都有其精采與獨到的性格在。不過，這些觀點都是環繞著絕對無這一終極原理而提出的。以下是我的演述，也有我的評論在裏面。

　　阿部先生先以真空妙有、動感的空來說絕對無。他認為空本身有其力動、動感，能生起作用。而萬物在空的基礎下存在，具有空的無自性的、緣起的殊勝性格，不是虛空一片，不是虛無主義，卻是具有生機而在作用的狀態中。按真空妙有是很多日本學者用來描述大乘佛教的存有論的字眼，至於動感的空，則是阿部自己提出的。他在自己的一篇長文〈淘空的神和動感的空〉（"Kenotic God and Dynamic Sunyata"）便強調空的動感性。[22]不過，在此之前，久松真一曾在其《東洋的無》一書中，收入一篇〈能動的無〉[23]。阿部的動感的空顯然是受到久松的影響，他所說的空，即是無，或絕對無，與久松的無是同義。阿部是站在佛教的立場而說話的，但「空」（śūnyatā）在佛教，特別是空宗（包括般若 Prajñāpāramitā 思想與中觀學 Mādhyamika）來說，只表示真理的靜的狀態，或一切事物的本質、真相，是靜態義，不是一動感的真理。龍樹（Nāgārjuna）的《中論》（Madhyamakakārikā）所說的空，便是這個意思。[24]阿部的說法，不知是何所據。當然，以動感的空或空具有動感來說空，可說是一種對佛教的核心觀念的創造性詮釋。故動感的

---

[22] Cf. John B. Cobb, Jr. and Christopher Ives, eds., *The Emptying God: A Buddhist-Jewish-Christian Conversation*. New York: Orbis Books, 1991, pp.3-65.

[23] 《久松真一著作集 1：東洋的無》，東京：理想社，1982，頁 67-81。

[24] Cf.拙著 Ng Yu-kwan, *T'ien-t'ai Buddhism and Early Mādhyamika*. Houolulu: University of Hawai'i Press, pp. 13-18.

空的說法不是無價值，只是與原來文獻的意思有差別。

阿部為了溝通東西方的宗教思想（主要是佛教與基督教），俾雙方獲得對話的空間，因此提出「淘空的神」（Kenotic God, Emptying God）的觀點，提出神差遣他的獨生子耶穌以道成肉身的方式來到世間，蒙受種種苦難，最後被釘在十字架上，以祂的鮮血、寶血來洗脫世人所犯下的罪惡。為甚麼有耶穌的出現呢？那是要在神與人之間，構築一道橋樑，讓雙方能夠溝通：耶穌一方面是神，另方面是人，具有雙重的性格，以象徵神與人之間的結合。神本來是無上尊貴的，卻紆尊降貴來到世間，以耶穌的身分來承受種種苦痛，這是神的自我否定，自我淘空。神本來是實體性格的，透過自我淘空來拯救世人，這表示在實體的本性中注入非實體的空的要素，這空正是佛教所說的空。這樣的神，這樣的空，便是絕對無。[25]按阿部先生為了打通東西方的宗教上的隔閡，提出淘空的神的觀點，試圖把東方的空的義理注入西方的一神論之中，讓神也分享空的性格，煞是用心良苦。但我認為這在理論上是不能成立的，他的說法是站不住腳的。理由是基督教與佛教在理論立場上正好相互對反，基督教是實體主義的立場，神便是一個大實體（Substance）。佛教則是非實體主義的立場，空作為終極真理，表示對一切實體性、自性性的否定。雙方是正面交火，實體主義（substantialism）與非實體主義（non-substantialism）之間的敵對性（antagonism）如何能直接地消融呢？勉強把雙方交集起來，勢必會引致神不是神、空不是空的情況。阿部先生的提法，實無助於宗教對話。倘若真要把這兩種主義拉在一起，只有一途可循：把實體主義所歸宗的絕對有（absolutes Sein）與非實體主義所歸宗的絕對無（absolutes Nichts）這兩種分別出之以肯定方式與否定方式所表述的終極原理綜合起來，以另外一種同時兼有絕對有與絕對無的殊勝點的兼容肯定方式與否定方式的圓滿的表述式或觀念來替代，這便是筆者近年提出的「純粹力動」（reine Vitalität）。[26]

---

[25] 關於神的淘空，或自我淘空，參看筆者著《絕對無的哲學：京都學派哲學導論》，〈阿部正雄論自我淘空的神〉，頁 215-240。

[26] 參看拙著《純粹力動現象學》。

　　至於絕對有與絕對無的先後問題，是阿部先生對於神學家與哲學家田立克（Paul Tillich）的鉅著《系統神學》（*Systematic Theology*）第一冊所說「『非存有』一字眼本身已表示出，在存有論的有效性方面，存有是先在於非存有的」的回應。田氏在另外的地方也說：「存有包容它自身和非存有。」又說：「非存有依存於它所否定的存有。『依存』所首先指向的，是存有在存有論方面臨於非存有的先在性。」（*The Courage to Be.*）阿部認為，田立克這樣提出，與一些基督教思想家的作法有關，他們有一種把神看成是絕對存有的傾向。[27]阿部表示他不覺得存有先在於非存有，有存有論的基礎，不認為存有被假定為包容它自身和非存有。他強調存有與非存有的基礎，不能是「絕對存有」，而是「非存有非非存有」。[28]若把存有提升到最高層次、終極原理層次，則存有便盡於絕對有，非存有則盡於絕對無。在阿部看來，絕對有與絕對無是對等的，此中並不存在絕對有對絕對無在存有論上的先在性（priority）、跨越性（superiority）。他說存有與非存有的基礎不能是「絕對存有」而是「非存有非非存有」。在這裏，他運用了龍樹的四句（catuṣkoṭi）的思維方式來說存有與非存有的問題。存有或絕對有是肯定句；非存有或絕對無是否定句；存有與非存有或絕對有與絕對無是綜合句；非存有與非非存有或超絕對有與超絕對無則是超越句。所謂「超絕對有」與「超絕對無」是不能說的，不然的話，則絕對的意義便不能建立了。但依形式的對比，我們仍可說超絕對有或超絕對無。阿部先生的意思可以很清楚地看到，就絕對有與絕對無這兩種依肯定、否定或正面、負面的相對反的表述式來說終極原理，我們不能就存有論一面說絕對有對絕對無有先在性與跨越

27　阿部正雄（Abe Masao）原著〈從「有」「無」問題看東西哲學的異向〉，筆者譯，載於拙著《佛學研究方法論》下，頁 441-456。原文為英語論文："Non-being and Mu: the Metaphysical Nature of Negativity in the East and theWest," *Rel. Stud.* II。此文又收入於 Masao Abe, *Zen and Western Thought.* pp.121-134。中文譯文的題目略有更改。至於田立克書的原來出處則如下：P. Tillich, *Systematic Theology*, vol. 1, Chicago: The University of Chicago Press, 1951, p.189。P. Tillich, *The Courage to be*, New Haven: Yale University Press, 1957, pp.34, 40。

28　《佛學研究方法論》下，頁 441-442。

性。實際上，說絕對有由於是從肯定的、正面的方式說，反而有著相之虞；說絕對無則不必有這種相化、對象化的危險。[29]

　　絕對有與絕對無是存有論的語詞，都展示一切存在的根源。它們也有宗教上的救贖（soteriology）意味。按阿部、西谷、久松等人的意思，絕對有仍有對象相，絕對無則是絕對無相的，相即是對象相，絕對無是不能被對象化而成為對象（Objekt）的。在這個層面，阿部不說非善非惡；善與惡是道德義的概念，阿部以至整個京都學派都不強調道德的旨趣、導向。他們，特別是西谷與阿部認為道德必須先崩壞，才能有宗教的現成，這現成的，正是絕對無。[30]在他們看來，知識是我們的感性與知性作用的結果，它依時空、範疇概念而成立，其中的範疇概念，有極強烈的思辨、思量性格。絕對無是絕對的、終極的原理，它超越、克服一切思量活動，是非思量性。

　　最後，我們看阿部先生的非佛非魔的思想，這反映出他的辯證的、圓融的思維旨趣。在這裏，我仍是就相或對象相的問題作為線索或主軸來探討。在京都哲學家中，對於對象相所帶來的對覺悟的障礙有最深切感受的，應數久松真一，這也關連到他以無相的自我來說絕對無一點。在這一點受影響最

---

[29] 絕對有是在實體主義的理論立場上說的，西方宗教的獨一無二、至尊的神、亞里斯多德的實體（Substance）、黑格爾的精神（Geist）、印度教的原質（Prakṛti）、梵（Brahman）、儒家的天道、天理、良知，都可作為絕對有看。德國神秘主義（Deutsche Mystik）的無基底者（Ungrund）、佛教的空、禪與道家的無，都可作絕對無看。筆者認為，在終極原理的層面，說絕對有與絕對無都有所偏頗，說同時綜合而又超越絕對有與絕對無的純粹力動才是周延的。在阿部所說的「非存有與非非存有」中，非存有相應於絕對無，非非存有則相當於絕對有。在對絕對有、絕對無的理解上，阿部仍不夠完全周延，仍是一間未達。

[30] 在阿部先生來說，道德的善惡意識固然須崩壞，即使是宗教信仰中的信仰對象：神，亦須瓦解，而在神面前的與神的合一性、一體化，亦須崩壞，才能達致在神背後的無、絕對無。參看阿部正雄著《非佛非魔：ニヒリズムと惡魔の問題》，京都：法藏館，2000，頁 17（此書下面省作《非佛非魔》）。但這並不表示絕對無是一條鞭的虛無流，它卻是涵有一自己焦點，這是最高主體，相當於神的意志。若沒有這焦點，則世界會變成空空漠漠，虛無一片，缺乏宗教的生命力（同上，頁 160）。在這裏，神的意志並不能作為神的實體的意志看，而應是一種宗教意味的虔敬的、忠誠的心。

深的，恐怕是阿部先生。他提出一無化的力動體，其主要作用正是對「相」的否定。即使是神，祂作為一創造主，亦不能免於創造主等相，而在神的對反面的惡魔，也有破壞者等相。在他看來，真正的無相是「非佛非魔」。[31] 阿部更進一步提出，即使是對於神所具有的相的否定而成的無相之相，亦需要超越。在這裏，阿部提到一種「無化」的動感的主體；要達致覺悟，不是靠基督教所說的與神結為一體的活動，卻是靠對神的「無」的體證，亦即是對無、絕對無的體證。[32]

　　由非佛非魔可以引起佛與魔是同體抑或是異體的問題。阿部的觀點是迷覺同體、佛魔同體，這所謂同體是就本性是空來說的。而且，迷也好，魔也好，都是主體的問題，亦即是心的問題，要解決這些問題，還是要在心方面作工夫；而徹底的解決，便是宗教，而不是道德。道德必須先解構、崩壞，宗教的解決才能說。[33]這種說法，頗近於天台宗智顗大師的一念無明法性心的意味：無明（avidyā）、法性（dharmatā）源於同一體性、同一心靈。人在迷時，便是無明心作主；人在悟時，便是法性心作主。我們要做的，是在迷時轉為悟的狀態，在悟時要保持這種狀態，讓心靈恆常地發出法性的明覺。

五、宗教對話

　　在國際意義下的京都學派的哲學家中，每一個成員都有其獨特之處。作為創始人的西田幾多郎，在思維與洞見上很有原創性（originality）。從《善の研究》到《哲學の根本問題》、《場所的論理と宗教的世界觀》，都有很高的學術價值，他自己的哲學體系中的重要觀念與觀點，幾乎都可從他早期的《善の研究》中看到。田邊元則是一個實踐主義者，強調哲學的動

---

[31]　《非佛非魔》，頁 19-20。

[32]　同上，頁 21-22。在這裏，我稍微轉變了表述的方式，但意思還是一樣。

[33]　同上，頁 24；頁 3；頁 8。在這裏，我綜合了阿部在多處的說法，而整理為這個意思。

感，這在他的《懺悔道としての哲學》可見到。久松真一是一個禪學的修行者，對禪學的背反學說有很深的造詣，是一個比較全面的哲學家，兼具茶道、書道、畫道、俳句、漢詩等方面的學養。西谷啓治是西方哲學家的形態，學問很多元，最後還是歸宗於空宗思想，以空作為基本立場而提出空的存有論。武內義範與上田閑照則是德國哲學、神學、宗教學的研究者和支持者，能夠以東方的重修證傳統以補西方過分崇尚思辨方面的不足。阿部正雄又是另外一種形態，與東西方學者都有多方面的交集，這主要表現於宗教對話的活動方面。由於他對東西方的哲學與宗教學都有一定程度的學養，又喜以英語來撰著論文，勤於參加國際性的學術研討會所致。這些都是爾後他能成為京都哲學家在宗教對話方面最有貢獻的人物的有利條件。

阿部先生對西田幾多郎的哲學有多方面的理解，特別是後者的場所哲學，或場所邏輯；另外，他又熟諳禪的義理與實踐。他多年來都是以這兩方面的背景來與西方學者進行宗教對話，在以哲學的進路把東方的禪佛教介紹到西方的文化界、思想界，有重要的貢獻。有人把它和鈴木大拙拉在一起，視他為在鈴木之後把禪移植到西方去的第一人。在這方面，他不但超過宗門出身的長輩柴山全慶，[34]也超過他的授業師久松真一。上面提過，他曾在歐美各國滯留超過十年，特別是受聘於美國多所大學開講禪學與日本哲學。長時期參與、主持東西方的宗教對話活動。在全盛時期，甚至成立一專事宗教對話的所謂 Abe-Cobb group，所涉及的學者包括 John B. Cobb, John Hick, Gordon Kaufman, Langdon Gilkey, Schubert Ogden, Rosemary Ruether, David Tracy, Hans Küng, W. Pannenberger 等。《出版者週刊》（*Publishers Weekly*）甚至把他譽為「二十世紀最偉大的禪佛教的傳播者之一」（one of the greatest Zen Buddhist communicators of the twentieth century）。[35]

以下我要具體地闡述一下宗教對話一問題與阿部先生在這方面的工作與

---

[34] 柴山全慶是傑出的臨濟宗的禪師，為臨濟宗南禪寺派管長。早年出家，掛錫於南禪寺派本山專門道場，成為河野霧海的入室弟子。曾先後任教於京都花園大學、大谷大學，是重視智性與學術性的禪僧。曾在歐美多國巡迴駐錫和講學。

[35] Donald W. Mitchell, ed., *Masao Abe: a Zen Life of Dialogue*. Back cover.

貢獻。而說到宗教對話，便得先處理宗教的作用一點。在這一方面，學界幾乎已有共識，即是，宗教是為了解決人的生命上的現實的負面的面相，如罪、苦、死，而施設的，歷史上偉大的人格，如耶穌（Jesu）、釋迦牟尼（Śākyamuni）、穆罕默德（Muḥammad）等洞悉一點，便創立種種宗教來面對、解決這些生命中的負面要素的困擾，讓生命得到提升，而不致沉淪。於是便有基督教、佛教、伊斯蘭教等重要的宗教出現了。在歷史的進程中，這些宗教有效地解決人的那些負面的問題，讓他們在精神上、心靈上得到解脫，過有意義的人生。期間不免有不同的宗教相互碰面，而由於某些由個別的、特殊的文化背景衍生出來的獨特的觀點的衝突的問題，也當然有由於相互誤解而產生種種爭執的情況，嚴重的可能會導致大規模的、全面的爭鬥，這便是所謂「宗教戰爭」了。這樣，宗教不單不能解決人的負面的問題，反而帶來種種因誤解而生起的煩惱了。這便有宗教對話的必要。即是，不同宗教信仰的人士聚在一起，相互對對方的教義、立場作深刻的溝通、理解，以避免那些由不必要的誤會而引致無謂的衝突、爭執。另方面，透過雙方面對面的直接接觸、交流，而更能了解對方的長處和自身的不足，而捨短取長，自我轉化。這樣的活動，便是所謂「宗教對話」、「宗教遇合」（religious dialoge, religious encounter, religiöse Begegnung），特別是東西方的大的宗教的對話，如基督教與佛教、基督教與印度教、基督教與儒家的對話。而其中尤其頻密的、互動的接觸，出現在基督教與佛教的對話中。阿部先生所參與的，便是這樣的基督教與佛教之間的對話。

像這樣的對話，通常是不預設勝負的，不表示 A 宗教優於 B 宗教，因此 B 宗教應師法 A 宗教，向後者學習，進行自我轉化。宗教對話只是提供一個場地，讓不同宗教的人士共聚在一起，談論對人生與世界的關心，展示雙方的立場，對某些問題的觀點，便成了。至於要如何學習對方的宗教，如何捨短取長，進行宗教內部的自我轉化，那是後來的事，參與這種活動的雙方都不必即時作出積極的反應，表示在這一對話之後會怎樣怎樣做。實際上，這樣複雜的活動是不可能有即時的結果的，即便是宗教領袖的對話，也不例外。通常總是客套一番，然後各自表述立場，自說自話；要捨短取長，

自我轉化，那是後來慢慢發展的事。像宗教這樣大的問題，我們如何能期望這種對話活動會帶來明顯的結果呢？宋代儒者朱熹與陸九淵的鵝湖之會，其間的對話主題已盡量收窄，由形而上學問題不斷集中、聚焦到智性與德性孰重的問題。這是當時儒家內部很受注視的論辯。結果這兩位大師還是各自以自家的立場，批判對方，誰也不肯讓步，只是客氣收場。

就京都學派來說，已整體地被西方學界視為是一種新的佛教教法，或佛教的現代開拓形式，雖然有些成員與佛教的關係並不深，特別是第一代的西田幾多郎與田邊元。西田一生未嘗離開過日本，即便在日本，外國學者找他對談的也不多；他的佛教的立場也不是很明顯。他長期打坐，但這是一種生活方式，不必和禪扯得太緊密。他是一個百川歸海型的哲學家，尤其在後期的著作中，佛教義理的痕跡並不多見，他要綜合東西哲學的良好要素，以自己的堅強的重構思想、理論的能力，建立自己的場所哲學。田邊元曾赴德國研究，與海德格有點哲學上的互動關係，但僅此而已。他早年習禪，其後歸宗於淨土，提出懺悔道哲學。他是較注重現實問題的哲學家，除研究淨土宗外，又兼習基督教與馬克思主義，與西田著重玄思、形而上學不同。他交遊不廣，行事低調，很難把他關連到宗教對話方面去。

第二代的作風很不同。久松真一是一個禪學的修行者和哲學家，強調覺的教育。他組織 FAS 協會，從事宗教運動，又多次與西方的重要的哲學家、宗教學家、神學家訪談，其中包括 Emil Brunner, Carl Jung, Rudolf Bultmann, Martin Heidegger, Paul Tillich, Wilhelm Gundert, Linus Pauling, Gabriel Marcel 等。人員雖多，但訪談只經歷很短時間，談不出甚麼來。只有與田立克（Paul Tillich）的會談比較久些，但對話並不平衡，基本上只是久松在闡述禪悟的境界，田立克未有提出基督教方面的相應的觀點。西谷啟治則略有不同，他的哲學與宗教學的知識很全面，又曾在德國留學，與海德格有較多互動。他在佛學方面的基本學養是般若空觀與禪。他人也隨和，歐美的學者喜歡跟他連繫，很多學者甚至喜歡到他家裏聊天、討論。其中的論題，多是環繞著西方文明特別是科技文明所帶來的後遺症與如何處理；他精於虛無主義（Nihilismus），認為這虛無主義思想可以對治科技發展所帶來

的種種惡果，甚至可以把對上帝的信仰摧毀掉，以向佛教的空（śūnyatā）轉進。在他看來，般若的空與禪的絕對無這些理念可以提供人在開展價值活動方面很大的空間。不過，西谷的影響終是有限，他長年居留於京都，不大喜歡外訪，西方學者對他的接觸，主要是透過閱讀他的著作，難有很強的互動關係。第三代的武內義範與上田閑照是德國觀念論、德國神秘主義與宗教哲學的研究的大家，在以美國為主力的西方社會中，在文化與哲學、宗教學方面所能起的作用總是有限。

　　阿部先生的情況便很不同，他喜歡說英語；在他的撰著中，有一半是以英語寫的，另一半則是以日語寫的。他不像武內與上田那樣偏於以日語或德語交談，和用德語來寫東西。畢竟說和讀英語的人多，德語的人少。這樣，阿部便可以與多些人溝通，特別是年輕的一輩。先是在坐禪班中便有好些人是來自美加、紐澳，說英語的。最重要的是，他每年都會有幾回離開日本，到外國去參加學術會議，並發表論文，這些論文都是英語的論文，很多人都能看得懂，不像上田閑照他們以德語來發表論文，然後找人把它譯成英語。另一點是，他曾在歐美國家特別是美國待了十多年，開講佛學與京都哲學的課，對歐美學界有久遠的、廣泛的影響。這都成就了他作為京都哲學的代言人的身份。而在東西方的宗教對話方面，他也成了不可或缺的參與者，而且是重要的參與者。由於他的專長在佛教，特別是禪，對儒家、道家與印度教欠缺了解，因此，講起東方的文化與精神，他都從佛教特別是禪方面說，這便給那些一知半解的人一個誤會，以為東方的文化與精神聚焦於禪，其他的便沒有甚麼好談了。

　　阿部先生的宗教對話，一直都是以基督教為對象[36]，他自己所本的，則是佛教，特別是般若思想與中觀學；而他著力最多的，是禪佛教。在禪佛教方面，很有一部分是來自他的老師久松真一的禪觀。這主要見於他很強調真正的宗教，應該是絕對無相的一點。即是，任何宗教都不應容許對象相。相

---

[36] 只是到了近年，他把對話的對象概括了猶太教（Judaism）。但他對於這種宗教，並沒有很深刻的理解；只是由於近年的宗教對話，在西方的宗教方面不再是純然的基督教，其他宗教如猶太教、伊斯蘭教（Islam）也被包括進來。

（lakṣaṇa）即是對象相。我們不應把對象相視為一種有自性的、實質性的對象。在他看來，絕對無可以意味主體、絕對的主體，同時也可意味絕對而無相的性格。相是相對性格的；有相對的性格，便不能是絕對無相，不是絕對無。在這一點上，他對龍樹（Nāgārjuna）的中觀學（Mādhyamika）所強調的蕩相遣執有很貼切的理解。有相或對象相便有執著，必須要能無相、空卻或否定掉對象相，才能說見到真理，或證真如。中觀學的大部頭著作《大智度論》（Mahāprajñāpāramitā-śāstra）在化解對象相一方面，也說得很徹底。這對象相中的對象，不必限於世間的種種事物，即使是真理，是真如，是空（śūnyatā），也不能執取，需要否定掉，「空掉」。青目（Piṅgala）在解《中論》（Madhyamakakārikā）時，便提出「空亦復空」（śūnyatā-śūnyatā）的說法，正是這個意思。

　　在禪方面，與空相應的觀念是無。中觀學者說「空亦復空」，《壇經》也說「無一物」。這「物」指一切事物，也包括表示終極真理的「空」與「無」。無一物可以是一種存有論的觀點，更是一種工夫論的觀念。即是：在工夫實踐中，我們可達致這樣的境界：不執取任何物之相、對象相，不以任何物有其自性，因而能常住不變。《壇經》所強調的無念、無相、無住的三無實踐，特別是無相，正表示不執取任何事物的對象相。在這一點上，阿部先生明顯地是受到久松真一的「無相的自我」的觀念與精神的影響。在他看來，倘若我們認為我們在精神上的最高的、最理想的境界是絕對性格的話，則我們便得徹底地實踐，在思維上、洞見上突破一切相對性的見解、相對性的事物，絕對無相的境界與真理才是可能的。在真理的世界中，並不存在著事物與事物的相對關係。有與無在世俗諦（saṃvṛti-satya）中是相對的，在絕對無相的勝義諦（paramārtha-satya）中，有與無的相對性必須被克服，被突破，而臻於絕對性。這絕對性超越一切事物的相對性，它自身亦不與相對性有「相對性與絕對性」的相對關係。這樣的絕對性才能穩固，不再有從相對性來看絕對性而生起對絕對性的相對觀點，視絕對性為一種相對的對象。這亦與「空亦復空」這種思維相應。

　　宗教對話是回應人類「地球村」（global village）一概念的逐漸形成而

生起的一種重要活動。人類的距離拉近了，接觸頻密了，但不應因地域、膚色、語言、文化、信仰、風俗習慣的不同而相互爭鬥，相互仇殺，卻是應該增進彼此之間的理解、合作，俾能更有效地處理各自的終極關心的問題：罪、苦、死。這便是宗教對話的所由生。不過，宗教對話雖有助於人與人、族群與族群、國與國之間的互動關係，但在族群認同、國家認同這些基本背景下，很難達致預期的效應，只能達致某種程度的自我轉化。在世界觀、意識形態、理論立場這些重大議題的互動方面，不同的宗教信徒總是堅持自己的宗教信仰所有的看法與態度。在這些層面上，是很難有進展的，改變更不用說了。結果總是自說自話，各自表態，然後收場。但這並不表示宗教對話沒有意義，沒有價值，沒有提倡與實行的必要。在充滿著政治、軍事這些張力的國際環境中，宗教對話可以扮演一種仲介的角色，讓有關的人士坐下來交談，交換意見，甚至作個朋友。少一個敵人，多一個朋友總是好的。

　　阿部先生在宗教對話活動中所持的立場是一貫的。他的神態很祥和，發言從容不迫，但立場卻是挺堅定的。他雖然先學淨土，但不久便放棄了，之後便受到久松的影響，而接近禪，在無相的自我的哲學的根本觀點下，批判一切有神論。於是，基督教、猶太教、伊斯蘭教，甚至印度教，都成了他批評的對象。他在上面提到的由科布（John B. Cobb, Jr.）和艾夫斯（Christopher Ives）合編的書，《淘空的神：一種佛教、猶太教、基督教的對話》（*The Emptying God: A Buddhist-Jewish-Christian Conversation*）中發表了一篇宣言式的論文〈否定的神和動感的空〉（"Kenotic God and Dynamic Sunyata"），便引來西方宗教界、神學界的回應，有同情的，亦有批駁的。不管是哪一種回應，都讓阿部一時成了宗教對話的重量級人物。上面提及的密特蕭（Donald W. Mitchell）便表示，在阿部看來，在那些其他傳統的最深沉的體驗中，可以找到超越於「二元性和有神論的分別性的討論」之上的空的非二元性的根深導向。[37] 這可說是道出了阿部先生的深層感受了。我相信他的努力不會白費。一切二元性是預設了對象相的，即使是神也不能例外，

---

[37] *Masao Abe: a Zen Life of Dialogue*, xvii.

它是一個外在的、超越性格的對象相。在阿部先生看來，神也應被否定掉。

六、傷逝

近十年八年以來，我的師友與長者一一逝去。每一次的逝去，都平添無限的哀傷與惆悵，不知道到甚麼時候會輪到自己。我不是怕死，反而覺得死亡是一種解脫，讓我所背負著的身體上的種種病痛得到徹底的解決。但可惜的是，不能留住美好的時光。人不能與時間競步，那肯定是輸硬的。對於大塊自然的這樣的安排，只能安然接受；勉強的掙扎是沒有用的。有生便有死，生與死是同一事體的二面，既然已經接受了生，便應同樣接受死。甚麼與死神搏鬥，與癌魔拔河，只是自欺欺人而已。有很多病痛，隨著歲月的增長，身體機器的磨損，是無法治療的。與其和它們爭持，視它們為敵人，要消滅它們，斷然是不會成功的，反而會增加身體內的張力（tension），越感痛苦。倒不如與病痛協調，甚至交個朋友，與它們周旋，日子便好過些。

以前，我每次來臺北，總會抽空到學生書局逛一下，到它的地庫（basement）和總經理丁文治先生見個面，喝一杯他遞給我的熱咖啡，然後閒聊起來，有意義的事固然聊，無聊的東西也聊。丁老先生是一個仁厚長者，和他聊天是一種樂趣。一九九七年他逝去，我便很少到學生書局了。

同樣地，我每次重訪京都，也總會到阿部先生的家探訪他，或請他到飯店午膳，天南地北聊個飽，最後總會回到京都學派這一主題來。以後來京都，已不能見到他了，只能在回憶中追尋他的足跡了。

第九章　純粹力動與絕對無：
我與京都哲學的分途

一、關於京都哲學與絕對無觀念

　　京都學派的哲學是近現代在東亞崛起的一套龐大的、具有影響力的哲學。這套哲學無論就內容上的深度、廣度與理論的嚴格性言，都達到一定程度的水平，能夠挑戰西方的哲學、宗教學與神學，同時也促發其他的東亞哲學（例如當代新儒學）在哲學導向上作有限度的反思與重構（Rekonstruktion）。在跨文化的、跨信仰的宗教對話方面，特別是西方的基督教與東方的佛教的對話（Dialog，Begegnung）方面，一直扮演著重要的角色。[1]這個哲學學派的影響力目前還在開拓與擴大，我們可以拭目以待。

　　京都哲學有龐大的成員網絡，它由西田幾多郎所開創，田邊元繼承之，同期或較後期的成員包括久松真一、西谷啟治、鈴木成高、高山岩男、高坂正顯、下村寅太郎、三木清、務台理作、相原信作、高橋里美、大島康正、戶坂潤、九鬼周造、木村素衛、武內義範、阿部正雄、上田閑照、山本誠作

---

[1]　在這一點上，早期有鈴木大拙與柴山全慶，後期則幾乎只是京都學派的哲學家在活躍著，包括久松真一、西谷啟治、武內義範和阿部正雄。其中尤以阿部正雄的表現最為突出。他於 1980 年左右由奈良教育大學退休後，便到美國進行交流，與西方的有關學界進行溝通、對話。最近出版《阿部正雄：在對話中的禪的人生》（*Masao Abe: A Zen Life of Dialogue*. Ed. Donald W. Mitchell, Boston/Rutland, Vermont/Tokyo: Charles E. Tuttle Co., Inc. 1998），便是有關他在這方面的活動與交流內容。

等。[2]這些人大部分已經不在了,只有最後兩位還健在,但都已是七十以上的老人了。阿部正雄是在二○○六年九月去世的,但影響力還在,起碼在思想界、宗教界而言是如此。至於年輕的一代與筆者年齡相近的,有花岡永子、大橋良介、小坂國繼、冰見潔、藤田正勝等,筆者基本上與他們都熟諳。這一代的學術思想還在發展中。

有關京都哲學或學派包括哪些成員的問題,一般來說,有兩種提法。一是日本國內的說法,其成員大體上是上面提及的那些。二是國際的提法,其成員包括西田、田邊、久松、西谷、武內、阿部、上田等。前者所提出的學術思想非常繁複,有屬於科學哲學的,也有美學的,更有講馬克斯主義的,戶坂潤與三木清便是明顯的例子。[3]國際的提法方面,則以闡揚絕對無(absolutes Nichts)這一終極原理為準繩。這些哲學家都或重或輕地發揮絕對無的哲學,以絕對無來概括東方哲學的精神主體性(spirituality);他們對於這絕對無觀念,都有自己的解讀、發揚方式。[4]

絕對無為甚麼重要呢?這個觀念表示以否定的、負面的方式來說的終極原理,它既是哲學的性格,也是宗教學的性格。京都學派是一個哲學的學派,也是一個宗教學的學派。作為一個哲學的學派,它的創始者和靈魂人物西田幾多郎曾盛言這絕對無的存有論意涵,這可從他所發揮的「限定」一存有論的操作(辯證的限定、普遍者的限定、個體物的限定等)可見。一個質體(entity),若被存有論地限定,或一終極原理若自我限定為一個質體,便成為存有物、存在物。[5]另外,京都學派的關鍵性人物西谷啟治建立空的存有論,以空(佛教的空)作為一切存在的成立的根基;在他看來,空即是

---

[2]　還有一些被視為是京都哲學學派的邊緣人物,如和辻哲郎、鈴木大拙、辻村公一等。

[3]　不管怎樣,他們都或多或少受到西田哲學的影響,大多數是首肯西田哲學的。

[4]　關於這點,參看拙著《絕對無的哲學:京都學派哲學導論》,臺北:臺灣商務印書館,1998,頁 iii-viii。

[5]　關於西田的限定觀點、思想,我會在短期內撰著的《純粹力動觀念與東亞哲學》中有周詳的交代。

絕對無。[6]在宗教學方面，阿部正雄近年大力發展他自己的非佛非魔的宗教哲學，強調要辯證地、弔詭地克服佛與魔的二元分別關係，而達致非佛非魔的佛魔同體的宗教理境。[7]這種思路在道德與宗教之間，把道德視為相對，宗教視為絕對。阿部便曾強調，我們須先突破道德的二元性；善與惡，讓道德崩壞，才能說宗教。[8]另外一個京都哲學家上田閑照以禪宗廓庵禪師的《十牛圖頌》中的第八圖頌「人牛俱忘」來解讀絕對無。這是人與牛、主體與客體渾然一體的宗教意義的最高精神境界。[9]第八圖頌到第九圖頌「返本還原」的「庵中不見庵前物，水自茫茫花自紅」，是很順暢的，這是對第八圖頌的進一步闡釋。庵中是指主體，庵前物是指客體，主體對於客體不作客體看，讓客體如如呈現，不加干預。水是悠悠的茫，花是璀璨的紅，各自各精采，各自各自在。[10]這樣，人把心靈敞開，以洞見（Einsicht）看世界的一花一草、一樹一木，而直下體證到它的終極本性、本質，宗教的世界便依此成立。

二、田邊元與武內義範的絕對無思想

　　由上面所說，西田、西谷、阿部、上田等人在哲學與宗教上倡導絕對無，是沒有問題的。至於田邊元與武內義範，在這方面發揮得比較少，但他們的絕對無的宗教與哲學的立場，是非常明顯的。田邊以他力大能來解讀絕

6　關於西谷的空的存有論，參考拙著《絕對無的哲學：京都學派哲學導論》，頁 121-149；拙著《京都學派哲學七講》，臺北：文津出版社，1998，頁 93-144。

7　阿部正雄著《非佛非魔：ニヒリズムと惡魔の問題》，京都：法藏館，2000。另一方面，阿部近年出版的多部著作，與非佛非魔的問題都有密切的關聯。例如：阿部正雄著《根源からの出發》，京都：法藏館，1996；阿部正雄著《虛偽と虛無：宗教の自覺におけるニヒリズムの問題》，京都：法藏館。2000。

8　關於這點，參看拙著《純粹力動現象學》，臺北：臺灣商務印書館，2005，頁 284-288。

9　關於這點，參看拙著《絕對無的哲學：京都學派哲學導論》，頁 268-274；拙著《京都學派哲學七講》，頁 225-234。

10　關於《十牛圖頌》的文字的解讀和分析，參看拙著《遊戲三昧：禪的實踐與終極關懷》，臺北：臺灣學生書局，1993，頁 119-158。

對無，這很有宗教的意味。[11]武內的思想與田邊比較接近，都是偏向淨土思想，他們是直接的師生關係。武內曾經寫過〈田邊哲學與絕對無〉（〈田邊哲學と絕對無〉）[12]，其中談及田邊對絕對無的看法，而武內的看法也可窺到。由於我在自己所撰寫有關京都哲學的著書中，較少談及田邊與武內的絕對無的思想，因此在這裏補說一點。

　　關於田邊的絕對無的思想，散落在他的多種著作中，其中自然以《懺悔道的哲學》[13]為重要，也最具代表性。武內對田邊的絕對無的觀點的理解，主要也是來自這本名著。由於田邊的哲學與黑格爾、佛學有密切的關聯，而這種哲學都強調以否定或反為主軸的辯證法，因此武內先指出，真正的辯證

[11] 有關田邊元的絕對無的思想，參看拙著《絕對無的哲學：京都學派哲學導論》，頁 49-53；拙著《京都學派哲學七講》，頁 63-65。

[12] 武內義範著《武內義範著作集，第五卷：日本の哲學と佛教・隨想》，京都：法藏館，1999，〈田邊哲學と絕對無〉，頁 98-120。同文又刊於南山宗教文化研究所編《絕對無と神：西田、田邊哲學の傳統とキリスト教》，東京：春秋社，1986，頁 196-220。在後者，還附有森田雄三郎、小野寺功、武內義範、武藤一雄、西谷啟治、上田閑照、石田慶和、三枝充惠、大峰顯、法頓浮斯（Hans Waldenfels）、溫伯勒格提（Jan van Bragt）等人的討論記錄。

[13] 田邊元著《懺悔道としての哲學》，東京：岩波書店，1946。這本書有英譯：
Philosophy as Metanoetics, Tr. Takeuchi Yoshinori, Berkeley, Los Angeles, London: University of California Press, 1986。日本語方面有很多有關田邊哲學的研究專著。在英語方面，則有以下諸種，受到一定程度的重視：

Taitetsu Unno and James W. Heisig, eds., *The Religious Philosophy of Tanabe Hajime.* Berkeley: Asian Humanities Press, 1990.

Ozaki Makoto, *Introduction to the Philosophy of Tanabe: According to the English Translation of the Seventh Chapter of the Demonstration of Christianity.* Amsterdam-Atlanta: Editions Rodopi B. V., 1990.

Ozaki Makoto, *Individuum, Society, Humankind: The Triadic Logic of Species According to Hajime Tanabe.* Leiden, Boston, Köln: Brill, 2001.

在德語方面，最重要的莫如：

Johannes Laube, *Dialektik der absoluten Vermittlung: Hajime Tanabes Religions-philosophie als Beitrag zum "Wettstreit der Liebe" zwischen Buddhismus und Christentum.* Freiburg: Herder, 1984.

法是絕對的辯證法，真正的否定是佛教的空，及空亦被否定的真空。[14]所謂
「真正」是就「絕對」而言的，而絕對是直接指向終極真理，亦即是空。田
邊和武內的意思很清楚：只有辯證法才能指涉終極真理、空或絕對無，一般
的邏輯不具有這種功能。他們認為，我們通常說否定，是相對意義，這不能
讓我們洞見終極真理；只有絕對的否定才成。絕對的否定性（absolute
Negativität），是否定的否定（Negation der Negation），這是黑格爾式的、
西田式的否定。藉著這種否定而能見到的，是空、絕對無。否定是反，否定
的否定是合，後者具有正面的、積極的意義。空即是絕對無，是真空，武內
提空的否定是真空，不是很妥貼。空（śūnyatā）自身已是終極真理，它不
是對於對象的單純的否定，它是否定對象的自性（svabhāva）、實體
（substance）。在這種脈絡下，對象的自性被否定，但對象作為現象看，還
是具有肯定的、正面的意義，這便是京都哲學家所說的真空，或妙有，妙有
的「有」正是指對作為對象、現象的肯定。空也好，真空也好，妙有也好，
都是絕對無（absolutes Nichts）。

　　在工夫實踐方面，由於絕對無在主體方面表現為絕對自我[15]，我們要自
力地確保絕對自我的實質或性格，讓這自我同時進行絕對的否定的作用，與
非自我導向的東西對立起來，而認清事態的真相，與它結合為一體，實現自
他不二的絕對無的真理。但我們應如何把得或在哪裏把得絕對自我呢？武內
的答覆是絕對自我總是在行為（Tathandlung）的層次上被把得。進一步
說，費希特和黑格爾傾向於系統地開拓出絕對的否定、絕對的否定性的立
場，或哲學的理念，來處理真理和絕對自我的問題。武內提出，田邊是反對
這樣作的。他無寧傾向以「行為」（Tathandlung）來把捉真理。在對「行
為」的把握中，他主張的不是絕對的「有」，而是「絕對無」（absolutes
Nichts）。他不走費希特、黑格爾的以絕對的自己（absolutes Ich）來說自

---

[14] 〈田邊哲學と絕對無〉，頁100。

[15] 在這裏，絕對無與主體的關係，頗類似我在拙著《純粹力動現象學》（臺北：臺灣商
務印書館，2005）中所闡述的純粹力動與睿智的直覺的關係。絕對無與純粹力動是終
極原理，主體與睿智的直覺則是在自我中的表現。雙方都是超越的性格。

我,卻認為絕對自我的真相是佛教的無我。[16]在這裏,我們看到在體認自我
這一有點籠統的實踐問題上,田邊與德國觀念論者的分途。德國觀念論者認
為我們應順著邏輯(廣義的邏輯,也包括辯證法在內)一類觀解性格、思辯
性格的方法來理解自我。田邊則傾向透過具有苦行意味的行為來體認自我,
例如原始佛教所講的「無我」(anātman),以求得絕對自我的真相。此中
的無我的我(ātman),當然不是作為超越的主體性的普遍的我,而是我們
一般所執取的常住不變的我或神我〔印度哲學所說的自我(puruṣa)〕。這
常住性的、虛妄的我一旦被否定、被克服,超越的、絕對的自我便立時顯
現。

順著上面不強調觀想而強調實踐、行為一點說下來,武內指出,在認
識、認知的問題上,田邊不取費希特、黑格爾的知識學(Wissenschaftslehre)
或學問大全(Enzyklopädie)的認識體系,理由是這些哲學、態度仍不免於
主體的立場,仍是以有為導向,具有觀想的意味。田邊則徹底地貫徹純粹的
行為的立場,以確立作為終極原理的絕對無的統一性。[17]主體的立場、有的
導向和觀想都具有靜態的意味,是非行動性的。特別是主體的立場,倘若一
條鞭地無節制地發展,最後只會淪於主觀的眼界、過分強調自我因而生起自
戀狂熱、一切活動滯著凝固和流於理論化、概念化,和實在的世界脫節。田
邊與這些極端的狀態都沾不上邊:他是學數學、科學起家的,具有客觀的視
角;他反對空想,而強調實際的行動,他欣賞基督教和馬克斯主義,甚至儒
學,都是從積極的、實幹的態度來考量;他有很濃烈的社會意識、歷史意
識,強調人對周圍環境的參與性,不應袖手旁觀,這一點是受了西田的影
響。在田邊的哲學中,我們可以強烈地感受到由觀想到行動的轉向,但強度
仍是有限。

承著上面剛說到的重視行動、實幹說下來,武內提到,田邊寫有《黑格
爾哲學與證法》(ヘーグル哲學と弁證法)一書,其中有一章講及黑格爾的

---

16 〈田邊哲學と絕對無〉,頁 101-102。
17 同前,頁 103。

判斷論的理解問題，京都大學教授辻村公一把它譯成德語，但德國學者看了，不是很懂。理由是，對於黑格爾的有的形而上學，田邊把它導入東洋的絕對無的脈絡中來說，這使黑格爾的觀點難以理解。我想這是可能的。黑格爾的精神（Geist）實體思想，是有的形而上學形態，與東洋的無特別是絕對無有表面的矛盾。「有」與「無」這一對形而上學的觀念，必須細加疏導，才好理解。武內又提到，田邊的「行的體驗」、「行的自覺」的說法，積集有很多儒家思想在裏頭，強調真理須在實際的行為、行動中透過經驗（按這經驗應是指生命體驗、生活經驗，不是指與超越相對反的感覺經驗）而被體證。此中有自我否定的行為在內。這是在絕對無的義理下成立的思想，它強調行為本來的現成性，是自他不二的形態，我與汝需要通過轉換而歸入絕對無之中。這無疑具有非常現實的、經驗的意味。[18]

　　田邊的哲學含有濃厚的宗教意味，這不能不涉及體證宗教目標的方法問題：自力與他力。武內提到，田邊本來對自力達致宗教目標頗有信心，但自《懺悔道的哲學》出版後，便改變觀點，把作為自力主義的重要觀念的絕對無移至作為絕對者的他力方面去，認為絕對無或絕對者以愛的身分自我否定，而成無即是愛，這亦是由「汝」而來的自我否定。通過懺悔，讓自己的無力、罪得以赦免，為他力所包容。這他力即是阿彌陀佛。[19]自力也好，他力也好，目的是讓自己得到精神上的轉化。有關田邊的轉化思想，武內提到，我們最初是站在行為的立場以否定自己的，對於我與汝中的汝方亦試圖加以轉化。因而我與汝的自他不二的層次與絕對者——神、佛之屬——的層次，便成了問題的焦點，自己以自身的無力感而自我放棄，由自我否定而追求自我肯定，透過懺悔行為以否定生命的不合理性，而肯定生命的合理性，使生命遊息於無即是愛的懷抱中，享受轉化活動的成果。這可說是由絕對無的側面催生出來的救濟、救贖。在其中，我們把自己全體放下，撤除自力，在絕對無（作為他力的絕對無）的原理的動感之中，自己重新甦醒過來，對

18　同前，頁 104-106。
19　同前，頁 112-114。

現實的社會的、歷史的實際問題有新的體驗。[20]這裏有一點需要交代一下。上面提到救濟、救贖由絕對無的側面催生出來，而不說絕對無的正面，是由於絕對無是他力的客觀大能，不是自力的主體性的緣故。

以上我們探討了田邊元的絕對無的思想。實際上，田邊論絕對無，有點散亂，未能集中。他也未有寫過一本著書，或一篇嚴肅而詳盡的論文，專論絕對無。這裏我試就他論絕對無而作一概括性的描述。他視絕對無為一種形而上的、超越的精神力量。在論及他自己獨創的懺悔道的哲學時，他把絕對無關聯到他力的阿彌陀佛方面去；在論基督教和耶穌時，他視上帝是絕對無。[21]

以下我們看武內義範的絕對無思想。如他的老師田邊那樣，武內並未有寫過專著來探討絕對無的問題。不過，在他的著作的多處，顯示出他對絕對無的看法。這裏我謹就自己所閱讀到的他對絕對無的看法，作一扼要的論述。首先，我要指出一點：武內論無或絕對無，[22]喜歡以具體的事物特別是藝術作品來例示。在他的〈無之本質的實證的研究：山口諭助著《空之辯證法》讀後〉一文中，他順著山口諭助的《無の藝術》一書名，來展示作為藝術的一種形式的繪畫中的空白部分來說無，認為這是無的藝術的最初形態。他表示，倘若我們順著空白的藝術的意義以至本質追蹤下去，便會發現在它的根柢中的選擇的藝術；這種選擇的藝術可依觀念的藝術、暗示的藝術、大靜的藝術次第地深化下去，而無正是與這些次第地深化的藝術不斷交涉以至於完成的一個歷程。[23]他提到無的深淵，表示若把藝術投向無的深淵之中，

---

[20] 同前，頁 106、112。

[21] 參看拙著《絕對無的哲學：京都學派哲學導論》，頁 50。

[22] 對於絕對無，武內有時用「絕對無」字眼，有時則只說「無」。

[23] 關於藝術創作的這種空白的問題，唐君毅先生也提過。大概於 1970 至 1971 年間，我上他的形而上學的課，他提及這空白問題，表示這空白常出現於中國的山水畫作中。眼前是顯明的山石樹木，但它們的背後是一片清空；這清空是不可少的，它作為一個若隱若現的背景，烘托出眼前景物的鮮明與嫵媚的姿采。清空所扮演的這種角色，不單表現於畫作之中，也可表現於其他藝術品如詩詞文學之中。唐先生舉王維的五言詩〈使至塞上〉為例：大漠孤煙直，長河落日圓。在這裏，大漠長河這些背景可以作為

則可觀測到無在這些不同深度的藝術品中所表現的流動姿態，而看到作者的藝術涵養。若是臻於最後的大寂的藝術作品，它的幽玄的餘響可以不斷地持續下去。他又表示，與「無的藝術」一樣，作為「無的宗教」的大乘空觀，可指點出宗教的最後本質；而作為「無的哲學」的辯證法，則可指示哲學的究極的落著處所。若以無的宗教與歐陸的神秘主義相比較，[24]後者總是不能脫出歐陸宗教思潮的旁流位置，而前者則是東方宗教的根本潮流，是更為徹底的本原的無的宗教。這裏所說的無，應是絕對無。武內繼續指出，日本當代的哲學是絕對無的哲學，它關聯到東方思想的淵源，深藏於大乘佛教的無、空觀的思想之中。[25]

　　對於武內義範所闡釋的絕對無的思想，筆者有如下的評論。第一，武內順著藝術這一主題而說無或絕對無是一種具有完成意義的歷程。這種說法有新意，應該注意。按京都學者說絕對無，從不同的角度，以不同的詞彙來解讀，不外乎以絕對無是終極真理、辯證的理境、真實的主體性（Subjektivität）、精神性（spirituality）等等。鮮有人以歷程來說絕對無。倘若這歷程是關聯到懷德海的機體主義（organism）的哲學的話，則它可有兩層意義。第一層是，歷程（process）是指在一段時間中事物的前後相續不斷活動的過程、程序。在歷程中，我們體會到時間在遷流，事件不斷在發展，在向前邁進，有些東西被生起，甚至有懷德海所喜歡說的驚異新奇的事（novelty）。[26]深一層的意思是，歷程是作為終極實在的實際的存在（actual entity）或實際的境遇（actual occasion）由潛存狀態（potentiality）發展，在另外的實際的存在或實際的境遇中得到對象化（objectification）的機會，而

───────────

　　清空或空白看，烘托出孤煙與落日的鮮明形象。

[24] 這是指國神秘主義（Deutsche Mystik），以艾克哈特和伯美為代表人物。他們反對傳統教會以絕對有來說上帝，而說上帝是無。又說人神同質，拉近上帝與人的距離。

[25] 《武內義範著作集，第五卷：日本の哲學と佛教‧隨想》，〈無の本質の實證的研究：山口諭助著《空と辯證法》を讀む〉，頁133-135。

[26] 參閱拙著《機體與力動：懷德海哲學研究與對話》，臺北：臺灣商務印書館，2004，頁134。

變成實現狀態（actuality, actualization），以達致自我完成的過程。[27]在懷德海看來，宇宙的真實便是實際的存在或實際的境遇在歷程中成長，發展，以至完成。這見解主要表現於他的最重要著作《歷程與實在》中。[28]就這深一層的含義來說，歷程不是一般的過程，由開始至終結的中間的流程，卻是具有目的論義甚至救贖義的語詞。宇宙中的質體由潛存狀態上提至實現狀態，而成為終極的實在（ultimate reality），需要歷程提供這種活動的地場。以中國哲學特別是儒家哲學來說，歷程是一工夫論、實踐論的觀念，而不是一存有論的觀念。這工夫論、實踐論的導向，是最後達致一具有價值義、理想義的目標。武內義範以歷程關聯著具有終極目標意義的無或絕對無來說，是否真有這種工夫論、實踐論的意味呢？我覺得有這個可能性。

第二，武內提出大寂來說藝術作品的最高境界，展示藝術所能達致的幽玄理境。能達致這種理境的，可以說是「無的藝術」。在這裏，無或絕對無已經從它本來的存有論的意涵跳脫開來，成為具有濃厚的工夫論義的觀念了，這正與歷程相應，而成就一所謂「無的歷程」。在這種無的歷程中，一切無明、煩惱、苦痛、罪過等生命上的負面東西都會一一脫落，而作為宗教理想的覺悟、解脫、涅槃便於此呈顯。這「大寂」的意涵，正是直指這樣的宗教理想，與原始佛教所說的三法印中的「涅槃寂靜」一法印相互映照。這本來很好。不過，說大寂也好，幽玄也好，都以靜態的意味為主。大寂是宗教的最高境界（依武內以至京都哲學來說），幽玄則是藝術的最高境界，雙方都不能說動感，更不能說筆者所提的作為終極原理的純粹力動（reine vitalität）。這便有攝動歸靜的立場，和宗教與藝術的靜態的轉向。這是否宗教與藝術特別是前者的最殊勝的導向呢？我不能無疑。不過，這個問題相當複雜，要作很多討論，才能提出一個妥善的回應。我們在這裏不夠篇幅，只能暫時擱下，希望以後有機會再仔細探討。

第三，武內提到「無的宗教」，視之為東方宗教的根本潮流。就這無的

---

[27] 同前，頁 137。

[28] A. N. Whitehead, *Process and Reality*. Corrected Edition by D. R. Griffin and D. W. Sherburne, New York: The Free Press, 1978.

宗教來說，武內是實有所指的，這便是佛教，特別是大乘佛教說無說空的宗教思想，這無疑是指禪與般若思想、中觀學。前者是說無的，後者則是說空的，因此稱為空宗。禪與空宗是東方方面的重要宗教，是沒有問題的。但說是東方宗教的根本思想或潮流，這顯然有問題。如所周知，東方的哲學與宗教，有婆羅門教（印度教）、儒家與道家（儒家與道家既是哲學，也是宗教）。倘若說禪的無、空宗的空是絕對無（absolutes Nichts），則儒家的天道、天理、良知與婆羅門教的梵（Brahman）應是絕對有（absolutes Sein）。絕對有是以肯定方式來詮表的終極真理，與絕對無重視否定的方式不同。至於道家，老子的道是客觀的實有，莊子的道則是主觀的實踐境界，雙方分別是絕對有與絕對無。故以老子與莊子為代表的道家，可說是絕對有與絕對無可互轉的宗教思潮。在哲學上，強調絕對有的哲學是實體主義（substantialism），強調絕對無的是非實體主義（non-substantialism）。道家代表這兩種主義的互轉形態。這是東方宗教的實際情況。武內在東方宗教方面特別重視佛教的禪與空宗，視之為東方宗教的根本潮流，則如何交代婆羅門教、儒家與道家呢？以佛教特別是禪與空宗為東方宗教的根本潮流，不單是武內這樣看，其他京都哲學家也有這樣看的傾向。與其說他們有意提高佛教的地位，而貶抑儒家、道家、婆羅門教，毋寧應說他們對這幾個大的宗教或哲學缺乏足夠而正確的理解。

　　以上所說，是武內義範在闡述絕對無問題上比較詳盡而有系統的解說，起碼就筆者閱讀所知是如此。以下我們要就武內的絕對無思想作多一些的解說。上面提到印度的婆羅門教，這種宗教有三部最重要的聖典：《吠陀》（Veda）、《奧義書》和《薄伽梵歌》（Bhagavad-gītā）。其中《奧義書》較有哲理的意味，特別是一般所知的梵我一如（Tat tvam asi）的說法，後者的意義是把梵這一終極原理與自我等同起來，在本質的清淨性方面，梵與人是同樣稟有這清淨性的。這梵與我都是實體義。武內認為，佛教的無我思想是對《奧義書》的這種梵我一如的形而上學的否定，這有尼采（F. W. Nietzsche）所說的對形而上學背後的世界的超越者的否定意味。武內氏提出，我們應重新自覺到原始佛教由絕對無的立場回返到宗教世界、絕對無的

肯定的側面意味。這樣思索下去，佛教的現代意義需要有新的超越，所超越的包含無神論與虛無主義。[29]武內所提的現代佛教的對於虛無主義的超越，是承繼他的長輩或學長西谷啓治而來的說法。西谷認為在西方流行的虛無主義、否定一切的思想應被超越，為佛教的空所超越，由此建立空的存有論，亦即是絕對無的存有論。我們這裏要注意的，是武內提及的超越無神論一點。無神論的背景是唯物主義思想，否定了神的存在，強調基於以物質為最終極的存在，並不表示在神之外肯定一種心靈或精神義的終極原理。武內的意思是，光是說無神論是不完足的，這只會導致唯物主義或虛無主義。我們應建立空或絕對無作為終極原理，特別是要把絕對無建立為一切價值與存在的基礎。不過，在這裏武內並沒有進一步的闡釋與發揮，我們的回應也到此為止。我們想提出討論的，倒是武內說的「原始佛教由絕對無的立場回返到宗教世界」，這表示原始佛教中有絕對無的觀念或義理。這點若從思想史的角度來說，是有商榷餘地的。原始佛教最重要的觀念，應該是緣起與空，這是即就我們日常所碰觸的事物說的，絕對無是某種思想發展到一定成熟的程度才出現的，它是一個形而上學的觀念，雖然其形而上的背景不涉及神、實體、大道、良知之屬。

最後，我想討論一下武內義範的慈悲觀或救濟觀，他喜歡關聯著慈悲來說絕對無或絕對否定的問題。對於慈悲，他有時又借用基督教的愛（Liebe）來說。依他的理解，愛是包容自與他在內的普遍的情懷。這種愛的全體性在哪裏生起，便在那裏活動，它超越我與汝的差別；這正是無我、自我否定的精神在起動。這種自我否定的精神是純粹地作動的。倘若能夠從原理一面把捉到這種純粹無雜地作動的東西，便能開啟出絕對否定的世界與否定自己的精神，便正是否定世界同時亦否定自己的愛、慈悲了。他認為這

---

29 《武內義範著作集，第三卷：原始佛教研究》，京都：法藏館，1999，〈佛教とニヒリズム～原始佛教の受と想との概念をめぐって〉，頁 249。按此書有英譯：Takeuchi Yoshinori, *The Heart of Buddhism*. Ed. a. Tr., James W. Heisig, New York: Crossroad, 1991.

是佛教式的慈悲。³⁰按這絕對否定的世界其實即是絕對無的世界，武內只是未有明確地點出而已；絕對無是否定一切作對象看、客觀（與主體純粹是對立）的事物的，只有這樣，才能建立真正的大愛、大慈悲。

　　武內義範很喜歡用 Abgeschiedenheit 字眼，這是孤淒、離脫之意，但並無負面的、消極的意涵。這是指在極其深沉的瞑想的體驗中，從自我離脫開來而與神或上帝成為一體的神秘經驗。就佛教來說，這相應於在深邃的禪定中滲透到一切皆空的真理的體證；甚至這體證出來的空亦須被空掉，而成就最具根源性的慈悲心懷。這種對慈悲的體證、體驗，在根本的層次，正是離脫的體驗，離脫無我這樣的形態的慈悲。³¹

　　武內很重視原始佛教所說的慈悲。他把慈悲作為一種高尚的懷抱或行為來說；其實佛教說「慈悲」，是分開為「慈」與「悲」來說的。慈是 maitrī，與樂、把快樂提供出來之意，悲則是 karuṇā，拔苦、為他人拔除苦惱之意。拔苦與與樂，其實是一事的兩面：痛苦消除，當下即是快樂。進一步說，maitrī 這一梵文語詞是由 mitra（朋友）轉變而來的抽象名詞，是最高的友情之意。karuṇā 的原意則是感嘆，感嘆人生的苦惱而發悲願。³²武內把慈悲看成一個整體的精神狀態，把它拿來與德國神秘主義大師艾克哈特的離脫（Abgeschiedenheit）對比起來，後者是脫卻一切牽纏而得自由的意思。武內認為，佛教的慈悲比基督教的保羅（Paul）所說的愛，在層次上還要高。

　　最後，武內站在他力信仰的立場來說救濟活動，後者與慈悲自有非常密切的關係。這種活動有極其深邃的宗教基礎。這基礎，是以有限的自己與無限的存在相會合。這無限的存在，在佛教特別是淨土法門來說，自是作為他力大能的阿彌陀佛無疑。我們從這絕對的他力大能方面攝取得存在模式，或存在性，讓自己得以繼續存在，而不致崩頹下來，趨於消滅。武內認為，這

---

³⁰ 《武內義範著作集，第四卷：宗教哲學、宗教現象學》，京都：法藏館，1999，〈愛について：宗教學の立場から〉，頁 345。

³¹ 同前，頁 345-346。

³² 《法集要頌經》有為品第一謂：「如是佛世尊，一切智中師，慈悲為友情，廣說真實語。」（《大正藏》4‧777 上）

種以有限的自己與無限的存在會合，是神秘主義的立場；而由絕對者方面取得存在模式，繼續努力，則是他力救濟的立場。就後一立場言，救濟力的根源，是作為絕對的他者的「汝」。若能與這「汝」相會合，則自我即使是沉淪到生死與罪惡之中，仍能全體地被救贖。[33]

以上是有關田邊元與武內義範的絕對無觀。在東方的哲學與宗教中，婆羅門教、儒家、老子講絕對有，佛教、莊子講絕對無。就京都學派而言，上面所列的在國際學術界流行的哲學家是講絕對無的，其他只在日本國內流行而為人所熟知的，都不大講絕對無，而且他們的思想背景與內容都比較複雜，難以定位。如高山岩男強調文化類型和世界史觀，下村寅太郎把相當的重點放在科學哲學上，戶坂潤與三木清有濃厚的馬克斯主義傾向。儘管三木清有一段時期倡導絕對無，以無為人的主體性的依據，但不能持之以恆。[34]他受到太多人的影響，思想非常駁雜，不易定位。又，與戶坂潤、三木清的左傾思想相對壘的，有高坂正顯，他的思想右派得很。

基於以上的認識（其實還可以提出更多的認識），我是從國際的提法來確認京都的哲學家的。事實上，目前已有很多著書把絕對無看成是京都學派的標誌了。德奧方面的學者貝利（Fritz Buri）寫有《佛陀與耶穌：作為真我的主人》（*Der Buddha-Christus als der Herr des wahren Selbst*），便完整地依國際標準以有否發揚絕對無思想來講京都哲學。[35]德國神學家法頓浮斯（Hans Waldenfels）曾寫了一本基本上是研究西谷啟治的書《絕對無：佛耶對話的基礎》[36]（*Absolute Nothingness: Foundations for a Buddhist-Christian*

---

[33] 《武內義範著作集，第四卷：宗教哲學、宗教現象學》，〈永遠、救濟、宗教現象學〉，頁 359。

[34] 有關三木清的思想，參閱拙文〈日本京都哲學與佛學之旅與三木清的構想力的邏輯〉，載於《正觀：佛學研究雜誌》第 26 期，2003，頁 153-155。

[35] Fritz Buri, *Der Buddha-Christus als der Herr des wahren Selbst*. Bern u. Stuttgart: Verlag Paul haupt, 1982. 英文翻譯：Fritz Buri, *The Buddha-Christ as the Lord of the Ture Self*. Tr. Harold H. Oliver, Macon, Georgia: Mercer University Press, 1997.

[36] Hans Waldenfels, *Absolute Nothingness: Foundations for a Buddhist Christian Dialogue*. Tr. James W. Heisig, New York/ Ramsey: Paulist Press, 1980.

Dialogue），便用「絕對無」字眼作為書名的重要部分。溫伯勒格提（Jan van Bragt）翻譯了西谷的名著《宗教是甚麼》（《宗教とは何か》），亦以「無」一字眼標示書名：《宗教與無》（*Religion and Nothingness*）。[37]南山宗教文化研究所所編的有關西田幾多郎、田邊元的哲學與基督教的對話與比較的書《絕對無與神：西田、田邊哲學的傳統與基督教》（《絕對無と神：西田、田邊哲學の傳統とキリスト教》）[38]，也用「絕對無」的字眼。而西谷自己也以「絕對無」字眼寫過《神與絕對無》（《神と絕對無》）一書。[39]這是以佛教為背景而論述艾克哈特的神秘主義思想的專著。西班牙背景的海式格（J. W. Heisig）也以「無」的字眼來標示他所研究西田、田邊和西谷三個大師的思想的專著《無的哲學家》（*Philosophers of Nothingness*）。[40]另外，京都學派中挺重要的人物久松真一在他的《久松真一著作集》中第一卷即以《東洋的無》為書名[41]，來概括他在絕對無或無方面的論文，也包含其他有關的文字。久松自己更被人稱為「東洋的無的哲學家」。最後，花岡永子與筆者都有寫過題為《絕對無的哲學》（《絕對無の哲學》）[42]的專著，前者集中闡釋西田的哲學（有關絕對無的哲學）和相關問題，後者則主要論述國際方面認同的京都學派的成員的哲學。

　　基於上面的論述，我想我們有充足理由以國際學術界認可的那些京都哲學家（西田幾多郎、田邊元、久松真一、西谷啟治、武內義範、阿部正雄、

---

[37] Keiji Nishitani, *Religion and Nothingness*. Tr. Jan van Bragt, Berkeley/Los Angeles/London: University of California Press, 1982.

[38] 南山宗教文化研究所編《絕對無と神：西田、田邊哲學の傳統とキリスト教》，東京：春秋社，1986。

[39] 西谷啟治著《神と絕對無》，《西谷啟治著作集》第七卷，東京：創文社，1991。

[40] James W. Heisig, *Philosophers of Nothingness*. Honolulu: University of Hawaii Press, 2001. 西班牙語原本：*Filósofos de la nada: Un ensayo sohre in escuela de Kioto*. Barcelona: Editorial Herder, 2001.

[41] 久松真一著《東洋的無》，《久松真一著作集》1，東京：理想社，1982。

[42] 花岡永子著《絕對無の哲學：西田哲學研究入門》，京都：世界思想社，2002。吳汝鈞著《絕對無的哲學：京都學派哲學導論》，臺北：臺灣商務印書館，1998。

上田閑照）為京都學派的主要人物，他們的哲學的核心觀念是絕對無。

三、絕對無在慧能禪與久松禪中的意義

上面提到，絕對無是以正面的、表詮的方式來說的終極原理。終極原理基本上是傾向於客觀義的，如柏拉圖的理型（Idea）、基督教的上帝（Gott）、周濂溪的誠、朱熹的理，甚至《中庸》所說的「天命之謂性，率性之謂道，修道之謂教」中的天命。老子的道，在某種程度上也可說為一種理。理在西方哲學來說，通常是客觀的，也很有靜態的傾向。東方哲學則比較強調理的動感（Dynamik）；上面列出的幾個例子，再加上印度教或婆羅門教所說的梵（Brahman），除了朱子的理外，都具有動感。在哲學特別是形而上學來說，與動感有最密切關係的，或最具有動感的，是心。不管是超越的心，或經驗的心，都具有動感；有動感才能生起作用，生起、回應、改變世界。我在這裏所著重的，是超越的、有形而上意義的心。

在幾種古典哲學來說，與京都哲學最有關係的，不是印度教或婆羅門教，也不是儒家與道家、道教，而是佛教。在佛教的諸種義理體系中，京都哲學與禪有特別親密的關係，與大乘空宗也有一定的關聯。這正可見於禪的「無」與空宗的「空」這兩個觀念中。由於空（śūnyatā）在佛教來說是共法，是各個派別所共同依從的，[43]京都哲學自然也宗空，強調真空妙有的義理。[44]但這不能展示出這種哲學獨特的思想淵源。能夠展示這淵源的，則是

---

[43] 此中略有例外的，是小乘的阿毗達磨（Abhidharma）學派，特別是其中最有影響力的說一切有部（Sarvāsti-vāda），這個學派強調一切法或存在都有其基本的質體，或法體（svabhāva），這種東西能橫互過去、未來、現在三世而存在，不會壞滅。他們不說一切法皆空〔無自性（svabhāva）〕，而說一切法皆有（有自性，有法體）。另外小乘中的經量部（Sautrāntika），也持近似的看法，但較保留，默認外界實有的主張。

[44] 真空指事物不具有自性，不會常住不變。唯事物能變，因此有各種不同的姿采。在緣起（pratītyasamutpāda）的義理基礎下，事物宛然活現，而成妙有。京都哲學家中，久松真一、西谷啟治、阿部正雄他們最喜愛這種思想，也常提到它。

禪，特別是慧能所開拓出來的南宗禪。這種禪法強調眾人都具足的佛性或自性（此自性不同於空要空卻的自性），視之為人的最高的主體性。這種主體性並不遠離世間。在層次上它超越一切世間事物，但它必須作用於世間種種事物；離開後者，它便無處可存在了。故我們可以說它一方面是超越的，另一方面是內在的：超越和內在都是就它對世間種種事物的關係說的。

　　首先要說的是，慧能的這種最高的主體性，正是一種能體證諸法的真相的既超越而又內在的心靈。它能見到諸法的空的真相，對諸法既不執著，也不捨棄。諸法由於是因緣和合而生起，因此沒有常住不變的自性，故對它們不必執著；另一方面，又由於它們是因緣和合而生，故有其一定的形貌和作用，不會對我們的宗教意義的行業：覺悟、成道、得解脫，構成障礙，故我們不必捨棄它們。我們對它們只要任運流轉，在它們的存在中體證得緣起性空的終極真理，便成了。[45]我們如何在這些諸法或事物中體證得終極真理，而實現自己最高的主體性呢？這便是慧能在他的《壇經》[46]中所說的「無一物」。這無一物自然有存有論的意味，即是，世間並沒有獨立自在、具有自性、實體的事物。也有認識論的意味，即是，一切事物都是因緣和合而成的，它們不能被看作是具有客觀性、客體性的對象，供我們認識，所謂「物」，便是指具有客觀性、客體性而言的對象。最重要的是，這「無一物」中的「物」，既然是沒有自性、實體的獨立自在的東西，則我們便不能對它們生起不正確的、顛倒的見解，而執著它們，這樣便可免除一切顛倒的行為，便能免除種種的煩惱苦痛，最後便得覺悟、得解脫了。這便是由正確的認識發而為正確的行為。其中的實踐的、宗教救贖的意味，不是很明顯

---

[45] 這裏提到我們對一切存在「任運流轉」，頗有道家特別是郭象、王弼他們的讓它們「自得」、「逍遙」、「不塞其源，不禁其性」的意味，這也是京都哲學家特別是阿部正雄所說的「自然法爾」或「法爾自然」的意味，也可以通到海德格所說的 Ereignis、Gelassenheit 的意趣方面去。

[46] 在學術界，《壇經》有作者問題，有些學者認為這部文獻與慧能沒有關聯，更不是他的著書或說法記錄。胡適便堅持《壇經》是慧能的弟子菏澤神會寫的。我在這裏不擬涉及考據、作者考證的問題，只依傳統視這部重要文獻可以代表慧能的禪法。

麼？下來便是純粹是實踐的問題，即是，我們如何能這樣做，以見證事物的
這種性格呢？這便是慧能所說的「三無」實踐：無念為宗，無相為體，無住
為本：不執取任何認識、念慮；不執取事物的外在形相，以為是真相：不住
著於任何對象思維，包括一切概念和物體。[47]三無中的無念、無相、無住中
所無或否定的雖有念、相、住的不同，但都落於主客對立（bifurcation,
dichotomy）、二元性（duality, Dualität）的關係網絡中。任何東西，只要是
落入關係的脈絡之中，便無真正的自由性、絕對性可言。因此慧能總是絮絮
不休地教人要從相對的二邊超越上來，否定這相對的二邊，便能達致絕對的
境界，而得覺悟。這相對的二邊，可以就不同的觀念說，在這裏，我集中在
善、惡這一組觀念說：

> 惡之與善，盡皆不取不捨，亦不染著，心如虛空。（《大正藏》48‧
> 350 中）

> 汝若欲知心要，但一切善惡，都莫思量。（《大正藏》48‧360 上）

> 兀兀不修善，騰騰不造惡。（《大正藏》48‧362 中）

> 佛性非善非不善……無二之性，即是佛性。（《大正藏》48‧349
> 下）

> 但一切善惡都莫思量，自然得入清淨心體。（《大正藏》48‧360
> 上）

　　這種表述的典型說法是：

---

[47] 宗寶本《壇經》，《大正藏》48‧353 上。按這種三無實踐，內容相當複雜，我不想
　　在這裏浪費筆墨，讀者可參考拙文〈壇經的思想特質～無〉，載於拙著《遊戲三昧：
　　禪的實踐與終極關懷》，臺北：臺灣學生書局，1993，頁 29-60。

不思善，不思惡。（《大正藏》48．349 中）

　　善、惡是相對、相互依恃而立的，是一個背反（Antinomie），若能克服、超越這個背反，便能讓自己的精神狀態從相對的境域上提到絕對的境域。這便是京都哲學所大力提倡的絕對無（absolutes Nichts）。在這裏，絕對即是無對，無即是否定。絕對無是一種絕對的否定，它不與相對無成一種相對的關係。這絕對無或絕對的否定表示精神上的一種質的提升。在慧能來說，絕對無是主體從以善、惡為代表的一切相對性格的背反突破開來、超越上來的最高主體性，它是客體的理境，更重要的是它也是主體的心能。能獲致和體證得這種心能，便能以一種自在無礙的姿態，遊息於客觀的現象之中，對於這些現象不著不捨；特別是本著慈悲之心，以如小孩在遊戲中的輕鬆心情、純熟技巧去轉化、點化在迷執的狀態中的現象界的眾生，讓他們能轉迷成悟，化煩惱為菩提，轉生死為涅槃。這是一種很深微的宗教救贖的義理：煩惱即此即是菩提，生死即此即是涅槃。煩惱、生死這些染污法，即此即含藏有清淨法，即此即是覺悟的處所。[48]

　　這裏有一點非常重要。在《壇經》中慧能對於終極真理、最高主體的意義，說佛性也好，自性也好，本心般若之性也好，無二之性也好，本性也好，最上乘也好，實性也好，他極少從正面來解釋這些表示終極真理、最高主體的觀念的意義，卻總是從實踐一面來說，就如何體證、體認這些觀念的方法來開示生徒，這明顯展示他在思想上、禪法上的實踐的轉向。[49]他所提

---

[48] 這種煩惱即菩提、生死即涅槃的弔詭思想，在天台宗智顗的《法華玄義》中便開始被發揮。該文獻謂：「觀生死即涅槃，治報障也；觀煩惱即菩提，治業障煩惱障也。」（《大正藏》33．790 上）另外，《維摩經》也有類似說法：「諸煩惱是道場。」（《大正藏》14．542 下）「婬怒癡性即是解脫。」（《大正藏》14．548 上）有關這種弔詭性的問題的詳細解說，參看拙著《佛教思想大辭典》，臺北：臺灣商務印書館，1992，頁 482b-483a。

[49] 這點令人想起儒家宗師孔子教導生徒的隨機的作法。對於一些德目，他很少下定義，卻總是喜歡從實踐一面開示問者，告訴他們要怎樣怎樣做，便能踐履那些德目。例如對於不同生徒提出仁的意義的問題，他有時說「克己復禮」，有時又說「剛毅木

示的實踐綱領,正是上面提到的無念、無相、無住的三無實踐,這三無實踐
又統率在無一物這一總的指導原則之中。因此,我把慧能禪定調為開拓一種
對世間不捨不著的無的主體性(Subjektivität des Nichts)。而慧能禪的動
感,也表現在這對世間不捨不著的活動之中。

　　另外更重要的一點是,我們在這裏說絕對無,是在超越的、絕對的層面
說的。在這個層面,就慧能禪來說,心與理是合而為一的;即是最高的主體
性與終極真理是等同的。這正相應於宋明儒學特別是陸九淵與王陽明所倡導
的心即理這樣的思維形態。王陽明的名言「良知即天理」便是在這種脈絡下
被提出來的。良知即是本心,是最高的主體性;天理則是客觀的軌則、規
範,是終極真理。不過,王陽明是在道德的導向把最高的主體性與終極真理
等同起來,慧能禪則是從宗教的導向立說。對於慧能來說,絕對無即是最高
的主體性,也是終極真理。我們可以說無的主體性,也可說無的客體性。在
這裏,我想作一小結。慧能的無是絕對無,指一種對世間不捨不著或不捨棄
亦不住著的無的主體性,它的終極關懷或目的是普渡眾生。

　　以下我們看久松禪中的絕對無的意義、性格,我們把焦點放在動感上。
京都哲學家那麼多,他們或多或少都發揮絕對無的思想,都與禪的義理及實
踐有一定的關聯,這裏為甚麼單挑久松真一來看他的絕對無的觀點呢?此中
的理由如下:第一,他過的生活最有禪味;打坐、參話頭公案是一定的了,
他又講禪的美感,從禪畫、書道、茶道、劃一圓相、漢詩、俳句等生活節目
顯示出來。他的整個生命可說是禪的生命,他的生活也是禪的生活。第二,
他留下大量有關禪的義理與工夫方面的著作。他的著作主要有《久松真一著
作集》九冊與《久松真一佛教講義》四冊。[50]另外還出版了英語的《禪與美

訥」,等等。這其實是一種對機教化的善巧方法。

[50] 《久松真一著作集》九冊包括《東洋的無》、《絕對主體道》、《覺と創造》、《茶
　　道の哲學》、《禪と藝術》、《經錄抄》、《任運集》、《破草鞋》,東京:理想
　　社,1974。《增補久松真一著作集第九卷》,京都:法藏館,1996。《久松真一佛教
　　講義》四冊包括《即無的實存》、《佛教的世界》、《還相の論理》、《事事無
　　礙》,京都:法藏館,1991。

術》（*Zen and the Fine Arts*）。[51]在這些著作中，粗略估計，有一半或以上是談禪的。可以說，他是論禪論得最廣泛和最有深度的京都哲學家。

久松寫了一篇題為〈能動的無〉的論文，專論作為最高的主體性或無的主體性的能動性或動感問題。[52]在這篇重要的文字中，久松提出「無的主體性」的「無」可分兩種：受動的無（被動的無）與能動的無（Nichtung，主動的無）。他所強調的是後者。我們在這裏先要指出，所謂「無」（Nichts），是作為主體性而言，而不是終極的原理義。當然雙方可以互轉，但那是另外的問題。所謂受動的無，是指主體把自身完全空卻，完全否定，而無條件地依附一外在的神或佛。這是對於神、佛的「無我」活動。即是說，在神、佛跟前，自我掏空一切（kenosis），而成為「一無所有」的（kenotic）無的自我，這是徹頭徹尾、徹內徹外的虛無主義（Nihilismus）。久松引述《新約聖經》〈馬太福音書〉的一段話：「得到生命的會失去生命；為了我（耶穌）而失去生命的會得著生命。」這當然有弔詭的意味在內，具有深邃的人生、宇宙的洞見（Einsicht）：在耶穌面前，我們要完全謙卑，完全掏空自己的所有，完全「無我」，才能有真正的自我可言。[53]這種說法，可以有很多層次的詮釋；如我們越是愛惜生命，處處遷就、照顧生命，則生命便不會接受挑戰，缺乏磨練的機會，因而變得脆弱，不堪一擊。因此不必刻意溺愛生命，這樣反而會有希望，讓生命強壯起來。久松要透露的訊息是，在神、佛等宗教威權面前，我們的主體性顯得黯然無光，挺立不起來。我變成一無所是，一無所有，這是徹底的無我。在這樣的無我狀態下，自己的一切行動都是被動的，都不能發揮真正的力量。如果一定要說我，則只能說是馴服的

[51] Shin'ichi Hisamatsu, *Zen and the Fine Arts*. Tr. Gishin Tokiwa, Tokyo: Kodansha International Ltd., 1974.

[52] 久松真一著《東洋的無》，《久松真一著作集》1，頁 67-81。

[53] 這讓人聯想到《老子》書中的兩則說話：「吾所以有大患者，為吾有身。及吾無身，吾有何患？」（錄自陳鼓應著《老子註譯及評介》，香港：中華書局，1993，頁109）「聖人後其身而身先，外其身而身存；非以其無私邪？故能成其私。」（同前，頁87）此中的相通處至為明顯。

我、奴隸的我。這種我好比德國現象學怪傑釋勒爾（M. Scheler）在他的名著《妒恨》（*Ressentiment*）中所說的無能的（impotent）我。[54]久松認為，這種我或無的主體性不能有真正的、自主自決的動感。久松所倡導的，是另外一種無的動感。這無是絕對無，是真正的主體性。它離形絕相，但亦不死執這種對形相的離絕。這絕對無的主體性有悲的妙用，這悲或慈悲是由無的主體性所發，有普濟眾生的作用。這悲不是受動的無，而是能動的無，充滿主動性。在這點上，久松作了進一步的闡釋：我們作為滅渡的主體，為了眾生而發願，以大悲行動投向煩惱的火獄，這大悲行動便是能動的無。在這裏，久松提出這能動的無有三殊勝之點：

1.它的活動相當於淨土真宗的「還相」。[55]

2.它是自然法爾，其動感本來具足。[56]

3.這是佛教不同於更是優於基督教等其他宗教之處。[57]

久松以大悲來理解能動的無、能動的主體性。主體性惟其是能動的、主動的性格，因而能夠躍出自己的解脫的藩離，關心並且幫助他人有關解脫的

---

[54] M. Scheler, *Ressentiment*. Tr. William W. Holdheim, Glencoe: The Free Press, 1961.

[55] 久松認為，大悲行為須有往相（向超越的境域滲透）為基礎，但更重要的是有還相（回返到大地的眾生的世界以渡眾生）。小乘只有往相，沒有還相，他只關心自身的救贖、解脫問題，是掉頭不顧的。故小乘的義理與實踐不能說是終極性格。久松認為，只有大乘特別是淨土真宗，才有充實飽滿的還相。但不足的是，淨土真宗是他力形態的宗教，不是自力形態的宗教；久松是最反對他力宗教的。不過，在往相與還相之間，他很多時偏頗於往相，有濃厚的超離意味或傾向。關於這點，下面會詳論。

[56] 1997 年筆者重訪京都，與阿部正雄先生共敘於旅舍。談到阿部最近關心的問題，他回應說正著手寫一部講「自然法爾」的自我的書來。阿部喜愛海德格的哲學，後者講生發、自然（Ereignis）、任運讓開（Gelassenheit）。在這一點上，阿部可能受到海德格的影響。但近數年來，阿部不斷彙集自己的舊作來出版，未聽到他計劃要寫的這部書的印行消息。

[57] 但基督教也有神的自我掏空或否定（kenosis）的說法，以神採取「道成肉身」（Inkarnation）方式，化身為耶穌來到世間，委身傴僂（stoop down），為世人作奴僕，為他們贖罪，雖被推上十字架被釘死，亦無怨言。對於這點，未知久松會作何回應，他應有自己的解讀方式。

事，共享離苦得樂的美果。而大悲（mahā-karuṇā）的意思正是拔除他人的苦痛煩惱，正與離苦這一目標相應。能離苦，自然得樂。

　　以上所述，是久松真一的無或絕對無的思想。我們也曾指出過，京都哲學家基本上都以「絕對無」這一觀念來標示終極原理或最高的主體性，這是同。但同中有異，這異即是他們各自以自己提出的觀念來闡述、解讀絕對無。這個意思，筆者在自己的很多著作中都有提及。久松是以「無相的自我」一觀念來理解絕對無的。在他的名著《東洋的無》中的〈東洋的無的性格〉（〈東洋的無の性格〉）一文中，他以六點性格來說東洋的無：無一物性、虛空性、即心性、自己性、自在性、能造性。[58]有關這東洋的無或絕對無的這些性格的詮釋，我在拙作中時有提及。[59]在這裏不擬重複。我只想說，這絕對無的六大性格，都是在禪的義理與實踐的脈絡下提出來的，而久松真一是京都哲學家中與禪最有密切的關聯，他是最「禪的」。對於這點，我想沒有太大的爭議。因此，我以久松真一的禪思想代表京都學派哲學家的禪觀。而久松禪的思想焦點，正落於他所強調的「無相的自我」這一觀念上。以下我即就這點來展開探討，這包括無相的自我的特質和自我體現問題。[60]

　　久松認為無相的自我就是禪的本質。而他所說的無相是指向佛教的根本義理，亦即是諸法是緣起因而是性空一點。這個意思很簡單：一切事物都是依因待緣或依待條件而得生成，因此在它們之中並不存在著恆常不變的自性、實體（svabhāva）。這便是緣起（pratītyasamutpāda）或性空（svabhāva-śūnyatā）。就外在事物或外境而言，它們在我們感官之前呈現出的不同相

58　《久松真一著作集1：東洋的無》，〈東洋的無の性格〉，頁33-66。

59　《絕對無的哲學：京都學派哲學導論》，頁59-64；《京都學派哲學七講》，頁67-75；吳汝鈞《京都學派哲學：久松真一》，臺北：文津出版社，1995，頁3-7、79-83。

60　有關這無相的自我的特質和自我體現這兩點，我是參考拙文〈久松真一的無相的自我及其體現〉的（《京都學派哲學：久松真一》，頁27-53）。此中的有關注釋，都在該拙文中有交代，故在這裏不另列出。

狀，本身都沒有不變的性格，我們不應執著之而視為恆常不變。倘若執著這些相狀，以為有自性可得，都會淪於二元對立的、相對的格局，而生起相對的邊見，不能建立終極真理，不能見到事物的本原的、絕對的性格。久松強調無相，目的就是教人洞悉一切事物不具有可被執取的相狀、獨立自在的相狀，從而突破一切二元性的相互排斥的背反（Antinomie），彰顯緣起、無自性、空的真理。所以無相是證得緣起性空的重要法門。

但以「無相」說禪的本質或絕對無，藏有一個嚴重的問題，久松自己顯然未有充分覺察到。無相是一種遮詮的方式，透過否定的途經來展示終極真理，這與無念、無住、無一物，是一樣的，都意味著終極真理的終極性格：它沒有常住不變的相狀、沒有念慮可以湊泊、沒有可住著的處所，和不能當作一個客觀的、獨立自主的對象看。這都很好。但都只能展示終極真理的負面性格，只能彰顯它的超越性（Transzendenz）。這有淪於消極的沉空滯寂的意味，起碼有墮入虛無主義的危險。小乘佛教便是這樣，一味灰身滅智，對這個苦難的世界掉頭不顧，只關心個人的解脫與福祉。這與久松自己所創立和領導的 FAS 協會的宏觀的宗教運動的導向（orientation）並不相符。這個導向一方面強調要體證得自己的真實的主體性：無相的自我（Formless Self）；同時又要把這種體證推廣至社會，甚至全人類方面去（All Mankind）；最後要超越地創造歷史（Supra-historical）。[61]

無相的這種超離的、消極的、退隱的、清淨的、甚至個別的矢向（vector），的確有可能讓人對佛教特別是禪產生誤解，認為這種學問和修行是出世的、遠離現實的不食人間煙火的東西、活動。我相信久松本人的無相思想不必是這種意思；但他這樣高調地以無相的自我來說禪的本質，難免會使人落入這樣的誤解中，因而以厭離意識來理解佛學和禪的精神。禪的祖師們特別是慧能又如何呢？他的禪法是否真如「無相」這種說法所可能包含或導致禪的這種消極的、被動的態度呢？就《壇經》來看，答案是否定的。

---

[61] 有關久松自己所倡導的 FAS 協會的宗旨，參看拙著《京都學派哲學：久松真一》，頁 38-45。另外，該書中的長文〈FAS 與東洋的無〉中有更詳盡的闡述（頁 2-26）。

慧能禪具有充實飽動的動進性，是一種很「人間性」、「世間性」的禪法；
套用臨濟的字眼，慧能禪是「活潑潑地」。以下我謹依著《壇經》原文的次
序，隨手揀出一些話語來印證一下慧能禪的動感性、入世性，以結束這一節
的討論。

1. 應無所住而生其心（《大正藏》48・349 上）。這是慧能聽聞《金剛
   經》中這句話而猛然覺悟的。「無所住」可以解作不住著於事物的形
   相，可以有無相的意味。但重要的是要「生心」，不應止息心靈的種
   種活動，讓它寂滅下來。我們要用心去認識外物，這沒有問題。但不
   應讓心繫縛於外物的形相之中，致不能活轉。

2. 自性能含萬法是大（《大正藏》48・350 中）。自性即是佛性，是最
   高主體性、絕對無。自性能包容萬法；萬法無窮無盡，自性的包容性
   亦是無窮無盡。自性是一種精神性的空間，萬法亦就其可能性而言，
   猶唯識學（Vijñāna-vāda）所言的種子（bīja）。

3. 又有迷人，空心靜坐，百無所思，自稱為「大」，此一輩人不可與語
   （《大正藏》48・350 中）。有一種人有一種超離癖，以為真理全在
   超離的靜坐中，於是終日不思不想，掏空心靈的內容，從不用思，百
   無所事，只懂靜坐。這種人對於世間事物的相狀，唯恐避之不及，終
   究不能成大事。

4. 用自真如性，以智慧觀照，於一切法不取不捨，即是見性成佛道
   （《大正藏》48・350 下）。以般若智慧（prajñā）觀照一切事物的
   真如、真實性格，對事物既不捨棄，又不住著，而遊心於經驗世界之
   中，即現象而體證其本性。這是慧能最為肯定的。

5. 佛法在世間，不離世間覺。離世覓菩提，恰如求兔角（《大正藏》
   48・351 下）。佛法、終極真理只能在世間或經驗世間中成就：這世
   間或經驗世界其實不外乎種種事物的形相。真理只在形相之中證得，
   若離開形相，我們便無處可體證真理了。這猶如妄求龜毛兔角一樣，
   這些東西根本不存在。

6. 自性建立萬法是功，心體離念是德（《大正藏》48・352 上）。佛教

的終極真理、最高主體性展示於緣起性空這一義理之中。惟其是緣起
性空,才能成就種種沒有常住性、能夠變化的千萬種事物。按這裏更
以宗教的修行,如自心遠離種種妄念,才能說德。這是以宗教來詮釋
德或道德,表示宗教較道德更有終極性的意涵。

7. 無相者,於相而離相(《大正藏》48·353 上)。否定、遠離事物的
種種相狀,不對它們起執著,以為它們有常住不變的實體,這是對
的。但這種宗教修行的工夫,還是需要在現實世間的種種相狀中做,
不能光說只是光景狀態的離相或無相。

8. 成一切相即心,離一切相即佛(《大正藏》48·355 上)。心與佛是
同一東西,不能分開,這是覺悟的源頭。我們一方面要無相、離相,
但若只是這樣做,否定種種事物的形相,便會淪於虛無主義,無所肯
定,世界便成蒼白一片。在不執著的心態下,我們仍要保住形相,不
捨形相;即是,成就一切相。

9. 外道所說不生不滅者,將滅止生,以生顯滅……我說不生不滅者,本
自無生,今亦不滅。所以不同外道(《大正藏》48·360 上)。外道
的思維傾向,是尚滅息生,在滅與生之間,要以滅來止息生。慧能則
從終極角度說生、滅都不是實有,因此無生無滅,生滅只是假名
(prajñapti)。生是生起形相,滅是止滅形相,在兩者之間,慧能獨
取生起形相,但又不住著於形相之中。

四、相而無相,無相而相

久松的傾向佛教特別是禪的無相一面,而疏忽了有相或相的一面,其中
一個重要原因是,對於事物的理解,在佛教和禪來說,有一個辯證的
(dialektisch)歷程的,這歷程與黑格爾的正、反、合的辯證法的步驟相
應。就相或相狀這種事物來說,我們對它的第一步的理解是相,以相為對
象,我們對它有所執著,以為這相有自性、實體。這相當於黑格爾辯證法的
正命題。第二步是對相的否定,否定它有自性、實體可得。這是無相,相當

於辯證法的反命題。但反或無相是負面的理解，是不完足的，因此還要有第三步，這是對相的重新肯定。但這是重新肯定相的存在性，沒有任何執著，不執著它的自性、實體，這是完滿的理解，相當於辯證法的合命題。故對於相的整個完整的認識歷程是相→無相→相，或「相而無相，無相而相」。久松的問題在他過於重視對事物的無相的反方面的理解，而未注意及這理解後面還應有相的合方面的理解。這樣的認識是「相而無相」，卻漏了「無相而相」。久松所說的無相，是去除對相的自性、實體的執著，是空，是普遍性（Universalität）。在此空之前的相，是特殊性（Partikularität）。而在此空之後的相，則是普遍性與特殊性的綜合。只有綜合（綜合普遍性與特殊性）的理解才是周延的。

久松自己恰好有一篇〈禪的辯證〉（〈禪の辯證〉）[62]的論文，頗能顯示上面我所說的意思。現在我謹把它的大要闡述如下，希望能對無相的問題在理解上有助益。首先，久松指出，辯證的目的在於闡明事物的理趣，而闡明事物的理趣，須依據事物所存在的因由，來析述它的道理。這「道理」是甚麼呢？久松強調，這是任何情況都必須作這樣思考的意思。他又補充謂，甚麼人都必須這樣思考，並無時間限制，即是，並不是現在要如此思考，在任何情況下，都要這樣思考。即使現在大家不曾作這樣的思考，這不是問題，只要一旦你要思考，都要循這條路子進行。此中的理由是，這道理超越事實，有其邏輯上的必然性、普遍性。[63]按這裏說事物的理趣，意即事物的本質。而事物之所以存在，可以就存有論一面言，亦可以就邏輯或論理言。久松似傾向後者，故強調邏輯上的普遍性與必然性。久松即從這點說事物的辯證性格。

以上所言，是一般的說法。倘若以「相」與「無相」的字眼來概括，則

---

[62] 《久松真一著作集 1：東洋的無》，〈禪の辯證〉，頁 122-138。此節所述有關久松禪論理的辯證問題，都是依於這篇文字而來，為了省捷起見，都不落注腳。有興趣的讀者，可直接找該文來看。

[63] 相是事物的特殊性，無相表示事物的無自性、無實體可得，這則是普遍性。這其實是空。

相而無相,在辯證法來說,有義理上的必然性。若從工夫論言,由相到無相的體會,是我們體證真理的順路。久松強調,辯證法的目的,在於闡明與事物有關的邏輯上的必然性與普遍性。因此,辯證法所關心的,並非只是事物的「有之事」(ありよう),而是其「有之理」(あるわけ)。前者是事,是相;後者是理,是無相。對於有之事,我們固然可以依據其存在,而得以明瞭,但有之理卻必須憑藉其邏輯上的根據,才能了解,雖然這種根據仍須依於事實。例如,勇氣固然是道德上的一個德目,但這種勇氣究竟是一種甚麼東西呢?我們可以說,勇氣是有之事的,但若透視於勇氣的這一意識,它是憑藉其存在才得以明瞭的。勇氣是有之事,是相;勇氣的存在則是有之理,是無相。相是特殊的,無相是普遍的。要明瞭事物的有之事,需要把特殊與普遍邏輯地結合起來。這也可以說是在特殊的基礎上,去尋求邏輯上的普遍,更可以說普遍在邏輯上是涵攝特殊的。有之事是現實層面,有之理是邏輯或存有論層面,後者具有普遍的性格。

　　有之事是相,是經驗性格、事實上的事。有之理是無相,是超越性格,是邏輯上的事。久松是以有之理在層次上高於有之事,以無相來概括相。這裏所謂「事實上的事」,不一定只限於空間方面的存在,而是指一般廣泛地說的意識對象。所謂的價值,固然不是空間上的存在,卻也是作為意識的對象而顯現的,是意識上的存在,所以是涵攝在事實層面之中。這種事實層面對於由特殊到普遍的涵攝,是由觀察作用的發展所成就。但邏輯的東西對於由特殊而趨向普遍的涵攝,則是通過道理的作用的發展所成就。這些都是同樣地憑藉各自的作用的開發,由多方面所組成的一個體系建立起來。從觀察作用的體系上看,始終不曾超出有之事的體系。久松強調,有之事固然可依其體系,而使其明朗化,但有之理必須憑藉道理上的作用,才能明瞭。不論是物理學、歷史學、心理學,以至現象學,它們之間容或有深淺的差異,畢竟它們是屬於觀察作用所構成的有之事的體系,因而在性質上無從探究其有之理。[64]按久松所說的有之理的基礎在道理或理性本身,它必須根於理性的

---

[64] 久松在這裏說及屬於觀察作用所構成的有之事的學問,舉出物理學、歷史學、心理學

要求，從反思入手。它與一般的經驗科學、社會科學所依的觀察不同。即使是深入的觀察，也與理性的反思的要求無關。

　　久松認為，歷史的哲學多是憑藉道理的作用，組織成有之理的體系。康德認為哲學並非 quid facti（關聯著事實）的學問，而是 guid juris（關聯著判決、判斷）的學問，就是基於這個意思。在認識哲學上，康德像處理心理學那樣，不論其認識上的事實的構成，而是探討認識的邏輯的可能性。[65]而在道德哲學上，他要究明的，並不是道德在經驗上的成立，而是其客觀性的論據。[66]久松也談到黑格爾，說黑氏把一切存在都加以理論化，是由有之事而趨向有之理的導向，最後要建構他的徹底的體系。他根據自家的現象學，如同胡塞爾一派所倡言的現象學那樣，並不是想制作有之事的體系，而是想創造有之理的體系。[67]實際上，從哲學史的方向來看，一切大的哲學體系，都

　　和現象學等例子。其中的現象學（Phänomenologie），這倘若是指由胡塞爾所倡導的那種哲學而言，則久松的說法並不對。現象學不是經驗的、社會的科學，不是由觀察的途徑可成就，而是要靠反思真理須從哪一個角落來開始，胡塞爾最後提出，真理或哲學（哲學是反思真理的學問）須從具有明證性（Evidenz）的東西開始，這即是此後他盛發的超越的主體性（transzendentale Subjektivität）。久松大概不大理解現象學，把它作為一種現象論（Phänomenalismus）來看待。他的這篇〈禪的辯證〉發表於昭和三年，亦即 1928 年，其時他只接近四十歲。當時現象學的影響還是有限，不能與今天的影響共論。

[65] 認識上的事實是從發生的角度來看認識活動是怎樣進行的。探討認識的邏輯的可能性是從理法上、原理上看認識活動的可能性。人的認識活動的程序可以因人而異，這裏沒有客觀的必然性。但認識作為人的純粹理性（reine Vernunft）的活動，需要哪些條件才能進行，則有其客觀的必然性。例如它需要由外界而來的感性資料（sense data）、接受這些資料的機能的感性（Sinnlichkeit）、作為感性活動的純粹形式的時、空，整理由感性得來的材料的純粹理性（reine Vernunf），和這純粹理性所運用來整理這些材料的模式：範疇（Kategorie）。久松在這裏未有交代得很清楚。他在這裏用「邏輯」（論理）的字眼，也不是很恰當。

[66] 這客觀性的論據應是指實踐理性（praktische Vernunft）和它所發出來的定言律令（kategorischer Imperativ）。

[67] 在這裏，久松以胡塞爾的現象學與黑格爾的精神哲學拉在一起，視之為走因而有的導向，這與上面剛說過的他以現象學是基於觀察作用所成就的有之事的學問大大不同。此中亦顯示了久松對現象學的模糊理解。

以有之理作為其探尋的焦點、基礎。這是觀念論與實在論不同的地方。康德、黑格爾、胡塞爾他們都是有之理的導向，以觀念、心靈作為理據來建立他們的理論體系。久松的老師西田幾多郎也是屬於有之理的哲學方向。實在論以經驗性的東西為實在，透過觀察活動來開拓他們的哲學體系。倘若以久松或佛學常用的詞彙「相」來區分觀念論與實在論，則可以這樣說，實在論是有之事的學問，是相；觀念論則是有之理的學問，是無相。

　　久松進一步透過「特殊」與「普遍」這兩個存有論的範疇來說相與非相之間的關係。特殊相應於相，普遍相應於非相，這種理解，應該是沒有問題的。久松把這種關係，關聯著倫理學或道德哲學來說。他指出，事物的有之理必然地預認作為該事物的邏輯依據的普遍。他提出「諸惡莫作，眾善奉行」的傾向於特殊性的命題。這是一種行為上的規矩：要作善事，不作惡事。為甚麼是這樣的呢？要明瞭其緣故，這「諸惡莫作，眾善奉行」的特殊命題必須預認一普遍命題作為它在邏輯上的依據。[68]這依據可以說為是「凡人必須多行善行，切不可作惡事」一命題，它較「諸惡莫作，眾善奉行」一命題具普遍性。當然，這一普遍命題需要進一步具有更具普遍性的命題作為它的依據；不然的話，便不能具備那設定的義理（即行善事，不作惡事）。例如，「凡人必須多行善事」的命題易為每個人所理解，因此，教人去行善的命令式可以看作是具有邏輯的依據的命令。自開始大家便肯認這種命令不是幻覺的命令，不是獨斷的命令，不是專制的命令，便可成為必須遵從的合理的命令。這樣，特殊的命令為了保有其特殊的真理性，在基礎上必須具備普遍性。久松指出，沒有明確普遍性的特殊，我們視之為一種妄想，一種幻覺。因此，把普遍問題弄清楚，對於探尋、究明事物的真實性來說，是極其重要的。

　　按久松在這裏的說法，意思有點模糊，不過，他還是說出一些道理來。即是，特殊是須以普遍為基礎的，這是一種理論的、邏輯的關係。我們在某

---

68 這裏所謂的「特殊」，只是就比較的角度來看而已。此中並不存在著完全是特殊或完全是普遍這樣的問題。

一項特殊的行為上要作惡或行善，須依於「凡人必須多行善事」這種具有普遍性的道德意識作為基礎或邏輯的依據，那項行為才是真實不妄的，而不是妄想或幻覺。由這點說下來，「非相」具有普遍性，不是幻覺，不是妄想。而「相」則是特殊的，它是在「非相」的概括下才有其「相」的特殊意義。非相、有之理是相、有之事的邏輯依據。再回到道德律令問題上，所謂普遍性或普遍問題，是理性特別是道德理性的要求；這要求是一命令式，如命令我們「凡人必須多行善事」。善事具有客觀的價值意義，多行善事也具有客觀的價值意義。這是一具有普遍性的命題，相應於非相；在某一項行為上行善，則是特殊的，是相。

五、禪的辯證

上面我們就一般思維論述特殊與普遍、相與無相（無相即是非相）及特殊須以普遍作為它的邏輯基礎才能成立。以下我們要進一步專在禪的脈絡下探討有關辯證問題。久松指出，禪的辯證也不似是禪的歷史與心理學之類那樣，是有之事的體系，而是有之理的體系。不過，這裏面有一連串的問題，需要細心處理：所謂禪的「有之理」體系，究竟是怎麼一回事呢？像禪的辯證這樣的東西，畢竟是可能的麼？還有，即使有其辯證的可能，那究竟是絕對的可能，抑是條件上的可能呢？如果是條件上的可能，那又是在甚麼條件之中的可能呢？這些問題，不止是有關禪的辯證的可能性問題，而且是關涉到禪的獨立性問題，甚至是一般的宗教與邏輯，以至合理性與非合理性的問題。久松表示，這等問題在學術上來說，是極為重要但相當艱難的問題。久松認為這密切關聯著禪的重點的非相、無相問題。

讓我們先看一下禪的公案問題。[69]按禪門中有一千七百個公案，都足以

---

[69] 在禪的修行中，為了促發修行者臻向覺悟，而提出一些問題來，使修行者參究。這些問題，主要是古來祖師的言說、動作等的記錄，此中蘊藏著深邃的覺悟的訊息。若能把這些訊息探究出來，即能導致一己的覺悟。這些問題即是公案。公案的原意，指公府的案牘、國家的法令之類；在禪來說，則指一些古則，顯示佛與祖師開導弟子覺悟

喚起我們對普遍的要求。[70]禪的公案無不是發自我們的日常生活，而且都是訴諸常識；但它賦與我們的課題，即使通過相當深邃的思索、反省，還是似解非解的。像「走過來，聽那隻手的聲音」、「從鍋子裏撈出富士山來看看」，或是「人從橋上過，橋流水不流」、「清淨行者不入涅槃，破戒比丘不墮地獄」、「毛吞巨海，芥納須彌」、「汝等諸人若喚作竹篦則觸，不喚作竹篦則背，汝等諸人且道喚作甚麼」等公案。對於這些公案，不管你具有怎麼明晰的理智，也會有莫名其妙的感覺。當我們面對這些公案時，任何人都會認為，這些問題與其說是難解，還不如說根本就是不合情理的問題；更懷疑這些問題到底能否作為問題來看。所謂難以理解的問題，是指那些儘管也能解釋，但卻不是那麼容易理解的問題，但總是以可以解釋為前提的。不合情理的命題，則是無法理解的問題，本來不能成立的問題，因而是不具有問題價值的問題。對於這種不能作為問題而成立的問題，若試圖去求解，必是狂妄愚癡。

以上所述的東西，照久松的說法來看，似乎表示對於公案的問題，不應勉強索解，這得要期待機緣才成。機緣一到，即使是鐵饅頭般堅硬的公案，也能一口吞下。在這機緣的背後，深藏有一種明覺的種子，這便是禪的辯證性格。若能緊抓著這點，公案便不是完全不可索解。就我自己解讀禪公案來說，的確有這方面的經驗。例如，有一次學生來找我，說她讀到一則禪門的公案，不能理解，要我解釋。這則公案是「南泉斬貓」：南泉普願一日因徒眾爭奪一隻貓兒，南泉便把貓兒拿起，告訴徒眾：「你們快說，說得出來這貓兒便無事；若說不出便一刀把牠斬掉。」徒眾無言以對，都說不出甚麼來。南泉當下便把貓兒砍掉。其後南泉的首徒趙州從諗外遊歸來，南泉便把這件事情告訴他，趙州不回答，卻把草鞋脫下，戴在頭上，便出去了。南泉

的經驗，意義至為嚴肅。以公案的探討、推敲作為工夫的重點的禪法，稱為看話禪。著名的公案結集有《碧岩錄》、《從容錄》、《無門關》等，而臨濟宗即是最重視參究公案的宗派。

[70] 這普遍的要求，說穿了，不外覺悟、得解脫的宗旨而已，雖然久松沒有明言。

便說：「倘若當時趙州在場，這隻貓兒便得以保住性命了」。[71]對於這則公案，我很早便看過，但總是未認真著力，總是似懂非懂地混過去。但那次學生催得很緊，她的畢業論文涉及對這則公案的詮釋，而我又是她的論文的指導教授，因此必須認真回應。當時我的確很窘，委實尷尬，只得用力推敲、尋思，最後終於把答案好歹逼了出來。我說南泉要徒眾快說，快說快說，不外是說出禪的真理及體證這真理的方法，這「說」是禪門的慣常功課，臨濟也是這樣用的。[72]可惜徒眾未有提出恰當的回應，南泉只得依自己所說，當下把貓兒砍死。趙州深得南泉的心傳，當下把鞋子戴在頭上。按那草鞋是應該穿在腳上的，帽子才應戴在頭上。現在趙州顛倒來做，以草鞋做帽子，戴在頭上。這明顯地是有矛盾，反常人之道而行。趙州這種莫名其妙的做法展示這樣的訊息：像禪的真理和體證方法，具有矛盾、顛倒、弔詭的意味在裏頭，我們不能以慣常的、人人所熟習的方式來處理，必須從反面方面著手，這頗有《老子》書中的反（正言若反）的意味。這便是禪的辯證性格。所謂「逢佛殺佛，逢祖殺祖」、「大死一番」一類極端的（radical）說法都來了。這些訶祖罵佛的行為，便是要帶出一種否定的、對反的消息，把一切對

---

[71] 這則公案出自《無門關》，《景德傳燈錄》也有記載。以下是《無門關》的記錄：
　　南泉和尚因東西堂爭貓兒，泉乃提起，云：「大眾道得即救，道不得即斬卻也。」眾無對，泉遂斬之。晚，趙州外歸，泉舉似州，州乃脫履，安頭上而出。泉云：「子若在，即救得貓兒。」（《大正藏》48‧294下）
《無門關》作者無門慧開的評語是：
　　且道趙州頂草鞋意作麼生？若向者裏下得一轉語，便見南泉令不虛行，其或未然險。（Idem.）
又作頌云：
　　趙老若在，倒行此令，奪卻刀子，南泉乞命。（Idem.）
[72] 《臨濟錄》有這段記載：
　　上堂云：赤肉團上有一無位真人，常從汝等諸人面門出入。未證據者看看。時有僧問：「如何是無位真人？」師下禪床，把住云：「道道。」其僧擬議。師托開云：「無位真人是甚麼乾屎橛！」便歸方丈。（《大正藏》47‧496下）
臨濟是要徒眾直接說出無位真人的內涵和如何體證這種人格。可惜那個僧人道行未熟，只管思量、擬議，因此臨濟很失望。

自性的執著都撇開,即使是佛陀、祖師說的話,也不能當權威看,也要加以
細究,看合不合理。這種思路,西田幾多郎與鈴木大拙叫作「即非」的邏
輯。這便是禪的弔詭、禪的辯證。趙州深得此中三昧,因此得到南泉的印
可。[73]

現在回返到久松所論述的普遍與特殊的問題。久松還是舉禪門所常說的
「橋流水不流」為例。久松表示,通常人們是說「水流橋不流」的,這是常
識,連三歲小孩也能輕易理解。但對「橋流水不流」這句禪話,不管是再怎
樣犀利的頭腦,也是無從輕易地理解的。特別是就淺解的普遍而言。[74]因
此,久松提出把這種普遍丟開,另外找其他的普遍。例如,水並不只限定於
流動,也有無風吹動而池水靜止的時刻。所以,說「水不流」未必便不合情
理。還有,橋也未必只限於永遠是架設在兩岸而固定的,當洪水等自然災害

---

[73] 對於南泉斬貓這一公案,特別是趙州以草鞋作帽子戴一事,吳怡解為出家人四大皆
空,不應為一隻貓兒爭執,故要斬貓。又提出殺生的問題,以至於既然出了家,還要
爭一隻貓兒,這正是顛倒,故南泉認為趙州的回應是對的:又說南泉為了破物執,卻
犧牲了殺戒,故是一種顛倒,云云(吳怡著《公案禪語》,臺北:東大圖書有限公
司,1979,頁 66)。這些解析,完全不相應。禪門的生活,從剃度到苦修,以至於
開悟,都是非常認真的,這些徒眾都是生死相許的。臨濟的一句話可以作證,顯示這
個意思:「夫為法者,不避喪身失命。」(臨濟錄》,《大正藏》47・496 下)為了
得到覺悟,解除苦痛煩惱,喪身失命也在所不計,斬不斬貓兒,並不重要。重要的是
讓徒眾開悟。殺一隻貓兒算甚麼呢?禪門以大局為重,以斬貓作為一種渡生的方便,
亦很尋常,若在這些重要關頭講不殺生,那只是項羽的婦人之仁而已。大禪師為了開
導弟子,引他們入宗門的最高消息(覺悟),而傷害他們的肉身,是很平常的事。如
黃檗三度以棒狠打臨濟、俱胝殘酷地斬斷修法童子的指頭、達摩讓慧可斷臂來展示矢
志求道的精誠,都是明顯的例子。一隻半隻貓兒,又算得甚麼呢?至於說南泉的葛
藤,說南泉只是象徵地以手斬貓兒,不是以刀斬貓兒,故未算殺生,云云
(Idem.),則更是乖謬。南泉普願已是一代祖師了,有甚麼葛藤呢?只象徵式地斬
貓,則更近乎兒戲。求道是生死大事,斬貓便是以刀把貓兒活活斬死,象徵甚麼呢?
吳怡的分析,基本上都缺乏確定性(imprecision),都是以己意東猜西猜,對禪門的
修習內蘊,非常無知。生徒的生活都是很刻苦的,這需要在禪院內掛單一下,才能體
會。

[74] 這淺解的普遍是就一般的常識、共識說。

來臨時，為湍流所衝擊，也可以發生「橋流」的事情。從這些考慮來看，或是當你站在橋上去凝視急流時，在感覺上，好像是橋正在逆流向上溯行，而水則反而有靜止的視覺，這樣便產生出「橋流水不流」的狀態了。這些情況便合情理地解釋了「橋流水不流」這一禪語。就這一問題來說，可以看到，我們可以達到較認為水是會流動的，橋是固定的這種普遍更深一層次的普遍。在這裏，普遍可被視為一種理解的方式，或理性運用的方向。久松顯然認為，普遍或普遍性可就不同的層次言，這或是常識的普遍，或是弔詭的、辯證的普遍。後者既然是辯證的普遍，便應以另外方式來處理，這另外方式也可有它自己在真理上的適切性。當然，對於「橋流水不流」，我們仍可依南泉斬貓的方式來解讀：橋流水不流在經驗層次是一種顛倒的現象，這是很清楚的。禪的真理，很多時的確須以異乎尋常的、弔詭的角度來理解。趙州從諗的做法，對我們帶來很有用的啟示。

　　進一步，久松指出，禪門的祖師在悟前與悟後所經歷過的幾十年的長養工夫，不是別的，正是依據這種辯證的體驗來把一切特殊都涵攝於一種普遍的過程。這便是所謂大事的真正解決，正是把一切特殊都包攝於唯一的普遍中。那才是有之理的體系的成立處。這裏所說的普遍與特殊，是立足於像水與波浪那樣的緊密關係中的。普遍之中有特殊，特殊之中也有普遍。[75]由於普遍是作為特殊的邏輯的根據的普遍，故離開特殊就沒有普遍可得。而特殊又是依普遍才得以成立，故離開普遍也沒有特殊可得。特殊與普遍，依據洞山良价禪師的話語來說，是正位與偏位交相迴互的關係。[76]在禪的理想上來

---

[75] 非相、無相是普遍，相是特殊。而相而無相、無相而相則是既特殊而又普遍，既普遍又是特殊。

[76] 正位與偏位，是曹洞宗論述普遍與特殊的種種關係的說法。正位表示普遍或真理，偏位表示特殊或現象。它們之間可有五種關係，所謂「正偏五位」或「君臣五位」。前者的說法比較空泛，後者的說法比較具體，在這裏，我試就君臣五位來作一解說。君是指正位，臣是指偏位。正偏五位是曹洞宗的洞山良价所說，君臣五位是他的弟子曹山本寂參考了正偏五位的關係而發揮出來的說法。
　　這君臣五位即是君、臣、臣向君、君視臣、君臣道合五種關係。如上所說，君是正位，臣是偏位。這五種關係或階級，可系統地顯示佛教特別是禪思想的不同層面，不

說，特殊與普遍、正與偏，是完全不二的。久松指出，像一般所說那樣，沒有形式的內容是盲目的，沒有內容的形式則是虛空的。在禪道方面，倘若不能依據見性來悟取普遍，一切特殊都成了妄想與煩惱；如果不能以後得智去究明特殊，則普遍不過是默照的暗窟而已。

總合而言，久松似乎認為真正的禪的理解方式，或真正的普遍，須符合辯證性格的目的或禪趣。禪的最高普遍，必須從辯證的禪趣中求。而這辯證的禪趣是難以一下子把握的。必須經過多種試探或考驗，才能得到。這些考驗有辯證性格，是特殊的。要透過這多種特殊，最後才能悟到禪的普遍——最高的普遍，也就是真正的禪趣。

最後，回到禪的辯證問題。對於存在或有（Sein）的問題，久松提出有之事與有之理兩個層次。有之事指事實的、經驗方面的存在。有之理則指有之事的邏輯基礎、依據。久松無疑地是較重視有之理，視之為在有之事上的較高層次。這是他的存有論的觀點。我們可以說，有之事相應於實在論，有之理則相應於觀念論。久松無疑是把注意力放在有之理或觀念論上，而不放在有之事或實在論上。由存有論說下來，落到認識論特別是工夫論上，以佛教的詞彙來說，有之事是承著相而說的，有之理則是承著無相（即是非相）而說的。久松在存有論上重視有之理過於有之事，致在工夫論上重視無相過於相，是很自然的事。他把辯證（法）（Dialektik），特別是黑格爾的辯證法關聯到這工夫論方面，而特別重視其中的反命題，也是很自然的事。反即

同境界。君之德是至尊，超越乎眾機之上，象徵空界本來無物，是超越層，無任何差別相。這是正位。臣則受命於君，闡揚君的聖道，象徵森羅萬象的個別物，是現象層、經驗層。這是偏位。故君是普遍性原則，臣是特殊性原則。臣向君即臣以赤誠事君，去除一切階級差別，這是偏中正。在此中，一切差別的事象的偏位，都歸於無差別的平等界的正位。君視臣則表示君以公平無私心，唯臣之才以任用之，使各得其所。這譬喻超越平等的法性的正位，泯入差別的事象的偏位中，以成就各事象的差別性。這是正中偏。君臣道合則君臣打成一片，相得益彰，渾然圓融，自由無礙。這表示普遍性原則與特殊性原則綜合起來，而成一特殊的普遍性原則：特殊中有普遍，普遍中有特殊；特殊即此即是普遍，普遍即此即是特殊。這是偏正兼帶。參看拙著《佛教思想大辭典》，頁 275b-276a。

是矛盾、弔詭，也涵攝辯證的意味，這在禪的工夫論上，正是「無相」，而辯證的正一面，則與「相」相連。這由相到無相，便是他所說的禪的辯證的歷程，而這辯證也特別聚焦在反的一面。久松是這樣從工夫論上理解禪的辯證的。他自然也確認通過這禪的辯證，可以體證得終極真理。這便是久松以「無相的自我」來說禪的終極的主體在概念上、邏輯上的理由。所謂「無相」，倘若把它放在慧能的無念、無相、無住的「三無」的脈絡下說，自然有極濃烈的工夫義。它的存有論義或本體論義也不能忽視。終極真理或本體（廣義的「本體」）是離言絕相的，絕相即是無相。終極真理或本體是剝落一切概念性的、抽象性的思維和現象性而得成就的。久松提無相的自我中的無相，是「相而無相」的。即是，從對於事物的思辯性特別是現象性中突破開來，超越上來，把一切相的性格否定掉，「無」掉，而臻於無相的境地。

　　但光是相而無相並不足夠，不足以完成禪的辯證的整個歷程。我們的工夫是從現象或相的層面開始，而達於無相；但無相畢竟是超離性格，真則真矣，但不能說實。終極真理須是既真且實的，而實畢竟還是要從現象或相的世界建立起來。因此，我們在精神境界方面達到無相的同時，還要顧念世間，關懷現實，精神才能充實飽滿。而禪的辯證，是需要去到這一步才算完成的。我們固然不應著於相，也不應著於無相，要能「相而無相，無相而相」。相是特殊，無相是普遍。「相而無相，無相而相」是既特殊而又普遍，特殊與普遍有一個辯證的結合。佛教有所謂「世間」、「出世間」、「世出世間」的說法，世間相當於無相前的相，出世間相當於無相，世出世間相當於無相後的相。

　　這讓我想到一個流行的禪的故事。一個得到覺悟的禪師對徒眾述說他在修行中的經驗歷程。他說初見山水時覺得「見山是山，見水是水」。第二次見時是「見山不是山，見水不是水」。到最後修行有得時，則感到「見山還是山，見水還是水」。這當中其實在認識上與在精神境界上經過兩次翻騰。最初看世界時，見山見水，以為它們各有自性，而加以執取。到第二階段時，修行較深，認識較透，看到世界的本性是空的，是無自性的；山不是有自性的山，水不是有自性的水。所以不執取山水。這是「見山不是山，見水

不是水」。到了最後也是最圓熟的階段，雖然看見山水是無自性的，但並不因此而捨棄它們，因為人總是要腳踏大地繼續生活在這個經驗的世界中，過現實的生活，所以在第二階段否定了一切事物的自性後，仍要回到山水的現實世界中，所以有「見山仍是山，見水仍是水」的不捨世間的情懷與洞見。第一次翻騰是向上的，由「見山是山，見水是水」轉化為「見山不是山，見水不是水」。第二次翻騰是向下的，下來的：「見山還是山，見水還是水」。[77] 以「相」與「無相」的詞彙來說，最初「見山是山，見水是水」是相；中間「見山不是山，見水不是水」是無相；最後「見山仍是山，見水仍是水」則是綜合了相與無相的相。由最初經驗到中間經驗，是精神境界的第一次翻騰；由中間經驗到最後經驗，則是精神境界的第二次翻騰。兩次翻騰都是一種辯證的活動，但要到由中間到最後的翻騰，才完成整個辯證的思維。久松的「無相的自我」中的「無相」，是第一次辯證的翻騰，是尚未完足的精神上的躍升。他是未能充分地注意到第二次辯證的翻騰，甚為可惜。因此，久松以「無相的自我」來解讀、發揮「絕對無」，是不足的。

　　如本文第二節所說，佛教的空不是對於對象的單純的否定，它是否定對象的自性（被人虛妄執著的自性），但不是對象本身。這對象本身可以保留下來，而成為對象世界、存在世界，或相的世界。對對象或相的自性的否定是第一次翻騰，這是無相。對這無相的相保留下來，加以肯定，而不再否定，這還是相，這是第二次翻騰。這第二次翻騰的相、被肯定的相是久松禪所忽略了的。

　　至於「無相的自我」中的「自我」，又是另一問題。上面提過，絕對無既是終極原理，也是最高主體性，「自我」只讓人想到後者。關於這點，我在自己很多其他文字中已有提出，在這裏便不擬多贅。

---

77 這是青原惟信的山水公案，見普濟《五燈會元》卷十七，臺北：臺灣中華書局，1984，頁 1135。

六、終極真理與動感

　　一切哲學與宗教，無不涉及終極真理（ultimate truth, ultimate reality）的問題。特別是宗教，莫不強調對於終極真理的體證，是覺悟、得解脫、得救贖的必要條件，起碼在文明的宗教來說是如此。所謂文明的宗教，指強調人在精神狀態方面的提升的宗教而言。例如西方的猶太教、基督教、回教或伊斯蘭教等，東方則有印度教、道家、道教、儒家等。[78]至於所謂「終極真理」中的「終極」是甚麼意思呢？所謂終極，是最終的、最後的、到此為止為極限的，或者說，終極是最根本的、最高層次的，終極的東西是不可能被還原為比它更根本的、更高層次的東西。哲學與宗教，特別是後者，便是處理這種東西的意義和實踐。佛教說真理〔諦（satya）〕，有兩層的說法：世俗諦（saṃvṛti-satya）與勝義諦或第一義諦（paramārtha-satya）。世俗諦是一般的常識層面的、科學的真理；勝義諦或第一義諦則是宗教的、覺悟的真理，能了解這種真理，便能達致道德的、宗教的轉向（moral, religious turn），生命得以提升，達到教化、轉化的目標。

　　在哲學上有所謂思維的方法，這便是邏輯與辯證法。我們可以粗略地這樣說，邏輯上的演繹，目的是要得到常識所許可的、不矛盾、無弔詭（paradox）的真理，亦即是世俗諦的真理。辯證法的重重屈曲向前發展，是要得到最後的、最高層次的真理，這中間需要經歷弔詭或「反」的思維，這反是有矛盾性格的。這種真理便是勝義諦或第一義諦。邏輯方法是分析的、分解的，其中不可能有矛盾或反。辯證法則是綜合的，其中不但有反，而且有對「反」的反，亦即是否定的否定。否定的否定的結果是絕對境界的

78　印度教即是婆羅門教。道家是指《老子》、《莊子》的思想和魏晉玄學。道教則指由漢代張天師等人所開拓出來的以老子為宗祖的教派而言，也包含唐代的重玄學。道教若就強調和追尋長生不死、作神仙而言，無疑是迷信的，但它也有如何突破人生的有限性，與無限的道相契接因而讓生命臻於無限的境界的說法和實踐，這則是宗教了。又，道家、儒家雖是哲學，但也有宗教功能，故亦可作宗教看。

呈顯。[79]

　　在哲學與宗教上，終極真理一直都是挺重要的問題，特別是在它與這個現實世界的關係這一點上。此中的理據，並不難說。我們是血肉之軀，有它的物理性格、物質性格，雖然我們還有心靈。我們畢竟是腳踏著大地，與周圍環境如花草樹木、山河日月為鄰而生活的。這個世界是現象性、經驗性的，就存有論而言，它是相對的、條件性的，不是獨立自存的。因此，它的來源，它背後的根基問題便出來了。這來源、背後的根基，正是所謂的終極真理。這個現實世界與終極真理的關係是怎樣的呢？現實世界怎樣從終極真理生起呢？為甚麼現實世界的東西都是現象性格，都會變化，而終極真理總被認為是不變的，具有永恆性呢（這不變性、永恆性並不排斥活動，即是，終極真理可以活動，但仍可以保有它的不變性、永恆性）？這樣，存有論甚至宇宙論的問題便出來了。存有論關涉事物在存在上的根據，宇宙論則進一步關涉及事物在時空中的生成和變化。另一方面，我們都有價值意識，能作價值判斷，以決定甚麼是善，甚麼是惡，甚麼是無所謂善惡而是中性的或無記性的。現實世界的事物當然有價值可言，終極世界或真理的價值性更被關注，終極真理甚至常常被視為一切價值的根源。在這種思維下，現實世界與終極真理在價值論特別在存有論的脈絡中的關聯是甚麼，便成為醒目的問題。而我們如何契合終極真理或回歸終極真理以讓生命具有崇高的價值的、道德的、宗教的問題，也明顯地變得重要了。

　　在這種脈絡下，終極真理的動感性（Dynamik）便成為核心問題：終極真理是靜態的抑是動態的呢？靜態是不活動的，不具有動感，動態則是活動的，具有動感。倘若終極真理是能活動的，則它可以創生現實世界，這不單是存有論的創生，甚至是宇宙論的創生。倘若終極真理是不活動的，只能作為一個高高掛在上面的模式、理型，不能對世界有深厚的影響，創生世界更不能說。在東西的哲學史、宗教思想史來看，大部分被視為終極原理的實

---

[79] 在上面第二節我們也提及，終極真理要在辯證的歷程中展現，其主要運作方法是絕對的否定，這即是否定的否定。否定是反，否定的否定是合（以黑格爾辯證法的詞彙來說）。本節中所要討論的動感，便是在反與合中的。

在，都是具有動感的，能活動的，與現實世界有密切的關聯。粗略地說，早期的終極原理對於後期來說，比較有多些學說持靜態觀，但越到後期，動感的、能活動的終極真理變得越來越流行。

　　就西方的哲學、宗教來說，應該從古典的希臘說起。希臘哲學的柏拉圖便以他的作為終極真理的理型（Idea）是靜態的，不能活動，存在於寂靜的理型世界中，現實世界、現象世界的東西都是這些理型的仿製品。到了他的高徒亞里斯多德，便比較重視終極真理的動感問題。在他用來解釋宇宙萬物的生起、形成的思想亦即是四因說中，他提出動力因，表示形成世界的元素中，有動感的元素在裏頭。其後基督教出來了，在形而上學與宗教方面，自然以上帝（Gott）為核心觀念。上帝作為真理的源頭，創造宇宙萬物，也包括人類，如母雞生蛋那樣，動感性很強。不過，基督教教派很多，教義也不是完全相同。如聖湯瑪斯（St. Thomas Aguinas）很強調上帝是神聖的實體，但又認為祂不能移動，或移動性很有限。德國神秘主義（Deutsche Mystik）者如艾克哈特、伯美之流，則不太強調上帝的實體性，反而傾向把上帝與無（Nichts）關聯起來，其動感也隨之滅殺。到了近現代，由德國觀念論（Deutscher Idealismus）特別是黑格爾倡導精神現象學（Phänomenologie des Geistes），終極真理的動感性大大高揚。黑格爾以精神（Geist）的活動行程來解讀人類的歷史、文化的發展與開拓。先是主觀精神，跟著是客觀精神，最後是絕對精神，而將最後者聚焦在藝術、宗教與哲學方面。在黑氏看來，精神即是終極真理，也是終極實體。法國哲學家柏格森也有自己一套獨特的有關終極真理與動感的看法。他強調生命的原動力（élan vital, vital impetus），作為終極真理與動感的所在。他提出奮力（creative effort）作為原動力的表現形式，這便是上帝，起碼是來自上帝的。這奮力透過偉大的神秘主義者表現出來，後者超越由物質的性格加到物種方面去的限制，而開拓出神聖的宗教活動。這些神秘主義者與其他宗教的神秘主義者不同，他們的作用的重點不是瞑思（meditation），而是行為、行動（action），而行動中又滲透著創造性和愛在裏頭。就基督教來說，這些神秘主義者包括聖保羅（St. Paul）、聖德勒撒（St. Teresa）、聖卡芙蓮（St. Catharine of Siena）、

聖法蘭西斯（St. Francis）和聖貞德（Joan of Arc），耶穌基督更不用說了。現象學（Phänomenologie）宗匠胡塞爾的終極真理也有很濃烈的動感。對他來說，終極真理是具有充量明證性（Evidenz）的絕對意識（absolutes Bewußtsein）。這作為最高主體性的意識透過它的意向性（Intentionalität）的作用開拓出能意（Noesis）與所意（Noema），分別構架自我世界與對象世界。「這種原初的普遍性意識是一種活動。」[80]在這個層次，終極真理即是客體性，即是主體性，都是超越的性格。這絕對意識或超越意識自身既是一種活動，則應是充滿動感性的。黑格爾、柏格森、胡塞爾都是歐陸方面的哲學家。在英美方面，懷德海以機體主義（organism）建立他的形而上學、宇宙論，而不講實體（Substance）。他把宇宙的存在都視為一種機體，以事件（event）、實際的存在（actual entity）、實際的境遇（actual occasion）而存在。機體即是具有生機的個體物，它的動感是不容懷疑的。

至於東方哲學，上面第三節已提及，東方的各系哲學基本上是以終極真理具有動感，能夠活動，有創生萬物的作用，只有少數是例外，如朱子的理。關於這方面，我們在這裏不再重贅了。

七、作為狀態的絕對無：它的作用與限制

在這裏，我們已經到了有關終極真理作為一種狀態與作為一種活動在動感上的強弱甚至有無動感一關鍵性問題的討論了。在哲學、宗教上，如同常識上的理解一樣，所謂「狀態」（state, Zustand），是針對某一或某些東西的存在的方式或形態說的，是一個抒意的字眼，是虛的，並不需要有實物或對象和它相應。即是說，在宇宙或存在世界之中，我們不能找到有一種稱為「狀態」的東西、事物或質體（entity）。這如同佛教說的「空」那樣，在世界中並無任何質體與「空」相應，後者是一種描述性格的名相，描述現象

---

[80] "Das ursprüngliche Allgemeinheitsbewußtsein ist eine Aktivität." E. Husserl, *Cartesianische Meditationen und Pariser Vorträge*. Den Haag: Martinus Nijhoff, 1973, S.III.

事物的缺乏、不存在有任何獨立自在的質體或實體、自性的那種情況，那種狀態。在世界中，並無一種東西叫作「空」；同樣地，也沒有一種東西叫作「狀態」。

實際上，空（śūnyatā）自身便是事物的狀態，是事物沒有實體、自性（svabhāva）的狀態，這便是關於事物的終極真理、真相。我在自己的很多著作中都提及，佛教言空，是在抒述事物的正確的、真正的狀態，這特別以般若思想（prajñāpāramitā thought）、中觀學（mādhyamika，開頭的 m 亦可作大寫）為然。就龍樹最重要的著作《中論》言，空是指某種東西的不存在、被否定而言，這即是自性（svabhāva）與邪見（dṛṣṭi）。一切經驗的事物本來都是沒有自性的，遠離邪見的。這即是有關這些經驗的事物的真正狀態、終極真理。我們若能體證到這點，因而不生起事物有自性的顛倒見解，不生起執著事物的自性的顛倒行為，只是如事物的所如地了解事物的緣起或緣生（pratītysamutpāda）的本質，這便沒有由執著自性而來的煩惱。這便是正見（釋迦牟尼的八正道說中有正見一項），便是體證得終極真理，便是覺悟。至於說真空中有妙有，空是一種活動，世間有所謂「動感的空」（dynamic śūnyatā），則是後來大乘佛教和當代一些哲學、宗教學家對空義的進一步發揮。[81]

印度佛學傳來中國，有很大的開拓，這包括觀念上與實踐上的成果。天台、華嚴以後的禪，特別是慧能禪，提出無的智慧與實踐方法，它的義理上的重心，由空轉到無方面去；特別是在修證方法上建立三無實踐：無念、無相、無住，而一歸於無一物。關於這點，上面已略有所述。特別要注意的是，印度佛學的般若思想與中觀學的空只止於狀態義而已，很難說動感；或可客氣一點說，很難說強勢的動感。禪則不同，它一方面吸收了般若思想中所展示的般若智的作用，而把般若智（prajñā）放在佛性、自性或如來藏的脈絡下說。寬鬆地言，佛性（buddhatā）、如來藏（tathāgatagarbha）略有體

81　這裏的當代的哲學、宗教學家特別是指京都哲學家而言，其中又以久松真一、西谷啟治、阿部正雄等為主。

性義，是般若智慧所由發，由此可說作用、動感，雖然不能說濃烈的動感。就動感的開拓來說，這可說是正面的、積極的發展了。不過，此中的體性義以至實體義還是建立不起來。禪的無是超越的主體性，同時也可通向超越的客體性方面。但它所強調的佛性、如來藏畢竟是空的，而它的無：無相、無念、無住、無一物，雖同時具有存有論與工夫論的含義，但存有論的含義太輕，無相、無念、無住、無一物都是負面的表達方式。而無的工夫，由於是來自本性仍然是空的佛性、如來藏，故所引生的作用、動感仍然疲弱。嚴格地言，禪的無雖然可說主體性、客體性，體性的意味仍然不足，倒是它的狀態義仍然很濃厚。是甚麼狀態呢？正是沒有相、念、住、一物的狀態。即是，無是否定、遠離形相、念慮、住著、對象的超越狀態。[82]即是說，一切法或存在就其自身而言，都是不具有可執取的形相、念慮、住著、對象的狀態，這是一切存在物的真正狀況、真理（終極真理）。

慧能禪可說是佛教思想中少見的倡導動感和與世間建立不取不捨（即不執取，亦不捨離，任運自在地活動）的關係的流派，它與達摩禪與神秀的北宗禪強調超越的真性、真心不同，也與慧能弟子神會強調靈知真性但卻提出頓悟方法不同。[83]慧能的無與天台宗智顗的佛性中道或中道佛性兩觀念，可被視為中國佛教中距離印度佛教（特別是般若思想與中觀學）最遠，而接近

---

[82] 《壇經》中有「自性能生萬法」的說法，很多人都注意到這點。但這並未能增加佛性、如來藏的體性義，「生萬法」也不能作為具有創生萬物的意味而以動感來解讀。「自性」不是指佛教要堅決拒斥的具有常住不變的 svabhāva，而是佛性的意思。佛性生萬法只是虛說，是邏輯的說法，不是存有論，更不是宇宙論的說法。即是，佛性畢竟是空的，不能說體性，只就它與緣起的關係來說。緣起是萬法成立的基礎；它不能創生萬法，而是憑藉緣起無自性的意涵以成就萬物的緣生性格。這與龍樹《中論》所說的「以有空義故，一切法得成」是類似的表達方式，都是以佛性、空來證成一切存在的依條件〔緣（pratyaya）〕而得生起的本質，與實體主義的創生觀念完全扯不上關係。

[83] 關於這些點，這裏不擬細論，參看拙著《中國佛學的現代詮釋》，臺北：文津出版社，1995，第十一章〈達摩與早期禪：清淨心性的強調〉，頁 132-158；第十三章〈神會禪：靈知的光輝〉，頁 175-198；拙著《遊戲三昧：禪的實踐與終極關懷》，〈壇經中神秀偈與慧能偈之哲學的解析〉，頁 61-70。

中國傳統的儒家、道家的思想，與儒道兩家有很大的對話空間。但它們畢竟不能脫離佛教的緣起性空的根本立場，不能突破非實體主義（non-substantialism）的範圍，而開拓出強勁的動感，特別是宗教的動感。無與中道佛性作為終極真理，仍然不能超出狀態的意味、層次。中國佛教說到底仍是佛教，仍然是非實體主義的思維形態。

　　以下我們要就動感、靜態、狀態這些關要的詞彙，來替京都學派的絕對無一觀念定位。首先看田邊元和武內義範。如上面第二節探討田邊元與武內義範的絕對無思想所提及的，田邊元和武內義範都傾向淨土思想，而不如其他學派的成員般立根於禪。淨土宗是他力主義模式的宗教，其中心觀念是他力大能，亦即是阿彌陀佛。田邊與武內提到絕對無時，都是主要涉及這他力大能，特別是祂的慈悲與願力。他力大能即是終極真理，其慈悲與願力有動感義。[84]但這動感在修行者來說，是被動的，其施予於世間，取決於他力大能。修行者除了主動念佛以祈求他力大能的慈悲願力的加被之外，本身難說動感。即使他能感動他力大能，被引領到西方的極樂淨土，這淨土亦只是一種境界，一種有利於眾生覺悟、得解脫的環境，這仍是狀態義。阿彌陀佛是他者，眾生與祂即使有我與汝（I and Thou）的關係，仍不能說主體性義的動感，純粹是活動、是力動更不用提了。[85]實際上，田邊元作為一重要的行動派的京都學派的成員，不會不重視動感和對終極真理的實證問題。不過，他展示捨佛教而特重基督教、馬克斯主義和儒家的實踐轉向，認為我們須對現實世界有真實的、有效的影響，人生才有意義。這與他在早期的學習、研究有密切的關聯。他早期是研習數學和科學哲學的，特別是後者，讓他培養

---

[84]　這種動感發源於他力大能或阿彌陀佛，不是修行者本身。如上面第三節所說，這種動感是如久松真一所說的被動的、受動的，不是主動的，不能產生真正的、有把握的力量讓人去體證終極真理。這與無一觀念關聯起來，便有所謂能動的無與被動的無。依久松，只有能動的無具有真正的動感，這是禪的自力的動感。來自他力大能的動感不是真正的動感，沒有真正的、足夠的力量讓修行者覺悟而得解脫。

[85]　如上面第三節提過，田邊認為主體的立場、有的導向和觀想都傾向於靜態，是非行動性的。不過，他所說的主體立場中的「主體」，是主體主義、主觀主義、自我主義中的意味，並不是超越的、動感的主體性。

出一種務實的作風，也對他後來發展、開拓出懺悔道的哲學有促發作用。[86]
故田邊元所言的動感是他力的動感，缺乏主體能動性，他把絕對無放在阿彌
陀佛和淨土之中說，這種「無」一方面有外在義，另一方面也不離環境義、
狀態義，很難與具有最強動感的超越的心靈、主體掛鉤。不過，田邊元有一
點倒是值得我們注意的，因為它具有啟發性。如上面第二節所說，田邊強調
我們應以行為來把握真理，以佛教的無我觀點來說絕對的自我的真相。以行
為、行動來把握真理，即是不視真理是一客觀的對象，對它加以研究，而與
真理構成一種二元性（Dualität）。卻是要在行為、行動中把握、體證真
理，這樣，對於真理的會得，只發生於動感流行之中，或具體的個人活動
中，而不發生於客觀的學術研究之中。承著上面一點，以佛教的無我來說絕
對的自我的真相，這無我便不單單是一種狀態，一種遠離自我（私欲的自
我、個別性的自我）的狀態，而且也有動感義。無即是否定，無我即是否定
自我的實體性格，這不光是一種認知，更是一種行動、行為。這兩個意味，
應以後者為主。

　　關於武內義範，他講絕對無，似乎遊移於狀態與活動或動感之間。如上
面第二節所提及，他和田邊元表示我們是站在行為的立場來否定自己的，因
此，「絕對無」中的「無」（否定），是在行為中作用的。這基本上與上面
說田邊提醒須在行為、行動中把得真理一點是同一旨趣。另外，武內又以佛
教的慈悲和基督教的愛（Liebe）來說絕對無。法國哲學家柏格森認為基督
教是最具備動感的宗教，而基督教的愛是透過耶穌的道成肉身、作代罪羔
羊、釘死於十字架這樣的淒烈行為向世人示現的。就這點來說，武內把絕對
無關聯到基督教的愛方面去，似乎表示他視絕對無為具有動感的終極原理。
但對於對佛教的慈悲的體證，武內卻提出「離脫」（Abgeschiedenheit）一
觀念來說。這離脫是德國神秘主義思想家艾克哈特所倡言的，具有消極的意

---

[86] 有關田邊元的懺悔道的哲學，參看田邊元著《懺悔道としての哲學》，東京：岩波書
店，1993。英譯：Tanabe Hajime, *Philosophy as Metanoetics*, Tr. Takeuchi Yoshinori w.
Valdo Viglielmo, Berkeley: University of California Press, 1986. 又可參考拙著《絕對無
的哲學：京都學派哲學導論》，頁 35-44；拙著《京都學派哲學七講》，頁 53-59。

味。[87]武內深諳德國神學與德國神秘主義思想，在離脫這一點上，恐怕不無受到艾克哈特的影響。倘若是這樣，武內便又回歸向把慈悲消極化、靜態化了。另一方面，上面第二節也提到，武內以「大寂」來說藝術的最高境界：幽玄，而提出「無的藝術」這一觀念。[88]他又舉繪畫中的空白之處為例，說這空白正傳達無的訊息。按這空白所表示的空虛靜止狀態，正足以增加無或絕對無的狀態的意味。另外，武內也提到無的宗教，以它來說大乘空觀。這空若就般若思想與中觀學言，正是狀態的意思。因此我說武內對絕對無的理解游移於狀態與動感之中。

田邊元、武內義範外的京都哲學家都宗奉禪佛教的，包括締造這個學派的西田幾多郎在內。西田說絕對無，時常關聯著他的場所邏輯「絕對矛盾的自我同一」來說，這個觀念一時難以處理清楚，筆者會在另外的著作中較詳細地探討它。（按：這是指拙著《絕對無詮釋學：京都學派的批判性研究》，臺北：臺灣學生書局，2012。）在這裏，筆者想說的是，西田的絕對無思想有點雜亂，幾乎所有具有終極意味的重要觀念，都被西田拿來解讀以至等同絕對無。這些觀念包括純粹經驗、場所、形而上的綜合力量和上帝。其中，純粹經驗表示主體與客體分立之先的前意識狀態。場所指一種無障礙的意識空間，一切存在都可自在地遊息於其中，展現自身的不可被取代的價值。[89]

西谷啟治論絕對無，較他的老師西田有較確定的意涵。他吸收了空宗（般若思想、中觀學）特別是龍樹的空觀，以空作為事物的背景、環境，視之為絕對無。龍樹的空義有狀態的意味，西谷的空也有狀態的意味，因此他

---

[87] 有關艾克哈特的「離脫」概念的詮釋，參考上田閑照著《上田閑照集》第七卷，第十章〈離脫について〉，東京：岩波書店，2001，頁251-266。

[88] 武內所提的藝術上的大寂與幽玄，其中的狀態意味，呼之欲出。

[89] 有關西田的純粹經驗、場所的深入內涵，參看拙著《京都學派哲學七講》，頁8-13、31-34。有關較專門的意涵，參看上田閑照著《西田幾多郎を讀む》，東京：岩波書店，1992，頁57-170、302-358；大橋良介《西田哲學の世界》，東京：筑摩書房，1995，頁13-21、69-82。

所強調的絕對無，狀態義相當濃厚。要注意的是，西谷吸收了華嚴宗的無礙思想，強調事物在絕對無這一場所、環境中，都具有理想義、價值義，而構成一個輝煌龐大的現象學意義的世界（phänomenologische Welt）。這是在絕對無作為基礎而被建立起來的生活世界。一切事物在這絕對無中，都能以迴互相入的方式而存在，以圓融無礙的姿態呈現。我們可視這種世界觀為絕對無的存有論、空的存有論。[90]這自然有華嚴宗的一即一切的意味。西谷以德語 All-Einheit 來解讀這一即一切，以 heit 相應於即。[91]這便有一致性、協調性、諧和性的意涵了。西谷在這個意涵下建立絕對無的存有論、空的存有論，超越了久松真一的「無相的自我」中的「無相」的消極意味，而回歸到西田幾多郎的限定的存有論。在後者，西田是以限定這種運作來說存在的，其中有辯證的限定、普遍者的限度、個體物的限定。關於這點，我在這裏不擬多說，將會在另外要寫的有關京都哲學的書中詳述之。不管怎樣，西谷論絕對無，它的環境義、狀態義仍是相當濃厚的。

下來是阿部正雄。他在京都哲學家群中，算是相當重視和強調絕對無的。關於這個問題，我擬分以下幾點來說。一、阿部認為，絕對無是一種否定原理，是以否定或遮詮的方式來說終極原理。這種顯示終極原理的方法，除絕對無外，還有佛的空、禪的無、道家的自然，和西方中世紀的德國神秘主義者艾克哈特的無（Nichts）和伯美的無基底者（Ungrund）。近現代的尼采和海德格都有這種傾向，從負面來說終極原理。[92]這種表達方式，表示沒有某種東西的狀況、情境，狀態的意味很明顯。二、阿部認為，絕對無

---

[90] 關於西谷的絕對無的存有論或空的存有論，參看拙著《京都學派哲學七講》，頁 125-143。

[91] 西谷啟治著〈一つの問としての「一即一切」〉，辻村公一編《一即一切》，東京：創文社，1986，頁 5-6。

[92] Masao Abe, "Zen and Western Thought," in Masao Abe, *Zen and Western Thought.* Hong Kong: The Macmillan Press Ltd., 1985, pp.83-120. 日文原文：阿部正雄著〈禪と西洋思想〉，鈴木大拙監修、西谷啟治編集《講座禪第一卷：禪の立場》，東京：筑摩書房，1974，頁 113-148。中文翻譯：阿部正雄著、吳汝鈞譯〈禪與西方思想〉，吳汝鈞著《佛學研究方法論》下冊，臺北：臺灣學生書局，1996，頁 457-492。

（absolutes Nichts）是與絕對有（absolutes Sein）相提並論的，這並不表示絕對無與絕對有是相對性格，也不表示在存有論上絕對有對絕對無具有先在性（priority）和優越性（superiority.）[93]阿部質疑西方哲學傳統一直以無為有的欠缺、不存在的邏輯的、存有論的合法性。就常識的層面來說，這或可說得過去。如說「這裏沒有茶杯」，這樣，沒有或無的確表示有（茶杯）的不存在。但就終極真理的層面言，依阿部，絕對有與絕對無是對等的，它們的分別，在於以表詮的方式（絕對有）和以遮詮的方式（絕對無）來展示終極真理而已，並無哪一方具有先在性、優越性可言。在阿部看來，絕對無表示從相對的有無、善惡、罪福這種背反（Antinomie）突破開來，超越上來。在這種意義脈絡，他提出「非佛非魔」的辯證性格的思維方式：離脫一切有無、善惡、罪福、佛魔所成的二元對待關係。[94]二元的對待關係被超越，被克服，真理的絕對性便同時呈露。這便是絕對無。從這一點看，絕對無表示事物不具有相對性的情境，這樣，絕對無仍不能免於狀態義。這「非佛非魔」實是承接慧能禪的「不思善，不思惡」的思維導向而來。能夠超越善惡的相對性，便能達致絕對無的境界了。三、這是最重要的一點，即使我在他處提過因而在這裏重複說，亦無妨。阿部在他的一篇長文〈淘空的神和動感的空〉（"Kenotic God and Dynamic Sunyata"）中說：

> 空完全地空卻一切東西，包括自身在內。即是，絕對的空卻的〔這樣的〕純粹活動，是真正的空。[95]

---

[93] Masao Abe, "Non-Being and Mu: the Metaphysical Nature of Negativity in the East and the West," Masao Abe, *Zen and Western Thought*., pp.121-134. 中文翻譯：阿部正雄著、吳汝鈞譯〈從有、無問題看東西哲學的異向〉，吳汝鈞著《佛學研究方法論》下冊，頁441-456。

[94] 參看阿部正雄著《非佛非魔：ニヒリズムと惡魔の問題》，頁 1-94。

[95] Masao Abe, "Kenotic God and Dynamic Sunyata", John B. Cobb and Christopher Ives, eds., *The Emptying God: A Buddhist-Jewish-Christian Conversation*. Maryknoll, New York: Orbis Books, 1991, p.27.

在這裏，阿部以純粹活動（pure activity）來說空，這可以很順暢地關聯到我所提的作為終極原理的純粹力動方面去。問題是，在闡釋這段話中，阿部引般若文獻（Prajñāpāramitā-sūtra）的《心經》（*Prajñāpāramitā-hṛdaya-sūtra*）的說法為據。但這說法沒有文獻學與義理方面的依據。在筆者的研究中，在般若思想特別是中觀學來說，空表示一種事物的真正狀態，或真理：沒有自性（svabhāva）、實體（substance）。更精確地說，空是自性的否定、邪見（dṛṣṭi）的否定。它是以靜態的狀態義說；把它和活動、動感（濃烈的活動、動感）關聯起來，以後者來說前者，印度佛教的空宗特別是中觀學沒有這種說法。這種說法當然有其精采處，可說是阿部對印度空宗的空義的創造性詮釋，也便是阿部在這段說法的下面所提的解釋，這種解釋相當主觀，阿部基本上是離開空宗的傳統而表示自己的創見了。阿部對空義的發揮，與我的純粹力動觀念的意涵有相通處。但阿部所宗的非實體主義的立場，能否容許這樣的說法，是一個問題。這些方面都很複雜，我會在下面有周延的處理，這裏暫且擱住。

下來是上田閑照。上田是國際方面認可的京都學派成員中最年輕的，但已是八十多歲的老人了。他的學問特別是有關絕對無的觀點，有點複雜，與其他京都哲學家不同。他的專業是在宗教哲學方面，特別德國神秘主義，尤其把重點放在艾克哈特上。跟著的是禪和西田哲學。同時，他也在專書的編輯方面作了很多工夫。[96]他也研究西方哲學，特別是當代的，如海德格與胡塞爾。[97]當然他不如辻村公一研究海德格和立松弘孝、渡邊二郎研究胡塞爾般專精。作為京都學派中的一員，他對他的前輩的思想自然是熟諳的，特別

---

[96] 對於艾克哈特的研究，他寫有《マイスター・エックハルト）一書；對於禪，他有《禪：根源的人間》，對於艾克哈特與禪的關係，他有《非神秘主義：エックハルトと禪》；對於西田哲學，他有《西田幾多郎を讀む）。他所編輯的書有《ドイツ神秘主義研究》、《禪と哲學》、《禪と現代世界》（與堀尾孟合編）、《西谷啟治先生追悼：情意における空》、《禪と京都哲學》（監修）等。

[97] 上田閑照著《場所：二重世界內存在》，第二章〈世界の有意義性と世界の無、及び四方界（das Geviert）〉，東京：弘文堂，1992，頁 39-82。

是西田幾多郎、田邊元和西谷啟治，並且很有自己的卓見。例如，田邊元的絕對媒介（absolute Vermittlung）一觀念很不易理解，上田在這方面有他的扼要而清晰的解讀：媒介自身亦需要依靠媒介，才能有媒介的作用，這所依靠的媒介便是絕對媒介。[98]邏輯地說，所依的媒介亦須有媒介才成，這便陷於無窮追溯了。但所依的媒介自身涵蓋先在於它的一切媒介，是絕對媒介，因而不必有無窮追溯的困難。這不是邏輯的問題，而是辯證法的問題。即使是辯證法或辯證，自身亦會循辯證的模式發展，這便是絕對辯證法，或絕對辯證。[99]

　　要闡述上田閑照對絕對無的理解，有一些困難。絕對無是他的哲學的核心觀念，是沒有問題的。不過，他很少獨立地談論絕對無，卻總是關聯到他的前輩如西田幾多郎、田邊元和西谷啟治來談，他自己的絕對無觀自然也涉於其中，但須抽絲剝繭，把他自己的觀點料理出來，便有些麻煩。在他的著作中，沒有一本專書是展示他自己所理解的絕對無的，包括他的《上田閑照集》十一卷在內。他也很少撰寫專文展露自己的絕對無觀。其中少有的例外，是他對宋代廓庵禪師所寫的《十牛圖頌》，因此我根據這個文獻和上田的解讀，來看他如何理解絕對無。按廓庵的《十牛圖頌》，是以十幅牧牛的圖畫，分別配以短序和偈頌，顯示牧者尋找所失去的牛隻的歷程。這牛隻象徵心牛，直指自己的真我或最高主體性，亦即象徵人尋找忘失了的心牛最後失而復得的心路歷程。有關整部《十牛圖頌》的文字和詮釋，筆者曾寫有

---

[98] 上田閑照著《宗教への思索》，〈死の哲學と絕對無〉，東京：創文社，1997，頁160。

[99] 「絕對媒介」與「絕對辯證」讓人想起佛教唯識學（Vijñāna-vāda）中護法在他的《成唯識論》中所展示的證自證分的思想。在認識論方面來說，我們以見分（dṛṣṭi）去了別相分（nimitta）：見分相當於認識主體，相分相當於認識對象。見分認識相分，需要一層次高一級的主體來確認、證成，這便是自證分；而自證分的這種確認、證成，又需一高一級的層次的主體來作證，這便是證自證分。按理（邏輯之理）證自證分又需層次較高的主體來認證，這樣的思維方式發展下去，每一階段都須向上追溯，便成無窮追溯的窘境。但證自證分自身可以涵蓋、截止這種追溯，而自認自證。依京都哲學的思維導向，這證自證分及它以上的認證，可稱為「絕對認證」。

〈十牛圖頌所展示的禪的實踐與終極關懷〉[100]一文，這裏不擬重贅。我只想就上田對這部作品的解讀和發揮，整理出他的絕對無的思想。按上田對於這部作品，最重視最後的第八、第九、第十三首圖頌，對它們的詮釋也最周詳。[101]他把這三首圖頌合起來，構成所謂三位一體的範式。他認為第八圖頌「人牛俱忘」可以象徵絕對無的境界。此中沒有尋覓者（人）與被尋覓者（牛）的分別，沒有人與佛的分別，沒有二元性與統一性的分別。這是泯除一切相對性思維的絕對境界。這正是絕對無的理境，這正與圖畫中只有一個圓環或圓相相吻合。從哲學一面言，上田認為人牛俱忘表示絕對無作為一種否定原理而被確立起來。此中涉及絕對無的兩個側面：對實體思維的解構和對無的否定，或對否定的否定。按這其實是非有非無的思維方式。非有是對作為實體、自性的解構；非無則是對無的否定，對作為虛無主義的無的否定。非有非無的結果是敞開一個大自由、大開放的意識空間，以包容一切存在物（entity）。這是一個容受性格的精神空間，它的狀態的意味很濃厚，因而不免有靜態的、寂靜的意涵。上田雖說非有具有否定的動感義，但這畢竟是被動的，有久松在上面所說的受動的無的傾向，是被動的否定，不能說濃烈的動感義。因此，即使上田說「絕對無把自己確認為沒有完結的否定和即時的、直截了當的肯定的動感的相關性」[102]，表示絕對無有兩種作用：

---

[100] 拙著《遊戲三昧：禪的實踐與終極關懷》，頁 119-157。更詳盡的說明與分析，參看柳田聖山著〈注鼎州梁山廓庵和尚十牛圖〉，上田閑照、柳田聖山著《十牛圖：自己の現象學》，東京：筑摩書房，1990，頁 155-286。

[101] 德瑞方面的神學家、宗教學學者貝利亦提及在上田眼中，這三首圖頌最為重要。他並以首肯上田的看法的語氣表示，修行者在這階段中已忘卻由於克服心牛的野性而碰到的苦惱，卻在無之中體證得真我，成就事物的如如的圓滿性（F. Buri, *Der Buddha-Christus als der Herr wahren Selbst.* Bern u. Stuttgart: Verlag Paul Haupt, 1982, S.300。英譯本：F. Buri *The Buddha-Christ as the Lord of the Ture Self.* Tr. Harold H. Oliver, Macon, Georgia: Mercer University Press, 1997, pp.264-265）。順便一提，貝利對京都哲學有他自己的看法。但這書的德文原本在敘述方面顯得非常累贅，句子很長，如在第 306-307 頁中便有一句概括十五行的情況。

[102] Ueda Shizuteru, "Emptiness and Fullness: Śūnyatā in Mahāyāna Buddhism," in *The Eastern Buddhist*, New Series, Vol. XV, No. 1, Spring 1982, p.15.

否定和肯定，但否定是沒有完結的，亦即是恆常的，畢竟難以建立有效的動感；而肯定又是即時的、直接的動感，這樣，動感只是瞬時的，不具有持久性，在那裏間歇地跳躍，也難以建立連綿不斷的力量以普渡眾生。至於第九圖頌，這幅圖畫描繪出一棵在河邊開著花的樹，和湧現起來的河水。上田以為這是在呈現人的無自我的自我，這無自我的自我可通到久松真一所說的無相的自我方面去。上田說：

> 當有人在他的絕對無中經驗到花開，他深藏於無限的無中，而不是在他的自我中心的基礎上，花朵即以如其所如地開放著的狀態被經驗。[103]

這種詮釋太空泛，也過分主觀，上田主要是借題發揮有關無或絕對無的神秘主義義的性格。實際上，此一圖頌「返本還原」中有這樣的兩句：庵中不見庵前物，水自茫茫花自紅。這兩句的意思並不難明白。庵中是指修行者或主體，庵前物是指客體方面的事物，是作為對象看的事物。其意是，在這個階段中，主體已不把外物作對象看，不把事物客體化，而構成主客對峙的二元關係。它是把事物作為實有其物的物自身（Ding an sich）看，這便是「水自茫茫花自紅」的旨趣。在這裏，廓庵的著筆真是妙絕，是怗地的禪門高手。這是讓水自為煙水茫茫的水，花自為讓人驚豔的璀璨的紅。物各付物，這物是物自身層次的物，不是現象的、對象的物。海德格的 Gelassenheit 與 Ereignis 便有這種意味：順任自然而不干預，「不塞其原，不禁其性」，魏晉玄學家王弼便有這個意思。以佛教特別是禪宗的詞彙來說，是「任運隨緣」。至於第十圖頌「入鄽垂手」，畫了一個老人和一個少年在路上相遇。上田的解讀是，老人家是在啟寶少年思索有關自己是誰的問題，由此而促發他體證自己的真我。另外，上田還有一些屈曲的說法。照我的看法，這第十

---

[103] Ueda Shizuteru, "The Zen Buddhist Experience of the Truly Beautiful," in *The Eastern Buddhist*, New Series, Vol XXII, No. 1, Spring 1989, p.22.

圖頌是要傳達一個大乘佛教的訊息：我們覺悟得道後，不應停滯在解脫的狀態中，孤芳自賞，卻是要從解脫中還回到世間，普渡眾生。關於這些問題，我想都不必在這裏談了。我只想說，上田對於絕對無的解讀是基於人牛雙忘、主客對立關係的消解為重點而進行的。這樣的絕對無仍不離狀態義，是多了一些美學的、藝術的旨趣。這樣的亦是美學亦是宗教的狀態，其實是不足以培養出有效的力量，在十字街頭以謙卑的態度而向眾生垂手示教的。

八、無相的自我的問題

最後我要集中地討論久松真一的絕對無思想。我在上面花了頗多篇幅來探討久松用以解讀絕對無的無相的自我，表示久松的無相的自我只有由相到無相（相而無相）這第一輪的辯證義的翻騰，而沒有由無相而回歸於相（無相而相）這第二輪的辯證義的翻騰。我這樣說，是在一個很嚴格和很客觀的角度提出的。我只是就事論事，不牽涉任何個人的問題，也不特別針對任何人。有關久松的著作與生平，筆者在 1974 年春季初到京都，便注意及他的思想，特別是對於終極真理的解讀方面。他以無相的自我來發揮絕對無的思想，和在參禪中體證得無相的自我，都給我深刻的印象。尤有進者，他很強調對於終極的、絕對的真理的體證，提出要對有無、善惡、生死、罪福、生滅、佛魔等背反，突破開來，超越上來，讓自己對相對的存在與價值，徹底離脫，像禪宗大德所說的「大死一番」，才有希望，才有出路。[104]依久松，對於絕對的、終極的真理，亦即是絕對無，我們必須突破一切如上面所舉的二元性的背反，先破而後立，先死而後生，展現自己的真正的無相的自

---

[104] 實際上，久松自己在求道方面的心路歷程，正與這種強調對背反、矛盾的突破有直接關聯。這是一種突破生命的大疑團的覺悟的經驗。有關這種經驗，參看久松著〈學究生活の想い出〉，《東洋的無》，《久松真一著作集》1，頁 415-434，特別是頁 426、432-433。英譯："Memories of My Academic Life", in The Eastern Buddhist, New Series, Vol. 18, No. 1, Spring 1985，頁 8-27。此文的英譯者應是常盤義伸。又可參考拙文〈久松真一與禪〉，拙著《京都學派哲學：久松真一》，頁 77-78。

我，覺悟與解脫才能說。絕對無是客體性，無相的自我是主體性，客體性與主體性本來融合無間，相互等同，它們之有主客的分別，那是我們以分析的、分解的眼光來看的緣故。突破主客的背反，重新建立絕對無與無相的自我的等同性，正是宗教的目標、歸宿。在「無相的自我」中，自我否定一切相、一切對象性，遠離對對象的分別（虛妄分別），而成為一個絕對無相的主體。在這裏面，絕對無相即是絕對無，否棄一切二元性的分別，這的確是狀態義，是沒有二元的虛妄分別的狀態，這便是真理，便是空，便是無。這是主體或自我的真正的、真理的狀態，是虛義，沒有力動、力用可言。起碼就存在論來說是如此，無相、遠離對象性、分別性正是自我或主體的真正的存在狀態。當然我們可以說，突破一切背反，使自我從背反的束縛中離脫，而臻於絕對自由之境，是一種實踐義的工夫，此中非要有力動、力量不可，這便可說動感，而不單是靜態的狀態般簡單。但這是另一問題，是終極真理或絕對無如何達致的問題，不是終極真理的面貌、性格的問題。有人可能會提：無相的自我是否可有自我觀照事物的實相亦即是無相的意涵呢？這觀照可被視為一種工夫，一種動感的表現。我想我們可以這樣考量，這個意思可以由無相的自我一觀念推演出來，但不是無相的自我的嚴格的、本來的意義。

　　順著上面所述說下來，第一，我想先就形而上學方面著筆。「無相的自我」中的「無相」，只能展示自我也就是超越的真理（自我或真我等同於終極真理）的超越性（Transzendenz）：超越經驗世界的種種相對性、有限性，而不必也具足內在性（Immanenz）：內在於世俗的、現象的世界的事物中。倘若真理只是超越而不內在，則世俗世界、現象世界的事物便難以說圓滿，真理也難以說實在，離開時空性的事物是不能被建立為實在（reality, Realität）的。這是無相一觀念所可能引出的存有論的結果。久松本人或許不完全是這種意思，不然的話，他的宗教運動的理想 FAS 中的 A（All Mankind，全人類）和 S（Supra-historical，超越歷史而又創造歷史）便成為空談了。實際上，我在上面第五節中說過，久松提出真理應該是特殊與普遍有一相即不離的關係：普遍之中有特殊，特殊之中有普遍。普遍相應於超

越,特殊相應於內在。在某一質體中,應該兼有這兩種要素。這內裏當然有
辯證性格在,否則雙方是不能碰在一起的。但倘若只死板黏向無相這一面,
則由種種特殊事物所交集成的現象世界便無由成立。[105]

第二,順著普遍與特殊的結合說下來,普遍或普遍性(Universalität)
與特殊或特殊性(Partikularität)以甚麼方式結合或交集呢?特殊性不能不
指涉個體物,不同的個體物具有同一的性格或普遍性,我們便以這普遍性作
為基準,以概括這些個體物。這是普遍性與特殊性一般的交集方式,是存有
論的模式,也有認識論的意味在內。久松的作為有之理的普遍與作為有之事
的特殊的關係,大體上屬於這類型的導向。不過,我們可以進一步提出,普
遍性作為終極真理,是第一序的,在它之上並不存在根源的問題。但作為特
殊性的個體物便不同,它不是終極義,它的成立須有所依據,有它的原因:
而成立之後,它又如何作為一種會改變的生滅法在時空中表現它的行程呢?
這便是我在上面第四節所提的問題:對於有之事來說,有之理是一種邏輯上
或存有論上的理據,沒有宇宙論的意味,不能講物體或個體物的生成與變
化。對於這個問題,久松的作為終極真理和主體性的無相的自我沒有面對這
個問題而予以交代,在他的著作中(就目前所能得到的著作中)好像沒有處
理這個問題。因此我們便可以問:個體物的來源和成立是怎樣的?存有論在
理或理據方面可以回應這個問題(當然從信仰上可以委諸上帝,但我不在信
仰方面立說),即是,個體物的來源是終極真理,在久松來說是無相的自
我。但無相的自我如何生起個體物?又,無相的自我或終極真理是抽象的,
但個體物是具體的、立體的,抽象的東西如何促生具體的、立體的東西呢?
形式性的東西如何生發具有質料性格的個體物呢?這顯然需要有一種宇宙論
的推演,但久松在他的無相的自我的思想中,並沒有碰觸這個問題。不接觸
這個問題,在動感上便欠缺。畢竟事物的宇宙論的生起與變化,需要憑藉力
量或力動才可能。

---

[105] 在佛教,只有唯識學(Vijñāna-vāda)正面碰觸這個問題而予以有效的處理,這即是
種子(bīja)說和詐現(pratibhāsa)觀點。久松是宗禪宗的,對唯識學沒有甚麼興
趣。

　　第三，久松在存有論上重視有之理過於有之事，致在工夫論上重視無相過於相，這相是由相到無相，再由無相回歸於相的最後的相。在上面第四節我們提到相或現象的辯證的發展：相→無相→相。這即是相而無相，無相而相。在這發展中，第一階段與第三階段的相並不是在同一層次，這是很清楚的。第一階段的相相當於辯證法的正，我們對它有所執著，執著它的實體、自性。第二階段的無相則是對被執著的相的實性、自性突破、否定，而得無自性的、空的相。第三階段的相則是由無相還落於相，這不同於第一階段的相的純然是現象，純然是特殊性，而是被轉化了的現象，不被執取（虛妄執取）的現象，同時具有普遍性與特殊性的現象。關於第一階段的相、第二階段的無相與第三階段的相的相互差別、相互聯繫問題，我們可拿佛教天台宗智顗大師的一心三觀說來作輔解（輔助理解）。智顗的一心三觀說是：從假入空觀是破法折伏，從空入假觀是立法攝受，第三觀是中道正觀，是明覺、覺悟到真理。[106]第一階段的相是常識、俗見，有執的相，無所謂觀。第二階段的無相相當於從假入空觀，後者的重點在空，但以假為基礎。空能發揮它的否定作用：破斥我們對個體物的自性、實體的執著。所謂「破法折伏」，是指破除與伏斷對個體物的偏執而言。第三階段的相則相當於從空入假觀，後者以假為重點，但以空作為基礎。這種觀法能順著假法或個體物的緣起性格，而加以攝受之，建立之，將之建構成一具有多種姿態的現象世界。「立法攝受」即是對諸法或個體物的緣起性格加以認受，建立之為一有正面的、積極的而又可以說價值與理想的現象世界。[107]久松的「無相的自我」中的「無相」，是遮遣義的破法折伏，把一切執著、煩惱的葛藤都砍掉；但這只是破，而沒有立，因此無相之後還要回歸到相。光以無相來說自

---

[106] 智顗著《維摩經略疏》三，《大正藏》38・597 中。參看拙著《天台智顗的心靈哲學》，臺北：臺灣商務印書館，1999，頁 143-144。又拙著 *T'ien-t'ai Buddhism and Early Mādhyamika*. Honolulu: University of Hawaii Press, 1993, pp.145-147.

[107] 這種現象世界與胡塞爾的現象學所說的生活世界（Lebenswelt）是相通的，雙方在內容上容或有歧異之處，但就哲學導向、邏輯層次來看，都是目的論、價值意義的世界。

我，不能展現終極主體或終極真理的破立共存的周延架構。

第四，上面第三節提及久松說東洋的無有六大特質：無一物性、虛空性、即心性、自己性、自在性和能造性。又說無有兩面：受動的無與能動的無；受動的無是虛無主義的被動性格，能動的無則能生起大悲心，對覺悟有正面意義。久松所說的無自然是絕對無，它的無一物性和虛空性是沒有問題的。即心性、自己性和自在性有工夫義，都很好。但能造性則有問題。絕對無不是實體（能動的實體），不是創造主（Creator），沒有宇宙論意義，它能造甚麼呢？只有具有強烈的動感的形而上的實體或創造主能夠創造、創生萬物，或是終極真理、終極主體透過詐現而生起萬物，但絕對無都無與於此，它能造甚麼呢？另外一點是，久松說絕對無以大悲心為基礎，這很好，只有心才能說真正的、濃烈的動感，但久松的大悲心，是由大乘佛教特別是禪來的，此中的大悲心，始終都是以空、空寂為性，不具有體性義。以空寂的大悲心為依據的絕對無所發出來的動感、力用終是有限，不能對宇宙起生化的作用，不能真正創生萬物。此中需要有一宇宙論，但禪與久松都沒有。

第五，如上面第四節所述，久松說無相的自我，這無相指沒有一切對對象性的執取，因此，自我是遠離一切束縛，是自由的。這無相基本上是指自我的自由無礙、任運不斷的遊戲三昧的狀態。如上面所說，終極真理或終極主體若是一種狀態，便有動感不足、力用虧欠的問題。久松以自我配無相，似乎可以自我的體性義和心之實義來平衡無相的消極性、虛無性，但如上所說，自我即使以心、主體來說，亦不表示具有體性義，對於動感的建立，不必能起積極的作用，不能抵消無相的消極義、虛無義。[108]另外，印度傳統

---

[108] 在哲學上，我們通常說心，是就兩個層面說：經驗的心與超越的心。前者又可說為是氣心，後者又可說為是理心。這特別是就宋明儒學以至先秦儒學言，有時更可就道家言。朱熹與荀子所說的心是經驗的心；陸九淵、王陽明、孟子所說的心則是超越的心。孔子的仁倘若自心說，亦應是超越的心。特別顯著的是，孟子即心言性，從人的良知良能、不忍人之心、惻隱之心來指點人的善性，這心是很典型的超越的心，或超越的主體性（transzendentale Subjektivität）。但說到心的體性，這「體性」的意義便有點模糊。「體」與「性」都是形而上學的觀念，兩者合起來而成「體性」，除了有形而上的意涵外，好像也有些工夫論的意味。但肯定不完全是實體（Substance），雖

哲學如《奧義書》說梵（Brahman）、我（ātman），數論（Sāṃkhya）說神我（puruṣa）、原質（prakṛti），勝論（Vaiśeṣika）說我（ātman），都具有實體和我義，以我為具有實體性，是絕對有（absolutes Sein），無相的自我如何清晰無誤地與它們區別開來呢？同時，原始佛教（包括釋迦牟尼在內）又盛說無我（anātman），這無我與無相的自我中的自我又如何區分開來呢？這些都是足以令人困惑的問題。久松提無相的自我來解讀絕對無，立為終極的主體性，自然是可以的，但所關心的是無相，而不是自我。他基本上是以自我為真我（true self），不過，他未有把以上所引的不同的表示實體義的我仔細地簡別開來，也不充分地面對佛陀的無我而闡釋他的自我而作明確的區分，這是他提無相的自我的不足之處。實際上，無我馬上可以凸顯真我或超越的主體性，這便是「無我之我」，即是去除對於我的實體性的執著而即時呈現出層次較高（最高）的真我或終極的主體性。

九、由絕對無到純粹力動

在上面我花了很多篇幅來探討京都哲學的絕對無一核心觀念的根本性格。我的結論是，京都學派特別是它的第二、三代人物對絕對無的定位是關於事物或諸法、個體物的真確不妄的狀態，亦即是不具有實體、自性的狀態，這個意義最明顯地表示於久松真一的無相的自我和上田閑照解讀〈十牛圖頌〉第八圖頌的〈人牛俱忘〉這些思想之中。阿部正雄的非佛非魔的說法的狀態義也很明顯，這種思維形態來自慧能禪的「不思善，不思惡」的說法中，也受到久松的無相的自我一觀念的影響，所謂無相是排拒一切分別之

然兩者還是有相通的地方。在「主體性」（Subjektivität）與「客體性」（Objektivität）兩個觀念中，都有「體性」字眼，客體性或許有些實體的意味，但主體性與實體還是相差得很遠。主體性傾向於心，特別是超越的心方面，而且有很強的動感性；動感性表現於心，非常明顯。但主體性能否說成是一種體性呢？我想還是不能。與其說主體性是體性，是存在（Sein），不如說主體性是活動（Akt, Aktivität），而且是超越的活動（transzendentale Aktivität）。關於超越的活動，我們會在下面有較周延的探討。

相、二元對立之相,以雙遣或雙邊否定的方式呈顯那絕對無相的超越的、純粹的事物的真理的、正確的狀態。《壇經》所強調的無一物、無念、無相、無住都是這種思維導向。《壇經》的這種旨趣是有所承受的,這是印度佛教的般若思想(prajñāpāramitā thought)與中觀學(Mādhyamika)的空觀。如上面所說,龍樹的中觀學的空(śūnyatā)的文獻學與哲學分析的意味是不具有邪見、自性的狀態。[109]這正是自性空(svabhāva-śūnyatā)、邪見空(dṛṣṭi-śūnyatā)。這種思想,可以說是直接從《般若經》而來。著名的《心經》的名句「色即是空」便正是這個意思:一切形相、物質(rūpa)都是沒有自性的。久松真一的「無相的自我」中的「無相」,便與《壇經》的三無實踐中的「無相」完全相同,都是個體物沒有自性、對象性的意思。這是存有論說法;從實踐論說,便是去除一切對自性、對象性的執取。一言以蔽之,空與無(絕對無)只表示沒有實體、自性和二元的對象性的狀態,不能作為萬物的存在根源,它們對萬物有一種超離性。

　　有人可能會提出,佛教的空的立場,對實體、自性的拒斥具有批判的性格、作用,動感便可以在這裏說。絕對無也是一樣,它突破二元的對立關係、相對模式,而顯絕對境界,這裏也可以說批判,說動感。這不錯,但只在意義上,以至觀解上表現批判的作用,是不足的。道家也可說同樣的批判、動感,但仍不離觀解。真正的作用、力用,需要實際行動(take action)才行。光說空,說無,想像一種棄絕二元思維的絕對境界,並無積極的意義。你的主體性需要堅強起來,起動才行。這樣才能自利利他,普渡眾生。阿部正雄說動感的空(dynamic śūnyatā),久松真一強調能動的無,這是他們一廂情願的說法。空與絕對無主要是指遠離、超越生死、有無、善惡、罪福的相對性,而達致絕對的無生無死的永恆境界,那不是動感本身,而是動感 take action(作用)後的結果,動感起動後而得的。但空、無如何 take action,如何起動呢?這是問題的關鍵處。京都哲學的絕對無(作為狀態義

---

[109] 關於龍樹的這種空觀的意義,筆者在自己的著作中曾多次提及:*T'ien-t'ai Buddhism and Early Mādhyamika*;《龍樹中論的哲學解讀》,臺北:臺灣商務印書館,1997;《印度佛學的現代詮釋》,臺北:文津出版社,1994。

的絕對無）只表示萬物的真正情境，不能生發萬物，不能說動感，因而不能作為萬物的終極原理。我和京都哲學最後在這點上分途了。

這讓人想到實體主義與非實體主義的兩種形而上的思維模式。非實體主義強調空、無或絕對無，否棄一切實體性，建立非實體、去實體的立場。這又如何呢？是不是便可以說力用、動感呢？還是不能。空與無充其量只能說是一種態勢，具有一種能包容萬物、諸法的形勢、可能性。真正的包容還未能發生，這需要包容的力量才行。佛教的空宗、禪、京都哲學的絕對無和道家莊子、郭象說的逍遙、任性適分，都不能解決這個問題。[110]實體主義又如何呢？它所強調的實體，有深厚的質體、體性、真實不虛妄的內容，實體自身又能活動、運行、創生萬物，像古代亞里斯多德的實體、基督教的上帝、婆羅門教特別是吠檀多（Vedānta）派的梵（Brahman）[111]、儒家的天道、良知，以至近代黑格爾的精神（Geist），都是形而上的實體，是絕對有，是萬物的存有論與宇宙論（二者合起來可稱「本體宇宙論」）的基礎，它們各自所具有的動感，應該是充足的，可以生發萬物的，起碼初步看是如此，不過，深一層看，情況不是那麼簡單。實體包含兩方面的性格：實與體。先說體，這是指存在的基體、質體，它雖不佔有時間與空間，不是有形相、有障礙的東西，但總有它的質實性（rigidity）、質體性（entitativeness），有凝聚而為重濁的性向，這種性向是收縮的、凝集的，也是遲滯的，這構成一種退墮性，不活動性，讓它不能活現起來，活潑潑地作動起來，因而創生、生發萬物的空間便滅殺，或竟不能創生、生發萬物。在這一點上，作為絕對有的實體在靈動機巧、躍動跳脫方面便遠不如非實體的絕對無。這是一點。另外，即使實體能創生、生發萬物，它的存在性便順著這創發活動而貫注、貫徹到萬物中去，因而賦與萬物一定程度的質實性、質體性，讓萬物成

---

[110] 道家特別是老子與莊子的思想中，有實體主義與非實體主義的互轉的說法，這是我近年思考過的，但不夠深入，廣度、涵蓋性也不足。此中可能提供作用、力用的線索。關於這點，有待我們作進一步的研究。

[111] 按吠檀多派的商羯羅（Śaṅkara）有幻現的說法，即是梵通過幻力，詐現、產生出主觀世界與客觀世界。

為像儒家特別是宋明儒家所說的實物實事。這作為實物實事的萬物便有其凝固結實性，不容易變化，這樣，整個宇宙可以成為一潭死水，沒有生機、生命可言。這在眾生來說，道德上的教化與宗教上的轉化便無從說起。

　　基於上面的闡述，對於宇宙萬物的生化來說，實體主義與非實體主義都有困難，不能成就生機洋溢的璀璨的世界。絕對有與絕對無作為終極原理、終極真理，對於生發這樣的世界來說，都有不足之處，這即是缺乏豐盛的動感。絕對有是沉滯，絕對無是空虛，雙方的動感都不能免於疲弱。它們都不能作為具足圓滿功德的終極真理看。或者可以換一個方式說，絕對有與絕對無都不是能表達終極真理的周延無漏的方式。因此，我們需要進一步探討具有充量動感的終極真理，或建立一種周延無漏的終極真理，讓它能作為生機洋溢的璀璨世界的存有論與宇宙論的基礎。此中最須考量的，是動感問題。我們的主體性的成立、客觀世界的生成、雙方之間的關係，以至一切文化活動，都需要一種有效的力量、力動來推動，或者以力量、力動作為基礎，才能成就。

　　我們通常說力量、力動或力，不外乎兩種。其一是物理的力（physical force）。這是最常涉及的力，是經驗性格的力（empirical force）。一切生活上的活動、動作，都需要這種力，才能成就。保土衛國，與敵人爭鬥，固然要力，即使是宰一隻雞，或燒飯煮菜，也需要力。這種力不是獨立地存在的，它存在於一個來源，由某一個來源發出這種力。如農夫下田作業，需要有強健的身體，由身體發出勞動力，便能耕作。故我們說，農夫耕作的力，來自他健康的身體；倘若他病倒，身體出現了問題，便不能產生出足夠的力，不能耕作。他必須休息，看醫生，把身體調理好，讓它康復過來，才有力來耕作。一台發電機也是這樣，它需要有充足的電源，它的零件須能正常運作，才能發出電力來。倘若它內裏某些零件壞了，整部機器便不能正常操作，發不出電力來。我們必須修理那些有問題的零件，或用新的零件來取代舊的，電力才能被生發出來。這種物理的（也可以是生理的甚至心理的，這心理是經驗義的心理）力可以成一種體用關係：發力的源頭是體，所發的力是用，故可以說力用。就上面的例子言，農夫健康的身體和在正常狀態的發

電機是體，下田耕作與電力是用。有體便有力，有用，沒有體便沒有力，沒有用。這種體用關係（或作體力關係，體與力分開說）是一種常識，非常容易了解。在佛教來說，物理的力所涉及的體與力，都是緣生性格，兩者都由因緣和合而成就，緣聚則成體與力，緣散則體與力消失。體與力都是有生有滅，是生滅法，或有為法（saṃskṛta）。一般所謂的物質（matter, material）固是生滅法、有為法；由物質所轉化而成的能量（energy），同樣是生滅法、有為法。通常我們容易見到物質，但不容易見到能量。但我們不單有能見物質的視覺，同時也有其他感覺機能；我們可以視覺見到火，又可以觸覺感到火的能量，這即是熱能。

　　另外一種力是精神的力（spiritual force）。這種力不是能量，也不接受經驗科學的認證，不是經驗科學要研究的對象。知識論上認知對象的功能，美學上對美感對象的欣賞，倫理學上的道德意志、意願，以至宗教上的自我立信（信念）以求得覺悟、解脫，所指涉的力量，都是精神力。[112]這種力是形而上的性格。與物理的力都是一樣，這種力需要一個源頭引發出來，這個源頭即是精神實體（spiritual substance）；若沒有一個精神性的實體，這種力便無從說起。因此，這種力如同物理的力那樣，成一種體用關係：發力的源頭是體，所發的力是用，因而也可說力用。在這種意義派絡上，我們也可以說，有體便有力，沒有體便沒有力；這體自是指那形而上的精神實體。上面我們提及的各大宗教與哲學體系所提出的實體、上帝、梵、天道、良知、精神，和未提及的道家老莊的道，都是這種意義的精神實體。同時，這些精神實體都具有動感，都能活動，由這動感、活動，便能發出一種精神力量，以進行種種文化與宗教活動。這裏我們要特別留意，精神的力必須有一形而上的實體，而且是能動的實體，作為它的源頭，才是可能的，才能說典

---

[112] 京都哲學的開創者西田幾多郎在他的成名作《善の研究》中，便提到知、情、意三個概念，以分別指涉知識、情趣、意志的問題，相應於人的認知、藝術鑑賞、道德意願三方面的活動。這些活動都需要具足相關的精神力，才能成就。德國觀念論的康德也相應於這知、情、意而開拓純粹理性（reine Vernunft）、審美判斷（Urteilskraft）和實踐理性（praktische Vernunft）三種不同的文化能力。

型的體用關係或體用論。當代新儒家的宗師便就著這點來批判佛教,說它的空寂之體,不能產生生化的力用,以普濟眾生,這樣,它的宗教理想便落了空,不能實現。說穿了,這是熊十力先生對佛教的嚴苛批評。他堅持一切宗教活動或運動必須要依賴某種形而上的實體的作用(如儒家的天道流行、大易的易體的生生不息)才能進行。這種作用是形而上的精神作用或精神力量,它必須發自形而上性格而具有充分的動感的實體才行。這便是體用關係或體用論;體是實體,用是力用。沒有實體,一切活動(道德、宗教活動,甚至是創生萬物、生天生地的活動)都無從說起。他因此嚴酷地批判佛教,認為後者不能建立形而上的精神實體,不在體方面站穩腳步,因而不能有堅強的、濃烈的力用、作用,不僅不能作為一切文化活動特別是道德的、宗教的活動在呈顯上的源頭,「蛇無頭不行」,也不能構架世界,在存有論與宇宙論方面發揮根本的力量與影響。這種說法可謂在宗教教化上、解脫的達致上對佛教判了死刑。佛教是講緣起性空的,這是佛教在義理上最精采的觀點。但講緣起性空便不能建立形而上的精神實體,因為這精神實體正是性空中的「性」〔自性(svabhāva)〕的一種表現形式。建立精神實體,勢必要放棄性空的立場,這樣,佛教便垮了。依熊先生所言,無實體(生生不息的實體)便無力用、作用,便不能教化、轉化眾生,不能達致宗教目的。熊先生對佛教這一無情的理論衝擊,正擊中佛教(大乘佛教)的要害。熊先生最後便斷然放棄佛教,歸宗儒學的大易的實體的生生不息、大用流行的根本立場。[113]

　　但深入地、宏觀地看,精神的力或精神力量是否一定要發自一種形而上的精神實體呢?精神力量是不是存有論地源於精神實體,其自身是不是必不能自為依據,而自發自動呢?這正是關鍵之處,是呈現形而上學的洞見(Einsicht)之處。就經驗的層面或佛教所謂的俗諦或世俗諦(saṃvṛti-satya)的層面說,經驗性的力量需要有經驗的實體(empirical substance,此

---

[113] 以上的觀點,都可以在熊氏的重要著作中看到:《新唯識論》、《十力語要》、《十力語要初續》、《體用論》、《明心篇》、《乾坤衍》和《原儒》等。

中的 substance 指個體物）引發出來，因為這種力量潛藏於經驗的實體中。在這種脈絡中，實體或體與作用或用是分得很清楚的，這的確可以說體用關係，可以建立體用論，但這是經驗的體用關係、是經驗的體用論。一言以蔽之，這是機械性的（mechanical）體用關係：用必依於體而發，離體便無用。

這樣的體用關係存在於經驗的、現象的世界中，在這種世界，一切存在與變化，都得在時間與空間中進行，也必須服從因果律。經驗的體產生經驗的用，正說明了因果律的有效性。但在超越的（transzendental）勝義諦或第一義諦（paramārtha-satya）層面，在展露終極真理這一點上，是否也如經驗的現象界一樣，力量須由實體（形而上的實體）發出來，而且像母雞生小雞那樣，作為體的母雞生了作為用的小雞後仍然清清楚楚地相互區分開來，以待下一次母雞同樣是這樣生小雞呢？倘若是這樣，則超越的真理與經驗的真理還有甚麼分別？為甚麼要在世俗之上更立第一義諦呢？這是我們就終極真理層面說體用關係所必須重新反思的問題。

作用或動感自身便是一種活動，反過來說，活動本身便具有作用、動感在其中。就終極真理來說，這裏所說的活動是一種超越的活動，不是經驗的活動。這超越的活動與胡塞爾的現象學所說的 transzendentale Aktivität 是相通的，它有絕對的性格，容不下具有相對性的、二元性的體用關係，也不雜有任何經驗的內容。這超越的活動本身便有一種超越性格的力量、力動在裏頭，它自身便是力量、力動，我們實在沒有必要在這種活動之外找尋一個體，一個形而上的實體作為它生發的源頭，因而以這實體為體，以這活動或力量、力動（在這種義理脈絡，活動與力量、力動是同樣的東西）為用，而成立體用關係。我們即使很認真地、很刻意地去找，也找不到。因為超越的活動、超越的力量或力動自身便是體，體不在外面，而在力動之中；向外求體，不啻騎驢覓驢，永遠沒有結果，因為驢正在我們的胯下，不在外面。倘若一定要說體，則我們只能說，活動自身便是體。它一方面是體，同時也是用。在活動或力動來說，體即此即是用，用即此即是體。兩者徹頭徹尾、徹內徹外、徹上徹下地是同一東西。倘若是這樣，則體與用在終極真

理的層次便沒有分別，既然沒有分別，則亦不必保留「體」與「用」的假名（prajñapti），體用關係或體用論便不必成立，應該廢除。這樣，熊十力在體用問題上對佛教的批判便自動失效了。而這在體與用完全是相同的超越的東西，便是我所謂的純粹力動（reine Vitalität），它是在表述終極真理的性格方面的絕對有與絕對無之外的更周延的說法。所謂「純粹」，是遠離一切經驗內容而純然是超越性格的意涵。[114]

絕對有是實體主義哲學所本的終極真理，絕對無則是非實體主義哲學所本的終極真理。這並不表示終極真理有兩種，同樣作為終極真理，絕對有與絕對無不必相互衝突矛盾，只是以不同方式來展示終極真理而已。絕對有是表詮方式，絕對無是遮詮方式。純粹力動作為終極真理，是對於絕對有與絕對無有綜合義和超越義的較為周延的表述方式。綜合是包含絕對有與絕對無的殊勝的義理：剛健性（絕對有）與虛靈性（絕對無）。超越則是避免絕對有與絕對無所可能不善發展而氾濫開來的導向：常住論（絕對有）與斷滅論（絕對無）。

至於作為終極真理的純粹力動與自我、對象世界的成立與建構對世界的知識方面又如何呢？這裏我只扼要地提一些要點，詳情都闡述於上面註 114所提及的拙著《純粹力動現象學》中。要言之，純粹力動是一抽象的原理，它必須呈顯，或者說，呈顯是它的本性、本質。在客觀方面，純粹力動依循凝聚、下墮而詐現為氣。氣再分化而詐現為宇宙萬物，由詐現一動作來交代宇宙萬物的具體性、立體性、多樣性。[115]在主觀方面，純粹力動直貫下來而成就我們的睿智的直覺（intellektuelle Anschauung），這是我們的超越的主體性（transzendentale Subjektivität）。這主體性會自我屈折而成世諦智。睿智的直覺認識宇宙萬物的真相、真理，這即是純粹力動詐現的結果，並無

---

[114] 筆者在拙著《純粹力動現象學》（臺北：臺灣商務印書館，2005）中，花了一千一百頁的篇幅來建立的，正是以純粹力動為核心觀念的形而上學或現象學（Phänomenologie）。

[115] 對於這種詐現，佛教唯識學以心識的「變現」（pratibhāsa）說，熊十力以本體的「宛然詐現」來說，印度吠檀多學派的商羯羅則以梵的幻現來說。

外界實在可言。世諦智則了達對象世界的現象性；這現象性只對於我們的感覺機能而言，它雖根於詐現，但亦有一定程度的穩定性、持久性，並非完全是虛幻、虛無。

　　最後，我要作一總結，就純粹力動與絕對無的異同分際，作一概括性的反思。絕對無上通於慧能禪的無一物、無念、無相、無住，和般若文獻、中觀學的空，其定位在於真理的狀態、真如的狀態，與佛教有最密切的義理上的關聯。這是客體方面。在主體方面，絕對無是一無的主體、空的主體，能滲透至事物的本性、本質之中，而與這本性、本質合而為一，達致絕對無相的境界。這境界是精神境界，是在實踐中說的，是工夫論的意義。但絕對無畢竟是傾向於狀態義，即使這狀態直接指涉終極真理，其動感仍是有限，不能開拓出大機大用的、活潑潑的充實飽滿的世界，只能成就「水自茫茫花自紅」而已。純粹力動便不同，它的定位不是狀態，而是力動，充滿動感。但這是超越的動感，不是經驗的動感。這超越的動感在哪裏見呢？在平和卻帶點璀璨的世界的成立中見。它雖然是抽象性格，但處處都有著它的作用的效果，合起來展示它的完整的發展歷程：凝聚、下墮、詐現、明覺、無執、諧和。凝聚、下墮、詐現是純粹力動在自我呈顯中的消極的、退墮的一面表現。明覺是它的智慧的升揚，無執是它的自由自在狀態，諧和是它的自我完成、終極目標。這即是主體與客體、現象與實相的諧和、一體無間。而貫徹於其中的內容，則是一致性（Einheit）。

第十章　當代新儒家與京都學派：
牟宗三與久松眞一論覺悟

　　當代新儒家與京都學派分別是中國與日本的具有高度學術成就的學派，兩者都表現深遠的哲學智慧與具有廣泛的影響。兩者好像未碰過頭，未有人把它們拉在一起，在哲學作一些比較的研究。本文希望在這方面拋磚引玉，選取當代新儒家的第二代人物牟宗三與代表京都學派第二代的久松真一，在他們論述覺悟的問題上，作一些比較的了解。希望藉此看到這兩個學派在哲學風格上的一些面相和思想歸趨。

　　為甚麼要選取覺悟這個深具宗教實踐意味的題材呢？我們知道，當代新儒家與京都學派都植根於東方哲學傳統，前者的基礎在儒學，後者的基礎則在佛學，特別是禪。東方的哲學，包括當代新儒學與京都學派的哲學在內，儘管其根本立場各自不同，但其終極關心，都指向要提昇人的精神境界，以達致生命理想的實現這一目標上。而這目標的達致，關鍵在於透顯與朗現作為最高主體的本心或真我。這正是覺悟的實踐。故我們選取實踐作為比較當代新儒家與京都學派的哲學主題，實在有極其殊勝的意義。

　　以下我們先論述久松真一的覺悟思想，再及於牟宗三的。在論述牟宗三的覺悟思想的同時，在適當的地方，會拿久松真一來比較。

一、究極的二律背反

　　久松的覺悟思想，從罪與死說起。他認為罪與死是人的宗教的契機；即是說，這兩者表示人現實生命的局限性，人即以這局限性為契機，進入宗教

的殿堂，尋求消解之道。

　　久松對於罪與死並不單從一般的層面來理解，卻是把它們深刻化與普遍化，貫徹到它們的根源方面去。即是說，他對於死並不視為純然是死的問題，卻視為是生死的性格。死與生是一物的二面，不能分開的。我們不能只要生而不要死，也不能以生來克服死。卻是要同時克服生死，才能解決死的問題，使生命有永恆的意義。他又追溯生死的問題，以達於它們最根本的層面。他認為，說生死是不夠徹底的，我們應該將它的內容或所涉擴充以至於生滅的層面，最後更至於存在非存在的層面。

　　對於罪，久松認為它不單存在於道德之中，也存在於科學及人文學科之中。不過，這並不是道德的善與惡對立的形態，而是偽與真的對立、醜與美的對立，及染與淨的對立。他認為罪應可擴展開來，包括一般的理性問題。他更就這個問題往更根深處去追溯，把罪深化為一個理性非理性的問題，或價值反價值的問題。[1]

　　對於存在非存在、理性非理性或價值反價值的問題，久松以究極的二律背反來說。甚麼是二律背反（antinomy）呢？久松未有作詳盡的解釋，我們可就一般的理解來說：兩個東西，其性格正相反而又總是不分離，總是擁抱在一起，這種狀態便是二律背反。存在非存在固是二律背反的性格，價值反價值或理性非理性，都是二律背反的性格。至於究極，則是絕對的意思。究極的二律背反與相對的二律背反不同。對於存在非存在、理性非理性的究極的二律背反，久松是比較多說及後者的。我們且看他如何分別關連於理性方面的究極的二律背反與相對的二律背反：

---

[1]　以上的闡述，基於以下一篇論文而來：久松真一著，林德賢、吳汝鈞譯：〈究極的危機與復活〉，載於《諦觀》第 76 期，1994 年 1 月，頁 1-59。按：這篇譯文的日文原文為〈絕對危機と復活〉，收於久松真一、西谷啟治編：《禪の本質と人間の真理》，東京：創文社，1969 年。又收於久松真一著：《絕對主體道》，《久松真一著作集》卷二，東京：理想社，1972 年。此文有英文譯本，題為"Ultimate Crisis and Resurrection"，由常盤義伸據日文原文譯出，收於 *The Eastern Buddhist*, Vol. VIII, No.1 (May, 1975); No.2 (Oct,1975)。中文譯文由林德賢據英文譯本譯出，由吳汝鈞對照日文版本校定。

在理性活動的過程中展示出來的二律背反只能是相對的，它不可能是究極的。與此有別的是那種根源的、究極的二律背反，它正是理性的不可避免的局限性。在這裏，我們見到理性自身的極度困厄的處境。在這裏，我們見到罪的究極的性格；換言之，正是在此處，罪可以說是人的無可避免的局限性。[2]

久松又說：

我們注意到存在於理性的構造中的基本矛盾、兩難或二律背反與在理性的活動過程中展示出來的相對的矛盾、兩難或二律背反。……這種較為基本的二律背反是一關連於理性的構造的究極的二律背反，是名副其實的究極的二律背反。[3]

由這裏可以看到，在關連於理性方面來說，相對的二律背反是在理性的活動過程中顯示出來的，它應可透過理性自身而得到消解。但究極的二律背反則不同，它存在於理性的構造中；即是說，理性的深層構造，即是這種二律背反。理性即由於具有這種二律背反的構造，而不能免於局限性。在消解方面，由於這究極的二律背反涉及理性自身的構造，因而不能通過理性自身來解決，理性自身是無能為力的。

久松更進一步具體地提到理性自身的根本構造，是理性與非理性的對立[4]。這對立表示理性與非理性是對等的，我們不能以其中一方來克服另一方，故要去除非理性而只保留理性，是不可能的。就罪的概念遞屬於理性的概念一點來說，罪是永遠不能克服的；即是說，罪不能在理性的範圍內被克服。這裏所說的罪，當然是指原罪而言。同樣，在理性的範圍內，我們也不能克服根本意義的惡。久松在這裏似乎隱涵有這樣的意思，要克服罪，必須

---

[2]　〈究極的危機與復活〉，頁 12-13。

[3]　同上文，頁 12。

[4]　同上文，頁 12。

從理性的範圍突破而出，這便是下文要論述的要透露真我或無相的自我。就哲學言，這真我或無相的自我的層次比理性的層次更為根本。

二、大疑團及其突破

　　若能從理性的根本構造即理性非理性的究極的二律背反中突破出來，即得覺悟、解脫。久松以禪所謂的「大疑」，來指述這理性非理性的二律背反[5]；不過，他稱之為「大疑團」。這大疑團中的疑問與一般的疑問有甚麼不同呢？久松說：

> 一般的疑問是理性的。這種「大疑團」雖然包含一知性的字眼：疑，但它並不是知性的疑問。它意味著一些整全的東西，在其中，情感上的苦悶、意志上的兩難及知解上的疑惑成為一個根源的主體性。[6]

很明顯，一般的疑問是知解性的；疑問的消解，表示知識的增加，對世界多一些了解而已。它是無關乎人生智慧的開拓與生命境界的提升的。大疑團的疑問則是宗教性的、救贖性的。疑問的突破與否，是生死關頭的事，關乎生命方向的貞定與完成。

　　人置身於大疑團中，是甚麼樣的狀態呢？久松指出，在大疑團中，人會感到自己作為懷疑者，即是被懷疑的對象。即是說，懷疑者也就是被懷疑者。這裏沒有能、所、主及客的分別。一切的懷疑都被還原為這一大疑團，而這一大疑團亦是一切懷疑的根本[7]。

　　大疑團的突破，表示理性非理性的究極的二律背反的崩解。久松曾以過

5　禪自很久以來已有「大疑」這個名相。它指述人對生命的整體所感到的總的疑惑。它與佛教的古老名相「無明」意思相近。就禪來說，人若能突破大疑，便能破無明而得覺悟。

6　〈究極的危機與復活〉，頁 19。

7　〈究極的危機與復活〉，頁 19。

來人的身分，憶述自己在這方面的經驗：

> 他自己完全變成了大疑團。……就在那瞬間，大疑團崩解下來，像冰
> 塊那樣由內裏熔解了。………在他和湘山老師之間，不留下間不容髮
> 的空間。他覺悟到自己的無相的、自由的真我，第一次凝視著湘山的
> 真正的面孔。……他覺悟到「無生死」的真理，那是超越有與無的。
> 他體會到「不思善不思惡」的意義，那是遠離價值與反價值的。[8]

湘山老師即是池上湘山，他是久松在參禪方面的老師。久松是在參禪中產生
大疑團和把它突破過來的。在這段文字中，久松不但提到他克服理性非理性
或價值非價值的究極的二律背反，也提到克服生死、有無或存在非存在的究
極的二律背反。這兩個究極的二律背反是可以相互分離開來，抑是相合起來
而成為一體的呢？就作為「究極的」二律背反來看，兩者應該是二而一的。
久松自己也認為，生死（應該說是存在非存在）的究極的二律背反與理性非
理性的究極的二律背反並非可以互相分離，而是不可分的。他解釋說：

> 提出為何生死的究極的二律背反會變成我們的痛苦或苦難，已經是一
> 基於理性的判斷問題。不單因為我們感到痛苦是極可惡的，而且因為
> 我們將它判斷為可惡的，這樣才使由痛苦中得解脫成為一真實的、客
> 觀的問題。[9]

三、真我的覺悟

　　上面提到，所謂覺悟，是從理性的根本結構即理性非理性的究極的二律
背反中突破出來。這亦可以說是從價值反價值的究極的二律背反中突破出

8　久松真一，〈學究生活思出〉，載於久松所著《東洋的無》，《久松真一著作集》卷
　一，東京：理想社，1969年，頁432-433。

9　〈究極的危機與復活〉，頁17。

來。就關連到存在的範疇來說，我們也可以說，覺悟是從存在的根本構造即
存在非存在的究極的二律背反中突破出來[10]。倘若這理性非理性的究極的二
律背反與存在非存在的究極的二律背反能以自我來說，則這覺悟勢必要預認
一最高主體，它是跨越乎這究極的二律背反的自我之上而最後突破這究極的
二律背反的自我的。久松把這最高主體稱為「真我」、「無相的自我」或
「本原的自我」。他說：

> 我所謂「真我」，所指的並非一般的我，而是那個自死與罪中得到解
> 脫的我，是那個不為時間或空間所局限的我，是那個「無相的」、無
> 我執的我。[11]

又說：

> 當我們被驅逼至我所謂的究極的二律背反時，我們的「本原的自我」
> 就以這二律背反為契機，突破它而出，而得覺悟。[12]

久松以為，正是這本原的自我或真我以究極的二律背反為契機，從它突破出
來，而獲得覺悟的。

即是說，這作為最高主體的真我，不具有存在非存在、理性非理性或價
值非價值的性格，而居於更高層次。久松稱它是「非『存在非存在』的、非
『價值非價值』的自我」，認為它越出一切定義與一切形相，而為無相的自
我。我們便是透過這個無相的自我的覺悟，克服了那究極的二律背反的自
我，最後由那究極的二律背反中得救。[13]

---

[10] 久松真一未有提到存在的構造即存在非存在的究極的二律背反一點，這是我們依理性
的構造推導出來的。

[11] 〈究極的危機與復活〉，頁21。

[12] 同上文，頁39。

[13] 同上文，頁39。

　　現在的問題是，我們如何以究極的二律背反為契機，進而突破這究極的二律背反，而得覺悟呢？很明顯，照久松的看法，我們要有一個方法使我們能表現那沒有價值反價值和存在非存在的自我。而這個方法並不是甚麼，只是覺悟到我們的那個不具備價值反價值和存在非存在的性格的自我而已[14]，並沒有甚麼巧妙的花樣。

　　因此，說到覺悟，似乎只是那個沒有價值反價值和存在非存在的性格的自我的自己認同罷了，只是這樣的自我或真我的事，並不包含外在的因素。久松也說：

> 在究極的二律背反的根柢處，那克服究極的二律背反的自我覺悟了。[15]

> 要克服這個疑團，人應當從根柢處求突破。突破的方法只有一個：覺悟到自己的真我。[16]

> 這究極的二律背反的被克服，是由自我對其自身的覺悟而達到。[17]

久松雖然沒有明說覺悟即是真我的自己認同，他顯然是這個意思的。即是說，那克服究極的二律背反的自我即是真我，在覺悟中，這真我自己肯認自己，認同自己。

　　現在的問題是，覺悟的涵義是甚麼呢？或者較具體地說，真我在覺悟中怎樣表現呢？久松說：

> 真我本著具有被拯救的可能性及事實上可被拯救的意義而存在於未被拯救者之中。因此，從未被拯救者的角度來說，真我尚未曾顯現出

---

[14] 同上文，頁38-39。

[15] 同上文，頁39。

[16] 〈究極的危機與復活〉，頁21。

[17] 同上文，頁39-40。

來。……救贖的意思變成真我在我們之內覺醒了，或者我們覺悟到真我。由於我們覺悟到真我，我們獲救了。[18]

這裏較多說拯救，而少說覺悟。其實兩者是二而一的，覺悟的結果便是拯救。久松的意思似乎是這樣：在覺悟之前，由究極的二律背反作主，真我只是以潛隱的狀態存在著。在覺悟中，真我克服了這究極的二律背反，而自己肯認自己，認同自己。此後，真我便彰顯起來，在生命中作主了。

久松同時指出，真我克服究極的二律背反而顯現它自己，在生命中作主，這中間沒有連續性，而是經過一飛躍。即是說，在覺悟中，真我霍然躍起，衝破究極的二律背反的限制，整體地朗現開來。久松說：

這裏有一飛躍。那究極的二律背反的自我不能透過連續的方式成為真我。只有當那究極的二律背反的自我被突破，那整一的自我才會覺悟過來。……那裏有一飛躍，有一非連續性。[19]

要注意的是，久松這裏說飛躍，說非連續性，是就真我突破究極的二律背反而顯現自己言，這是從生命以究極的二律背反作主轉變成以真我作主而言。主宰生命的主體由究極的二律背反的自我轉移到真我，這中間需要通過一個飛躍，不能說連續性。但就真我自身而言，就它由潛隱的狀態到朗現的狀態，就不發揮作用到全面發揮作用而言，久松則認為要說連續性。他說：

除非有一連續性，否則就不會有未獲救者變成獲救者那一交接點。因此，雖然未獲救者一定要被否定，但是問題就在於哪一方面他被否定呢？或者，甚麼被否定掉及甚麼依然殘留下來呢？這是說，問題在於連續性到底在哪裏發生？而非連續性又實際上存在於何處呢？從對真

---

18 同上文，頁 26。
19 〈究極的危機與復活〉，頁 21。

我的覺悟的立場來說，真我構成了連續性。[20]

「除非有一連續性，否則就不會有未獲救者變成獲救者那一交接點。」「從對真我的覺悟的立場來說，真我構成了連續性。」這表示連續性要從真我方面說。在覺悟前，真我潛隱在生命中；在覺悟中，真我肯認它自己，認同它自己，克服究極的二律背反；在覺悟後，真我朗現起來，並持續地朗現起來。故任何一個階段都指涉真我，這便是以真我來串連這幾個階段，故真我構成了連續性。至於其他的問題，久松自己並未有正面回答，其實也不難回答。在覺悟或拯救中，未獲救者一定要被否定。他在哪一方面被否定呢？應該是他的真我的處於潛隱狀態這一點被否定，和那究極的二律背反的自我制宰著生命這一點被否定。或者說，是那究極的二律背反的自我被否定掉，真我則依然留存下來。故連續性應發生在真我前後持續著自己這一點上，而非連續性則存在於究極的二律背反的自我的由制宰生命但其後被突破、被克服、被否定這一點上。久松的意思應是這樣。

　　以上我們論述了久松真一的覺悟思想。以下繼續論述牟宗三的覺悟思想，並在適當地方把兩者作一比較。

四、本心之本有與忘失

　　久松論覺悟，是以佛學特別是禪為基礎而立說。故他所提到的關鍵性的詞彙，如「大疑團」、「真我」、「無相的自我」，都有深厚的佛學淵源；而「究極的二律背反」、「理性非理性」等則是參照西方哲學特別是康德哲學而來。牟宗三先生則不同，他論覺悟，基本上本著中國哲學特別是儒家立說。他的基本觀念是「本心」，這相當於久松的真我或無相的自我；這本心是直承孟子與陸象山的用法而來。他用「利欲之私、感性之雜」來說人性中的負面，這相當於久松的究極的二律背反，或較一般說的罪與死。這利欲之

---

[20]　同上文，頁 26。

私、感性之雜很像宋明儒學的用語。

久松說覺悟，是要人突破生命的大疑團，克服究極的二律背反，顯露真我或本來的自我。這種說法，宗教的意味很濃厚，故其結果是解脫，是救贖。牟先生說覺悟，則是從道德立說，這表示人要回復潛隱了的道德主體的光明，使之朗現開來，更推而擴充之，使之上達於天，達致形而上的飽滿內容。

關於本心，牟先生說：

> 此本有之本心乃超越乎生死以上之絕對的大限，超越乎一切條件之上而為絕對的無條件，唯是一義理之當然。[21]

即是說，這本心是我們生命所本來具有的，它具有絕對的性格，超越乎一切有限的條件，包括生死在內。「唯是一義理之當然」一句很堪玩味。這義理是道德的義理，表示道德的應然的方向，應該如何即是如何，有一道德的必然的理據在。

關於這本心的「本有」與後來的「放失」，牟先生作進一步的解說：

> 本來「本心」本是在那裏，本無所謂「放」，亦無所謂「復」。……只因汩沒於利欲之私、感性之雜，心沉隱而不動，遂謂之為「放失」。……只是潛隱而不震動，故亦不起作用耳。[22]

牟先生的意思是，本心是一普遍（universal），內在於所有眾生的生命中。它總是內在於眾生之中，不會像物件般會走失。就此點言，本心沒有放失的問題。我們之所以說本心放失，是指人受了後天物欲的影響，追逐外在的感官對象，一切生活云為，都受到逐物的欲望所制宰，致本心的作用不能顯

---

[21] 牟宗三：《從陸象山到劉蕺山》，臺北：臺灣學生書局，1979 年，頁 163-164。
[22] 同上書，頁 167-168。

露，不能發揮其影響力，這便是本心的「放失」。

　　但本心是不會永遠放失的，永遠不起作用的。它本身有一種內在的力量，不停地作動，推動本心，使之湧現出來。人雖一時受到逐物的欲望所制宰，但在生命內裏的本心總是不斷地起震動，要呈露本心，使它不為逐物的欲望所掩蓋，卻是要冒出，主宰生活云為。關於這點，牟先生說：

> 本心不是一個假設、預定，乃是一個呈現。孟子說「有之」之「有」，不是虛懸地有，乃是呈現地有。惟當人汨沒於利欲之私、感性之雜，乃始漸放失其本心。……人之實確有此自然向善為善之性能，而且亦隨時透露其端倪。雖在梏亡之中，然亦未始不在平旦清明之氣中略有呈現。是則所謂放失亦只是被利欲之私、感性之雜所蒙蔽而無力以為主耳。喧賓奪主，故沉隱而不能呈其用。[23]

他又說：

> 本心實是一活物，豈有終不震動之理？其隨時可呈露端倪，即隨時可震動也。本心之不容已亦自有一種力量，雖梏之反覆，亦終壓不住也。此為覺悟所以可能亦即其必然之最內在的根據。[24]

這裏提到本心是一自然向善為善的性能，它自己又能在生命內部湧現一些震動，使自己發露，表現善的行為。人最後之能覺悟，便是依於這種震動與發露。本心若能充量發露，至於一切云為都循道德之理而表現，便是覺悟。

　　牟先生這裏說本心的本有與放失，最有特色之點是說本心是一普遍的道德主體，人人皆有。「本是在那裏」。而這道德主體又是一個呈現，隨時可生震動而呈露其端倪，發出不容已的力量。關於普遍性一點，久松顯然有相

23　同上書，頁 165。
24　同上書，頁 168。

似的說法。他把真我與佛性關連著來說[25]，應有把真我等同於佛性的意思；而「一切眾生悉有佛性」表示佛性的普遍性，因而真我也應有普遍性，而為人人所具有。不過，久松並未有如牟先生明顯地視本心為一呈現，隨時能發出不容已的力量，使自己露端倪，而說真我也有這樣的表現。但他很強調真我的自律性，視覺悟為純然是真我的自律的活動，不可能有他律的成分[26]。這真我的自律性，似乎也包涵著有它自身內部便有一種力量湧現出來，促使自己發露端倪的意味。

五、覺悟與逆覺

　　一般而言，在實踐上本心有所作動，對自己的行為有一省覺，覺得自己逐物的欲望太囂張，追隨外物的腳跟轉的做法的不正當，要把自己行為的方向逆轉，不再追隨外物，而要回復自己的本心，要讓本心作主，這種做法，便是覺悟。牟先生在這方面有很細微而周全的理解，他似有把覺悟分為「覺」與「悟」兩個作用的傾向，以覺為警覺，本心警覺自己逐物順欲的做法的不正當，這是偏於消極的一面。悟則是醒悟，是較積極的，即是要回頭肯認自己的本心，讓它來主宰自己的行為之意。關於這警覺，牟先生說：

> 此警覺不是此本心以外之異質的物事，乃即是此本心之提起來，……醒悟其利欲之私、感性之雜，總之所謂隨軀殼起念，乃根本是墮落、陷溺、逐物之歧出，而非其本心，非其真正之自己，真正之原初之心願。此種醒悟亦是其本心所透示之痛切之感，亦可以說是其本心之驚蟄、震動所振起之波浪。[27]

---

[25] 同上文，頁 26。

[26] 久松整篇〈究極的危機與復活〉，都表示真我與覺悟的自律性。在覺悟這一點上，久松顯然很排斥他律。他認為只有自律的覺悟才是真正的覺悟。

[27] 《從陸象山到劉蕺山》，頁 166-167。

分析地說，這可說是覺悟的第一階段，是本心在消極方面對負面的行為有所
警覺，因而起一種「驚蟄」，一種「震動」。牟先生繼續說：

> 由其所振起之波浪反而肯認其自己，操存其自己，亦即自覺其自己，
> 使其自己歸於其正位以呈現其主宰之用。此即是「求其放心」，使放
> 失之心復位。[28]

本心在驚蟄、震動中，乃能反身醒悟到自己，省覺到自己才是生命的主人，
因而奮發起來，要自己扶正自己，恢復在生命中應有的主宰位置，這便是
悟。這是覺悟的第二階段。牟先生認為，由覺而悟，這便是「覺悟」。[29]

　　要注意的是，覺悟的這種由覺而悟地分成兩個階段，只是在分析上或理
解上可以作這樣的區分。在實踐的實際經驗上，覺與悟是成為一體，不能區
分的。這邊我們的本心覺察到自己追逐外物而放失自己之為非，同時即能振
拔起來而肯認自己，把自己扶於正位。覺與悟只是同一事體的不同面相，不
能割裂地區分成兩個階段。我們可以說，覺是悟中的覺，悟是覺中的悟，兩
者是二而一的。

　　上面提到，覺悟有消極面與積極面兩面。消極面相應於覺，積極面相應
於悟。雖然這兩者不能在實踐上區分開來，牟先生是比較傾向以積極面來說
覺悟，強調求其放心，恢復本心的位置的。他說：

> 所謂「覺悟」者，即在其隨時透露之時警覺其即為吾人之本心而肯認
> 之耳。肯認之即操存之，不令放失。此是求其放心之本質的關鍵。一
> 切助緣工夫亦無非在促成此覺悟。到有此覺悟時，方是求其放心，復
> 其本心之切要處。[30]

---

28 同上書，頁167。

29 同上書，頁167。

30 同上書，頁165。

故覺悟基本上是當事者以本心來認同自己，肯認自己，以至把持自己，要把
自己好好看管著，不令它逐物從欲，而迷失於外在的感官世界中。由於這本
心本來是好好地處於生命的正位而發號施令的，只是由於一時疏於檢點，從
欲而逐物，致忘失自己。覺悟正是要把本心找尋回來，重新肯認它。這便是
「求其放心，復其本心」。

對於這覺悟，牟先生特別以「逆覺」稱之，特別以「逆」字來顯出其特
性。他說：

> 逆覺者即逆其汩沒陷溺之流而警覺也。警覺是本心自己之震動。本心
> 一有震動即示有一種內在不容已之力量突出來而違反那汩沒陷溺之流
> 而想將之挽回來，故警覺即曰逆覺。[31]

這裏以逆覺關連著警覺來說，或以逆覺即是警覺，主要是針對生命的負面的
陷溺於逐物之流而逆反其方向，要求有以扳正之來說。但正如上面所說，一
方面逆反陷溺逐物的流向，同時即肯認本心，把本心提起來。實際上，逆反
陷溺逐物的流向的，正是本心自己也。故逆覺、警覺仍離不開對本心的肯
認，而復其正位。關於這點，牟先生說：

> 躍至此覺悟，其本質之機還是在本心透露時之警覺。……本質的關鍵
> 或主因唯在自己警覺——順其呈露，當下警覺而肯認之。……須當下
> 收回來即就自己本心之呈露而當下警覺以肯認之。[32]

現在的問題是，如何能覺悟或逆覺呢？如何能逆反陷溺逐物的流向，而恢復
本心的正位呢？這仍要回溯到上面說的本心是一呈現，總有一種不容已的力
量從內部湧出來，使生命起震動。我們所要做的，和所能做的，只是因震動

---

31 同上書，頁 168。
32 同上書，頁 166。

而肯認本心，把本心提起來，不使它再汩沒於陷溺逐物的流向中。此外並無其他巧妙的做法。牟先生說：

> 於汩沒中初步之警覺即是本心有痛感之震動。因震動而認識本心，即因本心之震動而認識本心自己，此即所謂復其本心，求其放心。除此以外，別無其他巧妙之辦法。……本心之震動並非一辦法也。本心自己不震動，無有外在的物事能使之震動也。[33]

這裏特別說到本心的震動不是一辦法。其意是，所謂辦法，是人為的一種設計、籌措，是有作意的。本心的震動不是這種性格，它是本心內在不容已的力量引發出來的結果。引發出來了，便沛然莫之能禦，沒有東西能阻止它。

　　以下我們要就本節所論的覺悟一點，比較一下久松與牟先生的看法。首先，如上所述，牟先生就分解的角度把「覺悟」分開為「覺」與「悟」，以覺消極地指對本心的陷溺逐物有所警覺，以悟積極地指本心反轉過來重新肯認自己，使自己歸於正位。久松的情況稍有不同。日語的「覺悟」是「悟り」，只提「悟」字，不提「覺」字，故沒有在字面上把覺悟區別為覺與悟的問題。不過，牟先生分解的覺與悟的兩階段的意思，在久松的覺悟思想中，也是有的。對死與罪或究極的二律背反的自覺，可相應於覺的意思；在實踐上顯露真我或無相的自我，則可相當於悟的意思。而我們亦可說，這兩個表現在實踐上是不能截然分開的，即是說，這方面能自覺與克服究極的二律背反，同時即能顯露真我。克服究極的二律背反與顯露真我可說是同一事體的不同面相。

　　第二，牟先生以「求其放心」，使本心復位來說覺悟。在這方面，久松有相似的說法。他在論及我們生命的存在方式時，引述佛教的見解：

> 在佛教來說，真正是本來的存在方式的，並不是那個有罪的、有生死

性格的存在方式，而是那無生死、無善惡的存在方式。[34]

有罪的、有生死性格的存在方式，指涉人的罪福的、生死的二律背反，以至究極的二律背反；而無生死、無善惡的存在方式，則指涉那絕對無相的真我。即是說，佛教以為，人的生命的本源狀態、本源主體，是無相的真我，而不是罪福的、生死的我，或究極的二律背反的我。這雖是佛教的說法，但久松自己當是首肯的。即是說，人的本來面目，本來具足的，是那絕對無相的真我；但它會沉淪，人生便為究極的二律背反制宰。故我們要克服究極的二律背反，讓絕對無相的真我重現其光明。我們雖不能說久松很明顯有這個意思，但說他的覺悟思想涵有這個意思，則是可確定的。

第三，對於如何能覺悟這一問題，牟先生認為我們並沒有甚麼巧妙的辦法以成就覺悟，只是本心在警覺與震動時要肯認自己，把自己提起來，不再汩沒於陷溺逐物的流向中。在這個問題上，久松的回應也很平實，不發高調。他認為覺悟只是那個沒有價值反價值或存在非存在的究極的二律背反的真我自己認同自己，肯認自己，並不能倚賴任何外在的因素。他的意思是，覺悟是自律的，不能是他律的。兩人的用詞雖不同，但論調卻是相同的，即是，覺悟是最高主體的事，是它的自我認同自我肯認的事。自我肯認了，便振拔起來，挺立起來，使自己不再沉溺於逐物之流或為生命的二律背反所制宰。

六、關於頓悟

牟先生認為，覺悟是本心對自己的汩沒陷溺於物欲之流中的一種警覺與震動，由此而肯認自己，把自己提起來，回歸向正位。現在有一個問題是，這種做法，是漸進的，有歷程的，抑是頓然的，沒有歷程可言的呢？前者是漸悟，後者則是頓悟。牟先生以為，這種覺悟是頓悟方式，不是漸悟方式。

---

[34] 久松真一：〈究極的危機與復活〉，頁 27。

　　牟先生很強調在覺悟中本心要一下子全部朗現，一下子全部純化這一點。他認為本心是純一的，它是一個整一，這整一是一下子成就的，不是慢慢集成。關於這點，他先說：

　　其實頓悟亦並無若何神秘可言，只是相應道德本性，直下使吾人純道德的心體毫無隱曲雜染地（無條件地）全部朗現，以引生道德行為之「純亦不已」耳，所謂「沛然莫之能禦」也。[35]

他又以三點來說頓悟：

　　一、一覺到是本心不容已，便毫無隱曲地讓其不容已。二、本心之純，是一純全純，並不是一點一點地讓它純。三、本心只是一本心，並不是慢慢集成一個本心。[36]

　　牟先生以為，本心有無限性的性格，對於這無限性的把握，必須靠頓然的覺悟，或頓悟，一下子去把握它，不能按部就班、循序漸進地去把握。本心的無限性應如何理解呢？牟先生以為，本心是道德的本心，它能發為行動，表現沛然莫之能禦的行為。但本心並不只限於主體義，它還是形而上的實體，它通於天道天命方面。本心不但是我們生命的本體，也是宇宙萬物的本體。我們要體現本心，不但要體現自己，同時要體現萬物。關於這點，他說：

　　大悟、頓悟者悟此本心無限量之謂也。……當本心自體之無限性由消極進而為積極，由抽象的、形式的，進而為具體的、勝義實際的，方可言頓悟，乃至大悟。此具體的、勝義實際的無限量是何意義？曰：

---

[35] 牟宗三：《心體與性體》（二），臺北：正中書局，1968年，頁239。
[36] 同上書，頁240。

> 道德的本心同時即形而上的宇宙心是也。形式的無限性須能頓時普而
> 為萬物之體，因而體萬物而不遺，方是落實而具體的無限性，即勝義
> 實際的無限性。面對此無限性直下肯認而滲透之名曰「頓悟」。[37]

這是以道德的形上學的立場來說本心，把頓悟建立為對這種具有無限涵義的
本心或宇宙心的頓然的覺悟。這樣說頓悟，很有新意，自然是關連著牟先生
的道德的形上學的立場而提出的。

　　對牟先生來說，覺悟是本心自己的事；本心警覺與震動，而肯認自己，
使自己復位。他是本著儒家的立場而說覺悟的。儒家很強調工夫實踐，每一
個重要的思想家都有他自己一套工夫理論。到底這工夫對覺悟的促成有沒有
用呢？這兩者有甚麼關係呢？這是在實踐上需要回答的問題。牟先生認為，
一切積習工夫、助緣工夫對覺悟都沒有積極的影響，它們不能直線地引生覺
悟。他特別強調，由積習到覺悟是一步異質的跳躍，這是一種突變[38]。這種
跳躍、突變，必須由頓悟促成。或者說，這跳躍、突變即是頓悟。一切積習
的漸修工夫，是無濟於事的。牟先生說：

> 就本心性體之朗現而言大定，並無修之可言。一言修，便落習心，便
> 是漸教。……就本心性體而言大定，而此大定如真可能，必須頓悟。[39]

習心即是學習心、習氣心，是積習工夫的主體。這種心只能以漸進的方式，
使人慢慢變化氣質。若要突破，要脫胎換骨的轉變，習心是無能為力的；這
只能靠本心的警覺與震動，把自己振拔起來。

　　牟先生以覺悟需要一種異質的跳躍，而以頓悟說這跳躍，很有意思。這
與久松說真我克服究極的二律背反而朗現自己，而得覺悟，要經過一種飛

---

[37]　《從陸象山到劉蕺山》，頁 168-169。

[38]　同上書，頁 165-166。牟先生在另處又說：「由修到逆覺是異質的跳躍，是突變。」
　　　（《心體與性體》（二），頁 239）

[39]　牟宗三：《心體與性體》（二），臺北：正中書局，1968 年，頁 239。

躍，很有可比較之處。久松雖然沒有提到「頓悟」一詞，不過，他以真我霍
然而起，衝破究極的二律背反的限制，而整體地朗現，為一種飛躍，一種非
連續性，很明顯地有頓悟的意味。對比地，他以真我由潛隱狀態到朗現狀態
為一種連續性，這點是沒有問題的。但就覺悟來說，關鍵還是在真我通過一
種飛躍，霍起衝破究極的二律背反的藩籬，而顯現自己這一點上。若沒有對
究極的二律背反的突破，覺悟是不可能的。究極的二律背反是最關要的障
礙。要突破它，便得靠一種頓悟的飛躍；頓悟的涵義便在這頓然的飛躍中展
示出來。

　　牟先生的頓悟說，特別是相應於本心的同時是形而上的宇宙心因而具有
無限性而提出的。「面對此無限性直下肯認而滲透之名曰『頓悟』。」對於
心靈或主體性的無限性，久松是首肯的，他在很多文章中都說到真我具有無
限性格。不過，他不見得有以真我是一道德的真我的意思，更未有以真我同
時是形而上的宇宙實體。把本心或主體說為是道德的，同時關連到天道、天
命方面而賦與它一形而上的實體的意義，是牟先生順著宋明儒學的傳統說下
來的。照我們的看法，只順著久松的思路便可以說頓悟，不必要指涉到一道
德的形而上的實體。即是說，作為最高主體的真我，在究極的二律背反的氛
圍中霍然躍起，突破這二律背反的障礙，表現自己的明覺。即就這點便可以
說頓悟。頓悟者，最高主體飛躍起來，頓然地覺照自己而認同自己也。

七、反思

　　上面我們闡述和比較了牟先生和久松的覺悟思想。以下我們要在這方面
作一總的反思。久松的覺悟思想，很有分析性、邏輯性與哲學性。他首先以
罪與死而說人的生命存在的負面，以這兩者作為人進入宗教領域的契機，由
此顯示出人的極限性。他又把罪與死深刻化，追溯到它們的根源方面去。結
果他分別把兩者還原成究極的二律背反：罪還原成理性非理性或價值非價值
的究極的二律背反；死則還原成存在非存在的究極的二律背反。他把這兩個
究極的二律背反總合為一，成為一個整一的究極的二律背反的自我，再由對

這究極的二律背反的突破，來說覺悟，由此顯示出突破究極的二律背反的自我的最高主體，他稱之為真我或無相的自我。久松的這種說法，予人一種嚴整齊一的感覺，也充滿魅力。

牟先生的說法，亦有其精彩處。它雖不如久松說法的嚴整齊一，但親切細微處則過之。他以利欲之私、感性之雜來說人生的負面，引出人的道德的本心的流放與忘失。但本心不是一假設，而是一當前的呈現，它的內部不停地有一種不容已的力量在湧現著，要求突破人的利欲之私、感性之雜而冒起來。這股力量是任何障礙所壓不住的，這是覺悟必然可能的最內在的根據。關於覺悟，牟先生分解地說覺與悟，以覺為逆覺，為警覺，即本心逆著生命的陷溺逐物之流而警覺。由此本心內部有一震動，對其陷溺逐物有一痛切之感。這震動促使本心反顧其自己，而肯認其自己，操存其自己，把自己提起來，而振拔起來，這便是本心之呈露其自己，恢復其本來的正位，這便是悟。不過，就實踐而言，覺與悟終不可分，二者只是一物二面。

要之，久松的說法以嚴整勝，是宗教的取向。牟先生的說法則以親切勝，是道德的取向。

第十一章
京都學派與當代新儒家的對話[*]

一、兩個哲學學派的悉心安排的對話

在二〇〇八年六月十三日上午，我主持京都學派與當代新儒家的對話，這是在中研院中國文哲所二樓會議室中舉行。一起工作的有文哲所同仁陳瑋芬教授和張裕德先生。在嘉賓方面，我們邀請日本大阪府立大學名譽教授花岡永子、日本獨協大學國際教養學部教授松丸壽雄代表京都學派，和中央研究院中國文哲研究所退休兼任研究員劉述先和美國哈佛大學教授杜維明代表新儒家。我們曾邀請京都學派第三代的上田閑照教授來臺的，可惜因為健康問題不能來了。（以下敬稱略）

在對話之先，我曾說及京都學派和當代新儒家是東亞最強大、最有影響力的哲學系統，但兩學派之前從未進行過悉心安排的對話，因此，這次對話是十分重要的。但這並不表示雙方從來沒有接觸。劉述先便表示在一九七四年德國的跨文化研究中心（Institute of Intercultural Research）在日本京都舉辦了一場會議，西谷啟治帶領京都學派人士來參加，香港中文大學的唐君毅也帶領儒家人員（包括劉自己）來參加。[1]杜維明也表示他和西谷啟治在一

---

*　這次對話以英語進行，由香港的韋漢傑（美國俄亥俄州立大學數學博士）譯為中文，筆者酌情作了些文字上的修補。

1　這是很久以前的事了。唐君毅也曾讓我去旁聽，參加一次小組討論，在其中，他和西谷啟治發言最多。期間還有一個臺灣的馬教授和來自中東的一個回教徒學者。另外，臺灣的蕭師毅也在其中，他沒有發言，只是由始至終坐著睡覺。

九六九年已有接觸，他也和京都學派的阿部正雄十分熟識，也曾在京都學派
十分重視的《東方佛教徒》（*The Eastern Buddhist*）刊物應西谷和阿部的邀
請發表過一篇有關王陽明「四句教」的論文。但這些會議或接觸並不是經由
悉心安排的對話，不是 official 性質的。

　　由於對話的時間有限，我提出四個問題來帶動討論，自己盡量少做評
論，俾讓雙方能夠暢所欲言。這四個問題是：1.雙方分別簡要而精確地說明
京都學派和當代新儒家的核心義理和終極關懷；2.在義理和救贖論方面，京
都學派和當代新儒家如何與對方互補；3.回應或評論對方所表達的言論，雙
方可藉此去挑戰對方；4.京都哲學和當代新儒家之間，在哲學或宗教的溝通
和合作上的著力點。

　　以下是雙方對上面的問題所做的回應。在這裏我僅就雙方在闡述方面，
較具有哲學性的論點來敘述，其他方面的說法則略去。

二、京都學派與當代新儒家的核心義理和終極關懷

　　對於這個問題，花岡永子只簡單提西田幾多郎的絕對無及場所觀念，未
有進一步發揮。她提及在絕對無的場所中有絕對矛盾的自我同一，這便是西
田所強調的逆對應（reverse correspondence）關係。[2]

　　松丸壽雄說得比較詳盡而具體，他先從一般人對絕對無的誤解說起，表
示若嘗試在與絕對有的比較的基礎上去理解絕對無，會很容易被引導到一種
絕對無的錯誤的存有論的或分析的維度方面去。這是因為在某種存在
（existence）的相同層次上考慮絕對無與絕對有這兩個觀念，肯定會出問

---

[2]　《跨文化視野下的東亞宗教傳統：當代新儒學與京都學派》，吳汝鈞、陳瑋芬主編，
張裕德執行編輯，臺北：中央研究院中國文哲研究所，2011 年，頁 31。此書以下簡
作《京儒》。絕對無是西田幾多郎和京都學派所強調的終極真理，相應於佛教華嚴宗
所說的法界（Dharmadhātu）；逆對應則是一切在絕對無中的事物，特別是在兩極中
的事物如煩惱與菩提、生死與涅槃的融合關係。

題，因為絕對無根本上是遠離或超越這種存在上的理解的。西田幾多郎認為我們要尋找絕對無的邏輯結構，不能牽涉佛教的空（śūnyatā, nothingness），我們也不能以他的場所邏輯去發展和詮釋某些佛教傳統，這會造成觀念上的誤解。[3]

　　松丸又強調在邏輯判斷中，主詞總是被歸屬於謂詞之中，這種關係即是邏輯判斷的結構。當主詞被歸劃為謂詞，作為個體的主詞在謂詞的普遍性中便失去其個體性。即是，主詞不能在作為普遍物的謂詞中保留自身的個體性。個體性會被攝取掉，而消失於普遍物之中。倘若我們就另一觀點看，要個體與普遍物保持它們固有的本性，則會產生矛盾。西田在這裏提出場所（place, locus）觀念，表示若要使主詞在個體存有的能力能保留，則可把它放在作為謂詞的場所中，以場所做為中介（medium），則作為個體的主詞便能與其他事物共處，而不會有相互排斥的關係。同時謂詞亦因場所的作用被帶到與眾多個體的聯繫中，而不會失去其普遍性。松丸強調，作為中介的場所有雙重否定的作用，個體性在其中會先否定自身，然後又再做否定，這雙重否定便成否定的否定，而得大肯定。這大肯定與原先的偏頗的肯定不同，卻是在場所之中成就圓融的肯定。這樣，個體性或個體物便能保持原來的個別性，不排斥其他個體性或個體物。松丸強調，這就是法界，是圓融無礙的世界。[4]

　　松丸接著說，世界是同一的場所，個體性和普遍性在其中保持彼此的矛盾，同時也可以在一起，沒有衝突，這粗略地說，便是西田幾多郎所說的絕對矛盾的自我同一。一個元素的否定首先在中介中產生，然後再被否定，這就成了做為絕對肯定的絕對否定。這樣便證成肯定與否定。中介是作為絕對

---

[3]　《京儒》，頁 32。

[4]　《京儒》，頁 32-33。在這裏，松丸說得有點曲折，不順暢，我稍作了一些調整。實際上，京都哲學家對於場所的作為中介如何會有否定的否定，最後出現大肯定，或絕對的肯定，總是說得不夠精準，在思路上自然有辯證的意味。不過，這個問題非常深微，這裏沒有空間探討了。有關詳情，參閱拙著《絕對無詮釋學：京都學派的批判性研究》，臺北：臺灣學生書局，2012，頁 1-100。

地否定自身的事物而起作用，以至於通過否定的否定而產生肯定。這種中介
作用或角色便是「絕對無」。接著松丸說，每一個存在都能夠如其所如地存
在，真實地達致它自己的個體性，在普遍的世界中與其他個體共存。在這個
脈絡下，西田幾多郎認為，最終的或終極的謂詞不應是一種存有，而是一種
「無」。這種無具備一種作為肯定的否定的作用，一切事物都是作為場所的
絕對無的一種具體化的活動。松丸又重申，個體物和普遍物（還有謂詞判
斷）的場所受到作為中介的絕對無的支撐而不會解構、消失。松丸作結謂，
絕對無永不存在於我們眼前而顯示自身，它只會在謂詞判斷的場景背後而生
起作用。絕對無並不是絕對有的一個相反或敵對的概念。[5]

　　以上是京都學派方面的說法。以下我們看當代新儒家的說法。劉述先強
調以前與京都學派有接觸，這次對話是一個重新的開始。他表示對儒家是一
種絕對有的說法有所質疑。這大抵是對我以絕對有來說儒家並不認同。他沿
著松丸壽雄的思路發展下去，認為絕對有承自希臘哲學，如柏拉圖或亞里斯
多德那方面。他強調儒家不能連著絕對有的標籤，認為我們應就《四書》，
特別是《中庸》來說，以至《易經》的說法。《易經》的易包含變易、不易
與簡易；故易一方面是變易，另一方面是不易。《中庸》不偏於有，也不偏
於無，儒者通常採取中間的道路。[6]

　　以下是杜維明的發言。關於終極真理或終極實在，他從「天」這一觀念
講起：天不是一個靜態的結構，而是一個動態的歷程，是具有創造性的動感
歷程。這絕對實在的創造性即在其包羅萬有的日常生活中顯現。接著他從具
體的「氣」來說：天地萬物，包括人，都來自氣，後者是一種生命的能量
（vital energy）。這天的創造歷程展現於一種複雜的動力中，西田幾多郎在
這方面，提出絕對矛盾的自我同一的觀念來說。在如何理解一面來說，終極
實在是在創生性自身的存有的連續性這一脈絡中進行。就關聯到人方面來
說，人的自我實現亦是人的成長歷程，並且也是實現天的實在性或內在性的

5　《京儒》，頁 34-35。
6　《京儒》，頁 36。

歷程。就儒家來說，此中具有四個不可分割的面相：一是自我問題，二是社群，三是自然，四是天道。天是創造性本身，它永遠是變化歷程的開展。在我們的日常生活中，衝突與矛盾是不能避免的，但可以透過自我修養（self-cultivation）和追求社會的和諧來解決；而人也可以藉由與天、地的對話把種種衝突和矛盾加以轉化，故是很重要的。[7]

三、京都學派和當代新儒家相互補足的可能性

以下進入第二問題：兩個學派的相互補足的可能性。花岡永子首先發言，以兩個學派的可能的橋樑來說。這橋樑可就兩方面來說。一是雙方都認同一個形而上的原則：天地同根和萬物一體。按這是大原則性的問題，花岡沒有進一步闡述和發揮。二是雙方都提出對現代自然科學的克服，和追求自然和人類之間的和諧與和平。按我們要對現代自然科學的克服，這在意義上應該不能理解，即要克制現代自然科學的機械性，向人文主義和人性主義推進，這在海德格與西谷啟治的主要著作中已有很清楚的陳述。花岡在這裏特別提出西田幾多郎的絕對無的場域和絕對有的立場中對終極問題的實現和開發。[8]

松丸壽雄在這裏發言比較多。他先對絕對矛盾的自我同一觀念為基礎表示，當代新儒家和京都學派之間有某種合作的可能性。他回應上面杜維明所

---

[7]　《京儒》，頁 37-38。杜氏又提到在私底下他與京都哲學家西谷啟治和阿部正雄有很好的交往。他曾把西谷的名著《哲學とは何か》介紹給哈佛大學宗教學第一年的博士生；也曾和神學家 Gordon Kaufmann 及哈佛神學院的院長 William Grahm 一起講授西谷的書。而西谷的有關無的觀念也是哈佛研究院時常討論及的課題。他又提到另一京都哲學家久松真一曾在哈佛的世界宗教研究中心講學，他所提出的六種無的說法很具啟發性，云云。（《京儒》，頁38-39。）

[8]　《京儒》，頁 39。按花岡永子在這次對話中，發言只就大原則說，推論（elaboration）比較少。關於她的比較多的論述，學者可參考拙著：《絕對無詮釋學：京都學派的批判性研究》，第七章〈花岡永子論絕對無與哲學觀念的典範〉，頁227-251；及第八章〈花岡永子之解讀西田哲學的批判性研究〉，頁 253-314。

提的西田的觀念，提及人與天的關係：人與天這兩種存在彼此之間是有矛盾的，但人在天的創造性的歷程中又與天成立一種統一。個別的存有彼此獨立分離，保持自身的個別性，它們與普遍物對立，但同時個體與普遍物又進入一種統一關係。個體在某個整體的東西的場所中失去其個體性，但同時，普遍物和個體兩個元素都保持它們自身的實在性。它們彼此矛盾，這個矛盾是一種世俗的、可靠的事實，是生命的真實。但是，此中卻有某種調和的關係，使這兩個元素在效果上有中介的作用、溝通的作用，這作用又不會損害和破壞兩個元素的原有的本性，亦即能夠獨立存在的本性。即是說，這中介一方面能包容兩個元素，另方面又不會損害雙方的獨立性，這便是「絕對無」的場所。松丸強調，絕對無做為一場域、場所，有溝通的作用，使個體與普遍物或個體之間能夠同時成立、證成，不會拒斥。我們不能在能所關係中接觸絕對無，它不是有感知的東西。但我們又能憑依個體與普遍物或個體各自之間的統一的、綜合的關係或後果而推證出絕對無的作用，而證成這絕對無的存在。這種統合的關係正是絕對無的毋庸置疑的融合性格。松丸最後指出，倘若當代新儒家能夠分享絕對無的這個意涵，則這兩個學派便能發展彼此的相互了解與共同存在的維度。[9]不過，京都學派所持的是非實體主義（non-substantialism）的哲學立場，而當代新儒家則是實體主義（substantialism）的立場，雙方能否融合在一起，是一個有爭議性的問題，松丸在這裏頗有一廂情願之嫌。

　　以下看劉述先的回應。他指出京都學派由佛教發展出來，[10]而新儒家受到佛教的判教說，發展出宋明理學。宋明理學或宋明儒學的核心概念是

---

[9] 《京儒》，頁 40-41。在這裏，我作了一些修補來闡述松丸的解釋。同時也可幫助理解西田所強調的個體與個體的相互限定和普遍物對個體的限定的意涵。那是西田所說的絕對矛盾的自我同一的重要內容，參考拙著《絕對無詮釋學：京都學派的批判性研究》，第一章〈西田哲學的絕對無與絕對矛盾的自我同一〉，頁 3-24。

[10] 按說京都哲學由佛教發展出來，有些地方要說清楚。京都學派確是承受了佛教的東西，但也吸收了西方哲學的多種元素，其中有基督教的德國神秘主義如艾克哈特（Meister Eckhart）和伯美（J. Böhme）的思想，加上萊布尼茲、康德、黑格爾、海德格和懷德海的說法在內，也包含尼采的概念，不能只說佛教。

「理」，理一概念來自佛教華嚴宗的理事無礙說法。他承認儒家確實從佛教中學了很多東西，但儒家不是毫無選擇地接受佛教的一切，雙方的出發點並不相同。佛教的出發點是無常，到最後追溯到無明；儒家則不同，它追隨一種非實體的力動論（non-substantial dynamism），這便是相異之處。[11]《易經》說「生生之謂易」，宋明儒家便承此立說。早期的儒家很少提及創生性，不重視宇宙論和存有論，卻以「仁」為「生生」的仁體。劉氏又表示同意吳汝鈞的論點，後者研究京都學派超過三十年，最後說京都學派不能解決生的創造性的問題。劉氏強調佛教說緣起性空，這不是真正的創造性；真正的創造性只有在儒家的傳統中才能找到。[12]

接著杜維明表示新儒家和京都學派都是開放性格的，也是多元和自我反省的。他曾與源了圓有過關於自我修養的對話，後者曾將西谷啟治的《宗教とは何か》的錄音整理出來。杜氏表示，自我修養基本上是實踐（praxis）性格的，它使我們理解實踐的問題，而不是觀想的（contemplative）問題，是不創生、不活動的。後來韓國的李退溪透過提出理解能活動，甚至能創造的說法來幫助朱熹。他認為儒家和京都學派比較能相容地包含對方。但杜氏未有做進一步的闡釋。他並不認為京都學派只是佛教的一種表現，而亦是德國哲學、海德格及其他很多哲學家的支持者。他強調就西谷啟治來說，無是創造性的一種形式。

杜氏也提出京都學派與新儒家有會通處，也有不能相容的地方，以至是不可比較（incommensurability）之處。後者有兩個困難：一是封閉的特殊主義（close particularity），只重視個體性，變成自我中心，不能跨越開去，跨越社會、天與地。二是抽象的普遍主義（abstract universalism），不能面對人類的經驗的、當下的、活現的具體性做出回應的普遍主義。這種普遍主義把事物視為對象、知識論以外的對象，和把自然視為對象的集合體。杜氏認為，我們應把自然視為互為主體的共同體（communion），我們要有新儒

---

[11]　這裏我們要小心。說儒家是非實體的東西，不強調實體主義，有很強的爭議性，關於這點，松丸壽雄便提出質疑。

[12]　《京儒》，頁 41-42。

家的「與天地萬物為一體」的懷抱，有所有人類都是自己的兄弟姐妹的自
覺。在這種關懷（care）的意義上，京都學派的倫理學可以劃分為是亞里斯
多德意義上的德性倫理，也是一種關懷與同情的倫理。在這種意涵上，京都
學派和新儒家是相容的。

最後，杜氏回歸到西田幾多郎。他說西田的觀念是從完成普遍的立場開
始，但那種普遍立場易於陷入一種抽象的普遍主義。因此，如果我們觀察整
個問題，便要面對特殊事件、特殊時刻（moment）。對於新儒家的出現，
也應該這樣去理解。如果我們不了解五四運動，不了解西方主義的挑戰，便
很難了解當代新儒家。他強調，西田幾多郎和新儒家回應了實證科學，視之
為唯物論的、工具主義的、人類中心的（anthropocentric），不涉及人的生
命成長。所以，它們的核心是人文主義的。[13]

四、回應與評論

以下我們看京都學派與當代新儒家相互對對方的回應與評論。花岡率直
地表示，她將思想的架構分為五個類型或典範（paradigm）：一是相對有，如
唯物論的物；二是相對無，如齊克果的實存；三是絕對有，如柏拉圖的理型和
黑格爾的精神；四是虛無，如尼采的觀點；五是西田幾多郎的絕對無。她回
應劉述先（但不知何以做出此回應），表示西田和田邊元、西谷啟治的說法各
自不同，但三人的終極關懷都是同一的絕對無的場所，這絕對無的場所涵蓋
了前面的四種典範或維度。並且在對實體的思考方式的否定中，絕對無以其
作用的愛（agape）去同情和支持這四種典範。不過，她對於 agape 的意涵並
未有進一步的交代。她又強調京都學派不是封閉的人格性（personality），
也不是特殊主義（particularism），而是開放的社會。在倫理學上，對西田
來說，倫理學的基礎在於人格性，但不是基督教的倫理學，亦不是儒家的倫

---

[13] 《京儒》，頁 42-44。

理學，後兩種倫理學並不欣賞我們在這個世界中的時間性，[14]毋寧是我們在每一人格性的基礎上建立倫理學的新的可能性。[15]

松丸壽雄則請求劉述先對有關創造性的問題做進一步的說明。劉氏指出儒家是一種非實體的動力論，又觸及佛教的緣起（dependent origination）觀點。松丸認為，在創造性的正確理解的基礎上，我們或許能夠找到發展這兩個學派的相互理解的脈絡或關鍵點。他認為這種理解的可能性應是依於這兩種學派都是開放性格的。如果儒家是建基於天與人的肯定原理，並且從這種天與人的存在的假設發展下去，則儒家是非實體性的問題便是可爭論的。松丸的意思似是，這種天與人的假設應是建基於某種實體主義的立場上的。天與人的關係是依循實體主義的路向發展成立的，這與非實體主義的立場是不相應的。[16]松丸在這裏實有挑戰劉述先所提的儒家是非實體主義的思想路向。他在質疑儒家的所謂非實體主義的思維的本質。跟著松丸又追問杜維明說天與人的關係不是辯證的，而是對話的，則「對話的」（dialogical）是甚麼意思呢？[17]

以下是當代新儒家的回應。劉述先表示，實體的概念對於中國文化來說，是完全陌生的，它來自希臘哲學，這種哲學提出永恆的實體或存有。在中國哲學史中，我們根本找不到類似的說法。[18]按劉氏在這裏下筆很重。我們通常是認為東西方的哲學都流行著精神上的主體實體與客體實體的觀念。東方如印度教的大梵、儒家的天道、天理、天命、良知都是實體性格的。西方如柏拉圖的理型、亞里斯多德的基底、基督教的神、上帝和黑格爾的精神（der Geist），都是實體義。劉氏卻持中國哲學中不講實體的說法，未免獨斷。

---

[14] 按這裏的人格性應是指經驗的內容與領域。

[15] 《京儒》，頁 45-46。

[16] 松丸很明顯地表示儒家應是實體主義的立場，不是非實體主義的立場，它所強調的天應是一形而上的實體，而不是佛教的空特別是禪的無的非實體主義的性格。

[17] 《京儒》，頁 47。按杜維明並未有明顯地提出天與人的關係不是辯證的，而是對話的。松丸在這裏的質疑其實是不妥當的，他是捉錯用神。

[18] 《京儒》，頁 47。

　　杜維明則避開實體主義與非實體主義的問題，而強調融合主義
（inclusivism）。融合主義是一種整體的觀點，嘗試把眾多不同的思想元素
吸收進來，讓它們彼此融合、融和。他認為京都學派和當代新儒家都持這種
思想態度。中國佛教的天台宗與華嚴宗都有融合的說法。在當代新儒家來
說，唐君毅便強調這種思想，這可見於他提出的生命存在與心靈九境之中。
他視儒家的最高境界為天德流行境。在這種認同多元主義的立場中，明顯地
展現出一種自我反思的維度（dimension）。這不但是建基於我們對自己的
位置、處境的理解，更是對我們自身的場所的理解；進一步說，這表現出我
們對自己相關的特殊意識，同時也表示對於其他事物相關的普遍意識。最後
杜氏強調我們必須承認很多精神傳統也可能有融合的意願，並且具有自己的
機制。[19]

　　至於儒家的創造性觀念，杜氏表示如劉述先所說，是生命過程的創造
性，也通於吳汝鈞所提出的純粹力動（pure vitality）的觀念，亦是一種活動
或動感，也有轉化的意義，是一種轉化的活動。[20]

　　對於松丸壽雄關於「對話」的提問，雖然是意外的問題，杜維明仍然作
出回應。他表示京都學派和新儒家可以進行深層的對話，至少可以在這方面
努力。他特別提到我們可以從容忍開始；但容忍只是基本的條件，只有容忍
是不能帶來真正的溝通的。雙方還要承認對方的存在，承認對方是不可化約
的（irreducible），承認對方具有內在的價值，才能導致相互尊重。他並表
示自己對西谷啟治、阿部正雄，和他們的繼承者，有很深厚的仰慕和尊敬。
他更認為，我們甚至要超越容忍、承認和尊重，進入互相參照，更是對差異
性的珍惜（celebration）。我們不必要求京都學派儒學化，或儒學被京都學
派的佛教觀念所改變，這都不是對話的目的。毋寧是，雙方保持其差異性是
非常重要的。比較哲學和比較宗教的目的是加深雙方的自我認識。只有加深
自我認識，其他傳統的洞見才可以成為自己的資源。杜氏又提到「氣」觀

---

[19]　《京儒》，頁 50。
[20]　《京儒》，頁 53。

念，強調這絕對是重要的，因為它雖然不是無，卻有無限的能量。朱熹、王陽明、陽明後學包括劉宗周，都把自然的氣視為生命能量的顯現。王夫之更是如此。[21]

五、溝通與合作

　　以下進入第四個問題：京都學派與當代新儒家在哲學與宗教的溝通和合作上，有沒有著力點呢？如果有，那是怎樣的呢？花岡永子先表示，她很欣賞猶太教的思考方式，它不是機械的、靜態的、實體性，而是指事件的變化，指活動、作用，是動態的思考，有如杜維明、吳汝鈞，如後者說「純粹活動」。這可作為一個觀念，理解日本和臺灣的思想。她又提到禪宗郭庵的〈十牛圖頌〉，[22]特別是華嚴宗的「因陀羅網」（Indra's Net）所展示的修行的進步歷程。這都是譬喻，花岡認為，這些譬喻對於當代新儒家和京都學派之間的溝通與合作是非常適合的。不過，她沒有進一步的闡釋（elaboration）。[23]

　　松丸壽雄則表示，從哲學的觀點架構起兩個學派的橋樑並不容易；不過，以西田幾多郎所提示的絕對矛盾的自我同一的觀念和兩極的互補性化約為兩個學派的共同基礎，而沒有破壞這種兩極性，或許能夠實現兩個學派之間的一種統一，但我們亦必須面對兩個哲學觀念之間的差異性。這統一與差異同時結合的觀點，對於獲得絕對矛盾的自我同一的更深入的理解，是非常重要的。因為統一和差異之間的爭鬥（struggle）是這個觀念（按即絕對矛盾的自我同一）的成立的很好的例子。

　　松丸繼續闡述，京都學派承認相對存有（如人類）和絕對存有（如上

---

[21] 《京儒》，頁 51-54。

[22] 這是禪宗的說法，展示我們在修行中以十個境界或階段標示禪人修行的十個歷程。詳情參看拙著《游戲三昧：禪的實踐與終極關懷》中的一章〈十牛圖頌所展示的禪的實踐與終極關懷〉，臺北：臺灣學生書局，1993，頁 119-157。

[23] 《京儒》，頁 55。

帝）之間的破裂（rapture）或裂縫（cleft）。相對存有與絕對存有需要一個
中介，作為第三者去連結它們，這即是作為場所的中介。其脈絡是，相對存
有自我否定，把自己帶到虛無（nothing）。通過這種自我否定，修行者能
夠從自己的立足點起跳，躍進絕對無的活動中。這種自我否定是由作為肯定
的否定的作用引生的，這種作用即作為場所的中介的絕對否定。這樣由自我
否定的第一作用便可理解京都學派的絕對無的獨特境界，這是非常重要的。
沒有這種自我否定，便不能達到自我肯定，即達致真我的再生。[24]

在這裏，松丸下了重語：絕對無的作用，依於自我否定和自我肯定的不
可分離的性格。他似有這樣的意思：自我否定傾向於相對一邊，跟著而來的
自我肯定是大肯定，這則傾向於絕對一邊。兩者密切結合在一起，是兩極互
補，是京都學派與當代新儒家的共同基礎，這應該是這東亞兩個學派的橋
樑。不過在覺悟或救贖論方面，他又有點遲疑。他頗有如下的理解：儒家似
有這樣的觀點：人類的救渡可以不實行自我否定來完成，他未有解釋自己為
什麼會有這種看法。他只指出京都學派可能受到基督教很大的影響，特別是
上帝與人類之間有一種絕對的破裂，這是京都學派的基本觀點。他認為我們
應該首先注意到儒家和京都學派之間的差異點，然後再看如何找尋或探索能
連接這些差異點的橋樑，俾能在救贖的領域中獲致一個共同的基礎。[25]

在當代新儒家方面，劉述先強調新儒家和京都學派作為精神的傳統，應
該確認一些共同關注的問題。例如：雙方如何在理論上與實踐上克服虛無主
義的大難題。他個人在過去十年，對應全球倫理的建構方面，回應了孔漢思
（Hans Küng）的議題，他同意孔氏所提出的在新世紀和千禧年（millennium）
的典範轉移（paradigm shift）的說法：即是說，我們今天要有一種全球意識
的覺醒。孔漢思認為我們要有宗教性的和平環境；如果沒有宗教上的和平，
世界亦不會和平。劉氏說他同意這個評論，因為今天我們已經變成為一個地

24　《京儒》，頁 55-56。在這裏，松丸的意思是我們最後要達致覺悟，分析地說，是經
　　過一個歷程：我們要先作自我否定，才能達致自我肯定，後者是大肯定、絕對肯定，
　　依照這個程序，才能證成真我，才能覺悟。

25　《京儒》，頁 56-57。

球村（global village）。今天我們不是要爭議多元主義，而且如果只有多元
主義，我們在將來仍有危險。我們要去找尋一些共同的東西，我們在同一個
地球村內生活，應以人道、人文主義相互對待。我們既要保存差異性，同時
也要尋找一些共同的東西。這確實是我們所共同關心的。[26]

　　下來是杜維明的發言。他強調我們首先要體認「絕對矛盾的自我同一」
的哲學涵義；例如深化的主體性（deepening subjectivity）不單是對於當下的
自我同一的否定，同時也是對於自我同一在更深的層次的持續肯定，而且也
是關心比表面的矛盾更深入的矛盾。第二點是「場所」的問題。杜氏從實踐
的維度來說及儒家的觀點，指出如果哲學反省以活生生地具體的人作為起
點，那麼在變動不居的轉變過程中，自我同一的經驗應該是「即新」的，這
就意味著我們要不斷地重新學習。這種學習即是自我理解的深化。第三點
是，生命的觀想模式與實踐模式有清楚的分別，只有觀想模式才是哲學反省
的根源。[27]儘管亞里斯多德很強調倫理學，希臘哲學的主流判定觀想方法才
是進入哲學的領域的正途。問題是，我們可否堅持在佛教、道家中，或印度
教中，精神成就是哲學表述的先決條件呢？倘若精神成就很低，則哲學表述
不可能有甚麼洞見。這是一個嚴肅的問題。他又提及方東美，說後者曾表示
王陽明的哲學思考是在學習去做聖賢的精神中體現出來的。這是否意味你已
經達致那種精神境界，才能說出相應的哲理呢？如果堅持這一原則，則哲學
分析的普遍意義便很難確立。[28]

　　杜維明繼續指出，人的成長需要修養，也就是培養德行，在這個問題
上，西田幾多郎能借助於基督教。就鄂圖（R. Otto）和艾克哈特對救贖的問
題來說，救贖是建基於上帝的終極實在與人的理性所能捕捉到的是徹底地不
同的；人的理性是很片面的，無論如何不能理解上帝。他提到西田幾多郎了
解到，過分的自我肯定是危險的執著，只有通過自我否定來開放自己，才能
昇華到更高的境界（horizon）。就存有的連續的觀點來看，這可能意味著

---

[26] 《京儒》，頁 57-58。

[27] 不知杜氏何以這樣說。

[28] 《京儒》，頁 59-60。

破裂，而這破裂是永遠不能彌補的。這是一個重大的問題。杜氏表示，這種破裂不是佛教的，而是基督教的，例如巴特（K. Barth）的正統的基督教的立場。杜氏強調，所有的精神傳統，特別是佛教和基督教，必須進行徹底的轉化，發展出兩種語言。一種是獨特信仰的社群專用的語言。基督教的語言和佛教的語言是不可化約的，但可以進行互補的對話，例如科布（J. Cobb）與阿部正雄的對話。另一種語言是全球公民的語言。他特別提到淨土宗的問題，認為我們要讓人們知道，作為淨土的特別語言，可以作為全球公民的語言，讓淨土和天國實現於今日。[29]

六、檢討

　　以上是京都學派與當代新儒學的對話內容。以下要就關要的觀念與問題，作總的評論與反思，我想分幾點來說：

　　一、這種有計畫的對話安排，是很難得的。而代表京都學派的花岡永子、松丸壽雄和代表當代新儒家的劉述先、杜維明都是理想的人選。或許應進一步提醒，京都學派分國際派和日本的國內派。國際派分三代，：第一代是西田幾多郎、田邊元，第二代是久松真一、西谷啟治，第三代是武內義範、阿部正雄、上田閑照。我們邀請得來參予對話的，是花岡永子和松丸壽雄，是第四代，或許可以考慮大橋良介和藤田正勝、野家啟一。國內的則除了西田幾多郎、田邊元、西谷啟治外，還有高山岩男、高坂正顯、鈴木成高、下村寅太郎、九鬼周造、務台理作、和辻哲郎、戶坂潤、三木清，或再加上辻村公一、高橋里美、山內得立和鈴木大拙。

　　二、在我們邀請得四位學者中，花岡永子、劉述先的發言比較少，傾向於原則性的；松丸壽雄比較多就深沉的和具體的問題來說；杜維明的知識最豐富，不獨有關哲學性的，同時也是跨文化性的和社會性的。不過，他有時說得不夠具體。

---

[29] 《京儒》，頁 60-61。

三、松丸提及京都學派的西田幾多郎最重要也是最難理解的絕對矛盾的自我同一觀念，他以場所來說這個觀念，表示這場所具有中介的作用，把普遍物與具體物關聯起來。這場所有雙重否定的作用，個體物或個體性會先否定自身，然後又再作否定，因而得否定的否定，而成大肯定。這大肯定不是相對的肯定，而是絕對的肯定，這樣就證成了作為中介的絕對無的辯證或終極的性格。不過，個體性或個體物何以要先否定自己，而後又再行否定，因而有否定的否定，而成大肯定或絕對肯定，而成真正的肯定，松丸未有明說。這是最關鍵性之處，松丸未有明說或交代，實在可惜。

四、劉述先一再強調儒家有非實體主義性格的動感或力動，這是很特別的說法，有異於一般流行的實體主義的說法，松丸壽雄也提及這點，劉氏並未有積極回應。筆者作為對話的主持人，也沒有要求劉氏作進一步的解釋，這不免是遺憾。今劉氏已經逝世，這點便成了懸案。

五、關於這個對話，雖然實現了，但不能說一切都好。主要的原因是，雙方未能深切地理解對方。京都學派的著作是以日文來寫的，當代新儒家的著作主要是以中文來寫的，雙方好像都不能理解對方相應的語文，因此不能直接了解對方的第一手資料。幸運的是，京都學派有很多重要文獻的英譯。[30]而劉述先和杜維明在國外都以英文來寫自己的著作，他們理解對方，大體上是看英文的資料，特別是以杜維明為然。實際上，在對話中，我們看不出花岡永子、松丸壽雄和劉述先有讀過對方的著作痕跡。[31]實話實說，在中、港、臺方面說，我們中文學界對京都學派的理解，貧弱得實在可憐。[32]

六、兩個學派的對話，當然要涉及原始的經典文獻。儒家的經典是《四

---

[30] 此中如西田幾多郎的《善の研究》、《自覺における直觀と反省》、《場所的論理と宗教的世界觀》、田邊元的《懺悔道としての哲學》、久松真一的《東洋的無》、西谷啟治的《宗教とは何か》、《ニヒリズム》（按即虛無主義）等。

[31] 在對話進行的前一個月，劉述先曾問筆者要了解京都學派有甚麼資料，我便把自己所寫的〈純粹力動與絕對無：我與京都哲學的分途〉一文給他看，這自然是不夠的。

[32] 二〇一五年夏天我應復旦大學哲學系的邀請到該校做一場演講，主持人張慶熊教授說講什麼都可以，我便講京都學派。我先問在場的幾十個聽眾有沒有人聽過京都學派這個語詞，沒有一個人有回應，我大感驚異。

書》（《論語》、《孟子》、《大學》、《中庸》）、程（頤）、朱（熹）、陸（九淵）、王（陽明）這些人的著作，京都學派沒有涉及。而儒家學者也完全沒有提及與京都學派有密切關聯的道元的曹洞禪（《正法眼藏》、《永平清規》、《學道用心集》）、親鸞的淨土真宗（《教行信證》、《歡異抄》），特別是淨土真宗的惡人正機與西田哲學的絕對矛盾的自我同一思想非常接近，雙方只強調極端的弔詭思考的運用。[33]

七、當代新儒家的宗師是熊十力，後來又出現唐君毅和牟宗三，著作豐盛，花岡永子、松丸壽雄完全沒有提及他們的觀點。[34]在京都學派方面，說得上宗師的應該是西田幾多郎、田邊元和西谷啟治，或者再加上久松真一。杜維明在對話中，不只一次提到西田幾多郎和西谷啟治。有關西田，他關聯著後者的絕對矛盾的自我同一這一觀念來說，但未有進一步說明這個觀念的邏輯基礎。杜氏涉及西谷的談話比較多，環繞後者的名著《宗教とは何か》來闡釋。特別是他提到西谷的「無是創造性的形式」的說法。這是非常關鍵性的一點。這裏的無，應該是指西田所說的絕對無或場所；絕對無的創造性可以開拓出一種存有論，具體地說，這是以空為基底的存有論。不過，杜氏未有就此點作進一步的推演（elaboration）。至於田邊元，特別是絕對媒介一觀念，不但劉述先和杜維明沒有提及，花岡永子和松丸壽雄也沒有提及。只就西田與西谷來說京都學派，是不周遍的。京都學派承接了佛教的兩方面的思路：禪與淨土。西田、西谷和久松真一是禪的路向，田邊和下來的武內義範則是淨土的路向。禪是自力的維度，淨土則是他力的維度，二者顯然不同，必須兩者結合，才能展現京都學派的全體意涵。

---

[33] 此中的弔詭性格非常深微，這裏沒有篇幅討論了。

[34] 一九七四年十月我往訪阿部正雄在京都的住宅，和他說及當代新儒家的思想，我提到熊十力和牟宗三，他的表情有點驚訝和迷惘。我猜他是聽過這兩個名字，卻又有點陌生，覺得他們大有來頭。不過，他對唐君毅倒是認識的。

第十二章
京都哲學與當代新儒學的對談記錄

韋漢傑[*]翻譯整理　陳瑋芬[**]修訂

主持人：吳汝鈞（中央研究院中國文哲研究所）
對談人：花岡永子（日本大阪府立大學名譽教授）
　　　　松丸壽雄（日本獨協大學國際教養學部）
　　　　劉述先（中央研究院中國文哲研究所）
　　　　杜維明（美國哈佛大學）
時　間：2008 年 6 月 13 日（五）10：00-12：10
地　點：中國文哲研究所二樓會議室

吳汝鈞教授：

　　各位女士、先生，歡迎參加本次京都學派和當代新儒家之間對話的會議。如大家所知，這兩個哲學系統是東亞最強大、最有影響力的哲學系統。但很可惜，兩學派之前從未直接接觸，彼此的認識有限。所以，本次會議的目的就是要讓兩者進行面對面的對話。這個對話十分重要，也希望這次的對話能有成果。兩個在東亞具強大影響力的學派，彼此交會、討論有關哲學和宗教的思想，是一個具歷史性意義的時刻。松丸教授和花岡教授這一組將代

---

[*]　香港能仁書院哲學系助理教授
[**]　中央研究院中國文哲研究所副研究員

表京都學派，劉教授和杜教授則代表當代新儒家。我們希望在本次會議之後，可以再有類似的會議進行後續的延伸，以便這兩個偉大的學派間能夠更深入地認識和欣賞，甚至可以進一步整合和合作。

現在我想介紹本次對話的參與者：坐在我右邊的是花岡永子教授，她現在是奈良產業大學的教授，也是大阪府立大學的名譽教授。值得一提的是，她擁有三種博士學位：神學、哲學，和另一個榮譽博士學位。在花岡教授右邊的是松丸壽雄教授，他是京都學派知名的研究者，也是上田閑照卓越的弟子。事實上，我邀請了上田教授來參加此次會議，最後由於健康的問題，上田閑照教授無法出席，於是他推薦松丸教授來參加。所我們感到非常高興能在此次會議中見到松丸教授。花岡教授是西田幾多郎的專家，也是西谷啟治教授的直接門生。松丸教授亦被認為是京都學派的代表，他現在是獨協大學的哲學教授。

在代表當代新儒家發言的方面：在我左邊的是劉述先教授，他原本是香港中文大學哲學系的講座教授，退休之後，來到我們的研究所擔任特聘研究員，榮退後繼續受本所邀請為兼任研究員，及政治大學講座教授。另一位是杜維明教授，他來自美國，現在是哈佛大學東亞系歷史及哲學講座教授，亦是著名的哈佛燕京研究所所長[1]。我們非常高興在這裏邀請到劉教授和杜教授兩位。他們兩位在海外對儒學的研究都有很大的貢獻，普遍增進了儒學的知識，特別是當代新儒學。他們透過各式學術的發言，使儒學在國際哲學界中能保有適當的位置。

現在讓我們開始京都學派與當代新儒家之間的對話。鑑於這兩個偉大的學派從未接觸，對彼此似乎十分陌生，所以我就提出幾個一般的哲學問題，特別是和京都學派及當代新儒家有關的問題，作為引言。請大家注意，我們所邀請到的嘉賓講者是目前最好的人選，京都哲學的花岡教授和松丸教授，以及當代新儒家的代表劉教授和杜教授。第一個問題：我希望兩邊分別簡要精確地說明京都學派和當代新儒家的核心義理和終極關懷。花岡教授和松丸

---

[1]　【修訂者註】：杜教授已由哈佛大學榮退，現任北京大學人文高等研究院院長。

教授將代表京都學派回應這個問題,而劉教授和杜教授將代表當代新儒家對這個問題發言。有請花岡教授。

花岡永子教授:

很榮幸受邀參與本次會議。首先,我想提出以下京都哲學的五個核心義理。第一個義理是絕對無(absolute nothingness)和每個民族的實體觀點的絕對否定。第二個核心義理是對一切本性(all nature)共同的真我的自我覺識(self-awareness),以及對世界的真實的自我覺識。第三個義理是在主客框架和主詞邏輯的基礎上,對現代自然科學的克服。第四是對虛無(Nihil)的克服;而虛無則被視為理想主義(idealism)和現代自然科學的一個結果。第五是上帝和每個人之間的「逆對應」(reverse correspondence)及其實現,以及一切兩極之間在絕對無的場所中的絕對矛盾的自我同一。第二個問題〔即京都哲學的終極關懷〕的答案就是去覺悟(aware)真我與世界的自我同一,或和平世界中的創造性或遊戲(yuge)。最後,關於京都學派的終極關懷,我想再加上在一切兩極的絕對矛盾的自我同一的基礎上之創造性的實現,以及每個個體、作為種(species)的每個社會、作為類(genus)的世界,它們的和諧自由之統一(oneness)之實現。

吳汝鈞教授:

謝謝花岡教授,現在請松丸教授。

松丸壽雄教授:

謝謝吳教授。各位好,接續花岡教授的發言,我想討論絕對無的邏輯結構。由於我們沒有很多時間,只有五分鐘,我只會集中在絕對無的層面來討論這個邏輯問題。我對絕對無的詮釋,主要建基在京都學派的奠基者西田幾多郎的哲學上面。絕對無的觀念遭受很多的誤解。例如,如果你嘗試在與絕對有的比較的基礎上去理解絕對無,你就會被引導到一種對絕對無的錯誤的存有論或分析的觀念。這是因為你在某種存在(existence)的相同層次上,去考慮這兩個概念,但絕對無是遠離這種存在的理解。附帶一提,當西田提

及絕對無並想尋找它的邏輯結構，他通常被認為去嘗試解釋所謂佛教的「空」（Śūnyatā, nothingness），並借助他的「場所邏輯」去發展和重新詮釋某些佛教傳統，但這是不正確的。

　　為了忠實地領會絕對無的原本觀念，我想提出一個具體例子。邏輯判斷最少包括兩個元素：主詞（subject）和謂詞（predicate）。基本地說，在邏輯判斷中，主詞被歸屬（subsumed）於或歸入謂詞之內。這種主詞與謂詞之間的歸屬關係即邏輯判斷之結構。剛剛提及的關係可理解如下：主詞之歸屬於謂詞之內與如下事實相等，即作為普遍物（universal）的謂詞把作為個體（individual）的主詞歸屬於自身之內。我們亦可以說，一個個體被包含於一個普遍物之內。但這種主謂關係似乎顯示一種主詞被攝取或被同化到謂詞之中的過程，因為當主詞被歸屬於謂詞之內，作為個體的主詞在謂詞之普遍性中便失去其個體性。即是說，主詞不能在作為普遍物的謂詞之中保留其個體性。那麼，個體便會被攝取或被同化（assimilated），並消失於普遍物之內。即是說，個體現在是普遍物的一部分，以至只有普遍物。但事實上，個體與普遍物應保持它們自己固有的本性，更明確地說，它們彼此矛盾，不能直接地相互聯繫。但兩個元素的矛盾能夠被帶到另一方面，如果你以下面的方式去理解這個矛盾的歸屬（subsumption）：主詞在個體存有之能力中被包含在作為場所（place or locus）的謂詞之中，在此場所中主詞被放置在內，那麼，主詞和謂詞便能夠相容。即是說，作為場所的謂詞具有中介（medium）的作用，在此中介裏，作為個體的主詞，雖然是獨立的並與其他個體〔如我的存在〕沒有聯繫，但發現自身與其他事物共處其中（通過作為主詞的個體的否定，眾多個體得到肯定）。與此同時，謂詞本身能夠被帶到與眾多個體的聯繫中（這是通過作為普遍物的謂詞的自我否定而發生），而謂詞並沒有失去其普遍性（這是通過自我否定而得到的作為普遍物的謂詞的自我肯定的結果）。換言之，即使主詞與謂詞保持彼此矛盾，主詞與謂詞分別保持其個體性和普遍性，邏輯判斷的兩個元素都能夠在同一個場所中找到，它們在其中建立和保持各自的同一性。這個場所被稱為世界。

　　世界是那個同一的場所，個體性和普遍性在其中保持彼此矛盾，與此同

時，它們在各自的同一性中發現彼此一起，這是對「絕對矛盾的自我同一」的觀念的一個粗略的概述。關於這點，一個元素之否定首先在中介內產生，然後被否定的元素又再次被否定，以至它最後在中介內那裏達到此元素之肯定。這種通過雙重否定（此過程被稱為作為絕對肯定的絕對否定）而獲得的否定和肯定能夠被證成，因為中介是作為絕對地否定自身的事物而起作用，以至它通過否定的否定而產生肯定。這種中介的角色或作用被稱為「絕對無」。

附帶一提，在絕對矛盾的自我同一的過程中，謂詞能夠在一個更高的謂詞判斷（predication）中變為一個主詞，即使你不斷攀登謂詞的場所並嘗試去達到世界或宇宙之極限，這個謂詞仍是一種存有（being）。儘管你想擴展這種謂詞判斷到無限的程度，它不會逃離某種存在物（existent）的性格。

即使我們斷續去尋找主詞和謂詞之場所之終極極限，謂詞之場所是有限的，它或者把自身限制到被決定在謂詞中的東西，而我們永遠不能達到謂詞判斷之終極極限。因此，個體不能夠去保持它自己的個體性，因為它依然是普遍的謂詞的一部分；而普遍物亦不能夠去保持它自己的普遍性，因為在作為肯定的絕對否定之基礎上，主詞和謂詞的和諧共存是匱乏的（lack）。但事實上，每一個存有能夠如其所是那樣地存在，真實地達到它自己的個體性，並且在普遍世界中與其他個體共存。因此，西田認為，最後或終極的謂詞不應該是一種存有，而是一種「無」，這種無具備一種作為肯定的否定的作用，一切事物都是作為「場所」（basho）的「絕對無」的一種具體化。我重申，個體和普遍物（因此還有謂詞判斷）的場所受到作為絕對無的中介所支持。絕對無永不在我們的眼睛面前顯示自身。它在謂詞判斷之場景背後起作用。因此我認為絕對無並不是絕對有的一個相反或敵對的概念。謝謝大家傾聽我的論點。

吳汝鈞教授：

謝謝松丸教授。事實上，他講到的東西觸及到西田哲學最困難的概念，

即絕對矛盾的自我同一（self-identity of absolute contradictories），這是我最近要探討的問題。松丸教授的闡述很有啟發性。現在讓我們轉到劉教授和杜教授，他們會從當代新儒學的觀點回應先前的提問。有請劉教授。

劉述先教授：

其實這不是我和杜維明首次參與跟京都學派的對話。一九七四年，德國的跨文化研究中心（Institute of Intercultural Research）在京都舉辦了一個會議。西谷啟治教授帶領日本的隊伍，香港中文大學的唐君毅教授則帶領儒家的隊伍，那是三十多年前了，因此這次是對話的重新開啟。（吳汝鈞教授：我也在那裏。劉教授：你忘記提到這事，之前有過對話。）現在時間有限，我們不能講太多。我出版了兩本英文書 *Understanding Confucian Philosophy: Classical and Sung-Ming* 和 *Essentials of Contemporary Neo-Confucianism*。最近，我會把在香港中文大學的演講出版，內容講述儒家哲學的三個偉大時代，即先秦、宋明和當代。貫徹於三個時代的核心：天道性命相貫通。如牟宗三教授所說，這是非常複雜的問題。無論如何，新儒家的立場通常被描述為所謂的「內在超越」（immanent-transcendence），它與視儒家為只是世俗倫理的流行誤解相反。它也是一種存有論及終極關懷。

我對「儒家是一種絕對有」的說法有所質疑，沿著松丸教授的思路，絕對有類似希臘哲學，如亞里士多德或柏拉圖，但不會是儒家，所以我不接受這種標籤。如果回到《四書》，作為哲學家，我們會特別強調《中庸》的重要，還有《易經》。《易》不容易講，因為《周易》包含變易、不易、簡易。一方面是變易，另一方面是不易，結合兩者就會是《周易》（comprehensive change）。回到《中庸》不偏於有或無，儒者會採取中間的道路。事實上，儒佛之間有一些共同的東西。釋迦牟尼也談中道。但雙方以很不同的方式去詮釋中道。我的發言就到這裏。

吳汝鈞教授：

謝謝劉教授。現在請杜教授回應這個問題。

杜維明教授：

　　也和吳教授的說法相反，我和西谷啟治教授的第一次會面或對話是在一九六九年。我們的交誼持續了很長一段時間，他曾來普林斯頓探訪我，居住在我家，並介紹著名的臨濟宗禪師佐佐木承周給我認識，可以說西谷啟治是我一位親近的朋友和老師，所謂「師友」之間。另外，我也和阿部正雄十分熟識，我的一篇有關王陽明「四句教」的文章在《東方佛教徒》（*The Eastern Buddhist*）出版，即是因為他們兩位師徒特別邀請而撰寫的。我很高興能夠參加這次對話，我想簡單提示我所體知的儒家的精神方向。

　　首先，請允許我先介紹「存有之連續性」（continuity of being）的觀念。針對我們目前討論這一觀點的涵義，是終極的人生意義可以而且應該在人的日常存在中體現，這跟禪（Zen）並無根本的不同。價值的終極根源在天（Heaven），它與人的本性是有內在關聯的。天不是一個靜態的結構，而是動態的歷程，是具有創造性的動態歷程。絕對實在的創造性即在其包羅萬有的日常生活中顯現。

　　人是從氣通過生命和知覺演化而來，荀子所謂萬物皆有氣，草木方有生，動物方有知，只有人才有義，就體現了這一思路。因此天地萬物，包括人，都來自氣，一種「生命的能量」（vital energy）。但是人也是實現天之自我理解的存有。我認為人是宇宙大化的觀察者、欣賞者、參與者，和共同創造者（co-creator）。

　　西田幾多郎關於絕對矛盾的自我同一的觀念，也許可由天之創造歷程的複雜動力這一方面來作比較。這點和在人的日常存在中，即可體現最高的價值和最終極的意義，好像完全不同。但是由變化歷程的觀念來理解，人的日常存在是否一定不可能從「空」理解？另外，終極實在是否能夠從創造性自身的存有的連續性而得到理解？人之自我實現亦是人的成長歷程，並且也是實現天的實在或內在屬性的歷程。在這特殊意義上，人的「身、心、靈、神」即是人格充分體現的歷程。

　　儒家以為美學、倫理學與宗教是互相關聯的。例如倫理學，善之研究或增長需要植根於日常生活的具體經驗之中，但倫理學的充分展現必須要超越

人的領域而擴展到宇宙。這就是為何我使用天人的觀點（anthropocosmic vision）來闡述的緣故。克服人類中心主義是必要的。儒學會有四個不可分割的面向，首先是自我的問題：即自我尊嚴、自主獨立。因為人總是關係網絡的中心點。所以二是社群（community），社群的範圍很大，由家庭、國家到世界及宇宙都包含在內。第三則是自然，中文叫作「地」。最後則是天道。因此，理想情況是自我和社群之間健康的互動、關於身心的自我的整合、人類和自然之間的可持續的和諧關係，還有人心（heart-and-mind）和天道之間的相輔相成。儒家的天是無所不在及無所不知，但並非無所不能，因為人的參與改變了天之結構。天就是創造性本身，所以它永遠是變化歷程之開展。日常生活中的衝突和矛盾必然內在，但透過自我修養（self-cultivation）和社會和諧，以及與天和地的對話（dialogical）關係，這些矛盾將會轉化為對話關係；不是辯證的關係，而是對話的關係。

　　儒家的理想是把社群理解為一個誠信的聯盟，一個建基於信任的家國天下。我們可以說儒家是一種全面和整合的人文主義，它不是現代西方的世俗人文主義，因為世俗人文主義是排斥精神的（anti-spiritual）。其實哈伯馬斯的溝通理性並不能證明自然之重要性，我曾把西谷啟治的書《何謂宗教》（《宗教とは何か》）介紹給哈佛宗教學第一年的博士生，和詹姆斯的《多種宗教經驗》及韋伯的《新教倫理與資本主義的精神》一樣都是必須了解的基礎課本。我曾和神學家 Gordon Kaufman 以及目前是哈佛神學院的院長 William Grahm 一起教授西谷的書。另外是西谷啟治關於無的觀念，這是在研究院常討論的課題。正如松丸教授所說，無是一個極為複雜的觀念，它不只是沒有。久松禪師曾在哈佛的世界宗教研究中心講學就提到六種無，對我很有啟發。最後我要強調，儒家的人文主義既是精神的，又是自然主義的（naturalistic），這就是為何最近在德里（Delhi）的一個會議中，印度哲學的 Balasubramania 教授把儒家的人文主義刻畫為精神的人文主義（spiritual humanism），當然，儒家的精神同時也是與自然契合無間的。

吳汝鈞教授：

謝謝杜教授。現在，京都哲學和當代新儒家雙方都已為自身進行了精確的描述。能夠促成兩派對話的再度開啟，我確實感到無上光榮。從我們的四位嘉賓講者對於京都哲學和當代新儒家的發言，我也學到了許多，特別是絕對無、天、自然主義諸觀念。現在，讓我們考慮第二個問題：在義理和救贖論兩方面，京都學派和當代新儒家如何與對方互補？有請花岡教授發言。

花岡永子教授：

首先在義理方面，我想談談兩個學派之間的「橋樑」。我認為，京都學派和當代新儒家的第一座橋樑就是「天地同根和萬物一體」。第二個橋樑就是對現代自然科學的克服。關於這兩個問題，我認為它們能夠聯繫兩種哲學或使兩種哲學互補對方，杜教授亦提到自我。至於第二點救贖的互補方面，我想提出自然和人類之間的「和諧與和平」，杜教授也講到這個問題。這裏，我想提出兩個論題：第一個是在絕對無的場域（field）和絕對有的場域中之實在之實現。第二個論題就是在兩種文化之共同浪潮（common waves）中精神性的論題。謝謝。

吳汝鈞教授：

謝謝花岡教授，現在請松丸教授。

松丸壽雄教授：

要回答第二個問題非常困難。從義理的觀點，我想提出在矛盾的自我同一的基礎上，當代新儒家和京都學派之間有某種合作的可能性。因為杜教授提到關於矛盾的自我同一這方面，當代新儒家和京都學派之間的相似性，如果可以讓我舉一個人與天之間的關係的例子的話，這兩種存在是彼此矛盾的，但同時它們又在天的創造性之歷程中進入一種統一。這種說法也適用於京都哲學的矛盾的自我同一的觀念：個別的存有彼此分離，並保持它們自身的個體性，即是說，它們與普遍物對立，但同時個體與普遍物又進入一種統一。

所謂「普遍物」，我意指某種整體的（holistic）東西。如果普遍物（某個整體的東西）包含個體，並同時保持兩個邏輯元素的自我同一，則個體在某個整體的東西的場所中失去其個體性，但同時，普遍物和個體兩個元素都應該保持它們的真實本性。事實上，它們彼此矛盾，這個矛盾是一個可靠的事實，是生命之實在。因此，必定有某種調和這兩個矛盾元素的效果或中介作用，這種作用並不損害和破壞兩個元素的本性，生命之實在應該如其所是那樣地被理解。這個既包含兩個元素又沒有損害它們的本性的中介，被稱為「絕對無」。因此，絕對無是某種作為中介的作用或效果的表述，即「場所」。事實上，你不能掌握絕對無，它不是可感知的東西，它超越了我們的感知。你只有借助對個體和普遍物之間之統一的後果之重新考慮（re-considering）或推理（ratiocination）才能追溯絕對無的作用。這種統一由絕對無的作用來完成。如果當代新儒家能夠分享及對絕對無有個了解，則我相信兩個學派能夠對發展彼此的互相了解找到共同的基礎。謝謝。

吳汝鈞教授：

謝謝松丸教授，他所說的絕對無，的確是一個關鍵的觀念。現在請劉教授。

劉述先教授：

京都學派發展自佛教。佛教是從印度傳到中國，經韓國再傳到日本，所以，佛教與儒家之間的對話很早就開始了。事實上，如果沒有來自佛教的刺激，就不會有新儒家，更遑論當代新儒家。因此，回顧宋明儒學是極具啟發性的，例如，宋明理學的核心概念就是「理」，在先秦，「理」並不十分重要，從北宋開始，到後來宋明的發展，「理」才被突顯出來。那麼，理之概念從何而來？其實是出自佛教華嚴宗的理事無礙法界觀。所以，儒家確實從佛教學到了很多概念。佛教同時對宋明儒學的發展有很大的影響，因為來自佛教的衝擊，宋明儒與那些只想通過科舉入仕的士人不同。宋代理學家朱熹說，當前的豪傑人物都出自佛教界，他們只關心一個問題，即生死的問題。

但儒家並不是毫無選擇地接受來自佛教的一切，因為雙方的出發點是不

同的。佛教的出發點是無常，到最後必定會追溯到無明，這不是儒家的傳統。儒家亦追隨一種非實體的動力論（non-substantial dyamism），這與佛教是相同的；但它回到《易經》。《易經》說：「生生之謂易。」所以在儒家的傳統裏，特別在宋代，邁出了重要的一步。在先秦時代，孔、孟只講「仁」，講人性（humanity），很少提到創造性、宇宙論、存有論等等；但在宋、明，為了面對道、佛二家的挑戰，新儒家需要去建構一種精深的哲學，這就產生了把「仁」體認為（或等同為）「生生」的宋明新儒家哲學。

我同意吳教授的論點，他研究京都學派超過三十年，最後他說京都學派不能夠解決這個基本問題，即創造性的問題。因為從佛教的觀點，它講緣起性空，這不是真正的創造性；真正的創造性只有在儒家的傳統中才能找到。儒家學者不會放棄他們本身的立場。關於當代的對話，我留給杜維明。

杜維明教授：

我想我喜歡「救贖論」這個名詞，我不喜歡「義理」這個名詞。我想這是由於新儒家和京都學派都是開放的、多元的和自我反省的。所以，兩者都不會贊同某種教條或者固定的義理。把西谷啟治的錄音整理成《宗教とは何か》的源了圓，我和他曾有一個關於自我修養的對話，自我修養即救贖論。基本問題是實踐（praxis）的問題，實踐的問題讓我們理解存有論的前提，並不是觀想的（contemplative）。哲學告知我們如何行動，儘管它是絕對相關的。但其實是實踐、實際的修養及人格之真實實現，幫助我們去獲得救贖論的基礎，以及對理論基礎更精深的理解。所以首先我認為，義理並不是一個描述它的好字眼。

當然，在儒家中，創造性是一個複雜的論題。朱熹把「理」界定為靜態的結構這個立場——理不創造、不活動——被王陽明、陸象山挑戰，這是內部的矛盾或爭執。從陸象山、王陽明這個立場出發，後來的韓國哲學家李退溪透過提出理能活動、甚至能創造，這種議論來嘗試幫助朱熹。所以在某方面，它與京都學派的想法（另一種意義的創造性）比較相容。

我不認為京都學派僅是佛教的一種表現，因為它亦是德國哲學，亦是海

德格，以及其他很多論題。我認為從西谷啟治的觀點，無是創造性的一種形式。

所以首先我想去確認兩者之會合處，然後我也想去強調一些不相容之處，最少是一些不可比較之處（incommensurability）。我認為兩個傳統對於兩種困難都是很認真的。一方面是封閉的特殊主義（closed particularism）：重視個體性，變成自我中心，不能跨越；無論是跨越到社會，還是到天與地。另一個是抽象的普遍主義（abstract universalism）：不對人類經驗之當下的活著的具體性作出回應的那種普遍主義。在這個意義上，離開封閉的特殊主義，這個個體性的問題，我想跟松丸關於主詞與謂詞的觀念是有關的。謂詞需要去跨越那種謂詞判斷，這種謂詞判斷限制種種的逃離謂詞的活動。所以，不要把事物視為對象，我想更不要把自然視為對象之集合，而要把自然視為互為主體的共同體（communion），這跟新儒家「與天地萬物為一體」的觀念有關。即張載的觀念：天為父，地為母，一切事物和人類都是我的朋友，所有人類都是我的兄弟姊妹。這種在關懷（care）的意義上的詮釋，我以為京都學派的倫理學可以刻劃為，个僅是在亞里士多德意義上的德性倫理學，而是一種關懷與同情的倫理學。這和儒家傳統是很相容的。

我個人對比較研究方法的偏好並不是平行的比較（parallel comparison），平行的比較通常是很表面的，因為每一方都脫離了它的脈絡。如果你嘗試去研究京都學派，不能脫離了戰爭、第二次世界大戰的脈絡，脫離了去挑戰西方學問的脈絡，脫離了作為異於東京心態（mentality）的京都學派的脈絡，並脫離了特殊局部（local）知識的脈絡。但重要的是：局部知識變成了全球聯繫，它是植根於局部知識。如果你看看儒家傳統，它從曲阜地區一個真正的局部知識開始，然後變成中國之知識（或學問），並從中國到東亞。現在如果我們有機會從東亞擴展，就是從東亞普及到世界。在這個意義上，局部知識嘗試去成為國家、地域，甚至全球知識。

西田幾多郎的觀念是從完全普遍的立場開始，但那種普遍立場容易陷入一種抽象的普遍主義。因此，如果你觀察整個問題，當然你要面對特殊事件、特殊時刻（moment）。對於新儒家的出現，也應如此去理解。如果你

不了解五四發生甚麼事情，不了解西方主義的挑戰，就很難了解當代新儒家。例如，牟宗三教授是那麼為儒家不能與民主和科學這些西方的偉大價值發生聯繫而擔心。我們不會期望基督教去發展民主或科學。我們不會期望佛教在實證的意義上必然地一方面發展科學和技術，而另一方面發展民主。

我認為，西田幾多郎和新儒家回應了實證科學，把它視為唯物論的、工具的、人類中心的（anthropocentric），不涉及人的生命成長。所以，它的核心是人文主義的（humanistic），同時我認為關於「氣」或生命能量的觀念，它是外面這裏的質體（substance），又是精神的顯現。所以，我最後的問題是：存有的連續性與存有的斷裂，就個體和絕對之間的關係，這方面能否結合在一起？並且以下的認識對我們是重要的：如果我們想把創造性聯繫到矛盾中去，我們想看到兩者之間的創造的張力，而不是破壞的張力。破壞的張力是根本或徹底地破裂；創造的張力實現和解與和諧的可能性。如果你沒有這種認識，那麼，創造性便成為一種虛無的創生，這是類似於上帝的徹底他者（radical otherness）的觀念。這不是佛教傳統或京都學派對佛教的現代詮釋，特別是禪所意想的。

吳汝鈞教授：

謝謝劉教授和杜教授。我們進行討論的第三部分，請回應或評論對方剛剛所表達的言論，雙方可藉此去挑戰對方。請花岡教授。

花岡永子教授：

首先，我想回應劉教授。西田幾多郎、田邊元和西谷啟治的哲學雖然彼此不同，但其終極關懷都在於同一個絕對無的場所。我們因此必須要考慮這方面，這是我第一個評論。

第二個評論是對杜教授的，我不想直接地問杜教授，而是間接地問。你如何思考「時間和連續性」（time and continuity）？我認為，時間從現在開始，時間並不只是從過去開始，亦不只是從未來開始。京都學派的這個觀點是對時間的思考的核心。這是對杜教授的第一個問題。

關於第二個問題，我將思想的架構之類型或典範（paradigm）分為五

種：第一種是「相對有」，例如唯物論。第二種是「相對無」，例如齊克果（Søren Kierkegaard）的存在或實存思想。第三種是「絕對有」，例如從柏拉圖（Plato）到黑格爾（Georg Wilhelm Friedrich Hegel）的哲學，如劉教授所說。第四種是「虛無」，例如尼采（F. W. Nietzsche）。第五種是「絕對無」，例如西田。這個典範的使命就是：絕對無必須把所有其他四種類型的維度都歸屬於自身之下，並且在對實體的思考方式之否定中，以作為「絕對無」之作用的愛（agape）和同情去支持它們。我認為，京都學派因此既不是封閉的人格主義（personalism），亦不是特殊主義（particularism），而是開放的社會，我認為是這樣。這是第二個評論。

第三個問題是關於倫理學，例如，對於西田，倫理學的基礎在於人格（personality），但既不是基督教的倫理學，亦不是儒家的倫理學。後兩種倫理學不欣賞我們在這個世界中的時間（our time in this world）。但我們必須在每個人格的基礎上，去建立倫理學的新的可能性。這是我的意見。

吳汝鈞教授：

謝謝花岡教授，現在請松丸教授。

松丸壽雄教授：

首先，我想請教劉教授關於創造性的問題。為了引介這個觀念，你首先指出儒家是一種非實體的動力論，然後觸及到緣起（dependent origination）。我對天的創造性的觀念非常感興趣。在對創造性的正確理解的基礎上，我們或許能夠找到發展相互了解的共同基礎，但我們必須首先澄清種種理解之可能性。我認為，這種理解之可能性應該對於兩種立場（通過同時意識到差異性）都是開放的。即是說，如果儒家是建基於天與人之肯定原理，並且從這種天與人之存在的假設發展儒家之理論，則儒家是非實體的就是可爭論的，因為這種天與人之假設據我理解是建基於某種實體主義。劉教授，你認為如何呢？

還有，我想知道儒家的非實體的思考方式的本質，以至我們能夠在當代新儒家和京都學派之間找到相互理解的共同基礎。這個是另一個問題。

杜教授提到天與人之間的關係，說這種關係不是辯證的，而是對話的。「對話的」是甚麼意思？你能對這個"dialogical"的概念給我一個更詳細的解釋嗎？謝謝。

吳汝鈞教授：

謝謝松丸教授。現在輪到劉教授和杜教授，請劉教授。

劉述先教授：

在此僅作一簡短回應。實體之概念對於中國文化來說是完全陌生的，它來自希臘哲學，後者提出永恒實體或存有；在中國哲學中，你永遠找不到類似的說法。從中國的觀點，宇宙總是不停變化著。所以，孔子有所謂「無言之教」：天何言哉，天何言哉。天是一個創造性之符號，只是默默不斷地運行，並不透過人格意志而顯現，例如在上帝。但它在宇宙中運行，包括人類在內的萬物，唯有人類能夠意識到天之創造性。這種洞見可追溯到孟子以降，經過宋、明一直到現在的中國傳統。到了當代，這問題就變得很複雜，因為當代新儒家是一當代的運動，不能只是停留於傳統之中，要與時並進，必須要面對現代化的問題。

不只這樣，我們現在進入所謂後現代的時代，帶來的轉變是更加不同的。事實上，我們經歷過非常艱難的時間，特別是戰時，包括在二次大戰中日本的侵略，中國可能在地球上被根絕或消滅。在共產黨接管中國大陸之後，幾位流亡學者堅持中國傳統具有一些恒久（perennial）的哲學和價值，需要堅強地捍衛它們。當代儒家的第二代，包括牟宗三教授和多年前與我們一起訪問京都的唐君毅教授，他們在情感上都是十分護教的。他們相信，不惜一切，都要將這些價值保護下來。某方面，我認為他們的確具有偉大的洞見。

現在，看看四川的地震，很多事情我們需要改變，我們需要新的技術去拯救這些人民，運送物資到四川。但有些東西在過去兩千年中沒有改變，孟子說：「親親而仁民，仁民而愛物。」你愛你的父母，並且你把你的愛擴展到人類，以至到地球。看看川震，我們就會發現有父母寧願死也要保護他們

子女的場面，這就是「親親」。孟子在二千年前提出這個說法，今天依然可以適用。再者，這個地震是一個災難，但在災難中，我們找到一些正面的東西，在過去五十年中，我們從沒有飛機直接由臺灣飛往大陸，但為了拯救地震，臺灣首次派遣貨機將貨物直接送往四川的成都。因此，有某些東西在價值上是恒久的，我們要保衛這些價值。

但同時我們亦必須與時並進，這就是為何在現代化中，我們推動杜教授所言的中國民主化，因為我們過去只有君主（monarchs）。我們談論過仁政（government of humanity）的理念，但我們實際上又得到甚麼？我們通常得到暴君，而不是聖王。所以在現代，新儒家想吸收民主，希望民主憲政會進入中國，還有科學和技術；另一方面，我們不能夠只是從西方吸收民主和科學，而忘記我們自己的人文和創造性的傳統，我們需要用新的嘗試去結合兩者。

正因新儒家第二代在感情上是護教的，他們傾向於講一些不合現代人口味的東西，例如，牟宗三說，只有中國文化才有常道。如果你作出一種這樣的陳述，便無法與其他傳統有所對話。在我們這一代，接受多元的文化，不但對京都學派開放，也對基督教及其他開放，事實上，在一九七四年的會議中，基督教也有代表。每一傳統都會有一些不同的事物。一方面我們能夠從其他傳統中學習，另一方面我們也想保護我們自己的傳統。我們只需去保護儒家作為世界精神傳統之一的地位，不需要去證明我們比其他傳統優勝。

吳汝鈞教授：

謝謝劉教授，他對實體概念的回應扼要而點到即止。請杜教授。

杜維明教授：

我確實很欣賞這些提法。首先對花岡教授的回應，我同意你的觀點，存有之連續性不只是偏重過去和未來，它更是把重點集中於現在。我認為儒家的思考方式的一個特點就是把當下具體的活生生的人當作起點。對我來說，這跟京都學派的一個重要的概念（即場所）的概念）是一致的。「場所」並不只是物理的地點，它也是位置、處所（site），它是現在，此時此地的意

識。如果你要區分時間與時間性（temporality），時間性就是時間之意識。因此，儒家對現在的觀念就是過去之累積點，記憶是很重要的。我們沿著昆德拉的思路，如果你沒有記憶，那麼你就變成過去的奴隸；如果你具有記憶，你可能從過去解脫出來，所以，記憶是重要的。並且對於未來，如果沒有未來，那麼現在就受到限制。

關於第二點，我想可能有些誤會。我確實相信京都學派是開放、多元的和有自我反思能力的，那就是為何我們能夠發展。現在京都學派和新儒家兩者最重要的問題就是，當然我們都意識到排外主義的危險，但我們卻常常遭受融合主義（inclusivism）的限制。融合主義是一種整體的觀點，嘗試把眾多不同的思想學派吸收進來，希望把這些思想學派的觀點都綜合起來。有天臺的和華嚴的融合，也有儒家的融合，比如唐君毅教授談到的心靈九境的儒家觀念，最高的一境是天德流行境，這當然是儒家的。在這種承認多元主義的立場中，我們所具有的自我反思能力不但是建基於我們對我們的位置的理解，更是對我們的「場所」的理解；不但是建基於它是與我們相關的特殊意識，更是與世界其他事物相關的普遍意識。但我們必須承認很多其他精神傳統也可能有融合的意願和機制，因此溝通是可能的。再者即是人格的問題，西田幾多郎對人格非常關注，這些新儒家和京都學派也有互補之處。描述儒家倫理的最好方式既不是個體倫理，亦不是社群倫理（communitarian ethics），特別是當兩者互不相容所表現的排斥性的關係。Richard Rorty 論證說自我實現與公共服務是不相容的。如果是這樣，整個儒家計畫就會失敗。這個正是為什麼狄百瑞（de Bary）要把儒家定義為人格主義的理由，這裏，人格主義不只關心自我，而是把自我視為自我修養的起點。從此出發必然從修身進展到社群，如齊家、治國和平天下。

對於松丸教授關於 "dialogical" 的意義的提問，這就需要稍作進一步的解釋。我曾參加過聯合國大會秘書長所組織的文明對話，現在也積極參與聯合國教科文組織（UNESCO）的文明對話及文化多元的計畫。我認為京都學派和儒家可以有深層的對話，至少可以向那方面努力，這意味著我們由容忍開始，但容忍只是基礎條件。如果只有容忍，就不可能有真正的溝通，必須

還要承認對方的存在，我們都承認對方是不可化約（irreducible）、具有內在價值的。然後是尊重的可能，我對西谷啟治和阿部正雄，以及京都學派今天重要的繼承者，都有很大的仰慕和尊重。

丸山真男就不同了。丸山真男的進路即自由傳統，對京都學派有很深的誤解，以為京都學派太強調神道及宗教情緒，對自由主義的限制的關注不夠。有了尊重，然後才有互相參照（mutual reference）及互相學習的可能。

我認為，我們已超過了容忍、承認和尊重。我們已進入互相參照和互相學習的階段了。但更大的挑戰不僅是對差異的承認，更是對差異的慶幸（celebration）。我認為，京都學派變成儒學化，及儒家學派被京都的佛教觀念所改變並不是對話的目的，我認為保留差異是極為重要的。我們不須跟從列維納斯（E. Levinas）。我確實相信列維納斯是有問題的，因為他講徹底他者。但我也確實相信它對我們的事業是個很重大的挑戰。正如我先前所注意到，比較哲學的目的是去加深我們的自我認識。通過加深我們的自我認識，其他傳統的洞見即可成為我們的資源，但汲取資源不是手段，不是策略，也不是工具理性的對象，而是變成我們自身的內在價值加深自我認識的意識，作為互相崇敬和互相學習的一種生活方式，其實就是要承認，他者不僅是威脅，而且是一個值得慶賀的存在。

如果我們這樣理解，我們應該從辯證模式轉化為對話模式。根據黑格爾和馬克斯，辯證模式主要是克服和爭鬥，即是說，正（thesis）與反（anti-thesis）是衝突的。簡要地說，其中含有暴力的成分。概念的乃至行為的暴力，就是去克服平行的（horizontal）溝通，並移到一個不同的場所（arena）。移到一個不同的場所需要爭鬥，這種爭鬥是基於被我視為由笛卡兒以來的排外二分（dichotomies），這指身與心、物質與精神、肉體與靈魂、自我與社群等等的非此即彼（enither-or）的思考方式。如果是物質的，就不是精神的；如果是身體，就不是心靈。於是在這種意義上，你有一種不能解決的矛盾。所以，你需要提升到這個矛盾之上，作為一種綜合的思考方式。

現在，如果你採取一種不同的思想模式，譬如陰陽的模式，這就意謂一種不同意義的二分。陽中有陰，因此你不能找到沒有陰的陽，對陰亦是一

樣，我們稱為兩極的互補性（bipolar complementarity）。兩極的互補性是一種對排斥性矛盾的化解，這種矛盾所導致的動力可是創造性的亦可以是破壞性的。我們知道中國在毛澤東的爭鬥的觀念下所受到的破壞有多少。馮友蘭一度亦贊同這種觀念，後來改變主意，深刻地意識到爭鬥的負面後果。

所以，我建議嘗試不要以非此即彼的方式去思考，也不要以簡單兩端的方式去思考；讓我們採取即此即彼的複雜過程去思考，它不是一個直線進程。雖然它不是一個直線進程，但邏輯分析當然是必要的，即使不想介入一種邏輯的策動，但那是最低要求。我們也需要尊重和欣賞內容豐富的模糊性（fruitful ambiguity）。對於我們，內容豐富的模糊性不但是欣賞全然他者，也是理解活生生的具體存在的複雜道路，我們要解釋西田幾多郎關於場所的觀念，或者西谷啟治關於極端力動和轉化的虛無的觀念。你要知道，比如從道家所體現的虛無就是絕對的觀點，這種觀點意謂，你愈刻意創造，你的資源就愈枯竭；你愈要發展，你就捲入更多的煩惱。最好如嬰兒般保持自然的原初存在情況，在一種和諧的方式中持續存在，那裏沒有爭鬥，而爭鬥卻被視為與人類的成長相衝突的。

儒家的創造性的觀念，如劉教授所提出，是生命過程的創造性，並且我認為亦是吳教授關於純粹力動（pure vitality）的觀念，後者是一種力動論或動感，亦是一種轉化的活動。所以，創造性本身就是變化，也是存有。它不是海德格意義的存有，如傾聽存有的呼聲，這種意義下的存有，有時是與變化歷程區分開來的，這是因為如果它是一個能動的過程，要傾聽原本的呼聲。

傾聽的藝術能夠由開展之過程而得到培養，這與時間或時間性的問題很有關係。傾聽不是視覺，它是時間性。如果它是時間性，它是聲音的，如果是聲音的，那麼它像音樂是能動的。它是一個開展的過程，帶有很大的能量，儒家的創造性十分強調高能量。因此所謂「中庸」，不是由所有力量被構成某種一致性而得到的和諧或平衡；和諧（harmony）與一致性（conformity）是完全相反的。和諧承認對方的不可歸約性，沒有對方，沒有差異，就沒有真正的和諧。例如，和諧在烹飪意味著很多不同的味道，在

音樂意味著很多不同的樂器，在繪畫意味著很多不同的顏色，要想真正了解其中的意義需要複雜的思考方式。最起碼是不要以非此即彼的方式來思考，而是根據兩端「即此即彼」來思考，但你應該超過兩端而運用更複雜的思考方法，這就是為何堅持量化的實證科學主義已經過時。

現代科學，以量子論為例，提出概率（probability）而非客觀事實（fact），不確定性和複雜性都必須面對。這意味著我們知道愈多，就愈意識到我們應該知道而永遠都能知道更多。於是，理解和理性之光所達到的範圍，遠遠無法通透無知之幕的厚度。在倫理的意義上，謙遜，是一種自知之明，明白自我的理解總是有限。

所以，讓我再一次回到京都學派與新儒家的對話關係的重要論題，不僅是文化之間的對話關係，更是哲學內部的對話關係。很明顯京都的大師們如我的師友之間有關「空」的理論，在中國儒、釋、道三教之中都很有這種巧妙而深刻的「體知」，值得我們仔細去推敲，慢慢地深入地了解。從新儒家的角度，「氣」之觀念是絕對重要的。因為它雖然不是無，卻有無限的能量。「理」原先被朱熹視為靜態的，它是讓生命能量凝固為某種形式的原理。王陽明、陽明後學一直到明清之際思想家劉宗周，更不用說王夫之，都把自然之氣視為生命能量的顯現。

吳汝鈞教授：

謝謝杜教授。由於時間的限制，我們要進到第四個問題。根據以上所提出的見解，京都哲學與當代新儒家之間，在哲學或宗教的溝通和合作上，有沒有著力點呢？如果有，那是甚麼呢？請花岡教授。

花岡永子教授：

我想簡短地回答這個問題，因為我們沒有很多時間。我個人欣賞猶太教的思考方式，即 hayatology。由 T. Boman（1894-1978）在挪威（及德國）和 T. Ariga（1899-1977）在日本提倡的 hayatoloy，它不意指機械的、靜態的實體，而是指事件或變化，如杜教授和吳教授所說的「純粹力動」。hayatology 意指活動、作用、動態的思考方式，或以身情意去思考的方式；

對於日本和臺灣哲學，這是一個很好的思考方式，這是我的評論。

我還想提及「十牛圖頌」，如上田閑照教授時常提及，但我更喜歡華嚴宗的「因陀羅網」（Indra's Net）。這是華嚴宗所判的五種教中的一個譬喻。因陀羅網對於當代新儒家和京都學派之間的溝通與合作是非常適合的。十牛圖頌和因陀羅網對於兩種哲學的一起合作或溝通是很好的。

第三個就是儒家的仁、愛或慈悲。它們就是京都學派和當代新儒家之間的三道橋樑。我認為這是兩種哲學之間的溝通的時機。

吳汝鈞教授：

請松丸教授。

松丸壽雄教授：

我現在必須涉及當代新儒家和京都學派之間的溝通與合作的可能性。從哲學的觀點，我認為要架構起兩個學派的橋樑並不容易。把絕對矛盾的自我同一和兩極的互補性化約為兩個學派的共同基礎（而沒有破壞這種兩極性），你也許能夠得到兩個學派之間的一種統一，但你亦必須面對兩個哲學概念之間的差異性。這個關於統一與差異同時遇見的觀點，對於獲得絕對矛盾的自我同一的更深理解是非常重要的，因為統一和差異之間的爭鬥（struggle）是這個概念的一個好例子。如果我們通過努力能夠分享同一個基礎，那麼我希望我們能夠在相互理解方面更進一步。但在走這一步的嘗試中，關於儒家和京都學派之間的差異，我應該給出一些評注。

京都學派哲學承認相對存有（如人類）和絕對存在（如上帝）之間的一種破裂或裂縫（rupture or cleft）。相對存有與絕對存在需要一個作為中介的第三者去聯繫它們，即作為場所的中介，以至它們在那裏能夠被互相聯繫，相對存有透過中介之作用而與絕對存在接觸。換言之，相對存有實行自我否定並把自己帶往虛無（nothing），而絕對存在亦否定自己並把自己帶往虛無，這些都是透過中介之作用去引致兩者進入自我否定，因為中介本身首先是絕對否定之根據，並作為肯定的否定而起作用。因此，通過你的自我否定，你能夠從你固定的立足點起跳，躍進絕對無之活動中，這種自我否定是

由作為肯定的否定的作用引起的，這種作用即作為場所的中介的絕對否定。如此一來，自我否定之第一作用如何理解京都學派獨特的絕對無，是非常重要的，沒有這種自我否定，你不能達到自我肯定，即達到真我的再生。我們有自我否定和自我肯定這兩種不可分的絕對無的作用，如果我們在所謂絕對與相對之兩極互補性的理解的發展上沒有失敗，那麼對於東亞這兩個哲學流派，我們就能夠找到共同的基礎。

至於宗教的救贖論方面，我不肯定對於兩種哲學我們能夠找到共同的基礎，因為就我對儒家在救贖論的意義方面之理解而言，儒家有這個意思，即人類的拯救可以不實行這種自我否定而能夠達到。也許京都學派受到基督教很大的影響，例如上帝與人類之間的絕對破裂，這是京都學派的其中一個基本立場。於是，我們應該首先注意到儒家和京都學派之間的這些差異，然後我們就能夠找到去連接這些差異的橋樑，並且在救贖論的領域中獲得一種共同基礎。但關於這個，我現在尚不清楚。

吳汝鈞教授：

謝謝松丸教授，現在請劉教授。

劉述先教授：

作為精神傳統，我認為新儒家和京都學派都面對一些共同的關注，例如，如何在理論上和實踐上去克服虛無主義。事實上在過去十年，對於全球倫理的建構，我已回應過孔漢思（Hans Küng）。我同意他說在新世紀和千禧年（millennium）裏有典範轉移（paradigm shift），即是說，今天需要一種全球意識的覺醒。他的同事 L. Swidler 甚至給出一個頗戲劇性的表述：對話或死亡。孔漢思認為，如果宗教內沒有和平，那麼世界亦會沒有和平。我想我同意這個評斷，因為今天我們已經變成一個地球村（global village）。但今天多元主義不是爭議的重點，重點在於如果只有多元主義，我們將來仍有危險。我們需要去找到一些共同的東西，在同一個地球村生活，以人道互待。

在近幾年，學者正在努力去發現一些共同的東西，如 Sissela Bok 所說的

共同價值。她透過歸納發現，在世界的偉大精神傳統中，同一的金律透過不同的表達方式，在出現。她亦指出，從摩西開始，例如「不可殺人」的命令從古到今在東方及西方都被找到。但我認為只靠歸納是不足的，因為在方法論上，歸納通常傾向於將重點放在相似及共同的東西，而忽略差異。但今天我們所處的時代不同了，我們需要去保存差異性，並同時去尋找一些不完全相近的東西，確實是我們所共同關心的。

在過去十年，我非常艱辛地嘗試去給宋明理學的「理一分殊」進行新的詮釋。不幸地在今天，我們把太多注意放在差異性上；如果你確實找到理一，肯定不是因為你能夠聲稱你擁有真理，任何人都不能夠，因為這是超越的（transcendent）觀念。因此，我把理一視為我們可以嚮往的規約原理（regulative principle），同時我們每一個都能夠肯定我們自己的獨特性，以便能夠為人類及這個地球村貢獻一些東西。因此在這種情況下，理一分殊，一個譬喻，朱熹會說月印萬川，或者根據華嚴宗的譬喻，即海與波浪。但現在我們甚至再進一步，不僅不同的波浪，它們是相似的又是不同的，所以今天我們嘗試提倡一些新事物，一方面我們不能說我們今天是價值中立的。今天甚至在科學，價值是重要的，例如生態學；如果沒有價值，你怎能有生態呢？但另一方面，我們沒有能力去提倡最大的道德（maximal morality），因此我同意孔漢思說的我們需要最小的道德，例如金律。所以，你不需要很精深的理論，因為沒有一個哲學家會同意另一套道德理論。但每個人在地震時都會有同樣的同情、有同樣的關心，並化為行動，這是我們將來該走的方向。

吳汝鈞教授：

謝謝劉教授，現在請杜教授。

杜維明教授：

要我作總結我感到不安，特別是在京都學派的朋友不能回應的情況下，更感到不安。我心中所想的是以下的問題：儒家哲學如何能從京都學派傳人中學到甚麼？首先，我需要體認「絕對矛盾的自我同一」的哲學涵義。例如

深化主體性（deepening subjectivity）不僅是對於當下自我同一的否定，並且也是對於自我同一在一個更深的層次的持續肯定。於是，這個深化主體性的觀念是一個歷程，這個歷程不僅是關心肯定，而且也是關心比表面矛盾更深的矛盾，因為表面的矛盾並不能加深我們的自我認識。無論如何，從六十年代與西谷啟治教授對話的時候，我就已經非常認真對待這個觀念。

第二個是「場所」的問題。我認為從儒家的觀點，如果哲學反省以活生生具體的人作為起點，那麼在變動不居的轉變過程中，自我同一的經驗是「即新」的，這就意味著不斷地重新學習。而這種學習即是自我理解的深化。《論語》所謂「切問近思」正是這條思路的概括。

而第三點跟我和源了圓先前討論過的論點有關，即希臘哲學。生命的觀想模式與實踐的模式有清楚的分別，只有觀想模式才是哲學反省的根源。儘管亞里士多德很強調倫理學，希臘哲學的主流判定觀想方法才是進入哲學的領域的正途。問題是：我們可否堅持在佛教、道家中，或印度教中，精神成就是哲學表述的先決條件？如果精神成就很低，哲學表述不可能有甚麼洞見。這是一個嚴肅的問題，方東美教授曾說過：王陽明的哲學思考，是在學習去作聖賢的精神中體現出來的。這是否意味著你已經達到那種精神境界，才能說出相應的哲理？如果堅持這一原則，哲學分析的普遍意義便很難確立。我們必須有雖不能至而心嚮往之的自由，例如柏林（Isaiah Berlin）的消極（negative freedom）的自由傳統，而不是承擔著價值的積極自由，所以能達到最小公分母（lowest common denominator）。普世倫理，必須很通博才能放諸四海皆為準，但我對此並不感到滿意。我認為積極的價值必須肯定，否則只剩下形式架構了。

人的成長需要修養，也就是培養德性。我認為從以上松丸教授的解釋來看，西田幾多郎可能是借助於基督教。在基督教的現代轉化中，有些變化，至少表面上看來非常極端。我的同事 Gordon Kaufman 就不接受三位一體，乃至上帝創造萬物的教條。譬如來自 R. Otto 的「徹底他者」（the wholly other）的觀念以及 M. Eckhart 的「救贖」的觀念，即救贖是建基於上帝的終極實在是與人的理性所能捕捉到的徹底地、根本地不同，因此人的理性是很

片面的，無論你如何都無法了解上帝。這是對康德哲學的否定，與齊克果則很接近。齊克果的「荒謬」（absurdity）觀點與《舊約》裏亞伯拉罕的故事，即是對信仰的最戲劇性示範：荒謬本身就是人說的真誠；如果不接受荒謬，就不可能成為「信仰的武士」。

我想西田幾多郎認識到，過分的自我肯定即是危險的執著，只有通過自我否定而開放自己才能昇華到更高的境域（horizon）。從存有連續的觀點來看，這是否意味著破裂，而這個斷裂是否永遠不能彌補？這是個重大的問題。我想這種斷裂不是佛教的，而是基督教的，例如 Karl Barth 的正統基督教立場，當然未必是今天壓倒性的大多數的基督教思想家或神學家所持有的基督教立場。

正如劉教授所提出，我們當前所面臨的是現代處境。現代處境如何理解？我以為所有精神傳統，特別是佛教和基督教，必須通過徹底的轉化，一個基督教或佛教的領袖必須運用和發展兩種語言：一種是獨特信仰社群專用的語言。基督教的語言與佛教的語言是不可通約的，但可以進行互補的對話，如 J. Cobb 與阿部正雄的對話，它是富有成效的，雖然顯明的不相容。回教的語言與基督教的語言可通約之處很多，但回教和基督教的信仰經驗卻是不相容的。第二種語言是全球公民的語言，因為在人類歷史中我們首次用肉眼即獲得對於地球的整體觀念。我們知道礦物、土壤、水、空氣的限制，在這種新的情境中，彼岸或淨土必須在此地實現，你不能說這是紅塵，我們可以繼續污染下去。這就是為何人間佛教和參與佛教（engaged Buddhism）飽含力量。我們不能說，讓我們等待未來天國的來臨，讓我們繼續污染這凡俗的地球，因為這個世俗的地球原本就是污染的。

我認為儒家傳統只有一種語言。沒有一種獨特的儒家語言，必須徹底轉化才能成為世界公民的語言，因為儒家入世的思想本來就包含著關愛地球、天下大同之類，這是今天必須培育的世界公民的語言。我認為西田也想發展這種哲學作為一種總體的語言。如果我們把這種總體語言與基督教的特殊語言進行對比，我們的挑戰是甚麼？我希望我們有一個回應對存有的徹底斷裂，即是說，沒有自我否定，沒有完全無法填補的斷裂，沒有徹底他者的想

像，是否就一定不能發展以自我否定作為自我肯定的智慧呢？在儒家傳統中，自我修養在孔子對顏回的回答中是，非禮勿視、聽、言、動，也就對自我中心或自私（意、必、固、我）的否定。但這種否定正是展現深化的主體性和自然及天道都有內在的聯繫。因此，能否在肯定存有連續的基礎上，充分體知存有斷裂的智慧，對儒家而言是個值得玩味的課題。

吳汝鈞教授：

謝謝杜教授。現在我們已經在京都學派和當代新儒家之間進行了非常有意義和成果的對話。我希望日後能繼續這種對話，並且為了東亞的哲學發展增加更多的相互理解。對於能夠促成這個美妙的對話，我感到非常驕傲。我想整體上是成功的，所以非常感謝大家蒞臨。

附　錄

東方與西方的對話：
保羅田立克與久松眞一的會談
（第三部分）[*]

參與者：保羅田立克

　　　　久松真一

　　　　漢娜田立克夫人

傳譯員：李察杜馬天奴

　　　　藤吉慈海

　　杜馬天奴：久松博士的新書《禪與美術》¹，數星期前剛在日本出版，他在開首對比了禪與其他佛教宗派的美學創作。後者一般都給看作更為形式化及崇尚潮流，它們差不多沒有例外地採用了傳統佛教的材料。另一方面，禪藝術的材料可以是任何東西，包括本來被視為極不重要的，甚至是鄙俗的。

　　田立克夫人（向著田立克博士）：那與你的宗教藝術想法很相似。

　　杜馬天奴代表久松：例如，這些韓國製造的陶製器皿，沒有受到任何特

---

[*]　有關第一與第二部分，見《東方佛教徒》新一輯，第四卷，第二期，1971 年 10 月，
　　頁 89-107，及第五卷，第二期，1972 年 10 月，頁 107-128。（編者）

¹　久松真一《禪的美術》，日本：京都，1958。它剛以英文版本出版：Hisamatsu
　　Shin'ichi, *Zen and the Fine Arts*. Kodansha International, Ltd. ，Tokyo and Palo Alto, 1971.
　　編者）

別的注意。不過，在日本，它們便給禪信眾揀選出來，塑成「茶道」。它獨一無二地與那宗教美感相應，這美感由此給發展起來。換句話說，依據這些日本本土禪藝術的美感與「品味」的準則，這些沒有造作性格的器具擁有到目前為止還未被發現的重要性。有很大數目的這種中國禪畫，在中國未受到重視，它們最後也同樣要在日本找尋它們的家園。譬如，這幀由梁楷畫的「布袋和尚」就是。

田立克：在這樣的一幀畫作中，禪的特色是什麼呢？

杜馬天奴代表久松：在這作品中，最顯著的禪特質就是無執著的或「無條件的」自由。

田立克：由自然的形相解放出來的自由呢，抑或是由甚麼東西解放出來的自由呢？

藤吉代表久松：由一切東西解放出來的自由。

杜馬天奴：它當然不獨是個「由……解放而來的自由」（freedom from）。植根在自我之中的就是「不涉形相」（Not-of-Form），或者用你的說法就是「存有自己」（Being itself），在任何形相中作自我表現的無限制的自由。

田立克：我能明白這點。

杜馬天奴：雖然我用你的術語「存有自己」，實質上它不限於存有，或對於那問題來說，也不限於非存有。事實上，形容它為「無條件」的那個理由，正是說它超越「存有與非存有」的二元性。這就是禪不說「存有自身」的理由，這存有自身仍與「非存有」有某種衝突。（鈞案：存有與非存有仍成一二元性的相對格局，相對的兩端：存有與非存有，仍處於相衝突狀態。）

田立克：依這想法，自由是不是指向人的本質呢？

杜馬天奴代表久松：這躍動的人像描畫了日語所謂「遊戲三昧」的圓滿無拘束性，那「絕對自由無礙的遊戲的禪定」。（鈞案：「遊戲三昧」本是描述禪的全幅性格的語詞，在《無門關》已見到，不必限於是日語。）

藤吉：神聖的遊戲。

杜馬天奴：是的；精神的遊戲。

田立克：「精神的遊戲」，那比「自由」好些。

杜馬天奴代表久松：依久松博士，它們是同義的。

田立克：「精神的遊戲」是個極清晰的概念，它屬於浪漫的傳統。雖然它是個非常重要的要素，但是它還未夠充實飽滿。我自己對自由義理的最後總結是：與個人的自由相衝突的自由。久松博士大概不會同意這點吧。（鈞案：個人的自由是純主觀的，沒有客觀的基礎。田立克的自由，則是有客觀意義的自由。）

杜馬天奴代表久松：那是不是關於善與惡的行為呢？

田立克：惡行。

杜馬天奴代表久松：禪的自由在「超出」善惡的區分中顯現出來。久松博士強調禪決不是律法主義。我告訴他你也不這樣說。

田立克：我不這樣說的。

杜馬天奴：禪突破二元性，又突破善惡的兩極性。由禪中得解脫，沒有任何束縛及「障礙」。正好相反，它是無縛的、無礙的「自我再生」。

田立克：「無礙的」也是個好詞語。

杜馬天奴代表久松：這種無障礙的概括性特徵是，雖然禪是一個佛教的「形相」，或者我應該說「無相的形相」，它既不倚靠、執著於「佛陀」，也不受「佛陀」所束縛。

田立克：我以為所有古典的佛教都是如此。

杜馬天奴：可惜它並不適用於所有古典的佛教。

田立克：不適用？

杜馬天奴：它是禪的一個特別標誌哩。

藤吉：只有禪而已！

杜馬天奴代表久松：再者，禪的自由不拘或不執著於「不執著的狀態」（being unattached）。（鈞案：這可與空宗的「空亦復空」相比較。二者是同一思路的。）

田立克：它能夠被執著嗎？

杜馬天奴：不是。它「不執著」於它的「無執的狀態」（being non-attached）。換句話說，「無執」它本身就是「不執著」。

田立克：如果它不拘於無執，則自願的「執著」是否容許呢？（鈞案：自願的執著於世俗方面，這當然仍是自由；但這亦是禪人入世的關鍵點。這時，「執著」只是從方便言，執著於俗世以教化眾生也。）

久松（用日語）：禪的自由是不拘於執著的，包括對自己的執著。

藤吉向著久松（用日語）：你說的「不執著於無執」；在這情況中，田立克博士問：「自由地執著怎麼樣呢？」

久松（用日語）：是執著於自由嗎？不執著的狀態就是自由。

杜馬天奴代表久松：那「無執」就是「自由」。

田立克：不過你不只是那樣說的。

杜馬天奴：是的；這自由也是「不執著」於「自由」，或「不執著」於那「不執著的狀態」。

田立克：那麼你可以無窮地繼續下去——不執著對於不執著狀態的不執著。

杜馬天奴：當「無執」是「純粹」時，它並不落入這樣的一個「無窮後退」（infinite regress）的格局裏。因為其中所涵蘊的，不是二元性的一極被餘下的另一極以橫的或「縱的」來否定，這不是一個簡單的或「相對的」對於執著的否定；卻是對於「執著與不執著」的二元性的否定。最後，它實質上是具有肯定涵意的否定——一種正正超越「自由與不自由」的二元性的自由。順帶一提，進一步說，這是它「無條件」的性質的標誌。（鈞案：這是般若思路的雙邊否定。否定了相對概念所成的相對的領域，精神即能向上提升，提升至超越一切相對性、二元性的絕待境域。這絕待境域有肯定的涵義，但這肯定卻不與「否定」相對待；這是絕對的肯定，不是相對的肯定。）

田立克：那麼，這是德國浪漫主義所說的「由任何物的束縛解放開來的自由」。

杜馬天奴：禪要求這「由任何物的束縛解放開來的自由」的明顯的「自

我具體化」。

　　田立克：那使我們回到我們先前討論過的問題。在這畫作中，它以這方式來描繪它自己，而不是二十種其他的方式。

　　杜馬天奴：是的；在這個例子中，它以這形相來彰顯它自己。

　　田立克：這特定的形相。因此，在這特殊的顯現與終極真理或者那無形相的自我之間，定必有一種內在的關係。

　　杜馬天奴：作為一個無相的形相的這個形相的表現，「是」沒形相的自我（Self-of-No-Form）在彰顯它自己。（鈞案：「無相的形相」這一表述式中的前面的「相」，指特定的相對相狀，是實指字；後面的「相」則是虛說，非實指字。）

　　田立克：依這用法，「是」這個系詞變得模稜兩可。

　　杜馬天奴：是的。依久松博士的表述：「那表現的就是那被表現的」，我加了少許補充：「而且也是通過它來表現那被表現的」。不過，我會同意的是，由於在第一次的會談中用「他的」這人稱代名詞，而對上一次用「我的」，動詞「是」在這裏可能是誤導的。這就是為什麼禪師常常避開運用言詞，喜歡豎起一隻指頭、給人倒一杯茶，以「不理智的」聲音大喊修禪者，或者，時常求助於某種「身體的」接觸。（鈞案：「那表現的就是那被表現的」意涵著表現的與被表現的都有同一的依據，那便是一心或主體性；在久松來說，便是絕對無。）

　　田立克：看著這幀圖畫，我見到這張臉和這雙腳。它是個被清楚確定的形象。世界上有這種人。那終極的和這個別的形相相應地互有關連。

　　杜馬天奴向著久松（用日語）：依田立克博士，這是一個「確定的」形相。世界上有這樣的人。如果這是沒有形相的自我（Self-Without-Form）的描述，則那終極的「無形相的」及這有限的形相必定在某些方面關連著。（鈞案：那終極的無形相性是普遍（universal），有限的形相則是特殊（particular）。這是普遍與特殊的關係。）

久松（用日語）：所有七種禪藝術的特色在這作品中都能找得到[2]，其中最明顯的就是「脫俗」。

杜馬天奴（用日語）：田立克博士立即關心到的是，這特有的形相與不涉形相的自我之間的「關係」。

久松（用日語）：那關係就是沒有形相的自我（Self-that-is-of-No-form）的自在性在這形相中被顯露出來。

杜馬天奴（用日語）：那是我所要說的。不過，令到田立克博士困擾的是：梁楷的「布袋和尚」有一個確定的形相。

久松（用日語）：是的。

杜馬天奴（用日語）：這幀白隱的「布袋打坐」有它自己特殊的形相。

久松（用日語）：是的；它是一個不同的形相。

杜馬天奴（用日語）：那麼，如果這些各別的形相表現那無自我的自我（Selfless-Self），依田立克博士的看法，這些形相和那自我定必有一些連繫。

久松（用日語）：沒有自我的自我（Self-Without-Self）的自我具體化可以呈現出無數的形相。（鈞案：「沒有自我的自我」一表述式的前面的「自我」是個別的自我、相對性的自我；後面的「自我」則是絕對的自我。）

杜馬天奴（用日語）：是的；不過，各類的形相「和」那無相的自我「之間」有沒有相互的關聯呢？田立克博士的理解似乎是，沒有形相的自我總是與這些為數不少的形相分離開來。

久松（用日語）：不；以為它分離是不適當的。

杜馬天奴向著田立克：我正嘗試解釋我所理解的就是你的立場。你說這是個唯一的形相，因而，它與終極真實有某些關係。

田立克：是的。

2　這七種特色是：不均齊、簡素、枯高自然、幽玄、脫俗、和寂靜。見《禪與美術》，頁 29ff。（編者）

杜馬天奴：這是另一個抽象的形相；因此，它也與終極有關。

田立克：是的。

杜馬天奴：所以被包含的好像是三個實體；這形相、其他形相，及終極真實。

田立克：是的。

杜馬天奴：最後在你的詮釋中，各樣形相都是與終極區別開來的。（鈞案：這裏說形相與終極區別開來，只是分解地說，邏輯地說。就存有論言，二者是不能分開的。形相是終極的表現，而終極也要在形相中表現，才有存在的或實際的涵義。故久松在後面說田立克的進路是分解的。）

田立克：是的；這樣的一個區分是要做的。

杜馬天奴：不過，如果這形相被了解為被「隔離於」那終極的，它便不是禪正要說的了。

田立克：那麼，這形相會絕對地代表終極，使其他的形相不可能。

杜馬天奴：對於一個禪者來說，這形相並不「代表」但「表現」終極。

田立克：是的；它是一個表現。

杜馬天奴：「一個」，還不單單是「一個」。因為這〔形相〕「完全地」表現終極，那〔形相〕也「完全地」表現終極。

田立克：如果說這兩個形相是表現者的話，那麼這〔形相〕是「一個的」表現，而那「形相」是「另一個的」表現。

久松（用日語）：這是因為田立克博士分解地想。以禪的觀點來看，這一形相被繪畫出來時，這就是個「全體」。而那一個形相被繪畫時，那就是個「全體」。

杜馬天奴代表久松：久松博士感到你的進路是分解的。就無自我的自我的層面看來，這形相概括了「全部」，那形相也一樣概括了「全部」。（鈞案：終極的東西是絕對的整全，不能分割，故形相表現它，是表現它的全部，而不是表現它的部分。）

田立克：它仍然以一個特殊的姿態來這樣做。

杜馬天奴代表久松：久松博士提出如果那樣了解，它不再是終極的了。

　　田立克：用其他的方法也不是。我們真的進入一個中心主題——特殊東西的角色。在《禪與美術》這本書中，有上一百種對於終極真實的個別展現。

　　杜馬天奴：僅僅把它們叫做終極的「個別展現」是不能確認它們為「無形相的形相」（formless-forms）的，或者「終極」的。

　　田立克：這是幻術（maya）力量的結果嗎？

　　杜馬天奴：久松博士指稱它為「分解的」。

　　田立克：是的；但分解的不正確嗎？

　　杜馬天奴：單獨運用分解是危險的，那「不涉形相的」又是「不可分解的」自我失卻了。

　　田立克：你曾說形相「在表現終極」。我也會這樣說這朵花的。

　　杜馬天奴：不過，我不主張這是終極的「唯一的特殊的表現」，這會隱含它自己並不是終極。反過來看，由於終極表現它自己，這朵花同時是特殊及非特殊二者，或者，是我喜歡叫的「非特殊的特殊」。更傳統的禪門術語是，「化非花」。（鈞案：就作為具體的花的形相來說，是特殊；就表現終極來說，是普遍，而非特殊。）

　　田立克：讓我們說，「不同於」，不說「特殊」。這朵花不同於這幀畫作。

　　杜馬天奴：我盡力「分解地」來處理這點，我曾說禪者可以同時觀察：「我看見那朵花時，我看見我的自我；那朵花看見我的自我；那朵花看見那朵花；那朵花看見它的自我；我的自我看見它的自我，它的自我看見它的自我。」[3]（鈞案：這是把終極貫注到具體物事中而賦與其生命、真我的說法。一切具體物事都是終極或真我的表現。）

　　田立克：你忘記了這點：你用「我的」一字眼引出特殊性。

　　杜馬天奴：是的；「我的自我」是特殊的，也是「不特殊」的。因為，

---

[3]　見 D. T. Suzuki, Erich Fromm and Richard DeMartino, *Zen Buddhism and Psychoanalysis*. New York: Harper and Bros., 1960, p.170.（編者）

如同久松博士在上次的會談講過那樣，這「我的」——像這字我一樣，——是無相的。

田立克：就算這樣你仍不能消去「我的」。

杜馬天奴：正是這樣。那就是為何前一次會談剛開始時，久松博士就強調說，禪的「無相性」必定是那「無相的我自己」（Formless-Myself）。這也是年初我在哥倫比亞大學與布伯教授（Martin Buber, 1878-1965）的一次討論中的中心課題。禪師聲稱，「我是汝」，「我」不能取消「汝」。我是我而汝是汝；然而，我是汝及汝是我。這並無任何「化約主義者的」非二元性的意味，這也是我選擇把它叫做「非二元的二元性」的理由。事實上，在任何全然無差別的非二元性中，每樣東西被化約為純然的同一性，佛教標識它為「假同一性」，那正正是因為特殊性被抹殺掉的原故。（鈞案：在禪來說，絕對無是普遍性，它表現在你、我、他之中都是一樣，都以全體來表現，任何由情識分別而來的虛妄區別都要被撤消。但絕對無所依之而表現其自己的物事，則是各有其姿態的特殊，這特殊是依其個別性格而成立的，這不能被取消，被抹殺。）

田立克：這也是我感興趣的；特殊性的位置及其重要性。

杜馬天奴：禪對於這「假同一性」或者「抽象的一體性」的危險極為小心。要「馬上」看見那朵花的話，人一定要「馬上」是自己。那麼，那朵花便會真的是那朵花；而在「看著」那朵花時，人不獨會看見那朵花：人也會在其中，看見人的自我。因而，不可能脫離「特殊性」及「差別」而有真正的「普遍性」或者「非差別」。換言之，在禪之中，無相性永不是個空洞的無相性；它常常是個「無相的形相」，一個「無差別的差別」，或者一個「非特殊的特殊」。

田立克：這點與特殊者的區分有甚麼關聯？是源於幻術的嗎？

杜馬天奴代表久松：不是。當那區分完全根於無相的自我時，這區分：你是你和我是我，它才描述真正的個別性。

田立克：這是個有趣的用語。甚麼是「真正的個別性」呢？那些字詞的組合意指什麼呢？

　　久松（用日語）：普通的個體得不到完成，被孤立，或被分裂，而不能夠被視為「真正的個體」。像禪佛教所理解的真正的個體性，可以用華嚴的「事事無礙」的概念（事事無礙，特殊之間無阻礙），或者天台的「箇箇完成」的概念來解釋。在這個層次的特殊者或個體是「真正的」個體。

　　杜馬天奴代表久松：被二元地區分開來的個別性不是「自主的個體」。它不僅依待於所區分的；而且就它來說，只要它是個「獨特的」實體，或者「統一體」，它便不能免於進一步的分割。久松博士訴諸兩個佛教的原則來闡明「真正的個體性」：第一，「事事無礙」可被詮釋為「特殊與特殊之間沒有阻礙」。

　　田立克：「沒有阻礙」。

　　杜馬天奴：是的。順便一提，那是久松博士自己所寫的書法，就是掛在那邊牆上，那賦詩的小紙條：「事事無礙」，「任何物和任何別的物之間沒有『對立』，就是說沒有『對立的情況』」。就這個可以被確定是禪的「對立面的同一」的層面來說，我是我，汝是汝，及那朵花是那朵花；更且，我是汝及我是那朵花。（鈞案：事事無礙是華嚴宗的觀點，它是依於佛教的緣起性空的基本教說發揮出來的。一切物事都是緣起，因而沒有獨立的自性，而為性空。由於這種性格，物事之間可以相互徹入，產生種種關係，而無障礙。「我是我」是就物事的自身同一說，「我是你」及「我是那朵花」是就我、你、花都是空的性格，因而可以互相徹入，而成圓融無礙的境界說。）

　　田立克：為什麼是「我是汝」，或者「我是那朵花」的陳述呢？為什麼是這些不能夠簡單地和直接地被體認的矛盾的說法呢？

　　杜馬天奴：禪承認它們可以被直接地體認到，事實上，只能「直接地」。實際上，只有這體認才是「事事無礙」所涵，就是說「彼此之間沒有障礙」。

　　田立克：是不是沒有作為障礙中心的自我（centered self），關連於自我的自我（self-related self）呢？

　　杜馬天奴：這個阻礙是被能自省的、能意識自我的本我，或者「我」所創造出來的。它二元地把自己從「不是它自己」或者「不是我」中分隔開

來。「無礙」，即破除這阻礙、障礙，或二元性，它有時被翻譯為「互相徹入」。不過，它不可以稱為「客體的」互相徹入——就像染料加進液體時那樣；也不可以叫作「主體的」互相徹入——就像兩個映象模糊時看不清那樣。它卻是那主體與客體的、主體性與客體性的、自我與其他物的無阻礙，它們的根柢是自我與不是自我的非二元性。因此，如果定要實現真正的「個別性」，而同樣地是真正的「普遍性」的話，本我必須死去，成為「不是它自己」的自我，或者「無相的」或「無自我的」自我。（鈞案：這裏的本我指虛妄分別的我。）

久松（用日語）：是的。箇箇完成肯定每一特殊相是自我完足的，因為它們必須是沒有形相的自我。

杜馬天奴代表久松：沒有自我的自我實現時，每個個體，在天台的箇箇完成的系統陳述中，得到實現或者「完成」。

田立克：每個個體完成彼此呢？抑或每個個體是完成了呢？

藤吉：每一個特殊者完全地或充分地成熟。

田立克：在他者中？

杜馬天奴：不是，並不「在他者中」。每個個體得到完足，成為一個「沒有自我的自我」，或者一個「沒有形相的自我」。

田立克：是透過去除他的個體化嗎？

杜馬天奴：不是；是透過他的個別性的完足。

田立克：完足和去除之間的分別是什麼？

杜馬天奴：「去除」是個純然的、虛無的否定，不是麼？

田立克：這是那個字的意思。

杜馬天奴：另一方面，「完足」表示個體通過它自己的否定的「併合」，成為一個「無限的有限」、一個「非特殊的特殊」，或者，在那意義上，一個「普遍」。非二元性的「它自己」和「不是它自己」，包裹自身以外的「任何東西」，它同時是「某物」、「無物」，及「每一物」。由於沒有「賓詞」，它要麼「存在」，要麼「不存在」，它要麼排拒，要麼被排拒於它之外，它可以被說成是「成為」或「不成為」「它自己」、「不是它自己」，

及每一個「相對於它自己的別的自己」。用《金剛經》（*Vajracchedikā* or *Diamond Sūtra*）的方式陳述的話，「A 是『非 A』，因此，A（真正地或普遍地）是 A」。換言之，A「包含」它自己的否定（『非 A』），因而沒有任何矛盾的或者相對反的『非 A』與它「對反」。因此，A 與非 A「之間」，沒有「中介者」。於是，豎起一隻指頭時，「整個宇宙」便生起。（鈞案：這裏說到天台宗的「完足」觀。這是否就物事在天台圓教的模型下的表現而言呢？文中未有指涉原典文獻，故未能清楚。引《金剛經》的即非說法，未必諦當。杜馬天奴顯然不大通天台學，只是隨己意發揮而已。）

　　久松（用日語）：但不是一個有形相的宇宙；而是整個「沒有形相的宇宙」。

　　杜馬天奴：久松博士再強調說，它是整個「無相的宇宙」。在自我和他者的非二元性中，自我「是」他者那樣，在這非二元性中，有「既非自我也非他者」、「既非自我也非世界」。因此，那自我是一個無自我的，或者「無相的」自我，而那世界或宇宙是一個「無相的」宇宙。（鈞案：這樣的自我，實超越乎自我與非自我所成的二元相對的格局，是絕對無相的自我、真我。）

　　杜馬天奴向著久松（用日語）：實際上，田立克博士先前的問題是：「當個體是無相時，個別性是不是消失了？」

　　杜馬天奴代表久松：久松博士認定，沒有形相的自我在呈現時，個別性不會被消去。他說其實「在其自己及屬於其自己」（in-and-of-its-Self）的個別性，正是那沒有形相的自我。這有點難翻譯。（鈞案：這有點像黑格爾的具體的普遍（concrete universal）一觀念。個別性是具體，沒有形相的自我則是普遍。）

　　田立克：我明白它是這樣的。不過，此中體驗的根柢是甚麼呢？我想了解這點。概念對我不成問題。

　　久松（用日語）：真正的體驗明確地是被建立在那不涉形相的自我上。

　　杜馬天奴向著久松（用日語）：我相信田立克博士真的正在要求這陳述的根據，一個更有力的揭示。

久松（用日語）：那體驗者與被體驗的是一體的。（鈞案：體驗者是無相的自我，這是絕對的普遍。被體驗的則是多樣化的，故是具體。兩者一體，即證成了具體的普遍一概念。）

杜馬天奴向著久松（用日語）：是的；但補充你所引伸的說話的限制，田立克博士好像是要求一個更「具體的」表明。

久松（用日語）：你所說的「更具體」指的是什麼？

杜馬天奴（用日語）：你剛借概念的闡釋來提出「你的自我」。我認為田立克博士現在要探索一個具有深層根柢的「更堅實」的展示。

久松（用日語）：沒有形相的自我就是那根柢。

杜馬天奴：他說那根柢是沒形相的自我。他盡管嘗試非概念地闡明這自我，他沒有做出來。我曾想他會直接打你一下，用一個更直接的，所以是更「有效的」「解釋」。他本應這樣做。

田立克：他本應做什麼呢？

杜馬天奴（正敏捷地伸出他的手推向田立克）：他本來應該打將開來，這動作來自「存在的根柢」的一種無誤的「存在的」展示。（田立克：一笑）。反而，他繼續在口頭上做他「無自我的自我」的陳述。這大概是我的錯誤。我如果能較好地用日語傳達你所關心的重點，他便會作出一個適當的、「禪」的回應。（鈞案：杜馬天奴這樣說，公案禪中的棒喝的手法，呼之欲出。田立克要求久松更具體地展示那無相的自我，在禪來說，這正是「父母未生前的本來的面目」、「屋裏主人公」，這不易以言說來表示，傳統的方式是出之以極端的手法，把它指點出來。「打將開來」便是指這樣手法。但久松還是拘限於禮法，未有把田立克作生徒看，透過棒喝打將開來。）

田立克：實際點來說：正如你察覺到的，實用主義者常常問：「這怎樣實行？」「它對我們有什麼用呢？」如果我說，在這朵花中有終極的真實，我知道它對我的用處。就個體來說，這朵花不是任何其他的花：它不是一個男人；它不是一幀圖畫；它是這特殊的花。而就在這個別的花中，終極呈現了。

杜馬天奴：禪大抵不會這樣說。

田立克：我肯認我自己所實證地體認到的。我能夠做這個肯認，是基於我偉大的愛。我也能夠說明，這件藝術作品是另一終極的呈現。不過，這件藝術作品不是那朵花，它不是這桌子，及它不是這樣的其他藝術作品；它是與別不同的。這引出那個困擾柏拉圖得很的難題：差異性怎能夠被遍覆於整個理型系統呢？那如何可能呢？多形性來自什麼地方呢？對於柏拉圖來說，那涵攝全體的理型是那「善的理型」。但是，在理型的世界中有差異存在。柏拉圖僅僅斷言是有的。希臘人雖然依從這點，但是他們很嚴厲地批駁這點。不過，多樣性保留在禪佛教的什麼地方呢？我一定要嘗試用我二元的心靈了解個體物或「特殊的」如何同時被保持和不被保持下來。如果說它是透明的或者半透明的，我是能了解的。

杜馬天奴：如果「半透明性」或「透明性」意指「空」或「無相性」，那便可以接受。因為就久松博士或禪來說，它對於「任何其它的東西」，對於「對應於它的」任何東西，不會是「透明的」或者「半透明的」。剛好相反，「透明性」或「半透明性」毋寧指涉它自己的「自我否定之實現」的「非二元地欣喜的」「在中的不在」，或「在—不在」。

田立克：那麼，久松博士好像置身於與罪或罪咎全然無關係那點中。在特殊者的這個課題上，我們之間顯著地有極大的不同。我所想要了解的是，他的立場怎麼還可能呢？

杜馬天奴：那是我試圖令他展示的，就是他「成為」它便有可能。我認為對於你的問題沒有比一次坦率地、不可反駁地展現出那「生活的真實性」再好的「答案」了。雖然這很不準確，但是差不多相同的了，就像某人問，「作為基督的耶穌怎麼『可能』呢？」

久松（用日語）：以「事事無礙」來說明「不涉形相的自我」顯現自身而又不破壞其個別性，是最好不過的了。（鈞案：事事無礙的觀念背景是空。或者說，這事事無礙是預認空的。久松把這空稱為「絕對無」，或「不涉形相的自我」。因此可以說，這不涉形相的自我顯現於事事無礙這一關係中。而在這顯現的同時，物事自身的特殊姿態能夠保持下來，不被抹去，因

而不失其個別性。）

　　杜馬天奴向著久松（用日語）：是的；但你的回應堅執於「解釋」的模式之中。在這個時候，田立克博士似乎會要求多些。

　　杜馬天奴代表久松：他重申說，正是那通過獲致無相的自我而來的「物與物之間」的無阻礙，構成了個別性的「不可滲透的根基」。

　　田立克：這點怎樣關聯到個體間的遇合上去呢？世界充滿特殊物。這裏有一個極可表現終極真實的畫作。但是，它還是個個別的實體。

　　杜馬天奴：久松博士重申，當那特殊的形相植根於無形相的自我中時，又當它是個「無相的形相」或者「非特殊的特殊」，它便成為一個真正的特殊者。（鈞案：特殊如純就其為現象一面看，不能是真正的特殊者。後者必須根於空義，或無相的自我，才是真正的特殊者。）

　　久松（用日語）：否則，特殊者的「假差別」便會出現。

　　杜馬天奴：我在前面提過「假同一」的佛教概念。久松博士現在所指的，是佛教對任何被分別開來的個別性在性格上相應的描述，它們不是無相的，而是個「假差別」或「假個別性」。換句話說，如果視某些東西為純然的特殊者而有別於一切其他的特殊者，而每個都站在它自己的孤懸的根柢上，那就是個「假差別」。

　　田立克：我同意這點。我會說普遍的根柢。

　　久松（用日語）：在禪之中，「普遍的根柢」不會在「彼岸」找得到；它在「此」岸有它的位置。

　　杜馬天奴：依禪，普遍的根柢不表示任何「外在的」東西。一個特殊的形相，若是非特殊的特殊者，它便是自己的「普遍的」根柢。

　　田立克：那麼，我必須要回到我的有關體驗的可能性的問題上去。

　　杜馬天奴：是的；那是關鍵的。

　　杜馬天奴代表久松：久松博士堅持說，普遍的根柢不完全被人的「經驗」所理解的同時，它也不外在於人全部的潛質。

　　田立克：禪佛教有沒有對於這「較低」層次的經驗的存在提出理由呢？

　　久松（用日語）：普通的「經驗」或「存在」可以有個雙重的含意：它

可以通達到「不涉形相的自我」；它也可以是它自己的「沒有形相的自我」的作用。

　　杜馬天奴代表久松：那「普通的」可以由兩個方面來看：一個是它可以通達「沒有形相的自我」，或者是它的進路；另一個是它本身可以是「沒有形相的自我」的運作。由於它是無相的自我的運作，不消說，再也不僅僅是「普通的」了。

　　田立克：這些說法對我來說都不清楚。

　　杜馬天奴：以宗教的探尋為立足點來考慮的話，普通的「經驗」或「存在」可以說能通達到無自我的自我。

　　田立克：「通達到」？在什麼意義下說的呢？通過瞑想一類嗎？

　　久松（用日語）：用「通達到」，我是指還未得到實現的東西需要實現出來。

　　藤吉向著久松（用日語）：你是不是認為由於它不是「真實的」，因而它「必須成為真實的」呢？

　　久松（用日語）：對。慣常的存在獲得它的真實意義，是由於無相的自我的「物化」。我用「通達到」這用語的意思是，直至平常的經驗成為「真正的」經驗，它「需求」它的最後圓滿。

　　杜馬天奴代表久松：普通的存在或「經驗」不可能單單止於普通的。

　　田立克：是不是在它自己之上，有內在的辯證法驅使它呢？

　　杜馬天奴代表久松：可以那樣說。久松博士說它為仍未「完成」。

　　田立克：而這種欠缺是不是推向那沒有形相的自我的力量呢？

　　藤吉：是的。

　　杜馬天奴：有關「普通的」另一可能性是，可視它為無自我的自我的「開展」。這是一般的大乘佛教所強調「生死即涅槃」的意思，或用禪的格言說，平常的或「日日」是道。（鈞案：這即是「平常心是道」和「日日是好日」的說法。）

　　久松（用日語）：是的。「常事」預先被否定掉，即此它是在它的「自我的創造」中，而這是一個積極的肯認。

　　杜馬天奴代表久松：那普通的若要實現它的終極根柢或終極完足，便得克服或「否定」它自己。另一方面，作為它的終極根柢的多元的實踐或結果，它變成積極的「肯認」。

　　田立克：因而它與否定和肯定的哲學的構作有點相似。否定被推進到絕對者那裏；然後，獲絕對的涵義後，我們可以在特殊中找到它，那是一種特殊的否定。

　　杜馬天奴：在簡單的或「未解決的」肯定及否定的二元性中的「純然的特殊者」，可以說是初階段的「否定」；那「非特殊的特殊者」，作為肯定和否定的消解者或「非二元的二元性」，可以說是完全地「肯定」。

　　田立克：是的。而且，依據否定及肯定的哲學：人不能停駐於鬱金香，因為它不是全體，它並不足夠。這裏有一種朝向較偉大的東西的潛勢。

　　杜馬天奴：但從另一方面看，這鬱金香仍然同時是「它自己」及「不是它自己」二者，它就是「全體」。

　　田立克：那是「另一」方面。不過，起初，正像假狄俄尼索斯〔酒神〕（Pseudo-Dionysius）那法官（Areopagite）[4]的情況，透過它們的不足夠，來否定花、圖畫，或任何東西；然後，達致無自我的或「無相的」自我，或者普羅提諾斯（Plotinus）的「太一」，這太一便可以在任何事物中被見到，它從前祇是一個朝向那終極者的跳板而已。

　　杜馬天奴代表久松：依普羅提諾斯，由太一流出的東西逐漸移離太一，因此它成為少些「肯定」和多些「否定」。相反，禪自我的「表現」沒有這種由肯定到否定的層級；它是一致地「肯定」的。

　　田立克：我不是指層級的排列。無層級一樣可以應用得上。

　　杜馬天奴代表久松：久松博士認為就算這樣，依普羅提諾斯，這朵花中的太一與「否定的質料」混合了。禪不是那種質料。

　　田立克：如果說，無論怎樣那朵花要凋謝，那麼同樣對於禪來說，定必有些關於它的否定的東西。

---

[4]　古希臘雅典最高法院的法官。（譯者）

杜馬天奴代表久松：從真正的立足點看來，並沒有任何東西是否定的。

田立克：從哪一立足點呢？

杜馬天奴：真正的立足點。

田立克：真正是第二的；但還有第一的。

杜馬天奴：那第一是「在先的」。（田立克：是的。）隨著完成，也可以說，有一個激烈的「轉向」。（田立克：是的。）依普羅提諾斯，在這個「反轉」之後，以及繼起的由太一而來的流出運動，有個逐步下降的進程，它在一個完全是「無相的」及「否定的」質料或非存有中終止下來。對於禪來說，所有東西都變為「肯定」：生死成為涅槃。就是說，肯定不再與否定處於一個簡單的、二元的對立面，那特殊者以「非特殊者」的身分變成「在它自己」；或者以「它自己與不是它自己的非二元性」，這即是涅槃的「無相之相」，來變成「在它自己」。作為非二元性的肯定及否定的自我實現，這種禪的否定之道，或者「取道否定」（Via Negativa），常常是「自我否定」的一個途徑，這「自我否定」同時也是「自我完足」的。禪的「取道否定」或實際上是「取道肯定」（Via Positiva）的做法，可更準確地被形容為「取道否定的肯定」（Via-Negativa-Positiva）的做法，或「自我否定的肯定」的途徑。（鈞案：這即是特殊的現象以普遍的真理或絕對無作為它的理據而成就自己。「在它自己」有完成的涵義，這自然是價值意義。以「自我否定」來說「自我完足」，是以否定為完足的所涵：否定一切二元性的傾向以達致絕對完滿的境地。）

田立克：我沒有像假狄俄尼索斯那樣深思過普羅提諾斯。對於後者，愛神的力量普遍地凌駕一切。比較的中心環繞於二重的模式，而不在流出的象徵。達致終極的活動先於在到處體驗終極，它不必是層級的。譬如說，開始由花到動物，跟著由動物在上。

久松（用日語）：某些東西要從自身「脫卻開來」，這層面並不是決定性的。以往不能夠被包融在「它自己」中的東西，隨著「圓滿的」轉化，現在就可以了。

杜馬天奴向著久松（用日語）：因為在覺悟到無相的自我，或在無相的

自我的覺醒「之後」，那無相的自我可以在任何事物中被見到，或在任何事物中看見它自己。

久松（用日語）：對；就是這樣。

杜馬天奴代表久松：久松博士同意，如果它是個過程，便要區分兩個階段：於初階段的「否定的」「不充足及不自我具足的」進路，當它成功時，會使「肯定的」「沒形相的自我」迅速發展到頂點，使每個形相變成它的自我表現，及至最後，成為「自我包融」。

田立克：那麼，否定的方式或取道否定是必須的了。

杜馬天奴代表久松：久松博士特別提出說，雖然照你的意思，取道否定很可能「在達致的路途上」，但它不是確實的方向；真實的方向是取道肯定。

田立克：那便非常、非常接近我的意思了。

杜馬天奴：我認為不同的是，對於你來說，終極者或神最後是「超越的」。當然，唯一的例外是耶穌同樣是基督。不過，基督的品格不是任何其他人可能具有的。但是，禪鼓勵每個人成為基督或佛陀。這個「自我空掉」（或「自我否定」）又是「自我完足」（或「自我肯定」）的組成部分，不獨有「否定及肯定」的非二元的實現，也有「內在的及超越的」非二元的實現。因而，原本僅僅是內在的及個別的因此是「否定的」東西，現在同時「在它自身」成為超越的、非特殊的，或「普遍的」，因此是「肯定的」東西。（鈞案：這裏說「內在的及超越的」非二元的性格，是就禪而言。佛陀的性格一方面是超越的，同時又內在於每一個人的生命中。）

杜馬天奴代表田立克（用日語）：田立克博士堅稱，必須要有「懸而未決的」否定，不管無自我的自我會帶來甚麼成果。

杜馬天奴代表久松：為什麼呢？

田立克：因為終極的代表……（杜馬天奴：「代表」？）……或者，「呈現」可能好些，它一定是特殊的。

杜馬天奴：基於真正的自我覺悟，特殊「在它的自身」成為「非特殊的」、「普遍的」，和「終極的」。

田立克：但是，兩個階段的出現，需要我們透過某些東西把普遍找出來。我們還堅決地留在第一及第二個範圍。

杜馬天奴：對於一個禪師來說，這兩個層次不再是單純的「兩個」；它們是兩個而同時地「不是兩個」。

田立克：在任何情況下，他不能夠單獨強調第二階段；因為特殊性永遠被經驗為特殊性。他拿著這枝鉛筆或除下他的眼鏡是特殊的事情。他可以擺脫這些；但是就這兩個階段來說，它們相續地出現，但它們是「不同」的，他須再次折返。那就是人有限的狀況。

杜馬天奴向著久松（用日語）：田立克博士堅持說，人不能逃避有限的狀況。最後，沒有覺悟能夠完全轉化懸而未決的或「否定的」特殊。我說過這不是禪的情況。（鈞案：在禪來說，真正的覺悟可以完全轉化懸而未決的特殊性。特殊性是依於被覺悟到的普遍真理而立的。）

久松（用日語）：那就對了。

杜馬天奴（用日語）：田立克博士的論點是，不可能不是那樣子的。

久松（用日語）：說到這點，箇箇完成及事事無礙兩個概念便特別恰當。那先行的華嚴概念理事無礙（普遍與特殊沒有阻礙）用處較少，因為它可能誤導人，使人在「理」（普遍）及「事」（特殊）二者中起分別。

杜馬天奴（用日語）：那似乎是田立克博士所理解的。

久松（用日語）：有事事無礙便沒有「理」（「普遍」）；因此，每個人真的完足（箇箇完成），而每個特殊物真正地「被包含在」其他特殊物中。（鈞案：事事無礙的觀念背景是空，或無自性。便是由於現象的事物都是無自性，空，因而可互相徹入，而無障礙。這裏說每個特殊物被包含在其他特殊物中，即表示前者徹入後者之中。）

杜馬天奴：久松博士再次提到事事無礙來釐清禪的立場，他把它與另一個華嚴的用語理事無礙對比起來，後者時常被詮釋作「普遍及特殊間無障礙」。特別是因為後一個陳述會產生這樣的印象：普遍遠離於或二元地區別於特殊，我相信這是你的看法……（田立克：是的。）……它被最後的主張所取代，就是事事無礙，「特殊與特殊間無阻隔」。這就是為什麼我不喜歡

翻譯「理」為「普遍」，不如譯作「非特殊」。「理事無礙」因而是「非特殊與特殊間無可換位」。因為正是在這個任何事物，及它自己的否定的非二元性的基礎（理事無礙）上，安立著任何事物，及任何「其他的」事物的非二元性（事事無礙）。這樣，每樣事物便是「是」及「在」每樣事物中。而正因為每樣事物是「是」及「在」每樣事物中，或者一是「是」及「在」多中，因而多是「是」及「在」一中。不過，進一步說，由於多或每樣事物是「是」及「不是」，每樣事物是「是」及「在」「無物」中，因為「無物」是「是」及「在」每樣事物中，。此外，我會提出這個想法就是，這正正是愛的性格、意思、或理念。（鈞案：這段文字後面部分頻頻用「是」及「在」，來表示一事物與多事物的相互「是」及「在」的關係，這其實是華嚴的徹入觀念的涵義。）

　　田立克：我可以問問「Tat tvam asi」這語句，它出自佛教抑或出自印度教的呢？

　　杜馬天奴：「Tat tvam asi」，「你即是梵」是來自印度教的。

　　田立克：佛教已經接受過來，不是嗎？

　　杜馬天奴：是不是你感到印度教的「你即是梵」可以與佛教的「事事無礙」比較呢？

　　田立克：「你即是梵」不是相似地包含了與其他特殊物的關係嗎？那不是同樣在印度教中被意指的嗎？「你是另外一人！」在這街上的人，他們是你；最終你們是同一的。你如果望見一個窮乞丐、一個有影響力的統治者，或一枝美麗的花朵，你應該體認到他們不是完全陌生的；反而，有一個同一點。保羅田立克即是李察杜馬天奴。如常一樣，「是」這字詞需要釐清。「是」可以指參與。不過，在這個用法中，它標示每個人都是終極者的表現，而那就是建立起同一性的東西。因此，我是一也是其他。

　　杜馬天奴：禪視每個人為終極者的自我表現。你是「終極者」，或者無自我的自我；我是「終極者」；或者無自我的自我；因而，我是你及我是那朵花。

　　田立克：撇開印度教，替我自己說，說這些我是會感到羞怯的。

　　杜馬天奴：在這個時刻，我也是一樣。就久松博士的立場說，要提出來的便是這陳述。

　　田立克：我永不會提出我就是終極者。「我是你」因為我參與終極者，正如你參與終極者一樣。（鈞案：這種思想的前提是，人與作為終極者的上帝或耶穌始終有距離。人只能作為一標準的基督徒，不能成為上帝或耶穌。）

　　杜馬天奴：禪的「非二元性」不是「參與」。

　　杜馬天奴向著久松（用日語）：依田立克博士，你是我而我是你，因為你與我一起「參與」終極的「無自我的自我」。

　　久松（用日語）：不對；不是「參與」。（鈞案：不是參與，應該是表現。）

　　藤吉向著久松（用日語）：田立克博士說，他羞怯於宣稱他就是終極者。

　　久松（用日語）：非二元的終極性不會及不應該令人猶豫地宣稱他自己就是「終極」。那種可能引起這樣的抗拒的終極性，很可能是牽涉了善惡的判斷。

　　杜馬天奴代表久松：久松博士認為你羞怯的理由是，你的終極仍然聯繫著善惡之間的倫理上的區分。換言之，對於你來說，與惡對抗的終極者，無可置疑終極地是「善」的。

　　田立克：是的；就是這樣。

　　杜馬天奴：依禪，每個包含價值論上的善惡兩極性的二元性被突破時，在宣稱「我就是終極者」時便不會感到不安。因為這不是肯定說，相對於「惡」，我是「價值論地」「善」；毋寧說我是「存有─存在地」同樣被判決為「善」及被判決為「惡」，或者，相反，既不具有「善」的評價，也不具有「惡」的評價。不要忘記的是，在一與多的存有─存在上的非二元性或「非二元的二元性」中，我們可以說，一「是」多，同樣也可說「既不是」一「也不是」多，「既不是」自我「也不是」世界。因而自我是個無自我的或無相的自我，而世界或宇宙是個「無相的」宇宙。因此，就禪來說，問題

並不是關於「參與」，正如你意指的，如果我沒有弄錯，它是指「部分地」。（鈞案：在禪來說，善與惡並不是可區別、區分開來的兩回事，因而不能取善捨惡。善與惡卻是同一事體的兩面表現，它們是一體的。要麼便同時擁抱善與惡，要麼便同時揚棄善與惡。要解決善、惡的價值問題，只有同時克服它們、超越它們。善、惡如此，生、死也是一樣。）

田立克：是的；「部分地」。這不只是與善惡的課題相連接，我們今天晚上不把這課題劃在我們的討論之中，上次我們處理過它了；它也明確地與特殊及普遍的本性的問題有關。因為如果我指定特殊有存有論的性質時，那麼當一個「辯證的」同一是可能時，人便不能夠「簡單地」或「直接地」作這個同一化。而久松博士大概不會指定特殊有存有論的性質。

杜馬天奴：作出「我就是終極者，或我就是無我性格的自我」的宣稱，並沒有闡明特殊「與」普遍的「同一化」。

久松（用日語）：不對，不是「同一」。

杜馬天奴：正如久松博士先前指出，這是個由理事無礙，即「『普遍』及特殊的無阻礙」的概念化中所可能引起的誤解。這就提醒我建議，「理」最好理解為「非特殊」或「無物」，就是說，特殊的自我否定，而不理解它為「普遍」。再次申明，因為是這「『它自己』及『不是它自己』的非二元性」，概括了作為一個層面的「『它自己』及每一個『對於它自己的其他』的非二元性」（事事無礙）。因此，事事無礙並不是「二者」「同一」到「一」方面去。毋寧是，它是二的非二元性，這二「是」二，就算它們不再成為「二」，因為其實它們在某意義上不再「存在」了。順帶一提，在這相同的意義下，我認為真正的或者偉大的愛意含「大死」。

田立克：這使我回到我對於特殊者的經驗：作為特殊者卻具有無限的涵義。在你及久松博士的理解中，作為特殊者，它不具有這涵義；但作為表現（expression）看便有了。

杜馬天奴：是的；這是決定性的。你在它的終極意義中經驗特殊；久松博士「經驗」特殊為「終極」、「非特殊的特殊」，或「不是它自己的自我」。我強調這是為什麼禪之道永遠不是單向的，要麼取道否定，要麼取道

肯定：它常常相連地是「取道否定肯定」，或者是否定與肯定的非二元性的自我實現。

田立克：這裏有個斷然的不同之處。我觀看這朵黃花的時候，它用極其優美動人的一張咀對我說，我是個自然的神秘主義者。

杜馬天奴：是的，你很大程度是個德國浪漫主義的自然神秘主義者。（全場大笑）

田立克：但是，對於我來說，那朵花不可能超出特殊的身分。我不會視它為終極者或無相的自我。我得自體驗，在我的情感裏，我是不會嘉許的。

杜馬天奴向著久松（用日語）：田立克博士以他德國浪漫主義的堅強意志，藏隱了一種深微的對花朵的愛。

田立克：這些花兒在我們的討論中是不可或缺的。（笑聲）

杜馬天奴代表久松：久松博士同意，並要分享你的愛與關懷。

杜馬天奴向著久松（用日語）：我說過對於你，這朵花作為「沒有形相的自我」的表現，它自己就是終極者。田立克博士說，雖然他和花很接近，他不能「就體驗上」來這樣看待它。

久松（用日語）：不是；對於他，它不能是這樣的。

田立克：這是特殊對我的束縛。

杜馬天奴：禪斷定基本的或「本根」的難題不是依於有限的形相，而是依於不能突破至「非有限的」或「無相的」自我。

田立克：那不是相同的嗎？因為現在的焦點是：與特殊的關係。

杜馬天奴：在承認你的「受特殊繫縛」時，我好像仍然聽到自我認可的話語，好像它是個微妙的暗示，說具體的個體迷失在禪中，而你便不會。

田立克：我同意這點。

杜馬天奴：禪會反擊說，僅憑「沒有自我的自我」的覺悟，被分化的特殊者便能理解成為一個完足的特殊者，體認它真實的「自主的個別性」。

杜馬天奴代表久松：久松博士補充說，花兒全部的美感只有這樣才浮現出來。在浮現之前，花的罪深刻的美還得不到真正的欣賞。

田立克：也許它被看作是特殊者吧？

杜馬天奴：也許它又不被看作為「非特殊」或者「沒有形相」。

田立克：與所有其他的形相割離開來的嗎？對於我自己，我做不到。我見那朵花靠近藤吉先生的附近，而他是不同的。

杜馬天奴：限於你見到它單單「靠近藤吉先生的附近」，只是純然地「不同於」他，這不能算是見到他或花是在形相化中有「無形相」，在有限中有「無限」，或者在有盡中有「無盡」。這是為什麼久松博士，禪，或者，大乘佛教把基本點放在人自己需要成為「無相」、「空」，或「無」上。而且，「一在多中」、「多在一中」，或「多在多中」，可以進一步被確定為「多在無中」，或者，「無在一中」。

田立克：這是不是瞑想式的集中在花中，在它的黃色上，或者，你失去對周圍的意識的結果呢？這點我是明白的。

杜馬天奴：不是；禪的「無」並不是指負面地防止對任何事物起意識，而深深集中於「某些事物」上。它不是全部意識的暫停或中止，那是時常被人這樣誤解的。剛好相反，禪的無創造意義的積極的「正面的否定」或「正面的忘失」，它同時地是個「肯定」、「找尋」，或「獲得」。它同樣是某人自己及「不是某人自己」，是某人自己及「其他人」或「所有其他人」的「否定—肯定」、「失去—尋找」，或「失去—獲得」。

杜馬天奴代表久松：因為這個理由，久松博士形容禪的集中為「花集中在花中」，而不是「某人集中在花中」。（鈞案：「花集中在花中」表示讓花自己如實地或如其所如地呈露它自己，而不加上任何人為的意識妄構，後者正是「某人集中在花中」。這其實是真如的境界。）

田立克：那有什麼重要性？

杜馬天奴代表久松：這是說，花真正地是花而你真正地是你。就是說，依禪看來，花真的不是花，你也真的不是你，直至你與花之間的二元性被克服了，或者，最後，直至你成為「集中在花中」的花。我記得你一度在紐約論及，「我永不能像樹經驗它自己一樣經驗它。」

田立克：我常那樣說。

杜馬天奴：就「花集中在它自己中」看來，人並不拘限於「參與」。事

實上，由於真的的「禪的集中」既不是意識在時間上的、空間上的、心理學上的「忘失」，也不是意識的「否定的」「忘失」，而是人自己，不是人自己，其他人，還有在時空下的「肯定的」存有一存在上的「失去一獲得」（或「否定之完足」），甚至也不被「一個經驗」所限制。它反而被形容為開展了一個完全嶄新的非二元的根柢，或者「存有」或「經驗」的基體，在其中，某人同時是「是」及「不是」某人自己，不是某人自己，其他人，或是「在時空中」。因為「花集中在花中」，所以，某人是那朵花（「那不是一朵花」），因為那朵花是某人的（「無自我的」）自我，或者「全體『無相的』或『無自我的』宇宙」。

田立克：包括在印度的或日本的花嗎？

杜馬天奴：是的。在「花集中於它自己的非二元的二元性」中，所有區別都被保留（事事或二元性）及被取消（無礙或非二元性）。回到上次的會談，另一個主要的爭論是，希特拉和他的鞋匠也被包括在內。

藤吉（用日語）：由於田立克博士的觀點好像那理事無礙的，這可能有困難。

杜馬天奴：藤吉先生感到，他知道你所理解的，特殊者參與到普遍者中去，卻又和它對峙區別開來……（田立克：是的。）……特殊包含它自己的否定的觀念，就是說，它是「無相」的，因此它要包含每個「其他的」特殊（事事無礙）的情況是說不通的。無論如何，可以弄清楚為什麼我先前講，對於你來說，終極者或「神」最後保持超越的性格；禪反過來說，由於特殊在及通過它自己的自我否定（因而是個自我的否定肯定）來完足，除此之外便沒「有」普遍，所以並沒有這種具支配力的超絕的終極者。

田立克：是的，我現在明白了。

杜馬天奴代表久松：久松博士概括說，就禪來講，普遍既不單純是「普遍」，特殊也不簡單地是「特殊」；普遍「及」特殊的任何統一或「同一」也是沒有的。只可說的是，「普遍」是特殊與特殊之間缺乏任何「互涉」。（鈞案：久松的意思是，在禪來說，物事都有互涉的關係，普遍即表現在這互涉中。抽離或孤懸意義的普遍，在禪來說是沒有的。這種普遍在特殊與特

殊之間沒有互涉的關係這種情況下成立，故是抽離或孤懸的。）

　　田立克：這樣陳述的話，有傾向亞理士多德學派的可能。

　　藤吉：這是華嚴佛教的主要教理。禪就以這華嚴哲學為根據。

　　久松（用日語）：不是，正好相反：華嚴哲學有它在禪的根據。禪超於華嚴之外。

　　杜馬天奴代表久松：久松博士強調說，相反，華嚴的「事事無礙」原則自禪中而來。因為禪師是那原理的「活生生的來源」。（鈞案：事事無礙一原理是指事物或物事相互之間的圓融無礙的關係，如何便說它的「活生生的來源」是禪師？頗為費解。這或許可解作禪師是這原理的體現者，但仍難馬上說是這原理的來源。）

　　田立克：那麼容許我問：如果一個禪師吃龍蝦，就經驗來說會發生什麼呢？在這一刻，龍蝦對於他是什麼呢？此中的內在的經驗是什麼呢？

　　杜馬天奴代表久松：你以為吃龍蝦的行為是「特殊的經驗」嗎？

　　田立克：是的，我必須這樣；因為幾分鐘後他要睡覺了。

　　久松（用日語）：如果問我禪是什麼的話，我會答：「我想吃時，我就吃；我想睡覺時，我就睡覺。」（鈞案：這是以平常心來說禪。）

　　杜馬天奴代表久松：禪有個說法：「饑來吃飯，睏來即眠。」

　　田立克：我心所想的就是那點。

　　杜馬天奴：不過，這不是你的「特殊」。

　　田立克：我看不到有分別。

　　杜馬天奴：雖然久松博士說，「我想睡覺時，我就睡覺；我想吃時，我就吃」，可能聽起來有點平凡，但實際上不是這樣。

　　田立克：那麼為什麼他不改變這些動詞的次序來表明那不平凡呢？倘若他宣說，「我吃時，我睡覺；我睡覺時，我吃」，那樣便不尋常了。

　　杜馬天奴：他也可以用那方式來表達他自己。他確實可以宣稱，「我睡覺時我吃，我吃時我睡覺」。

　　田立克：那是和你的立場協調的。「我吃時我就吃」，這句子卻不是。

　　杜馬天奴：只有把顯然真確的「平凡的」看作與明顯上是「矛盾的」有

分別，才會這樣。

田立克：是的。

杜馬天奴：不過，真正的「無自我的自我」可以透過利用任何一種的表現模式，分開使用或一起使用它們，來表明它的圓滿。在它的自我否定之完足（Self-Negation-Fulfillment）的富有創造動力的「恍惚」或「不在一在」中，它可以交替斷言「我是」，「我不是」，或「我是因為我不是」。

田立克：我會叫它為一句一致的同一性的陳述。

杜馬天奴：「我不是我，因此我是我」是一句一致的同一性的陳述嗎？

田立克：是的；屬於存有與非存有的。這是辯證的。

杜馬天奴：再說，「我不是」是「矛盾的」。

田立克：是的，那是矛盾的。

杜馬天奴：而一個禪者如果宣稱，「我是」，你會考慮那是平凡的嗎？

田立克：會。

杜馬天奴：由於存有及非存有的「非二元的二元性」的「自我成就」，禪師或許依他的看法肯認「我是」或「我不是」。（鈞案：「非二元的二元性」中，前面的二元是二元的相對性格，故要否定；後面的二元則表示特殊性的保留。特殊性必須保留，才能說成就。）

田立克：是的，我也會。

杜馬天奴：那麼，為什麼是同一的一致的而不是其他的呢？

田立克：因為若平凡被一種特別「扭曲」的方式來用時，這一定是要指明的。

杜馬天奴：從無相的自我的立場看來，並不是一個斷言含有一種特別的「扭曲」而其他的沒有。二者同樣用言語表現相同的自我實現。由於包含它自己的否定的無自我的自我，可以說成是「沒有存在的存在」及「不用做的做」，它可能以不受規限的自我肯認方式大叫，說「我是」或「我不是」，「我吃時我吃」或「我吃時我不吃」。

田立克：「扭曲」大概不是最好的字眼；無論如何，要一些東西來表示平凡即不平凡。除非把這點弄明確，否則也是一樣的。

杜馬天奴：縱然在語義學上或「客觀地」說。禪的言辭有時好像是常套的，就一個真正的禪者來說，正在被闡明的「存在上的」或「存有─存在上的」基體是保持不變的。因為，一個可能被描述為「行屍走肉」的禪者說「我是」時，這不是通常的一個站在與「我不是」的二元區分的「我是」，所以不可能把它來自由互換。用更寬鬆的術語，本身「是」涅槃的生死，它不單單是個二元的生死，在其中，肯認和否定構作了一個不能協調的矛盾。它常常是個非二元的生死，當肯認是肯認，否定是否定時，每個都「一致地」確認它自己的否定。同理，它是個特殊就永不「全然地」是特殊，它也是「非特殊」的生死或涅槃。禪師作為這非二元性（或「非二元的二元性」）的具體化身，正是供一個同等有效及一致的他自己的表現，不管他選擇明言「我是」、「我不是」、「我是我」、「我是非我」，或「我是你」。

田立克：好的。因此，我試了又試老是強調經驗上的。

杜馬天奴：是的，你做到了。不過，久松博士暫時停住了。他堅定地避開正式地答覆或非理智地「答應」你。反而，他保持用概念來做他的「存在的呈現」。（田立克：是的。）由於某些原因，他沒有完全以一個禪師的身分來待你，我相信他原應這樣做。（田立克一笑）你原本提出的質疑，他該以言說以外的激烈的態度來回應你。他沒有這樣，所以你的質詢持續不斷。（田立克：是的。）我或者要怪責自己翻譯得不足夠。如果你直接向他說日語，他或會一開始給與你我所預期的東西哩。

田立克：你是指拍一下肚子。（鈞案：這是指棒喝一類的動作。）

杜馬天奴：由於你自己現在提議這樣做，很明顯，那該是挺合適的。（一起大笑）

藤吉（用日語）：我不認為讓久松博士這樣做是很適當的。

杜馬天奴（用日語）：由於田立克博士嘗試通過概念徹入到「存在的根柢」上去，該真的要有某些類似拍打肚子一下的回應啊，我想試圖挑起久松博士那種反應，但我只是不能。（鈞案：說田立克想就概念一面來徹入存在的根柢，是貶抑的話。禪總是勸人不要這樣做的。）

參考書目

說明：

一、京都學派的著書非常多，這裏所列出的只是其中一部分，重要的基本上
　　都收錄在內。我們採取寬鬆態度，所收錄的以哲學為主，宗教、藝術、
　　文學、歷史諸方面也包括在內。

二、所收錄著書，依次分為日文、中文、英文、德文四個方面。在排列方
　　面，日文依作者姓名假名字母次序排列，中文依作者姓名筆劃多少為
　　據，英文與德文則依羅馬字母次序列出。

三、京都學派的成立，自西田幾多郎以來，已超過一個世紀。書目中所收錄
　　的，都是較近期出版的，在市場容易找到，和可讀性高的。

四、書目不收錄全集，但收錄全集中重要的、個別的著作。

五、著書可能一版再版，致有多個版本，這裏所收錄的，以最近版為準。

六、書目中所收的著書，都經筆者翻閱過，即使不是全本讀過，也讀過其中
　　某一部分，確認具有參考價值，才加以收錄。

一、日文

赤松常弘著《三木清：哲學的思索の軌跡》，京都：ミネルヴァ書房，
　　　1996。

秋月龍珉著《鈴木禪學と西田哲學の接點：即非と逆對應》，《秋月龍珉著
　　　作集》8，東京：三一書房，1978。

淺見洋著《思想のレクイエム：加賀、能登が生んだ哲學者 15 人の軌
　　　跡》，橫濱：春風社，2006。

淺見洋著《西田幾多郎：生命と宗教に深まりゆく思索》，橫濱：春風社，

2009。

淺見洋著《西田幾多郎とキリスト教の對話》，東京：朝文社，2000。

阿部正雄著《カントにおける「批判」と「形而上學」：カント哲學入門》，京都：晃洋書房，1998。

阿部正雄著《虛偽と虛無：宗教的自覺におけるニヒリズムの問題》，京都：法藏館，2000。

阿部正雄著《根源からの出發》，京都：法藏館，1996。

阿部正雄著《非佛非魔：ニヒリズムと惡魔の問題》，京都：法藏館，2000。

荒谷大輔著《西田幾多郎：歷史の論理學》，東京：講談社，2008。

石神豐著《西田幾多郎：自覺の哲學》，東京：北樹出版社，2001。

石川博子著、FAS 協會編《覺と根本實在：久松真一の出立點》，京都：法藏館，2000。

石塚正英、工藤豐編《近代の超克：永久革命》，東京：理想社，2009。

板橋勇仁著《西田哲學の論理と方法：徹底的批評主義とは何か》，東京：法政大學出版局，2004。

板橋勇仁著《歷史的現實と西田哲學：絕對的論理義とは何か》，東京：法政大學出版局，2008。

市倉宏祐著《和辻哲郎の視圈：古寺巡禮、倫理學、桂離宮》，東京：春秋社，2007。

伊藤益著《愛と死の哲學：田邊元》，東京：北樹出版社，2005。

伊藤宏見著《西田幾多郎心象の歌》，東京：大東出版社，1996。

今井弘道著《三木清と丸山真男の間》，東京：風行社，2006。

岩城見一編《植田壽藏〈藝術論撰集：東西の對話〉》，京都：燈影舍，2001。

岩城見一編《木村素衛〈美のプラクシス〉》，京都：燈影舍，2000。

岩城見一編《「藝術哲學」論文集》，《西田哲學選集》第六卷，京都：燈影舍，1998。

岩崎允胤著《日本近代思想史序說：明治後期篇下》，東京：新日本出版
　　社，2004。

上田閑照著《生きるということ：經驗と自覺》，京都：人文書院，1991。

上田閑照著《虛空／世界》，《上田閑照集》第九卷，東京：岩波書店，
　　2002。

上田閑照著《經驗と自覺》，《上田閑照集》第二卷，東京：岩波書店，
　　2002。

上田閑照著《ことばの實存：禪と文學》，東京：筑摩書房，1997。

上田閑照著《自己の現象學》，《上田閑照集》第十卷，東京：岩波書店，
　　2002。

上田閑照著《宗教とは何か》，《上田閑照集》第十一卷，東京：岩波書
　　店，2002。

上田閑照著《宗教への思索》，東京：創文社，1997。

上田閑照著《十牛圖を步む：真の自己への道》，東京：大法輪閣，2005。

上田閑照著《禪佛教：根源的人間》，東京：岩波書店，1993。

上田閑照著《西田幾多郎を讀む》，東京：岩波書店，1991。

上田閑照著《場所：二重世界內存在》，東京：弘文堂，1992。

上田閑照著《マイスター・エックハルト》，《上田閑照集》第七卷，東
　　京：岩波書店，2001。

上田閑照編《情意における空：西谷啟治先生追悼》，東京：創文社，
　　1992。

上田閑照編《禪の世界》，東京：理想社，1981。

上田閑照編《ドイツ神秘主義研究》，東京：創文社，1982。

上田閑照編《西田哲學：沒後五十年記念論文集》，東京：創文社，1994。

上田閑照編《西田幾多郎哲學論集》Ⅰ-Ⅲ，東京：岩波書店，1987-1989。

上田閑照編《「日記、書簡、講演集」》，《西田哲學選集》第七卷，京
　　都：燈影舍，1998。

上田閑照、堀尾孟編集《禪と現代世界》，京都：禪文化研究所，1997。

上田閑照監修，皇紀夫、山田邦男、松田高志、吉村文男編集《人間である
　　こと》，京都：燈影舍，2006。

上田閑照監修，北野裕通、森哲郎編《禪と京都哲學》，京都：燈影舍，
　　2006。

上田高昭著《西田幾多郎：苦惱と悲哀の半生》，東京：中央大學出版部，
　　2005。

上田高昭著《西田幾多郎の姿態：戰爭と知識人》，東京：中央大學出版
　　部，2003。

植村和秀著《日本への問いをめぐる鬪爭：京都學派と原理日本社》，東
　　京：柏書房，2007。

內田弘著《三木清：個性者の構想力》，東京：御茶の水書房，2006。

大澤正人著《サクラは色ですか？西田幾多郎の思想》，東京：現代書館，
　　2005。

大滝朝春著《三木清の存在論》，東京：早稻田出版社，2006。

大野順一著《わが內なる唐木順三》，東京：南雲堂フェニックス，2006。

大橋良介著《聞くこととしての歷史：歷史の感性とその構造》，名古屋：
　　名古屋大學出版會，2005。

大橋良介著《絕對者のゆくえ：ドイツ觀念論と現代世界》，京都：ミネル
　　ヴァ書房，1993。

大橋良介著《西田哲學の世界：あるいは哲學の轉回》，東京：筑摩書房，
　　1995。

大橋良介著《悲の現象論序說：日本哲學の六テーゼより》，東京：創文
　　社，1998。

大橋良介著《美のゆくえ：カント、ヘーゲル、アドルノ、ハイデッガ
　　ー》，京都：燈影舍，2007。

大橋良介著《ヘーゲル論理學と時間性：場所の現象學へ》，東京：創文
　　社，1983。

大橋良介編著《京都學派と日本海軍：新資料〈大島メモ〉をめぐって》，

PHP 新書，2001。

大橋良介編《大島康正〈時代區分の成立根據、實存倫理〉》，京都：燈影舍，2001。

大橋良介編《京都學派の思想：種種の像と思想のポテンシャル》，京都：人文書院，2004。

大橋良介編《九鬼周造〈エッセイ、文學概論〉》，京都：燈影舍，2003。

大橋良介編《「現象學」論文集》，《西田哲學選集》第四卷，京都：燈影舍，1998。

大橋良介編《下村寅太郎〈精神史の中の日本近代〉》，京都：燈影舍，2000。

大橋良介編《西田幾多郎による西田哲學入門》，《西田哲學選集》第一卷，京都：燈影舍，1998。

大橋良介、高橋三郎、高橋由典編《學問の小徑：社會學、哲學、文學の世界》，京都：世界思想社，2006。

岡田勝明著《フィヒテと西田哲學：自己形成の原理を求めて》，京都：世界思想社，2000。

岡田勝明編《唐木順三〈現代史への試み〉》，京都：燈影舍，2001。

大峯顯著《永遠なるもの：歷史と自然の根底》，京都：法藏館，2003。

大峯顯編《三木清〈創造する構想力〉》，京都：燈影舍，2001。

小川侃編《京都學派の遺產：生と死と環境》，京都：晃洋書房，2008。

尾關周二編《戶坂潤〈科學と文學の架橋〉》，京都：燈影舍，2001。

小野寺功著《絕對無と神：京都學派の哲學》，橫濱：春秋社，2002。

小濱善信著《九鬼周造の哲學：漂泊の魂》，京都：昭和堂，2006。

薗田坦編《西谷啟治〈神秘思想史、信州講演〉》，京都：燈影舍，2003。

海邊忠治著《苦惱とけて絕對の信へ：西田哲學を契機として》，京都：法藏館，2007。

河西善治著《京都學派の誕生とシュタイナー：純粹經驗から大東亞戰爭へ》，東京：論創社，2004。

河西善治著《西田幾多郎の真實：獨創的哲學者の剽竊と戰爭協力の構圖》，東京：株式會社ぱる出版，2005。

嘉指信雄編《「歷史哲學」論文集》，《西田哲學選集》第五卷，京都：燈影舍，1998。

粕谷一希著《反時代的思索者：唐木順三とその周邊》，東京：藤原書店，2005。

片柳榮一編著《ディアロゴス：手探りの中の對話》，京都：晃洋書房，2007。

嘉戶一將著《西田幾多郎と國家への問い》，東京：以文社，2007。

茅野良男、藤田正勝編《轉換期としての日本近代》，京都：ミネルヴァ書房，1999。

河波昌編著《場所論の種種相：西田哲學を中心として》，東京：北樹出版社，1997。

川崎幸夫等著《久松真一の世界》，《增補久松真一著作集》別卷，京都：法藏館，1996。

河出書房新社編《西田幾多郎沒後六十年：永遠に讀み返される哲學》，東京：河出書房新社，2005。

川村永子著《キリスト教と西田哲學》，東京：新教出版社，1988。

北野裕通著《自覺の現象學》，京都：行路社，1999。

北野裕通編《務台理作〈社會存在の論理〉》，京都：燈影舍，2000。

京都宗教哲學會編《溪聲西谷啟治》下，思想篇，京都：燈影舍，1993。

木村素衛著《表現愛》，東京：こぶし書房，1997。

清真人、津田雅夫、龜山純生、室井美千博、平子友長著《遺產としての三木清》，東京：株式會社同時代社，2008。

九鬼周造著《偶然と驚きの哲學：九鬼哲學入門文選》，東京：書肆心水，2007。

九鬼周造著，田中久文編《九鬼周造エッセンス》，東京：こぶし書房，2001。

九鬼周造著，奈良博英譯、註《對譯「いき」の構造》（*The Structure of Iki*），東京：講談社インターナショナル，2008。

黑崎宏著《「自己」の哲學：ウイトゲンシュタイン、鈴木大拙、西田幾多郎》，東京：春秋社，2009。

氣多雅子著《ニヒリズムの思索》，東京：創文社，1999。

高坂正顯著《哲學は何のために》，東京：理想社，1992。

高坂正顯著《西田幾多郎先生の追憶》，京都：燈影舍，1996。

高坂正顯著，高坂史朗編《歷史の意味とその行方》，東京：こぶし書房，2002。

高山岩男著《京都哲學の回想：舊師舊友の追憶とわが思索の軌跡》，京都：燈影舍，1995。

高山岩男著《道德とは何か：倫理學入門》，東京：創文社，1983。

高山岩男著《西田哲學とは何か》，京都：燈影舍，1988。

高山岩男著，花澤秀文編《世界史の哲學》，東京：こぶし書房，2001。

古在由重著，吉田傑俊編《古在由重の哲學》，東京：こぶし書房，2006。

小坂國繼著《西洋の哲學、東洋の思想》，東京：講談社，2008。

小坂國繼著《西田幾多郎をめぐる哲學者群像：近代日本哲學と宗教》，京都：ミネルヴァ書房，1997。

小坂國繼著《西田哲學を讀む　1：場所的論理と宗教的世界觀》，東京：大東出版社，2008。

小坂國繼著《西田哲學を讀む　2：睿智的世界》，東京：大東出版社，2009。

小坂國繼著《西田哲學を讀む　3：絕對矛盾的自己同一》，東京：大東出版社，2010。

小坂國繼著《西田哲學と現代：歷史、宗教、自然を讀み解く》，京都：ミネルヴァ書房，2001。

小坂國繼著《西田哲學と宗教》，東京：大東出版社，1994。

小坂國繼著《西田哲學の研究：場所の論理的生成と構造》，京都：ミネル

　　　ヴァ書房，1991。

小坂國繼著《西田幾多郎の思想：二十一世界をどう生きるか》上、下，東
　　　京：日本放送出版協會，2000，2001。

小林敏明著《西田幾多郎の憂鬱》，東京：岩波書店，2003。

小牧治著《和辻哲郎：人と思想》，東京：清水書院，1999。

齋藤義一編《高山岩男〈文化類型學、呼應の原理〉》，京都：燈影舍，
　　　2001。

佐伯守著《哲學のパロール》，奈良：萌書房，2007。

坂部惠編《九鬼周造〈偶然性の問題、文藝論〉》，京都：燈影舍，2000。

坂部惠、藤田正勝、鷲田清一編《九鬼周造の世界》，京都：ミネルヴァ書
　　　房，2002。

櫻井歡著《西田幾多郎世界のなかの私》，東京：朝文社，2007。

佐佐木徹著《西谷啟治隨聞》，京都：法藏館，1990。

佐佐木徹著《西谷啟治：その思索への道標》，京都：法藏館，1986。

重久俊夫著《時間幻想：西田哲學からの出發》，東京：中央公論事業出版
　　　社，2009。

下村寅太郎著《アッシシの聖フランシス》，東京：株式會社南窗社，
　　　1998。

下村寅太郎著《西田幾多郎：人と思想》，東京：東海大學出版會，1977。

下村寅太郎著《西田哲學と日本の思想》，《下村寅太郎著作集》12，東
　　　京：みすず書房，1990。

末木剛博著《西田幾多郎：その哲學體系》Ⅰ-Ⅳ，東京：春秋社，1983、
　　　1987、1987、1988。

末木文美士著《明治思想家論：近代日本の思想再考Ⅰ》，東京：株式會社
　　　トランスビュー，2004。

末木文美士著《明治思想家論：近代日本の思想再考Ⅱ》，東京：株式會社
　　　トランスビュー，2004。

鈴木亨著《西田幾多郎の世界》，東京：勁草書房，2004。

滝澤克己著，小林孝吉編《西田哲學の根本問題》，東京：こぶし書房，
　　2004。

竹內良知著《西田幾多郎》，東京：東京大學出版會，2007。

竹內良知著《西田哲學の行爲的直觀》，東京：農山漁村文化協會，1992。

武內義範、石田慶和著《淨土佛教の思想九：親鸞》，東京：講談社，
　　1991。

武內義範著，石田慶和編《親鸞の思想と歷史》，《武內義範著作集》第二
　　卷，京都：法藏館，1999。

武內義範、大島康正、齊藤義一、小島章一編《哲學の世界》，東京：創文
　　社，1985。

武內義範著，薗田坦編《宗教哲學、宗教現象學》，《武內義範著作集》第
　　四卷，京都：法藏館，1999。

武內義範著，氣多雅子編《原始佛教研究》，《武內義範著作集》第三卷，
　　京都：法藏館，1999。

武內義範著，長谷正當編《教行信證の哲學》，《武內義範著作集》第一
　　卷，京都：法藏館，1999。

武內義範著，藤田正勝編《日本の哲學と佛教》，《武內義範著作集》第五
　　卷，京都：法藏館，1999。

武內義範、武藤一雄、辻村公一編《田邊元：思想と回想》，東京：筑摩書
　　房，1991。

竹田篤司著《物語京都學派》，東京：中央公論新社，2001。

武田龍精著《親鸞淨土教と西田哲學》，京都：永田文昌堂，1997。

竹村牧男著《西田幾多郎と鈴木大拙：その魂の交流に聽く》，東京：大東
　　出版社，2004。

竹村牧男著《西田幾多郎と佛教：禪と眞宗の根底を究める》，東京：大東
　　出版社，2002。

田邊元著《懺悔道としての哲學》，東京：岩波書店，1993。

田邊元著《哲學通論》，東京：岩波書店，2005。

田邊元、唐木順三著《田邊元、唐木順三往復書簡》，東京：筑摩書房，
　　2004。

田邊元著，黑田寬一編《歷史的現實》，東京：こぶし書房，2001。

田邊元著，小坂國繼編《佛教と西歐哲學》，東京：こぶし書房，2003。

田邊元著，中埜肇編《田邊元集》，東京：筑摩書房，1975。

辻村公一著《ハイデッガーの思索》，東京：創文社，1991。

辻村公一編《一即一切：日獨哲學コロクィウム論文集》，東京：創文社，
　　1986。

津田雅夫著《戶坂潤と〈昭和イデオロギー〉：西田學派の研究》，東京：
　　同時代社，2009。

津田雅夫著《人為と自然：三木清の思想史的研究》，京都：文理閣，
　　2007。

津田雅夫著《和辻哲郎研究：解釋學、國民道德、社會主義》，東京：青木
　　書店，2001。

津田雅夫編《昭和思想新論：二十世紀思想史の試み》，京都：文理閣，
　　2009。

常俊宗三郎編《日本の哲學を學ぶ人のために》，京都：世界思想社，
　　1998。

天野貞祐、久松真一、高坂正顯、西谷啟治、下村寅太郎、高山岩男著《西
　　田幾多郎とその哲學》，京都：燈影舍，1985。

戶坂潤著《イデオロギーとロジック：戶坂潤イデオロギー論集成》，東
　　京：書肆心水，2007。

戶坂潤著《日本的哲學という魔：戶坂潤京都學派批判論集》，東京：書肆
　　心水，2007。

戶坂潤著，吉田傑俊編《戶坂潤の哲學》，東京：こぶし書房，2001。

永井均著《西田幾多郎：絕對無とは何か》，東京：日本放送出版協會，
　　2006。

長尾雅人、中村元監修、三枝充悳編集《講座佛教思想第五卷：宗教論、真

理、價值論》，東京：理想社，1982。

中岡成文著《私と出會うための西田幾多郎》，東京：株式會社南窗社，
　　1999。

中村桂子編《今西錦司〈行為的直觀の生態學〉》，京都：燈影舍，2002。

中村雄二郎著《西田哲學の脫構築》，東京：岩波書店，2000。

中山延二著《佛教と西田、田邊哲學》，京都：百華苑，1979。

南山宗教文化研究所編《キリスト教は佛教から何を學べるか》，京都：法
　　藏館，1999。

南山宗教文化研究所編《宗教體驗と言葉：佛教とキリスト教との對話》，
　　東京：紀伊國屋書店，1978。

南山宗教文化研究所編《宗教と宗教の「あいだ」》，名古屋：風媒社，
　　2000。

南山宗教文化研究所編《絕對無と神：西田、田邊哲學の傳統とキリスト
　　教》，東京：春秋社，1986。

南原一博著《近代日本精神史：福澤諭吉から丸山真男まで》，岡山：大學
　　教育出版社，2006。

西谷啟治著《大谷大學講義》I，《西谷啟治著作集》第二十四卷，東京：
　　創文社，1991。

西谷啟治著《大谷大學講義》II，《西谷啟治著作集》第二十五卷，東京：
　　創文社，1992。

西谷啟治著《大谷大學講義》III，《西谷啟治著作集》第二十六卷，東京：
　　創文社，1995。

西谷啟治著《神と絕對無》，《西谷啟治著作集》第七卷，東京：創文社，
　　1991。

西谷啟治著《寒山詩》，東京：筑摩書房，1988。

西谷啟治著《現代社會の諸問題と宗教》，京都：法藏館，1978。

西谷啟治著《根源的主體性の哲學》正、續，《西谷啟治著作集》第一、二
　　卷，東京：創文社，1991，1992。

西谷啟治著《講話宗教》，《西谷啟治著作集》第十六卷，東京：創文社，
　　1990。

西谷啟治著《講話宗教Ⅰ：西田哲學》，《西谷啟治著作集》第十四卷，東
　　京：創文社，1990。

西谷啟治著《講話宗教Ⅱ：哲學と宗教》，《西谷啟治著作集》第十五卷，
　　東京：創文社，1995。

西谷啟治著《講話佛教》，《西谷啟治著作集》第十七卷，東京：創文社，
　　1990。

西谷啟治著《宗教とは何か》，東京：創文社，1973。

西谷啟治著《正法眼藏講話》Ⅰ，《西谷啟治著作集》第二十二卷，東京：
　　創文社，1991。

西谷啟治著《正法眼藏講話》Ⅱ，《西谷啟治著作集》第二十三卷，東京：
　　創文社，1991。

西谷啟治著《禪の立場》，《西谷啟治著作集》第十一卷，東京：創文社，
　　1988。

西谷啟治著《哲學論考》，《西谷啟治著作集》第十三卷，東京：創文社，
　　1994。

西谷啟治著《西田哲學と田邊哲學》，《西谷啟治著作集》第九卷，東京：
　　創文社，1993。

西谷啟治、吉川幸次郎著《この永遠なるもの》，京都：燈影舍，2009。

西谷啟治編《思想のシンポジウム1》，京都：燈影舍，1985。

西谷啟治編《思想のシンポジウム2》，京都：燈影舍，1986。

西谷啟治監修，上田閑照編集《禪と哲學》，京都：禪文化研究所，1988。

西田幾多郎著《意識の問題》、《藝術と道德》，《西田幾多郎全集》第三
　　卷，東京：岩波書店，1978。

西田幾多郎著《一般者の自覺的體系》，《西田幾多郎全集》第五卷，東
　　京：岩波書店，1979。

西田幾多郎著《英國倫理學史》、《心理學講義》、《倫理學草案》、《純

粹經驗に關する斷章》，《西田幾多郎全集》第十六卷，東京：岩波書店，1980。

西田幾多郎著《現代に於ける理想主義の哲學》，《西田幾多郎全集》第十四卷，東京：岩波書店，1979。

西田幾多郎著《自覺に於ける直觀と反省》，《西田幾多郎全集》第二卷，東京：岩波書店，1978。

西田幾多郎著《思索と體驗》，《西田幾多郎全集》第一卷，東京：岩波書店，1978。

西田幾多郎著《續思索と體驗》、《日本文化の問題》，《西田幾多郎全集》第十二卷，東京：岩波書店，1979。

西田幾多郎著《宗教學》，《西田幾多郎全集》第十五卷，東京：岩波書店，1979。

西田幾多郎著《善の研究》，東京：岩波書店，1997。

西田幾多郎著《哲學概論》，東京：岩波書店，1980。

西田幾多郎著《哲學の根本問題：行爲の世界》、《哲學の根本問題續編：辯證法的世界》，《西田幾多郎全集》第七卷，東京：岩波書店，1979。

西田幾多郎著《哲學論文集》第一、《哲學論文集》第二，《西田幾多郎全集》第八卷，東京：岩波書店，1979。

西田幾多郎著《哲學論文集》第三，《西田幾多郎全集》第九卷，東京：岩波書店，1979。

西田幾多郎著《哲學論文集》第四、《哲學論文集》第五，《西田幾多郎全集》第十卷，東京：岩波書店，1979。

西田幾多郎著《哲學論文集》第六、《哲學論文集》第七，《西田幾多郎全集》第十一卷，東京：岩波書店，1979。

西田幾多郎著《西田幾多郎キーワード論集：即の卷》，東京：書肆心水，2007。

西田幾多郎著《西田幾多郎日本論集：國の卷》，東京：書肆心水，2007。

西田幾多郎著《働くものから見るものへ》，《西田幾多郎全集》第四卷，
　　東京：岩波書店，1979。

西田幾多郎著《無の自覺的限定》，《西田幾多郎全集》第六卷，東京：岩
　　波書店，1979。

西田幾多郎、香山リカ著《善の研究：實在と自己》，東京：哲學書房，
　　2005。

西田幾多郎、三木清著《師弟問答、西田哲學》，東京：書肆心水，2007。

西田紀念館編《西田哲學を語る：西田幾多郎沒後 50 周年紀念講演集》，
　　京都：燈影舍，1995。

新田義弘著《現代の問いとしての西田哲學》，東京：岩波書店，1998。

日本哲學史フォーラム（代表藤田正勝）編《日本の哲學第 1 號特集：西田
　　哲學研究の現在》，京都：昭和堂，2000。

根井康之著《絕對無の哲學：西田哲學の繼承と體系化》，東京：農山漁村
　　文化協會，2005。

根井康之著《創造的生命の形而上學：近代科學技術文明の超克》，東京：
　　農山漁村文化協會，2007。

野家啟一著《歷史を哲學する》，東京：岩波書店，2007。

野家啟一編《「科學哲學」論文集》，《西田哲學選集》第二卷，京都：燈
　　影舍，1998。

野家啟一編《下村寅太郎〈精神史としての科學史〉》，京都：燈影舍，
　　2003。

野家啟一編《高橋里美〈全體性の現象學〉》，京都：燈影舍，2001。

延原時行著《ホワイトヘッドと西田哲學の〈あいだ〉：佛教的キリスト教
　　哲學の構想》，京都：法藏館，2001。

J. W. ハイジック編《日本哲學の國際性：海外における受容と展望》，京
　　都：世界出版社，2006。

服部健二著《西田哲學と左派の人たち》，東京：こぶし書房，2000。

長谷正當著《心に映る無限：空のイマージュ化》，京都：法藏館，2005。

長谷正當著《欲望の哲學：淨土教世界の思索》，京都：法藏館，2003。

長谷正當編《高坂正顯〈歷史的世界〉》，京都：燈影舍，2002。

長谷正當、細谷昌志編《宗教の根源性と現代》第 3 卷，京都：晃洋書房，
　　2002。

花岡永子著《宗教哲學の根源的探究》，東京：北樹出版社，1998。

花岡永子著《絕對無の哲學：西田哲學研究入門》，京都：世界思想社，
　　2002。

花澤哲文著《高坂正顯：京都學派と歷史哲學》，京都：燈影舍，2008。

花澤秀文著《高山岩男：京都學派哲學の基礎的研究》，京都：人文書院，
　　1999。

花澤秀文編《高山岩男〈超近代の哲學〉》，京都：燈影舍，2002。

濱田恂子著《近、現代日本哲學思想史》，橫濱：關東學院大學出版會，
　　2006。

伴一憲著《家鄉を離れず：西谷啟治先生特別講義》，東京：創文社，
　　1998。

久松真一著《人類の誓い》，京都：法藏館，2003。

久松真一著《東洋的無》，《久松真一著作集》第一卷，東京：理想社，
　　1982。

久松真一著《絕對主體道》，《久松真一著作集》第二卷，東京：理想社，
　　1974。

久松真一著《覺と創造》，《久松真一著作集》第三卷，東京：理想社，
　　1976。

久松真一著《茶道の哲學》，《久松真一著作集》第四卷，東京：理想社，
　　1973。

久松真一著《禪と藝術》，《久松真一著作集》第五卷，東京：理想社，
　　1975。

久松真一著《經錄抄》，《久松真一著作集》第六卷，東京：理想社，
　　1973。

久松真一著《任運集》，《久松真一著作集》第七卷，東京：理想社，1980。

久松真一著《破草鞋》，《久松真一著作集》第八卷，東京：理想社，1974。

久松真一著《起信論の課題》、《對談集》，《增補久松真一著作集》第九卷，京都：法藏館，1996。

久松真一著《即無的實存》，《久松真一佛教講義》第一卷，京都：法藏館，1990。

久松真一著《佛教的世界》，《久松真一佛教講義》第二卷，京都：法藏館，1990。

久松真一著《還相の論理》，《久松真一佛教講義》第三卷，京都：法藏館，1990。

久松真一著《事事無礙》，《久松真一佛教講義》第四卷，京都：法藏館，1991。

冰見潔著《田邊哲學研究：宗教哲學の觀點から》，東京：北樹出版社，1990。

平林康之著《戶坂潤》，東京：東京大學出版會，2007。

FAS 協會編《自己、世界、歷史と科學：無相の自覺を索めて》，京都：法藏館，1998。

藤田健治著《西田幾多郎その軌跡と系譜（桑木嚴翼、田邊元、高坂正顯、山內得立）：哲學の文學的考察》，東京：法政大學出版局，1993。

藤田正勝著《現代思想としての西田幾多郎》，東京：講談社，1998。

藤田正勝著《西田幾多郎：生きることと哲學》，東京：岩波書店，2007。

藤田正勝著《西田幾多郎の思索世界：純粹經驗から世界認識へ》，東京：岩波書店，2011。

藤田正勝編《京都學派の哲學》，京都：昭和堂，2001。

藤田正勝編《〈善の研究〉の百年：世界から世界へ》，京都：京都大學學術出版會，2011。

藤田正勝編《日本の哲學第 2 號：特集構想力／想像力》，京都：昭和堂，
　　2001。

藤田正勝編《日本の哲學第 3 號：特集生命》，京都：昭和堂，2002。

藤田正勝編《日本の哲學第 4 號：特集言葉、あるいは翻譯》，京都：昭和
　　堂，2003。

藤田正勝編《日本の哲學第 5 號：特集無／空》，京都：昭和堂，2004。

藤田正勝編《日本の哲學第 6 號：特集自己、他者、間柄》，京都：昭和
　　堂，2005。

藤田正勝編《日本の哲學第 7 號：特集經驗》，京都：昭和堂，2006。

藤田正勝編《日本の哲學第 8 號：特集明治の哲學》，京都：昭和堂，
　　2007。

藤田正勝編《日本の哲學第 9 號：特集大正の哲學》，京都：昭和堂，
　　2008。

藤田正勝編《和辻哲郎〈新編日本精神史研究〉》，京都：燈影舍，2002。

藤田正勝編、解說《西田哲學研究と歷史》，《西田哲學選集》別卷二，京
　　都：燈影舍，1998。

藤田正勝、ブレット・デービス編《世界のなかの日本の哲學》，京都：昭
　　和堂，2005。

藤吉慈海著《禪者久松真一》，京都：法藏館，1987。

藤吉慈海編《久松真一の宗教と思想》，京都：禪文化研究所，1983。

藤吉慈海、倉澤行洋編《真人久松真一》，增補版，東京：春秋社，1991。

船山信一著《ヘーゲル哲學と西田哲學》，東京：未來社，1984。

細谷昌志著《田邊哲學と京都學派：認識と生》，京都：昭和堂，2008。

町口哲生著《帝國の形而上學：三木清の歷史哲學》，東京：作品社，
　　2004。

松丸壽雄編《唐木順三〈三木清、無常〉》，京都：燈影舍，2002。

松丸壽雄編《「宗教哲學」論文集》，《西田哲學選集》，京都：燈影舍，
　　1998。

三木清著《人生論ノート》，京都：ＰＨＰ研究所，2009。

三木清著《哲學入門》，東京：岩波書店，2006。

三木清著《東亞協同體の哲學：世界史的立場と近代東アジア》，東京：書肆心水，2007。

三木清著，內田弘編《三木清エッセンス》，東京：こぶし書房，2000。

三木清著，內田弘編《三木清：東亞協同體論集》，東京：こぶし書房，2007。

峰島旭雄編著《戰後思想史を讀む》，東京：北樹出版社，1997。

宮川透著《三木清》，東京：東京大學出版會，2007。

村上嘉隆著《九鬼周造：偶然性の哲學》，東京：教育報導社，2006。

務台理作著《哲學概論》，東京：岩波書店，1998。

務台理作著，北野裕通編《場所の論理學》，東京：こぶし書房，1996。

村瀨裕也著《木村素衛の哲學：美と教養への啟示》，東京：こぶし書房，2001。

本山博著《場所的個としての覺者：人類進化の目標》，三鷹：宗教心理出版社，1995。

森哲郎編《西田幾多郎、西谷啟治、高坂正顯、鈴木成高⋯⋯〈世界史の理論：京都學派の歷史哲學論考〉》，京都：燈影舍，2000。

八木誠一著《場所論としての宗教哲學：佛教とキリスト教の交點に立って》，京都：法藏館，2006。

山內得立著《意味の形而上學》，東京：岩波書店，1998。

山內得立著《隨眠の哲學》，東京：岩波書店，1993。

山內得立著《ロゴスとレンマ》，東京：岩波書店，1994。

山形賴洋、三島正明著《西田哲學の二つの風光：科學とフランス哲學》，奈良：萌書房，2009。

山本晃著《西田哲學の最終形態：精神病理學のみかたから》，東京：株式會社近代文藝社，2004。

山本誠作著《無とプロセス：西田思想の展開をめぐって》，京都：行路

社，1987。

山本誠作、長谷正當編《現代宗教思想を學ぶ人のために》，京都：世界思
　　想社，1998。

湯淺泰雄著《身體：東洋的身心論の試み》，東京：創文社，1981。

遊佐道子著《「傳記西田幾多郎」》，《西田哲學選集》別卷一，京都：燈
　　影舍，1998。

米谷匡史編《和辻哲郎〈人間存在の倫理學〉》，京都：燈影舍，2000。

理想社編《理想 No.681：特集西田哲學の諸問題》，東京：理想社，2008。

理想社編《理想 No.677：特集和辻哲郎》，東京：理想社，2006。

和辻哲郎著《佛教倫理思想史》，東京：岩波書店，1985。

二、中文

九鬼周造著，藤田正勝原注釋，黃錦容、黃文宏、內田康譯註《粹的構
　　造》，臺北：聯經出版公司，2003。

小濱善信著，郭永思、范麗燕譯《九鬼周造的哲學：漂泊之魂》，北京：線
　　裝書局，2009。

卞崇道著《現代日本哲學與文化》，長春：吉林人民出版社，1996。

卞崇道著《融合與共生：東亞視域中的日本哲學》，北京：人民出版社，
　　2008。

卞崇道主編《東方文化的現代承諾》，瀋陽：瀋陽出版社，1997。

卞崇道、藤田正勝、高坂史朗主編《東亞近代哲學的意義》，瀋陽：瀋陽出
　　版社，2002。

卞崇道等著，李鵬程主編《跳躍與沉重：二十世紀日本文化》，北京：東方
　　出版社，1999。

王守華、卞崇道著《日本哲學史教程》，濟南：山東大學出版社，1989。

王守華、卞崇道編《東方著名哲學家評傳：日本卷》，濟南：山東大學出版
　　社，2000。

中村雄二郎著，卞崇道、劉文柱譯《西田幾多郎》，北京：三聯書店，1993。

西田幾多郎著，代麗譯《善的研究》，北京：光明日報出版社，2009。

西田幾多郎著，何倩譯《善的研究》，北京：商務印書館，1981。

西谷啟治著，陳一標、吳翠華譯注《宗教是什麼》，臺北：聯經出版公司，2011。

吳光輝著《傳統與超越：日本知識分子的精神軌跡》，北京：中央編譯出版社，2003。

吳汝鈞著《京都學派哲學七講》，臺北：文津出版社，1998。

吳汝鈞著《京都學派哲學：久松真一》，臺北：文津出版社，1995。

吳汝鈞著《純粹力動現象學》，臺北：臺灣商務印書館，2005。

吳汝鈞著《絕對無的哲學：京都學派哲學導論》，臺北：臺灣商務印書館，1998。

吳汝鈞著《絕對無詮釋學：京都學派的批判性研究》，臺北：臺灣學生書局，2012。

吳汝鈞等著《京都學派與禪》，臺北：臺灣學生書局，2015。

吳汝鈞、陳瑋芬編《跨文化視野下的東亞宗教傳統：當代新儒學與京都學派》，臺北：中央研究院中國文哲研究所，2011。

阿部正雄著，王雷泉譯《禪與西方思想》，臺北：桂冠圖書公司，1992。

阿部正雄著，張志強譯《佛教》，上海：上海古籍出版社，2008。

林鎮國著《空性與現代性：從京都學派、新儒家到多音的佛教詮釋學》，臺北：立緒文化事業公司，1999。

林鎮國著《辯證的行旅》，臺北：立緒文化事業公司，2002。

徐遠和、卞崇道主編《風流與和魂》，瀋陽：瀋陽出版社，1997。

陳瑋芬、廖欽彬主編《跨文化哲學中的當代儒學：與京都學派哲學對話》，臺北：中央研究院中國文哲研究所，2015。

劉及辰著《西田哲學》，北京：商務印書館，1963。

劉及辰著《京都學派哲學》，北京：光明日報出版社，1993。

韓書堂著《純粹經驗：西田幾多郎哲學與文藝美學思想研究》，濟南：齊魯書社，2009。

三、英文

Abe, Masao. *A Study of Dōgen: His Philosophy and Religion.* Ed. Heine, Steven, New York: State University of New York Press, 1992.

Abe, Masao. *Buddhism and Interfaith Dialogue.* Ed. Heine, Steven, Honolulu: University of Hawaii Press, 1995.

Abe, Masao. *Zen and Comparative Studies.* Part two of a two-volume Sequel to *Zen and Western Thought.* Ed. Heine, Steven, London: Macmillan Press Ltd., 1997.

Abe, Masao. *Zen and the Modern World.* A Third Sequel to *Zen and Western Thought.* Ed. Heine, Steven, Honolulu: University of Hawaii Press, 2003.

Abe, Masao. *Zen and Western Thought.* Ed. LaFleur, William R., London: Macmillan Press Ltd., 1985.

Blocker, H. Gene and Starling, Ives, Chris. *Japanese Philosophy.* New York: State University of New York Press, 2001.

Botz-Bornstein, Thorsten. *Place and Dream: Japan and the Virtual.* Amsterdam-New York: Editions Rodopi B. V., 2004.

Bowers, Russell H., Jr. *Someone or Nothing? Nishitani's Religion and Nothingness as a Foundation for Christian-Buddhist Dialgue.* New York: Peter Lang, 1995.

Buri, Fritz. *The Buddha-Christ as the Lord of the Ture Self: the Religious Philosophy of the Kyoto School and Christianity.* Tr. Oliver, Harold H., Macon, Georgia, Mercer University Press, 1997.

Cobb, John B. and Ives, Christopher, eds. *The Emptying God: A Buddhist-Jewish-Christian Conversation.* New York: Orbis Books, 1991.

Corless, Roger and Knitter, Paul F., eds. *Buddhist Emptiness and Christian Trinity: Essays and Explorations.* New York/Mahwah, N. J.: Paulist Press, 1990.

Dilworth, David A., tr. *Nishida Kitaro's Fundamental Problems of Philosophy. The World of Action and the Dialectical World.* Tokyo: Sophia University,

1970.

Dilworth, David A., Viglielmo, Valdo H., *et al*, Trans. and Eds. *Sourcebook for Modern Japanese Philosophy: Selected Documents.* Westport, Connecticut. London: Greenwood Press, 1998.

Franck, Frederick, ed. *The Buddha Eye: A Anthology of the Kyoto School.* New York: Crossroad, 1982.

Hanaoka, Eiko. *Zen and Christianity: From the Standpoint of Absolute Nothingness.* Kyoto: Maruzen Kyoto Publication Service Center, 2008.

Heisig, James W. *Philosophers of Nothingness. An Essay on the Kyoto School.* Honolulu: University of Hawaii Press, 2001.

Heisig, James W. and Maraldo John C. *Rude Awakenings: Zen, the Kyoto School, and the Question of Nationalism.* Honolulu: University of Hawaii Press, 1995.

Lam, Wing-keung and Cheung, Ching-yuen, eds. *Facing the 21ˢᵗ Century.* Frontiers of Japanese Philosophy 4, Nagoya: Nanzan Institute for Religion and Culture, 2009.

Nishida, Kitarō. *An Inquiry Into the Good.* Trans. Abe, Masao and Ives, Christopher. New Haven and London: Yale University Press, 1990.

Nishida, Kitarō. *Intuition and Reflection in Self-Consciousness.* Trans. Viglielmo, Valdo H. with Takeuchi, Yoshinori and O'Leary, Joseph. S., New York: State University of New York Press, 1987.

Nishida, Kitarō. *Last Writings: Nothingness and the Religious Worldview.* Trans. Dilworth, David A., Honolulu: University of Hawaii Press, 1993.

Nishitani, Keiji. *Nishida Kitarō.* Trans. Yamamoto, Seisaku and Heisig, James W., Berkeley: University of California Press, 1991.

Nishitani, Keiji. *On Buddhism.* Trans. Yamamoto, Seisaku and Carter, Robert E., New York: State University of New York Press, 2006.

Nishitani, Keiji. *Religion and Nothingness.* Trans. Van Bragt. Jan, Berkeley:

University of California Press, 1982.

Nishitani, Keiji. *The Self-Overcoming of Nihilism*. Trans. Parkes, Graham with Aihara, Setsuko. New York: State University of New York Press, 1990.

Mayeda, Graham, *Time, Space and Ethics in the Philosophy of Watsuji Tetsurō, Kuki Shūzō, and Martin Heidegger*. New York and London: Routledge, 2006.

Mitchell, Donald W., ed. *Masao Abe: A Zen Life of Dialogue*. Boston: Charles E. Tuttle Co. Inc., 1998.

Ozaki, Makoto. *Individuum, Society, Humankind: The Triadic Logic of Species according to Hajime Tanabe*. Leiden: Brill, 2001.

Ozaki, Makoto. *Introduction to the Philosophy of Tanabe: According to the English Translation of the Seventh Chapter of the Demonstratio of Christianity*. Grand Rapids, Mich: Eerdmans Publishing Company, 1990.

Raymaker, John. *A Buddhist-Christian Logic of the Heart: Nishida's Kyoto School and Lonergan's "Spiritual Genome" as World Bridge*. Lanham: University Press of America, 2002.

Roy, Louis O. P. *Mystical Consciousness: Western Perspectives and Dialogue with Japanese Thinkers*. Albany: State University of New York Press, 2003.

Takeuchi, Yoshinori. *The Heart of Buddhism. In Search of the Timeless Spirit of Primitive Buddhism*. Ed. and Trans. Heisig, James W., New York: The Crossroad Publishing Company, 1983.

Tanabe, Hajime. *Philosophy as Metanoetics*. Trans. Takeuchi, Yoshinori, Berkeley: University of California Press, 1986.

Unno, Taitetsu, ed. *The Religious Philosophy of Nishitani Keiji*. Berkeley: Asian Humanities Press, 1989.

Unno, Taitetsu and Heisig, James W. eds. *The Religious Philosophy of Tanabe Hajime*. Berkeley: Asian Humanities Press, 1990.

Waldenfels, Hans. *Absolute Nothingness: Foundations for a Buddhist-Christian*

Dialogue. Trans. Heisig, James W., New York/Ramsey: Paulist Press, 1976.

Watsuji, Tetsurō. *Watsuji Tetsurō's Rinrigaku: Ethics in Japan.* Trans. Yamamoto, Seisaku and Carter, Robert E., New York: State University of New York Press, 1996.

Yusa, Michiko. *Zen and Philosophy: An Intellectual Biography of Nishida Kitarō.* Honolulu: University of Hawaii Press, 2002.

四、德文

Brüll, Lydia. *Die Japanische Philosophie: Eine Einführung.* Darmstadt: Wissenschaftliche Buchgesellschaft, 1993.

Buri, Fritz. *Der Buddha-Christus als der Herr des wahren Selbst: Die Religionsphilosoph der Kyoto-Schule und das Christentum.* Bern und Stuttgart: Paul Haupt, 1982.

Eberfeld, Rolf, ed. *Logik des Ortes: Der Anfang der modernen Philosophie in Japan.* Darmstadt: Wissenschaftliche Buchgesellschaft, 1999.

Hamada, Junko. *Japanische Philosophie nach 1868.* Leiden: E. J. Brill, 1994.

Laube, Johannes. *Dialektik der absoluten Vermittlung.* Hajime Tanabes Religionphilosophie als Beitrag zum "Wettstreit der Liebe" zwischen Buddhismus und Christentum. Mit einem Geleitwort von Yoshinori Takeuchi. Freiburg i Br. 1984.

Nishitani, Keiji. *Was ist Religion?* Trans. Dora-Fischer-Barnicol. Frankfurt: Insel Verlag, 1986.

Nishida, Kitaro. *Über das Gute.* Trans. Peter Pörtner. Frankfurt: Insel Verlag, 1989.

Ohashi, Ryosuke, ed. *Die Philosophie der Kyoto-Schule: Texte und Einführung.* Freiburg und München: Karl Alber, 1990.

Waldenfels, Hans. *Zur Grundlegung des Dialoges zwischen Buddhismus und Christentum.* Freiburg: Herder, 1976.

國家圖書館出版品預行編目資料

京都學派與佛學儒學

吳汝鈞著. – 初版. – 臺北市：臺灣學生，2023.06
面；公分

ISBN 978-957-15-1909-8 (平裝)

1. 日本哲學　2. 佛教　3. 儒學

131.94　　　　　　　　　　　　　112004041

京都學派與佛學儒學

著　作　者　吳汝鈞
出　版　者　臺灣學生書局有限公司
發　行　人　楊雲龍
發　行　所　臺灣學生書局有限公司
地　　　址　臺北市和平東路一段 75 巷 11 號
劃 撥 帳 號　00024668
電　　　話　(02)23928185
傳　　　眞　(02)23928105
E - m a i l　student.book@msa.hinet.net
網　　　址　www.studentbook.com.tw
登 記 證 字 號　行政院新聞局局版北市業字第玖捌壹號
定　　　價　新臺幣七五〇元
出 版 日 期　二〇二三年六月初版
I S B N　978-957-15-1909-8